엑스포지멘터리

마가복음

Mark

엑스포지멘터리 마가복음

초판 1쇄 발행 2021년 11월 10일
2쇄 발행 2021년 11월 12일

지은이 송병현

펴낸곳 도서출판 이엠
등록번호 제25100-2015-000063
주소 서울시 강서구 공항대로 220, 601호
전화 070-8832-4671
E-mail empublisher@gmail.com

내용 및 세미나 문의 스타선교회: 02-520-0877 / EMail: starofkorea@gmail.com / www.star123.kr
Copyright © 송병현, 2021, *Print in Korea.*
ISBN 979-11-86880-85-2 93230

「이 도서의 국립중앙도서관 출판시 도서목록(CIP)은 서지정보유통지원시스템 홈페이지(http://seoji.nl.go.kr)와 국가자
료공동목록시스템(http://www.nl.go.kr/kolisnet)에서 이용하실 수 있습니다. (CIP제어번호:CIP2015000753)」

엑스포지멘터리

마가복음

Mark

| 송병현 지음 |

EXPOSItory comMENTARY

예수 그리스도의 생명의 복음

송병현 교수님이 오랫동안 연구하고 준비한 엑스포지멘터리 주석 시리즈를 출간할 수 있도록 인도해 주신 여호와 하나님께 감사와 영광을 돌립니다. 함께 수고한 스타선교회 실무진들의 수고에도 격려의 말씀을 드립니다.

많은 주석이 있지만 특별히 엑스포지멘터리 주석이 성경을 하나님의 완전한 계시로 믿고 순종하려는 분들에게 위로와 감동을 주었으면 하는 바램입니다. 단지 신학을 학문적으로 풀어내어 깨달음을 주는 수준이 아니라 성경을 통해 하나님의 세미한 음성을 들을 수 있도록 돕는 역할을 했으면 좋겠습니다. 예수 그리스도가 내 안에 내가 예수 그리스도 안에 있는 신앙으로 하나님의 말씀에 순종하는 사람을 길러내는 일에도 기여할 수 있기를 바랍니다.

우리 백석총회와 백석학원(백석대학교, 백석문화대학교, 백석예술대학교, 백석대학교평생교육신학원)의 신학적 정체성은 개혁주의 생명신학입니다. 개혁주의 생명신학은 성경의 가르침과 개혁주의 신학을 계승해, 사변화된 신학을 반성하고, 회개와 용서로 하나 되며, 예수 그리스도께서 주신 영적 생명을 회복하고자 하는 신앙 운동입니다. 그리하여 성령의 도우심으로 삶의 모든 영역에서 예수 그리스도의 주권을 실현함으로써 오직 하나님께 영광을 돌리고, 나눔운동과 기도성령운동을 통해 자신과 교회와 세상을 변화시키는 실천 운동입니다.

송병현 교수님은 백석대학교 신학대학원에서 20여 년 동안 구약성경을 가르쳐 왔습니다. 성경 신학자로서 구약을 가르치면서도 기회가 있을 때마다 선교지를 방문해 선교사들을 교육하는 일을 게을리하지 않았습니다. 엑스포지멘터리 주석 시리즈는 오랜 선교 사역을 통해 알게 된 현장을 고려한 주석이라는 점에서 참으로 의미가 있습니다. 그만큼 실용적입니다. 목회자와 선교사님들뿐 아니라 모든 성도가 별다른 어려움 없이 쉽게 읽을 수 있습니다. 개혁주의 생명신학이 추구하는 눈높이에 맞는 주석으로서 말씀에 대한 묵상과 말씀에서 흘러나오는 적용을 곳곳에서 만날 수 있습니다. 그래서 성경을 하나님의 말씀으로 믿고 고백하는 사람이라면 궁금했던 내용을 쉽게 배울 수 있고, 설교와 성경 공부를 하는 데도 도움을 받을 수 있습니다. 이번 구약 주석의 완간과 신약 주석 집필의 시작이 예수 그리스도의 생명의 복음을 온 세상에 전하려는 모든 분에게 도움이 되기를 바라는 마음으로 이 책을 추천합니다.

2021년 9월

장종현 목사 | 대한예수교장로회(백석) 총회장·백석대학교 총장

한국 교회를 향한 아름다운 섬김

우리 시대를 포스트모던 시대라고 합니다. 절대적 가치를 배제하고 모든 것을 상대화하는 시대입니다. 이런 시대를 살아가면서 목회자들은 여전히 변하지 않는 절대적인 계시의 말씀인 성경을 들고 한 주간에도 여러 차례 설교하도록 부름을 받습니다. 그런가 하면 진지한 평신도들도 날마다 성경을 읽고 해석하며 삶의 마당에 적용하도록 도전을 받고 있습니다.

이런 시대 속에서 우리는 전통적인 주석과 강해를 종합하는 도움을 기다리고 있었습니다. 저는 이러한 시대적 요청에 송병현 교수가 꼭 필요한 응답을 했다고 믿습니다. 그것이 구약 엑스포지멘터리 전권 발간에 한국 교회가 보여 준 뜨거운 반응의 이유였다고 믿습니다.

물론 정교하고 엄밀한 주석을 기대하거나 혹은 전적으로 강해적 적용을 기대한 분들에게는 이 시리즈가 다소 기대와 다를 수도 있을 것입니다. 그러나 목회 현장에서 설교의 짐을 지고 바쁘게 살아가는 설교자들과 날마다 일상에서 삶의 무게를 감당하며 성경을 묵상하는 성도들에게 이 책은 시대의 선물입니다.

저는 저자가 구약 엑스포지멘터리 전권을 발간하는 동안 얼마나 자신을 엄격하게 채찍질하며 이 저술을 하늘의 소명으로 알고 치열하게 그 임무를 감당해 왔는지 지켜보았습니다. 그리고 그 모습에 큰 감동을 받았습니다. 그렇기에 다시금 신약 전권 발간에 도전하는 그에게 중보 기도와 함께 진심 어린 격려의 박수를 보내고 싶습니다.

구약 엑스포지멘터리에 추천의 글을 쓰며 말했던 것처럼 이는 과거 박윤선 목사님 그리고 이상근 목사님에 이어 한국 교회를 향한 아름다운 섬김으로 기억될 것입니다. 더불어 구약과 신약 엑스포지멘터리 전권을 곁에 두고 설교를 준비하고 말씀을 묵상하는 주님의 종들이 하나님 말씀 안에서 더욱 성숙해 한국 교회의 면류관이 되기를 기도합니다.

이 참고 도서가 무엇보다 성경의 성경 됨을 우리 영혼에 더 깊이 각인해 성경의 주인 되신 주님을 높이고 드러내는 일에 존귀하게 쓰이기를 축복하고 축원합니다. 제가 그동안 이 시리즈로 받은 동일한 은혜가 이 선물을 접하는 모든 분에게 넘치기를 기도합니다.

2021년 1월

이동원 목사 | 지구촌 목회리더십센터 대표

신약 엑스포지멘터리 시리즈를 시작하며

지난 10년 동안 구약에 관해 주석 30권과 개론서 4권을 출판했다. 이 시리즈의 준비 작업은 미국 시카고 근교에 자리한 트리니티복음주의신학교(Trinity Evangelical Divinity School)에서 목회학석사(M. Div.)를 공부할 때 시작되었다. 교수들의 강의안을 모았고, 좋은 주석으로 추천받은 책들은 점심을 굶어가며 구입했다. 덕분에 같은 학교에서 구약학 박사(Ph. D.) 과정을 마무리하고 한국으로 올 때 거의 1만 권에 달하는 책을 가져왔다. 지금은 이 책들 대부분이 선교지에 있는 여러 신학교에 가 있다.

신학교에서 공부할 때 필수과목을 제외한 선택과목은 거의 성경 강해만 찾아서 들었다. 당시 트리니티복음주의신학교가 나에게 참으로 좋았던 점은 교수들의 신학적인 관점의 폭이 매우 넓었고, 다양한 성경 과목이 선택의 폭을 넓혀 주었다는 점이다. 세계적으로 유명한 구약과 신약 교수들의 강의를 들으면서도 내 마음 한구석은 계속 불편했다. 계속 "소 왓?"(So what?, "그래서 어쩌라고?")이라는 질문이 나를 불편하게 했다. 그들의 주옥같은 강의로도 채워지지 않는 부분이 있었기 때문이다.

주석은 대상에 따라 학문적 수준이 천차만별인 매우 다이내믹한 장르다. 평신도들이 성경 말씀을 쉽게 이해하도록 돕기 위해 출판된 주석들은 본문 관찰에 대한 가장 기본적인 내용과 쉬운 언어로 작성된다. 나에게 가장 친숙한 예는 바클레이(Barclay)의 신약 주석이다. 나는 고등학생과 대학생 시절에 바클레이가 저작한 신약 주석 17권으로 큐티(QT)를 했다. 신앙생활뿐 아니라 나중에 신학교에 입학할 때도 많은 도움이 되었다.

평신도들을 위한 주석과는 대조적으로 학자들을 위한 주석은 당연히 말도 어렵고, 논쟁적이며, 일반 성도들이 몰라도 되는 내용을 참으로 많이 포함한다. 나는 당시 목회자 양성을 위한 목회학석사(M. Div.) 과정을 공부하고 있었기 때문에 성경 강해를 통해 설교와 성경 공부를 인도하는 데 도움이 될 만한 강의를 기대했다. 교수들의 강의는 학문적으로 참으로 좋았다. 그러나 그들이 가르치는 내용을 성경 공부와 설교에는 쉽게 적용할 수 없다는 생각이 들었다. 이러한 필요가 채워지지 않았기 때문에 계속 "소 왓"(So what?)을 반복했던 것이다.

그때부터 자료들을 모으고 정리하며 나중에 하나님이 기회를 주시면 목회자들의 설교와 성경 공부에 실질적인 도움을 줄 수 있는 주석을 출판하겠다는 꿈을 품었다. 그러면서 시리즈 이름도 '엑스포지멘터리' (exposimentary=expository+commentary)로 정해 두었다. 그러므로 『엑스포지멘터리 시리즈』는 20여 년의 준비 끝에 10년 전부터 출판을 시작한 주석 시리즈다. 2010년에 첫 책인 창세기 주석을 출판할 무렵, 친구인 김형국 목사에게 사전에도 없는 'Exposimentary'를 우리말로 어떻게 번역하면 좋겠냐고 물었다. 그는 우리말로는 쉽게 설명할 수 없는 개념이니 그냥 영어를 소리 나는 대로 표기해 사용하라고 조언했다. 이렇게 해서 엑스포지멘터리 시리즈 주석이 탄생하게 되었다.

지난 10년 동안 많은 목회자가 이 주석들로 인해 설교가 바뀌고 성경 공부에 자신감을 얻었다고 말해 주었다. 참으로 감사한 일이다. 나는 학자들을 위해 책을 쓰는 것이 아니라, 목회자들을 위해 주석을 집필하고 있다. 그래서 목회자들이 알아야 할 정도의 학문적인 내용과 설교 및 성경 공부에 도움이 될 만한 실용적인 내용이 균형을 이룬 주석을 출판하기 위해 노력하고 있다. 또한 학문적으로 높은 수준의 주석을 추구하지 않기 때문에 구약을 전공한 내가 감히 신약 주석을 집필할 생각을 했다. 나의 목표는 은퇴할 무렵까지 마태복음부터 요한계시록까지 신약 주석을 정경 순서대로 출판하는 것이다. 이 책으로 도움을 받은 독자들이 나를 위해 기도해 준다면 참으로 감사하고 영광스러운 일이 될 것이다.

2021년 1월 방배동에서

시리즈 서문

"너는 50세까지는 좋은 선생이 되려고 노력하고, 그 이후에는 좋은 저자가 되려고 노력해라." 내가 미국 시카고 근교에 위치한 트리니티복음주의신학교(Trinity Evangelical Divinity School) 박사 과정을 시작할 즈음에 지금은 고인이 되신 스승 맥코미스키(Thomas E. McComiskey)와 아처(Gleason L. Archer) 두 교수님이 주신 조언이다. 너무 일찍 책을 쓰면 훗날 아쉬움이 많이 남는다며 하신 말씀이었다. 박사 학위를 마치고 1997년에 한국에 들어와 신학대학원에서 가르치기 시작하면서 나는 이 조언을 마음에 새겼다. 사실 이 조언과 상관없이 당시에 곧장 책을 출판하기는 불가능한 일이었다. 중학생이었던 1970년대 중반에 캐나다로 이민 가서 20여 년 만에 귀국해 우리말로 강의하는 일 자체가 그당시 나에게 매우 큰 도전이었던 만큼, 책을 출판하는 일은 사치로 느껴질 뿐이었다.

세월이 지나 어느덧 선생님들이 말씀하신 쉰 살을 눈앞에 두었다. 1997년에 귀국한 후 지난 10여 년 동안 나는 구약 전체에 대한 강의안을 만드는 일을 목표로 삼았다. 나 자신에게 동기를 부여하기 위해 몸담고 있는 신대원 학생들에게 매 학기 새로운 구약 강해 과목을 개설

해 주었다. 감사한 것은 지혜문헌을 제외한 구약 모든 책의 본문 관찰을 중심으로 한 강의안을 13년 만에 완성할 수 있었다는 점이다. 앞으로 수년에 거쳐 이 강의안들을 대폭 수정해 매년 2-3권씩을 책으로 출판하려 한다. 지혜문헌은 잠시 미루어 두었다. 시편 1권(1-41편)에 대해 강의안을 만든 적이 있는데, 본문 관찰과 주해는 얼마든지 할 수 있었지만 무언가 아쉬움이 남았다. 삶의 연륜이 가미되지 않은 데서 비롯된 부족함이었다. 그래서 지혜문헌에 대한 주석은 예순을 바라볼 때쯤 집필하기로 했다. 삶을 조금 더 경험한 후로 미루어 둔 것이다. 아마도 이 시리즈가 완성될 즈음이면, 자연스럽게 지혜문헌에 대한 책을 출판할 때가 되지 않을까 싶다.

이 시리즈는 설교를 하고 성경 공부를 인도해야 하는 중견 목회자들과 평신도 지도자들을 마음에 두고 집필한 책이다. 나는 이 시리즈의 성향을 'exposimentary'('해설주석')이라고 부르고 싶다. Exposimentary라는 단어는 내가 만든 용어다. 해설/설명을 뜻하는 'expository'라는 단어와 주석을 뜻하는 'commentary'를 합성했다. 대체로 expository는 본문과 별 연관성이 없는 주제와 묵상으로 치우치기 쉽고, commentary는 필요 이상으로 논쟁적이고 기술적일 수 있다는 한계를 의식해 이러한 상황을 의도적으로 피하고 가르치는 사역에 조금이나마 실용적이고 도움이 되는 교재를 만들기 위해 만들어낸 개념이다. 나는 본문의 다양한 요소와 이슈들에 대해 정확하게 석의하면서도 전후 문맥과 책 전체의 문형(文形, literary shape)을 최대한 고려해 텍스트의 의미를 설명하고 우리 삶과 연결하고자 노력했다. 또한 히브리어 사용은 최소화했다.

이 시리즈를 내놓으면서 감사할 사람이 참 많다. 먼저, 지난 25년 동안 내 인생의 동반자가 되어 아낌없는 후원과 격려를 해 준 아내 임우민에게 감사한다. 아내를 생각할 때마다 참으로 현숙한 여인(cf. 잠 31:10-31)을 배필로 주신 하나님께 감사할 뿐이다. 아빠의 사역을 기도와 격려로 도와준 지혜, 은혜, 한빛에게도 고마운 마음을 표한다. 평생

기도와 후원을 아끼지 않는 친가와 처가 친척들에게도 감사하다는 말을 전하고 싶다. 항상 옆에서 돕고 격려해 주는 평생 친구 장병환·윤인옥 부부에게도 고마움을 표하며, 시카고 유학 시절에 큰 힘이 되어 주신 이선구 장로·최화자 권사님 부부에게도 이 자리를 빌려 평생 빚진 마음을 표하고 싶다. 우리 가족이 20여 년 만에 귀국해 정착할 수 있도록 배려를 아끼지 않으신 백석학원 설립자 장종현 목사님에게도 감사드린다. 우리 부부의 영원한 담임 목자이신 이동원 목사님에게도 고마움을 표하고 싶다.

2009년 겨울 방배동에서

감사의 글

스타선교회의 사역에 물심양면으로 헌신해 오늘도 하나님의 말씀이 온 세상에 선포되는 일에 기쁜 마음으로 동참하시는 백영걸, 정진성, 장병환, 임우민, 정채훈, 강숙희 이사님들께 감사의 마음을 전하고 싶습니다. 이사님들의 헌신이 있기에 세상은 조금 더 살맛 나는 곳이 되고 있습니다. 온 세상이 코로나19로 인해 겸손해질 수밖에 없는 시간을 지나고 있습니다. 여호와 라파의 주님께서 창궐한 코로나19를 다스리시고, 투병 중인 정채훈 이사님을 온전히 낫게 하실 것을 믿습니다.

2021년 연녹색 바람이 부는 방배동에서

일러두기

엑스포지멘터리(exposimentary)는 '해설/설명'을 뜻하는 엑스포지토리 (expository)라는 단어와 '주석'을 뜻하는 코멘터리(commentary)를 합성한 단어다. 본문의 뜻과 저자의 의도와는 별 연관성이 없는 주제와 묵상 으로 치우치기 쉬운 엑스포지토리(expository)의 한계와 필요 이상으로 논쟁적이고 기술적일 수 있는 코멘터리(commentary)의 한계를 극복해 목회 현장에서 가르치고 선포하는 사역에 실질적으로 도움을 주는 새 로운 장르다. 본문의 다양한 요소와 이슈에 대해 정확하게 석의하면서 도 전후 문맥과 책 전체의 문형(文形, literary shape)을 최대한 고려해 텍 스트의 의미를 설명하고 성도의 삶과 연결하고자 노력하는 설명서다. 엑스포지멘터리는 다음과 같은 원칙을 바탕으로 인용한 정보를 표기 한다.

1. 참고문헌을 모두 표기하지 않고 선별된 참고문헌으로 대신한다.
2. 출처를 표기할 때 각주(foot note) 처리는 하지 않는다.
3. 출처는 괄호 안에 표기하되 페이지는 밝히지 않는다.
4. 여러 학자가 동일하게 해석할 때는 모든 학자를 표기하지 않고 일

부만 표기한다.

5. 한 출처를 인용해 설명할 때 설명이 길어지더라도 문장마다 출처를 표기하지 않는다.

6. 본문 설명을 마무리하면서 묵상과 적용을 위해 "이 말씀은…"으로 시작하는 문단(들)을 두었다. 이 부분만 읽으면 잘 이해되지 않는 것들도 있다. 그러나 본문 설명을 읽고 나면 이해가 될 것이다.

7. 본문을 설명할 때 유대인들의 문헌과 외경과 위경에 관한 언급을 최소화한다.

8. 구약을 인용한 말씀은 장르에 상관없이 가운데 정렬했으며, NAS의 판단 기준을 따랐다.

주석은 목적과 주된 대상에 따라 인용하는 정보의 출처와 참고문헌 표기가 매우 탄력적으로 제시되는 장르다. 참고문헌 없이 출판되는 주석도 있고, 각주가 전혀 없이 출판되는 주석도 있다. 또한 각주와 참고문헌 없이 출판되는 주석도 있다. 엑스포지멘터리 시리즈는 이 같은 장르의 탄력적인 성향을 고려해 제작된 주석이다.

선별된 약어표

개역	개역한글판
개역개정	개역개정판
공동	공동번역
새번역	표준새번역 개정판
현대	현대인의 성경
아가페	아가페 쉬운성경
BHS	Biblica Hebraica Stuttgartensia
ESV	English Standard Version
KJV	King James Version
LXX	Septuagint
MT	Masoretic Text
NAB	New American Bible
NAS	New American Standard Bible
NEB	New English Bible
NIV	New International Version
NIRV	New International Reader's Version

NRS	New Revised Standard Bible
TNK	Jewish Publication Society Tanakh
AB	Anchor Bible
ABCPT	A Bible Commentary for Preaching and Teaching
ABD	The Anchor Bible Dictionary
ABR	Australian Biblical Review
ACCS	Ancient Christian Commentary on Scripture
ANET	The Ancient Near Eastern Texts Relating to the Old Testament
ANETS	Ancient Near Eastern Texts and Studies
ANTC	Abingdon New Testament Commentary
BA	Biblical Archaeologist
BAR	Biblical Archaeology Review
BAGD	A Greek—English Lexicon of the New Testament and Other Early Christian Literature, 2nd ed.
BAR	Biblical Archaeology Review
BBR	Bulletin for Biblical Research
BCBC	Believers Church Bible Commentary
BCL	Biblical Classics Library
BECNT	Baker Exegetical Commentary on the New Testament
BETL	Bibliotheca Ephemeridum Theoloicarum Lovaniensium
BETS	Bulletin of the Evangelical Theological Society
BibSac	Bibliotheca Sacra
BR	Bible Reseach
BRev	Bible Review
BSC	Bible Student Commentary

BST	The Bible Speaks Today
BT	Bible Translator
BTB	Biblical Theology Bulletin
BTC	Brazos Theological Commentary on the Bible
BV	Biblical Viewpoint
BZ	Biblische Zeitschrift
BZNW	Beihefte zur Zeitschrift für die neutestamentliche Wissenschaft
CBC	Cambridge Bible Commentary
CBQ	Catholic Biblical Quarterly
CBQMS	Catholic Biblical Quarterly Monograph Series
CGTC	Cambridge Greek Testament Commentary
CurBS	Currents in Research: Biblical Studies
DJG	Dictionary of Jesus and the Gospels
DNTB	Dictionary of New Testament Background
DPL	Dictionary of Paul and His Letters
DSB	Daily Study Bible
ECC	Eerdmans Critical Commentary
ECNT	Exegetical Commentary on the New Testament
EDNT	Exegetical Dictionary of the New Testament
Eusebius	Historia ecclesiastica
EvJ	Evangelical Journal
EvQ	Evangelical Quarterly
ET	Expository Times
FCB	Feminist Companion to the Bible
GTJ	Grace Theological Journal
HALOT	The Hebrew and Aramaic Lexicon of the Old Testament
HNTC	Holman New Testament Commentary

HTR	Harvard Theological Review
IB	Interpreter's Bible
ICC	International Critical Commentary
ISBE	The International Standard Bible Encyclopedia
JBL	Journal of Biblical Literature
JESNT	Journal for the Evangelical Study of the New Testament
JETS	Journal of the Evangelical Theological Society
JQR	Jewish Quarterly Review
JSNT	Journal for the Study of the New Testament
JSNTSup	Journal for the Study of the New Testament Supplement Series
JTS	Journal of Theological Studies
LABC	Life Application Bible Commentary
LEC	Library of Early Christianity
Louw—Nida	Greek—English Lexicon of the New Testament: Based on Semantic Domains, 2nd ed.
LTJ	Lutheran Theological Journal
MBC	Mellen Biblical Commentary
MenCom	Mentor Commentary
NAC	New American Commentary
NCB	New Century Bible
NIB	The New Interpreter's Bible
NIBC	New International Biblical Commentary
NICNT	New International Commentary on the New Testament
NICOT	New International Commentary on the Old Testament
NIDNTT	New International Dictionary of New Testament Theology
NIDOTTE	The New International Dictionary of Old Testament Theology and Exegesis

NIGTC	New International Greek Testament Commentary
NIVAC	New International Version Application Commentary
NovT	Novum Testamentum
NovTSup	Novum Testamentum Supplements
NTL	New Testament Library
NTS	New Testament Studies
PBC	People's Bible Commentary
PNTC	Pillar New Testament Commentary
PSB	Princeton Seminary Bulletin
RevExp	Review and Expositor
RTR	Reformed Theological Review
SacP	Sacra Pagina
SBJT	Southern Baptist Journal of Theology
SBL	Society of Biblical Literature
SBLDS	Society of Biblical Literature Dissertation Series
SBLMS	Society of Biblical Literature Monograph Series
SBT	Studies in Biblical Theology
SHBC	Smyth & Helwys Bible Commentary
SNT	Studien zum Neuen Testament
SNTSMS	Society for New Testament Studies Monograph Series
SNTSSup	Society for New Testament Studies Supplement Series
TBT	The Bible Today
TD	Theology Digest
TDOT	Theological Dictionary of the Old Testament
TDNT	Theological Dictionary of the New Testament
Them	Themelios
TJ	Trinity Journal

TNTC	Tyndale New Testament Commentaries
TS	Theological Studies
TT	Theology Today
TWBC	The Westminster Bible Companion
TWOT	Theological Wordbook of the Old Testament
TynBul	Tyndale Bulletin
TZ	Theologische Zeitschrift
VT	Vetus Testament
WBC	Word Biblical Commentary
WCS	Welwyn Commentary Series
WEC	Wycliffe Exegetical Commentary
WTJ	The Westminster Theological Journal
WUNT	Wissenschafliche Untersuchungen zum Neuen Testament und die Kunde der älteren Kirche

차례

선별된 참고문헌

(Select Bibliography)

Adams, S. L. *Social and Economic Life in Second Temple Judea*. Louisville, KY: Westminster John Knox, 2014.

Aland, K., ed. *Synopsis of the Four Gospels: Greek-English Edition of the Synopsis Quattuor Evangeliorum*. 7th ed. Stuttgart, Germany: German Bible Society, 1983.

Alexander, J. *Commentary on the Prophecies of Isaiah*. New York/London: Wiley & Putnam, 1847.

Allison, D. C. *The Historical Christ and the Theological Jesus*. Grand Rapids: Eerdmans, 2009.

Anderson, H. *The Gospel of Mark*. NCB. Greenwood, SC: Attic, 1976.

Aune, D. E. *The New Testament in Its Literary Environment*. Philadelphia: Westminster, 1987.

Bailey, K. E. *Poet and Peasant*. Grand Rapids: Eerdmans, 1976.

_____. *Through Peasant Eyes: More Lucan Parables, Their Culture and Style*. Grand Rapids: Eerdmans, 1980.

Banks, R. *Jesus and the Law in the Synoptic Tradition*. SNTSMS 28.

Cambridge: Cambridge University Press, 1975.

Barclay, W. *The Gospel of Mark*. DSB. Rev. ed. Philadelphia: Westminster Press, 1975.

Bartlett, D. L. Exorcism Stories in the Gospel of Mark. New Heaven

Bauckham, R., ed. *The Gospel for All Christians: Rethinking the Gospel Audiences*. Grand Rapids: Eerdmans, 1998.

_____. *Jesus and the Eyewitnesses: The Gospels as Eyewitness Testimony*. Grand Rapids: Eerdmans, 2006.

Baumgardt, D. "Kaddish and the Lord's Prayer." JBQ 19 (1991): 164–69.

Beale, G. K.; B. L. Gladd. *The Story Retold: A Biblical-Theological Introduction to the New Testament*. Downers Grove, IL: InterVarsity Press, 2020.

Beasley–Murray, G. R. *Baptism in the New Testament*. Grand Rapids: Eerdmans, 1962.

Beavis, M. A. *Mark*. PCNT. Grand Rapids: Baker, 2011.

Best, E. *Mark: The Gospel as Story*. Edinburgh: T&T Clark, 1983.

_____. *The Temptation and Passion: The Markan Soteriology*. 2nd ed. Cambridge: Cambridge University Press, 1990.

Bird, M. F. *Jesus and the Origin of the Gentle Mission*. London: T&T Clark, 2006.

_____. "New Testament Theology Re–Loaded: Integrating Biblical Theology and Christian Origins." TynBul 60(2009): 265–91.

_____. *Jesus Is the Christ: The Messianic Testimony of the Gospels*. Downers Grove, IL: InterVarsity Press, 2012.

Black, C. *Mark: Images of an Apostolic Interpreter*. Columbia: University of South Carolina Press, 1994.

Blomberg, C. L. *The Historical Reliability of the Gospels*. Downers Grove, IL: InterVarsity Press, 1987.

_____. *Interpreting the Parables*. Downers Grove, IL: InterVarsity Press, 1990.

_____. *Making Sense of the New Testament: Three Crucial Questions*. Grand Rapids: Baker, 2004.

Bock, D. L.; D. Turner. *Mathew and Mark*. Cornerstone Biblical Commentary. Carol Stream, IL: Tyndale, 2006.

Bock, D. L.; M. Glasser. *The Gospel According to Isaiah 53: Encountering the Suffering Servant in Jewish and Christian Theology*. Grand Rapids: Kregel, 2012.

Bockmuehl, M. *Seeing the Word: Refocusing New Testament Study*. Grand Rapids: Baker, 2006.

Bolt, P. *The Cross from a Distance: Atonement in Mark's Gospel*. Downers Grove, IL: InterVarsity Press, 2004.

Bonhoeffer, D. *Discipleship*. Trans. by B. Green and R. Krauss. Minneapolis: Fortress, 2001.

Boring, M. E. Mark: *A Commentary*. NTL. Louisville, KY: Westminster John Knox Press, 2014.

Brandon, S. G. F. *Jesus and the Zealots*. New York: Scribner's, 1967.

Branscomb, B. H. *The Gospel of Mark*. The Moffat New Testament Commentary. London: Hodder & Stoughton, 1937.

Brooks, J. A. *Mark*. NAC. Nashville: Broadman, 1991.

Bruce, F. F. *New Testament History*. New York: Doubleday, 1969.

Brown, D. *The Four Gospels: A Commentary, Critical, Experimental and Practical*. Carlisle, PA: The Banner of Truth Trust, 1976rep.

Brown, R. E. *The Death of the Messiah: From Gethsemane to Grave. A*

Commentary on the Passion Narratives of the Four Gospels. 2 vols. New York: Doubleday, 1994.

Bruce, F. F. *Hard Sayings of Jesus.* Downers Grove, IL: InterVarsity Press, 1983.

_____. *New Testament History.* Garden City, New York: Doubleday & Company, 1980.

Bultmann, R. *The History of the Synoptic Tradition.* 2nd ed. Trans. by J. Marsh. Oxford: Blackwell, 1968.

_____. *Theology of the New Testament.* 2 vols. Trans. by K. Grobel. New York: Charles Scribner's Sons, 1951.

Burridge, R. A. "Gospel Genre and Audiences." Pp. 113–46 in *The Gospels for All Christians: Rethinking the Gospel Audiences.* Ed. by R. Bauckham. Grand Rapids: Eerdmans, 1998.

_____. *What Are the Gospels? A Comparison with Graeco-Roman Biography.* 2nd ed. Grand Rapids: Eerdmans, 2004.

Byrskog, S. *Story as History—History as Story: The Gospel Tradition in the Context of Ancient Oral History.* Leiden: Brill, 2002.

Cahill, M. "The Identification of the First Markan Commentary." Revue Biblique 101 (1994): 258–268.

Caird, G. B.; L. D. Hurst. *New Testament Theology.* Oxford: Clarendon, 1994.

Calvin, J. *Calvin's New Testament Commentaries, Volume 2: A Harmony of the Gospels: Matthew, Mark, and Luke.* Grand Rapids: Eerdmans, 1995.

Caragounis, C. C. *Peter the Rock.* BZNW 58. Berlin: de Gruyter, 1990.

Carlston, C. E.; D. Norlin. "Statistics and Q—Some Further Observations." NovT 41 (1999): 108–23.

Carrington, P. *The Primitive Christian Calendar.* Cambridge: Cambridge

University Press, 1952.

Casey, M. *Aramaic Sources of Mark's Gospel*. Cambridge: Cambridge University Press, 1998.

Carson, D. A. *When Jesus Confronts the World*. Grand Rapids: Baker, 1987.

_____. "What is the Gospel?—Revisited." Pp. 147–170 in *For the Fame of God's Name: Essays in Honor of John Piper*. Ed. by S. Storms and J. Taylor. Wheaton, IL: Crossway, 2010.

Carson, D. A.; Moo, D. J.; Morris, L., eds. *An Introduction to the New Testament*. Grand Rapids: Zondervan, 1992.

Carter, W. *The Roman Empire and the New Testament: An Essential Guide*. Nashville: Abingdon, 2006.

Casey, M. "General, Generic, and Indefinite: The Use of the Term 'Son of Man' in Jewish Sources and the Teaching of Jesus." JSNT 29 (1987): 21–56.

Chapman, D. W. "Perceptions of Crucifixion Among Jews and Christians in the Ancient World." TynBul 51 (2000): 313–16.

Charette, B. *The Theme of Recompense in Matthew's Gospel*. JSNTSup 79. Sheffield: JSOT Press, 1992.

Chilton, B. D. God in Strength: Jesus' Announcement of the Kingdom. Freistadt: Plöchl, 1979.

Collins, A. Y. *The Beginning of the Gospel: Probings of Mark in Context*. Minneapolis: Augsburg Press, 1992.

_____. *Mark: A Commentary. Hermeneia*. Minneapolis: Fortress, 2007.

Cope, O. L. *Matthew: A Scribe Trained for the Kingdom of Heaven*. New York: Ktav, 1977.

Cope, O. L. *Matthew: A Scribe Trained for the Kingdom of Heaven*. New

York: Ktav, 1977.

Cranfield, C. E. B. *The Gospel according to Saint Mark*. Rev. ed. Cambridge: Cambridge University Press, 1977.

Crossan, J. D. *Cliffs of Fall: Paradox and Polyvalence in the Parables of Jesus*. New York: Seabury, 1980.

_____. *The Historical Jesus: The Life of a Mediterranean Jewish Peasant*. San Francisco: Harper, 1991.

Crossley, J. G. *The Date of Mark's Gospel: Insights from the Law in Earliest Christianity*. JSNTSup. New York: T & T Clark, 2004.

Croy, N. C. *The Mutilation of Mark's Gospel*. Nashville: Abingdon, 2003.

Cullman, O. *The Christology of the New Testament*. Philadelphia: Westminster Press, 1959.

Danove, P. L. *The End of Mark's Story: A Methodological Study*. Leiden: E. J. Brill, 1993.

Daube, D. *The New Testament and Rabbinic Judaism*. London: University of London Press, 1956.

Davies, W. D.; D. C. Allison. *The Gospel According to Matthew*. 3 vols. ICC. Edinburgh: T&T Clark, 1988, 1991, 1997.

Davis, S.; D. Kendall; G. O'Collins, ed. *The Resurrection: An Interdisciplinary Symposium on the Resurrection of Jesus*. Oxford: Oxford University Press, 1997.

deSilva, D. A. *An Introduction to the New Testament: Context, Methods and Ministry Formation*. Downers Grove, IL: InterVarsity Press, 2004.

Derrett, J. D. M. *Law in the New Testament*. London: Dartman, Longman & Todd, 1970.

_____. "'Eating Up the Houses of Widows': Jesus' Comment on Lawyers." NovT 14 (1972): 1–9.

Dibelius, M. *From Tradition to Gospel*. Trans. by B. L. Woolf. Cambridge: James Clarke & Company, 1971.

Doeve, J. W. *Jewish Hermeneutics in the Synoptic Gospels and Acts*. Assen: Van Gorcum, 1954.

Donohue, J. R.; D. J. Harrington. *The Gospel of Mark*. SacP. Collegeville, MN: Liturgical Press, 2002.

Dunn, J. D. G. *Jesus and the Spirit: A Study of the Religious and Charismatic Experience of Jesus and the First Christians as Reflected in the New Testament*. London: SCM, 1975.

_____. *Unity and Diversity in the New Testament: An Inquiry into the Character of Earliest Christianity*. Philadelphia: Westminster Press, 1977.

_____. *New Testament Theology: An Introduction*. Nashville: Abingdon, 2009.

Dwyer, T. *The Motif of Wonder in the Gospel of Mark*. JSNTSup. Sheffield: Sheffield Academic Press, 1996.

Edwards, J. R. *The Gospel according to Mark*. PNTC. Grand Rapids: W. Eerdmans, 2002.

Evans, C. A. *Mark 8:27-16:20*. WBC. Nashville: Thomas Nelson, 2001.

Evans, C. A., ed. *Encyclopedia of the Historical Jesus*. New York: Routledge, 2008.

Farrer, A. M. "On Dispensing with Q." Pp. 55-88 in *Studies in the Gospels: Essays in Memory of R. H. Lightfoot*. Ed. by D. E. Nineham. Oxford: Blackwell, 1955.

Felddermann, H. "And He Wanted to Pass by Them" (Mark 6:48c)." CBQ 45 (1983): 389-95.

Ferguson, E. *Backgrounds of Early Christianity*. Grand Rapids: Eerdmans,

1987.

Fleming, T. V. "Christian Divorce." TS 24 (1963): 109.

France, R. T. *Jesus and the Old Testament*. Grand Rapids: Baker, 1982.

_____. *The Gospel of Mark: A Commentary on the Greek Text*. NIGTC. Grand Rapids: Eerdmans, 2002.

Frye, R. M. "The Synoptic Problems and Analogies in Other Literatures." Pp. 261−302 in *The Relationships among the Gospels: An Interdisciplinary Dialogue*. Ed. by W. O. Walker. San Antonio, TX: Trinity University Press, 1978.

Funk, R. W., R. W. Hoover, Jesus Seminar. *The Five Gospels: What Did Jesus Really Say? The Search for Authentic Words of Jesus*. San Francisco: HarperOne, 1996.

Garland, D. *A Theology of Mark's Gospel*. Grand Rapids: Zondervan, 2015.

_____. *Mark*. NIVAC. Grand Rapids: Zondervan, 1996.

Garlington, D. B. "Oath−Taking in the Community of the New Age (Matthew 5:33−37)." TJ 16 (1995): 139−70.

Garrett, S. *The Temptations of Jesus in Mark's Gospel*. Grand Rapids: Eerdmans, 1998.

Gathercole, S. J. *The Preexistent Son: Recovering the Christologies of Matthew, Mark, and Luke*. Grand Rapids: Eerdmans, 2006.

Gaventa, B.; P. Miller, eds. *The Endings of Mark and the Ends of God*. Louisville, KY: Westminster John Knox Press, 2005.

Gerhardsson, B. *The Testing of God's Son (Matt 4:11 & Par.): An Analysis of an Early Christian Midrash*. Lund: Gleerup, 1966.

Goodacre, M. *The Case Against Q: Studies in Markan Priority and the Synoptic Problem*. Harrisburg, PA: Trinity Press International,

2002.

_____. *The Synoptic Problem: A Way Through the Maze*. London/New York: T&T Clark, 2001.

Gould, E. P. *A Critical and Exegetical Commentary on the Gospel according to Saint Mark*. ICC. New York: Scribner's, 1907.

Grant, F. C. *The Gospel According to St. Mark*. New York: Abingdon, 1951.

Gray, T. C. *The Temple in the Gospel of Mark: A Study of Its Narrative Role*. Grand Rapids: Bakers, 2008.

Green, J. B., J. K. Brown, N. Perrin, eds. *Dictionary of Jesus and the Gospels*, 2nd ed. Downers Grove, IL: InterVarsity Press, 2013.

Guelich, R. A. "The Gospel Genre." Pp. 173−208 in *The Gospel and the Gospels*. Ed. by P. Stuhlmacher. Grand Rapids: Eerdmans, 1991.

_____. *Mark 1:1-8:26*. WBC. Waco, TX: Word, 1986.

Gundry, R. H. *A Survey of the New Testament*. Rev. ed. Grand Rapids: Zondervan, 1981.

_____. *Mark: A Commentary on His Apology for the Cross*. Grand Rapids: Eerdmans, 1993.

Guthrie, D. *New Testament Introduction*. Downers Grove, IL: InterVarsity Press, 1970.

_____. *New Testament Theology*. Downers Grove, IL: InterVarsity Press, 1981.

Hanson, A. T. "Rahab the Harlot in Early Christian Tradition." JSNT 1 (1978): 53−60.

Harris, M. J. *Jesus as God: The New Testament Use of Theos in Reference to Jesus*. Grand Rapids: Baker, 1992.

Hays, R. B. *The Moral Vision of the New Testament: Community, Cross, New*

Creation, A Contemporary Introduction to New Testament Ethics. San Francisco: HarperOne, 1996.

_____. *Reading Backwards: Figural Christology and the Fourfold Gospel Witness.* Waco, TX: Baylor University Press.

Head, I. "Mark as a Roman Document from the Year 69: Testing Martin Hengel's Thesis." JRH 28 (2004): 240−59.

Heil, P. *Jesus Walking on the Sea.* Rome: Pontifical Biblical Institute, 1981.

Hengel, M. *Crucifixion in the Ancient World and the Folly of the Message of the Cross.* Philadelphia: Fortress, 1977.

_____. *Studies in the Gospel of Mark.* London: SCM, 1985.

_____. *The Four Gospels and the One Gospel of Jesus Christ: An Investigation into the Collection and Origin of the Canonical Gospels.* London: SCM, 2000.

Hengstenberg, E. W. *Christology of the Old Testament, abridged edition.* Grand Rapids: Kregel, 1970.

Hiebert, D. E. *The Gospel According to Saint Mark.* Chicago: Moody, 1974.

Hoehner, H. W. *Chronological Aspects of the Life of Christ.* Grand Rapids: Zondervan, 1977.

Holst, R. "The One Anointing of Jesus: Another Application of the Form−Critical Method." JBL 95 (1976): 435−46.

Hooker, M. *Jesus and Servant.* London: SPCK, 1959.

_____. *The Son of Man in Mark.* London: SPCK, 1967.

_____. *The Gospel According to Saint Mark.* BNTC. London: A&C Black, 1991.

Horbury, W. *Jewish Messianism and the Cult of Christ.* London: SCM,

1998.

House, H. W. *Chronological And Background Charts of the New Testament*. Grand Rapids: Zondervan, 1981.

Hughes, D. *The Star of Bethlehem: An Astronomer's Confirmation*. New York: Walker, 1979.

Humphrey, H. M. *A Bibliography for the Gospel of Mark: 1854-1980*. New York: Mellen, 1982.

Hunter, A. M. *The Gospel According to Saint Mark*. London: SCM, 1967.

Hurtado, L. W. *Mark*. NIBC. Peabody, MA: Hendrickson, 1989.

_____. *Lord Jesus Christ: Devotion to Jesus in Earliest Christianity*. Grand Rapids: Eerdmans, 2003.

Incigneri, B. J. *The Gospel to the Romans: The Setting and Rhetoric of Mark's Gospel*. Leiden: E. J. Brill, 2003.

Isaksson, A. *Marriage and Ministry in the New Testament*. Lund: Gleerup, 1965.

Jeffers, J. S. *The Graeco-Roman World of the New Testament: Exploring the Background of Early Christianity*. Downers Grove, IL: InterVarsity Press, 1999.

Jeremias, J. *The Parables of Jesus*. 2nd ed. New York: Scribner's, 1972.

Kealy, S. *Mark's Gospel: A History of Its Interpretation from the Beginning until 1979*. New York: Paulist, 1982.

Keener, C. *The Historical Christ of the Gospels*. Grand Rapids: Eerdmans, 2009.

Kelber, W. H. *The Kingdom in Mark: A New Place and a New Time*. Philadelphia: Fortress, 1974.

_____. *The Oral and the Written Gospel: The Hermeneutics of Speaking and Writing in the Synoptic Tradition, Mark, Paul, and Q*. Bloomington,

IN: Indiana University Press, 1997.

Kidger, M. *The Star of Bethlehem: An Astronomer's View*. Princeton, NJ: Princeton University Press, 1999.

Kingsbury, J. D. *The Christology of Mark's Gospel*. Philadelphia: Fortress, 1983.

Kok, M. *Gospel on the Margins: The Reception of Mark in the Second Century*. Minneapolis: Fortress, 2015.

Marcus, J. *Mark: A New Translation with Introduction and Commentary*. 2vols. New Haven, CT: Yale University Press, 2000, 2009.

Kümmel, W. G. *Introduction to the New Testament*. Trans. by H. C. Kee. Nashville: Abingdon, 1975.

Ladd, G. E. *A Theology of the New Testament*. Grand Rapids: Eerdmans, 1974.

Lane, W. L. *The Gospel according to Mark*. NICNT. Grand Rapids: W. Eerdmans, 1974.

Levine, A.-J., ed. *A Feminist Companion to Mark*. Sheffield: Sheffield Academic, 2001.

Lightfoot, R. H. *The Gospel Message of Strauss Mark*. Oxford: Oxford University Press, 1962.

Longenecker, R. N. *The Christology of Early Jewish Christianity*. Grand Rapids: Baker, 1981.

_____. *Biblical Exegesis in the Apostolic Period*. Grand Rapids: Eerdmans, 1999.

Longman, T.; D. G. Reid. *God is a Warrior*. Grand Rapids: Zondervan, 1995.

Luther, M. *Luther's Works*. 15 vols. Ed. & Trans. by J. J. Pelikan and H. T. Lehmann. St. Louis: Concordia, 1955–1960.

Magness, J. L. *Sense and Absence: Structure and Suspension in the Ending of Mark's Gospel.* Atlanta: Scholars Press, 1986.

Malbon, E. S. "Tē oikia autou: Mark 2:15 in Context." NTS 31 (1985): 282-92.

Mann, C. S. *Mark.* AB. Garden City, NY: Doubleday, 1986.

Manson, T. W. *The Sayings of Jesus.* London: SCM, 1949.

Marcus, J. *Mark.* 2 vols. AB. New York: Doubleday, 2000, 2009.

_____. *The Way of the Lord: Christological Exegesis of the Old Testament in the Gospel of Mark.* Louisville, KY: Westminster John Knox Press, 1992.

Marshall, C. D. *Faith as a Theme in Mark's Narrative.* Cambridge: Cambridge University Press, 1989.

Martin, R. P. *New Testament Foundation: A Guide for Christian Students.* vol. 1. Grand Rapids: Eerdmans, 1975.

_____. *Mark: Evangelist and Theologian.* Grand Rapids: Zondervan, 1972.

Marxsen, W. *Mark the Evangelist: Studies in the Redaction History of the Gospel.* Trans. by J. Boyce. Nashville: Abingdon, 1969.

McHugh, J. *The Mother of Jesus in the New Testament.* Garden City, NJ: Doubleday, 1975.

McKnight, S. *Turning to Jesus: The Sociology of Conversion in the Gospels.* Louisville: John Knox Press, 2002.

_____. *The Jesus Creed: Loving God, Loving Others.* Brewster, MA: Paraclete, 2004.

_____. *Jesus and His Death: Historiography, the Historical Jesus, and Atonement Theory.* Waco, TX: Baylor University Press, 2005.

Meier, J. P. *A Marginal Jew: Rethinking the Historical Jesus: The Roots of the*

Problem and the Person. New York: Doubleday, 1991.

Metzger, B. A *Textual Commentary on the Greek New Testament.* New York: United Bible Societies, 1971.

Meyer, B. F. *Critical Realism and the New Testament.* Allison Park, PA: Pickwick, 1989.

Meyers, E. M.; J. F. Strange. *Archaeology, the Rabbis, and Early Christianity.* London: SCM, 1981.

Miller, R. J. *The Jesus Seminar and Its Critics.* Salem, OR: Polebridge Press, 1999.

_____. *Born Divine: The Births of Jesus and Other Sons of God.* Santa Rosa, CA: Polebridge Press, 2003.

Mitton, C. L. *The Gospel According to Mark.* London: Epworth, 1957.

Molnar, M. *The Star of Bethlehem: The Legacy of the Magi.* Piscataway, NJ: Rutgers University Press, 1999.

Moloney, F. J. *Mark: Storyteller, Interpreter, Evangelist.* Peabody, MA: Hendrickson, 2004.

Moo, D. J. *The Old Testament in the Gospel Passion Narratives.* Sheffield: Almond Press, 1983.

Motyer, J. A. *The Prophecy of Isaiah.* Downers Grove, IL: InterVarsity Press, 1993.

Moule, C. F. D. *The Phenomenon of the New Testament.* London: SCM, 1967.

_____. *Gospel According to Mark.* CBC. Cambridge: Cambridge University Press, 1965.

Myers, C. *Binding the Strong Man: A Political Reading of Mark's Story of Jesus.* Maryknoll, NY: Orbis, 1988.

Neusner, J. "First Cleanse the Inside." NTS 22 (1976): 486–95.

Nineham, D. E. *The Gospel of Saint Mark.* Pelican New Testament Commentaries. New York: Penguins, 1963.

Orchard, B.; T. Longstaff, eds. *J. J. Griesbach: Synoptic Text Critical Studies, 1776-1976.* SNTSMS. Cambridge: Cambridge University Press, 1978.

Osborne, G. R.; M. C. Williams. "The Case for the Markan Priority View of Gospel Origins: The Two/Four–Source View." Pp. 19–96 in *Three Views on the Origins of the Synoptic Gospels.* Ed. by R. L. Thomas. Grand Rapids: Kregel, 2002.

Oswalt, J. N. *The Book of Isaiah.* 2 vols. NICOT Grand Rapids: Eerdmans, 1986, 1998.

Pavur, C. N. "The Grain Is Ripe: Parabolic Meaning in Mark 4:26–29." BTB 18 (1987): 21–23.

Perkins, L. "'Let the Reader Understand': A Contextual Interpretation of Mark 13:14." BBR 16 (2006): 95–104.

Perkins, P. "The Gospel of Mark: Introduction, Commentary, and Reflection." Pp. 507–733 in *The New Interpreter's Bible*, vol. 8. Nashville: Abingdon, 1994.

Peterson, D. N. *The Origins of Mark: The Markan Community in Current Debate.* Leiden: E. J. Brill, 2000.

Plummer, A. *The Gospel According to St. Mark.* Cambridge: Cambridge University Press, 1914.

Porter, S. E. *Idioms of the Greek New Testament.* Sheffield: Almond Press, 1992.

Porter, S. E.; B. R. Dyer, eds. *The Synoptic Problem: Four Views.* Grand Rapids: Baker Academic, 2016.

Pryke, E. J. *Redactional Style in the Markan Gospel.* Cambridge:

Cambridge University Press, 1978.

Rawlinson, A. E. J. *The Gospel According to St. Mark.* London: Methuen, 1949.

Reicke, B. "Synoptic Prophecies on the Destruction of Jerusalem." Pp. 121-34 in *Studies in New Testament and Early Christian Literature.* Ed. by D. E. Aune. Leiden: Brill, 1972.

Rhoads, D. *Reading Mark: Engaging the Gospel.* Minneapolis: Fortress, 2004.

Rhoads, D.; J. Dewey; D. Michie. *Mark as Story: An Introduction to the Narrative of a Gospel.* 2nd ed. Minneapolis: Fortress, 1999.

Rist, J. M. *On the Independence of Matthew and Mark.* Cambridge: Cambridge University Press, 1978.

Robbins, V. K. *Jesus the Teacher: A Socio-Rhetorical Interpretation of Mark.* Philadelphia: Fortress, 1984.

Robinson, J. A. T. *Redating the New Testament.* Philadelphia: Westminster Press, 1976.

Robinson, J. M.; P. Hoffmann; J. S. Kloppenborg, eds. *The Critical Edition of Q: Synopsis Including the Gospels of Matthew and Luke, Mark, and Thomas, with English, German and French Translations of Q and Thomas.* Hemeneia. Minneapolis: Fortress, 2000.

Roskam, H. N. *The Purpose of the Gospel of Mark in Its Historical and Social Context.* NovTSup. Leiden: E. J. Brill, 2004.

Rousseau, J. J.; R. Arav. *Jesus and His World: An Archaeological and Cultural Dictionary.* Minneapolis: Fortress, 1995.

Sanders, E. P. *Jesus and Judaism.* Philadelphia: Fortress, 1985.

Santos, N. *Slave of All: The Paradox of Authority and Servanthood in the Gospel of Mark.* Sheffield: Sheffield Academic Press, 2003.

Schildgen, B. D. *Power and Prejudice: The Reception of the Gospel of Mark.* Detroit: Wayne State University Press, 1999.

Schnabel, E. J. *Early Christian Mission.* 2 vols. Downers Grove, IL: InterVarsity Press, 2004.

Schweizer, E. *The Good News according to Mark.* Trans. by D. H. Madvig. Richmond, VA: John Knox Press, 1970.

Scott, B. B. *Hear Then the Parable: A Commentary on the Parables of Jesus.* Minneapolis: Fortress, 1989.

Shiner, W. T. *Proclaiming the Gospel: First Century Performance of Mark.* Harrisburg, PA: Trinity Press International, 2003.

Shively, E. E. *Apocalyptic Imagination in the Gospel of Mark: The Literary and Theological Role of Mark 3:22-30.* Berlin: De Gruyter, 2012.

Sider, J. W. *Interpreting the Parables: A Hermeneutical Guide to Their Meaning.* Grand Rapids: Zondervan, 1995.

Siker, J. S. *Disinheriting the Jews: Abraham in Early Christian Controversy.* Louisville, KY: Westminster John Knox Press, 1991.

Slomp, J. "Are the Words 'Son of God' in Mark 1:1 Original?" BT 28 (1977): 143–50.

Smallwood, E. M. *The Jews under Roman Rule.* Leiden: E. J. Brill, 1976.

Smith, D. E. "Narrative Beginnings in Ancient Literature and Theory." Semeia 52 (1990): 1–9.

Smith, S. H. *A Lion with Wings: A Narrative-Critical Approach to Mark's Gospel.* Sheffield: Sheffield Academic Press, 1996.

Snodgrass, K. *Stories with Intent: A Comprehensive Guide to the Parables of Jesus.* Grand Rapids: W. Eerdmans, 2008.

Stamper, M. A. *Embodying Mark: Fresh Ways to Read, Pray and Live the Gospel.* London: SPCK, 2014.

Stein, R. H. *An Introduction to the Parables of Jesus*. Philadelphia: Westminster Press, 1981.

_____. *Jesus the Messiah*. Downers Grove, IL: InterVarsity Press, 1996.

_____. *Mark*. BECNT. Grand Rapids: Bakers, 2008.

Stock, A. *The Method and Message of Mark*. Wilmington, DE: Michael Glazier, 1989.

Strange, J. F.; H. Shanks. "Has the House Where Jesus Stayed in Carpernaum Been Found?" BAR (1982): 26-37.

Strauss, M. L. *Four Portraits, One Jesus: A Survey of Jesus and the Gospels*. Grand Rapids: Zondervan, 2007.

_____. *Mark*. Zondervan Exegetical Commentary on the New Testament. Grand Rapids: Zondervan, 2014.

Streeter, B. H. *The Four Gospels: A Study of Origins Treating of the Manuscript Tradition, Sources, Authorship, and Dates*. New York: Macmillan, 1925.

Stuhlmacher, P. *Jesus of Nazareth—Christ of Faith*. Peabody, MA: Hendrickson, 1993.

Stuhlmacher, P., ed. *The Gospel and the Gospels*. Grand Rapids: Eerdmans, 1991.

Suggs, M. J. *Wisdom, Christology, and Law in Matthew's Gospel*. Cambridge, MA: Harvard University Press, 1970.

Sweat, L. C. *The Theological Role of Paradox in the Gospel of Mark*. New York: T & T Clark, 2013.

Swete, H. B. *The Gospel According to St. Mark*. London: Macmillan, 1927.

Talbert, C. H. *What Is a Gospel? The Genre of the Canonical Gospels*. Philadelphia: Fortress, 1977.

Tan, K. H. *Mark*. NCCS. Eugene, OR: Cascade, 2015.

Taylor, V. *The Gospel according to St Mark*. 2nd ed. New York: Strauss Martin's 1966.

Telford, W. R. *Writing on the Gospel of Mark*. Dorsett: Deo, 2009.

Telford, W. R., ed. *The Interpretation of Mark*. Philadelphia: Fortress, 1985.

Theissen, G. *The Gospels in Context: Social and Political History in the Synoptic Tradition*. Trans. by L. M. Maloney. Minneapolis: Fortress, 1991.

_____. *The Miracle Stories of the Early Christian Tradition*. Edinburgh: T & T Clark, 1983.

Theissen, G.; A. Merz. *The Historical Jesus: A Comprehensive Guide*. Minneapolis: Fortress, 1997.

Thiselton, A. C. *Thiselton on Hermeneutics: Collected Works with New Essays*. Grand Rapids: Eerdmans, 2006.

Thomas, R. L., ed. *Three Views on the Origins of the Synoptic Gospels*. Grand Rapids: Kregel, 2002.

Thurston, B. *Preaching Mark*. Philadelphia: Fortress, 2002.

Tolbert, M. *Perspectives on the Parables: An Approach to Multiple Interpretations*. Philadelphia: Fortress, 1979.

_____. *Sowing the Gospel: Mark's World in Literary-Historical Perspective*. Minneapolis: Fortress, 1989.

Tuckett, C. M., ed. *The Messianic Secret*. Philadelphia: Fortress, 1983.

Turner, N. *Grammatical Insights into the New Testament*. New York: Bloomsbury Academic, 2015.

Twelftree, G. H. *Jesus the Exorcist: A Contribution to the Study of the Historical Jesus*. Peabody, MA: Hendrickson, 1993.

_____. *Jesus the Miracle Worker*. Downers Grove, IL: InterVarsity Press, 1999.

Van Iersel, B. M. F. *Mark: A Reader-Response Commentary*. JSNTSup. Sheffield: Sheffield Academic Press, 1998.

Van der Loos, H. *The Miracles of Jesus*. Leiden: E. J. Brill, 1965.

Vanhoozer, K. J. *Is There A Meaning in This Text? The Bible, the Reader, and the Morality of Literary Knowledge*. Grand Rapids: Zondervan, 1998.

Vermes, G. *The Religion of Jesus the Jew*. Minneapolis: Fortress, 1993.

Verseput, D. *Rejection of the Humble Messianic King: Study of the Composition of Matthew 11-12-European University Studies v. 291*. Frankfurt: Peter Lang, 1986.

Walker, P. W. *Jesus and the Holy City: New Testament Perspectives on Jerusalem*. Grand Rapids: Eerdmans, 1996.

Watts, R. *Isaiah's New Exodus in Mark*. Grand Rapids: Bakers, 2000.

Weeden, T. J. *Mark—Traditions in Conflict*. Philadelphia: Fortress, 1971.

Wenham, D. *The Parables of Jesus*. Downers Grove, IL: InterVarsity Press, 1989.

Wenham, J. W. "Gospel Origins." TJ 7 (1978): 112-134.

_____. "Did Peter Go to Rome in AD 42?" TynBul 23 (1972): 94-102.

Wessel, W. W.; M. L. Strauss. "Mark." Pp. 671-989 in *The Expositor's Bible Commentary Revised Edition*, vol. 9. Grand Rapids: Zondervan, 2010.

Wiebe, P. H. "Jesus' Divorce Expectation." JETS 32 (1989): 327-33.

Wildberger, H. *Isaiah 1-12*. CC. Philadelphia: Fortress, 1991.

Wilkins, M. J. *Following the Master: A Biblical Theology of Discipleship*. Grand Rapids: Zondervan, 1992.

_____. *Discipleship in the Ancient World and Matthew's Gospel.* 2nd ed. Grand Rapids: Baker, 1995.

Williams, J. "Does Mark's Gospel Have an Outline?" JETS 49 (2006): 505–25.

Williams, M. C. *The Gospels from One: A Comprehensive New Analysis of the Synoptic Gospels.* Grand Rapids: Kregel, 2006.

Williamson, L. *Mark.* Interpretation. Atlanta: John Knox, 1983.

Winn, A. The Purpose of Mark's Gospel: An Early Christian Response to Roman Imperialism. Tübingen: Mohr Siebeck, 2008.

Witherington, B. *The Gospel of Mark: A Socio-Rhetorical Commentary.* Grand Rapids: W. Eerdmans, 2001.

Wolf, H. M. *Interpreting Isaiah: The Suffering and Glory of the Messiah.* Grand Rapids: Zondervan, 1985.

Wrede, W. *The Messianic Secret.* Trans. by J. C. G. Greig. Cambridge: James Clarke & Company, 1971.

Wright, A. *Christianity and Critical Realism: Ambiguity, Truth, and Theological Literacy.* New York: Routledge, 2013.

Wright, N. T. *The New Testament and the People of God.* Christian Origins and the Question of God 1. London: SPCK, 1992.

_____. *Jesus and Victory of God.* Christian Origins and the Question of God 2. Minneapolis: Fortress, 1996.

_____. *Scripture and the Authority of God: How To Read the Bible Today.* New York: HarperOne, 2011.

Wright, N. T.; M. F. Bird. *The New Testament in Its World: An Introduction to the History, Literature, and Theology of the First Christians.* Grand Rapids: Zondervan Academic, 2019.

Wuest, K. S. *The Practical Use of the Greek New Testament.* Chicago:

Moody Press, 1982.

Zerwick, M. *A Grammatical Analysis of the Greek New Testament, 5th ed.* Trans. by M. Grosvenor. Rome: Biblical Institute Press, 1996.

마가복음

1 예수께서 다시 바닷가에서 가르치시니 큰 무리가 모여들거늘 예수께서 바다에 떠 있는 배에 올라 앉으시고 온 무리는 바닷가 육지에 있더라 2 이에 예수께서 여러 가지를 비유로 가르치시니 그 가르치시는 중에 그들에게 이르시되 3 들으라 씨를 뿌리는 자가 뿌리러 나가서 4 뿌릴새 더러는 길 가에 떨어지매 새들이 와서 먹어 버렸고 5 더러는 흙이 얕은 돌밭에 떨어지매 흙이 깊지 아니하므로 곧 싹이 나오나 6 해가 돋은 후에 타서 뿌리가 없으므로 말랐고 7 더러는 가시떨기에 떨어지매 가시가 자라 기운을 막으므로 결실하지 못하였고 8 더러는 좋은 땅에 떨어지매 자라 무성하여 결실하였으니 삼십 배나 육십 배나 백 배가 되었느니라 하시고 9 또 이르시되 들을 귀 있는 자는 들으라 하시니라 (4:1-9)

28 서기관 중 한 사람이 그들이 변론하는 것을 듣고 예수께서 잘 대답하신 줄을 알고 나아와 묻되 모든 계명 중에 첫째가 무엇이니이까 29 예수께서 대답하시되 첫째는 이것이니 이스라엘아 들으라 주 곧 우리 하나님은 유일한 주시라 30 네 마음을 다하고 목숨을 다하고 뜻을 다하고 힘을 다하여 주 너의 하나님을 사랑하라 하신 것이요 31 둘째는 이것이니 네 이웃을 네 자신과 같이

사랑하라 하신 것이라 이보다 더 큰 계명이 없느니라
(12:28-31)

소개

마가복음은 네 복음서 중 가장 짧다. 그럼에도 불구하고 예수님의 삶
과 가르침과 사역을 묘사하는 일에서는 다른 복음서, 특히 공관복음인
마태복음이나 누가복음과 별반 다르지 않다. 즉, 마태복음이 28장, 누
가복음이 24장에 걸쳐 하는 일을 마가복음은 16장으로 하고 있다. 다
른 복음서들과 비교해 약 3분의 1가량 짧은 분량으로 비슷한 일(예수님
의 삶과 가르침과 사역을 회고하는 일)을 하는 만큼 마가복음은 이 복음서들
보다 더 간략하고 요약적이라 할 수 있다.

　마가는 마태, 누가와 달리 예수님의 계보와 탄생에 연관된 이야기를
아예 생략한다. 요한처럼 예수님을 천지를 창조하신 말씀(로고스)의 현
현이라는 구속사적인 소개도 하지 않는다. 시작과 동시에 곧바로 예수
님의 사역과 가르침을 신속하고 역동적으로 묘사한다. 그러므로 학자
들은 마가복음을 복음서 중 '액션물'(action-packed)이라고 하기도 한다
(cf. France, Strauss, Wessel & Strauss, Wright & Bird).

　마가복음은 초대교회 시대부터 그다지 많은 관심을 받은 책이 아니
다. 복음서 중 가장 짧고, 기록된 이야기의 90%가 마태복음과 누가복
음에 기록되어 있다는 이유 때문이다. 이에 교부들은 마가복음을 강
해하지 않았고, 인용도 별로 하지 않았다(Schildgen). 아우구스티누스
(Augustinus, Augustine, 354-430)가 마가복음을 마태복음의 요약본이라고
한 것도 마가복음의 입지를 악화시키는 데 일조했다(Telford). 사실 아
우구스티누스의 주장은 잘못된 것이다. 마태복음과 마가복음이 동일
한 사건을 묘사할 때는 항상 마가복음이 더 자세하게 기록하고 있으

며, 마태복음이 마가복음의 내용을 요약하고 있기 때문이다(Wessel & Strauss).

기독교 역사에서 첫 번째 마가복음 주석은 5세기 빅토르(Victor of Antioch)에 의해 세상에 나왔다(Cahill). 다른 복음서보다 상당히 늦은 편이다. 이후 650-1000년 사이에도 마태복음에 대한 주요 주석이 13권이나 출판된 반면, 마가복음에 대한 주석은 고작 네 권이 전부였다(Kealy). 기독교 역사에서 마가복음은 교회의 관심을 받지 못한 복음서로 참으로 긴 시간을 보냈다.

19세기 공관복음에 대한 연구가 시작되면서 상황이 많이 바뀌었다. 학자들은 마가복음이 가장 먼저 저작되었으며, 마태와 누가가 마가복음을 인용해 자신들의 복음서를 저작했다는 결론을 내렸다. 이후 복음서 중 맨 처음 저작된 마가복음에 대한 연구가 활발하게 진행되고 있으며, 많은 결과물을 냈다. 마가복음이 제일 먼저 저작된 복음서(Markan priority)라는 것은 오늘날 공관복음 학계를 지배하는 정설이 되었으며, 앞으로도 계속될 것이다.

마가복음의 핵심적인 이슈는 '예수님은 누구(어떤 분)신가'이다(cf. 1:1; 2:7; 4:41; 6:2; 8:27-29; 14:60). 이 이슈는 "주는 그리스도시니이다"(8:29)라는 베드로의 고백을 통해 절정에 달한다. 예수님은 창세기에서 시작된 이스라엘 이야기의 정점(culmination)이시다(Wright & Bird). 하나님의 아들이며 메시아시다. 인자이며 다윗의 아들이시다. 또한 이스라엘 왕 여호와 하나님의 성육신이시다. 예수님은 고난받는 종으로 오셔서 죄인들을 위해 십자가에서 죽으신 이스라엘의 왕이시다. 마가복음은 예수님을 직접 오신 하나님이라고 한다.

예수님을 성육신하신 하나님이라고 소개하는 마가는 독자들에게 주님을 따를 것을 도전한다. 이 도전은 예수님을 모르는 외부인들(비기독교인들)을 위한 것만은 아니다. 예수님을 영접하고 따른다는 사람들(제자들)에게도 그들의 평안한 영역(comfort zone)을 떠나 하나님과 모험적인 여정을 떠날 것을 도전한다. 이 같은 도전은 자신을 따르라는 예수님의 권면(cf. 1:17; 2:14; 8:34; 10:21)과 책을 마무리하는 예수님의 부활이야기에서 절정에 달한다(cf. Danove, Magness, Wessel & Strauss). 마가의 부활에 대한 회고는 완성되지 않은 상태로 갑작스럽게 끝나는 것 같은 느낌을 주는데, 이 같은 마무리는 의도적이다. 부활하신 예수님과 함께 삶으로 나머지 부분을 써 내려가라고 독자들에게 도전하는 것이다(Magness, Wessel & Strauss). 예수님을 통해 하나님의 자녀가 된 우리로 하여금 오늘 이 순간 어떻게 살고 있는지 되돌아보게 한다.

공관복음(Synoptic Gospels)

복음서들을 살펴보면 처음 세 권(마태복음, 마가복음, 누가복음)은 네 번째 책인 요한복음의 내용과 성향이 참으로 다르다는 것을 알 수 있다. 초대교회 교부들도 이러한 사실을 깨닫고 네 복음서를 두 부류(처음 세 권과 요한복음)로 구분했다. 따로 구별된 세 복음서를 '공관복음'(synoptic gospels)이라는 호칭으로 부르기 시작한 사람은 독일 신학자 그라이스바흐(J. J. Griesbach, 1745-1812)다.

'공관'(共觀)은 함께[동시에] 보는 것을 의미하며, 헬라어 '신옵티코스'(συνοπτικος)에서 유래했다. 이 세 복음서의 내용이 같거나 비슷한 부분이 참으로 많은 만큼 서로 의존해(interdependent) 저작된 작품으로 보는 것이 이 개념의 핵심이다. 그러므로 세 복음서의 저자와 저작 시기, 서로에 대한 의존도를 논하는 일은 '공관복음'이라는 개념에서 시작된다.

공관복음 저자들은 무엇을 출처로 삼아 책을 저작했는가? 세 저자 중 누가 누구를 인용한 것인가? 각 복음서는 서로에게 어느 정도의 영향을 미쳤는가? 마가복음이 다른 두 책에 비해 상대적으로 간결한 필체를 지녔고, 길이도 상당히 짧다는 점이 의미하는 바는 무엇인가? 학자들이 이러한 질문에 답하려는 연구를 '공관 문제'(synoptic problem)라고 한다(자세한 내용은 『엑스포지멘터리 마태복음』 서론 부분을 참조하라).

학자들이 공관 문제를 연구해 얻은 가장 괄목할 만한 결과는 마가복음이 세 복음서 중 가장 먼저 저작되었으며, 마태복음과 누가복음은 마가복음의 상당 부분을 인용해 저작되었다는 사실을 밝혀낸 일이다. 이러한 결론은 거의 2000년 가까이 교회가 등한시 여기던 마가복음에 대한 새로운 관심을 불러일으켰다.

장르[1]

신약을 구성하는 27권 중 처음 네 권의 장르를 복음서라고 한다. 예수 그리스도의 가르침과 그분의 삶과 죽음과 부활을 통해 세상에 임한 복음을 묘사하고 있기 때문이다. 그러므로 우리는 한 복음(그리스도의 죽음과 부활)에 대해 네 복음서를 전수받았다. 이는 구약에서 숫자 '4'가 총체성과 포괄성을 상징하는 숫자인 것과 연관이 있는 듯하다.

고대 근동사회에서는 온 세상을 아우를 때 오늘날처럼 네 방향(동-서-남-북)을 가리켰다. 구약에서도 이러한 현상은 여러 차례 반복된다(cf. 창 28:14; 민 35:5; 신 3:27 등). 에스겔 선지자가 하나님의 보좌를 떠받들고 있는 네 생물(천사) 환상을 보았을 때, 네 생물이 각각 네 얼굴과 네 날개를 가지고 있으며 몸을 틀지 않고 네 방향으로 이동하는 것도 이러한 포괄성 및 총체성과 연관이 있다(cf. 겔 1장; 10장).

역사를 주관하시는 하나님은 예수님의 죽음과 부활에 대해 증언하는

---

1 공관복음의 특성상 마가복음은 마태복음과 비슷한 성향과 메시지를 지니고 있다. 이에 마가복음의 서론과 연관된 이슈 중 일부는 상당 부분 『엑스포지멘터리 마태복음』 서론을 전제하거나 일부를 부분적으로 도입했다. 따라서 마가복음 서론을 읽기 전에 『엑스포지멘터리 마태복음』의 서론을 먼저 읽을 것을 권장한다.

복음서인 마태복음-마가복음-누가복음-요한복음을 정경으로 정하셨다. 따라서 예수님의 삶과 사역을 연구하고 묵상하기 위해 당시 저작된 다른 자료들(cf. 눅 1:1-4)을 참고할 수는 있지만, 마치 하나님이 그 자료들에 네 정경에 버금가는 권위를 부여하신 것처럼 대해서는 안 된다. 구약과 신약을 연구하는 학자 중 일부는 더 나아가 외경(apocrypha)과 위경(pseudepigrapha), 그 외 유대인들의 전승(tradition)까지 정경만큼이나 권위가 있는 것으로 취급하는데, 바람직한 처사는 아니다.

이 책들을 참고하되 정경을 대하는 것처럼 해서는 안 된다. 앞으로 계속 출판될 엑스포지멘터리 신약 주석 시리즈에서는 오직 구약과 신약 정경을 바탕으로 본문을 설명할 것이다. 외경과 위경과 미쉬나(Mishna) 등 유대인들의 전승을 인용하는 것은 최대한 배제할 것이다. 유일한 예외는 요한계시록 주석이 될 것이다. 요한계시록은 구약과 연결할 때 중간사 문헌(intertestamental literature)이 많은 도움이 되기 때문이다.

어떤 저자든 작품을 만들 때 자기 작품이 일정한 기준과 원칙에 따라 읽히고 해석되기를 원한다. 집필자는 이러한 의도와 기대를 작품이 취하는 장르를 통해 표현한다. 그러므로 장르는 작품 안에서 직접적으로 언급되는가 하면, 암시되기도 한다. 혹은 무의식적으로 성립된 저자와 독자 사이의 계약 또는 약속이라고도 할 수 있다.

네 복음서는 예수 그리스도의 복음에 관한 책이다. '복음'(εὐαγγέλιον)은 '좋은/복된 소식'이라는 의미다(cf. 1:14, 15; 8:35; 10:29; 13:10; 14:9). 어떤 이들은 이 개념의 근원을 로마 황제들의 우상화에서 찾지만(Cranfield), 굳이 성경을 벗어나 의미를 찾을 필요는 없다. 이는 아마도 이사야서(40:9; 52:7; 61:1 등)에서 시작된 개념일 것이다. 또한 신약에서 복음은 예수님 그리고 그분이 하신 일과 나눌 수 없다(Garland). 복음을 가장 간략하게 정의하자면 '듣는 이들에게 복된 소식'이라는 뜻이다. 구약에서는 사람에게 복된 소식을 주실 수 있는 분은 하나님뿐이기에 신약에서도 예수 그리스도의 복음은 처음부터 끝까지 여호와 하나님의 개입(사역)을 전제한다.

예수님의 복음에 관해 기록하고 있는 복음서들은 구체적으로 어떤 장르적 특징을 지니고 있는가? 한 학자는 복음서를 가리켜 창의적인 미드라쉬(creative midrash)라고 한다(Gundry). 미드라쉬는 정경이 간단히 언급하는 한 사건이나 인물을 근거로 완전히 새로운 이야기를 만들어 낸 것이다. 진보적인 성향의 학자들은 구약에서 가장 독보적인 미드라쉬로 요나서를 지목한다. 열왕기하 14:25이 '아밋대의 아들 선지자 요나'를 언급하는데, 누군가는 이 말씀을 근거로 삼아 미드라쉬로 저작한 것이 요나서라고 주장한다. 이들은 요나서에 나타나는 선지자와 그의 사역이 지닌 역사성을 부인한다. 즉, 요나서는 열왕기하 14:25을 바탕으로 창조된 허구라는 것이다. 물론 전혀 설득력이 없는 논리다(『엑스포지멘터리 소선지서 1권』의 "요나서" 섹션을 참조하라).

미드라쉬의 예를 하나 더 들자면, 몇 년 전에 상영된 영화 〈노아〉가 있다. 창세기는 노아의 삶에 대해 많은 공간을 할애하지 않기 때문에 창세기에 기록된 내용만으로 노아에 관한 장편 영화를 만들기에는 턱없이 부족하다. 이에 해당 영화의 작가는 온갖 상상력을 동원해 허구적인 소설을 썼다. 따라서 영화 〈노아〉는 전형적인 미드라쉬다.

건드리(Gundry)는 미드라쉬가 순전한 허구와 연관된 장르라는 것을 알기 때문에 복음서를 가리켜 당시 독자들이 사실인 부분과 사실이 아닌 부분을 구분할 수 있도록 한 '창의적인 미드라쉬'(creative midrash)라고 한다. 이러한 주장은 별로 설득력이 없다. 복음서들이 구약을 미드라쉬처럼 대하는 부분이 전혀 없지는 않지만, 복음서들이 구약 말씀을 대할 때는 그 말씀에 대한 해석이 주류를 이루기 때문이다. 게다가 복음서들의 출처에 대한 유일한 언급이라 할 수 있는 누가복음 1:1-4은 복음서에 기록된 예수님의 삶과 사역이 이를 직접 목격한 목격자들의 기억과 증언을 토대로 하는 만큼 모든 내용이 사실이라는 것을 전제한다.

복음서 저자들의 이 같은 전제에 따르면 네 복음서에 기록된 모든 것은 사실이며, 예수님의 삶과 사역에서 비롯된 것들이다. 그러나 복음서 저자들의 전제에 동의하지 못하는 일부 학자들은 복음서에서 '역사적 예수'(historical Jesus)를 찾아 나섰다. 예수님 시대 유대교와 사도 시대 교회들의 교리와 가르침으로 오염되지 않은 순수한 '인간 예수'를 찾아 나선 것이다. 한때는 수년 동안 복음서에 예수님이 하신 것으로 기록된 말씀 중 어떤 것이 예수님이 하신 것이고, 어떤 것이 예수님이 하시지 않은 것인지를 규명하는 '예수 세미나'(Jesus Seminar)까지 진행됐다.

결과는 참으로 실망스럽고 허황됐다. 이들의 노력은 참으로 소모적이었으며, 정경 저자들의 전제만 받아들여도 피할 수 있는 낭비였다. 복음서의 예수님은 역사적 예수와 동일하다. 복음서는 기록된 것들을 직접 목격한 증인들의 증언을 바탕으로 하고 있기 때문이다(cf. 눅 1:1-4; 행 1:1-3; 벧후 1:16).

복음서에는 역사(history), 전기(biography), 신학(theology), 고백(confession), 교리(dogma), 설교(sermon) 등 다양한 양식의 글이 포함되어 있다. 그러므로 복음서의 장르를 규명하는 일은 쉽지 않다. 복음서 저자들이 살던 사회에는 '삶'(Lives)이라는 장르가 있었다. 이는 묘사하는 사람의 삶, 시대, 가르침, 찬양, 도덕, 철학, 이야기 등을 포함하는 매우 유연한 장르였으며, 여러 면에서 복음서와 비슷하다고 할 수 있다. 반면에 지난 수십 년 동안 다수의 학자는 복음서의 장르를 그리스-로마 시대 전기(Graeco-Roman biography)라고 했다. 여기에 유대인과 헬라(Hellenistic) 문화의 전기도 포함해 더 유연한 장르로 정의해야 한다는 것이 대부분 학자의 주장이다.

이 양식의 문헌들은 주인공(지도자)의 삶과 업적 등을 회고함으로써 독자들이 그가 남긴 메시지와 가르침을 믿게 했다. 복음서도 예수 그리스도의 복음을 독자들에게 알리고 믿게 하려는 목적으로 저작되었다. 복음서가 전하고자 하는 복음의 핵심은 하나님이 예수 그리스도의 죽음과 부활을 통해 이루신 일이다(cf. 롬 1:1-4; 고전 15:3-4). 비슷한 맥락에서 마가복음도 "하나님의 아들 예수 그리스도의 복음의 시작이라"라는 말로 시작한다(막 1:1).

한편, 그리스-로마 시대 전기는 복음서와 비슷한 점도 많지만 차이점도 있는 만큼 복음서의 장르가 될 수 없다며, 복음서의 장르를 완전히 독창적인 것으로 간주해야 한다는 이들도 있다. 당시에도 새로운 장르가 끊임없이 개발되고 있었기 때문에 복음서 저자들 역시 새로운 장르를 제시하는 것으로 간주해도 별문제가 없다는 것이다.

복음서의 장르를 논할 때는 이 책들의 신학적인 면도 고려해야 한다. 복음서는 분명 기독교적인 관점과 신학적인 메시지와 목적을 담고 있는 정경이다. 그러므로 당시 문화에서 비슷한 것을 찾을 수는 있지만 동일한 것은 찾을 수 없는 독특한 장르로 보는 것이 바람직하다. 학자들은 복음서를 예수님의 삶에 대한 신학적 전기(theological biography)로 간주한다. 복음서는 역사적인 사실을 전달하는 일에 매우 보수적이며 성실하다.

저자

신약 정경의 두 번째에 있는 책이 마가복음으로 불리기는 하지만, 정작 이 책은 저자가 누구인지 밝히지 않는다. 마가복음의 헬라어 타이틀 "Κατὰ Μᾶρκον"("[Gospel] according to Mark," "마가에 의한 [복음]")은 이 책의 헬라어 사본에는 없는 말이며, 훗날 더해진 것이다(Bird, Dunn, Hengel). 저자일 가능성이 있는 사람에 대한 유일한 언급은 "한 청년이 벗은 몸에 베 홑이불을 두르고 예수를 따라가다가 무리에게 잡히매 베 홑이불을 버리고 벗은 몸으로 도망하니라"(14:51-52)이다. 이 청년이 이 복음서의 저자일 수도 있고 혹은 저자가 아는 사람일 수도 있지만,

이 사람에 대해 더 알려진 바는 없다.

그렇다면 어떻게 해서 이 복음서는 마가라는 이름과 연관되기 시작한 것일까? 초대교회 교부이자 역사가였던 가이사랴의 유세비우스(Eusebius of Caesarea, 260-339)는 헤라폴리스 감독(Bishop of Hierapolis)이었던 파피아스(Papias, 60-130)가 이 복음서의 저자에 관해 한 말을 자신의 책에 기록했다. 파피아스는 말하기를 베드로의 통역사 역할을 하던 마가가 로마에서 베드로가 순교하기 전에 그로부터 예수님의 삶과 가르침과 사역에 대해 전해 들은 바를 정확하게 기록한 것이라고 했다. 파피아스는 마가가 베드로에게 들은 것을 정확하게 기록했지만, 순서에 따라 기록한 것은 아니라는 말도 남겼다. 마가복음에 기록된 일들은 일어난 순서에 따라 배열된 것이 아니라 주제나 지리적 배경을 중심으로 정리된 것이라는 의미로 보인다. 마가는 처음부터 예수님을 따른 사람은 아니었지만, 베드로와 함께하면서 베드로가 예수님의 삶과 사역에 대해 가르치고 선포한 내용을 정리했다. 즉, 우리는 마가복음을 통해 '베드로 복음'을 접하고 있는 것이다(cf. Stuhlmacher).

마가는 어떤 사람이었는가? 마가복음을 살펴보면 그는 구약에 매우 익숙한 사람이었다는 것을 알 수 있다. 그는 메시아이신 예수님을 하나님의 아들이라고 확신하며 또한 헬라어를 구사할 줄 아는 유대인 그리스도인이었다(Wright & Bird). 그러나 마가가 구사하는 헬라어는 다른 신약 저자들에 비해 그다지 높은 수준은 아니었다(Strauss). 아마도 그는 아람어가 모국어이고, 헬라어와 라틴어를 외국어로 배운 사람이었을 것이다.

초대교회는 이 마가를 가리켜 요한 마가(John Mark)라고 했다(Wessel & Strauss). 마가는 바울과 바나바와 함께 선교를 다녔던 사람이며, 나중에는 로마에서 베드로를 위해 통역한 사람이다(cf. 행 12:11-17, 25; 13:4-5, 13; 골 4:10; 딤후 4:11; 몬 1:24; 벧전 5:13). 마가복음은 마가가 베드로에게 들은 바를 바탕으로 저작한 책이다. 그러므로 학자 중에는 베드로

서신과 마가복음이 십자가와 구속과 이방인들에 대한 관점에서 매우 유사하다고 하는 이들도 있다(Beale & Gladd). 마가가 예수님의 열두 사도 중 하나는 아니지만 복음서를 저작할 만한 권위를 지닌 것도 이 맥락에서 이해된다. 그는 복음에 대한 산 증인이자 예수님의 수제자였던 베드로의 회고를 바탕으로 책을 집필했다. 마태와 누가 역시 마가복음에 서려 있는 베드로의 권위를 인정했기에 마가복음을 인용해 자신들의 책을 집필했다.

　오늘날 많은 학자가 이 책의 저자가 마가라는 것은 사실이 아니거나 확인할 수 없으며, 이는 단지 초대교회의 견해를 반영한 것일 뿐이라고 주장한다(cf. Bauckham, Bird). 그러나 마가는 이 책의 저자로 가장 가능성이 큰 사람이다(Beale & Gladd, Garland, Wright & Bird). 현실적으로 마가 외에는 저자로 거론될 만한 사람이 없다. 또한 초대교회 교부들은 우리보다 상황을 더 잘 알았기 때문에 이런 주장을 했을 것이다. 그러므로 마가가 실제로 이 복음서를 저작했기 때문에 마가복음으로 불리게 되었다고 간주하는 것이 바람직하다.

저작 시기

학자들이 마가복음의 저작 시기를 논할 때 가장 중요한 이슈로 간주하는 것은 13장에 기록된 예루살렘 성전 파괴 사건이다. 유대인들은 그들을 지배하던 로마인들을 상대로 66년에 독립 전쟁을 일으켰고, 이 전쟁은 73년에 유대인들의 마지막 보루였던 마사다(Masada)가 함락되면서 끝이 났다. 전쟁 중이던 70년에 로마인들은 유대인들의 종교와 정체성의 상징인 예루살렘 성전을 파괴했다. 마가복음 13장에는 성전 파괴가 임박한 때 혹은 성전이 파괴된 직후(after the fact)에 일어난 일이 마치 예언인 것처럼 쓰여 있다는 점에서(Dunn, Head, Hengel) 일부 학자는 마가복음의 저작 시기를 65-75년으로 본다(Garland, Gray, Incigneri, Wessel & Strauss).

한편, 39년에 가이우스 황제(Emperor Gaius)가 자신의 동상을 예루살렘 성전에 세우려다 유대인들과 빚은 갈등이 마가복음 13장을 충분히 설명할 수 있다고 주장하는 학자들도 있다(Wright & Bird). 따라서 학자 중에는 70년에 있었던 성전 파괴와 마가복음의 저작 시기를 연관 짓지 않는 이도 많다. 61-63년에 저작된 것으로 보이는 누가복음이 마가복음을 인용했으므로 마가복음이 60년대 초 혹은 50년대 말에 저작되었다는 주장도 가능하다(cf. Beale & Gladd).

70년에 있었던 예루살렘 성전 파괴와 마가복음의 저작 시기를 연결하는 학자들의 주장을 뒷받침할 만한 역사적 증거나 자료가 있는 것은 아니다. 이는 결국 그릇된 성경관에서 비롯된 편견이다. 그들이 주장하는 것처럼 성경은 분명히 사람들의 손을 통해 저작되었다. 우리는 하나님이 성경 저자들을 성령과 영감으로 감동시키셔서 오류가 없는 하나님의 말씀을 쓰게 하셨다고 믿는다. 반면에 그들은 성경이 저자들의 신학과 사상을 반영한 것일 뿐 오류가 없는 하나님의 말씀이라고 생각하지 않는다. 그러므로 그들은 성경에 많은 오류와 편견이 들어가 있다고 한다.

우리는 성경이 하나님의 말씀이며, 이 말씀에는 미래에 대한 예언도 포함되어 있다고 믿는다. 그들은 성경에는 예언이 없으며, 오직 예언처럼 보이도록 저작된 역사가 있을 뿐이라고 한다. 그들 생각에 인간에게는 미래를 예언할 능력이 없기 때문이다. 그러므로 마가복음 13장에 기록된 성전 파괴에 관한 말씀도 이 일이 이미 일어난 후 혹은 매우 임박한 상황에서 기록된 것이라 한다. 쉽게 말해서 마가가 예수님이 하시지 않은 말씀을 마치 말씀하신 것처럼 주작했다는 것이다.

이러한 주장은 전혀 설득력이 없는 순환 논리(circular reasoning)에 불과하다. 인간은 예언을 할 수 없다고 단정한 후 예언으로 보이는 것은 모두 일이 일어난 다음에 예언처럼 묘사된 역사적 회고에 불과하다고 주장하기 때문이다. 구약에서는 다니엘서의 내용과 저작 시기를 놓고 학자들 사이에 비슷한 논쟁이 있다. 진보적인 학자들은 다니엘서가 주전 2세기에 예언서처럼 저작된 역사서라고 한다. 그들이 이 같은 결론에 도달한 데는 그들의 정경론(성경론)이 가장 크게 기여했다.

만일 성경이 오류가 없는 하나님의 말씀이고 이 말씀에는 미래에 대한 예언이 포함되어 있다는 것을 인정한다면, 예수님이 70년에 있을 성전 파괴에 대해 미리 말씀을 남기신 것이 문제 될 이유가 없다. 더욱이 예수님은 하나님의 현현이자 성육신하신 하나님의 말씀이며, 삼위일체의 제2인이시다. 인간의 역사와 현재와 미래를 주관하는 하나님이시다. 이런 주님이 성전 파괴가 있기 몇십 년 전에 그 일을 예언하신 것은 문제가 아니라 당연한 일이다. 그러므로 70년에 있었던 성전 파괴에 관한 말씀이 예언이라면, 60년대 혹은 그 이전도 저작 시기로 볼 가능성이 충분하다.

마가복음의 저작 시기와 연관해 고려할 만한 이슈는 베드로의 사역이다. 마가가 로마에서 베드로의 통역사로 활동했기 때문이다(cf. 벧전 5:13). 알렉산드리아의 클레멘트(Clement of Alexandria, 150-215)는 베드로가 50년대 중반에서 60년대 초에 로마에서 사역했다는 말을 남겼다. 베드로가 49년에 예루살렘 공회에 참석한 것을 보면(cf. 행 15장) 그는 클라우디우스 황제(Emperor Claudius, 41-54) 때 로마에서 사역하다가 49년에 공회에 참석하기 위해 잠시 예루살렘을 찾은 것으로 보인다(Wenham).

이후 베드로는 로마로 돌아가 사역하다가 네로 황제가 교회를 핍박할 때인 64년에 순교했다. 64년에 로마에 큰불이 나 6일 동안 도시의 반 이상을 태웠다. 네로가 새 궁전을 짓기 위해 일부러 불을 냈다는 소문이 돌았다. 궁지에 몰린 네로는 그리스도인들이 불을 낸 것이라며 교회를 핍박했다. 베드로는 이때 순교했다. 이레나에우스(Irenaeus, 130년

출생)의 저서와 일부 사본에서 공관복음을 소개하는 글로 등장하는 "반 (反)마르키온주의 프롤로그"(Anti-Marcionite Prologue)는 마가복음이 베드로와 바울이 순교한 다음에 마가에 의해 저작되었다고 한다. 바울은 67년에 로마에서 순교했다.

마가복음은 어디서 저작된 것일까? 마가복음이 갈릴리에 지대한 관심을 보인다는 점을 근거로 저자가 독자들에게 하나님 나라가 임할 갈릴리로 오라며 갈릴리에서 저작했다고 주장하는 이들이 있다(Kelber, Marxsen, Roskam). 한편, 13장에 기록된 핍박과 경고가 로마에서 있었던 기독교에 대한 핍박보다는 유대 지역을 중심으로 한 가나안 지역에서 있었던 핍박과 더 잘 어울린다며 마가복음이 시리아에서 저작되었다고 주장하는 이들도 있다(Bartlett, Marcus, Theissen, cf. 13:9). 이들은 만일 이 복음서가 로마에서 저작되었다면 분명 네로 황제 같은 사람에 대해 어떤 언급이 있어야 하는데 이렇다 할 언급이 없다는 점을 증거로 삼는다. 알렉산드리아와 데카폴리스(Decapolis)를 지목하는 이들도 있다 (Wardle, cf. Carter).

그러나 학자들이 가장 가능성 있는 곳으로 지적하는 곳은 로마다 (Head, Hengel, Wessel & Strauss, Winn). 마가와 베드로의 관계뿐만 아니라 (벧전 5:13), 마가복음이 종종 라틴어 단어를 사용하는 것도 이 같은 결론을 지지한다(Hengel, Gundry, cf. 12:42; 15:15). 많은 학자가 주장하는 것처럼 마가복음을 인용하는 누가복음이 61-63년에 저작되었다면, 마가복음은 늦어도 50년대 말에 로마에서 저작되었을 것이다.

목적

마가복음의 저작 목적과 연관해 가장 지대한 영향을 미친 사람은 독일 학자 브레데(Wrede)다. 그는 1901년에 '메시아적 비밀'(Messianic Secret)이라는 이론을 제시했다. 그는 마가복음에서 예수님이 자신이 메시아임을 알리지 말라고 하시는 말씀들(8:29-31 등)을 근거로 이 학설을 내놓았다. 요약하자면, 초대교회는 예수님을 메시아로 가르치고 선포했는데 정작 예수님과 함께했던 사람들은 그 누구도 예수님이 스스로 메시아라고 하신 말을 기억하지 못했다. 결국 예수님의 메시아 되심은 초대교회가 만들어낸 아이디어이며, 예수님은 원래 우리와 별반 다를 바 없는 평범한 사람이었다는 것이다. 이에 마가는 예수님이 사람들에게 자신이 메시아임을 비밀로 하라고 하셨기 때문에 아무도 기억하지 못하는 것뿐이며, 예수님은 하나님의 아들이시며 메시아라는 사실을 알리기 위해 복음서를 집필했다는 주장이다.

오늘날 브레데의 주장을 전적으로 수용하는 사람은 많지 않지만, 그의 학설은 지난 100여 년간 참으로 많은 영향을 미쳤다. 지금도 그의 학설에 부분적으로 동조하는 사람이 많다. 그는 예수님이 자신이 메시아라는 사실을 사람들에게 알리지 말라고 하셨다고 하는데, 성경에서 예수님은 기적과 귀신 쫓음에 대해서도 비밀로 하라고 하신다(cf. 1:34, 44; 7:36 등). 또한 예수님의 메시아 되심은 계속해서 숨겨지는 것이 아니라, 매우 중요한 순간(세례, 변화산, 베드로의 고백, 가야바의 질문, 십자가를 지켜보던 백부장 등)에는 드러난다. 처음에는 비밀에 부쳤다가 시간이 지날수록 예수님의 메시아 되심이 온 세상에 알려지는 것은 마태복음과 누가복음에서도 드러나는 현상이다. 브레데가 주장한 메시아적 비밀은 상당히 제한된 범위에만 적용될 수 있는 것이다.

예수님이 처음에는 자신의 메시아 되심을 비밀에 부쳤다가, 적절한 때(십자가에서 죽으시는 순간)가 다가오자 공개하시는 것은 인자로 오셨기 때문이다. 유대인들은 로마 사람들의 억압으로부터 그들을 해방시키고 하나님의 나라를 세울 군사적-정치적 메시아인 다윗의 아들을 기대했다. 계보에 따르면 예수님은 분명 다윗의 아들이시다. 그러나 예수님은 군사적-정치적 리더가 아니라 구약 선지자들이 예언한 대로 자신을 대속 제물로 내주어 온 인류를 구원하는 고난받는 종, 곧 인자로 오셨다. 그러므로 유대인들과 갈등을 피하기 위해 처음에는 자신이 메시아라는 사실을 비밀로 하셨다가, 십자가에 다가갈수록 하나님의 아들임을 드러내신 것이다.

또한 예수님은 그분의 능력과 신비로움을 강조하기 위해 처음에는 자신이 메시아임을 비밀에 부치셨다(Bird). 복음은 온 인류를 구원할 수 있지만 모든 사람을 구원하지는 않는다. 복음은 오직 하나님이 예수님에게 보내신 이들만 구원한다. 하나님이 보내신 이들은 베일에 가려진 복음(예수님이 비밀에 부치라고 하셨던 진리)을 보고 들을 것이고, 그렇지 못한 사람들은 보거나 듣지 못할 것이다. 어떤 사람들에게는 어리석음과 미련함에 불과한 것이 다른 이들에게는 영생을 안겨 주는 신비로운 진리다.

어떤 이들은 마가복음이 마가가 속한 공동체가 당면한 신학적 위기와 현실적 문제들에 대응하기 위해 저작되었다고 주장한다. 또한 목회적인 차원에서 교회가 겪고 있는 핍박을 죽음까지 각오하며 이겨내도록 격려하기 위해 저작되었다고 주장하거나(Grant), 이단들의 잘못된 가르침을 교정하기 위해 저작된 것이라고 주장하는 이들도 있다(Weeden). 혹은 예수님의 신성을 지나치게 강조하다가 인성을 등한시한 오류를 범한 자들에 대한 경고로 보는 이들도 있다. 예수님의 인성을 강조함으로써 주님을 마치 마술사나 기적을 행하는 자 정도로 간주한 사람들에게 균형을 이룰 것을 권면하기 위해 저작된 책이라는 주장이다.

한편, 예루살렘 교회가 핍박을 받는 상황에서 예루살렘을 떠나 하나님 나라가 임할 갈릴리로 오라고 권면하기 위해 저작되었다며 종말론적 위기론을 펼치는 이들이 있다(Kelber, Marxsen). 예수님이 천상의 영적 실재자(實在者)의 환영이라고 주장했던 가현설(假現說, Docetism)의 잘못을 교정하기 위해 인간 예수님의 수난과 십자가 고난을 강조하는 마가복음이 저작되었다고 주장하는 이들도 있다(Schweizer, Martin). 복음을 접해 보지 못한 사람들에게 십자가는 수치와 모욕을 상징할 수도 있는데, 이런 사람들에게 십자가의 참된 의미를 알리는 변증론적인 목적을 두고 저작된 것이라는 주장도 있다(Gundry). 이런 점에서 마가복음은 성도들을 격려하는 것이 아니라 전도와 선교를 염두에 두고 저작되었다고 한다.

마가복음을 저작한 마가가 속했던 믿음 공동체의 존재를 부인할 필요는 없지만, 자신이 속한 공동체가 당면한 이슈에 답을 제시하고 필요를 채우기 위해 복음서를 저작했다는 주장은 신중히 대해야 한다. 이 주장은 마가복음이 예수님이 실제로 사셨던 삶과 사역을 알리기 위해서가 아니라, 저자인 마가가 속한 공동체가 처한 위기와 상황(Sitz im Leben)에 해결책을 제시하기 위해 책이 저작되었다고 하기 때문이다.

공동체를 강조하다 보면 공동체가 당면한 이슈에 대해 논하는 과정에서 저자가 예수님이 하시지 않은 말씀을 주님이 하신 말씀이라고 했다거나, 예수님 시대에는 존재하지 않았던 관점이나 사상이 마가의 서술을 통해 선포되었다는 억지 주장이 나올 수 있다. 게다가 공동체의 필요와 당면한 이슈라고 불리는 것도 대부분 학자들의 주관적 추측에서 비롯된 것일 뿐, 책이 직접적으로 언급하는 것들이 아니다. 실제로 마가복음은 30-70년대 교회가 당면했던 보편적인 이슈들과 연관이 있기 때문에 마가 공동체라는 구체적인 교회와 연관시킬 필요는 없다. 마가 공동체의 필요와 이슈에 관한 부분은 성경의 진실성을 훼손할 수 있기 때문에 조심스럽게 접근해야 한다.

이와 같은 다양한 설명은 마가복음이 저작된 목적을 부분적으로 설명할 수 있다. 그러나 책 전체의 성향을 아우르는 설명은 아닌 듯하다. 마가복음은 무엇보다도 예수님이 누구신지 알기 위해 쓰인 책이다. 예수님은 다윗의 아들로 오신 하나님의 아들이며, 성육신하신 하나님이다. 예수님을 직접 경험했던 사람들은 이러한 사실을 전혀 의심하지 않고 믿었지만, 시간이 지나면서 하나둘 세상을 떠나는 상황이었다. 이러한 때에 마가는 이 증인들의 증언과 경험을 토대로 예수님의 삶과 사역을 문서화했다. 그리스도인들이 예수님의 삶과 사역에 대해 알고 싶을 때 레퍼런스(reference)로 삼게 하기 위해서였다.

또한 마가는 예수님이 선포하신 복음을 가장 순수한 형태로 문서화해 교회가 정통성을 유지하는 데 도움을 주고자 했으며, 복음과 진리를 교묘하게 비트는 이단들의 행태로부터 교회를 보호하고자 했다. 마가복음은 시간과 장소를 초월해 그리스도인들과 교회를 위해 저작된 책이다.

신학적 메시지

마가복음의 핵심 주제는 기독론이다. 이 책은 "하나님의 아들 예수 그리스도의 복음의 시작이라"(1:1)라는 말씀으로 시작하며, 하늘에 계신 하나님이 세례를 받고 물 밖으로 나오신 예수님에게 "너는 내 사랑하는 아들이라 내가 너를 기뻐하노라"라고 말씀하시며 관계를 확인하신다(1:10-11). 예수님이 십자가에서 숨을 거두실 때 백부장은 예수님에 대해 "이 사람은 진실로 하나님의 아들이었도다"라고 고백한다(15:39). 메시아에게 사형을 집행했던 당사자도 그가 하나님의 아들이심을 인정한 것이다. 예수님이 누구신가는 가이사랴 빌립보에서 있었던 "주는 그리스도시니이다"라는 베드로의 고백으로 절정에 달한다(8:29). 사람들은 예수님을 세례 요한이라 하고, 더러는 엘리야, 더러는 선지자 중하나라고 하지만(8:28), 예수님을 영접하고 따르는 사람들에게는 그리스도이시다.

책의 전반부(1-9장)에서 예수님은 위대한 능력을 행하는 메시아로 나타나신다. 하늘의 권세로 귀신들을 쫓아내시고, 난치병을 치료하시고,

죽은 소녀를 살리시고, 많은 사람을 먹이시고, 물 위를 걸으시며, 심지어 바람도 잠잠하게 하시는, 곧 자연을 다스리시는 하나님의 아들이시다(4:41).

예수님은 인간의 죄를 용서하시는 하나님이시다(Beale & Gladd). 유대교 지도자들은 예수님이 죄를 용서하시는 것에 대해 망언이라며 크게 반발했다. 인간의 죄를 용서할 수 있는 유일한 이는 여호와 하나님이기 때문에 만일 그들이 예수님을 죄를 사하는 분으로 인정하면 예수님이 바로 여호와이심을 인정하는 것이 된다. 그러므로 예수님의 신성을 부인하는 그들은 끝까지 주님과 갈등을 빚었다.

하나님이신 예수님은 옛 이스라엘을 대신할 새로운 하나님의 백성을 열두 제자를 통해 세우셨다. 제자들은 옛 이스라엘의 열두 지파를 상징하며(cf. 3:16-19), 예수님은 그들을 보내 전도하고 선교하게 하셨다(6:7-11). 이 과정에서 이스라엘은 이제 더는 하나님 나라의 '인싸'(insider)가 아니며, 여느 이방인처럼 전도를 받아야 하는 '아싸'(outsider)가 되었다(cf. 4:10-12). 그들은 예수님을 메시아로 영접하지 않음으로써 그동안 누리던 하나님 백성의 특권을 스스로 포기한 것이다.

마가복음은 예수님을 이스라엘과 온 인류를 구원하는 보편적인 구원자로 묘사하며 교회가 옛것(구약과 유대인들의 전통)을 포기하지 않으면서도 새것(신약과 이방인들의 시대)을 껴안게 한다. 이러한 가르침은 '남은 자들'에 대한 구약 선지자들의 이해와 맥을 같이한다. 선지자들은 미래에 형성될 '이스라엘 이후 공동체'(post-Israel community)는 남은 자들(하나님께 신실한 사람들)로 구성될 것이라고 하는데, 이 남은 자 공동체는 범위가 넓어지는 면모가 있는가 하면 좁아지는 면모도 지녔다.

남은 자 공동체가 좁아진다는 것은 이런 의미다. 예전에는 누구든 아브라함의 후손, 곧 이스라엘 사람이면 하나님의 백성이 될 수 있었다. 그러나 선지자들이 계시로 받은 남은 자들의 공동체는 더는 혈연으로 이어지는 집단이 아니다. 이스라엘 사람이라 할지라도 믿음이 없으면 남은 자 공동체의 멤버가 될 수가 없다.

또한 남은 자 공동체의 범위는 넓어지기도 한다. 예전에는 이스라엘 사람들만 남은 자가 될 수 있었다. 반면에 선지자들이 꿈꾸었던 남은 자 공동체는 이방인들을 포함한다. 이방인 중에서 믿음이 있는 사람은 남은 자가 될 수 있다. 심지어 이방인이라 해도 여호와의 제사장이 되어 하나님을 가장 가까운 곳에서 섬길 것이라고 한다(cf. 사 65-66장). 신약은 이런 시대가 도래했다고 하는데(롬 3:29; 9:24; 엡 2:11-22), 마가복음도 이러한 사실을 선포하고 있다. 이방인이든 유대인이든 상관없이 누구든 하나님의 뜻을 행하는 이들이 하나님의 백성이 되는 시대가 열린 것이다(3:35).

책의 후반부(10-16장)는 하나님의 아들이자 메시아이신 예수님이 어떻게 고난받는 종으로서 죽음을 통해 사람들의 죄를 대속했는지를 중심으로 전개된다. 마가는 선지자들, 특히 이사야의 새로운 출애굽 모델로 예수님의 구원 사역을 묘사한다(Watts). 이스라엘이 모세의 인도 아래 그들을 억압하던 이집트를 탈출한 일(cf. 출애굽기)은 이후 여러 선지자에게 큰 영감을 주었다. 선지자들은 주님의 백성이 끌려갔던 바빌론에서 고향으로 돌아오는 일을 새로운 출애굽으로 묘사한다(cf. 사 40:1-5; 64:1-4; 렘 21:7-11, 31-34; 호 11:10-11; 미 5:3 등). 처음 출애굽 때처럼 그들은 물을 지나고(사 43:2; 51:9-11; cf. 출 13:17-14:31), 앞뒤로 구름의 호위를 받으며(사 52:12; cf. 출 13:21-22; 사 40:12) 집으로 돌아온다.

복음서에서도 출애굽 사건은 구원의 모형이다. 사탄이 다스리는 나라에서 죄에 짓눌려 살던 인류를 구원해 하나님 나라로 인도할 메시아가 새로운 모세로 오셨다. 그러나 메시아는 모세처럼 카리스마 넘치는 지도자가 아니라, 여호와의 고난받는 종으로 오셨다(막 10:45; cf. 사 42:1-9; 49:1-6; 50:4-9; 52:13-53:12). 고난받는 종으로 오신 메시아는 사람들을 신체적 고통에서 해방시키고, 영적 억압에서도 자유롭게 하셨다.

전능하신 하나님의 아들이 연약한 종으로 이 땅에 오신 것과 자신의 죽음을 통해 사람들을 구원하신 일은 신비롭고 모순적이다. 예수님은 죽음과 죄를 정복하셨지만, 악과 불의는 아직도 존재한다. 예수님을 통해 하나님 나라는 이미 임했지만, 우리는 아직도 사탄이 지대한 영향을 끼치는 세상을 살고 있다. 마가도 모순과 신비로움으로 책을 마무리한다. 예수님은 분명 부활하셨지만, 사람들은 부활하신 주님을 보지 못한다.

구조

학자들이 제시하는 마가복음의 흐름과 구조는 크게 세 가지 유형이다. 첫 번째는 가이사랴 빌립보에서 베드로가 예수님에 대해 "주는 그리스도시니이다"라고 한 고백(8:27-30)을 중심으로 책을 두 파트로 나누는 것이다. 전반부는 예수님이 메시아와 하나님 아들의 권세로 사역하신 것으로, 후반부는 고난받는 종이신 예수님이 십자가의 죽음을 향해 가는 것으로 이해한다. 다음은 이러한 논리를 중심으로 한 분석이다 (Guelich, cf. Perkins).

I. 서론(1:1-13)
II. 예수님의 사역(1:14-8:26)
   A. 권세(1:14-3:12)
   B. 가르침(3:13-6:6)
   C. 사명(6:7-8:26)
III. 예수님의 죽음(8:27-16:8)
   A. 제자들에게 지시하심(8:27-10:52)

B. 예루살렘 갈등(11:1-13:37)
C. 죽음과 부활(14:1-16:8)

두 번째는 예수님의 사역과 가르침이 이뤄지는 장소를 중심으로 구분하는 것이다. 지리적인 위치를 중심으로 책을 구분하면 다음과 같다 (France, van Iersel, cf. Garland).

표제와 프롤로그(1:1-13)
제1막: 갈릴리(1:14-8:21)
제2막: 예루살렘으로 가는 길(8:22-10:52)
제3막: 예루살렘(11:1-16:8)

위와 비슷하지만 책의 흐름을 좀 더 세부적으로 구분한 레인(Lane)은 다음과 같은 구조를 제시했다.

Ⅰ. 프롤로그(1:1-13)
Ⅱ. 갈릴리 사역 시작(1:14-3:6)
Ⅲ. 갈릴리 사역 나중 단계들(3:7-6:13)
Ⅳ. 갈릴리 외 지역 사역(6:14-8:30)
Ⅴ. 예루살렘 여정(8:31-10:52)
Ⅵ. 예루살렘 사역(11:1-13:37)
Ⅶ. 수난 이야기(14:1-15:47)
Ⅷ. 예수님의 부활(16:1-8)

그러나 베드로의 고백(8:27-30) 이후 예수님은 아직도 갈릴리에 머물며 가버나움을 방문하신다(9:30, 33). 또한 예수님이 예루살렘을 목적지로 언급하시는 것은 제2막(8:22-10:52)이 마무리되는 10:32에서나 있는 일이다. 그러므로 제2막을 예루살렘으로 가는 길에서 일어난 일들로 보기는 어렵다. 또한 레인(Lane)의 '갈릴리 외 지역 사역'(6:14-8:30)도 문제가 있다. 이 섹션에 기록된 일 중 상당 부분이 갈릴리 지역 안에서 이뤄지기 때문이다. 이 섹션에서 유일하게 갈릴리 밖에 있는 지역을 배경으로 하는 부분은 7:24과 31절 그리고 8:27이 언급하는 두로와 시돈과 데가볼리와 가이사랴 빌립보가 전부다(Strauss).

세 번째는 위 둘을 융합해 신학적으로 책을 분석한 것이다. 처음 두 분석에서 문제가 되는 중간 부분(8:22-10:52)이 예수님이 자신의 고난에 대해 세 차례 예언하신 일(8:31; 9:31; 10:33-34)과 이 섹션의 시작과 끝이 맹인을 보게 하신 일(8:22-26; 10:46-52)로 구성되어 있음을 염두에 둔 분석이다. 즉, 이 섹션은 독자들에게 고난받는 종으로 오신 메시아를 보라고 권면한다는 것이다. 이러한 이해를 바탕으로 한 분석은 다음과 같다(Strauss).

Ⅰ. 프롤로그: 메시아 소개(1:1-13)
Ⅱ. 메시아의 권세(1:14-8:21)
　　A. 메시아의 왕국 권세(1:14-3:6)
　　B. 메시아의 제자―가족들과 외부자들(3:7-6:6a)
　　C. 메시아의 확장된 사역(6:6b-8:21)
Ⅲ. 고난받는 메시아의 길(8:22-15:47)
　　A. 고난받는 메시아의 계시(8:22-10:52)
　　B. 메시아와 예루살렘의 대립(11:1-13:37)
　　C. 메시아가 예루살렘에서 당한 수난(14:1-15:47)
Ⅳ. 에필로그: 부활 선포(16:1-8)

위에 언급된 구조들을 바탕으로 본 주석에서는 다음과 같이 마가복음을 섹션화해 본문을 주해하고자 한다. 여러 헬라어 사본이 16:8에서 책을 끝맺으며 16:9-20을 포함하지 않는다(cf. Metzger). 이 부분은 마가복음 원본이 완성된 이후 훗날 추가된 것이다. 그래서 많은 학자가 이 섹션을 따로 취급한다. 그러나 본 주석에서는 이 섹션도 마가복음의 일부로 취급할 것이다.

Ⅰ. 세례와 시험: 사역 준비(1:1-13)
Ⅱ. 갈릴리 사역(1:14-8:21)
Ⅲ. 고난을 예고하심(8:22-10:52)
Ⅳ. 예루살렘 갈등(11:1-13:37)
Ⅴ. 마지막 날들(14:1-15:47)
Ⅵ. 부활과 승천: 사역 완성(16:1-20)

Ⅰ. 세례와 시험: 사역 준비
(1:1-13)

마가는 예수님의 탄생이나 어린 시절에 대해 이렇다 할 언급을 하지 않는다. 그는 예수님보다 먼저 와서 주님의 길을 예비한 세례 요한과 예수님이 그에게 세례를 받고 광야에서 사탄의 시험을 받아 사역을 준비하신 이야기로 책을 시작한다.

어떤 이들은 마가복음의 첫 섹션을 1-8절, 혹은 1-13절, 혹은 1-15절, 혹은 1-45절로 정의한다(cf. Beale & Gladd, Carson et al., Garland, Perkins, Wessel & Strauss). 그러나 14-15절은 실제 사역의 시작이며, 1장 나머지 부분도 갈릴리 사역의 일부이므로, 예수님의 사역 준비 단계를 회고하는 첫 섹션은 13절로 제한하는 것이 좋다(Cranfield, France, Garland, Gundry, Hooker, Strauss). 이 섹션은 다음과 같이 네 파트로 구분된다.

A. 복음의 시작(1:1)
B. 세례 요한(1:2-8)
C. 세례를 받으심(1:9-11)
D. 시험을 받으심(1:12-13)

73

Ⅰ. 세례와 시험: 사역 준비(1:1-13)

A. 복음의 시작(1:1)

¹ 하나님의 아들 예수 그리스도의 복음의 시작이라

이 말씀을 복음서 전체에 대한 제목으로(Boring, Collins), 혹은 첫 섹션을 시작하는 말로, 혹은 전체에 대한 제목이면서 이 섹션을 시작하는 말로 간주할 것인가에 대해 다소 논란이 있다(cf. Collins. Smith). 만일 제목이라면 이 복음서에 기록된 예수님의 모든 사역과 가르침의 시작을 뜻하며, 예수님의 사역은 책의 끝부분에 기록된 죽음과 부활에서 절정에 도달한다. 마가는 본문을 통해 책의 주인공이신 예수님의 삶과 그분이 하신 일을 이해하는 열쇠를 제공한다(Lightfoot). 마가는 독자들이 자신처럼 예수님을 하나님의 아들과 그리스도(메시아)로 인정하고 고백하며 책 읽기를 유도한다.

만일 이 말씀이 첫 섹션에 대한 서론이라면 이는 4-8절이 기록하는 세례 요한의 사역을 소개하는 역할을 하거나(Garland, Hooker, Strauss), 예수님의 세례와 시험을 포함한 사역 준비(4-13절)에 대한 설명을 시작하는 구절이 된다(Cranfield, Lane). 예수님의 삶과 사역은 어느 날 갑자기 시작된 것이 아니라, 하나님이 계획하신 일이 오랜 세월에 걸쳐 준비된 결과라는 것이다.

마가가 '시작'(절차)을 강조하는 것으로 간주하면 본문이 요한의 사역을 소개하는 것이 맞지만(Strauss), 하나님의 아들이신 예수님과 사역을 부각하기 위한 표현이라면 복음서 전체에 대한 제목으로 해석하는 것이 옳다(Stein). 예수님은 태초에 시작된 하나님 구속사(salvation history)의 흐름 속에서 절정으로 오셨고, 세례 요한은 하나님이 예수님의 길을 준비하라며 미리 보내신 사람이라는 점을 고려할 때, 1절은 책 전체의 제목이자 요한의 이야기를 시작하는 것으로(cf. 2-3절) 해석하는 것이 바람직하다. 두 가지 기능을 동시에 하는 것이다.

마가복음을 시작하는 첫 문구인 '하나님의 아들'(υἱοῦ θεοῦ)이 헬라어 사본에서는 1절 끝에 등장한다. 헬라어와 우리말의 어순 차이로 인해 빚어진 일이다. 이 문구가 일부 사본에는 없고, 교부들이 이 말씀을 인용할 때 누락되기도 한다는 점 때문에 이 문구가 원래 마가복음의 일부였는지에 대해 학자들 사이에 논쟁이 되었다. 이레니우스(Irenaeus, 130년에 태어남)는 이 말씀을 세 차례 인용하는데, 그중 두 차례는 '하나님의 아들'을 포함하지만 한 차례는 포함하지 않는다(Slomp).

어떤 이들은 원래 있었던 문구가 필사한 사람의 실수로 누락된 것이라 한다. 이 문구를 포함하면 1절을 구성하는 일곱 단어('Αρχὴ τοῦ εὐαγγελίου Ἰησοῦ Χριστοῦ υἱοῦ θεοῦ) 중 여섯 단어가 소유격(genitive) 접미사를 지니고 있는데(-ου), 여기서 여섯 단어가 연속적으로 같은 형식으로 끝나기 때문에 빚어진 혼선이라고 한다(France). 그러나 필사가가 책의 중간도 아니고 시작부터 이런 실수를 범하지는 않을 것이라는 주장도 어느 정도 설득력이 있다(Collins).

그러므로 이 문구를 포함할 것인가 혹은 삭제할 것인가는 매우 어려운 이슈다(Slomp). 근대에 출판된 권위 있는 헬라어 성경 버전들(Nestle-Aland, UBS)은 원래 있었던 것으로 취급한다. 확실한 것은 '하나님의 아들'은 마가복음과 매우 잘 어울린다는 사실이다. 예수님이 하나님의 아들이라고 마가가 누누이 강조하기 때문이다(1:11; 3:11; 5:7; 9:7; 12:6; 13:32; 14:36, 61; 15:39).

당시 사회에서는 왕이나 영웅이나 철학자 등 특별한 능력을 지닌 사람들을 가리켜 신(들)의 아들이라고 했다. 구약은 천사(욥 1:6; 38:7)와 하나님이 보내신 '신비로운 이'(단 3:25)를 이렇게 부른다. 마가는 예수님이 다윗의 후손으로 오신 메시아이심을 강조하며 하나님의 아들이라 한다(Strauss, cf. 삼하 7:14; 시 2:7; 89:26). 다른 복음서들도 같은 맥락에서 예수님을 하나님의 아들이라고 한다(마 16:16; 26:63; 눅 1:32). 예수님은 하나님의 아들로서 하나님의 영광과 능력을 모두 지니셨다(cf. 1:11; 3:11; 5:7; 9:7; 13:32).

'예수'('Iησοῦς)는 구약에서 유래한 이름이다. '예수'의 히브리어 이름인 '예수아'(יֵשׁוּעַ)는 '여호수아'(יְהוֹשׁוּעַ)를 줄인 것이며 '여호와가 구원하신다, 구원하시는 여호와'라는 의미를 지녔다(cf. 출 24:13; 느 7:7). 이 이름은 구원을 뜻하는 일반 명사 '호세아'(הוֹשֵׁעַ)에 여호와를 의미하는 접두사 '여-'(יְהֹ-)를 더한 것이다. 모세가 가나안 정탐을 떠나는 눈의 아들 호세아의 이름을 이렇게 바꿔 부른 것이 유래가 되었다(민 13:8, 16). 칠십인역(LXX)은 이 이름을 헬라어로 '예수'('Iησοῦς)라고 표기했다. 예수님이 태어나시기 전에 하나님이 부모에게 주신 이름이다(마 1:21; 눅 1:31). 구약의 이름 중 온 인류의 구세주에게 가장 잘 어울리는 이름이며(cf. 마 1:21), 마가복음에서 60여 차례 사용된다.

'그리스도'(Χριστός)는 '기름 부음을 입은 자'라는 뜻을 지닌 히브리어 단어 '메시아'(מָשִׁיחַ)를 헬라어로 번역한 것이다. 구약에서 '메시아'는 총 39차례 사용되며 때로는 왕(삼상 2:10; 16:6; 24:10; 삼하 1:14, 16; 19:21)과 제사장(출 28:41; 레 4:3; 6:22)과 선지자(시 105:15)를 의미한다. 이스라엘 역사에서 다윗은 기름 부음을 입은 이의 상징이 되었다. 온 인류를 구원하실 이는 하나님의 선택을 받은 기름 부음을 입은 자가 될 것을 기대하는 표현이다. 복음서에서 '그리스도'는 그다지 자주 사용되지 않으며, 마가복음에서는 7차례 사용된다(1:1; 8:29; 9:41; 12:35; 13:21; 14:61; 15:32).

그리스도는 예수님의 다른 이름이 아니라 호칭(타이틀)이기 때문에 본문의 헬라어 문구('Iησοῦ Χριστοῦ)를 '예수 그리스도'(Jesus Christ)보다는 '메시아 예수'(Jesus the Messiah)로 하는 것이 더 정확한 번역이다(Strauss, cf. NIV). 예수님 시대에는 이스라엘을 구원하기 위해 다윗의 후손으로 오실 이의 타이틀이었다(cf. 삼하 7:11-16; 시 2장; 89장; 110장; 사 9:1-7; 11:1-16; 렘 23:1-6; 겔 34:23-24).

'복음'(εὐαγγέλιον)은 '좋은/복된 소식'이라는 의미를 지녔으며, 헬라-로마 문화권에서는 전쟁에서 승리한 것, 혹은 새로운 왕의 즉위식 등에 관한 소식을 알리는 것을 의미했다(TDNT). 구약에서는 이사야 52:7의 "좋은 소식을 전하며 평화를 공포하며 복된 좋은 소식을 가져오며 구원을 공포하며 시온을 향하여 이르기를 네 하나님이 통치하신다 하는 자의 산을 넘는 발이 어찌 그리 아름다운가"라는 말씀이 복음이 무엇인지 정의한다(Beale & Gladd, cf. 시 96:2; 사 40:9; 61:1). 하나님의 평화와 구원이 임했다는 좋은 소식을 알리는 것을 복음이라 한다. 구약에서 사람에게 이 복된 소식을 선포할 수 있는 이는 하나님 한 분이기 때문에, 신약 역시 예수 그리스도의 복음은 처음부터 끝까지 여호와 하나님의 개입(사역)을 전제한다. 이런 점에서 예수님은 2-3절에서 이스라엘을 찾아오신 하나님으로 묘사된다(Horbury).

'시작'(ἀρχή)은 창세기 1:1을 시작하는 '태초에'(בְּרֵאשִׁית)를 칠십인역(LXX)이 헬라어로 번역할 때(ἐν ἀρχῇ) 사용한 단어다(cf. 요 1:1; 요일 1:1). 마가는 이 단어로 자신의 책을 시작하며 옛적 천지창조에 버금갈 만한 일이 시작되고 있다는 사실을 암시한다(고후 5:17; cf. 갈 6:15). 하나님의 아들 예수 그리스도의 복음이 세상을 완전히 바꿔 놓을 새로운 창조를 시작하고 있다는 것이다.

이 말씀은 매우 짧지만 두 가지 중요한 교훈을 준다. 첫째, 예수 그리스도께서 선포하신 복음은 우연히 된 일이나 갑자기 급조된 일이 아니라 태초부터 하나님이 계획하신 일이다. 하나님 계획 안에서 철저하게 준비되었다가 적절한 때가 되자 세상에 선포되었다. 우리의 사역도 이 위대하신 하나님이 철저하게 예비하신 구속 사역의 일부다. 그러므로 감사하며 자신 있게 사역에 임해야 한다.

둘째, 예수 그리스도의 복음은 새로운 창조를 시작했다. 옛 창조에 버금가는 새로운 창조다(고후 5:17; cf. 갈 6:15). 오늘날에도 예수님의 창조 사역은 계속되고 있다. 죄인 한 사람이 회심하고 하나님의 자녀가 될 때마다 그는 새 피조물이 되어 온 천하보다 더 귀하게 된다. 우리는 계속 복음을 선포하고 가르쳐 하나님의 새로운 창조가 계속되게 하라는 소명을 받았다.

I. 세례와 시험: 사역 준비(1:1–13)

B. 세례 요한(1:2–8)

² 선지자 이사야의 글에

　　보라 내가 내 사자를 네 앞에 보내노니

　　그가 네 길을 준비하리라

³ 광야에 외치는 자의 소리가 있어 이르되

　　너희는 주의 길을 준비하라 그의 오실 길을 곧게 하라

기록된 것과 같이 ⁴ 세례 요한이 광야에 이르러 죄 사함을 받게 하는 회개의 세례를 전파하니 ⁵ 온 유대 지방과 예루살렘 사람이 다 나아가 자기 죄를 자복하고 요단 강에서 그에게 세례를 받더라 ⁶ 요한은 낙타털 옷을 입고 허리에 가죽 띠를 띠고 메뚜기와 석청을 먹더라 ⁷ 그가 전파하여 이르되 나보다 능력 많으신 이가 내 뒤에 오시나니 나는 굽혀 그의 신발끈을 풀기도 감당하지 못하겠노라 ⁸ 나는 너희에게 물로 세례를 베풀었거니와 그는 너희에게 성령으로 세례를 베푸시리라

마가가 책의 제목을 말한 다음(1절) 제일 먼저 하는 말은 "선지자 이사야의 글에 기록된 것과 같이"(καθὼς γέγραπται ἐν τῷ Ἡσαΐᾳ τῷ προφήτῃ)(개역개정에서는 우리말 어순 때문에 "기록된 것과 같이"가 3절 끝부분에 표기되어 있지만, 헬라어 사본에서는 2절 첫 부분에 있음)이다. '기록된 것과 같이'(καθὼς γέγραπται)는 구약 예언이 성취되었다는 의미이며, 마가복음에서 내레이터인 마가가 구약 성취를 언급하는 유일한 부분이다. 나

78

머지는 모두 예수님이 직접 구약의 여러 말씀이 자신을 통해 성취되었다고 하시는 사례들이다.

마가가 책을 시작하며 제일 먼저 예수님이 구약 말씀에 따라서 오셨다는 것을 선언하는 것은 예수님의 사역을 이해하려면 구약 말씀과 예언적 흐름을 이해하는 것이 중요하다는 사실을 강조하기 위해서다(Wessel & Strauss). 예수님은 구약의 성취(완성)이며, 구약에서 말씀하신 하나님의 성육신이다. 그러므로 구약과 신약을 가장 확실하게 이어주는 분이다. 또한 마가가 책을 시작하자마자 제일 먼저 구약 말씀을 인용하는 것을 통해 예수님의 삶과 사역을 바라보는 그의 시각을 엿볼 수 있다(Smith). 그는 예수님이 선지자들이 예언한 이스라엘의 종말론적(최종적) 회복에 대한 소망을 실현하기 위해 오셨다고 한다(Chilton, Stuhlmacher, Watts). 세상 끝 날까지 이스라엘을 회복시킬 이는 예수님이 유일하시다는 뜻이다. 또한 예수님은 온 인류의 유일한 소망이시다.

마가는 2-3절에 기록된 것이 이사야의 예언이라고 하지만(2a절), 사실은 구약에 있는 말씀 세 구절을 조합한 것이다. "보라 내가 내 사자를 네 앞에 보내노니"(ἰδοὺ ἀποστέλλω τὸν ἄγγελόν μου πρὸ προσώπου σου)(2b절)는 칠십인역(LXX)의 출애굽기 23:20을 인용한 것이다. 하나님은 모세에게 가나안으로 가기 위해 광야를 지나가야 하는 이스라엘 앞에 천사를 보내 그들의 길을 인도할 것이라고 말씀하셨다. "그가 네 길을 준비하리라"(ὃς κατασκευάσει τὴν ὁδόν σου)(2c절)는 말라기 3:1에서 인용한 것이다. 유일한 차이는 본문의 '네 길'(ὁδόν σου)이 말라기의 '내 길'(ὁδὸν μου)을 대신하는 점이다. 마가는 이 말씀을 메시아적으로 적용하기 위해 하나님의 '내 길'(말라기)을 메시아이신 예수님의 '네 길'로 바꾸고 있다. 예수님은 하나님의 화신(embodiment)이라는 뜻이다(Strauss). 말라기 4:6은 이 길을 준비할 이가 엘리야라고 한다(cf. 막 9:13). 신약에서는 이 엘리야가 다름 아닌 세례 요한이다(cf. 마 3:1-17; 눅 3:1-2; 요 1:6-8; 19-36; 행 10:37; 13:24).

3절은 칠십인역(LXX)의 이사야 40:3을 인용한 것이다. 마소라 사본은 "한 소리가 외치기를 너희는 광야에서 여호와의 길을 예비하라"(קוֹל קוֹרֵא בַּמִּדְבָּר פַּנּוּ דֶּרֶךְ יְהוָה)(cf. 새번역, 공동, NAS, NRS, ESV, TNK)라며 예비함을 강조한다. 이 말씀을 칠십인역(LXX)은 "광야에서 외치는 자의 소리가 말하기를 너희는 주의 길을 예비하라"(φωνὴ βοῶντος ἐν τῇ ἐρήμῳ ἑτοιμάσατε τὴν ὁδὸν κυρίου)로 번역해 강조점을 외치는 자에게 두었다. 마가는 이러한 칠십인역(LXX)의 해석을 그대로 인용한다. 칠십인역(LXX)이 마소라 사본보다 세례 요한의 사역과 더 확실하게 연관 짓기 때문이다(Watts, Wessel & Strauss). 요한은 여호와가 오실 길을 준비하기 위해 먼저 보내심을 입은 사람이다. 그는 자기 스스로 하나님의 길을 준비한 것뿐 아니라, 사람들에게도 주님의 길을 준비하라고 외친다(3b절). 우리 모두 하나님을 영접할 준비가 되어 있는지를 점검하도록 도전하는 것이다.

마가가 이사야 40:3을 칠십인역(LXX)에서 인용하고 있지만, 본문과 칠십인역(LXX)에는 한 가지 중요한 차이가 있다. 칠십인역(LXX)의 '우리 하나님의'(τοῦ θεοῦ ἡμῶν) 대신 마가는 '그의'(αὐτοῦ, 주[하나님]) 길을 곧게 하라고 한다. 이러한 변화는 예수님을 '우리 하나님'과 동일시한다(Beale & Carson, cf. Hurtado). 즉, 마가는 하나님이 직접 구원과 심판으로 오신다는 예언이 예수님을 통해 성취되고 있다고 하는 것이다(Hooker). 예수님은 구약의 여호와이신 것이다.

마가가 율법(출 23:20)과 대선지서(사 40:3)와 소선지서(말 3:1)를 하나처럼 조합해 사용하는 것은 메시아이신 예수님에 대해 전하고자 하는 메시지가 모두 사실임을 구약 전체가 뒷받침한다는 것을 말하기 위해서다(Derrett). 또한 마가는 출애굽기와 이사야 말씀을 인용함으로써 마가복음 전체를 아우르는 출애굽 모티브를 시작한다(Marcus, Watts). 출애굽기는 출애굽 사건의 전모를 기록하고 있으며, 이사야 선지자처럼 장차 있을 새로운 출애굽에 대해 지속적으로 예언하는 사람도 없다. 마가는 이스라엘이 그토록 오랜 세월 기다렸던 하나님이 드디어 예수님을 통해 오셨으며, 자기 백성을 위로하기 시작했다고 한다.

'주의 길'(τὴν ὁδὸν κυρίου)은 전사(divine warrior)이신 하나님이 자기 백성과 함께 승리 행진(victory march)을 하시는 길이다(Marcus). 마가는 하나님이 이미 승리하셨다고 하는 것이다. 옛적에 이집트를 상대로 승리하신 하나님이 자기 백성을 이끌고 광야를 지나 약속의 땅으로 가신 것처럼, 예수님이 자기 백성을 이끌고 하나님 나라에 입성하실 것을 암시한다(Marcus).

3절에 이어 4절 역시 언급하는 '광야'(ἔρημος)는 구약에서 중요한 주제다(cf. 『엑스포지멘터리 민수기』). 하나님이 태초에 모든 것을 창조하시고 안식일을 지정하신 이후(창 2:1-3) 처음으로 안식일이 언급되는 곳이 광야다(출 16:23). 모세는 광야에서 하나님을 만났고(출 3장), 이스라엘은 시내 광야에서 율법을 받았다(출 19장). 선지자들은 하나님과 소통하기 위해 광야를 자주 찾았다(cf. 왕상 17:2-3; 19:3-18).

이스라엘이 시내 광야에서 하나님의 백성이 된 이후 광야는 새로운 시작과 출애굽을 상징하는 곳이 되었다. 인류 구원에 관한 일이 광야에서 시작되었고(3절), 세례 요한이 광야에서 사역했으며(4절), 예수님이 세례를 받으시고 광야로 가신 일(12절)과 이스라엘의 거짓 메시아들이 자주 광야에서 활동을 시작한 일(cf. 행 21:38) 등도 하나님의 창조적이고 새로운 사역이 광야에서 시작된다는 이해에서 비롯되었다. 쿰란 공동체가 광야에서 집단생활을 한 것도 이러한 이유에서였다(Marcus).

광야는 새로운 시작을 상징하는 좋은 곳이지만, 사람의 생명을 위협하는 곳이기도 하다. 광야에는 먹을 것뿐 아니라 마실 것도 없어서 사람이 오래 생존할 수 없는 곳이기 때문이다. 자신이 누리던 모든 것을 포기하는 사람만이 광야로 나갈 수 있다. 그러므로 광야에서 시작되는 하나님의 구원 사역을 경험하고자 하는 사람은 사회적 지위와 편안함을 포기하고 온전히 하나님만 바라보아야 한다.

요한은 광야에서 죄 사함을 받게 하는 회개의 세례를 전파했다(4절). '전파하다'(κηρύσσω)는 큰소리로 외치는 것을 의미한다(BAGD). 요한이 공개적으로 사역했다는 뜻이다. 요한과는 대조적으로 예수님은 사역을 시작하신 후 한동안은 제자들에게 그분이 메시아라는 사실을 비밀로 하라고 하셨다. 학자들은 이것을 '메시아적 비밀'(messianic secrecy)이라고 한다. 온 세상에 알릴 시기가 올 때까지 한시적으로 이 사실을 비밀에 부치라는 의미다. 우리는 좋은 소식은 되도록 자주, 널리 알려야 한다. 그래야 사람들이 듣고, 생각하고, 결단한다(cf. 5절).

당시 유대인들에게 회개하라는 권면은 상당한 충격이었을 것이다. 헬라어로 '회개'(μετανοίας)는 마음을 바꾼다는 뜻이다. 구약 사상에 익숙한 유대인인 요한의 청중은 이 권면을 구약과 연결해 이해했을 것이다. 구약에는 사람이 마음을 바꾼다는 의미의 회개는 없다. 선지자들은 회개하라는 권면을 히브리어로 '돌아오라!'(שוב)라고 표현한다. 가던 길의 방향을 180도 돌려 되돌아오라는 뜻이다. 삶의 방식을 바꾸고 하나님에 대한 태도를 바꾸라고 권면할 때 사용된다(cf. NIDOTTE). 사람이 하나님으로부터 계속 멀어지다가, 돌이켜 하나님을 향해 돌아오는 이미지를 떠올릴 수 있다.

유대인들은 특권 의식에 사로잡혀 있던 사람들이다. 여호와 하나님이 아브라함의 후손인 그들 자신만 백성으로 삼으시고, 그들에게만 율법을 주셨다고 생각했다. 또한 때가 되면 하나님이 온 열방을 그들 앞에 무릎 꿇게 하실 것이라고 확신했다. 유대인들은 그들이 태어날 때부터 세상 끝 날까지 하나님이 그들 편에 서서 일하신다고 생각한 것이다. 그러나 회개하라는 요한의 권면은 그들의 이 같은 특권 의식을 전적으로 부인한다. 특권 의식에 사로잡힌 사람들에게 요한의 메시지는 참으로 충격적으로 들렸을 것이다.

요한의 세례가 어디서 유래했는가에 대해 추측이 난무하다(cf. Beasley-Murray). 어떤 이들은 쿰란 공동체에서 비롯된 것이라 하기도 하고, 어떤 이들을 구약의 정결 예식에서 비롯된 것이라 하기도 한다. 유대교에서 이방인들이 개종할 때 그들에게 행한 것이라고 하는 이들도 있다(France, Meier). 이렇게 간주하면 요한의 메시지를 듣고 있는 유대인들도 하나님 앞에서 부정(unclean)하기는 이방인들과 별반 다를 바 없으니 그들도 세례를 받아 하나님이 새로 시작하실 백성이 되라는 권면으로 볼 수 있다(Garland, cf. 마 3:9; 눅 3:8).

그러나 이처럼 다양한 설명도 요한이 베푸는 세례의 유래를 만족스럽게 설명하지는 못한다. 쿰란 공동체와 정결 예식에서 몸을 씻는 것은 수없이 반복되는 일이지만, 요한은 모든 사람에게 단 한 번씩만 세례를 주었다. 이방인들이 유대교로 개종할 때 행한 예식에서 유래한 것이라는 주장도 요한의 세례를 받는 사람들이 거의 모두 유대인이었다는 사실을 설명하지 못한다. 그러므로 요한의 세례는 그가 여러 가지 전통과 예식을 고려해 시작한 그의 고유 사역으로 생각해야 한다 (Beale & Carson, Strauss).

요한은 사람들에게 회개의 세례를 주었다. '회개의 세례'(βάπτισμα μετανοίας)는 회개해(cf. 5절) 죄 사함을 받으면 세례를 통해 그 사실을 공개적으로 드러내라는 의미다(cf. Grant). 세례는 사람이 죄를 용서받고 새 피조물이 되면, 하나님이 그를 용서하셨으므로 새로운 삶을 시작하게 되었다는 것을 사람들 앞에서 고백하는 행위다. 따라서 요한은 세례의 전제 조건으로 죄에 대한 회개를 요구했다. 요한의 세례는 아브라함의 후손으로 태어난 것만으로는 하나님의 백성이 될 수 없음을 암시한다(cf. Garland).

마가는 요한이 광야에서 회개의 세례를 전파했다고 한다(4절). 구체적으로 어느 광야인지는 밝히지 않지만, 유대 지방과 예루살렘 사람들이 세례를 받으러 요단강으로 나왔다고 한다(5절). 요한은 마태가 기록한 것처럼 예루살렘 남쪽과 사해와 요단강이 만나는 지역을 뜻하는 유대 광야(마 3:1)에서 사람들에게 세례를 준 것이다. 예루살렘은 요한이 세례를 주는 곳에서 30㎞ 이상 떨어진 곳이고, 높이가 1,200m 이상 차이가 나는 곳이다. 쉽게 여행할 만한 거리나 위치가 아니다.

에세네(Essene)파 사람들이 이곳에서 쿰란(Qumran) 공동체를 형성해 수도원 생활을 했다. 그러므로 일부 학자는 요한이 이 쿰란 공동체에서 성장했다고 단정한다(Albright & Mann). 그러나 그렇게 단정하기에는 쿰란 공동체의 성향과 요한의 성향에 너무나 많은 차이점이 있다(Meier). 요한은 유대 광야에서 살면서 하나님의 말씀을 외치는 광야 선지자(wilderness prophet)였다.

세례 요한에 대한 소문을 듣고 곳곳에서 많은 사람이 몰려와 죄를 자복하고 세례를 받았다(5절). 마가는 모든(온, πᾶσα) 유대 지방 사람과 모든(다, πάντες) 예루살렘 사람이 요한에게 나가 세례를 받았다고 하는데(5절), 과장법이다. 또한 '나오다'(ἐξεπορεύετο)는 미완료형 동사다. 사람들이 끊임없이 요한을 찾아왔다는 뜻이다. 요한은 당시 사회에 큰 파장을 일으켰다(Strauss). 아마도 유대인들은 지난 400여 년간 침묵하셨던 하나님이 드디어 침묵을 깨고 요한을 통해 말씀하신다고 생각했고, 머지않아 메시아가 오실 것으로 기대하며 요한에게 몰려들었을 것이다.

요한의 복장과 음식이 특이하다(6절). 그는 낙타털 옷을 입고, 허리에 가죽 띠를 띠었다. 열왕기하 1:8에 따르면 엘리야가 이런 모습을 했다(cf. 말 4:5). 낙타털이나 염소털 옷은 가난한 사람들과 광야에서 거하는 사람들이 주로 입었던 옷이다. 그러므로 요한은 모든 사치를 포기한 사람이다. 선지자들은 이런 모습으로 살기도 했다(cf. 슥 13:4). 그의 음식은 메뚜기와 석청이었다고 하는데, 이 또한 광야 선지자들과 가난한 사람들의 음식이었다. 요한의 옷차림과 음식도 검소함에 대한 메시지를 선포했다.

세례 요한은 광야에서 엘리야처럼 살면서 사역했다. 예수님도 그가 엘리야라는 사실을 인정하신다(9:13). 물론 그가 아합왕 시대에 살다가 하늘로 들림을 받은 엘리야라는 뜻은 아니다. 그 엘리야는 훗날 모세와 함께 변화산에 나타난다(9:4). 요한은 선지자들을 대표하는 인물이었던 엘리야의 전승에 따라온 인물이다. 선지자들이 주님의 길을 예비했던 것처럼, 요한도 예수님의 길을 예비하러 온 선지자였다.

요한도 이 같은 사실을 잘 알기에 자신을 곧 오실 메시아의 전조(forerunner)라고 한다(7절). 어떤 사람들은 요한의 사역과 예수님은 무관하며, 훗날 교회가 이 둘을 연관 지은 것이라고 주장한다(Boring). 그러나 본문에 기록된 요한의 말과 훗날 그가 제자들을 보내 예수님이 오실 그분이 맞는지 묻는 것을 보면(마 11:2-19; 눅 7:18-35), 요한은 예수님을 그가 준비한 길로 오시는 메시아로 알고 있다. 요한과 예수님의 관계는 교회가 만들어낸 이야기가 아니다(cf. Wessel & Strauss).

요한은 곧 오실 분은 얼마나 능력이 많으신지 자신은 그분의 신발 끈을 풀기도 감당하지 못할 정도라고 한다(7절). 당시 다른 사람의 신발 끈을 묶고 푸는 것은 노예가 하는 일이었다. 요한은 곧 오실 메시아에 비하면 자신은 한없이 낮은 자라며 이렇게 표현한다.

요한은 자신과 메시아의 능력 차이를 설명하면서 세례를 한 예로 든다(8절). 그는 우리가 주변에서 흔히 볼 수 있는 물로 세례를 주었다. 반면에 곧 오실 메시아는 성령으로 세례를 주실 것이다. '성령'(πνεύματι ἁγίῳ)은 선지자들이 종말에 하나님이 부어 주실 것이라고 예언했던 하나님의 영이다(사 4:4; 44:3; 겔 36:26-27; 욜 2:28). 요한은 사람에게 외형적인 세례를 줄 수밖에 없지만, 메시아는 사람의 영혼을 정결하게 하는 내적 세례를 주실 것이라는 뜻이다. 쉽게 말해 요한은 이 땅의 흔한 것으로 세례를 주지만, 메시아는 하늘의 영으로 세례를 주실 것이라며 자신과 메시아의 차이는 땅과 하늘의 차이에 비교할 만하다고 한다(cf. Moule). 요한이 참으로 겸손히 고백하지만, 그의 말은 사실이다.

마가는 하나님이 오실 것이라는 구약 말씀을 인용하면서(2-3절; cf. 사 40:3; 말 3:1), 이를 예수님에게 적용하기 위해 메시아적으로 읽었다. 또한 세례 요한 뒤에 오는 메시아는 성령으로 세례를 주실 것이라며,

오직 하나님만이 하실 수 있는 일을 할 것이라고 한다(cf. 겔 36:26-27; 욜 2:28). 이러한 표현을 통해 예수님은 하나님이 보내신 이가 아니라, 하나님이 아들인 예수님을 통해 직접 오셨다고 한다(France, Hurtato).

이 말씀은 하나님이 오실 길을 준비하라는 명령을 받은 우리가 이 소명을 잘 감당하고 있는지 되돌아보게 한다. 하나님의 길은 우리가 말씀에 순종하며 하나님의 뜻에 따라 살 때 비로소 우리 삶에 드러난다. 그리스도인이 모두 말씀에 따라 빛과 소금의 삶(선한 삶)을 살면 하나님의 나라가 온 세상에 드러날 것이다.

하나님은 우리가 각자에게 맡겨진 역할을 잘 감당하도록 상황을 만들어 가신다. 하나님은 세례 요한을 먼저 보내 예수님의 길을 예비하게 하셨다. 우리의 길도 예비하신다. 또한 우리를 사용해 다른 사람들의 길도 예비하신다. 한 가지 명심해야 할 것은 어떤 상황에서도 하나님을 앞서가서는 안 된다는 사실이다.

Ⅰ. 세례와 시험: 사역 준비(1:1-13)

C. 세례를 받으심(1:9-11)

⁹ 그 때에 예수께서 갈릴리 나사렛으로부터 와서 요단 강에서 요한에게 세례를 받으시고 ¹⁰ 곧 물에서 올라오실새 하늘이 갈라짐과 성령이 비둘기 같이 자기에게 내려오심을 보시더니 ¹¹ 하늘로부터 소리가 나기를 너는 내 사랑하는 아들이라 내가 너를 기뻐하노라 하시니라

마가는 마태와 누가와 달리 예수님의 탄생에 관한 어떠한 이야기도 하지 않고 곧바로 예수님이 어떻게 사역을 준비하셨는지 회고한다(cf. 마 1-2장; 눅 1-2장). 예수님은 바로 세례 요한이 먼저 와서 길을 예비한 대단한 능력을 지니신(cf. 7절) 하나님이라는 사실을 그분의 가르침과

사역을 통해 알리기 위해 이렇게 이야기를 시작한다. 이윽고 사역하실 때가 되자 예수님은 갈릴리 나사렛으로부터 요단강에 있는 요한을 찾아와 세례를 받으셨다(9절).

나사렛(Ναζαρέτ)은 갈릴리 호수 남쪽 끝과 지중해 사이 중간 지점에 있다(ABD). 요셉과 마리아가 인구 조사 때문에 베들레헴으로 떠나기 전에 살던 곳이기도 하다(눅 1:26-27; 2:39). 당시 나사렛은 매우 작은 마을이었으며, 인구는 500명가량이었다(ABD). 구약이 한 번도 언급하지 않은 곳이며, 예수님의 제자 나다나엘이 빌립에게 나사렛에서 메시아가 나셨다는 소식을 듣고 "나사렛에서 무슨 선한 것이 날 수 있느냐?"라고 말할 정도로 평범한 마을이었다(요 1:46). 이러한 정황을 고려할 때 요한보다 '더 능력 많으신 이'(7절)가 나오실 만한 곳은 아니다. 그러므로 예수님이 나사렛에서 오신 것은 예수님의 겸손한 배경을 암시하며 신분에 대한 신비로움을 더한다.

예수님은 나사렛에서 자라나셨지만, 태어나신 곳은 베들레헴이다(마 2:1, 23; 눅 2:4, 39). 동방 박사 사건으로 인해 헤롯 대왕이 아기 예수를 죽이려 하자 요셉과 마리아가 아이와 함께 이집트로 피신했다가 돌아와서 정착한 곳이다. 헤롯이 주전 4년에 죽은 것을 고려해 학자들 대부분은 예수님이 대략 주전 6년쯤에 태어나셨을 것이라고 한다.

누가가 예수님이 30세쯤 사역을 시작하셨다고 하는 것으로 보아(눅 3:23) 예수님이 요한에게 세례를 받으신 것도 이때쯤으로 보인다. 요한은 디베료 황제(Tiberius Caesar) 15년에 사역을 시작했다(눅 3:1-3). 디베료는 아버지 아우구스투스(Augustus)와 11-12년경에 섭정을 시작했고, 아버지가 죽은 14년부터 홀로 통치했다. 그러므로 디베료 황제가 섭정을 시작한 때를 기준으로 하면 요한은 27년경에 사역을 시작한 것으로 보인다.

공관복음들은 예수님의 사역과 연관해 한 번의 유월절을 언급하지만, 요한복음은 세 번의 유월절에 관해 말한다(요 2:13; 6:4; 11:55). 따라서 예수님은 아마도 3년 정도 사역하셨을 것이다. 그러나 마가는 이 같은 디테일에는 관심이 없다. 메시아이심을 알리는 천사들의 방문과 다윗의 후손으로 오신 일, 그리고 동정녀 탄생 등 예수님의 탄생과 연관된 특이한 사건에도 관심이 없다(cf. 마 1-2장; 눅 1-3장). 그는 예수님이 하나님이라는 사실을 주님의 가르침과 행하신 일들로 보여 주고자 한다(Strauss).

일부 학자는 예수님이 요한에게 세례를 받은 일에 대해 문제를 제기하기도 한다. 요한이 주는 세례는 '회개의 세례'였기 때문이다(4-5절; cf. 마 3:2, 6). 마태복음에 따르면 요한은 예수님이 세례를 받겠다고 하시자 매우 당황했다(마 3:14). 요한도 메시아이신 예수님은 세례를 받으실 필요가 없다고 생각했기 때문이다.

이에 대해 예수님은 "우리가 이와 같이 하여 모든 의를 이루는 것이 합당하다"라며 요한에게 세례를 진행할 것을 요구하셨다(마 3:15). 하나님은 태초에 시작해 종말에 완성될 인류 구원의 원대한 계획을 세우셨다. 우리는 이것을 '구속사'(history of salvation)라고 한다. 예수님도 하나님이 완성해 가시는 구속사에 따라 성육신하셨다. 예수님은 요한이 자신에게 세례를 주는 것이 하나님의 이 원대한 구속사적인 계획의 일부이며, 하나님의 의를 이루는 일이라 하신다. 그러므로 요한이 예수님에게 세례 주기를 거부하는 것은 하나님의 뜻에 순종하는 일이 아니다.

예수님은 요한의 세례를 받으신 후 곧 물에서 올라오셨다(10a절). 예수님이 받으신 세례는 물에 완전히 잠겼다 나오는 침례였다. 출애굽 때 이스라엘이 하나님의 백성이 되기 위해 홍해를 건넌 일이 이러한 세례의 역사적 배경이다(Beale & Carson, cf. 사 63:11-64:1). 이 세례식에서 사용된 물과 잠시 후 예수님이 광야에 머무는 40일이라는 기간(13절)은 예수님이 '새로운 출애굽'을 실현하는 사역을 하실 것을 암시한다(Marcus, Watts).

사역에 대한 열의를 보이시기 위해서인지 예수님은 물 안에 오래 머물지 않으시고 '곧[바로]'(καὶ εὐθὺς) 올라오셨다. 이 문구는 마가가 신속한 이야기 전개를 위해 자주 사용하는 표현이며 총 42차례 등장한다. 예수님이 물에서 올라오실 때 세 가지 징조가 나타났다.

첫째, 하늘이 갈라졌다(10절). 마태와 누가는 '열리다'(ἀνοίγω)라는 동사를 사용하는데(마 3:16; 눅 3:21), 마가는 훨씬 더 강력한 동사 '갈라지다'(σχίζω)를 사용한다(cf. BAGD). 한 번 찢어진 것은 다시 닫힐 수 없다는 것을 암시하기 위해서다(Garland). 하늘이 갈라지는 것은 하나님의 현현 혹은 계시가 곧 임할 것을 상징한다(Taylor, cf. 사 64:1; 겔 1:1; 계 11:19; 19:11). 하나님이 말라기 선지자 이후 지난 400여 년 동안 침묵하셨다가 예수님의 세례를 계기로 다시 말씀하기 시작하셨다는 뜻이다.

또한 마가는 예수님이 십자가에서 숨을 거두실 때 성전 휘장이 위에서부터 아래까지 찢어졌을 때도 이 동사를 사용한다(15:38). 하늘의 갈라짐과 휘장이 찢어짐이 한 쌍의 수미상관 구조(inclusio)를 형성하면서 예수님의 사역과 대속적인 죽음을 감싼다. 하늘이 갈라지고 휘장이 찢긴 것은 사람들이 하나님께 나아갈 수 있는 가능성을 소망으로 제시하는데, 예수님의 사역과 죽음이 이런 일을 가능하게 했다는 것이다.

둘째, 성령이 비둘기 같이 내려오셨다(10절). 학자들은 비둘기가 내려오는 것이 상징하는 바에 대해 16가지 해석을 내놓았다(Davies & Allison). 가장 많은 학자의 지지를 받는 두 가지는 천지창조 때 하나님의 영이 수면 위에 운행하신 일(창 1:2) 그리고 노아 홍수가 끝난 직후 하나님이 땅에 은혜를 베푸신 일(창 8:8-12)과 연관 짓는 것이다. 중요한 것은 이 두 가지 해석 모두 [새로운] 창조의 시작을 알린다는 사실이다(cf. 『엑스포지멘터리 창세기 1권』). 유대인들은 종말에 옛 창조(cf. 창 1장)에 버금가는 새로운[재] 창조가 이루어질 것으로 생각했는데, 예수님이 이러한 창조를 시작하신다(Garland).

구약은 메시아가 성령으로 충만해 성령과 함께 사역할 것이라고 한다(cf. 눅 4:18). 따라서 예수님이 사역을 시작하기 위해 세례를 받으시는 순간 성령이 그분에게 임하는 것은 당연한 일이다. 성령은 하나님의 아들인 예수님이 메시아의 사역을 하실 권한(empowerment)을 하나님께 받았다는 사실을 확인하는 역할도 한다(Strauss). 이사야 11:1-4은 성령과 메시아의 관계와 사역에 대해 이렇게 예언했다.

이새의 줄기에서 한 싹이 나며
그 뿌리에서 한 가지가 나서 결실할 것이요
그의 위에 여호와의 영
곧 지혜와 총명의 영이요
모략과 재능의 영이요
지식과 여호와를 경외하는 영이 강림하시리니
그가 여호와를 경외함으로 즐거움을 삼을 것이며
그의 눈에 보이는 대로 심판하지 아니하며
그의 귀에 들리는 대로 판단하지 아니하며
공의로 가난한 자를 심판하며
정직으로 세상의 겸손한 자를 판단할 것이며
그의 입의 막대기로 세상을 치며
그의 입술의 기운으로 악인을 죽일 것이며
공의로 그 허리띠를 삼으며
성실로 그의 몸의 띠를 삼으리라

셋째, 하늘로부터 소리가 났다. "너는 내 사랑하는 아들이라 내가 너를 기뻐하노라"(11절). 이 말씀은 서론(1-13절)의 절정이다. 예수님이 누구(어떤 분)이신지 확인해 주기 때문이다(cf. Best). 하늘에 계시는 하나님이 예수님을 그분의 아들이라고 하신다.

마가가 기록하는 하나님의 말씀은 시편과 이사야서에서 부분적으로 인용한 조합이다(France, Guelich, Gundry, Marshall). 첫 부분인 '내 사랑하는 아들이라'는 메시아를 왕으로 묘사하는 시편의 일부다(시 2:7). '내가 너를 기뻐하노라'는 이사야가 메시아를 고난받는 종으로 노래한 것의 일부다(사 42:1). 그러므로 상반되는 두 구약 말씀을 조합한 본문은 예수님의 두 가지 역할(dual role)을 암시한다. 예수님은 장차 온 세상을 다스릴 메시아 왕으로 보좌에 앉으실 것이다. 그러나 지금은 고난을 받아야 할 메시아 종으로 오셨다. 즉, 본문은 예수님의 신성과 인성에 관한 말씀이다.

이러한 현상은 예수님만 경험한 것일까, 혹은 주변 사람들도 목격했을까? 10절은 예수님이 성령이 '자기'(εἰς αὐτόν)에게 내려오심을 보았다고 하는데, '보았다'(εἶδεν)는 단수다. 11절도 2인칭 단수 '너'(σὺ)를 사용하는 것으로 보아 예수님만 보고 들으신 것이 확실하다(Wessel & Strauss). 또한 예수님이 홀로 보고 들으신 것은 마가가 '메시아적 비밀'(messianic secrecy)을 강조하는 것과 잘 어울린다. 그러나 마태복음은 '너'(σὺ) 대신 '이는'(οὗτός)을 사용하며(마 3:17), 요한복음은 세례 요한도 보았다고 기록한다(요 1:32-33). 주변 사람들도 듣거나 본 것을 배제할 필요는 없다.

이 말씀은 자신은 '흙수저를 쥐고 태어났다'라며 절망하는 사람들에게 소망을 준다. 나사렛에서 가난한 목수의 아들로 태어나신 예수님이야말로 요즘 말로 표현해 흙수저를 쥐고 태어나셨기 때문이다. 그럼에도 불구하고 예수님은 온 인류를 구원하는 구세주가 되셨다. 하나님 나라에 입성해 하나님의 백성이 되는 것에 '금수저-흙수저'는 별 의미가 없다.

또한 하나님의 일에는 절차와 순서가 있다. 예수님은 요한에게 세례를 받으실 필요가 없는 분이다. 그러나 예수님은 그에게 세례를 받는 것을 의로운 일이라고 하셨다. 하나님이 그렇게 정하셨기 때문이다. 살면서 하나님을 앞서가거나 하나님이 정해 두신 절차와 순서를 무시하는 일은 없어야 한다.

D. 시험을 받으심(1:12-13)

¹² 성령이 곧 예수를 광야로 몰아내신지라 ¹³ 광야에서 사십 일을 계시면서 사탄에게 시험을 받으시며 들짐승과 함께 계시니 천사들이 수종들더라

평생 함께하며 생사고락을 같이할 성령이 예수님에게 비둘기같이 내려온 후 제일 먼저 한 일은 성령으로 충만한 예수님을 광야로 몰아내는 것이었다. '몰아내다'(ἐκβάλλω)는 매우 강력한 단어다. 예수님이 귀신 들린 자들에게서 귀신을 쫓아내실 때 자주 사용되는 단어다. 그러므로 마태는 '이끌다'(ἀνάγω), 누가는 '이끌다, 인도하다'(ἄγω)로 대신해 상황을 다소 부드럽게 표현한다(마 4:1; 눅 4:1).

이 동사(몰아내다)가 강력한 의미를 지니긴 하지만 그렇다고 성령이 예수님의 뜻과 상반되게 광야로 나가도록 강요한 것을 뜻하지는 않는다. 여기에는 '나가도록 권유하다' 혹은 '인도하다'라는 의미가 희석되어야 한다. 그럼에도 불구하고 마가가 이처럼 강력한 단어를 사용하는 것은 예수님에게 임한 성령의 인도하심과 능력이 얼마나 강한지를 보여 주기 위해서다.

예수님은 광야에서 사탄에게 시험을 받으셨다. '사탄'(σατάν)은 히브리어 '사탄'(שָׂטָן)을 헬라어로 음역(소리 나는 대로 표기)한 것이다(cf. 대상 21:1; 욥 1-2장; 슥 3:1-2). 사탄은 '비난하는 자, 고발하는 자'(slanderer, accuser)라는 의미를 지녔다(HALOT). 칠십인역(LXX)은 사탄을 '마귀'(διάβολος)로 번역했고, 신약 저자들도 칠십인역(LXX)의 번역에 따라 이 악한 존재를 34차례 마귀라고 부른다. 그러나 마가는 항상 그를 사탄이라고 부른다.

구약에서는 사탄이 하나님을 대적하는 악령들의 우두머리인지, 성도의 신앙에 대해 하나님께 문제를 제기하는 역할을 담당하는 천사인지

확실하지는 않다(cf. 『엑스포지멘터리 욥기』). 그러나 신약에서 분명히 알 수 있는 것은 사탄은 악령들의 우두머리이며, 예수님을 죽이고자 했던 헤롯왕 이야기(마 2:1-13)를 통해 볼 수 있듯이 사람도 그의 도구로 사용될 수 있다는 사실이다.

'광야'(ἔρημος)는 인간이 경작할 수도 없고 살 수도 없는 척박한 곳으로, 생명을 죽음으로 내모는 곳이다. 또한 사탄이 지대한 영향력을 행사하는 곳이다(cf. Garland). 예수님은 광야에서 사탄의 시험을 모두 이기심으로써 사탄의 무기들을 무력화시키고 사역을 시작하신다(Best). 마태와 누가는 사탄이 예수님이 하나님의 아들이라는 사실에 대해 세 가지를 시험했다고 하는데(마 4:1-11; 눅 4:1-13) 마가는 구체적인 내용은 언급하지 않고 예수님이 시험을 받으신 일을 한마디로 요약한다. 예수님이 시험을 통해 악의 세력과 죄와 죽음을 상대로 승리하셨다는 사실만 강조한다(Strauss).

예수님이 사탄에게 시험을 받으며 광야에 머무신 시간은 40일이다. '40'은 여러 가지 상징성을 지닌 숫자다. 모세(출 24:18)와 엘리야(왕상 19:8, 15)는 40일 동안 광야에 홀로 머물렀다. 그리고 출애굽한 이스라엘은 광야에서 40년을 지냈다(민 14:34). 그들의 불신으로 인해 출애굽한 세대가 모두 죽을 때까지 하나님이 가나안 입성을 허락하지 않으셨기 때문이다. 40년은 한 세대를 상징하는 숫자다. 예수님은 40일 동안 광야에 머물면서 사탄에게 승리하셨다.

마가는 예수님이 40일 동안 광야에 머무시며 들짐승과 함께 계셨다고 하는데, 마가복음만 이러한 디테일을 언급하기 때문에 정확한 의미를 파악하기가 쉽지 않다. 어떤 이들은 이 말씀이 에덴동산에서 아담이 짐승들과 함께 있었던 일을 배경으로 한다고 주장한다(Bauckham, cf. 창 2:19). 예수님이 짐승들과 함께 계신 것은 낙원인 에덴동산의 회복을 의미하며, 아담이 실패해서 쫓겨난 낙원을 새로운 아담인 예수님이 되찾을 것을 상징한다는 것이다(cf. 사 11:6-9).

그러나 대부분의 주석가는 이 말씀이 들짐승이 득실거리는 광야의 위험을 강조하는 것으로 해석한다(Cranfield, France, Garland, Lane, Perkins, cf. 레 26:21-23; 시 22:12-21; 사 13:21-22; 단 7:1-8). 들짐승들이 예수님을 해하려고 했지만, 천사들이 예수님을 수종들었기(보호했기) 때문에 광야에서 머무는 동안 안전하셨다는 것이다. 이 해석이 훨씬 더 설득력이 있다. 성령의 인도하심을 받은 예수님을 사탄뿐 아니라 들짐승들도 해하지 못했다.

천사들이 예수님을 수종든 일은 시편 91:11-12을 배경으로 한다(Garrett, Witherington). 예수님의 시험 이야기에서 마태와 마가도 이 말씀을 배경으로 삼는다(cf. 마 4:6; 눅 4:10). 하나님은 언제든 천사들에게 명령해 그분의 자녀들을 보호하실 수 있다. "그가 너를 위하여 그의 천사들을 명령하사 네 모든 길에서 너를 지키게 하심이라 그들이 그들의 손으로 너를 붙들어 발이 돌에 부딪히지 아니하게 하리로다"(시 91:11-12). 이 같은 하나님의 보호는 오늘날에도 우리와 함께한다.

이 말씀은 성령의 인도하심이 얼마나 강력한지 암시한다. 어떤 사람들은 성령의 음성과 인도하심을 매우 희미한 것으로 생각하는데, 본문에서 성령은 예수님을 광야로 '몰아내셨다.' 상황에 따라 성령의 인도하심은 매우 확실하게 일어난다는 뜻이다. 우리는 일상에서 성령의 음성에 귀를 기울이는 일을 게을리해서는 안 된다. 성령의 음성은 들을수록 더 강력하고 확실하게 들린다.

하나님은 천사들을 보내 위험한 광야에서 시험받으시는 예수님을 보호하셨다. 우리도 어떤 상황에 처하든 해를 두려워할 필요가 없다. 각자에게 맡겨진 일을 하면 하나님이 보호하실 것이기 때문이다. 또한 시험이 닥쳐도 두려워하지 말자. 하나님의 아들이신 예수님도 시험을 받으셨다. 우리에게 시험이 닥칠 때 성령을 의지하면 이길 힘도 주실 것이다.

Ⅱ. 갈릴리 사역

(1:14-8:21)

요한에게 세례를 받으시고 광야로 나가 사탄의 시험을 이기신 예수님이 본격적으로 사역을 시작하신다. 예수님이 예루살렘으로 떠나시기 전에 갈릴리 지역을 중심으로 하신 사역과 가르침을 회고하는 본 텍스트는 다음과 같이 세 파트로 나뉠 수 있다. 모든 사람이 예수님을 메시아로 영접한 것은 아니며, 사역 초기부터 부인하는 사람들이 있었다.

A. 메시아의 권세(1:14-3:6)

B. 영접한 사람들과 부인한 사람들(3:7-6:6a)

C. 메시아의 확장된 사역(6:6b-8:21)

Ⅱ. 갈릴리 사역(1:14-8:21)

A. 메시아의 권세(1:14-3:6)

이 섹션은 예수님이 어떤 권세를 지니셨는지 단면적으로 보여 준다. 예수님은 복음을 선포하고, 제자들을 부르고, 병자들을 치료하고, 죄를 용서하고, 율법을 해석하는 권세를 가지셨다. 이런 권세로 사역하신 예수님의 갈릴리 사역은 어떠했고, 또 사람들은 어떻게 반응했는지를 단면적으로 보여 준다. 본문은 다음과 같이 구분된다.

A. 예수님의 메시지 요약(1:14-15)
B. 첫 제자들을 부르심(1:16-20)
C. 예수님의 권세(1:21-45)
D. 유대교 지도자들과의 갈등(2:1-3:6)

> II. 갈릴리 사역(1:14-8:21)
>   A. 메시아의 권세(1:14-3:6)

1. 예수님의 메시지 요약(1:14-15)

¹⁴ 요한이 잡힌 후 예수께서 갈릴리에 오셔서 하나님의 복음을 전파하여 ¹⁵ 이르시되 때가 찼고 하나님의 나라가 가까이 왔으니 회개하고 복음을 믿으라 하시더라

이 짧은 섹션은 마가복음의 흐름에서 세 가지 역할을 한다: ⑴요한의 사역에서 예수님의 사역으로 전환함, ⑵예수님의 갈릴리 사역 시작을 알림, ⑶예수님이 선포하신 메시지를 요약함(Strauss). 마가는 이곳에서 세례 요한이 잡힌 일을 언급만 하지만, 나중에 이 사건을 자세하게 회고한다(6:1-29).

'잡혔다'(παραδοθῆναι)는 '누구에게 넘기다'의 수동태다(BAGD). 세상은 하나님과 하나님이 보내신 이들을 싫어한다. 예수님도 자신이 잡힐 것을 계속 예언하시며(3:19; 9:31; 10:33; 14:10, 11, 21, 41, 42), 가룟 유다 일당이 예수님을 잡아가는 것도 같은 단어로 묘사된다(14:44, 15:1, 15). 요한은 예수님이 앞으로 겪으실 일을 먼저 겪은 것이다.

요한복음은 요한과 예수님이 한동안 같은 때에 사역했다고 한다(요 3:22-4:2). 한편, 이와 대조적으로 공관복음들은 요한의 사역이 끝난 후에 예수님이 사역을 시작하셨다고 한다(마 4:12; 눅 3:19-20). 요한복음은 요한이 먼저 와서 메시아의 길을 예비했고, 예수님은 그가 예비한 길을 가신다는 연계성을 강조한다. 반면에 공관복음들은 요한은 구약 시대를 마무리하는 사람이며, 예수님은 완전히 새로운 시대를 열어가는 분임을 강조한다. 이러한 차이로 인해 요한복음은 요한과 예수님의 연속성(continuity)을 강조하는 반면, 공관복음들은 요한과 예수님의 단절성(discontinuity)을 부각한다.

요한이 잡힌 후 예수님은 갈릴리에서 하나님 나라의 복음을 전파하셨다. '전파하다'(κηρύσσω)는 크게 외치는 것을 뜻한다(BAGD). 공개적으로 선포하셨다는 뜻이다. 복음 전파에서 가장 중요한 것은 타이밍이다. 복음은 '세월이 흘러도 변치 않는 영적 현실'(timeless spiritual realities)을 선포하는 것이 아니다. 복음은 언제든 그 순간에 하나님의 새로운 세상이 임했다고 선포하는 것이다(Marcus). 그러므로 바울은 때를 얻든지 못 얻든지 항상 말씀을 전파하라고 한다(딤후 4:2). 하나님의 복음은 어떤 순간에도 새롭게 임할 것이기 때문이다.

예수님은 때가 찼다고 하신다. '때'(καιρὸς)는 하나님이 아들을 보내 구원을 이루실 때를 뜻한다(갈 4:4). 하나님이 구원을 이루실 때가 되었으므로 하나님의 나라가 가까이 왔다. 하나님의 나라는 예수님이 선포하신 메시지의 핵심 주제로(cf. 4:11, 26, 30; 9:1, 47; 10:14-15, 23-25; 12:34; 14:25; 15:43), 왕이신 하나님이 다스리시는 나라다(출 15:18; 시 29:10; 47:7; 97:1; 99:1; 103:19; 사 43:15). 하나님의 나라는 은혜와 심판을 동반해 세상에 정의를 세우고, 죄를 정복하고, 질병을 없애며 의인을 인정한다(Marshall). 즉, 하나님이 매우 역동적으로 통치하시는 나라다.

어떤 이들은 예수님이 자기 시대가 아니라, 종말에 하나님 나라가 임할 것을 선포하셨다고 한다(Schweizer). 어떤 이들은 예수님 시대에 예수님의 가르침과 사역을 통해 이미 하나님의 나라가 임했다고 한다 (Dodd). 마가복음 안에는 이 두 가지가 공존한다(Gundry, France, Hooker, Stein). '가까이 왔다'(ἤγγικεν)는 완료형 동사이며, '이미 왔다'는 뜻으로 해석되거나 '오고 있다'는 의미로 해석될 수도 있다. 마가는 동사를 이처럼 애매모호하게 사용함으로써 하나님의 나라가 이미 임했고, 앞으로도 임할 것을 암시한다(Strauss). 하나님의 나라는 예수님의 삶과 사역을 통해 이미 세상에 임했고, 승천한 예수님이 다시 오실 때도 임할 것이다. 그러므로 예수님이 선포하신 하나님 나라의 가장 기본적인 성향은 신학자들이 말하는 '이미—아직'(already—not yet) 긴장 상태(tension)다.

하나님의 나라가 가까이 온 것에 대해 사람은 어떻게 반응해야 하는가? 예수님은 회개하고 복음을 믿어야 한다고 하신다. 안타깝게도 모든 사람이 예수님의 권면에 수긍하지는 않는다. 믿는 사람들에게는 하나님의 나라가 이미 임했고 앞으로 임할 것이지만, 믿지 않는 사람들에게는 하나님의 나라가 종말에나 임할 것이다. 그때가 되면 그들은 믿지 않은 데 대한 혹독한 대가를 치러야 한다.

이 말씀은 지금이 복음을 전파하기 가장 좋은 때라고 한다. 하나님의 복음은 언제든, 누구를 위해서든 곧바로 새로운 세상을 시작할 수 있기 때문이다. 또한 지금이 하나님의 복음을 영접하기 가장 좋은 때다. 영접하는 순간 하나님의 나라가 임하기 때문이다. 이 순간 우리가 복음에 어떻게 반응하는지가 우리의 영생을 좌우한다.

II. 갈릴리 사역(1:14-8:21)
　A. 메시아의 권세(1:14-3:6)

2. 첫 제자들을 부르심(1:16-20)

¹⁶ 갈릴리 해변으로 지나가시다가 시몬과 그 형제 안드레가 바다에 그물 던지는 것을 보시니 그들은 어부라 ¹⁷ 예수께서 이르시되 나를 따라오라 내가

너희로 사람을 낚는 어부가 되게 하리라 하시니 [18] 곧 그물을 버려 두고 따르니라 [19] 조금 더 가시다가 세베대의 아들 야고보와 그 형제 요한을 보시니 그들도 배에 있어 그물을 깁는데 [20] 곧 부르시니 그 아버지 세베대를 품꾼들과 함께 배에 버려 두고 예수를 따라가니라

예수님은 사역을 시작하시면서 제일 먼저 제자들을 세우셨다. 갈릴리 해변에서 있었던 일이다. 갈릴리 호수는 예루살렘에서 북쪽으로 100㎞ 떨어져 있다. 길이는 남북으로 22㎞에 달하고, 너비는 동서로 15㎞에 달하는 큰 호수다(ABD). 갈릴리 호수는 해저 215m에 있으며, 요단강을 110㎞ 흘러 해저 427m인 사해로 흘러든다. 물고기가 많고 호수 주변에 모래사장도 많다. 큰 풍랑이 일 정도이기 때문에 본문에서처럼 '갈릴리 바다'(τὴν θάλασσαν τῆς Γαλιλαίας)로 불리기도 했다. 갈릴리 호수는 다른 이름으로도 불렸는데, 구약 시대에는 긴네렛 바다로 불렸고(민 34:11; 신 3:17; 수 12:3; 13:27), 신약에서는 게네사렛 호수[바다](눅 5:1)와 디베랴 호수[바다](요 6:1; 21:1) 등으로 불렸다. 게네사렛과 디베랴는 호수 주변에 있는 도시들이었다. 디베랴는 분봉 왕 헤롯(Antipas)이 통치 수도로 삼은 곳이다.

본문에서 예수님은 제자 중에서도 가장 가까운 사람 넷을 먼저 세우신다(cf. 5:37; 9:2; 13:3; 14:33). 나중에는 제자들 수가 열두 명이 될 것이다(마 10:1-4; 눅 5:1-11). 예수님이 제자로 세우신 사람들은 사회적 지위가 높거나 능력이 뛰어난 이들이 아니다. 갈릴리 호수 주변에서 평범하게 살던 시골 사람들이다. 여러 면에서 하나님 나라를 선포하기에 적절해 보이지는 않는 사람들이라 할 수 있다. 예수님이 이런 사람들을 통해 교회를 세우셨다는 사실이 참으로 놀랍다(cf. France).

예수님은 당장 사역에 도움이 될 것을 기대하며 제자들을 세우신 것이 아니다. 장차 이 땅에 세울 교회를 위해 이들을 훈련하고 준비시키기 위해 세우시고 키우셨다. 그러므로 예수님이 제자들을 훈련하시고

양육하시는 모습이 자주 보인다. 그들은 예수님이 승천하신 후 진가를 발휘할 것이다. 하나님은 연약한 자들을 훈련해 큰일을 하게 하시는 분이다.

예수님이 갈릴리 해변을 지나시다가 시몬과 안드레 형제를 만나셨다 (16절). 예수님은 나중에 시몬에게 베드로라는 이름을 주신다(3:16; cf. 요 1:44). 그들은 가버나움의 북동쪽, 갈릴리 호숫가에 있는 어부들의 마을 벳새다 출신이며(요 1:44), 가버나움에 살고 있었다(1:29).

시몬과 안드레 형제는 어부였다. 당시 갈릴리 지역에는 농업에 종사하는 사람들이 가장 많았으며, 그다음이 어업에 종사하는 사람들이었다. 어부들은 경제적으로 낮은 중류층(lower middle class) 혹은 높은 서민층(higher low class)이었다(Davies & Allison). 그러므로 이 사람들은 부유층은 아니지만, 어느 정도 여유 있는 삶을 누렸다.

예수님은 시몬과 안드레에게 물고기가 아니라 사람을 낚는 어부로 만들어 주겠다며 따라오라고 하셨다(17절). 예수님은 당시 정서와 어울리지 않는 파격적인 제안을 하셨다. 당시 사람들은 스승으로 모시고 싶은 사람을 찾아가 배웠다. 제자가 스승을 택한 것이다. 그러나 예수님은 이와는 대조적으로 두 형제를 찾아가 제자로 삼으셨다. 또한 선지자들은 사람들에게 하나님을 따르라고 권면했는데, 예수님은 자신을 따르라고 하신다. 예수님이 곧 하나님이기 때문이다.

예수님이 이처럼 파격적인 제안을 하신 것은 이번이 초면이 아니기 때문일 것이다. 한 주석가는 예수님이 이들을 처음 만난 것은 약 1년 전 일이라고 한다(Wilkins). 그들은 원래 세례 요한의 제자였다가 예수님이 세례를 받으신 지 얼마 지나지 않아 주님을 따르게 된 것으로 보인다(요 1:35-42).

예수님이 그들에게 제안하는 '어업'은 그동안 시몬과 안드레가 종사한 어업과 질적으로 다르다. 시몬과 안드레는 물고기를 잡아서 사람들의 식탁에 오르게 했다. 그러나 예수님이 제안하시는 어업은 사람들을 죄와 하나님의 진노에서 구하는 어업이다. 시몬과 안드레의 고기잡이는 죽이는 것이었고, 예수님이 제안하시는 고기잡이는 살리는 것이다.

시몬과 안드레 형제는 곧바로 그물을 버려두고 예수님의 초청에 응했다(18절). 예수님이 그들을 부르신 것은 여러 면에서 선지자 엘리야가 엘리사를 부른 일을 연상케 한다(왕상 19:19-21). 그때 엘리사는 가족들과 작별 인사를 할 시간을 달라고 했지만, 두 형제는 곧바로 예수님을 따른다. 주님의 부르심에 절대적으로 순종하겠다는 각오를 보는 듯하다.

이 형제들은 예수님의 제자가 되기 위해 생업을 완전히 버린 것일까? 그렇지는 않은 것으로 보인다. 요한복음 21:1-3은 예수님이 부활하신 다음에도 그들이 배를 소유하고 있었다고 한다. 그러나 예수님을 따르는 일이 그들의 우선권에서 절대적인 우위에 있었다. 그들은 많은 시간을 예수님과 보내며 많은 가르침을 받았다. 또한 예수님이 갈릴리 호수 주변을 돌면서 가르치실 때면 항상 주님과 함께 있었다. 며칠씩 지속되는 여정은 그들에게 큰 경제적 손실을 의미했다. 그러므로 그들은 주님을 따르기 위해 상당한 손해를 감수해야 했다.

예수님은 시몬과 안드레를 제자로 부르신 후 야고보와 요한 형제를 제자로 부르셨다(19절). 그들은 아버지 세베대와 함께 배에서 그물을 깁고 있었다. 사용한 그물을 다음 고기잡이를 위해 만지고 있었다는 뜻이다. 그들은 곧바로 배와 아버지를 뒤로하고 예수님을 따랐다(20절).

시몬과 안드레가 그들의 생업을 뒤로하고 부르심에 응했다면, 야고보와 요한은 가족(아버지)을 뒤로하고 예수님을 따른 것이다. 누가는 이 네 사람이 배 두 척을 운영하는 어업 파트너였다고 한다(눅 5:3-7). 이후 야고보는 열두 제자 중 첫 순교자가 되며(행 12:1-2), 요한은 복음서와 서신들과 계시록을 남긴 정경 저자가 된다.

이 말씀은 예수님을 따르는 일은 많은 준비와 능력을 요구하지 않는다고 한다. 제자 중에서도 가장 중요한 네 명 모두 이렇다 할 교육을 받은 적이 없고, 매력적인 직업을 갖거나 괄목할 만한 업적을 이루지도 못했다. 예수님은 이런 사람들을 제자 삼으셨다. 주저하지 않고 따르려는 순종만 있으면, 능력은 양육을 통해 키워 주실 것이기 때문이다. 이러한 사실을 알기에 네 사람은 예수님이 부르실 때 생업과 가족을 뒤로하고 순종했다.

```
II. 갈릴리 사역(1:14-8:21)
  A. 메시아의 권세(1:14-3:6)
```

3. 예수님의 권세(1:21-45)

예수님은 제자들을 세우신 후 본격적으로 사역을 시작하신다. 본 텍스트는 예수님이 가르치고, 병자를 치료하며, 귀신을 쫓아내는 하늘나라의 권세를 지니신 분이라고 한다. 예수님은 이 권세로 사탄이 사람들을 억압하기 위해 사용하는 방법들을 무력화시키신다. 사건들을 중심으로 구분하면 다음과 같다.

  A. 귀신 들린 사람(1:21-28)
  B. 베드로의 장모(1:29-34)
  C. 기도와 사역(1:35-39)
  D. 나병 환자(1:40-45)

```
II. 갈릴리 사역(1:14-8:21)
  A. 메시아의 권세(1:14-3:6)
    3. 예수님의 권세(1:21-45)
```

(1) 귀신 들린 사람(1:21-28)

²¹ 그들이 가버나움에 들어가니라 예수께서 곧 안식일에 회당에 들어가 가

르치시매 ^{22} 뭇 사람이 그의 교훈에 놀라니 이는 그가 가르치시는 것이 권위 있는 자와 같고 서기관들과 같지 아니함일러라 ^{23} 마침 그들의 회당에 더러운 귀신 들린 사람이 있어 소리 질러 이르되 ^{24} 나사렛 예수여 우리가 당신과 무슨 상관이 있나이까 우리를 멸하러 왔나이까 나는 당신이 누구인 줄 아노니 하나님의 거룩한 자니이다 ^{25} 예수께서 꾸짖어 이르시되 잠잠하고 그 사람에게서 나오라 하시니 ^{26} 더러운 귀신이 그 사람에게 경련을 일으키고 큰 소리를 지르며 나오는지라 ^{27} 다 놀라 서로 물어 이르되 이는 어찜이냐 권위 있는 새 교훈이로다 더러운 귀신들에게 명한즉 순종하는도다 하더라 ^{28} 예수의 소문이 곧 온 갈릴리 사방에 퍼지더라

예수님은 제자로 삼은 네 명과 함께(cf. 16-20절) 가버나움으로 가셨다. 가버나움(Καφαρναούμ, '나훔의 마을')은 갈릴리 호수 북서쪽에 있으며 이스라엘의 최북단이다. 가버나움은 동서가 만나 교류하는 문화적 요충지였을 뿐 아니라 이방인이 많이 살았기 때문에 이 지역의 전도와 선교 요충지라 할 수 있다(cf. ABD). 시리아의 다마스쿠스에서 시작해 요단강 줄기를 따라 남서쪽으로 나 있는 대로는 가버나움을 거쳐 갈릴리 지방을 가로질러 지중해 연안에 있는 가이사랴(Caesarea on the Mediterranean)까지 이어졌다(France).

가버나움은 옛적 스불론 지파와 납달리 지파와 연관이 있는 곳이기도 하다(cf. 마 4:15). 여호수아 시대에 스불론 지파는 갈릴리 호수 서쪽 내륙에 상당히 협소한 지역에 정착했고, 납달리 지파는 스불론 지파 땅과 맞닿은 지역에서 시작해 갈릴리 호수 서쪽을 감싸는 훨씬 더 넓은 지역을 기업으로 받았다(수 19:10-16, 32-39). 이스라엘의 최북단 지역에 정착한 두 지파는 주전 8세기에 아시리아가 북 왕국 이스라엘을 정복하고 사람들을 아시리아로 잡아갈 때 제일 먼저 끌려간 지파들이다(왕하 15:29). 이후 바빌론으로 끌려갔던 유다 사람들이 이 길을 따라 예루살렘으로 돌아왔다(Davies & Allison).

103

예수님이 속박과 끌려감의 아픈 역사를 지닌 가버나움에서 사역을 시작하시는 것은 억압된 사람들에게 드디어 해방의 시간이 임했음을 암시한다. 또한 두 지파 사람들이 끌려간 주전 8세기 이후 많은 이방인이 가버나움과 주변 지역에 정착했다. 그러므로 예수님이 이 지역에서 사역을 시작하시는 것은 주님이 유대인뿐만 아니라 이방인도 구원하시는 메시아이심을 암시한다. 마태는 예수님이 가버나움으로 가신 이유가 이사야 선지자의 예언을 이루기 위해서라고 한다(마 4:14-16).

예수님은 가버나움을 갈릴리 사역의 전진기지(베이스캠프)로 사용하신다(cf. 2:1, 9:33). 이 지역이 전도와 선교의 전략적 요충지이며, 베드로와 안드레 형제의 집이 이곳에 있다는 점도 중요한 이유가 되었을 것이다. 베드로와 안드레는 가버나움의 북동쪽 갈릴리 호숫가에 있는 어부들의 마을 벳새다 출신이지만(요 1:44), 가버나움에 살고 있다(29절).

예수님은 안식일에 회당에서 가르치셨다(21절). 안식일은 금요일 해가 질 때부터 토요일 해가 질 때까지다. 오늘날에도 유대인들은 금요일 해가 질 때, 토요일 오전에, 토요일 해지기 전에 세 차례 예배를 드린다. 유대인들은 예나 지금이나 회당을 중심으로 신앙생활을 한다. '회당'(συναγωγή)은 주전 5세기 즈음에 시작되었으며, 성전에서 멀리 떨어져 살거나 여러 가지 이유로 인해 성전에 자주 갈 수 없는 사람들이 집 근처에 있는 회당에 모여 함께 예배하며 말씀 강론을 듣는 것이 유래가 되었다.

당시에는 개인이 성경을 소유하는 것이 흔치 않은 일이었다. 귀하기도 하고, 필사로 제작되었기 때문에 비싸기도 했다. 따라서 사람들은 성경을 읽고 싶으면 회당을 찾았다. 회당에는 성경 일부의 사본이 있었기 때문이다. 그러나 회당도 구약 전체를 소유하기에는 재정적인 부담을 느끼는 시대였다. 오늘날 교회는 성전보다는 회당을 모델로 삼았다고 할 수 있다. 성전은 예루살렘에 딱 하나 있었으며, 그나마 파괴된 이후로는 없기 때문이다.

　예수님이 회당을 중심으로 사역하신 데는 큰 장점이 있다. 당시에는 말씀 강론자가 귀했기 때문에 대부분 회당에서는 지역을 방문한 랍비나 선생을 청해 강론을 들었다(cf. 눅 4:16-17; 행 14:1; 17:2). 가르침을 귀하게 여기는 시대였기 때문이다. 그러므로 예수님도 언제든 회당에서 말씀을 강론하실 수 있었다. 또한 회당을 찾는 이들은 하나님과 구약에 대해 어느 정도 알고 있으며 하나님을 사랑하고자 하는 사람들이기에 공감대를 형성하기 쉬웠다.

　예수님이 회당을 순회하시는 것은 이방인들도 예수님이 이룰 구원의 대상이지만, 사역 초반에는 유대인들에게 집중하셨다는 것을 의미한다. 예수님이 승천하신 후 사도들도 처음에는 회당을 중심으로 사역했다(cf. 사도행전). 이후 기독교와 유대교가 갈라지면서 이방인들이 교회의 주류가 되었다.

　예수님은 회당에서 무엇을 가르치셨을까? 마가는 마태나 누가처럼 예수님이 무엇을 가르치셨는지 자세하게 언급하지 않는다. 예수님을 실천과 기적을 행하시는 메시아로 부각시키기 위해서다(Hooker). 한 가지 확실한 것은 구약 말씀을 읽고 그 말씀을 통해 하나님의 나라(15절)에 대해 설명하셨을 것이다. 가르침은 청중이 이미 들어 본 말씀의 의미를 설명하는 것이기 때문이다. 오늘날의 설교나 성경 공부와 비슷하다.

　예수님의 가르침을 들은 사람들이 놀랐다(22절). 강론을 들어보니 대단한 권위로 가르치시는 것이 역력했기 때문이다. 예수님이 메시아의 '권위, 권세'(ἐξουσία)로 말씀을 강론하시는 만큼 당연한 일이다. 또한 그들은 예수님의 권위가 서기관들의 것과 같지 않다고 하는데 여기에는 그럴 만한 이유가 있다. 서기관들(γραμματεῖς)은 율법을 해석하고 설명하는 전문가들이다. 그러나 그들은 구약에 기록된 율법만 해석하고 설명한 것이 아니라, 일명 '장로들의 전통'을 지키는 것도 중요하다면서 이 율법을 해석하며 사람들에게 준수할 것을 요구했다.

　'장로들의 전통'(τὴν παράδοσιν τῶν πρεσβυτέρων, cf. 마 15:1-20)은 바리

새인들이 율법을 해석해 행동 규칙으로 만든 구전 법전(Oral Torah)이다 (Josephus). 따라서 율법을 적용하는 사례가 주류를 이루었다. 처음에는 사람들이 멋모르고 율법을 범하는 일을 막으려는 좋은 의도로 시작되었지만, 세월이 지나면서 사람들을 비상식적인 규칙으로 억압하는 결과를 초래했다. 이러한 이유로 그들은 구약 말씀만 고수하는 예수님과 자주 갈등했고(2:6, 16; 3:22; 7:1, 5), 제사장들과 장로들과 합세해 예수님을 죽음으로 내몰았다(8:31; 10:33; 11:18; 14:1, 43, 53; 15:1).

사도 바울은 이 구전을 '내 조상의 전통'(τῶν πατρικῶν μου παραδόσεων) 이라 부른다(갈 1:14). 한편, 예수님은 이 구전을 '너희의 전통'(마 15:3, 6), '사람의 전통'으로 부르며 거리를 두신다(7:8, 골 2:8). 장로들의 전통이 때로는 하나님의 율법과 대립하기 때문에 좋은 것은 아니다. 구전율법은 훗날 랍비 유다 왕자(Rabbi Judah the Prince, 135-200)의 지휘하에 미쉬나로 문서화되었다(Carson).

예수님의 가르침에 사람들만 놀란 것이 아니라 귀신들도 놀랐다. 회당에 더러운 귀신 들린 사람이 있었는데, 그가 소리를 지른 것이다(23절). 마가는 '더러운 귀신'(πνεύματι ἀκαθάρτῳ)을 11차례 사용하는데, 17차례 사용하는 '귀신'(δαιμόνιον)과 같은 말이다. 귀신은 그 자체도 부정하지만, 귀신 들린 사람도 부정하게 만든다. 부정은 관계를 단절시킨다. 그러므로 귀신을 쫓아내는 것은 귀신 들렸던 사람과 하나님과 가족들과 공동체와의 관계를 회복시키는 첫 단계라 할 수 있다. 이 표현은 자칫 더러움이 불결함을 뜻하는 것으로 오해하게 할 수 있다. 그러므로 '더러운 귀신'보다는 '악한 영'으로 번역하는 것이 좋다(cf. 새번역, NIRV). 더러운 귀신이 회당 안에 있다는 것을 이상하게 생각할 필요는 없다. 우리는 교회 안에서도 종종 이런 일을 경험한다.

귀신은 예수님이 누구인지, 어떤 권세를 가지신 분인지 정확히 알고 있다(24절). "우리가 당신과 무슨 상관이 있나이까?"라는 말은 남의 일에 참견 말라는 의미의 수사학적인 질문이다(France). '우리'를 마귀와

그가 들어가 있는 사람으로 해석할 수도 있지만, 마귀와 귀신 집단을
두고 하는 말이다. 예수님이 마귀는 내쫓으시지만, 사람에게는 해를
가하지 않으시기 때문이다. 예수님은 광야에서 사탄에게 시험받은 일
을 통해 이미 사탄과 졸개들의 능력을 무력화시키셨다(cf. 13절). 이제
남은 것은 종말에 그들에게 영원한 벌을 내리시는 일이다.

귀신은 예수님이 '하나님의 거룩한 자'라는 것을 안다고 말한다(24절).
'하나님의 거룩한 자'(ὁ ἅγιος τοῦ θεοῦ)는 하나님이 특별한 일(사역)을 맡
기기 위해 따로 구분하신 사람이라는 뜻이며(cf. 왕하 4:9; 시 106:16), 메
시아의 타이틀로도 사용된다. 베드로는 예수님을 가리켜 '거룩하고 의로
운 자'(τὸν ἅγιον καὶ δίκαιον)라고 칭한다(행 3:14). 이는 구약에서 하나님
을 칭할 때 '거룩하신 이'(קָדוֹשׁ) 혹은 '이스라엘의 거룩하신 이'(קְדוֹשׁ יִשְׂרָאֵל)
를 연상케 하는 말이다(cf. 시 22:3; 71:22; 사 1:4; 40:25 등). 귀신은 예수
님이 하나님의 권세와 능력을 지니셨다는 사실을 고백하고 있는 것
이다.

구약에서 강자는 약자에게 자기 이름을 밝힐 필요가 없지만, 강자가
요구하면 약자는 자기 이름을 말해야 한다(cf. 창 32:27). 또한 강자는 약
자에게 이름을 지어 주기도 한다(창 32:28; cf. 창 2:19-20). 이러한 정황
을 근거로 어떤 학자들은 예수님을 하나님의 거룩한 자라고 부르는 것
을 두고 귀신이 예수님을 지배하려고 하는 것이라고 해석한다(Hull. cf.
Strauss). 그러나 잘못된 해석이다. 귀신이 예수님을 지배하려 한다는 것
은 상상할 수 없는 일이다. 귀신이 예수님을 하나님의 거룩한 자로 부르
는 것은 단순히 귀신들과 마귀처럼 초자연적인(supernatural) 존재들도 예
수님을 메시아로 알고 인정한다는 의미를 지닐 뿐이다(cf. 1:34; 3:11-12;
5:6-7). 예수님이 사탄의 시험을 받으신 일로 인해 귀신들 사이에 예수
님이 하나님의 아들이라는 소문이 퍼졌을 것이다(cf. 13절).

예수님은 큰 소리로 떠들어 대는 귀신에게 잠잠하고 그 사람에게서
나오라고 꾸짖으셨다(25절). 귀신에게 잠잠하라고 하신 것은 '메시아적

비밀'(messianic secret)의 첫 번째 사례다. 앞으로도 예수님은 귀신들에게 (1:25, 34; 3:12), 치료받은 사람들에게(1:44; 5:43; 7:36; 8:26) 그리고 제자들에게 비밀로 하라고 하신다(8:30; 9:9). 베르데(Wrede)는 메시아적 비밀을 두고 원래 예수님은 메시아가 아닌데 초대교회가 예수님을 메시아로 둔갑시키기 위해 고안해 낸 방법이라고 했다(Wrede). 그러나 예수님은 적절한 때가 이르면 그분의 방식에 따라 스스로 이러한 사실을 드러내시려고 그때까지 비밀에 부치게 하신다(cf. Tuckett).

예수님이 귀신에게 나오라고 명령하시자 귀신이 그 사람의 몸에 경련을 일으키고 큰 소리를 지르며 나왔다(26절). 큰 소리와 경련은 사람의 몸에서 귀신을 쫓아낼 때 종종 일어나는 현상이다(9:20, 26). 귀신 들린 자에게서 귀신을 쫓아내는 일은 유대인과 이방인 문헌에 종종 기록되어 있다. 그들은 모두 주술과 예식과 주문 등을 통해 귀신을 쫓는다. 이와는 대조적으로 예수님은 꾸짖어 쫓으신다. 예수님은 귀신들도 순종해야 하는 하나님의 권세를 지니셨다.

지켜보던 사람들이 모두 놀랐다(27절). 귀신들도 순종해야 하는 예수님의 권위를 목격했기 때문이다. '권위'(ἐξουσία)는 권세와 같은 말이다 (cf. 22절). 사람들은 앞으로도 계속 놀랄 것이다. 그러나 놀라는 것과 예수님을 영접하는 것은 별개 문제다. 기적을 목격한 사람들이 모두 믿는 것은 아니기 때문이다. 비밀로 하려던 예수님의 계획과는 상관없이 예수님에 대한 소문이 온 갈릴리 사방에 퍼졌다(28절). 예수님에 대한 소문은 앞으로 더 자자해질 것이다(1:33, 37, 45; 2:1-2; 3:7-9).

이 이야기에서 우리가 기억해야 할 것은 순서다. 예수님은 먼저 가르치시고(21-22절), 그다음 귀신 들린 자를 치료하셨다(23-26절). 교회가 존재하는 가장 중요한 이유는 천국 복음을 선포하는 것이다. 치료는 그다음이다. 그러므로 이 우선권이 바뀐 교회는 건강한 교회가 아니다. 치유 사역은 천국 복음의 능력을 보여 주는 것에 불과하며 우리가 전파해야 할 복음이 아니다. 따라서 말씀 선포보다 치유에 치중하는 사역을 하는 것은 옳지 않다. 복음 전도에 집중해야 한다.

예수님의 사역은 사람을 살리는 사역이었다. 말씀으로 살리시고, 치료로 살리셨다. 사람들의 육체적 질병뿐 아니라 정신적 질병도 치료하셨다. 오늘날 일부 교회와 이단들이 사람을 살리는 것이 아니라 죽이는 사역을 하는 모습을 보면 참 안타깝다. 어떤 경우에도 성도들을 억압하고 짓눌러서는 안 된다. 그들을 살리고 치유해 자유인의 몸으로 하나님께 돌아가게 해야 한다. 예수님은 우리가 진리를 알면 그 진리가 우리를 자유롭게 할 것이라고 하셨다(요 8:32). 복음으로 성도들을 죄와 질병에서 자유롭게 하는 것이 우리 사역의 목표가 되어야 한다.

이 말씀은 말씀 선포와 치유 사역 중 말씀 선포가 우선이라고 한다. 예수님은 하나님이 주신 권세로 많은 병자를 치료하셨다. 그러나 그들을 치료하기 전에 회당에서 권위 있게 가르치며 천국 복음을 전파하셨다. 우리의 사역에서도 치유를 등한시하면 안 되지만, 반드시 말씀을 가르치는 일이 사람들을 치료하는 것보다 우선이 되어야 한다.

II. 갈릴리 사역(1:14-8:21)
  A. 메시아의 권세(1:14-3:6)
    3. 예수님의 권세(1:21-45)

(2) 베드로의 장모(1:29-34)

²⁹ 회당에서 나와 곧 야고보와 요한과 함께 시몬과 안드레의 집에 들어가시니 ³⁰ 시몬의 장모가 열병으로 누워 있는지라 사람들이 곧 그 여자에 대하여 예수께 여짜온대 ³¹ 나아가사 그 손을 잡아 일으키시니 열병이 떠나고 여자가 그들에게 수종드니라 ³² 저물어 해 질 때에 모든 병자와 귀신 들린 자를 예수께 데려오니 ³³ 온 동네가 그 문 앞에 모였더라 ³⁴ 예수께서 각종 병이 든 많은 사람을 고치시며 많은 귀신을 내쫓으시되 귀신이 자기를 알므로 그 말하는 것을 허락하지 아니하시니라

회당에서 가르치기를 마치신 예수님은 네 제자와 함께(cf. 16-20절) 근처에 있는 시몬과 안드레 집으로 가셨다(29절). 베드로와 안드레는 원래 벳새다 출신 어부였으며(요 1:44), 어업을 위해 가버나움으로 옮겨 왔다. 안드레는 알 수 없지만, 시몬(베드로)은 결혼해 장모와 함께 살고 있었다(cf. 고전 9:5). 자기 가족과 장모 등 여러 사람과 함께 살 정도로 큰 집을 소유하고 있는 것으로 보아 베드로는 어느 정도 성공을 거둔 어부였다.

고고학자들은 예수님이 가르치신 가버나움 회당 가까운 곳에서 6세기에 세워진 8각형 교회 아래에서 1세기 집 유적들을 발견했다. 발견된 것 중에 기독교 흔적이 남아 있어 1세기 때 이미 기독교인들이 이 집을 가정 교회로 사용했다고 결론을 내렸다(Strange & Shanks). 이후 고고학자들 대부분은 이 집이 본문에 나오는 베드로의 집이라고 한다(Wilkins, cf. Boring).

베드로의 장모가 열병으로 앓아누워 있다(30a절). 마태는 이 사건을 매우 간략하게 기록했다(마 8:14-15). 베드로의 장모가 앓은 병은 아마도 말라리아였을 것이다(Wilkins). 사람들이 그 여자에 대해 예수님께 물었다는 것은(30b절) 그녀의 병에 대한 정보를 제공하는 데 그치지 않고 치료해 주시기를 부탁했다는 뜻이다. 바리새인들은 여자를 만지는 것과 열병을 앓는 환자 만지는 것을 금기시했다. 환자를 만진 사람이 부정하게 된다고 생각했기 때문이다.

예수님은 베드로의 장모를 손으로 잡아 일으켜 치료하셨다(31a절). 앞에서는 귀신 들린 자를 말씀 한마디로 치료하시더니(25절), 이번에는 직접 손으로 잡아 치료하시며 유대인들이 터부시한 것을 깨어 가신다. 예수님은 환자를 치료하는 일로 인해 오염되는 것이 아니라, 오히려 오염된 환자를 정결하게 하신다. 앞으로도 예수님은 사람들을 만져서 치료하실 것이며(1:41; 5:41; 6:5; 7:32-33; 8:23-25), 병자들이 예수님을 만져서 치료받기도 할 것이다(3:10; 5:27-28; 6:56).

열병이 곧바로 떠나가고 베드로의 장모는 건강을 되찾았다. 그녀는 곧바로 예수님께 수종들었다. '수종들다'(διηκόνει)는 미완료형 기동 동사(inceptive imperfect)이다(Strauss). 수종을 든 일은 예수님이 요구해서가 아니라, 베드로의 장모가 자발적으로 시작한 일이라는 뜻이다. 그녀는 병에서 낫게 해 주신 예수님께 감사한 마음을 표시한 것이다. 예수님은 그녀의 섬김이 제자들에게 교훈이 되기를 바라셨다.

예수님이 낮에 회당에서 귀신 들린 자를 치료하셨다는 소문이 퍼졌는지(cf. 2:2; 3:7-9, 20; 4:1; 5:21, 24; 6:14-15, 31-34; 7:24; 8:1-3; 9:14-15, 30) 해 질 때에 사람들이 모든 병자와 귀신 들린 자들을 예수님께 데리고 왔다(32절). 이 말씀은 예수님의 치유 사역을 요약한다. 마가는 앞으로도 이와 비슷한 요약문들을 사용한다(3:10-12; 6:55-56).

사람들이 해 질 때 환자들을 데려왔다는 것은 안식일을 의식했기 때문이다. 이날은 예수님이 회당에서 가르치신 날, 곧 안식일이다. 안식일은 금요일 해 질 때부터 토요일 해 질 때까지다. 율법은 안식일에 일하는 것을 금했고, 율법학자들은 병 치료하는 것을 일로 보았기 때문에 사람들은 안식일이 저물기를 기다렸다가 환자들을 데리고 온 것이다.

그러나 예수님은 이날 낮에 이미 귀신 들린 자와 베드로의 장모를 치료하셨다. 선한 일은 안식일에도 하는 것이 좋기 때문이다. 이후에 예수님은 안식일에 사람을 치료해도 되는가를 두고 율법학자들과 논쟁을 벌이신다(3:1-6).

예수님은 사람들이 데려온 환자들과 귀신 들린 자들을 모두 고쳐 주셨다(34a절). 그러나 귀신들이 예수님에 대해 아는 바를 떠들어 대는 것은 허락하지 않으셨다(34b절). 마가는 귀신들이 무엇을 알고 있는지에 관해서는 말하지 않지만, 누가는 예수님이 하나님의 아들이며 메시아라는 사실을 귀신들이 알고 있었다고 한다(눅 4:41). 예수님은 인간 세계와 영적 세계를 정리하고 다스리기 위해 오셨다. 그러므로 사람들만 치료받는 것이 아니라, 귀신들도 예수님이 하라는 대로 해야 한다.

이 말씀은 하나님의 은혜를 입은 사람이 주님과 이웃을 섬기는 것은 당연한 일이라고 한다. 병을 치료받은 베드로의 장모는 곧바로 예수님과 제자들을 섬겼다. 이는 은혜를 입은 것에 대한 감사의 표시였으며, 누구든 병을 치료받은 사람이라면 해야 할 당연한 도리라고 생각했을 것이다.

또한 예수님이 모든 병자를 치료하신 일은 종말에 우리가 경험할 치료와 회복에 대한 소망을 갖게 한다. 그날이 되면 예수님은 우리가 앓고 있는 모든 질병과 신체적 연약함을 온전케 하실 것이다.

Ⅱ. 갈릴리 사역(1:14-8:21)
  A. 메시아의 권세(1:14-3:6)
    3. 예수님의 권세(1:21-45)

(3) 기도와 사역(1:35-39)

[35] 새벽 아직도 밝기 전에 예수께서 일어나 나가 한적한 곳으로 가사 거기서 기도하시더니 [36] 시몬과 및 그와 함께 있는 자들이 예수의 뒤를 따라가 [37] 만나서 이르되 모든 사람이 주를 찾나이다 [38] 이르시되 우리가 다른 가까운 마을들로 가자 거기서도 전도하리니 내가 이를 위하여 왔노라 하시고 [39] 이에 온 갈릴리에 다니시며 그들의 여러 회당에서 전도하시고 또 귀신들을 내쫓으시더라

예수님은 안식일에 회당에서 가르치시고 밤늦게까지 많은 병자를 치료하셨다(32-34절). 많이 피곤하실 텐데도 다음 날 새벽, 날이 밝기 전에 한적한 곳으로 가서 홀로 기도하셨다. 홀로 하나님과 시간을 가지시기 위해서다. 마가복음은 예수님이 기도하시는 모습을 이곳을 포함해 세 차례 기록한다. 예수님은 빵 다섯 개와 물고기 두 마리로 성인 남자 오천 명(여자들과 아이들을 포함하면 2만 명)을 먹이는 기적을 베푸신

후 기도하셨고(6:46), 십자가에서 고난을 받으시기 전에 겟세마네 동산에서 기도하셨다(14:32-39). 예수님이 갈릴리 사역을 시작하시는 이 시점과 사역의 마무리라 할 수 있는 겟세마네 동산에서 기도하셨다는 사실은 주님이 기도로 시작해 기도로 마무리하는 사역을 하셨다는 뜻이다. 예수님은 제자들에게도 기도하라며 지속적으로 권면하셨다(9:29; 11:24; 13:18; 14:38).

'한적한 곳'(ἔρημος)은 3절, 4절, 12절, 13절에서 '광야'로 번역된 단어와 같다. 가버나움 주변에는 광야로 불릴 만한 장소가 없다(Garland, Wessel & Strauss). 그러므로 '한적한 곳'(ἔρημος)은 예수님이 '광야'(ἔρημος)에서 사탄에게 받으셨던 시험을 상기시킨다(Perkins, Strauss). 예수님은 가버나움에서 사역을 시작하자마자 폭발적인 인기를 누리고 계신다. 즉, 성공과 평안이 보장된 가버나움에 기적을 베푸는 이로 남을 것인지 혹은 복음을 들고 다른 곳으로 갈 것인지에 대해 시험을 받고 계신 것이다(Garland, Perkins, Strauss).

베드로와 일행(세 제자)이 예수님을 찾아 나섰다(36절). 베드로는 처음부터 제자 중 리더십을 발휘한다. 그는 앞으로도 제자들을 대표할 것이다(8:29; 9:5; 10:28; 11:21). 그들은 예수님을 만나 모든 사람이 주님을 찾는다고 했다(37절). 전날 예수님이 회당과 베드로의 집에서 많은 사람을 치료하셨다는 소문이 퍼진 것이다. 소문을 들은 사람들이 새벽부터 병자들을 이끌고 예수님이 머무시는 베드로의 집을 찾아왔다.

예수님은 제자들에게 가버나움으로 돌아가지 말고 다른 마을들로 가서 전도하자고 하셨다(38a절). 가버나움에 남아 병자들을 치료하는 것도 의미 있는 사역이지만, 다른 지역에 사는 사람들에게도 기회를 주어야 하기 때문이다. 또한 가버나움에 남으면 병자들만 치료하게 된다. 그러나 예수님은 하나님 나라를 선포하기 위해 오셨기에(cf. 1:14-15, 22) 우선순위를 분명히 하신다(38b절). 기적과 치료는 하나님 나라가 이 땅에 임했다는 증거일 뿐 예수님이 오신 목적이 아니다. 이적을 행하는 일은 전도를 앞설 수 없다.

'마을들'(κωμοπόλεις)(38절)은 신약에서 이곳에만 사용되는 독특한 단어다. 대도시를 제외한 다양한 크기의 마을을 의미한다(TDNT). 특이한 것은 예수님은 당시 갈릴리 지역에서 큰 도시였던 디베랴(Tiberias)나 세포리스(Sepphoris) 등은 방문하지 않으신다. 작은 도시와 마을을 찾아 다니며 전도하셨다. 큰 도시로 가면 예수님의 유명세 때문에 사역하기가 쉽지 않았을 것이기 때문이다(cf. 45절).

이 말씀은 기도가 얼마나 중요한지 생각하게 한다. 예수님은 참으로 분주한 일과 중에도 새벽에 한적한 곳을 찾아 기도하셨다. 메시아가 이렇게 기도하셨다면 우리는 얼마나 더 기도해야 하겠는가! 우리는 열심히 기도해야 한다. 또한 우리 일상이 기도가 되게 해야 한다.

복음은 특정한 그룹이나 개인이 독식할 수 있는 것이 아니다. 온 세상 사람들에게 선포되어야 한다. 그래야 사람들이 듣고 결정할 수 있다. 복음을 전하러 가든지, 복음을 전하러 가는 사람을 도와야 한다.

II. 갈릴리 사역(1:14-8:21)
  A. 메시아의 권세(1:14-3:6)
    3. 예수님의 권세(1:21-45)

(4) 나병 환자(1:40-45)

[40] 한 나병환자가 예수께 와서 꿇어 엎드려 간구하여 이르되 원하시면 저를 깨끗하게 하실 수 있나이다 [41] 예수께서 불쌍히 여기사 손을 내밀어 그에게 대시며 이르시되 내가 원하노니 깨끗함을 받으라 하시니 [42] 곧 나병이 그 사람에게서 떠나가고 깨끗하여진지라 [43] 곧 보내시며 엄히 경고하사 [44] 이르시되 삼가 아무에게 아무 말도 하지 말고 가서 네 몸을 제사장에게 보이고 네가 깨끗하게 되었으니 모세가 명한 것을 드려 그들에게 입증하라 하셨더라 [45] 그러나 그 사람이 나가서 이 일을 많이 전파하여 널리 퍼지게 하니 그러

므로 예수께서 다시는 드러나게 동네에 들어가지 못하시고 오직 바깥 한적한 곳에 계셨으나 사방에서 사람들이 그에게로 나아오더라

예수님이 가버나움으로 가지 않으시고 네 제자와 함께 갈릴리 다른 지역을 돌며 사역을 하실 때 있었던 일이다. 이 나병 환자 이야기는 다른 공관복음서에도 거의 그대로 기록되어 있다(마 8:1-4; 눅 5:12-16). 율법에 따르면 사람이 성전에 나가는 것을 막는 가장 크고 무서운 질병은 문둥병이다(cf. 레 13-14장). 예수님이 나병 환자를 치료해 성전으로 보내시는 것은 예수님은 어떠한 질병도 치료하실 수 있으며, 질병이 하나님께 나아가는 것을 막을 수 없는 시대가 열리고 있음을 암시한다. 사람이 하나님께 나아가는 것을 막았던 질병의 장벽이 무너진 것이다.

나병/문둥병(λεπρὸς)은 한센병(Hansen's disease)을 포함한 다양한 피부 질환을 뜻한다(TDNT, cf. NIDOTTE). 당시 나병에서 회복되는 일은 거의 불가능했으며, 구약에서는 모세가 미리암을 치료한 것과 엘리사 선지자가 나아만 장군을 치료한 것이 유일하다(cf. 민 12:10-15; 왕하 5:9-14). 따라서 유대인들은 문둥병 치료하는 것을 죽은 사람을 살리는 일만큼이나 어려운 일로 생각했다(Garland, cf. 왕하 5:7, 14). 그리고 이 병을 하나님의 저주로 간주했다(cf. 민 12:10, 12; 욥 18:13). 문둥병을 치료하는 것은 메시아만이 하실 수 있는 일이었다(마 11:5).

레위기 13:46에 따르면 나병 환자는 다른 사람들과 거리를 두고 격리된 삶을 살아야 한다. 그러나 이 환자는 얼마나 절박했는지, 율법을 무시하고 예수님께 나아왔다(40절). '꿇어 엎드리다'(γονυπετέω)는 선처를 구하는 백성이 왕에게 경의를 표하는 모습이다(BAGD). 그는 자신이 앓고 있는 불치병에서 낫기를 간절히 원한다. 또한 '만일 원하시면…'(ἐὰν θέλῃς)이라며 예수님의 치료 능력과 권세에 대한 전적인 신뢰를 표현한다. 그는 예수님이 그를 치료할 능력을 지니셨다고 믿지만,

정작 자기가 병에서 낫는 것은 치료자인 예수님의 의지에 달려 있다는 사실을 고백한다. 이 사람은 신학이 매우 건전하고 잘 정리된 사람이다.

예수님은 간절한 마음으로 자비를 구하는 그를 불쌍히 여기셨다(41a절). 소수의 사본에는 '불쌍히 여기셨다'(σπλαγχνισθείς) 대신 '화를 내셨다'(ὀργισθείς)로 되어 있다(cf. NIV). 이를 근거로 일부 학자는 '화를 내셨다'가 오리지널이라며 이 표현을 유지해야 한다고 주장한다(Wessel & Strauss). 이렇게 해석할 경우 예수님이 환자에게 화를 낸 것이 아니라, 그를 괴롭게 하는 질병에 화를 내셨다는 뜻이 된다(Garland, Strauss, cf. 요 11:33-38). 그러나 대부분 사본에는 '불쌍히 여기셨다'라는 표현이 있고, 문맥에도 더 잘 어울린다(France, Marcus, cf. NAS, NRS, ESV).

예수님 역시 환자의 절박함과 간절함에 버금가는 열정으로 그를 치료하기를 원하셨다. "내가 원하노니(θέλω) 깨끗함을 받으라"라고 말씀하시며 손을 내밀어 그를 만지셨다(41b-42절). 예수님이 하나님의 이름이나 능력이 아니라 자기 의지로 나병 환자를 치료하신 것은 그분이 하나님과 버금가는 분임을 암시한다.

율법은 나병 환자만 부정한 것이 아니라, 그를 만진 사람도 부정하다며 접촉을 금한다. 나병 환자의 부정함이 만진 사람마저 오염시킨다며 접촉을 금한 것은 나병이 전염되는 것을 우려해서였다. 그러므로 예수님이 그를 만지신 일은 율법을 어긴 것이라는 해석이 가능하다. 그러나 예수님은 하나님이며, 거룩함의 원천이시다. 그러므로 이 이야기에서는 예수님이 나병 환자의 부정함에 오염된 것이 아니라, 예수님의 정결하심이 나병 환자의 부정함을 모두 씻어내고 그를 정결하게 했다. 부정함이 아니라 정결함이 더 큰 능력을 발휘하고 있다.

예수님은 손으로 그를 만지지 않고 "깨끗함을 받으라"라고 말씀만 하셔도 그를 낫게 하실 수 있었다. 그런데 왜 굳이 손을 내밀어 그를 만지셨을까? 구약에서 손은 내미는 자의 권위를 상징한다(cf. 출 7:5;

14:21; 15:6; 왕상 8:42). 그러나 이곳에서는 자신의 처지를 알기 때문에 쉽게 다가오지 못하는 환자를 치료자가 찾아가는 것을 의미한다. 병을 앓고 있는 환자를 불쌍히 여기신 예수님이 먼저 위로하고 교감하고자 손으로 만지신 것이다.

예수님은 앓던 나병에서 치유된 사람에게 이 일에 대해 아무에게 아무 말도 하지 말라고 당부하셨다. 아직 때가 이르지 않았으므로 메시아적 비밀(messianic secret)을 계속 유지하기 위해서다. 예수님은 유대인들이 기다렸던 요란한 정복자(conquering king)가 아니라 사람들의 죄 사함을 위해 오신 고난받는 종(suffering servant)의 삶을 살기를 원하신다 (Gundry, Longenecker).

이어서 예수님은 '가라…보이라…드리라'(ὕπαγε…δεῖξον…προσένεγκε)라는 세 가지 명령문을 사용해 한 순간도 지체하지 말고 곧바로 성전으로 가서 제사장에게 깨끗해진 몸을 보이고 율법에 따라 제물을 드리라고 하셨다(44절; cf. 레 14:1-32). 병이 나았을 때 가장 우선적이고 중요한 것은 낫게 해 주신 하나님께 감사하는 것이라는 사실을 암시한다. 또한 성전을 찾아가 하나님께 예물을 드리는 일은 나병 환자들의 염원이기도 하다. 율법은 감염되지 않는 것이 확실하지 않은 한 나병을 앓는 사람들이 성전을 찾지 못하도록 금했기 때문이다(cf. 레 13-14장).

예수님은 병이 나은 사람에게 성전에 가서 제사장들에게 몸을 보이고 예물을 드려 '그들에게 입증하라'(εἰς μαρτύριον αὐτοῖς)고 하시는데 (4절), 제사장들에게 무엇을 입증하라는 것일까? 이에 대해 학자들 사이에 다소 논쟁이 있다(cf. Davies & Allison, Strauss). 어떤 이들은 나병 환자가 자신이 깨끗하게 되었음을 제사장들에게 입증하라는 것으로 해석하는데(Strauss), 이는 율법이 요구하는 바가 아니며 또 그가 성전에 갔다는 것 자체가 증거가 되기 때문에 별 설득력이 없다. 학자들이 가장 선호하는 해석은 크게 두 가지다(cf. Beale & Carson, Gundry, France). 첫째는 제사장들이 잘못되었다는 것(예수님이 메시아라는 사실을 부인하는 것)

117

을 입증하는 것이고, 둘째는 예수님이 나병을 낫게 하시는 메시아라는 것을 입증하는 것이다. 사실 어느 쪽을 택하든지 결론은 같다. "예수님은 메시아시다." 그러므로 솔직히 왜 이런 것이 논쟁거리가 되는지 의아하기도 하다.

예수님은 아직 때가 이르지 않았으니 비밀로 하라 하시지만, 은혜를 입은 사람 편에서는 조용히 있을 수 없다. 하나님 나라가 이 땅에 임했으므로 메시아인 예수님이 자기를 낫게 하셨다는 복음(good news)을 온 세상에 알려야 한다. 그러므로 치료를 받아 온전하게 된 사람은 성전을 다녀온 후 곳곳에 돌아다니며 자기가 경험한 은혜를 간증했다(45a절). 사람들이 그의 간증에 얼마나 열광하고 예수님을 찾았는지, 예수님은 마을에 들어가지도 못하시고 한적한 곳으로 가셨다. 그러나 사람들은 무리를 지어 한적한 곳에 계신 예수님을 찾아왔다(45b절).

이 말씀은 예수님이 병든 사람들을 얼마나 안타까워하시며 그들과 함께하기를 원하시는지 보여 준다. 메시아가 이렇게 하셨다면, 메시아의 손과 발인 교회도 이렇게 해야 한다. 교회는 병자를 치료하고 돌보는 일을 게을리하면 안 된다. 또한 이것은 하나님이 우리를 사역자로 세우신 이유 중 하나다.

하나님의 은혜를 경험한 사람은 간증하면서 돌아다니기 전에 먼저 자신에게 무슨 일이 일어났는지 깊이 생각하며 해야 할 일(하나님께 예배드리고 감사하는 일)을 하는 시간을 가져야 한다. 이때는 조용히 하나님을 예배하며 하나님 말씀과 주님과의 관계에 대해 묵상하는 것이 바람직하다. 자기 안에서 먼저 정리된 후에 예수님의 은혜를 증거해도 늦지 않다.

4. 유대교 지도자들과의 갈등(2:1-3:6)

예수님은 사역을 시작하자마자 폭발적인 인기를 누리셨다. 사람들은 대부분 예수님의 권위 있는 가르침과 병자들을 낫게 하시는 능력에 열광했다. 그러나 유독 예수님의 가르침과 사역을 못마땅하게 보는 자들이 있었다. 바로 유대교 지도자들이다.

이 지도자들은 구약을 잘못 해석하고 적용하는 오류를 범했다. 또한 사람이 만들어낸 '장로들의 전통'을 하나님의 말씀인 구약만큼이나 중요시했다. 게다가 자신들이 누려야 할 대중적인 인기를 예수님이 독식하고 있다며 시기한다. 이러한 이유로 세상에서 여호와 하나님의 말씀을 가장 잘 안다는 자들이 정작 구약 예언에 따라오신 하나님의 아들을 알아보지 못한다. 오히려 예수님의 가르침과 사역에 사사건건 시비를 건다. 그들은 시비 거는 일로는 만족하지 못해 이 섹션이 끝날 때는 메시아이신 예수님을 죽일 방법을 모색한다(3:6). 이러한 갈등을 회고하는 본 텍스트는 다음과 같이 구분된다.

A. 죄를 용서하심(2:1-12)
B. 죄인들과 교제하심(2:13-17)
C. 금식(2:18-22)
D. 안식일(2:23-3:6)

> II. 갈릴리 사역(1:14-8:21)
>   A. 메시아의 권세(1:14-3:6)
>   4. 유대교 지도자들과의 갈등(2:1-3:6)

(1) 죄를 용서하심(2:1-12)

¹ 수 일 후에 예수께서 다시 가버나움에 들어가시니 집에 계시다는 소문이 들린지라 ² 많은 사람이 모여서 문 앞까지도 들어설 자리가 없게 되었는데 예수께서 그들에게 도를 말씀하시더니 ³ 사람들이 한 중풍병자를 네 사람에게 메워 가지고 예수께로 올새 ⁴ 무리들 때문에 예수께 데려갈 수 없으므로 그 계신 곳의 지붕을 뜯어 구멍을 내고 중풍병자가 누운 상을 달아 내리니 ⁵ 예수께서 그들의 믿음을 보시고 중풍병자에게 이르시되 작은 자야 네 죄 사함을 받았느니라 하시니 ⁶ 어떤 서기관들이 거기 앉아서 마음에 생각하기를 ⁷ 이 사람이 어찌 이렇게 말하는가 신성 모독이로다 오직 하나님 한 분 외에는 누가 능히 죄를 사하겠느냐 ⁸ 그들이 속으로 이렇게 생각하는 줄을 예수께서 곧 중심에 아시고 이르시되 어찌하여 이것을 마음에 생각하느냐 ⁹ 중풍병자에게 네 죄 사함을 받았느니라 하는 말과 일어나 네 상을 가지고 걸어가라 하는 말 중에서 어느 것이 쉽겠느냐 ¹⁰ 그러나 인자가 땅에서 죄를 사하는 권세가 있는 줄을 너희로 알게 하려 하노라 하시고 중풍병자에게 말씀하시되 ¹¹ 내가 네게 이르노니 일어나 네 상을 가지고 집으로 가라 하시니 ¹² 그가 일어나 곧 상을 가지고 모든 사람 앞에서 나가거늘 그들이 다 놀라 하나님께 영광을 돌리며 이르되 우리가 이런 일을 도무지 보지 못하였다 하더라

일부 양식비평가는 이 말씀이 때와 장소가 다른 두 개의 독립적인 이야기, 곧 중풍병자가 낫는 기적 이야기(1-5a, 10b-12절)와 죄 용서로 인해 서기관들과 갈등을 빚는 이야기(5b-10a절)가 하나로 융합된 것이라고 한다(Bultmann, Schweitzer, Taylor, cf. Perkins). 그러나 학자들 대부분은 정황과 문맥을 고려해 같은 장소에서 같은 때에 일어난 하나의 사건이

라 한다(cf. Marcus, Wessel & Strauss). 또한 우리에게는 이 이야기가 한 사건으로 전수되었기 때문에 본문의 배경에 두 개의 사건이 있었는지, 혹은 한 사건이 있었는지는 별 의미가 없다.

가버나움은 교통과 문화의 요충지이며 베드로와 안드레의 집이 있는 곳이다. 예수님은 그동안 갈릴리 곳곳을 다니며 사역하신 후(cf. 1:39) 갈릴리 사역의 베이스캠프로 삼은 가버나움 집으로 돌아오셨다(1a절). 머무시는 집은 베드로와 안드레의 집이며, 베드로 장모의 열병을 치료하신 곳이다(cf. 1:29-31).

예수님이 집에 계신다는 소문이 순식간에 가버나움에 퍼졌다(1b절; cf. 1:37, 45; 3:7-10, 20; 4:1; 6:33). 예수님이 돌아오시기를 손꼽아 기다리던 사람들이 순식간에 몰려와 베드로의 집을 가득 채울 뿐 아니라 밖에서도 에워쌌다(2a절). 예수님이 질병을 치료하신다는 소문을 듣고 몰려든 사람들은 대부분 자신이 병을 앓거나 집에 있는 병자들을 데려왔을 것이다. 그들은 오직 낫기를 원하는 마음으로 기적을 행하는 이(miracle worker)이신 예수님께 몰려들었다.

예수님은 몰려온 사람들이 병에서 낫고 귀신 들림에서 해방되기를 간절히 바란다는 것을 잘 아신다. 그러나 예수님은 그들을 치료하시기 전에 먼저 가르치신다(2b절). 예수님이 병자들을 치료하기 전에 가르치신 일은 치료와 선포 중 무엇이 우선이 되어야 하는지 확실하게 알려 주는 가이드라인이라 할 수 있다. 예수님이 그들에게 '도'를 말씀하셨다고 하는데, '도'(τὸν λόγον)를 더 정확하게 번역하면 '말씀'이다(cf. 1:38). 하나님 나라가 가까이 왔다는 복음을 전하신 것이다.

치료를 바라며 몰려온 사람 중에는 중풍병자도 있었다(3절). '중풍병자'(παραλυτικός)는 사고나 병으로 인해 스스로 몸을 가누거나 움직이지 못하는 사람이다(TDNT). 친구로 보이는 네 사람이 환자를 메고 왔는데 수많은 사람에게 에워싸인 예수님께 다가갈 길이 없었다. 그들은 예수님이 병든 친구를 낫게 하실 것이라는 믿음으로 주님이 돌아오기

121

만 학수고대하던 사람들이다. 그러므로 이대로 포기할 수는 없었다.

그들이 심사숙고해서 결정한 방법은 예수님이 머무시는 집, 곧 베드로의 집 지붕을 뚫고 친구를 달아 내리는 일이었다(4절). 가나안 지역의 집에는 모두 평평한 옥상이 있었다. 그곳에서 가족들이 모여 식사도 하고, 따뜻한 날에는 잠도 잤다. 또 곡식과 과일을 말리는 등 다목적 공간으로 활용되었다. 매년 가을이면 겨울 우기를 대비해 흙과 지푸라기 등으로 손을 봐야 하는 지붕이었다.

집 건물 바깥쪽에 지붕으로 통하는 계단이 있었기 때문에 친구들은 별 어려움 없이 병든 친구를 들쳐 메고 옥상으로 갈 수 있었다. 그들은 지붕을 뜯어 구멍을 만들고 그 구멍으로 친구가 누운 상을 달아 내렸다. '상'(κράβαττος)은 들것(stretcher)을 의미한다(BAGD, cf. NAS).

생각해 보면 어이없는 일이 벌어지고 있다. 그들은 친구를 낫게 하겠다고 남의 집 지붕을 뚫었다. 환자를 달아 내릴 정도의 구멍을 뚫기 위해 먼지와 소음을 감수했다. 지붕 위에서는 그렇다 치고, 지붕 아래에서 온통 먼지를 뒤집어쓰실 예수님을 생각해 보라. 하지만 예수님은 그들에게 멈추라고 하지 않으신다. 자리를 뜨지 않고 환자가 매달려 내려오기를 기다리신다! 그들에게서 참으로 크고 귀한 믿음을 보셨기 때문이다.

'그들의 믿음'(τὴν πίστιν αὐτῶν)(5절)은 중풍을 앓고 있는 사람뿐 아니라, 그를 위해 이처럼 무모한 일을 한 친구들의 간절한 믿음이다. 그들의 간절함이 믿음으로 승화된 것이다. 예수님도 그들의 간절함을 아시기에 끝까지 자리를 지키셨다. 그러므로 이 치유는 병자와 친구들의 믿음이 함께 이뤄낸 기적이다. 이 환자는 평소 어떻게 살았기에 이런 친구들을 두었을까? 신체적 장애는 좋은 친구를 두는 데 걸림돌이 될 수 없다.

그들의 믿음을 보신 예수님은 치료의 기적을 바라던 그들이 전혀 예상하지 못한 말씀을 하신다. "작은 자야 네 죄 사함을 받았느니라"(5절)

라며 병자의 죄를 사해 주신 것이다. '작은 자'(τέκνον)는 아이라는 뜻
이며, 병자를 부르는 애칭이다. 우리 말로 표현하자면 '아가야!' 정도
다. 영어 번역본들은 '[내] 아들아'로 번역한다(NAS, NIV, NRS, ESV, cf.
아가페).

'너의 죄들이 사함을 받았다'(ἀφίενταί σου αἱ ἁμαρτίαι)는 신적 수동태
이며 현재형이다. 하나님이 그의 모든 죄를 용서하셨으며, 앞으로도
계속 이 사실이 유지될 것이라는 뜻이다. 인간의 죄를 사하는 것은 오
직 하나님만이 하실 수 있는 일이다(cf. 사 43:25; 44:22).

그러므로 중요한 것은 예수님이 죄를 사하시는 권세를 가지셨는
지 혹은 하나님의 대변인으로서 이렇게 말씀하시는지 하는 점이다.
상당수의 학자가 대변인 역할을 하는 것이라 하지만(Guelich, Jeremias,
Schweitzer), 서기관들이 신성 모독이라고 하는 것으로 보아(7절) 예수님
이 이 권세를 직접 행사하신다. 예수님은 이 병자의 죄를 사해 주시는
일을 통해 자신이 하나님과 동일한 권한을 가지고 있다는 사실을 드러
내신다. 예수님은 인간의 죄를 사하시는 하나님이다.

예수님이 중풍병자의 죄를 용서하시는 것은 죄와 질병이 서로 연관
되어 있음을 암시한다(cf. 레 26:16; 신 28:22, 35; 대하 21:15-19; 사 53:4; 요
5:14; 행 5:1-11; 롬 5:12; 고전 11:29-30). 마가는 죄와 질병이 서로 연관
이 있는 것처럼 믿음과 치료도 연관되어 있다고 한다(Marshall, 1:40-45;
2:1-12; 5:21-24, 25-34, 35-43; 6:5-6; 7:31-34; 9:14-29; 10:46-52).

그렇다고 해서 일부 학자가 주장하는 것처럼 사람의 모든 질병을 치
료받기 위해 죄 사함이 선행되어야 한다고 할 필요는 없다. 죄와 상관
없이 시작되는 질병도 있다(욥 1:8; 눅 13:1-5; 요 9:2-3). 병을 앓는 사람
에게 무턱대고 죄를 회개해야 나을 수 있다며 상처를 주는 일은 없어
야 한다. 우리는 그가 병을 앓게 된 정황에 대해 모르기 때문이다.

죄와 질병이 함께 취급되는 것은 죄가 세상에 들어올 때 죽음과 질병
이 함께 왔기 때문이다(cf. 창 3장; 롬 5:14). 하나님이 자기 모양과 형상

대로 인간을 창조하실 때 죄는 인간이 지닌 본성의 일부가 아니었다. 죄는 인간이 맨 처음 하나님의 말씀을 거역했을 때부터 앓게 된 일종의 질병이다. 그러므로 구약은 하나님이 죄를 질병 고치시듯 '치료하신다'(אפר)는 말을 자주 한다(cf. 대하 7:14; 시 41:4). 개역개정은 이 단어를 주로 '고치다'로 번역한다.

육신의 병이 낫고자 예수님을 찾아온 병자에게 그의 영적 질병인 죄가 해결되었다는 것은 복음이다. 그러나 옆에서 듣고 있던 서기관들은 예수님이 신성 모독을 하는 것으로 생각했다(7절). 서기관들은 구약 정경을 보존하는 일에 크게 기여했으며, 일반인들에게 율법을 해석하고 적용하는 것을 가르치는 구약 전문가들이었다. 그들이 보기에 예수님은 율법과 상반되는 가르침을 전할 뿐 아니라, 하나님의 고유 권한인 죄 사함을 갈취하는 망언자다. "오직 하나님 한 분 외에는 누가 능히 죄를 사하겠느냐?"(7절). 서기관들은 하나님은 오직 한 분이시라는 셰마를 생각하며 예수님을 신성 모독자로 낙인찍었을 것이다(Strauss, cf. 신 6:4). 율법은 이런 사람을 돌로 쳐 죽이라고 한다(레 24:10-23; cf. 왕상 21:9-14).

서기관들이 아직 공개적으로 예수님을 반대하지는 않지만, 마음으로는 예수님을 부인하기 시작했다. 그들이 예수님을 대적하는 공식적인 이유는 신성 모독이지만, 사실은 예수님이 그들이 누리는 특권과 이권을 위협한다는 생각이 더 크게 작용했다. 예수님의 선풍적인 인기가 그들에게 시기와 질투거리가 되었다.

예수님은 서기관들의 생각을 아시고 그들이 악한 생각을 품은 것을 책망하셨다(8절). 그들이 예수님을 망언자로 단정한 것은 악한 생각이다. 그들은 예수님이 참으로 죄를 사하실 수 있는 분인지 알아보는 일에는 관심이 없다. 그들의 유일한 관심사는 예수님이 그들의 이권을 침해했다는 사실이다. 그러므로 진리의 수호자들이라고 자부하는 서기관들이 이권에 눈이 멀어 예수님의 말씀이 사실인지 아닌지 알아보지도 않고 주님을 망언자로 단정하는 것은 나쁜 일이다.

예수님은 서기관들에게 중풍병자에게 죄 사함을 받았다고 선언하는 일과 그에게 일어나 그가 실려 온 들것을 들고 걸어가라는 말 중에 어느 것이 더 쉽겠냐고 물으셨다(9절). 이 질문은 당시 랍비들이 자주 사용했던 수사학적인 질문 방식이다. 작은 것에서 큰 것으로 가는 논리(a fortiori)를 근거로 한 질문이다. 인간적인(세상적인) 관점에서는 죄 사함을 받았다고 선포하는 것이 더 쉽다. 사실 여부를 확인하기가 거의 불가능하기 때문이다. 반면에 병자를 낫게 하는 것은 어려운 일이다. 나으면 당장 걸을 수 있지만, 낫지 않으면 병자로 남아 있을 것이기 때문이다.

하나님의 관점에서는 죄를 사하는 일이 병자를 낫게 하는 일보다 더 어렵다. 치료하시는 하나님께 사람의 신체적 결함은 문제가 되지 않는다. 반면에 죄는 하나님과 사람 사이를 갈라놓는 가장 심각한 문제다. 그러므로 죄 문제를 해결하는 것이 더 큰 일이다. 서기관들은 성경적으로는 죄 사함이 더 어려운 일이지만, 현실적으로는 병을 낫게 하는 것이 더 어려운 일이라는 것을 잘 안다. 그러므로 마음으로 예수님을 비난했던 서기관들은 아무 대답을 하지 못하고 침묵한다.

예수님은 자신에게 땅에서 사람의 죄를 사하는 권세가 있다는 사실을 서기관들이 알고 인정하기를 원하신다(10절). 이에 그분의 신성과 인성을 '인자'(ὁ υἱὸς τοῦ ἀνθρώπου)라는 호칭을 통해 드러내신다. '인자'는 마가복음에서 상당히 자주 사용되는 호칭이다(2:10, 28; 8:31; 9:9, 12, 31; 10:33, 45; 13:26; 14:21, 41, 62). 대부분 예수님이 자신을 칭하시는 데 사용된다. 스스로 메시아라고 하실 때(8:38; 13:26-27; 14:62), 메시아의 권위를 강조하실 때(2:10, 28), 메시아로서 감당해야 할 고난을 언급하실 때(8:31; 9:9, 12; 10:33-34), 혹은 장차 구원과 심판을 위해 다시 오실 일을 예언하실 때(8:38; 13:26-27; 14:62) 이 용어를 사용하신다.

구약에서 '인자'(בֶּן־אָדָם)는 에스겔서에 90차례 이상 사용되며 에스겔 선지자의 인간적 한계와 연약함을 강조한다(겔 2:1, 3, 6, 8; 3:1, 3, 4, 10, 17, 25 등; cf. 단 8:17). 선지자는 영원하고 전능하신 하나님 앞에 서 있는 한없이 나약한 인간이라는 의미로 사용된다. 이와는 대조적으로 다니엘서에서 이 타이틀은 영광스러운 통치자 메시아를 뜻한다. 인자는 '옛적부터 항상 계신 자'(하나님)로부터 온 세상을 다스리는 권세를 받으셨다(단 7:13-14). 그러므로 인자는 예수님의 신성과 인성을 부각시키는 가장 적절한 표현이다.

사람들의 잘못된 기대감으로 인해 예수님의 사역은 그리스도의 정체성에 대해 수많은 오해를 불러일으켰다. 예수님이 자신을 인자로 칭하신 것도 이러한 혼선에 별로 도움이 되지 않았다. 그러나 마가복음에서 이 타이틀이 최종적으로 사용된 14:62에서 예수님은 하나님이 보내신 아들이시고 장차 다시 오셔서 이스라엘을 심판하실 하나님이라는 사실이 확실히 드러난다. "내가 그니라 인자가 권능자의 우편에 앉은 것과 하늘 구름을 타고 오는 것을 너희가 보리라"(14:62).

어떤 사람들은 예수님이 '땅에서'(ἐπὶ τῆς γῆς) 죄를 사하는 권세를 가졌다고 하신 것을 두고 당시 사람들이 그 시대에 지은 죄만 용서하신다는 등 지나치게 제한적으로 해석한다. 예수님은 하늘에 계신 아버지처럼 자신도 사람의 죄를 용서할 수 있다고 하신다. 하늘에 계신 하나님의 죄를 사하는 권세가 이 땅에 있는 자신에게도 있다고 하시는 것이다(France, Marcus, Wessel & Strauss).

예수님은 서기관들이 보라는 듯 중풍병자를 치료하시며 그에게 일어나 자신이 실려 온 들것을 가지고 집으로 가라고 하셨다(11절). 예수님에게는 죄를 사하는 권세도 있고, 병을 치료하는 권능도 있다는 사실을 확인해 주신 것이다. 병자는 말씀대로 일어나 실려 온 들것을 가지고 모든 사람이 보는 앞에서 걸어서 집으로 갔다(12a절). 그와 친구들은 예수님이 반드시 그를 치료하실 것이라는 믿음을 소유했다(cf. 4절). 그러므로 예수님이 그들의 믿음을 보시고 그를 치유하신 것이다(cf. 5절).

병자는 육체적인 병에서 해방되기 위해 들것에 실려 주님을 찾았는데, 떠날 때는 죄까지 용서받은 완전히 새로운 사람이 되어 두 발로 걸어서 갔다. 그러므로 그가 병에서 회복된 것은 곧 하나님이 그의 죄를 용서하셨다는 증거가 되었다.

모든 것을 지켜보던 무리가 보고 놀랐다(12b절). 무리의 반응은 서기관들의 반응(6-7절)과 매우 대조적이다. 서기관들처럼 많이 배웠다고 해서 혹은 성경에 대해 많이 안다고 해서 반드시 하나님이 하시는 일을 보고 깨닫는 것은 아니다. 오히려 배운 것은 없지만 마음이 순수한 사람들이 하나님의 사역을 더 쉽게, 더 빨리 알아본다. 병자와 친구들과 무리가 '놀랐다'(ἐξίστημι)고 하는데, 믿기지 않는 상황을 보고 참으로 흥분했다는 뜻이다(cf. TDNT). 베드로의 집이 흥분의 도가니가 된 것이다. 평생 이런 일을 처음 경험한 사람들은 하나님께 영광을 돌렸다(12c절).

이 말씀은 예수님은 인간의 질병을 치료하시고 죄도 용서하시는 분임을 강조한다. 또한 육체적인 치유보다 영적인 치유(죄 사함)가 더 중요하고 우선적이라고 한다. 육체적인 치유는 이 땅에서의 삶에만 영향을 미치지만, 영적인 치유는 영생에 영향을 끼치기 때문이다. 그러므로 질병을 치료받는 것보다 죄를 용서받는 것이 하나님의 더 큰 은혜를 경험하는 일이다. 오늘날 죄 사함은 예수님을 구주로 영접해야만 가능하다.

(2) 죄인들과 교제하심(2:13-17)

¹³ 예수께서 다시 바닷가에 나가시매 큰 무리가 나왔거늘 예수께서 그들을 가르치시니라 ¹⁴ 또 지나가시다가 알패오의 아들 레위가 세관에 앉아 있는

것을 보시고 그에게 이르시되 나를 따르라 하시니 일어나 따르니라 [15] 그의 집에 앉아 잡수실 때에 많은 세리와 죄인들이 예수와 그의 제자들과 함께 앉았으니 이는 그러한 사람들이 많이 있어서 예수를 따름이러라 [16] 바리새인의 서기관들이 예수께서 죄인 및 세리들과 함께 잡수시는 것을 보고 그의 제자들에게 이르되 어찌하여 세리 및 죄인들과 함께 먹는가 [17] 예수께서 들으시고 그들에게 이르시되 건강한 자에게는 의사가 쓸 데 없고 병든 자에게라야 쓸 데 있느니라 나는 의인을 부르러 온 것이 아니요 죄인을 부르러 왔노라 하시니라

예수님은 가버나움에 있는 베드로의 집에서 한동안 머무신 후 다시 길을 떠나셨다. 네 제자가 예수님과 함께 다녔다(cf. 1:16-20). 예수님은 갈릴리 호수 주변을 다니셨는데, 가는 곳마다 소문을 들은 사람들이 큰 무리를 지어 나왔다(13a절). 예수님께 치유를 받고 싶은 환자들과 가족들이 대부분이었을 것이다. 그러나 예수님은 그들을 치료하시기에 앞서 먼저 가르치셨다(13b절). 육신의 치료보다 영혼 구원이 더 중요하기 때문이다. 우리도 이 같은 우선순위를 항상 마음에 새기고 사역해야 한다.

얼마 후 예수님은 길을 지나가시다가 세관에 앉아 있는 알패오의 아들 레위를 보시고 따라오라고 하셨다(14절). '나를 따르라'(ἀκολούθει μοι)는 제자가 되라는 뜻이다. 레위는 일어나 예수님을 따랐다. 제자가 되었다는 뜻이다(Guelich, Witherington).

예수님이 사회적으로 소외된 사람들을 치료하는 데 집중하시고, 낮은 자들을 제자로 삼으신 것은 메시아의 오심을 갈망하던 유대인들이 전혀 상상하지 못했던 충격적인 일들이다. 예수님은 사회적 계층 사이의 벽을 허무셨고, 신앙적으로 잘 사는 것에 대한 이해를 뒤집으셨으며, 종교적 문화와 전통에 대한 집착을 파괴하셨다(Wilkins). 또한 당시 종교인들이 혐오하던 사람들과 친구가 되셨다. 이번에도 전혀 예측

하지 못한 세리를 제자로 부르셨다. 마태복음은 세리인 알패오의 아들 레위를 마태라고 한다(마 9:9; 10:3).

마태와 레위가 서로 다른 사람이라고 주장하는 이들도 있지만, 같은 사람이 확실하다(France, Strauss). 당시 한 사람이 여러 이름으로 불리는 것은 흔한 일이었다. 베드로는 시몬이라고 불렸고, 바울은 사울로 불렸다. 레위는 그가 회심하기 전의 이름이며, 회심 후에는 마태로 불렸을 수 있다(Hagner). 혹은 태어날 때부터 '마태 레위'로 불렸을 수도 있다(Carson).

그가 레위라는 이름을 지닌 것은 레위 지파에 속한 사람임을 암시한다(Albright & Mann). 유대인 중에서도 레위 지파 사람들이 히브리어와 율법을 가장 잘 알았다. 또한 레위가 세리로 일했다는 점을 고려하면 그는 헬라어, 히브리어, 아람어, 라틴어를 읽고 쓸 수 있었을 것이다. 율법에 대한 익숙함과 언어적 능숙함이 훗날 그로 하여금 마태복음을 기록하게 했다.

당시 유대인들은 여러 가지 직접세와 간접세를 내야 했다. 예를 들면 집을 소유한 사람들은 재산세를 냈고, 갈릴리 호수에서 물고기를 잡는 어부들은 수익의 일정한 비율을 세금으로 냈다. 로마 제국은 다스리는 모든 나라에 세금을 징수했는데, 직접 징수하지 않고 구역을 나누어 매년 가장 많은 세금을 거둬 주겠다는 사람들에게 징수 권한을 주었다. 로마 제국으로부터 징수 권한을 부여받은 사람들은 상납해야 할 금액보다 훨씬 더 많은 세금을 거두어들인 후 남은 것을 착복했다.

그러다 보니 온갖 부정과 부패가 난무했으며, 세리들은 로마 사람들을 위해 일하면서 자기 백성을 착취하는 매국노로 취급받기 일쑤였다. 랍비들은 세리가 집에 들어오기만 해도 그 집이 부정하게 된다고 했다. 사람들은 세리들을 멀리할 뿐만 아니라 미워했고(cf. 눅 19:8), 자기 중심적으로 사는 이기주의의 상징으로 대했다(마 5:46). 이러한 정황에서 예수님이 마태를 제자로 부르신 것은 가히 충격적이라 할 수 있다.

사회적으로 지탄을 받고 사람들이 꺼리는 이를 측근으로 삼겠다고 하셨기 때문이다.

마태는 아마도 당시 북쪽에서 시작해 가버나움을 거쳐 남쪽으로 이어지는 주요 상업 도로인 '마리스 도로'(Via Maris)에서 관세와 통행세를 징수하는 일을 했을 것이다(Wilkins, cf. Garland, Wessel & Strauss). 예수님은 그에게 "나를 따르라"라고 하셨다. '따르라'(ἀκολούθει)는 현재형 명령(present imperative)이며 평생 따르라는 의미를 지녔다(Best).

예수님의 명령을 받은 마태는 곧바로 예수님을 따라나섰다. 어떤 이들은 그가 처음 만난 예수님을 즉흥적으로 따라나선 것이라 하지만(Long, Osborne), 어떤 이들은 이미 오랫동안 맺어진 예수님과의 관계를 바탕으로 이렇게 결단한 것으로 해석하기도 한다(McKnight, Wilkins).

누가복음 5:28은 그가 '모든 것을 버리고' 예수님을 따랐다고 한다. 생각해 보면 마태는 예수님을 따르기 위해 다른 제자들보다 훨씬 더 많은 것을 포기했다. 세리로서 그는 부유한 삶을 살았다. 또한 어부였던 제자들은 언제든 본업으로 돌아갈 수 있지만, 세리였던 마태는 한번 떠나면 옛 직업으로 돌아갈 수가 없다. 그러므로 그의 결단은 예수님의 부르심만큼이나 파격적이라 할 수 있다.

이날 큰 잔치가 열렸다. 마태가 남에게 해를 끼치는 세리의 삶을 청산하고 예수님의 제자로서 남들에게 덕을 끼치는 새로운 삶을 시작하는 것을 축하하는 잔치였다. 어떤 이들은 잔치가 열린 '그의 집'(τῇ οἰκίᾳ αὐτοῦ)이 예수님의 집이라고 하지만(Malbon), 정황과 문맥을 고려할 때 마태의 집이 확실하다. 또한 누가복음 5:29-30은 마태가 예수님을 위해 자기 집에서 큰 잔치를 베풀었다고 한다. 그가 상당한 부를 누리는 부자였음을 암시한다. 예수님은 손님들과 함께 앉아 음식을 잡수셨다. '앉다'(κατάκειμαι)는 비스듬히 누운 자세를 묘사하며, 로마 사람들의 풍습에서 비롯되었다(BAGD). 그들은 음식이 차려진 식탁을 중앙에 두고 그 주위에 비스듬히 누워 교제하며 음식을 나눴다.

그 당시 풍습에서 음식을 함께 먹는 것은 동료와 사회적 지위를 정의하는 행위였다(Wessel & Strauss). 그래서 사람들은 음식을 함께 먹는 그룹에 속하기 위해 때로는 여러 가지 예식 등을 치르기도 했다(ABD). 마태도 자신이 소속된 사회적 그룹이라 할 수 있는 동료 세리들을 초대해 잔치를 했다. 아마도 그들에게 새로운 스승으로 모시게 된 예수님을 소개하고 자신이 세리직을 떠나는 것을 알리기 위해서였을 것이다.

잔치가 한창 무르익을 때 바리새인의 서기관들이 시비를 걸어왔다(16절). 마가복음이 바리새인을 언급하기는 이번이 처음이다. '바리새인의 서기관들'(οἱ γραμματεῖς τῶν Φαρισαίων)은 성경에서 이 본문에만 사용되는 독특한 표현으로, 율법 전문가인 서기관 중 바리새인 출신을 뜻한다. 당시 서기관 중 상당수가 바리새인이었고, 사두개인이나 이두 부류에 속하지 않은 이들도 있었다(Strauss). 시기와 질투로 예수님의 일거수일투족을 감시하던 자들이 드디어 문제가 될 만한 일을 포착했다. 바리새인들은 제자들에게 예수님이 어찌하여 세리들과 죄인들과 함께 음식을 잡수시느냐며 문제를 제기했다. 그들은 예수님이 세리들과 죄인들과 음식을 함께 잡수시는 것을 곧 그들의 악한 행실을 용납하시는 것으로 해석하고 있다.

바리새인들은 세리들이 이방인과 자주 접하고 안식일에도 일을 한다며 혐오했다. 그러므로 그들은 마태의 잔치에 참석하지는 않았다. 아마도 마태의 집 밖에서 지켜보다가 문제를 제기한 것으로 보인다. '죄인들'(ἁμαρτωλοί)은 보통 사람들처럼 하나님 앞에 떳떳하지 못한 사람들을 뜻하는 것이 아니다. 사람 눈에 띄는 심각한 죄를 지은 사람들을 뜻한다. 그들이 생각하기에는 예수님이 경건한 이스라엘 사람이라면 도저히 상상도 할 수 없는 일을 하고 계신 것이다.

여기서 죄인에 대한 관점의 차이가 나타난다(Wilkins). 바리새인들은 자신들의 율법 해석과 적용을 어긴 사람을 죄인이라 한다. 그들 자신이 만들어 낸 기준으로 의인과 죄인을 판단하는 것이다. 한편, 예수님은 누구든지 하나님의 뜻에 반대하는 사람이 죄인이라 하신다. 이 기준에 따르면 가장 경건하다고 자부하는 바리새인들도 죄인이 될 수 있다.

예수님은 그들의 문제 제기에 대해 "건강한 자에게는 의사가 쓸 데 없고 병든 자에게라야 쓸 데 있느니라"라고 대답하셨다(17a절). 아마도 이 말씀은 그 당시 사용되던 격언으로 보인다(Gundry). 예수님은 이 말씀을 통해 병자가 의사를 필요로 하는 것처럼 죄인들에게는 하나님의 긍휼이 필요하다는 사실을 강조하신다. 예수님이 세리와 죄인들과 함께하시는 것은 하나님의 긍휼이 필요한 그들에게 자비를 베풀기 위해서라는 의미다. 반면에 바리새인들은 자신들이야말로 영적으로 가장 건강하다고 자부하는 자들이다. 그러므로 예수님은 그들과 함께 식사하실 필요가 없으시다.

예수님은 이어서 자신은 의인을 부르러 온 것이 아니라 죄인을 부르러 왔다고 하신다(17b절). 이 말씀은 건강한 자에게는 의사가 쓸데없고, 병든 자에게라야 쓸데 있다는 말씀과 맥을 같이한다. 자신들은 누구보다도 영적으로 건강하다고 자부하며 스스로 의인이라 생각하는 바리새인들은 의사이신 예수님에 대한 필요를 느끼지 못한다. 반면에 한없이 하나님께 죄송하고 부끄러우며 스스로 죄라는 질병을 앓고 있는 병자라고 고백하는 죄인들은 그들을 고치실 예수님에 대한 필요를 절실히 느낀다. 그러므로 예수님은 당연히 죄인들을 구원하고 치료하기 위해 그들을 찾아가실 것이다. 심령이 가난한 사람만이 천국을 맛볼 수 있다(마 5:3).

이 말씀은 우리에게 큰 소망을 준다. 세리는 당시 유대인들이 부정하게 여기던 사람들이다. 그들은 사회의 지탄을 받을 뿐 아니라, 매국노로 불리는 직종에 종사하는 사람들이었다. 이런 사람을 제자로 삼으신 예수님이 하물며 우리를 거부하시겠는가! 모든 것을 뒤로하고 오직 순종하겠다는 각오로 예수님을 따를 것을 결단하면 주님은 우리를 제자로 받으시고 귀하게 사용하신다. 예수님의 제자가 되어 주님을 따르는 일은 직업이나 사회적 지위에 상관없이 모든 사람에게 열려 있다.

우리가 부족하고 연약할수록 하나님은 더 많은 관심과 은혜로 우리를 살피신다. 예수님은 의인을 찾으러 오신 것이 아니라 죄인을 부르러 오셨기 때문이다. 그러므로 치료자이신 예수님께 부족함과 연약함을 고백하고 도움을 청하는 사람이 지혜롭다. 반면에 자신의 의를 앞세우고 남을 정죄하는 사람은 바리새인들처럼 어리석다.

```
II. 갈릴리 사역(1:14-8:21)
  A. 메시아의 권세(1:14-3:6)
    4. 유대교 지도자들과의 갈등(2:1-3:6)
```

(3) 금식(2:18-22)

[18] 요한의 제자들과 바리새인들이 금식하고 있는지라 사람들이 예수께 와서 말하되 요한의 제자들과 바리새인의 제자들은 금식하는데 어찌하여 당신의 제자들은 금식하지 아니하나이까 [19] 예수께서 그들에게 이르시되 혼인 집 손님들이 신랑과 함께 있을 때에 금식할 수 있느냐 신랑과 함께 있을 동안에는 금식할 수 없느니라 [20] 그러나 신랑을 빼앗길 날이 이르리니 그 날에는 금식할 것이니라 [21] 생베 조각을 낡은 옷에 붙이는 자가 없나니 만일 그렇게 하면 기운 새 것이 낡은 그것을 당기어 해어짐이 더하게 되느니라 [22] 새 포도주를 낡은 가죽 부대에 넣는 자가 없나니 만일 그렇게 하면 새 포도주가 부대를 터뜨려 포도주와 부대를 버리게 되리라 오직 새 포도주는 새 부대에 넣느니라 하시니라

세례 요한의 제자들과 바리새인들이 금식하고 있었다(18a절). 율법은 속죄일에 금식할 것을 요구한다(레 16:29-34; 23:27-32; 민 29:7). 그 외에는 모두 자원해서 하는 금식이며, 구약 시대 유대인들은 특별한 날에 금식했다(cf. 슥 7:5; 8:19). 바리새인들은 매주 월요일과 목요일에도

금식했다(cf. 눅 18:11-12). 바리새인들과 요한의 제자들이 함께 금식한다는 것으로 보아 요한의 제자들도 매주 월요일과 목요일에 금식했을 것으로 생각된다. 요한의 제자들과 바리새인들은 금욕주의(asceticism)를 지향하는 삶을 살았던 것이다(cf. 마 11:18).

사람들이 예수님께 요한의 제자들과 바리새인의 제자들은 금식하는데 왜 예수님의 제자들은 금식하지 않는지 물었다(18b절; cf. 눅 5:33). '바리새인의 제자들'(οἱ μαθηταὶ τῶν Φαρισαίων)은 바리새파 사람들을 지지하며 따르는 일반인을 말한다(Marcus, Wessel & Strauss, cf. 마 22:15-16). 즉, 바리새인뿐 아니라 그들을 지지하는 일반인들도 금식을 하는데, 더 높은 신앙의 경지에 있는 예수님의 제자들은 왜 금식을 하지 않는지 묻는 것이다.

본문은 사람들(무리)이 물었다고 하는데, 마태복음은 요한의 제자들이 물었다고 한다(마 9:14). 요한의 제자들도 사람들(무리)에 포함되어 있으니 문제가 되지는 않는다. 바로 앞 이야기(15-17절)에서 예수님과 제자들은 마태가 베푼 잔치에서 죄인들과 세리들과 함께 마음껏 즐겼다. 이 모습을 본 사람들은 예수님의 제자들이 경건과 금욕을 지향하는 두 유대교 종파들과 참으로 다른 삶의 방식에 따라 살고 있으며, 편하게 신앙생활을 한다고 생각했을 것이다. 사람들은 금욕을 통해 경건을 추구했던 요한의 제자들과 바리새인들을 대변하고 있다.

예수님과 제자들도 속죄일에는 금식했던 것이 확실하다(France). 율법이 요구하기 때문이다. 그러므로 사람들이 문제 삼는 것은 매주 이틀씩 하는 금식이다. 왜 예수님의 제자들은 매주 월요일과 목요일에 금식하지 않느냐는 것이다. 이들의 질문에 예수님은 머지않아 자기 제자들도 금식할 날이 닥치겠지만, 지금은 금식할 때가 아니라고 하신다(19-20절). 금식은 때와 장소를 구별해서 하는 것이지 무턱대고 하는 것이 아니다.

예수님은 주님의 백성이 학수고대하던 하나님 나라를 드디어 세우셨고, 따라서 지금은 혼인식에 버금가는 기쁜 잔치를 할 때다(20절). 옛 유대인들은 혼인 잔치를 일주일간 열었다. 잔치 동안 많은 음식과 술이 제공되었으며(cf. 요 2:1-11), 온 공동체가 매우 행복한 시간을 보냈다.

예수님이 바로 이 혼인 잔치의 신랑이시다(cf. 마 22:2; 25:1-13; 엡 5:23-32; 계 19:7-9; 21:2). 구약은 자주 하나님을 이스라엘의 신랑으로 묘사한다(사 54:5-6; 62:4-5; 렘 3:14; 호 2:19-20). 하나님이 시내산 언약을 통해 이스라엘과 결혼하셨기 때문이다. 또한 장차 오실 메시아가 바로 그들의 신랑이 되실 것이다. 그러므로 예수님이 자신을 신랑으로 묘사하시는 것은 메시아 시대가 시작되었음을 뜻한다(Beale & Carson). 예수님을 메시아로 맞이하는 사람들에게 새로 시작된 하나님 나라는 결혼식에 버금가는 기쁨과 축하의 잔치가 있을 만한 일이다.

그러나 이 잔치는 오래 지속되지 않을 것이다. 신랑을 빼앗길 날이 다가오고 있기 때문이다(20절). '빼앗기다'(ἀπαίρω)는 원하지 않는 상황에서 폭력적인 방법으로 제거될 것을 뜻한다(France). 이 말씀은 이사야 선지자가 예언한 고난받는 종(사 53:8, cf. LXX)을 반영하고 있으며, 십자가 사건에 대한 첫 암시다. 그때가 되면 예수님은 도수장으로 끌려가는 어린양과 털 깎는 자 앞에 잠잠한 양같이 조용히 죽음을 맞이하실 것이며(사 53:7-8), 제자들은 슬퍼하며 금식할 것이다. 그러나 그들은 잠시 동안만 슬퍼할 것이다. 예수님이 부활하셔서 그들의 슬픔을 기쁨으로 바꿔 주실 것이기 때문이다.

예수님은 요한의 제자들과 바리새인들이 추구하는 옛(구약) 율법과 그분 자신과 제자들이 추구하는 하나님 나라의 복음을 두 가지 비유를 통해 대조하신다(21-22절). 첫째, 옛 율법은 낡은 옷과 같고 예수님이 선포하시는 하나님 나라의 복음은 생베 조각과 같다(21절). 방금 만든 생베 조각을 낡은 옷에 붙여 기우면 어떻게 될까? 기운 직후에는 표가 잘 나지 않는다. 하지만 빨아서 말리면 낡은 옷은 줄 대로 줄어 있어 변화가 없지만, 그 위에 덧댄 생베 조각은 줄어들어 낡은 옷을 찢는다. 이처럼 모세가 시내산에서 받은 구약 율법과 예수님이 선포하신 하나님 나라의 복음은 결코 융합될 수 없다. 예수님은 구멍 난 옷과 같은 옛 종교적 전통을 때우려고 오신 것이 아니라, 완전히 새로운 옷을 주기 위해 오셨다(Wilkins).

둘째, 옛 율법은 낡은 가죽 부대와 같고 하나님 나라의 복음은 새 포도주와 같다(22절). 당시 액체를 담는 가죽 부대는 주로 무두질한 (tanned) 염소 가죽으로 만들었는데, 오래 사용할수록 빳빳해지고 단단해졌다. 새 포도주는 이제 막 발효가 시작된 것을 뜻하며, 시간이 지날수록 발효 작용으로 인해 부피가 팽창한다. 그러므로 새 포도주는 빳빳하고 단단한 낡은 가죽 부대에 넣지 않는 것이 바람직하다. 내용물의 부피가 팽창하면서 부대를 찢어 버리기 때문이다.

예수님이 시작하신 하나님 나라는 새 포도주와 같다. 오래된 가죽 부대 같은 옛 시스템과 전통에 담을 수 없다. 예수님은 옛 율법을 새 생명으로 채우려고 오신 것이 아니다. 하나님 나라의 복음은 새 시스템에 담아야 한다. 예수님의 제자도가 융통성 없이 기계적으로 율법을 지키는 것을 지향하는 유대교 시스템을 대신한다(Wilkins).

예수님 안에서 율법과 복음이 하나가 된다. 그러나 예수님이 율법과 복음을 하나로 융합하셨다는 의미는 아니다. 예수님은 구약 율법을 무효화한 것이 아니라 완성하심으로써 하나님 나라의 새로운 윤리와 기준을 제시하셨다. 초대교회는 이러한 사실을 잘 깨닫지 못해 기독교를 유대교의 한 종파로 생각했다. 그러다가 이방인이 많아지면서 예수님 안에서 율법과 복음이 하나가 된다는 것이 무엇인지 점차 깨달아 갔다 (cf. 갈라디아서).

이 말씀은 모든 일에는 때가 있다고 한다. 어떤 그리스도인들은 금욕주의를 지향하는 것이 신앙이라고 한다. 그러나 무엇이든 과하면 부족함만 못하다. 금식할 때가 있으면 잔치해야 할 때도 있다. 우리는 신앙과 삶에서 균형을 추구해야 한다. 또한 균형을 추구하기 위해서는 항상 선택해야 한다. 하나님의 인도하심에 따라 올바른 선택을 할 수 있도록 많이 기도해야 한다.

예수님은 옛 언약(구약)과 새 언약(신약) 사이에 분명한 차이가 있다고 하신다. 그러므로 하나님 나라의 복음을 구약 율법과 섞으려고 하는 것은 마치 생베 조각을 낡은 옷에 붙이는 것과 같고, 새 포도주를 낡은 가죽 부대에 넣으려는 것과 같다고 하신다. 두 언약은 분명 지속성을 지니고 있지만, 동시에 대조적인 점도 지녔다는 것이다. 학자들은 이것을 구약과 신약의 연속성(continuity)과 단절성(discontinuity)이라고 한다.

(4) 안식일(2:23-3:6)

이 섹션은 안식일이라는 주제로 묶여 있다. 예수님은 안식일이 사람을 위해 있는 것이지, 사람이 안식일을 위해 있는 것이 아니라고 하신다. 또한 안식일은 무언가를 하지 않는 날이 아니라, 선을 행하는 날이라고 하신다. 본 텍스트는 다음과 같이 두 파트로 구분된다.

  A. 사람을 위한 날(2:23-28)
  B. 선행을 위한 날(3:1-6)

```
II. 갈릴리 사역(1:14-8:21)
  A. 메시아의 권세(1:14-3:6)
    4. 유대교 지도자들과의 갈등(2:1-3:6)
      (4) 안식일(2:23-3:6)
```

a. 사람을 위한 날(2:23-28)

²³ 안식일에 예수께서 밀밭 사이로 지나가실새 그의 제자들이 길을 열며 이삭을 자르니 ²⁴ 바리새인들이 예수께 말하되 보시오 저들이 어찌하여 안식일에 하지 못할 일을 하나이까 ²⁵ 예수께서 이르시되 다윗이 자기와 및 함께 한 자들이 먹을 것이 없어 시장할 때에 한 일을 읽지 못하였느냐 ²⁶ 그가 아비아달 대제사장 때에 하나님의 전에 들어가서 제사장 외에는 먹어서는 안 되는 진설병을 먹고 함께 한 자들에게도 주지 아니하였느냐 ²⁷ 또 이르시되 안식일이 사람을 위하여 있는 것이요 사람이 안식일을 위하여 있는 것이 아니니 ²⁸ 이러므로 인자는 안식일에도 주인이니라

가나안 지역에서는 3-4월에 보리를, 4-5월에는 밀을 수확한다. 그러므로 이 일은 봄에 있었던 일이다. 안식일에 예수님이 제자들을 데리고 길을 가시는데, 제자들이 배가 고파 길옆 밀밭에서 이삭을 잘라 먹었다(23절). 이 모습을 지켜보던 바리새인들이 제자들이 안식일에 해서는 안 될 일을 했다며 예수님께 항의했다(24절). 제자들이 밀 이삭을 잘라 먹었는데, 바리새인들은 예수님을 탓한다. 스승이 제자들을 잘못 가르쳤다고 생각했기 때문이다. 우리도 행실을 바로 하지 않으면 스승이신 예수님이 욕을 먹는다는 사실을 기억하며 살아야 한다.

율법은 길을 가다가 허기를 채우기 위해 허락 없이 남의 밭에 들어가 곡식을 먹는 일을 허용한다(레 19:9-10; 신 23:24-25). 다만 여유분을 챙겨 나오면 안 된다. 따라서 밭의 주인들은 배고픈 여행자들과 가난한 사람들을 위해 밭의 가장자리에서 자라는 곡식은 아예 수확하지 않았다. 또한 포도나 올리브 농사를 하는 과수원에서도 주인은 한 해에 한

번만 수확했다(cf. 신 24:19-22; 룻 2:2-3). 남은 과일과 열매는 배고프고 가난한 사람들의 몫이었다.

그러므로 바리새인들이 문제 삼는 것은 제자들이 남의 농산물을 허락없이 먹은 일이 아니다. 그들이 곡식을 털어 먹는 과정에서 일을 했다는 것이다. 이삭을 손으로 비비는 것이 일이 될 수도 있고, 비빈 곡식을 입으로 불어 껍질을 날려 보내는 것이 일이 될 수도 있다. 안식일에는 일을 해서는 안 되는데 말이다. 오늘날도 보수적인 유대인들은 안식일에 먹을 음식을 전날에 준비해 둔다. 요리하는 것은 일이기 때문이다.

율법뿐 아니라 십계명도 안식일은 거룩한 날이므로 사람들과 짐승들이 일하지 않게 하라고 한다(출 20:8-11). 이에 따라 유대교는 할례와 음식법과 안식일 준수는 사람이 지켜야 할 가장 중요한 율법이라고 가르쳤다(Dunn). 안식일 준수가 당시 유대교의 정체성을 정의했다고 해도 과언이 아니다(Garland).

안식일 율법의 중요성은 십계명에도 잘 나타난다. 십계명 중 처음 네 계명은 하나님을 어떻게 섬길 것인가에 관한 것들인데, 그중 네 번째인 안식일 율법이 가장 자세하게 기록되어 있다. 매우 중요하다는 뜻이다. 또한 처음 세 계명은 가치관과 마음 자세에 초점을 두고 있다면, 안식일 계명은 순종 여부가 겉으로(삶으로) 드러난다. 이러한 이유로 유대인들은 안식일 율법을 목숨 걸고 지키려 했다.

율법도 안식일 율법을 위반하는 일은 처형될 정도로 심각하다고 한다(cf. 출 31:14-15; 35:2). 마카비 혁명(Maccabean Revolt, BC 167-160) 때 처음에는 안식일에 적들과 싸우느니 차라리 죽겠다며 적의 공격에 어떠한 저항도 하지 않고 전사하는 사람들이 나왔다. 이후 유대인들은 방어를 목적으로 하는 전쟁 시에는 안식일에도 싸울 수 있다고 구전율법(oral law)을 수정했다.

문제는 안식일에 사람이 할 수 있는 일과 할 수 없는 일을 누가 어떻게 정의하느냐 하는 것이다(cf. 사 58:13-14; 렘 17:21-22). 당시 랍비들은 안식일에 해서는 안 되는 일을 39가지로 정의했다. 예를 들면 안식일에는 한 번에 2,000규빗(전통적으로 900m, 그러나 한 랍비 문헌은 1,100m로 규정하기도 함) 이상 걸으면 안 된다. 사도행전 1:12은 이것을 '안식일에도 걸을 수 있는 거리'라고 한다. 오늘날에도 보수적인 유대인들은 이 율법을 위반하지 않기 위해 회당 가까운 곳에 산다.

바리새인들이 예수님과 제자들이 이 구전 율법을 위반했다고 하지 않는 것으로 보아 이 부분에는 별문제가 없었다. 이러한 율법 해석(구전 율법)이 적용되지 않는 유일한 상황은 성전에서 드리는 예배와 연관된 일을 하거나 생명이 위협을 받을 때였다.

당시 율법학자들과 랍비들이 안식일에 하면 안 되는 일로 규정한 일부 항목을 살펴보면 참으로 비상식적이고 어리석다는 생각이 든다. 한 예로 본문을 생각해 보자. 율법은 나그네가 길을 가다가 배가 고프면 주인의 허락 없이도 남의 밭에 들어가 곡식을 비벼 먹어 허기를 달랠 수 있다고 한다. 그러나 사람들이 만들어 낸 규정에 따르면 곡식을 손으로 비비거나 껍질을 입으로 부는 것은 일이다. 그러므로 안식일에는 아무리 배가 고파도 율법이 허락한 대로 곡식을 비벼 먹으면 안 된다. 안식일에 일을 해서는 안 되기 때문이다. 결국 당시 율법학자들은 하나님이 모세를 통해 주신 구약 율법보다 더 우선 되고 강력한 율법을 만들어 사람들에게 강요했다. 그들은 사람들에게 구약 율법보다 더 무거운 짐을 지운 것이다.

안식일에 해서는 안 될 일을 정의한 것은 성경이 아니라 사람이다. 이러한 이유로 당시 모든 유대교 종파가 바리새인들의 율법 해석에 동의하지 않았다. 그러므로 그들의 문제 제기는 의도적으로 시비를 걸어오는 것이다(Daube). 바리새인들이 예수님을 공격하기 시작한 것이다(Boring). 그들은 예수님이 자신들의 전유물이라고 생각했던 구약을 새로 해석하고 가르치시는 데서 위협을 느꼈다.

예수님은 바리새인들의 문제 제기에 대해 다윗의 이야기를 예로 들며 반박하신다. 다윗이 예루살렘 남쪽 근교에 위치한 놉에 있는 성막에서 제사장들로부터 진설병을 얻어먹은 이야기다(25-26절; cf. 삼상 21:1-6). 진설병(τοὺς ἄρτους τῆς προθέσεως, cf. 출 25:30; 레 24:5-9)은 하나님과 이스라엘 사이에 맺은 언약을 상징하는 것이며, 안식일마다 제사장들이 이스라엘의 지파 수에 따라 빵 열두 개를 만들어 성전 안에 있는 진설병을 올리는 상에 두었다. 이 빵들은 하나님이 이스라엘을 먹이시는 것을 상징했다. 안식일에 전시된 빵은 다음 안식일에 새로운 빵으로 대체되었으며, 일주일 동안 전시되었던 빵은 거룩하기 때문에 제사장들만 먹을 수 있었다. 제사장들이 빵을 먹지 않고 있었다는 것은 다윗이 놉에 있는 성막을 방문했을 때가 안식일이었음을 암시한다.

다윗과 소년들이 진설병을 먹은 것은 율법을 위반하는 일이었다. 게다가 다윗은 이 진설병을 얻기 위해 거짓말까지 했다. 그래서 어떤 이들은 예수님이 다윗이 거짓말을 하고도 무탈한 것을 염두에 두고 이 말씀을 하시는 것이라 하는데(Marcus), 설득력이 부족한 논리다.

아히멜렉 제사장이 진설병을 그들에게 준 것도 율법이 금하는 행위였다. 그런데도 구약 그 어디에서도 이 율법 위반 사례에 대해 문제를 제기하지 않는다. 예수님은 다윗과 소년들이 율법을 어기면서 진설병을 먹은 일이 문제가 되지 않는다면, 제자들이 안식일에 배가 고파 밀이삭을 비벼 먹은 것은 더욱더 문제가 되지 않는다고 하신다. 만일 다윗과 그의 부하들이 거룩한 음식을 먹어도 괜찮았다면, 다윗보다 더 위대하신 메시아와 그의 제자들은 더욱더 괜찮다(Collins, Perkins, Strauss). 예수님이 사용하시는 논리는 작은 것에 근거해 더 큰 것을 논하는 논법(a fortiori)이다.

예수님은 아비아달 대제사장을 언급하시는데, 사무엘서는 이 사건에 연루된 제사장이 아비아달이 아니라 아히멜렉이라 한다(삼상 21:1). 어떤 이들은 구약이 아비멜렉과 아히멜렉의 관계에 대해 혼선을 빚는 일이 문제가 된 것이라 한다(cf. Perkins, Watts, Wessel & Strauss; cf. 삼하 8:17; 대상 18:16; 24:6). 이러한 혼선을 의식해 마태복음과 누가복음은 이 이야기를 회고하면서 아비아달 제사장의 이름을 아예 삭제했다고 주장한다(cf. 마 12:1-8; 눅 6:1-5). 아마도 예수님은 다윗 시대를 떠올리면 아비아달이 대제사장으로 있던 때이기 때문에 이렇게 말씀하시는 것으로 생각된다(Garland, Strauss). 또한 아히멜렉보다 아비아달이 더 알려져 있었으며, 아비아달은 이스라엘의 왕권이 사울에서 다윗으로 넘어간 일을 상징하기 때문일 것이다(Hooker, cf. Marcus, Watts).

그런데 예수님은 제자들의 행동을 옹호하시면서 왜 이 사건을 언급하시는 것일까? 이에 대해 학자들은 최소한 8가지 해석을 내놓았다(cf. Davies & Allison). 이중 어느 정도 본문 해석에 기여하는 것은 (1)사람의 가장 기본적인 필요가 법률상의 사소한 절차(legal technicality)보다 우선이다, (2)예수님은 구약 율법이 아니라 바리새인들의 구전 율법(oral law)의 잘못됨을 지적하신다, (3)선한 일을 위해서는 율법을 어길 수 있다, (4)하나님의 기름 부음을 받은 다윗의 권위가 예수님의 메시아적 권위를 상징한다 등이다. 이러한 이유가 본문에 복합적으로 작용하고 있다.

첫 번째와 네 번째 해석이 본문의 취지를 설명하는 데 도움이 된다. 원래 안식일과 안식일에 관한 율법은 사람들에게 평안과 안식을 주기 위해 제정되었다. 안식일 율법을 지키는 일은 하나님이 사람들에게 지어 주신 짐이 아니라 하나님과 특별한 관계를 지닌 사람들만이 누릴 수 있는 특권이다. 그러므로 신명기는 율법이 하나님 백성의 평안과 행복을 보장하는 '행복보장헌장'이라 한다(cf. 『엑스포지멘터리 신명기』).

예수님은 다윗 이야기에 두 가지 원칙을 더하신다(27-28절). 첫째, 사람이 안식일보다 더 중요하다(27절). 안식일은 참으로 중요한 율법이지만, 그렇다고 해서 사람이 안식일을 지키기 위해 존재하는 것은 아니다. 오히려 안식일이 사람을 위해 존재한다. 안식일은 사람의 행복과 평안을 위해 존재하기 때문에 만일 안식일을 지키는 일이 해가 된다면 차라리 지키지 않는 것이 좋다는 논리다. 모든 율법이 이렇다. 사람이 율법 위에 있지 율법 아래에 있지 않다.

둘째, 예수님은 안식일의 주인이시다(28절). 메시아이신 예수님은 안식일에 대한 권위(authority)를 가지셨고, 안식일과 안식일 율법을 제정하신 하나님과 동등한 분이라는 뜻이다. 어떻게 이런 일이 가능한가? 예수님은 자신을 '인자'로 칭하시며 '옛적부터 계신 이'(하나님)에게 모든 권세와 영광과 나라와 백성을 받으신 '인자'임을 암시하신다(단 7:13-14). 따라서 예수님은 모든 율법을 최종적으로 해석할 권위를 가지셨다. 또한 율법을 완성하셨다(마 5:17-20). 그러므로 안식일의 주인이신 예수님이 안식일에 제자들에게 자비를 베푸신 것이 무슨 문제가 되겠는가!

한 학자는 이 말씀이 원래 '사람이 안식일의 주인이다'였는데 마가가 '인자가 안식일의 주인이다'로 바꿨다고 한다(Bultmann). 그러나 모든 사람이 예수님처럼 율법을 재해석하는 권한을 지니지는 않았다. 그러므로 근거 없는 해석이다(France, Guelich, Marcus). 예수님이 자신을 가리켜 '인자'라고 표현하시는 것은 8:31 이후에나 있는 일이라고 주장하는 이들은 이 말씀이 예수님이 하신 말씀이 아니라, 내레이터인 마가가 한 말이라고 한다(Lane). 직접 인용구가 아니라는 것이다. 그러나 마가복음 안에서 '인자'는 항상 예수님이 자신에 대해 직접 언급하신 말씀에서 발견된다(Strauss).

이 말씀은 우리가 하나님의 말씀에 순종하며 살 때, 말씀의 취지(의도)를 존중하며 실천하는 것이 중요하다고 한다. 말씀이 표면적으로 요구하는 것을 준수하는 것보다, 하나님이 이 말씀을 주신 이유와 목적을 이해하고 실천하는 것이 더 중요하다는 뜻이다. 말씀의 취지를 제대로 살리지 못하면 우리도 율법주의자가 될 수 있다.

성경이 제시하는 기준과 가이드라인에 따라 살다 보면 어떤 때는 두 기준이 대립할 때가 있다. 안식일에 밀을 비벼 배고픔을 달래는 일과 안식일에 일을 하면 안 되는 것처럼 말이다. 이럴 때는 어떤 기준에 더 중점을 두어 준수해야 할 것인지 하나님의 인도하심을 받아야 한다. 예수님은 단연코 배고픔을 달래는 일이 더 중요하다고 하셨다. 안식일이 사람을 위해 있는 것이지, 사람이 안식일을 위해 있는 것이 아니기 때문이다.

> II. 갈릴리 사역(1:14–8:21)
>   A. 메시아의 권세(1:14–3:6)
>   4. 유대교 지도자들과의 갈등(2:1–3:6)
>   (4) 안식일(2:23–3:6)

b. 선행을 위한 날(3:1-6)

[1] 예수께서 다시 회당에 들어가시니 한쪽 손 마른 사람이 거기 있는지라 [2] 사람들이 예수를 고발하려 하여 안식일에 그 사람을 고치시는가 주시하고 있거늘 [3] 예수께서 손 마른 사람에게 이르시되 한 가운데에 일어서라 하시고 [4] 그들에게 이르시되 안식일에 선을 행하는 것과 악을 행하는 것, 생명을 구하는 것과 죽이는 것, 어느 것이 옳으냐 하시니 그들이 잠잠하거늘 [5] 그들의 마음이 완악함을 탄식하사 노하심으로 그들을 둘러 보시고 그 사람에게 이르시되 네 손을 내밀라 하시니 내밀매 그 손이 회복되었더라 [6] 바리새인들이 나가서 곧 헤롯당과 함께 어떻게 하여 예수를 죽일까 의논하니라

예수님이 제자들 일로 바리새인들과 대립한 곳을 떠나(cf. 2:23-28) 회당으로 들어가셨다(9절). 누가는 제자들이 보리 이삭을 비벼 먹은 안식일과 이 사건이 있었던 안식일이 서로 다른 날이라고 한다(눅 6:6). 예수님이 회당에 들어가신 것은 아마도 안식일에 예배를 드리러 온 사람들을 가르치기 위해서였을 것이다.

회당에는 한쪽 손이 마른 사람이 있었다. 손이 '말랐다'(ἐξηραμμένην) 는 것은 팔을 접었다 폈다 할 수 없는 상태를 의미한다(TDNT). 옛적에 북 왕국 이스라엘을 시작했던 여로보암도 우상 숭배로 인해 이런 일을 경험했다가, 선지자의 도움으로 치료된 적이 있다(cf. 왕상 13:1-10). 그 당시 이와 같은 장애를 겪는 사람들에게 신체적 불편함은 그다지 큰 이슈가 아니었다. 그러나 몸을 움직여서 하는 일이 대부분이었던 시대에 팔을 쓸 수 없다는 것은 생계와 직결되는 문제였다. 따라서 이 사람에게는 하루하루 살아가는 것이 참으로 고단했을 것이다. 이 사람은 예수님이 병을 고치신다는 소문을 듣고 낫고자 수소문해 찾아왔다. 또한 그는 예수님이 안식일에도 사람을 치료해 주신다는 소문도 들었다(cf. 1:21-31).

모든 사람이 메시아이신 예수님을 좋아하거나 사모한 것은 아니다. 어떤 자들은 예수님을 곤경에 빠트릴 증거를 수집하고 있다(2절, cf. 6절). 사람들은 고발할 거리를 찾기 위해 예수님이 이 병자를 고치는지 지켜보고 있다. '사람들'은 헬라어 사본에 없는 단어이며, 사용되는 동사들이 3인칭 복수형 '그들'을 주어로 전제하는 데서 비롯된 해석이다(cf. NAS, NIV, NRS, ESV). 문맥을 고려할 때 '사람들(그들)'은 앞에서 예수님께 문제를 제기했던 바리새인들이다(NIRV, cf. 2:24; 3:6). 누가는 구체적으로 그들이 '바리새인들과 율법 선생들'이라 한다(눅 6:7).

바리새인들은 예수님이 이 손 마른 사람을 그냥 지나치지 않으실 것을 직감했다. 그렇게 하기에 예수님은 너무나 자비로운 분이기 때문이다. 또한 예전에도 예수님이 안식일에 가르치시고 치료하셨다는 소문을 들었던 터다(cf. 1:21-31). 어떻게 해서든 문제가 될 만한 꼬투리 하나만 잡으면 고발하려고 한다.

그들은 예수님이 메시아인지, 혹은 참된 선지자인지 관심이 없다. 그들이 예수님의 가르침과 행하신 일들을 한 번이라도 깊이 생각해 보았다면 상황이 많이 달라졌을 수도 있다. 예수님이 하나님의 아들로 오신 메시아라는 사실을 한 번쯤은 고민해 보았을 것이기 때문이다. 그러나 그들에게 예수님은 그동안 누리던 이권과 전통을 위협하는 무례하고 위험한 사람일 뿐이다. 병든 사람을 치료하는 것은 참으로 좋은 일이고 하나님의 영광을 드러내는 일인데도, 이 사람들은 아픈 사람의 어려운 형편에 전혀 관심이 없다.

당시 유대인 종교 지도자들은 안식일에 해서는 안 되는 일 39가지를 정해 놓고, 성전에서 제사장들이 하는 일과 산파들이 출산을 도울 때 생길 수 있는 다급한 상황 등 생명을 위협하는 경우만 예외로 삼았다. 그들은 사람의 손이 말랐다고 해서 생명이 위협받지는 않는다고 생각했기 때문에 예수님이 이 사람을 안식일인 이날 치료하면 율법을 어기는 것이다. 사실 예수님이 손이 마른 사람에게 이날은 안식일이니 안 되고, 다음 날 찾아오면 치료해 주겠다고 하셨다면 어떠한 문제도 발생하지 않았을 것이다.

그러나 예수님은 안식일을 기념하기 위해 오신 것이 아니라, 생명을 구하러 오셨다(Minear). 또한 한시라도 빨리 낫고 싶어 하는 병자의 마음을 헤아리신다. 게다가 유대교 지도자들의 안식일 율법에 대한 해석과 적용은 이 율법의 의도와 전혀 상관없는, 잘못되어도 한참 잘못된 것들이다. 따라서 예수님은 이 상황을 안식일 율법의 취지를 가르치는 기회로 삼으셨다.

예수님은 손이 마른 사람을 회중 한가운데에 세우셨다(3절). 고발할 빌미를 찾는 바리새인들을 포함한 모든 사람이 볼 수 있게 하셨다. 종교 지도자들과 맞서기로 결단하신 것이다. 복음서에서 예수님이 누구를 치료하겠다고 먼저 나서시는 것은 이곳이 유일하다. 다른 치료 사역에서는 항상 병자들이 먼저 치료를 바라며 예수님께 나아온다. 병자를 회중 한 중앙에 세우신 예수님은 사람들, 특히 율법에 대해 박식하다는 바리새인들에게 안식일과 일에 대한 두 파트로 구성된 질문을 하셨다. (1)안식일에 선을 행하는 것과 악을 행하는 것 중 어느 것이 옳은

가? (2)안식일에 생명을 구하는 것과 죽이는 것 중 어느 것이 옳은가?

좋은 일은 어느 날이든 날을 가리지 않고 해야 한다. 안식일이라 해도 어려움에 처한 사람을 돕는 일은 당연하다. 안식일이 사람을 위해 있지, 사람이 안식일을 위해 있는 것이 아니기 때문이다(2:27). 또한 안식일에 사람을 돕는 것은 하나님이 기뻐하시는 선하고 옳은 일이다(cf. 4절). 물론 바리새인들은 듣지 않을 것이다(cf. 6절). 이미 그들은 예수님께 마음을 닫았다. 예수님이 어떤 일을 하시고, 어떤 가르침을 주시든 간에 그들은 아무것도 보려고 하지 않고, 들으려고 하지 않는다.

예수님은 안식일의 의미를 가르치신다. 안식일은 어떤 일을 하지 않는 날이 아니라, 선한 일을 하는 날이다. 이러한 해석이 당시 유대인들에게 다소 생소한 가르침이었을 수 있지만, 예수님은 율법에 대한 최종적인 해석을 하실 권한을 가지신(cf. 마 5:17-20; 10:40-41; 11:10) 안식일의 주인이시다(2:28). 그러므로 예수님은 자신의 가르침이 옳다는 것을 확인해 주시기 위해 손이 마른 사람을 치료하신다(5절).

첫 번째 질문(안식일에 선을 행하는 것과 악을 행하는 것 중 어느 것이 옳은가?)은 손이 마른 사람에 관한 질문이라 할 수 있다. 그 사람을 치료하는 것은 좋은 일이며 계속 방치하는 것은 나쁜 일이기 때문이다. 두 번째 질문(안식일에 생명을 구하는 것과 죽이는 것 중 어느 것이 옳은가?)은 일반적인 원리를 제시하지만, 또한 예수님에 관한 질문이기도 하다. 바리새인들이 이 안식일에 예수님을 죽이기로 작정했기 때문이다(6절).

예수님의 질문에 바리새인들은 묵묵부답이다(4b절). 안식일에 선을 행하고 생명을 구하는 것이 옳다고 하면 그동안 사람들에게 왜 아무 일도 하면 안 된다고 가르쳤냐고 질책을 받을 것이다. 그렇다고 안식일에 악을 행하고 죽이는 것이 옳다고 하는 것은 있을 수 없는 일이다. 그러므로 그들은 어떤 대답도 하지 않는다.

예수님은 침묵하는 그들을 둘러보시고 탄식하고 노하셨다(5a절). 그들의 위선적인 신앙생활과 서로에 대한 긍휼이 없다는 데 대한 분노다. 노하심으로 둘러보신 것(περιβλεψάμενος)은 과거형 부정 분사(aorist participle)이며, 잠시 그렇게 하셨다는 뜻이다. 그들의 완악함으로 인해 근심하신 것(συλλυπούμενος)은 현재형(present participle)이며, 계속 그렇게 하셨다는 뜻이다(Wessel & Strauss). 병자는 '마른 손'을 지녔지만, 종교 지도자라는 바리새인들은 '마른 마음'을 지닌 것에 분노하셨다. 마가는 마태와 누가보다 예수님의 감정을 묘사하는 일에 더 성실하다.

예수님은 서 있는 사람에게 손을 내밀라고 하셨고, 그가 손을 내미니 곧바로 회복되었다(5b절). 병자에게는 예수님이 안식일에 자기 손을 치료하실 수 있다는 믿음이 있었기에 말씀에 따라 손을 내밀어 치유를 받았다(France). 예수님은 환자를 손으로 만져 치료하시기도 하는데(cf. 1:31, 41), 이번에는 말씀으로만 치료하셨다. 바리새인들이 트집을 잡을 만한 '일'을 하지 않으신 것이다(France). 그러나 이 같은 사실은 바리새인들에게 중요하지 않다. 그들은 이미 예수님을 대적하기로 결단했기 때문이다(6절). 이번에도 우리는 기적의 한계를 목격한다. 기적은 모든 사람을 설득시킬 수 없다. 특히 마음이 강퍅한 사람들은 기적으로 인해 더 강퍅해진다.

이 광경을 지켜보던 바리새인들은 회심하거나 반성하기는커녕 오히려 더 악랄해진다. 헤롯당과 함께 예수님을 죽일 방법을 의논하기 시작한 것이다(6절). '헤롯당'(τῶν Ἡρῳδιανῶν)은 아기 예수님을 죽이려 했던 헤롯 대왕이 자기 집안과 헤롯 왕조(BC 55-AD 93)를 지지하도록 경제적-정치적 이익을 주며 결성한 집단이었다는 것 외에는 별로 알려진 바가 없다(Meier). 헤롯 왕조의 왕들은 모두 로마 제국의 인준을 받아야 하는 처지에 있었기 때문에 이들은 로마 제국을 추종했다. 따라서 평상시에는 민족주의를 지향하던 바리새인들과 로마를 추종하는 헤롯당은 서로 어울리지 않았다. 그러나 예수님이 그들의 공통적 원수가 되면서 이해타산이 잘 맞아떨어지니 함께 의논한다. 바리새인들은 유대교의 교리를, 헤롯당원들은 풍부한 정치 경험으로 예수님을 해하려고 한다.

이권과 전통에 눈이 먼 바리새인들은 진리를 눈앞에 두고도 보기를 거부하는 사람들이다. 진리를 추구하는 사람들이 진리와 진실에는 관심이 없다. 안식일은 하나님을 예배하기 위해 주님의 백성이 회당에 모이는 날이다. 예배 중 손이 마른 사람이 수많은 사람이 보는 앞에서 치유받아 하나님의 영광이 온 회중에 임하는 것은 얼마나 좋은 일인가! 예수님이 바로 이 좋은 일을 하셔서 하나님의 영광을 드러내셨다. 그러나 예수님의 선한 일이 원수를 만들어냈다(van der Loos). 마음이 강퍅한 바리새인들이 하나님의 영광을 드러내신 예수님을 죽이고자 음모를 꾸민 것이다!

이 말씀은 하나님을 가장 사랑한다고 하는 자들이 실제로는 하나님의 사역을 가장 반대하는 자가 될 수 있다고 경고한다. 바리새인들은 하나님을 가장 잘 섬긴다고 자부하면서도 주님을 예배하는 목적과 기쁨을 오래전에 상실한 자들이다. 또한 지성이 마비되어 상식도 없는 자들이다. 이런 바리새인들의 모습을 우리 주변에서도 볼 수 있다. 오늘날 여러 기독교 연합 단체와 교단 총회 그리고 노회를 좌지우지하는 자들이 이런 모습을 보인다. 교회의 주인이신 주님을 모르는 교회, 이것이 우리의 자화상이 아닌지 두렵다.

II. 갈릴리 사역(1:14-8:21)

B. 영접한 사람들과 부인한 사람들(3:7-6:6a)

이 섹션은 예수님의 갈릴리 사역 후반부에 있었던 일들을 정리한다. 예수님의 사역은 대체로 앞 섹션(1:14-3:6)에 기록된 것들과 성향이 비슷하지만, 시간이 지날수록 예수님에 대한 사람들의 자세가 확연히 구분된다. 어떤 이들은 예수님을 하나님의 아들 메시아로 영접하는가 하면, 어떤 사람들은 매우 적대적인 자세를 취한다(cf. 3:6). 하나님과 예수님 편에 서는 사람들과 사탄의 편에 서는 자들로 구분되는 것이다.

누가 예수님이 새로 시작하신 하나님 나라의 백성인지도 확실해진다. 하나님의 백성은 더는 인종과 민족으로 정의되지 않는다. 아브라함의 후손이라 해도 하나님의 백성이 되지 못할 수 있다. 반면에 이방인이라 해도 하나님의 백성이 될 수 있다. 누구든지 하나님의 뜻을 행하는 사람이 하나님의 백성이기 때문이다(3:35). 본 텍스트는 다음과 같이 구분된다.

A. 사역 요약(3:7-12)
B. 열두 제자(3:13-19)
C. 가족들(3:20-21)
D. 율법학자들(3:22-30)
E. 형제자매(3:31-35)
F. 하나님 나라 비유(4:1-34)
G. 자연과 초자연을 다스리심(4:35-5:43)
H. 나사렛 사람들의 부인(6:1-6a)

II. 갈릴리 사역(1:14-8:21)
　B. 영접한 사람들과 부인한 사람들(3:7-6:6a)

1. 사역 요약(3:7-12)

⁷ 예수께서 제자들과 함께 바다로 물러가시니 갈릴리에서 큰 무리가 따르며 ⁸ 유대와 예루살렘과 이두매와 요단 강 건너편과 또 두로와 시돈 근처에서 많은 무리가 그가 하신 큰 일을 듣고 나아오는지라 ⁹ 예수께서 무리가 에워싸 미는 것을 피하기 위하여 작은 배를 대기하도록 제자들에게 명하셨으니 ¹⁰ 이는 많은 사람을 고치셨으므로 병으로 고생하는 자들이 예수를 만지고자

하여 몰려왔음이더라 [11] 더러운 귀신들도 어느 때든지 예수를 보면 그 앞에 엎드려 부르짖어 이르되 당신은 하나님의 아들이니이다 하니 [12] 예수께서 자기를 나타내지 말라고 많이 경고하시니라

예수님은 바리새인들과 헤롯당원들이 주님을 죽이려고 음모를 꾸미고 있다는 사실을 아시고(cf. 3:6) 제자들과 갈릴리 호수로 떠나신다(7절; cf. 마 12:14-15). 갈릴리 호수로 이동함으로써 바리새인들과 헤롯당원들은 멀리할 수 있었지만, 주님의 은총을 바라는 무리는 갈수록 커져만 간다.

예수님이 가시는 곳마다 유대와 예루살렘과 이두매와 요단강 건너편과 또 두로와 시돈 근처에서 온 많은 무리가 따랐다(8절). 마가가 언급하는 곳들이 예수님이 사역하셨던 지역을 정의한다고 하는 해석이 있지만(Lane, Schweitzer), 예수님은 이두매를 방문하신 적이 없으므로 설득력이 없는 해석이다. 어떤 이들은 이 이름들이 옛 이스라엘의 영토를 상징한다고 한다(Garland). 만일 그렇다면 사마리아가 반드시 포함되어야 하는데, 본문은 사마리아를 언급하지 않는다. 마가가 팔레스타인 중에서 유대인이 많이 모여 사는 지역인 '유대 팔레스타인'(Jewish Palestine)을 언급하는 것이라는 해석도 있다(Klostermann). 그러나 이러한 해석으로는 두로와 시돈이 포함된 것을 설명할 수 없다. 마가는 단순히 사방 곳곳에서 유대인과 이방인들이 예수님에 대해 듣고 모여들었다고 하는 듯하다. 유대와 예루살렘은 남쪽을, 이두매와 요단강 건너편은 남쪽과 동쪽을, 두로와 시돈은 서쪽과 북쪽을 상징하며, 이방인들이 사는 페니키아의 두로와 시돈은 이방인 선교를 상징한다(Wessel & Strauss).

유대와 예루살렘은 예수님이 갈릴리 사역을 마치시고 십자가에서 죽기 위해 가시는 곳이다. 예수님은 유대와 예루살렘으로 가시기 전부터 그곳에서 명성이 자자하다. '이두매'(Ιδουμαία)는 에돔을 라틴어화(Latinization)한 표현이며(TDNT), 성경에서 이곳에만 사용된다. 에돔

은 야곱의 쌍둥이 형 에서에서 비롯된 족속이다(창 25:30; 36:1). 마카
비 혁명 이후 유대가 에돔을 지배하다시피 했으며, 하스모니안 왕조의
요한 히르카누스(John Hyrcanus)는 강제로 그들을 유대교로 개종시켰다
(Strauss). 또한 예수님을 죽이려 했던 헤롯 대왕이 이두매 사람이다. 요
단강 건너편은 오늘날 요르단 지역을 의미하며, 데카폴리스(Decapolis)
와 뵈레아(Perea) 등 헬라화(Hellenization)된 도시가 많이 있었다. 두로와
시돈은 페니키아의 항구 도시이며 오늘날의 레바논이다. 예수님은 나
중에 이 지역을 방문하신다(7:24).

예수님은 하나님 나라의 복음을 선포하는 일을 가장 중요하게 여기
시지만(cf. 1:38), 무리는 예수님이 하신 큰일(기적)을 듣고 나왔다(8절,
cf. 10절). 그들은 예수님의 말씀을 듣는 것보다 기적(치료)을 원한 것이
다(Garland).

예수님은 밀려드는 사람들이 에워싸 미는 것을 피하기 위해 제자들
에게 작은 배를 대기시키라고 하셨다(9절). 어떤 이들은 무리가 예수님
에게 위협을 가했기 때문에 그들을 피하고자 배를 준비시킨 것이라 하
지만(Perkins), 이유는 다른 데 있다. '작은 배'(πλοιάριον)는 호수에서 고
기를 잡는 큰 배와 달리 두세 사람이 타기에 적합한 배다. 예수님은 이
배를 일종의 강단으로 사용해 사람들에게 하나님 나라의 복음을 선포
하고자 하신 것이다(Strauss). 예수님은 땅에 머무시는 한 몰려드는 병자
들을 고치셔야 한다(cf. 10a절). 그들은 예수님의 옷을 만지기만 해도 낫
는다고 믿고 예수님께 나아오기 때문이다(10b절; cf. 5:25-34; 6:56). 반
면에 배를 타고 해변에서 조금 떨어져 있으면 방해받지 않고 말씀을
가르치실 수 있다. 예수님은 사람의 병든 몸을 치료하는 것보다 사람
의 병든 영혼을 치료하는 일을 더 소중히 여기셨다.

예수님께 나온 사람 중에는 더러운 귀신 들린 자들도 있었는데, 귀
신들은 예수님을 보면 곧바로 엎드려 부르짖으며 예수님이 하나님의
아들이라고 고백했다(11절). 고대 근동 사회에서는 모든 사람에게 자신

의 정체성을 드러내는 숨겨진 이름이 있다고 생각했다. 또한 영적 전쟁에서 이 이름을 알아내면 우위를 선점하는 것이라 했다. 이런 관점에서 이 본문을 귀신들이 예수님의 숨은 이름을 알고 있다며 영적 싸움에서 어느 정도 우위를 선점하려는 시도로 해석하는 이들도 있다 (Lane, cf. Perkins). 그러나 본문이 의미하는 바는 다르다.

귀신들은 예수님을 하나님의 아들로 부름으로써 낮은 자신들의 운명이 높으신 예수님에 의해 결정된다는 것을 고백하고 있다. 그들은 예수님 앞에 엎드려 있다. 엎드림은 경배와 복종의 자세다. 그러므로 그들이 영적 우위를 선점하려는 것으로 볼 수 없다. 귀신들은 하나님의 아들이신 예수님의 자비를 구하고 있는 것이다. '하나님의 아들'은 메시아의 호칭이다(1:1; 14:61). 예수님은 광야에서 사탄의 시험을 받으실 때 이미 사탄과 귀신들을 상대로 승리하셨다. 복음서에서 가장 확실한 기독론은 악령들의 고백에서 나온다.

사람들과 귀신들의 자세가 하나의 언어유희를 구성한다. 10절에서 사람들은 예수님께 몰려왔다. '몰려오다'(ἐπιπίπτω)는 마치 덮칠 듯이 다가오는 것을 뜻한다(TDNT). 11절에서 귀신들은 예수님께 엎드렸다. '엎드리다'(προσπίπτω)는 엎드려 자비를 구하는 것을 뜻한다(TDNT). 이 동사들의 소리(에피핍토, 프로스핍토)는 언어유희를 형성하면서 귀신들이 사람들보다 예수님에 대해 더 정확하게 알고 있다고 한다. 귀신들은 예수님이 하나님의 아들 메시아라는 사실을 알지만, 사람들은 대부분 예수님을 그저 '기적을 행하는 분' 정도로 안다.

예수님은 귀신들이 주님이 하나님의 아들이심을 떠들고 다니지 못하도록 경고하셨다(12절; cf. 1:25, 34). 적절한 때가 되면 예수님 스스로 자신이 하나님의 아들임을 밝히실 것이기 때문이다. 그때까지는 메시아적 비밀(Messianic secrecy)이 유지되어야 한다.

이 말씀은 우리가 무엇 때문에 신앙생활을 하는지 생각하게 한다. 사람들은 병이 낫고자 예수님을 찾았다. 그러나 예수님은 그들의 영혼이 회복되어 하나님 나라의 복음을 통해 하나님의 백성이 되기를 원하셨다. 우리는 어떤 목적으로 교회에 다니는가? 우리는 무엇을 얻는 것이 아니라 하나님 예배하는 것을 신앙생활의 최우선으로 삼아야 한다. 그렇지 않으면 예수님이 하나님의 아들이라며 주님 앞에 엎드렸던 귀신들보다도 예수님을 모르는 것이다.

> II. 갈릴리 사역(1:14–8:21)
>   B. 영접한 사람들과 부인한 사람들(3:7–6:6a)

2. 열두 제자(3:13–19)

¹³ 또 산에 오르사 자기가 원하는 자들을 부르시니 나아온지라 ¹⁴ 이에 열둘을 세우셨으니 이는 자기와 함께 있게 하시고 또 보내사 전도도 하며 ¹⁵ 귀신을 내쫓는 권능도 가지게 하려 하심이러라 ¹⁶ 이 열둘을 세우셨으니 시몬에게는 베드로란 이름을 더하셨고 ¹⁷ 또 세베대의 아들 야고보와 야고보의 형제 요한이니 이 둘에게는 보아너게 곧 우레의 아들이란 이름을 더하셨으며 ¹⁸ 또 안드레와 빌립과 바돌로매와 마태와 도마와 알패오의 아들 야고보와 및 다대오와 가나나인 시몬이며 ¹⁹ 또 가룟 유다니 이는 예수를 판 자더라

예수님이 주님을 따르는 무리와 함께 산에 오르셨다(13a절). 산에 오르시는 것을 옛적에 모세가 하나님과 홀로 있으면서 율법을 받기 위해 시내산을 올랐던 일과 연관해 신학적 상징성을 지닌 일로 해석하는 이들이 있다(Lane, Marcus). 실제로 마태복음에서는 예수님이 새로운 모세로 묘사되기 때문에 마태는 산을 중요시 여긴다(마 5:1; 14:23; 15:29; 17:1; 28:16). 그러나 마가복음에서는 예수님이 새로운 모세로 묘사되지는 않는다. 그러므로 마가는 자신이 전수받은 대로 특별한 의미를 부여하지 않고 단순히 예수님이 산에 오르셨다고 한다(Guelich). '산에 오르사'(ἀναβαίνει εἰς τὸ ὄρος)는 '언덕을 오르다'라는 의미도 지녔다

154

(BAGD). 산의 이름이 언급되지 않는 것으로 보아 예수님은 갈릴리 호수 주변에 있는 언덕에 오르셨다(Wessel & Strauss).

예수님은 산에서 그분이 원하시는 자들을 부르셨다(13b절). 수많은 사람 중에서 제자들을 따로 선발하셨다는 뜻이다(Perkins, Strauss). 예수님은 무리에서 열두 명을 따로 구분해 제자로 세우셨다. 제자들의 수 열둘은 이스라엘의 열두 지파를 상징한다. 예수님이 옛 이스라엘의 열두 지파를 상징하는 제자 열두 명을 세우신 것은 그분이 바로 이스라엘을 자기 백성으로 삼으셨던 여호와이심을 드러낸다(Strauss). 지금부터 마가복음에서 '제자'(μαθητής)는 거의 항상 이 열두 명을 칭한다(Watts).

이때까지 마가는 독자들에게 제자 중 다섯 명의 이름—시몬(베드로), 안드레, 야고보, 요한, 레위(마태)—만 알려 주었는데, 드디어 열두 명 모두의 이름이 제시된다. 열두 명의 이름으로 구성된 사도 목록은 마태복음 10:2-4과 누가복음 6:13-16 그리고 사도행전 1:13에도 있지만, 책마다 순서가 다르고 나열되는 이름에도 다소 차이가 있다. 마태는 예수님이 그들을 파송하시는 일과 연관해 목록을 제시하는데, 마가와 누가는 예수님이 그들을 제자로 부르신 일과 연관해 목록을 제시한다. 다음 표를 참조하라.

	마태복음 10:2-4	마가복음 3:16-19	누가복음 6:13-16	사도행전 1:13
첫 번째 그룹	시몬 베드로	시몬 베드로	시몬 베드로	베드로
	그의 형제 안드레	세베대의 아들 야고보	안드레	요한
	세베대의 아들 야고보	요한	야고보	야고보
	그의 형제 요한	안드레	요한	안드레
두 번째 그룹	빌립	빌립	빌립	빌립
	바돌로매	바돌로매	바돌로매	도마
	도마	마태	마태	바돌로매
	세리 마태	도마	도마	마태

세 번째 그룹	알패오의 아들 야고보	알패오의 아들 야고보	알패오의 아들 야고보	알패오의 아들 야고보
	다대오	다대오	셀롯이라는 시몬	셀롯이라는 시몬
	가나나인 시몬	가나나인 시몬	야고보의 아들 유다	야고보의 아들 유다
	가룟 유다	가룟 유다	가룟 유다	

열두 사도는 각각 네 명으로 구성된 세 그룹을 형성한다. 리스트가 나올 때마다 베드로와 빌립과 알패오의 아들 야고보가 각 그룹의 첫 번째 인물로 언급된다. 아마도 이들이 네 명으로 구성된 각 팀의 리더였기 때문일 것이다(Carson, Wilkins).

제자 목록에서 항상 제일 먼저 등장하는 시몬 베드로는 열두 명 중에서도 가장 중요한 위치에 있는 수제자다. 베드로의 형제 안드레는 요한복음 1:35-51에서 중요한 사도로 부각되지만, 예수님이 가장 가까이하셨던 제자 그룹(베드로, 야고보, 요한)에는 들지 못했다. 그러므로 마가는 그를 베드로와 함께 언급하지 않고 따로 구별해 네 번째 제자로 언급한다. 예수님은 야이로의 딸을 살리실 때와 변화산과 겟세마네 동산에서 세 제자와 함께하시지만, 안드레는 데리고 가지 않으셨다.

야고보와 요한은 세베대의 아들들이다. 세베대(Ζεβεδαῖος)는 천둥이라는 의미를 지녔기 때문에 예수님은 그들에게 '보아너게 곧 우레의 아들'(Βοανηργές, ὅ ἐστιν υἱοὶ βροντῆς)이라는 이름을 더하셨다(17절). 본문에서 '보아너게'(Βοανηργές)는 '우레의 아들'이라는 의미를 지녔지만, 이 단어가 어느 언어에서 어떻게 유래되었는지는 추측만 난무할 뿐(Guelich) 정확하지 않다. 아마도 이 두 제자의 성질이 불같았다는 것을 암시하는 듯하다(Strauss).

빌립(18절)은 공관복음에는 언급되지 않지만, 요한복음 1:43-51, 6:5, 12:21-22, 14:8-14 등에 활동하는 모습이 기록되어 있다. 바돌로매(18절)는 다시 언급되지 않는다. 아마도 그가 빌립과 연관된 것으로 보아 그의 다른 이름은 나다나엘이었을 것이다(cf. 요 1:44-50). 마가는 마태(18절)를 레위라 불렀다(2:14). 마태는 부르심을 받기 전에 세리였다.

도마(18절)는 디두모라는 이름으로도 불렸다(요 11:16; 21:2). 디두모(Δίδυμος)는 쌍둥이라는 의미를 지녔다(BAGD). '도마'(Θωμᾶς)도 아람어로 쌍둥이라는 뜻이다(TDNT). 그는 예수님이 부활하셨다는 사실을 믿지 못해 '의심하는 도마'(Doubting Thomas)로 알려지게 되었으며(cf. 요 20:24-29), 전승에 따르면 인도에서 선교했다고 한다(cf. Ferguson).

마가는 야고보가 알패오의 아들이라고 하는데(18절), 2:14은 레위(마태)를 '알패오의 아들'이라고 한다. 그러므로 마태와 야고보는 형제이거나, 혹은 그들의 아버지가 동명이인일 수 있다. 다대오(18절)는 야고보의 아들 유다다(눅 6:16; 행 1:13). 아마도 가룟 유다와 구분하기 위해 다대오라는 이름을 사용하는 것으로 보인다. '다대오'(Θαδδαῖος)는 '사랑받는 자'라는 뜻을 지녔다(BAGD).

마가는 시몬이 가나나인이었다고 하는데(18절), 누가복음 6:15과 사도행전 1:13은 가나나인 시몬을 셀롯이라고 한다. '셀롯'(ζηλωτής)은 당시 로마 제국에 저항하기 위해 형성된 혁명당(cf. 공동, 새번역)을 의미한다. 일종의 레지스탕스 같은 것이었다(cf. Hengel). 본문의 '가나나인'(Καναναῖος)은 아람어에서 온 단어로, 이 또한 혁명당원을 뜻하며 '열성파'(enthusiast, zealot)라는 의미를 지녔다(BAGD, cf. 새번역, 공동, NAS, NIV). 어떤 이들은 예수님이 로마 제국에 폭력적으로 저항하는 혁명당원을 제자로 받아들이셨을 리 없다며 시몬은 철저히 율법대로 사는 '율법을 지키는 일에 열성당원'이었다고 해석한다(Davies & Allison, Keener). 그러나 당시 매국노로 취급되었던 세리 마태를 제자로 받으신 예수님이 혁명당원이라는 이유로 시몬을 거부하실 리 없다. 이 둘은 큰 상징성을 지닌 제자들이다. 길거리에서 만나면 칼을 겨누는 사이지만, 예수님의 제자들이 되어 평안히 산다! 이들은 예수님이 사람들에게 주시는 평화가 얼마나 큰지 잘 보여 준다.

가롯 유다(19절)는 제자 목록에서 항상 마지막에 언급된다. 그가 예
수님을 팔았기 때문이다(cf. 14:10-11, 43-45). '가롯'(Ἰσκαριώθ)은 별로
알려진 바가 없는 유대 마을 '기리옷 사람'(man from Kerioth)이라는 의미
다(Strauss). 이렇게 해석할 경우 유다는 예수님의 열두 제자 중 유일하
게 유대 출신이다. 요한복음은 유다가 예수님을 팔기 전부터 예수님과
제자들이 함께 쓸 돈을 훔쳤다고 한다(요 12:6).

예수님은 옛 언약을 갱신해(covenant renewal) 종말론적 이스라엘을 회
복하기 위해 오셨다(McKnight). 열두 사도는 새로 시작될 하나님 나라
의 백성을 구성하는 이스라엘의 의로운 남은 자들을 상징하며, 세상
끝 날에 특별한 지위를 부여받을 것이다(cf. 마 19:28; 눅 22:30). 예수님
은 이 열두 명을 통해 하나님의 언약 공동체를 재구성하신다(Beale &
Carson). 사도들은 하나님의 구속사적인(salvation history) 계획에 따라 먼
저 이스라엘 사람들에게 복음을 들고 가며, 이어서 이방인들에게 간
다. 새로 시작된 이스라엘은 아브라함의 후손뿐 아니라, 이방인도 포
함한다. 인종과 민족은 더는 하나님의 백성을 제한하지 않는다. 그러
나 하나님은 새 언약 공동체에 속할 기회를 이스라엘에 먼저 주신다.

사도들은 단지 새 언약 공동체를 형성하는 이스라엘의 열두 지파
를 상징하는 데 머물지 않는다. 종말이 되면 그들은 주님과 함께 이스
라엘 열두 지파를 심판하는 자리에 앉을 것이기 때문이다(마 19:28; 눅
22:30).

개역개정은 반영하지 않았지만, 일부 사본에는 14절에 "그들을 또한
사도라고 이름하셨다"(οὓς καὶ ἀποστόλους ὠνόμασεν)라는 말이 있다(cf. 새
번역, 공동, 아가페, NRS, ESV). 누가는 이 열두 명을 자주 사도라 부르지
만(6:13; 9:10; 11:49; 17:5; 22:14; 24:10; 사도행전에서는 28회), 마가는 이곳
과 6:30에서만 그들을 사도라고 한다. '사도'(ἀπόστολος)는 '보내심을 입
은 자'라는 뜻이다. 사도들은 하나님과 예수님이 그분들을 대신해 보내

신 대리인들(agents)이다.

당시 스승-제자 관계에서는 항상 제자가 스승을 선택했는데, 예수님과 제자들의 관계에서는 예수님이 그들을 선택해 세우셨다. 참으로 파격적인 일이라 할 수 있다. 예수님은 두 가지 일을 맡기기 위해 제자들을 세우셨다. 첫째, 전도하게 하기 위해서다(14b절). 하나님 나라의 복음을 선포하라는 것이다. 둘째, 귀신을 내쫓는 권능(권세)을 가지게 하기 위해서다(15절). '권능'(ἐξουσία)은 마귀를 꼼짝 못 하게 하는 능력이다. 하나님 나라의 권세로 마귀의 영역을 침범해 무력화시키라는 것이다.

제자들이 이런 일을 하기 위해서는 먼저 훈련을 받아야 한다. 이를 위해 예수님은 열두 제자가 함께 있도록 하셨다. 가장 좋은 교육 방법은 옆에 두고 지켜보게 하는 것이다. 훈련이 끝나면 그들을 보내 전도하고 귀신을 내쫓게 하실 것이다(14b-15절). 예수님이 하시는 일을 그들도 할 수 있도록 위임(empowering)하시겠다는 뜻이다. 이 또한 파격적이다. 당시 제자들은 스승을 옆에서 지켜보기만 할 뿐 스승을 대신해 어떤 일을 하지는 않았다. 스승이 권한을 주지 않았기 때문이다.

마가의 기록에서 예수님이 제자들에게 위임하신 일 중 빠진 것 한 가지는 병자들을 치료하는 일이다. 비록 치유가 직접적으로 언급되지는 않지만, 제자들이 할 사역 중 하나로 전제되고 있다. 아마도 복음을 선포하고 귀신을 내쫓는 일이 치유보다 더 큰 비중을 차지해야 한다는 의미에서 언급하지 않는 것으로 보인다(Strauss). 영적 해방이 육체적 치유보다 더 중요하기 때문이다.

이 말씀은 하나님은 다양한 사람을 들어 쓰신다고 한다. 예수님이 제자로 세우신 열두 명은 참으로 특이한 사람들이다. 네 명은 어부이고, 한 명은 세리, 한 명은 정치적 성향이 투철한 폭력적인 사람이다. 나머지 여섯 명은 알려진 바가 거의 없는 평범한 사람들이다. 이처럼 예수님의 열두 제자는 다양한 배경에서 부르심을 받았다.

인격과 취향도 매우 다양하다. 심지어 한곳에 도저히 같이 있을 수 없어 보이는 사람들이 함께하기도 한다. 주님은 이들의 과거를 문제 삼지 않으시고 3년 동안 곁에 두고 훈련하셨다. 누구든 노력하면 변할 수 있기 때문이다. 주님이 제자 삼지 못하실 사람은 없다. 누구든지 주님의 제자가 되길 원한다면 겸손히 자신을 드리면 된다. 그러나 한 가지 기억해야 할 것은 열두 제자 중에는 주님도 변화시키지 못한 사람 (가룟 유다)이 있었다는 사실이다.

II. 갈릴리 사역(1:14-8:21)
  B. 영접한 사람들과 부인한 사람들(3:7-6:6a)

3. 가족들(3:20-21)

20 집에 들어가시니 무리가 다시 모이므로 식사할 겨를도 없는지라 21 예수의 친족들이 듣고 그를 붙들러 나오니 이는 그가 미쳤다 함일러라

저자가 시작한 이야기를 끝내기 전에 다른 이야기를 끼워 넣는 것은 문학적 기법이며, '끼움/삽입'(intercalation)이라고 한다(Garland, Wessel & Strauss). 마가는 성경 저자 중 이러한 기법을 가장 많이 사용한다(cf. 5:21-43; 6:7-30; 11:12-25; 14:1-11). 이곳에서도 가족 이야기를 시작했다가 마무리(31-35절)하기 전에 바알세불 이야기(20-30절)를 삽입한다. 두 이야기로 구성된 20-35절은 다음과 같은 교차 대구법적 구조를 지닌다(Beale & Carson).

A. 무리가 예수님께 나아옴(3:20)
  B. 예수님의 가족들이 미쳤다고 생각함(3:21)
    C. 서기관들의 주장(3:22)
      D. 예수님의 반박(3:23-29)

  C′. 서기관들의 주장 재확인(3:30)
 B′. 예수님의 가족들이 집으로 데려가려고 옴(3:31-33)
A′. 무리가 예수님의 새 가족이 되어 예수님 주위에 둘러앉음(3:34-35)

예수님이 집에 들어가셨다. 집에 '들어가다'(εἰς οἶκον)는 집으로 돌아왔다는 뜻이다. 예수님이 갈릴리 사역의 베이스캠프로 삼으시고 베드로의 장모를 치료하신 베드로와 안드레의 가버나움 집으로 돌아오신 것이다(Perkins, cf. 2:1). 예수님이 집에 오셨다는 소식을 듣고 수많은 사람이 몰려왔다. 얼마나 많은 병자가 모였는지 식사하실 겨를도 없다. 지난번에 가버나움 집에 들르셨을 때 일어났던 일이 반복되고 있다 (2:1-2). 어디든 예수님이 계신다는 소문이 돌면 순식간에 사람들이 모여든다.

예수님이 가버나움으로 돌아오셨다는 소문을 예수님의 친족들(가족들)도 들었다(21절). 그러나 그들은 무리와 전혀 다른 반응을 보인다. 무리는 병을 고쳐 달라고 예수님께 모이는데, 가족들은 예수님이 미쳤다며 나사렛에 있는 집으로 붙잡아 가기 위해 왔다. '미치다'(ἐξίστημι)는 과로와 스트레스 등으로 정신을 놓은 상태를 뜻한다(Strauss). 6:3에 따르면 예수님의 가족은 야고보, 요셉, 유다, 시몬 등 네 형제가 있었고, 최소한 두 자매가 있었다. 아버지 요셉은 언급이 되지 않는 것으로 보아 이미 죽은 것으로 판단된다. 당시 사회가 개인의 평안보다 집안의 명예를 더 중요하게 여겼던 점을 고려할 때 가족들은 예수님보다는 집안의 명예를 우려해 주님을 데려가려고 했을 것이다(Garland).

이 말씀은 우리와 가장 가까운 사람들이 하나님의 일을 하는 데 가장 큰 방해가 될 수 있다고 경고한다. 예수님은 참으로 분주하게 하나님의 일을 하고 계신다. 많은 사람이 예수님을 메시아로 영접하고, 기적을 행하시는 분으로 주님을 환영한다. 그러나 가족들은 예수님을 곧장 집으로 끌고 가 감금해야 할 정신이 온전하지 못한 사람으로 여긴다.

참으로 아이러니하다. 하나님의 일을 하는 것은 가장 가까이 있는 사람들에게 오해와 불신을 불러일으킬 수 있다.

II. 갈릴리 사역(1:14-8:21)
  B. 영접한 사람들과 부인한 사람들(3:7-6:6a)

4. 율법학자들(3:22-30)

²² 예루살렘에서 내려온 서기관들은 그가 바알세불이 지폈다 하며 또 귀신의 왕을 힘입어 귀신을 쫓아낸다 하니 ²³ 예수께서 그들을 불러다가 비유로 말씀하시되 사탄이 어찌 사탄을 쫓아낼 수 있느냐 ²⁴ 또 만일 나라가 스스로 분쟁하면 그 나라가 설 수 없고 ²⁵ 만일 집이 스스로 분쟁하면 그 집이 설 수 없고 ²⁶ 만일 사탄이 자기를 거슬러 일어나 분쟁하면 설 수 없고 망하느니라 ²⁷ 사람이 먼저 강한 자를 결박하지 않고는 그 강한 자의 집에 들어가 세간을 강탈하지 못하리니 결박한 후에야 그 집을 강탈하리라 ²⁸ 내가 진실로 너희에게 이르노니 사람의 모든 죄와 모든 모독하는 일은 사하심을 얻되 ²⁹ 누구든지 성령을 모독하는 자는 영원히 사하심을 얻지 못하고 영원한 죄가 되느니라 하시니 ³⁰ 이는 그들이 말하기를 더러운 귀신이 들렸다 함이러라

지금까지 서기관들은 예수님이 하시는 일들을 좋게 여기지 않고 비난하고 비방했다(cf. 2:6-7; 2:16). 바리새인들도 마찬가지였으며(2:18, 24), 심지어 예수님을 죽이려고 한다(3:6). 하나님의 아들이신 예수님은 여호와 하나님을 가장 잘 안다는 유대교 지도자들에게 환영받지 못하신다. 이번에는 예루살렘에서 내려온 서기관들이 예수님을 비난한다. 예루살렘에 있는 유대교 지도자들도 예수님에 대해 알고 있으며, 예수님의 귀신 쫓는 권세를 음해하고 평가 절하하려고 율법학자들인 서기관들을 보냈다(cf. Hooker, Watts). 이들은 예루살렘 산헤드린의 파송을 받아 내려온 자들이다. 예루살렘은 지리적으로 높기도 하지만, 하나님

의 성전이 있는 곳이기 때문에 유대인들은 어디서든 예루살렘으로 가는 것을 '올라간다'라고 표현했고, 예루살렘을 떠나 다른 곳으로 가는 것을 '내려간다'라고 표현했다(22절).

예루살렘에서 내려온 서기관들은 예수님에게 바알세불이 지폈다고 했다(22절). '지피다'(ἔχω)는 '지니다, 가지다'(have, hold)라는 뜻으로, 귀신(바알세불)이 들렸다는 뜻이다. '바알세불'(Βεελζεβούλ)이 정확히 어디서 유래된 개념인지는 알 수 없지만(Beale & Carson), 마귀의 여러 이름 중 하나다(cf. TDNT). 서기관들은 예수님이 귀신의 왕(바알세불)을 힘입어 귀신을 쫓아내는 것이라며 주님을 비방했다. 그들도 예수님이 귀신 들린 자들에게서 귀신들을 쫓아낸다는 사실을 부인하지는 못한다. 그렇게 말하면 함께 지켜본 무리가 가만히 있지 않을 것이기 때문이다. 그래서 예수님이 행하시는 기적은 인정하되, 하나님의 능력이 아니라 바알세불의 능력으로 한 것이라 한다.

율법 전문가들인 서기관들은 스스로 누구보다 하나님을 잘 안다고 하면서도 하나님과 바알세불을 구분하지 못할 만큼 영적 분별력을 상실한 자들이다. 그들의 눈에는 하나님이 악령의 우두머리인 바알세불로 보인다! 그들은 무리의 인기를 얻기 위해 예수님과 경쟁하다가 이렇게 되었다. 예수님이 하나님의 능력으로 하셨다고 인정할 수 없다면, 유일한 대안은 악령의 힘을 빌리는 블랙매직(black magic)뿐이다. 이러한 비방은 매우 심각하다. 구약에서 블랙매직을 하는 자는 돌로 쳐서 죽이라고 하기 때문이다. 결국 서기관들은 예수님과 화해할 수 있는 마지막 기회를 이렇게 날렸다. 우리 자신도 서기관들처럼 되지 않으려면 항상 깨어 있어야 한다. 하나님이 하신 선한 일을 선하다 하고, 마귀가 한 악한 짓을 악하다 해야 한다.

마태와 누가는 예루살렘에서 보낸 사람들이 예수님을 비방한 일이 주님이 맹인을 보게 하고 귀신 들린 자를 치료하셨을 때 있었던 일이라고 한다(마 12:22; 눅 11:14). 한편, 마가는 예수님이 이때까지 귀신 들린 자들을 치료하셨던 일(1:21-28, 34, 39; 2:11-12, 15)에 대한 예루살렘 서기관들의 평가라고 한다.

참으로 어이없다고 생각하신 예수님은 서기관들의 악한 생각을 아시고 그들에게 비유로 말씀하신다. '비유'(παραβολή)는 '비교'라는 의미를 지녔으며, 칠십인역(LXX)은 히브리어 단어 '비유'(מָשָׁל)를 이렇게 번역했다(Boring, cf. TDNT). 비유는 오묘한 가르침이며 청중이 듣는 대로 곧바로 이해할 수 있는 것이 아니라, 들은 것을 깊이 생각해 보고 해석해야 의미를 알 수 있다(Sider, Wenham). 그래서 비유는 '하늘의 의미를 담은 세상적 이야기'(an earthly story with a heavenly meaning)라고 불리기도 한다(Stein). 구약에서는 다윗이 밧세바와 간음했을 때 나단이 그를 찾아가 가난한 사람의 양 비유로 다윗을 책망해 회개하게 한 것이 대표적인 사례다(cf. 삼하 12:1-10).

물론 서기관들은 예수님의 책망에 귀를 기울이지 않는다. 죄로 마음이 가득 찬 사람은 진리를 듣지 못한다. 아니 들으려 하지 않는다. 자신이 원하는 왜곡되고 비뚤어진 것만 듣고, 그것이 진리인 것처럼 붙잡는다.

예수님은 스스로 분쟁하는 집단은 반드시 망할 것이라며 큰 것에서 작은 것으로 이어지는 세 단계 예(사탄…나라…집)를 드신 후 다시 사탄으로 마무리하신다(23-26절). 내부적인 분쟁은 어떠한 규모의 집단도 모두 무너뜨릴 수 있다는 가르침이다. 교회에 분란이 있거나 무너질 때도 외부에서 오는 공격이나 핍박보다 내부적인 요인이 더 크게 작용한다.

서기관들은 예수님이 사람에게서 귀신을 쫓아내실 때 하나님의 능력이 아니라 마귀(바알세불)의 능력을 빌려 이렇게 하는 것이라고 하는데, 만일 사탄이 세상을 지배하고자 한다면 있을 수 없는 일이다. 그나마 귀신을 통해 지배하던 자에게서 왜 스스로 자신을 쫓아내겠는가? 사탄이 사탄을 쫓아낸다면 사탄의 나라나 집은 결코 서지 못한다(24-25절).

어떤 권세도 스스로 분쟁하면 망하는 것이 진리다.

예수님 시대에는 유대인 중에 귀신 들린 사람에게서 귀신을 쫓는 일이 성행했다(Josephus Ant. 8:2.5, cf. Boring). 그들은 분명 자신들이 하나님의 능력으로 귀신을 쫓는다고 했지만, 만일 서기관들이 예수님에게 적용한 기준을 그들에게 적용하면 그들 역시 마귀의 힘을 빌려 귀신을 쫓았다고 할 수밖에 없다. 당시 이런 일을 하는 사람 중 상당수가 서기관들과 바리새인들을 추종했다. 그러므로 서기관들이 이런 말을 하고 다닌다는 사실을 알게 되면 추종자들이 발끈할 것이다.

예수님은 이권에 눈이 멀어 외부자인 예수님을 비방하는 서기관들의 잘못된 억지 주장을 바로잡으신다. 사람에게서 귀신을 쫓아내려면 먼저 그 귀신보다 더 강한 자가 그를 제압하고 가진 것을 강탈해야 가능하다(27절). 이 말씀이 구약을 직접 인용한 구절은 아니지만, 논리적 배경은 이사야 49:24이라는 것이 대부분 주석가의 결론이다(Barrett, Best, Gnilka, Hooker, Marcus, Watts). "용사가 빼앗은 것을 어떻게 도로 빼앗으며 승리자에게 사로잡힌 자를 어떻게 건져낼 수 있으랴"(사 49:24)라는 구절이 27절의 강한 자(승리자), 강탈(빼앗음), 세간(사로잡힌 자)과 평행을 이루고 있다고 생각하기 때문이다.

예수님은 이미 광야에서 사탄의 항복을 받으셨다(cf. 1:12-13). 사탄이 예수님께 항복함으로써 그의 졸개들인 귀신들도 예수님의 자비로운 처분을 바랄 뿐이다(1:24-25; 2:11). 예수님이 귀신을 쫓아내시는 것은 바알세불의 힘을 빌려서가 아니라, 그를 복종시킨 권세로 하시는 일이라는 뜻이다.

예수님은 서기관들에게 하나님이 하시는 일을 사탄이 하는 일이라며 하나님을 모독하지 말라고 경고하신다. 사람의 모든 죄와 모독하는 일은 용서받을 수 있지만, 성령을 모독하는 자는 영원히 용서받지 못할 것이기 때문이다(28-29절). 학자들은 '내가 진실로 이르노니'('Αμὴν λέγω)를 '엄숙 공식'(solemn formula)이라고 부르는데, 이는 예수님이 매우 중요한 진리를 선포하시는 장면에서 사용된다. 마가복음에서는 본문에서 처음 사용되며, 이후 열두 차례 더 사용된다(8:12; 9:1, 41; 10:15, 29; 11:23; 12:43; 13:30; 14:9, 18, 25, 30). 예수님의 독특한 권위를 강조하는 표현이다(Jeremias).

헬라어 사본을 직역하는 개역개정의 28절이 다소 애매하다. 개역개정은 사람에 대한 모든 죄와 모독이 사하심을 얻는다고 하는데, '모독'(βλασφημία)은 일상적으로 신성 모독을 의미하기 때문이다(Davies & Allison, cf. TDNT). 또한 29절은 사람들 사이의 모독과 사람이 성령을 상대로 저지르는 모독을 대조하는 듯하다. 이러한 문제를 해결하기 위해 새번역은 '[사람들 사이의] 비방'으로, 공동번역은 '욕설'로 번역했다(cf. NIV).

이 말씀을 인용하는 마태복음 12:31-32을 바탕으로 해석하면 삼위일체 중 아버지와 아들에 대한 죄는 용서받을 수 있으나, 성령에 대한 죄는 용서받을 수 없다는 의미다. 그러므로 대부분 번역본처럼 '사람에 대한 죄와 모든 모독하는 일'보다는 '사람들이 무슨 죄를 짓든지, 무슨 신성 모독 하는 말을 하든지'로 번역하는 것이 더 좋다. 하나님은 사람이 사람에게, 혹은 하나님께 저지른 죄를 모두 용서하신다는 뜻이다.

그러나 성령을 모독하는 죄는 용서받지 못한다(29절). 심지어 메시아를 거역하면 용서받지만, 성령을 거역하는 자는 이 세상과 오는 세상에서도 영원히 용서받지 못한다. 구약은 결코 용서받지 못할 죄를 '손을 높이 들고 하는 일'(תֵעֲשֶׂה בְּיָד רָמָה)이라 하고, 개역개정은 이를 '고의로 무엇을 범하면'이라고 번역했다(민 15:30-31, cf. 『엑스포지멘터리 민수기』). 신약도 용서받지 못할 죄에 대해 종종 언급한다(히 6:4-6; 10:26-31).

무엇이 영원히 용서받지 못할 죄인가? 결코 만족스러운 해석은 없다고 좌절하는 학자들도 있다(cf. Marcus, Verseput, Watts). 그러나 어느 정도는 설명할 수 있다. 서기관들이 하나님이 성령을 통해서 하시는 일을 두고 예수님이 마귀의 힘을 빌려서 하는 것이라며 하나님과 사탄의 대결에서 지지하는 쪽을 잘못 선택한 것과 연관이 있기 때문이다 (cf. France). 즉, 영원히 용서받지 못할 죄는 절대 바뀌지 않을 완강하고 완악한 마음으로 지속적으로 하나님의 구원을 받아들이지 않는 것이다(Wilkins). 한동안은 하나님과 예수님을 모욕할 수 있다. 그러나 하나님이 성령의 능력으로 예수님을 통해 세상에서 이루시는 구원 사역을 보면서도 계속 거부하는 일은 결코 용서받을 수 없다. 이는 곧 하나님이 세상에서 사역하신다는 사실 자체를 부인하는 것이기 때문이다 (Verseput).

그러므로 이 죄는 믿는 사람이라면 결코 지을 수 없는 죄다. 혹시 자신이 성령을 거역하는 죄를 범하고 있지는 않은지 질문하는 것 자체가 이미 이런 죄를 지을 수 없다는 사실을 시사한다. 이와 대조적으로 서기관들은 하나님이 성령의 능력으로 예수님을 통해서 하시는 일을 두고 더러운 귀신이 들렸기 때문에 일어나는 일이라며(30절) 삼위일체를 모독하고 있다.

이 말씀은 잘못된 신학은 생명이 아니라 죽음으로 인도한다고 경고한다. 당시 최고 신학자라는 서기관들은 구세주이신 예수님을 영접해 영생에 이르려 하지 않고 오히려 얄팍한 지식을 바탕으로 예수님을 비방하며 스스로 죽음으로 가는 길을 택했다. 우리는 신학을 가지는 것이 중요한 것이 아니라, 어떤 신학을 가지느냐가 더 중요하다는 사실을 깨달아야 한다.

또한 이 말씀은 신학적인 편견과 선입견이 얼마나 위험한 것인지 반성하게 한다. 예수님이 어떤 일을 하셔도 서기관들은 주님에 대한 잘못된 편견을 절대 버리지 않는다. 그러나 그들이 아무리 부정해도 예수님은 하나님의 아들이시고, 하나님의 나라는 이미 임했다. 우리도 꾸준히 자신을 점검해야 한다. 혹시라도 경건하지 못한 선입견이 있으면 하나님의 말씀으로 교정해야 한다.

죄를 짓는 자 중에는 영원히 하나님께 용서받지 못할 자들도 있다.

하나님을 의식하고 사는 한 이런 죄를 짓지 않겠지만, 같은 죄를 반복하면 가능하다. 하나님의 용서는 같은 죄를 반복적으로 지어도 된다는 면죄부가 아니기 때문이다.

II. 갈릴리 사역(1:14-8:21)
　　B. 영접한 사람들과 부인한 사람들(3:7-6:6a)

5. 형제자매(3:31-35)

> [31] 그 때에 예수의 어머니와 동생들이 와서 밖에 서서 사람을 보내어 예수를 부르니 [32] 무리가 예수를 둘러 앉았다가 여짜오되 보소서 당신의 어머니와 동생들과 누이들이 밖에서 찾나이다 [33] 대답하시되 누가 내 어머니이며 동생들이냐 하시고 [34] 둘러 앉은 자들을 보시며 이르시되 내 어머니와 내 동생들을 보라 [35] 누구든지 하나님의 뜻대로 행하는 자가 내 형제요 자매요 어머니이니라

마가는 예수님이 영적인 맹인이 된 서기관들을 엄히 경고하신 이야기를 마무리하고 21절에서 시작한 예수님의 가족 이야기를 이어간다. 예수님이 미쳤다고 생각해 집으로 데려가려고 베드로의 집을 찾아온 예수님의 어머니와 동생들은 밖에서 사람을 안으로 보내 예수님을 부른다(31절). 가족들이 찾아온 이유를 알 리 없는 무리는 가족이 찾아온 것이 좋은 소식이라 생각해 예수님께 알렸다(32절).

'동생들'(οἱ ἀδελφοὶ)은 '형제들'이라는 뜻이지 반드시 나이가 어린 동생을 뜻하는 것은 아니다. 그래서 성모 마리아가 '평생 동정'(Perpetual Virginity)이었다고 주장하는 그리스 정교와 가톨릭 학자들은 예수님을 찾아온 형제들을 카리켜 아버지 요셉이 마리아와 결혼하기 전에 다른 여자와 결혼해 얻은 예수님의 이복형들(Clements of Alexandria, Eusebius, Origen) 혹은 사촌들(Jerome, Augustine)이라고 했다(cf. Wessel & Strauss). 그

러나 만일 요셉에게 예수님보다 먼저 난 아들이 있었다면, 예수님은 장자가 아니므로 '다윗의 아들' 타이틀을 받으실 수 없다. 가톨릭교회는 비성경적인 교리를 만들어 놓고 그것을 정당화시키기 위해 성경을 왜곡하고 있다.

무리가 예수님께 가족이 밖에 와 있다는 소식을 전하자 예수님은 수수께끼 같은 말씀을 하신다(Verseput). "누가 내 어머니며 동생들이냐?"(33절). 무리에게 좋은 교훈을 주실 만한 기회를 포착하시고는 적절하게 사용하시는 것이다. 누가 예수님의 참된 가족인가? 예수님은 둘러앉은 자들을 보시며 "내 어머니와 내 동생들을 보라"라고 말씀하신다(34절). 집 밖에 서 있는 가족들과 집 안에서 앉아 예수님의 말씀을 듣고 있는 사람들이 극명한 대조를 이루며 누가 진짜 '인싸'(insider)이고 누가 '아싸'(outsider)인지 명확하게 구분된다(Strauss). 예수님이 귀신 들렸다고 한 종교 지도자들이야말로 아싸의 선봉이다.

예수님은 누구든지 제자의 삶을 사는 사람, 곧 하나님의 뜻대로 행하는 사람이 가족이라고 하신다(35절). 영적인 관계가 가족 관계보다 더 깊고 중요하다는 뜻이다. 가족을 매우 소중히 여겼던 당시 사회에서는 참으로 충격적인 말씀이다. 그렇다고 해서 예수님이 가족의 중요성을 부인하시는 것은 아니다. 제자들과 영적으로 맺은 관계가 혈육 관계보다 더 중요하다고 하시는 것뿐이다.

여성을 존중하지 않던 당시 사회에서 예수님이 하나님의 뜻대로 행하며 사는 사람을 '형제'(ἀδελφός)뿐 아니라 '자매'(ἀδελφή)로 부르시는 것은 상당히 파격적이다. 이렇게 예수님은 하나님 나라 복음을 바탕으로 형성되는 메시아 공동체에는 성차별이 없다는 것을 선언하신다. 이런 관점에서 보면 우리 한국 교회는 아직도 갈 길이 멀다.

이 말씀은 우리의 영적 가족이 육신적 가족보다 더 중요하다고 한다. 믿음 공동체는 하나님 나라를 세워 나가고자 함께 모인 천국 가족이다. 이 가족은 영생을 함께할 가족이기도 하다. 그러므로 육신적 가

족보다 더 소중하다. 교회는 서로를 존중하고 아끼며 섬기는 공동체가
되어야 한다.

II. 갈릴리 사역(1:14-8:21)
  B. 영접한 사람들과 부인한 사람들(3:7-6:6a)

6. 하나님 나라 비유(4:1-34)

본 텍스트는 마가복음에서 몇 안 되는 예수님의 가르침을 중심으로 형
성된 장이다. 마가는 예수님이 가르치셨다는 말을 여러 차례 하지만
(1:21; 2:13; 6:2, 6), 예수님의 가르침을 자세하게 묘사하지는 않는다.
이 본문과 7:1-13, 13:2-37 등에서만 자세히 묘사할 뿐이다. 예수님
의 가르침에서 볼 수 있는 특징은 비유를 많이 사용하신다는 것이다.
구약에도 비유가 나오는 것을 보면 비유로 말씀하시는 것이 예수님이
독창적으로 발명해 내신 교수 방법은 아니다. 그러나 예수님처럼 비유
를 잘 활용하는 스승은 이전에도 없었고 이후에도 없다(Wessel & Strauss).
  이 섹션은 (1)씨앗 비유와 설명(1-20절), (2)등불 비유(21-25절), (3)스
스로 자라는 씨앗 비유(26-29절), (4)겨자씨 비유(30-32절) 등 네 개의
비유로 구성된다. 이 중에서 제일 중요한 비유는 가장 자세하게 언급
되는 씨앗 비유(1-20절)다. 씨앗 비유는 예수님의 가르침의 성향을 정
의하고 이해하는 데도 결정적인 역할을 한다(Bloomberg, Stein). 본 텍스
트는 다음과 같이 구분된다.

  A. 비유로 가르치심(4:1-2)
  B. 씨앗 비유(4:3-9)
  C. 비유로 말씀하시는 이유(4:10-12)
  D. 씨앗 비유의 설명(4:13-20)
  E. 등불 비유(4:21-25)

F. 스스로 자라는 씨앗 비유(4:26-29)

G. 겨자씨 비유(4:30-32)

H. 비유로만 가르치심(4:33-34)

한편, 스스로 자라는 씨앗 비유(4:26-29)와 겨자씨 비유(4:30-32)를 하나로 묶어 '씨앗 비유들'(4:26-32)로 취급해 본문을 교차 대구법 구조로 보는 이도 있다(Garland).

A. 서론(4:1-2)

  B. 씨앗 비유(4:3-9)

    C. 숨겨짐에 대한 보편적 말씀(4:10-12)

      D. 씨앗 비유 해석(4:13-20)

    C'. 숨겨짐에 관한 비유(4:21-25)

  B'. 씨앗 비유들(4:26-32)

A'. 결론(4:33-34)

II. 갈릴리 사역(1:14-8:21)
  B. 영접한 사람들과 부인한 사람들(3:7-6:6a)
    6. 하나님 나라 비유(4:1-34)

---

(1) 비유로 가르치심(4:1-2)

[1] 예수께서 다시 바닷가에서 가르치시니 큰 무리가 모여들거늘 예수께서 바다에 떠 있는 배에 올라 앉으시고 온 무리는 바닷가 육지에 있더라 [2] 이에 예수께서 여러 가지를 비유로 가르치시니 그 가르치시는 중에 그들에게 이르시되

예수님의 인기가 날이 갈수록 높아만 간다. 어디를 가시든 사람들이

모여든다. 예수님은 가능한 한 많은 사람을 가르칠 수 있는 갈릴리 호수 주변을 선호하셨다. 집이나 마을에서는 찾기 힘든 넓고 탁 트인 공간이 최대한 많은 사람을 수용했기 때문이다. 이번에도 바닷가에서 가르치시니 큰 무리가 모여들었다. '큰 무리'(πλεῖστος)는 이때까지 모였던 무리 중 가장 크다는 것을 암시한다(Strauss). 사람들이 얼마나 많이 모였는지 예수님은 배 위에 올라 육지에서 조금 떨어진 곳에서 해변에 모여 있는 사람들을 가르치셨다. 이번에도 배가 강단 역할을 한 것이다(cf. 3:9).

한 주석가는 배에 타신 예수님이 오늘날 '비유들의 만'(Cove of the Parables, 가버나움 근처에 있음)으로 불리는 작은 만에 둘러서 있는 청중을 향해 말씀하신 것이라 한다. 이곳은 완만한 언덕이 호수를 향해 있어 원형 극장(amphitheater)과 비슷한 음향 효과를 낸다(Wilkins).

예수님은 배 위에서 여러 가지 비유로 무리를 가르치셨다. '비유'(παραβολή)라는 말이 마가복음에서 두 번째 사용되고 있으며(cf. 3:23), 주님의 가르침의 성향을 잘 드러내고 있다. 이 두 구절에는 '가르치다'(διδάσκω)가 두 차례, '가르침'(διδαχή)이 한 차례 사용되었는데, 이는 예수님이 얼마나 하나님 나라의 복음을 선포하길 바라고 즐겨하셨는지를 강조한다. 사람들은 병을 치료하고 귀신들을 쫓아내 달라고 예수님께 모여들었지만, 정작 예수님은 그들에게 하나님 나라에 대해 가르치는 일을 가장 중요하게 여기고 우선시하셨다. 질병에서 해방되는 육신적인 자유는 이 땅에서 짧은 삶으로 제한되지만, 죄에서 해방되어 하나님을 누리는 영생은 영원하기 때문이다.

이 말씀은 우리 삶과 사역에서 가장 중요한 것은 하나님 나라의 복음을 선포하고 하늘나라의 가치관을 가르치는 일이라고 한다. 예수님이 이렇게 사셨다. 사역에서 부수적인 것에 매달리지 말고, 하나님 나라의 복음을 선포하고 가르치는 일에 최선을 다해야 한다. 오직 말씀만이 사람의 영생을 바꿀 수 있기 때문이다.

(2) 씨앗 비유(4:3-9)

³ 들으라 씨를 뿌리는 자가 뿌리러 나가서 ⁴ 뿌릴새 더러는 길 가에 떨어지매 새들이 와서 먹어 버렸고 ⁵ 더러는 흙이 얕은 돌밭에 떨어지매 흙이 깊지 아니하므로 곧 싹이 나오나 ⁶ 해가 돋은 후에 타서 뿌리가 없으므로 말랐고 ⁷ 더러는 가시떨기에 떨어지매 가시가 자라 기운을 막으므로 결실하지 못하였고 ⁸ 더러는 좋은 땅에 떨어지매 자라 무성하여 결실하였으니 삼십 배나 육십 배나 백 배가 되었느니라 하시고 ⁹ 또 이르시되 들을 귀 있는 자는 들으라 하시니라

예수님은 '들으라'(ἀκούετε)라는 현재형 명령문으로 가르침을 시작하신다(cf. 9, 15, 16, 18, 20, 23, 24절). 항상 영적으로 깨어 있으라는 권면이다(Strauss). 어떤 이들은 이 비유가 "이는 비와 눈이 하늘로부터 내려서 그리로 되돌아가지 아니하고 땅을 적셔서 소출이 나게 하며 싹이 나게 하여 파종하는 자에게는 종자를 주며 먹는 자에게는 양식을 줌과 같이 내 입에서 나가는 말도 이와 같이 헛되이 내게로 되돌아오지 아니하고 나의 기뻐하는 뜻을 이루며 내가 보낸 일에 형통함이니라"라는 이사야 55:10-11을 배경으로 한다고 주장한다(Beale & Carson). 그러나 이사야 말씀과의 연관성은 확실하지 않다. 이 비유는 농부들의 삶에서 온 것이다. 예수님의 비유는 대부분 그 당시 사람들이 일상에서 경험하는 일들을 배경으로 한다. 사람들이 비유의 정황을 쉽게 이해하게 하기 위해서다. 그러나 비유의 의미를 해석하는 일은 별개 문제다.

갈릴리 지역은 땅이 비옥했기 때문에 농사를 많이 지었다. 그러므로 예수님의 씨 뿌리는 사람 비유는 모든 사람이 주변에서 쉽게 목격할 수 있는 상황이다. 당시에는 농사를 지을 때 씨를 뿌리기 전이나 후에

혹은 씨를 뿌리기 전후 두 차례 밭을 갈았다.

이 비유가 주는 교훈은 무엇일까? 만일 씨 뿌리는 농부가 이 비유의 핵심이라면 이 이야기는 씨 뿌리는 농부로 묘사되는 예수님에 대한 기독론이 중심이 된다(Wenham). 만일 씨앗이 가장 중요한 요소라면 하나님 나라의 복음이 비유의 핵심이 된다. 농부가 뿌린 씨앗이 떨어지는 흙이 중심이라면 예수님이 선포하시는 하나님 나라 복음에 대한 사람들의 다양한 반응이 비유의 가장 중요한 부분이다. 예수님이 이 비유에서 씨앗이 떨어지는 네 가지 흙(토양)에 대해 자세하게 언급하시는 것으로 보아 농부(예수님)나 씨앗(하나님 나라 복음)보다 흙(복음에 대한 사람들의 반응)이 가장 중요하다(cf. Marcus, Stein, Watts).

농부가 뿌린 씨앗은 각기 다른 네 곳에 떨어지는데, 첫 번째 씨앗은 길가에 떨어졌고, 곧바로 새들이 와서 먹어 버렸다(4절). 농부가 씨앗을 사람들이 다니는 길에 일부러 뿌리는 일은 없을 것이다. 그 당시에는 마을과 마을을 잇는 길이 밭을 가로지르기 일쑤였기 때문에, 밭에 뿌린 씨앗의 일부가 길에 떨어진 것이다. 흙에 묻히지 않고 표면에 노출된 씨앗은 새들의 좋은 먹잇감이다. 그러므로 새들이 와서 먹었다.

두 번째 씨앗은 흙이 얕은 돌밭에 떨어져 싹이 나왔다(5절). 그러나 해가 나자 얕은 흙이 머금고 있던 습기가 모두 증발해 버렸다. 결국 싹의 뿌리가 말라서 죽었다(6절). 가나안 지역의 밭이 대부분 석회암(limestone) 위에 얕게 덮인 흙으로 이뤄졌던 상황을 배경으로 하는 말씀이다. 당시 사람들은 11월쯤에 상당히 많은 양의 이른 비가 내려 메마른 땅을 촉촉하고 부드럽게 만들면 씨앗을 파종했다. 4월쯤에 늦은 비가 와서 곡식을 영글게 해야 좋은 수확을 할 수 있었다. 비유에서 싹이 튼 지 얼마 되지 않아 말라 죽은 것으로 보아 가을에 내리는 이른 비에 젖은 얕은 땅에 떨어진 씨앗이다.

세 번째 씨앗은 가시떨기 위에 떨어졌으므로 가시가 자라서 기운을 막았다(7절). 가시떨기(ἄκανθα)는 주로 울타리로 사용하던 식물이다. 매우 강인해 가뭄이나 홍수에도 끄떡없다. 또한 흙에서 마지막 물기를 빨아들여 주변에 심긴 좋은 식물들을 질식시킨다. 이런 상황을 두고 본문은 기운을 막는다고 한다.

네 번째 씨앗은 좋은 땅에 떨어져 무성하게 자라 결실을 보았다. 어떤 것은 삼십 배, 어떤 것은 육십 배, 어떤 것은 백 배나 되는 결실을 보았다(8절). 마태는 반대 순서(100배-60배-30배)로 나열한다(마 13:8). 어떤 이들은 당시 팔레스타인 농부들은 파종한 씨앗의 5-10배를 수확했다며, 100배의 결실은 지나치다고 한다(Jeremias, Marcus, Witherington). 따라서 예수님이 넘치는 메시아 시대의 축복을 강조하기 위해 일종의 과장법 또는 기적적인 수확을 언급하시는 것이라고 주장한다. 그러나 구약은 이삭이 백 배의 수확을 올렸다고 기록한다(창 26:12). 충분히 가능한 일이다(Davies & Allison, France, Garland, Guelich).

예수님은 이 비유를 "귀 있는 자는 들으라"라는 말씀으로 마무리하신다(9절). 3절의 '들으라'는 예수님의 권면과 쌍을 이루며 비유를 감싼다(cf. Perkins). 오직 듣는 귀가 있는 사람들만 듣고 깨달을 것이다. 또한 '귀 있는 자는 들으라'는 요한계시록 2-3장에 기록된 일곱 교회에 주신 권면에 자주 등장하는 말씀이다. 메시지를 알아들은 사람은 메시지에 따라 적절한 행동을 취하라는 권면이다. 예수님은 우리가 모두 하나님 나라 복음을 영접하고 100배의 열매를 맺는 삶을 살길 원하신다.

이 말씀은 하나님 나라의 복음이 우리 삶에서 풍성한 열매로 드러나야 한다고 한다. 우리가 말씀을 연구하고 배우는 이유는 열매를 맺기 위해서다. 그러므로 말씀 공부는 새로운 정보를 습득하는 것으로 끝나는 것이 아니라, 그 말씀이 우리 삶을 변화시킬 때 비로소 목적을 달성한다.

(3) 비유로 말씀하시는 이유(4:10-12)

¹⁰ 예수께서 홀로 계실 때에 함께 한 사람들이 열두 제자와 더불어 그 비유
들에 대하여 물으니 ¹¹ 이르시되 하나님 나라의 비밀을 너희에게는 주었으나
외인에게는 모든 것을 비유로 하나니 ¹² 이는 그들로

보기는 보아도 알지 못하며
듣기는 들어도 깨닫지 못하게 하여
돌이켜 죄 사함을 얻지 못하게 하려 함이라

하시고

예수님이 무리를 돌려보내신 후 제자들과 몇몇 사람이 예수님께 비
유들에 관해 물었다(10절). '비유들'(παραβολάς)이라며 복수를 사용하는
것으로 보아 그들은 씨앗 비유에 대해서만 질문하는 것이 아니라 예수
님이 가르치시는 모든 비유에 대해 원리적인 것을 묻고 있다. 예수님
이 제자들을 중심으로 소수를 가르치시는 일은 마가복음에서 자주 볼
수 있는 일이다(4:34; 7:17-23; 9:28-29, 35; 10:10-12, 32-34; 12:43-44;
13:3-37). 어떤 이들은 제자들과 사람들이 비유의 의미를 모두 알아듣
고도 예수님이 비유로 말씀하신 이유를 알고자 했다고 하지만, 예수님
이 그들에게 의미를 설명하시는 것으로 보아(cf. 13-20절) 그들도 비유
들의 의미에 대해 혼란을 겪고 있다(Carson).

예수님은 하나님 나라의 비밀을 아는 일이 무리(외인)에게는 허락
되지 않고, 그들 소수에게만 주어졌기 때문이라고 하신다(11절). '비
밀'(μυστήριον)은 바울이 자주 사용하는 단어지만, 공관복음에서는 이
본문과 더불어 이 말씀과 평행을 이루는 곳에서만 사용된다(마 13:11;
눅 8:10). 감춰진 것이라는 의미보다는 하나님이 계시를 통해 주시는 놀

라움(신비로움)을 의미한다(Garland). 즉, 하나님이 하시는 놀라운 일을 암시하는 단어다.

'주어지다'(δέδοται)는 신적 수동태(divine passive)이며, 모든 사람을 주신 자들과 주시지 않은 자들로 구분한다. 오직 하나님께 택하심을 받은 사람들에게만 천국 비밀이 주어진 것이라며 하나님의 선택(election)을 암시한다. 하나님이 세워 가시는 천국의 백성이 되도록 이미 선택받은 사람들에게만 천국의 비밀이 제공된다는 것이다. 요즘 말로 하자면 '인싸'(insider)만이 하나님 나라의 비밀을 알 수 있다. 마가복음에서 인사이더(insider)와 아웃사이더(outsider)의 구분은 매우 중요한 개념이다(France).

인사이더들에게만 공개된 천국의 비밀은 무엇인가? 유대인들은 하나님의 나라가 종말에 임할 것으로 생각했다. 그러나 하나님은 예수님을 통해 이미 하나님 나라를 세워 가고 계신다. 이것이 바로 제자들에게만 공개된 비밀이다. 바리새인들과 서기관들을 포함한 다른 사람들은 이 사실을 믿지 않거나 사실이 아니라고 한다. 그러므로 이 비밀은 오직 제자들에게만 공개된 것이다.

예수님은 무리가 듣고도 깨닫지 못하는 것은 이사야의 예언이 그들에게 이루어졌기 때문이라고 하신다(12절). 12절은 이사야 6:9-10을 요약한 것이다. 이사야의 말씀이 인용되는 것은 비유로 가르치시는 것이 심판을 전제하고 있다는 것을 암시한다. 하나님이 외인들(외부자들)이 돌이키는 것을 원치 않으신다는 의미다(12c절).

반면에 이미 예수님을 하나님의 아들 메시아로 영접한 사람들은 보는 눈을 가진 사람들이며, 듣는 귀를 지닌 사람들이다. 이들은 귀가 있어도 듣지 못하고, 눈이 있어도 보지 못하는 외인들과 강력한 대조를 이룬다. 하나님이 주님을 영접한 사람들을 보는 눈과 듣는 귀로 축복하셨기에 그들이 볼 수 있고 들을 수 있게 되었다.

예수님 주변에 앉아 이 말씀을 듣는 제자들과 소수의 사람들은 자신들이 얼마나 큰 복을 받았는지 잘 모를 것이다. 또한 그들이 얼마나 큰 특권을 누리고 있는지도 별로 생각해 보지 않았을 것이다. 그러나 그들은 예수님께 이런 말씀을 듣고 난 후에는 하나님이 그들에게 하나님 나라의 비밀을 알게 하신 일에 감사해야 한다.

이 말씀은 우리가 얼마나 큰 복을 받았으며, 얼마나 큰 특권을 누리고 있는지 생각하게 한다. 하나님은 우리에게만 듣는 귀와 보는 눈을 주셔서 하나님 나라의 비밀을 깨닫게 하셨다. 이 사실 하나만으로도 우리는 감사할 수 있어야 한다.

(4) 씨앗 비유의 설명(4:13-20)

[13] 또 이르시되 너희가 이 비유를 알지 못할진대 어떻게 모든 비유를 알겠느냐 [14] 뿌리는 자는 말씀을 뿌리는 것이라 [15] 말씀이 길 가에 뿌려졌다는 것은 이들을 가리킴이니 곧 말씀을 들었을 때에 사탄이 즉시 와서 그들에게 뿌려진 말씀을 빼앗는 것이요 [16] 또 이와 같이 돌밭에 뿌려졌다는 것은 이들을 가리킴이니 곧 말씀을 들을 때에 즉시 기쁨으로 받으나 [17] 그 속에 뿌리가 없어 잠깐 견디다가 말씀으로 인하여 환난이나 박해가 일어나는 때에는 곧 넘어지는 자요 [18] 또 어떤 이는 가시떨기에 뿌려진 자니 이들은 말씀을 듣기는 하되 [19] 세상의 염려와 재물의 유혹과 기타 욕심이 들어와 말씀을 막아 결실하지 못하게 되는 자요 [20] 좋은 땅에 뿌려졌다는 것은 곧 말씀을 듣고 받아 삼십 배나 육십 배나 백 배의 결실을 하는 자니라

예수님은 모든 비유의 의미를 설명해 달라는 제자들과 사람들에게 가장 기본적이고 중요한 씨앗 비유가 무슨 뜻인지도 잘 모르면서 어떻

게 모든 비유에 대해 알려고 하느냐고 하신다(13절). 이를 두고 어떤 이들은 예수님이 사람들을 책망하시는 것으로 해석한다(Strauss, cf. 4:40; 6:52; 7:18; 8:17-18; 9:19, 32). 하지만 이제 훈련이 시작된 상황인 만큼 이 말씀은 한꺼번에 모든 것을 알려고 하지 말고 조금씩, 차근차근 배워 가라는 부드러운 권면이다. 이어서 비유를 설명하신다. '뿌리는 자'(σπείρων)는 당연히 농부를 뜻하며, '말씀'(λόγον)은 천국 복음이다. 농부는 일차적으로 하나님 나라를 선포하신 예수님이지만(14절), 나중에는 제자들을 포함해 누구든 하나님 나라의 복음을 선포하는 사람들이다. 누구든지 하나님 나라의 복음을 선포하면 뿌리는 사람이 될 수 있다. 농부와 씨앗은 모두 좋다. 그러므로 이 비유에서 결과를 결정하는 것은 흙이다. 네 가지 흙은 예수님이 선포하신 복음에 대한 사람들의 다양한 반응이다.

첫째, 말씀이 길가에 뿌려졌다는 것은 복음을 듣고 깨닫지 못하는 사람이다(15a절). 왜 깨닫지 못하는가? 스스로 마음을 닫았기 때문이다. 이런 사람은 하나님 나라 복음을 들어도 듣지 못하고, 보아도 보지 못한다(cf. 12절). 복음이 자신을 변화시키지 못하게 하나님께 마음의 문을 굳게 닫은 것이다. 반면에 사탄에게는 마음을 열어 두었다.

옆에서 지켜보던 사탄이 즉시 와서 뿌려진 복음을 빼앗아 그 사람의 마음에 뿌리를 내리지 못하게 한다(15b절). 사탄이 바리새인들과 서기관들처럼 예수님이 메시아이심을 인정하지 않는 자들의 마음에 뿌려진 복음의 씨앗을 새처럼 먹어 치우는 것이다. '빼앗다'(αἴρει)는 현재형 동사이며 지속성을 강조한다. 이런 사람에게는 사탄의 영향력이 계속된다는 뜻이다.

둘째, 돌밭에 뿌려졌다는 것은 복음을 들을 때는 기쁨으로 받지만, 뿌리가 없어 잠시 견디다가 환난이나 박해가 닥치면 곧바로 넘어지는 자들이다(16-17절). 이런 사람은 복음을 '즉시'(εὐθὺς) 받아들이지만(16절), '곧[바로]'(εὐθὺς) 버린다(17절). 유행에 민감한 사람들이다. 한 지역에 부흥이 일 때 이런 일이 일어난다. 우리나라도 1970-80년대 큰 부흥이 있었고, 많은 사람이 하나님 나라 복음을 기쁨으로 받아들였다. 하지만 지금은 그들 중 많은 사람이 타락하고 실족해 교회를 떠났다. 이런 사람은 예수님을 반쯤 따르다가 실족하는 자들이며, 영원한 하늘나라가 아니라 지금 이 순간 이곳에서의 삶이 전부인 것처럼 사는 자들이다.

왜 이런 일이 일어나는가? 하나님 나라 메시지를 처음 듣고 감탄하지만, 헌신은 하지 않기 때문이다. 예수님의 말씀을 들은 무리 중 감탄은 하지만 제자가 되기를 주저하는 자들이 바로 이런 사람이다. 말씀이 뿌리를 내리는 것은 헌신을 상징하는데, 이들은 뿌리를 내리기 전에 환난이나 박해가 일어나면 잠시 견디다가 곧바로 넘어진다. 환난과 박해는 그리스도인의 삶에 항상 있다. 결국 이를 견뎌내는 사람만이 예수님의 제자가 될 수 있다.

셋째, 가시떨기에 뿌려진 자는 말씀을 듣지만 세상의 염려와 재물의 유혹으로 인해 말씀이 막혀 결실하지 못하는 사람이다(18-19절). 두 번째 유형(돌밭에 떨어진 자들)과 다른 점은 세상의 핍박이 아니라, 세상의 염려와 재물에 대한 욕심이 그들의 신앙을 망친다는 것이다. 돌밭에 떨어지는 자들은 외부적인 압박으로 인해 하나님에게서 멀어지지만, 가시떨기에 뿌려진 자들은 내부적인 요인으로 인해 스스로 하나님에게서 멀어진다. 염려와 재물의 유혹과 욕심을 하나님의 다스림 아래 내려놓지 않으면 예수님의 제자가 될 수 없다. 영원히 유효한 경고다.

왜 이런 일이 벌어지는가? 복음이 그 사람의 우선순위에서 첫 번째가 아니기 때문이다. 여러 가지 세상적인 것이 가장 중요한 순서를 차지하고 그다음 복음이 낮은 순서를 차지한다. '유혹'(ἀπάτη)은 속임수를 뜻하지만(골 2:8; 살후 2:10), 즐거움을 의미하기도 한다(벧후 2:13). 재물에 유혹된 사람은 하나님 나라 복음이 그의 삶을 조종하도록 허락하지 않는다. 하나님 나라는 그의 삶에서 최우선이 아니기 때문이다.

넷째, 좋은 땅에 뿌려졌다는 것은 말씀을 듣고 실천하는 사람이다
(20절). 이런 사람은 결실해 수십 배의 열매를 맺는다. 씨앗이 길에 떨
어진 사람과 가장 강력한 대조를 이룬다. 사람이 열매를 맺는다는 것
은 하나님께 순종하며 윤리적인 삶을 산다는 뜻이다. 제자도는 고백
에 멈추지 않고 순종과 도덕적인 삶으로 정의된다(Wilkins). '결실하
다'(καρποφοροῦσιν)는 현재형 동사이며 평생 계속해서 열매를 맺을 것을
뜻한다.

좋은 땅에 떨어진 씨앗이라고 해서 모두 백 배의 결실을 보는 것은
아니다. 어떤 것은 60배, 어떤 것은 30배 맺는다. 그러므로 결실의 양
은 그다지 중요하지 않다. 좋은 열매를 맺는 일 자체가 중요하다. 살면
서 너무 많은 열매를 맺으려다 스트레스를 받지 말고, 느긋하게 조금
씩 열매를 맺으며 조금씩 늘려가면 된다.

이 말씀은 하나님 나라의 복음에 대한 사람들의 반응이 매우 다양하
게 나타난다고 한다. 복음을 거절하거나 어떠한 변화도 경험하지 못하
는 사람부터 풍족한 열매를 맺는 사람들까지 있다. 그러므로 누군가가
당장 흡족한 열매를 맺는 삶을 살지 못한다 해도 그 사람을 격려하며
기다려 주어야 한다. 복음을 거부하지 않는 한 언젠가는 열매를 맺을
소망이 있기 때문이다.

II. 갈릴리 사역(1:14-8:21)
  B. 영접한 사람들과 부인한 사람들(3:7-6:6a)
    6. 하나님 나라 비유(4:1-34)

(5) 등불 비유(4:21-25)

²¹ 또 그들에게 이르시되 사람이 등불을 가져오는 것은 말 아래에나 평상 아
래에 두려 함이냐 등경 위에 두려 함이 아니냐 ²² 드러내려 하지 않고는 숨
긴 것이 없고 나타내려 하지 않고는 감추인 것이 없느니라 ²³ 들을 귀 있는

자는 들으라 ^{24} 또 이르시되 너희가 무엇을 듣는가 스스로 삼가라 너희의 헤아리는 그 헤아림으로 너희가 헤아림을 받을 것이며 더 받으리니 ^{25} 있는 자는 받을 것이요 없는 자는 그 있는 것까지도 빼앗기리라

예수님은 수사학적인 질문을 통해 가르침을 주신다(21절). 수사학적인 질문은 답이 이미 정해진 질문이며, 구약에서는 선지자들이 원리를 가르치기 위해 자주 사용하는 수사법이다. 어두움을 밝히기 위해 등불을 켠 사람은 그 등불을 말 아래에나 평상 아래에 두지 않는다(21절). '말'(μόδιον)은 약 8-9ℓ를 담을 수 있는 그릇을 뜻한다(BAGD, cf. NAS, NRS). '평상'(κλίνη)은 침대나 식사를 하기 위해 앉는 긴 의자를 의미한다(BAGD). 둘 다 등불이 어두움을 밝히는 역할을 제대로 할 수 없도록 숨기는 장소다. 사람들은 등불을 켜면 집안 곳곳을 가장 환하게 밝힐 수 있는 등경 위에 둔다. 이와 같이 사람이 예수님을 영접하면 주신 말씀이 그 사람의 삶을 가장 잘 비추게 해야 한다(France, cf. Cranfield, Hooker, Lane). 성경은 하나님을 온 세상을 밝히는 빛으로 묘사한다(시 18:12; 104:2; 딤전 6:16; 요일 1:5). 예수님도 세상을 비추는 빛이다(마 4:16; 요 1:7; 8:12; 9:5; 12:46). 이러한 맥락에서 주님의 백성도 빛이다(cf. 사 42:6; 49:6; 엡 5:8; 빌 2:15; 살전 5:5). 그러므로 가치관과 우선권에서 하나님 나라의 복음을 가장 중요한 위치에 두어야 한다. 또한 각 개인이 접한 복음으로 온 세상을 밝게 비춰야 한다.

하나님 나라의 복음이 오랫동안 비밀로 남아 있지는 않을 것이다. 숨긴 것은 언젠가는 드러나기 마련이며, 감추인 것은 얼마 지나지 않아 나타나기 때문이다(22절). 이 말씀은 그 당시의 격언이다(Perkins). 예수님이 부활하신 후 제자들이 온 세상에 복음을 선포할 일을 염두에 둔 말씀으로 보인다(Strauss). 우리는 하나님 나라의 복음을 몸소 살아내야 한다. 우리의 삶으로 하늘나라를 드러내야 한다.

이런 가르침을 모든 사람이 동의하거나 알아들을 수 있는 것은 아니

다. 영적으로 깨어 있는 사람만이 받아들일 수 있다. 그러므로 예수님
은 4:9에서처럼 들을 귀가 있는 자는 듣고 깨달으라 하신다(23절). 제
자들처럼 하나님이 들을 귀를 주신 사람만을 위한 권면이다. 예수님
은 들을 귀가 있는 사람들에게 '무엇을 듣는가 스스로 삼가라'(βλέπετε
τί ἀκούετε)(24절)고 하시는데, 새겨들으라는 뜻이다(cf. 새번역, 공동, NIV,
NRS, ESV).

'너희의 헤아리는 그 헤아림으로 너희가 헤아림을 받을 것이다'(ἐν
ᾧ μέτρῳ μετρεῖτε μετρηθήσεται ὑμῖν)는 곡식을 거래하는 시장에서 유래
한 격언이다(France, cf. Wessel & Strauss). 상인이 남에게 곡식을 사면서 사
용하는 추와 팔면서 사용하는 추가 다를 수 없다는 뜻이다. 이 말씀
의 부정적인 버전은 "칼을 가지는 자는 다 칼로 망한다"(마 26:52)이다
(Strauss).

24절을 마무리하는 '더 받으리니'(προστεθήσεται ὑμῖν)는 25절을 소개
한다. 앞에 있는 내용보다는 뒤따르는 내용과 연관이 있다. "있는 자
는 받을 것이요 없는 자는 그 있는 것까지도 빼앗기리라"(25절)라는 말
도 격언이다. 이 말씀은 원래 부(富)에 관한 격언이었는데(cf. 잠 11:24;
15:6), 예수님은 하나님 나라의 영성(cf. 21-22절)을 의미하며 사용하신
다. 예수님은 비슷한 말씀을 달란트 비유에서도 사용하신다. "무릇 있
는 자는 받아 풍족하게 되고 없는 자는 그 있는 것까지 빼앗기리라"(마
25:29; cf. 마 13:12).

어떤 이들은 이 말씀이 종말에 주님의 백성이 누릴 축복에 대한 것이
라 하지만, 언제 어디서든 주님의 자녀들이 하나님 나라에 대한 진리
를 알수록 더 많이 알게 될 것이라는 뜻이다. 하나님이 천국을 사모하
는 사람들에게는 더 많이 보이시고 가르쳐 주실 것이기 때문이다. 반
면에 예수님을 메시아로 영접하지 않은 사람들은 그나마 그들이 하나
님 나라에 대해 가지고 있는 이해와 지식마저 모두 빼앗길 것이다. 이
러한 지식이 그들에게는 필요 없기 때문이다.

이 말씀은 우리에게 하나님 나라의 복음에 합당한 삶을 살면서 세상에 하나님의 거룩한 빛을 발해야 한다고 한다. 복음은 숨길 수 있는 것이 아니며, 성도의 삶에서 드러난다. 또한 하나님 나라의 영성은 사모하고 추구할수록 더 많이 주어질 것이다.

II. 갈릴리 사역(1:14–8:21)
　B. 영접한 사람들과 부인한 사람들(3:7–6:6a)
　　6. 하나님 나라 비유(4:1–34)

---

(6) 스스로 자라는 씨앗 비유(4:26–29)

²⁶ 또 이르시되 하나님의 나라는 사람이 씨를 땅에 뿌림과 같으니 ²⁷ 그가 밤낮 자고 깨고 하는 중에 씨가 나서 자라되 어떻게 그리 되는지를 알지 못하느니라 ²⁸ 땅이 스스로 열매를 맺되 처음에는 싹이요 다음에는 이삭이요 그 다음에는 이삭에 충실한 곡식이라 ²⁹ 열매가 익으면 곧 낫을 대나니 이는 추수 때가 이르렀음이라

이 비유는 해석하기 상당히 애매모호하다는 것이 학자들의 생각이다 (Pavur, Sider, cf. Blomberg, Marcus, Stein, Watts). 말씀의 핵심은 분명 싹이 나고 자라는 씨앗인데, 씨앗이 스스로 자라는 것인지, 땅이 자라게 하는 것인지, 혹은 농부가 돌봐서 씨앗이 자란 것인지 확실하지 않다. 또한 이 씨앗의 비밀스러운 성장, 혹은 자동적인 성장, 혹은 점차적인 성장, 혹은 추수가 강조되고 있는지도 판단하기가 쉽지 않다(Pavur). 그러므로 이 짧은 비유의 어떤 요소에 초점을 두느냐에 따라 최소한 다섯 가지 해석이 가능하다(Garland). (1)뿌린 씨앗은 스스로 자란다는 농부의 확신, (2)농부가 씨앗이 자라 추수할 때까지 인내함, (3)농부가 씨앗의 성장에 어떠한 영향도 주지 못함, (4)씨앗이 자라는 과정의 비밀스러움, (5)종말적인 수확이 이미 시작되었음을 알림이다.

하나님의 나라는 사람이 땅에 뿌린 씨앗과 같다(26절). 그러나 농부는 씨앗을 뿌린 후 씨앗에 대해 어떠한 통제도 하지 못한다. 심지어 이 씨앗이 어떻게 자라는지도 알지 못한다(27절). 이 씨앗은 농부가 평소에 취급하던 씨앗들과 다르다. 그러므로 농부가 할 수 있는 유일한 일은 심고 난 후에 밤낮 자고 깨는 일을 반복하는 것이다.

땅도 스스로 열매를 맺는다(28절). 씨앗이 잘 자라도록 하기 위해 땅이 해야 할 일을 한다는 뜻이다. 그러므로 씨앗은 싹이 되고, 이삭이 되고, 충실한 곡식이 된다. 씨앗이 삼십 배, 육십 배, 백 배가 되는 것이다(cf. 8절). '뿌림'(βάλη)은 부정과거형 가정법(aorist subjunctive) 동사이며 일반적인 행위를 묘사한다. 농부가 씨앗을 뿌렸다는 것이다. '자고'(καθεύδη), '깨고'(ἐγείρηται), '나고'(βλαστᾷ), '자라고'(μηκύνηται)는 모두 현재형 가정법(present subjunctive) 동사들이며 지속적으로 진행되는 행위를 묘사한다. 곡식이 지속적으로 자란다는 뜻이다. 하나님 나라는 한 번 뿌려 놓으면 농부가 보살피지 않더라도 스스로 자라고 성장하는 신비로운 능력을 지닌 씨앗과 같다. 선포된 하나님의 말씀은 절대로 헛되이 그분께 돌아가지 않으며, 영원히 이 땅을 비춘다(cf. 사 40:8; 55:11).

열매가 익으면 추수 때가 되었으므로 낫으로 곡식을 벤다(29절). 성경에서 추수는 심판 때가 임했음을 뜻한다. 따라서 악을 심판하는 부정적인 의미를 지닌다. "너희는 낫을 쓰라 곡식이 익었도다 와서 밟을지어다 포도주 틀이 가득히 차고 포도주 독이 넘치니 그들의 악이 큼이로다"(욜 3:13). 하나님 나라가 스스로 자라는 신비로운 씨앗인 것처럼, 하나님의 심판도 사람들이 예측하지 못하는 상황에서 비밀스럽게 임할 것이다(Garland).

이 말씀은 복음의 성향이 어떤 것인지 알려 준다. 복음은 심기면 스스로 자라고 열매를 맺는다. 그러므로 우리가 해야 할 일은 열심히 전도하고 선포하는 것이지 결과를 책임지는 것이 아니다. 하나님이 가꾸고 보살피시기 때문이다. 때를 얻든지 못 얻든지 성실하게 복음을 심는 것이 우리가 해야 할 일이다. 나머지는 하나님이 알아서 하시며, 하나님은 반드시 우리가 심은 씨앗에서 열매를 거두실 것이다.

II. 갈릴리 사역(1:14-8:21)
  B. 영접한 사람들과 부인한 사람들(3:7-6:6a)
    6. 하나님 나라 비유(4:1-34)

---

(7) 겨자씨 비유(4:30-32)

> [30] 또 이르시되 우리가 하나님의 나라를 어떻게 비교하며 또 무슨 비유로 나타낼까 [31] 겨자씨 한 알과 같으니 땅에 심길 때에는 땅 위의 모든 씨보다 작은 것이로되 [32] 심긴 후에는 자라서 모든 풀보다 커지며 큰 가지를 내나니 공중의 새들이 그 그늘에 깃들일 만큼 되느니라

예수님은 하나님 나라에 대해 말씀하시면서 겨자씨 같다고 하신다 (30-31절). 겨자씨는 모든 씨보다 작지만, 자란 후에는 풀보다 커서 새들이 가지에 깃들 정도가 된다(31-32절). 겨자씨는 세상에서 가장 작은 씨앗은 아니지만, 당시 가나안 지역 사람들이 접할 수 있는 가장 작은 씨앗이었다(Wilkins). 예수님은 사람들이 쉽게 알아들을 수 있게 그들의 삶의 정황을 바탕으로 이렇게 말씀하신다.

겨자씨가 얼마나 크게 자라 공간을 많이 차지하는지 겨자씨는 정원에 심지 말라는 말이 있을 정도였다(Witherlington). 그런데 작은 겨자씨가 새들이 쉴 만한 나무로 자란다는 것은 무엇을 의미하는가? 한 주석가는 학자들의 해석을 네 가지로 정리한다(Luz). (1)기독교가 끝에 가서는 온 세상을 아우르는 종교로 기적적인 성장을 할 것이라는 뜻이다. (2)예수님이 선포하신 하나님 나라를 영접한 사람들과 교회를 크게 변화시킬 것이라는 의미다. (3)성도가 세상에 조용히 침투해 큰 영향력을 행사하는 것처럼 교회도 세상에 조용히 침투해 크게 성장할 것이라

는 의미다. (4)하나님의 나라가 세상 끝 날 최종적으로, 절대적으로 승리할 것을 뜻한다. 두 번째와 세 번째 해석이 어느 정도 설득력이 있어 보인다. 하지만 가장 기본적인 의미는 예수님이 시작하신 하나님 나라가 현재는 매우 미약하지만, 나중에는 참으로 커져서 많은 사람을 포함할 것이라는 의미다.

이 비유는 하나님 나라가 유대인들의 기대와 전혀 다르게 시작되었음을 암시한다. 유대인들은 하나님의 나라가 매우 화려하고 극적으로 임할 것을 기대했다. 반면에 예수님은 하나님의 나라는 매우 미약한 형태로 시작될 것이라고 하신다. 아주 작은 겨자씨가 엄청나게 크게 자라는 것처럼 하나님의 나라도 범세계적인 영향력을 발휘하도록 크게 자랄 것이며 모든 인류와 족속을 포함할 것이다. 그러므로 이 비유는 예수님 시대의 미약한 하나님 나라 모습과 미래의 왕성한 하나님 나라 모습을 대조한다(Davies & Allison). "네 시작은 미약하였으나 네 나중은 심히 창대하리라"(욥 8:7)라는 구약 말씀을 생각나게 한다.

겨자씨가 자라면 많은 새가 날아와 그 자리에 깃들 것이다(32절). 구약에서 새는 이스라엘을 차지하기 위해 오는 이방인들을 상징하기도 한다(겔 17:23; 31:6; 단 4:9-12, 20-22). 따라서 많은 학자가 이 말씀을 이방인 선교를 뜻하는 알레고리로 해석하기도 한다(Gundry, Luz, Morris, Nolland). 예수님이 이 땅에 세우신 하나님 나라가 당시에는 참으로 미약했지만, 세월이 지나면서 온 열방 사람 중에 크게 세워질 것이다.

이 말씀은 하나님 나라는 참으로 대단한 영향력을 지녔다고 한다. 겨자씨같이 작은 말씀이라도 어딘가에 심어지면 상상을 초월하는 나비 효과를 발휘한다. 또한 세상 모든 사람을 이롭게 한다. 우리의 신앙과 삶도 남에게 항상 덕을 끼쳐야 한다.

```
II. 갈릴리 사역(1:14-8:21)
  B. 영접한 사람들과 부인한 사람들(3:7-6:6a)
    6. 하나님 나라 비유(4:1-34)
```

(8) 비유로만 가르치심(4:33-34)

³³ 예수께서 이러한 많은 비유로 그들이 알아 들을 수 있는 대로 말씀을 가르치시되 ³⁴ 비유가 아니면 말씀하지 아니하시고 다만 혼자 계실 때에 그 제자들에게 모든 것을 해석하시더라

예수님은 사람들이 알아들을 수 있도록 가르치셨다(33절). 그러나 비유로만 말씀하셨고 제자들과 따로 계실 때 비유들의 의미를 설명해 주셨다(34절). 한편으로 예수님은 비유를 통하지 않고 직접 가르치기도 하신다. 이런 점에서 이 말씀을 이때만 비유로 말씀하셨다는 것으로 해석하는 이들이 있다(Bloomberg). 더 설득력 있는 해석은 예수님이 때로는 비유를 사용하지 않고 가르치기도 하셨지만, 비유가 예수님의 가르치는 사역에서 매우 중요한 부분을 차지했다는 것이다.

예수님이 무리에게 비유로 말씀하시는 것은 그들을 아웃사이더 (outsiders)로 간주하시기 때문이다. 반면에 제자들과 일부는 '알아들을 수 있는'(ἠδύναντο ἀκούειν) 인사이더(insider)로 간주하신다. 아직은 제자들이 예수님의 말씀을 모두 알아듣는 것은 아니다(cf. 8:17-18). 그러나 점차 나아지고 있다. '말씀'(λόγος)은 하나님 나라에 대한 가르침이다 (1:15; 4:14). 예수님은 무리에게 하나님 나라에 대해 충분히 선포했다고 생각하신다. 이제는 그들이 결정해야 한다. 예수님을 하나님 나라를 시작하는 메시아로 영접하든지, 혹은 거부하든지 해야 한다. 계속 중립을 지킬 수는 없다. 그러므로 무리가 더는 잘 알아듣지 못하도록 비유로 말씀하시는 것은 그들의 결단을 요구하는 하나의 방법이다.

마태는 본문과 평행을 이루는 말씀(마 13:34-35)에서 예수님이 비유로 말씀하신 것은 시편 78:2을 성취하기 위해서라고 한다. 시편 78편

은 이스라엘의 역사 중 출애굽부터 다윗왕에 이르기까지 있었던 일들을 회고하는 서사시다. 그러므로 엄밀히 말하자면 예언은 아니다. 이 말씀이 예수님이 이루신 예언이라고 하는 것은 마태가 구약 전체를 예언으로 생각했기 때문일 수 있다. 그러나 더 가능성이 있는 이유는 역대기에 따르면 이 시편의 저자로 기록된 아삽이 예언을 한 선지자이기 때문이다(Hagner, cf. 대상 25:2; 대하 29:30).

이 말씀은 예수님이 하나님 나라 백성과 그렇지 않은 사람을 확실히 구분하셨다고 한다. 모든 사람이 하나님의 백성으로 초청받되, 하나님이 들을 귀를 주신 사람들만 예수님이 비유를 통해 주신 가르침을 알아들을 수 있다. 필요하면 개인적으로도 가르쳐 주신다. 우리는 예수님의 가르침을 사모하며 기도하는 마음으로 연구하고 묵상할 때 성령이 깨달음을 주시는 일을 경험하고는 한다.

> II. 갈릴리 사역(1:14-8:21)
>   B. 영접한 사람들과 부인한 사람들(3:7-6:6a)

7. 자연과 초자연을 다스리심(4:35-5:43)

예수님은 갖가지 비유를 통해 하나님 나라에 대해 가르치셨다. 하나님이 보내신 귀 있는 사람들만 듣고 깨닫게 하시기 위해서다. 이 섹션은 예수님이 행하신 기적들을 유형별로 보여 준다. 예수님은 기적들을 통해 다음과 같이 세 가지를 다스리신다.

A. 풍랑(4:35-41)
B. 악령들(5:1-20)
C. 질병과 죽음(5:21-43)

> II. 갈릴리 사역(1:14-8:21)
> B. 영접한 사람들과 부인한 사람들(3:7-6:6a)
>   7. 자연과 초자연을 다스리심(4:35-5:43)

(1) 풍랑(4:35-41)

³⁵ 그 날 저물 때에 제자들에게 이르시되 우리가 저편으로 건너가자 하시니 ³⁶ 그들이 무리를 떠나 예수를 배에 계신 그대로 모시고 가매 다른 배들도 함께 하더니 ³⁷ 큰 광풍이 일어나며 물결이 배에 부딪쳐 들어와 배에 가득하게 되었더라 ³⁸ 예수께서는 고물에서 베개를 베고 주무시더니 제자들이 깨우며 이르되 선생님이여 우리가 죽게 된 것을 돌보지 아니하시나이까 하니 ³⁹ 예수께서 깨어 바람을 꾸짖으시며 바다더러 이르시되 잠잠하라 고요하라 하시니 바람이 그치고 아주 잔잔하여지더라 ⁴⁰ 이에 제자들에게 이르시되 어찌하여 이렇게 무서워하느냐 너희가 어찌 믿음이 없느냐 하시니 ⁴¹ 그들이 심히 두려워하여 서로 말하되 그가 누구이기에 바람과 바다도 순종하는가 하였더라

마가복음에서 예수님이 자연을 다스리시는 첫 번째 사건이다(cf. 6:30-44; 6:45-52; 8:1-13; 11:12-14, 20-21). 또한 배와 연관된 세 가지 이야기 중 첫 번째다(4:35-42; 6:45-52; 8:14-21). 초대교회 때부터 이 이야기는 알레고리적으로 해석되기 일쑤였다. 배는 교회, 풍랑은 세상의 핍박과 고난, 배를 타고 있는 제자들은 성도를 상징하며, 오직 예수님만이 이 모든 문제를 해결하실 수 있다는 은혜로운 해석이다. 그러나 이러한 해석은 이 이야기를 실제 있었던 일이 아니라 비유로 봄으로써 역사성을 희석시키는 문제를 안고 있다.

이 사건의 핵심 주제도 논쟁이 된다. 어떤 이들은 제자도가 이 이야기의 핵심이라고 하는가 하면, 기독론이 핵심이라고 하는 이들도 있다. 구약에서 파도치는 바다를 잠잠케 하는 것은 하나님만이 하실 수 있는 일이다(삼하 22:16; 시 18:15; 104:7; 106:9; 사 50:2). 따라서 이 사건

은 풍랑을 잠잠케 하시는 예수님이 다름 아닌 여호와라는 관점에서 기독론을 정립하는 것으로 보는 것이 바람직하다. 이 기적의 가장 큰 의미는 예수님의 신성(神性)을 드러내는 일에 있다. 천재지변을 조장하는 악령들이 예수님께 속절없이 무너진 것이다.

어떤 이들은 이 이야기가 요나서 1-2장의 흐름과 구조를 바탕으로 구성되었다고 주장한다(Cope). 하지만 불과 다섯 절밖에 되지 않는 내용을 두 장 분량에 비교하다 보니 상당히 억지스러운 부분이 있으며, 지나치게 두리뭉실하다는 생각을 떨칠 수 없다. 또한 요나는 하나님께 반역해 풍랑을 겪었지만, 제자들은 예수님을 따르다가 이런 일을 겪었다. 비슷한 점보다는 차이점이 훨씬 더 많다.

예수님은 온종일 가르치셨다(cf. 4:1-34). 그날 저녁 예수님은 제자들에게 저편으로 건너가자고 하셨다(35절). 갈릴리 호수를 건너 이방인들이 모여 사는 동편으로 가자고 하신 것이다. 제자들은 예수님을 모시고 가고, 나머지 사람들은(cf. 4:10) 다른 배에 나눠 타고서 예수님을 따랐다(36절). 당시 갈릴리 호수에서 운항하는 고기잡이배에는 보통 5명(네 명은 노를 젓고, 한 명은 키를 조종)이 탔다. 또한 16명까지 타고 다니는 배도 흔했다(cf. Strauss). 예수님이 배에서 주무시는 것으로 보아 아마도 예수님과 제자들이 탄 배는 이 정도 규모로 보인다.

얼마쯤 노를 저었을까? 호수에 큰 풍랑이 일어나며 물이 배 안으로 들어와 배가 잠길 지경이 되었다(37절). 갈릴리 호수는 세상에서 가장 낮은 민물 호수(해저 210m)이며 바닷물 호수인 사해(해저 430m) 다음으로 낮은 호수다. 호수의 서쪽과 동쪽에는 호수 수면에서 800m에 달하는 높은 산들이 산맥을 형성하고 있다. 봄가을에 동쪽 산에서 불어 내려오는 바람은 순식간에 배를 뒤집을 수 있는 2-3m 높이의 파도를 만들어냈다(ABD, cf. 4:37; 눅 8:23; 요 6:18).

이러한 상황을 아시는지 모르시는지, 예수님은 고물에 베개를 베고 주무셨다(38a절). 고물(πρύμνα)은 배의 가장 뒷부분이다. 파도가 요동치

191

는 상황에서 깊이 주무시는 것은 하나님을 전적으로 의지하는 것을 상징한다(Garland, Marcus, cf. 욥 11:18-19; 시 3:5-6; 4:8; 잠 3:24-26). 그러므로 예수님의 평안함과 제자들의 극에 달한 불안감이 극명한 대조를 이룬다. 아마도 예수님은 온종일 사역하신 탓에 매우 피곤하셨을 것이다.

두려움에 휩싸인 제자들이 예수님을 깨웠다. "선생님이여 우리가 죽게 된 것을 돌보지 아니하시나이까?"(38b절). 이 질문은 '돌본다'라는 답을 기대하는 수사학적인 질문이다. 제자들은 예수님이 그들을 돌보지 않는다며 원망 섞인 투로 말하고 있다(Gundry, Stein). 훗날 제자들은 겟세마네 동산에서 깨어 함께 기도하자는 예수님의 간절한 바람에도 불구하고 잠을 이기지 못한다(14:37-41).

'선생님'(διδάσκαλος)은 히브리어 단어 '랍비'(ῥαββί)(9:5; 11:21; 14:45) 혹은 아람어 '라부니'(ῥαββουνί)(10:51)를 번역한 것이다. 같은 이야기에서 마태복음은 예수님을 '주'(κύριος)라고 하며, 누가복음은 '주'(ἐπιστάτης)라고 한다(마 8:25; 눅 8:24). 그러므로 마가복음이 상황을 더 드라마틱하게 묘사하고 있다고 할 수 있다. 사람들의 눈에는 '랍비'(선생)이신 분이 사실은 풍랑을 다스리는 하나님이라고 하기 때문이다(Strauss).

예수님이 바람을 꾸짖으시고 바다를 향해 잠잠하라고 하시니 잔잔하게 되었다(39절). '큰'(μεγάλη) 광풍(37절)이 '아주'(μεγάλη)(39절) 잔잔하게 되었다. '꾸짖다'(ἐπιτιμάω)는 귀신을 쫓아낼 때 사용되는 단어이기도 하다(1:25). 따라서 본문의 요동치는 바다를 하나님을 대적하는 마귀의 세력(demonic force)을 상징하는 것으로 해석하는 이들도 있다(Guelich, Hooker, Marcus, Moloney, cf. 욥 38:8-11; 시 74:13-14; 77:16-18; 89:9-10; 104:7; 사 27:1). 구약에서는 하나님이 세상을 위협하는 바다를 꾸짖으시는 것으로 묘사된다(삼하 22:16; 시 18:15; 104:7; 106:9; 107:23-29; 사 50:2). 예수님은 하나님과 같은 능력을 지니셨다. 하나님의 아들이시며, 하나님이 세상을 창조하실 때 도우셨기 때문이다(요 1:3; 고전 8:6; 골 1:16; 히 1:2). 그러므로 예수님이 자연을 다스리는 것은 당연하다.

성난 바다를 잠잠케 하신 예수님은 믿음 없는 사람처럼 무서워한다
며 제자들을 책망하셨다(40절). 마가가 '믿음이 없다'(οὔπω ἔχετε πίστιν,
'믿음을 가지지 않았다')고 표현한 것과 달리 마태는 '믿음이 작은 자
들'(ὀλιγόπιστοι)이라고 표현한다(마 8:26). 믿음이 전혀 없는 것은 아니지
만, 충분하지도 않다는 뜻이다. 믿음과 두려움은 공존할 수 없는 관계
다(cf. 마 6:25-34; 요 14:1-2; 빌 4:6). 삶에서 믿음이 두려움을 내몰든지,
두려움이 믿음을 내몰 것이다. 믿음은 처한 상황이 아무리 좋지 않아
도 하나님이 보호하실 것을 확신하며 두려워하지 않게 한다.

제자들은 심히 두려워하며 "그가 누구이기에 바람과 바다도 순종하
는가?"라고 서로에게 물었다(41절). 그들은 요동치는 바다도 무서웠지
만, 그 바다를 잠잠케 하신 예수님이 더 무섭다. 제자들의 이 같은 두
려움은 경건한 두려움, 곧 '경외'다. 너무나 많은 그리스도인이 하나님
을 '친구' 정도로 생각하는 세상에 잔잔한 깨우침을 준다. 예수님은 절
대 우리가 가볍게 대할 수 있는 분이 아니다. 제자들은 예수님을 따르
겠다며 나서기는 했지만, 아직 예수님에 대해 아는 것보다 모르는 것
이 더 많다. 앞으로 그들은 예수님이 세상을 창조하시고 다스리시는
하나님이심을 점차적으로 알아갈 것이다. 조금씩 주님에 대해 더 알아
가는 것이 바로 우리가 평생 추구해야 할 삶의 방식이다.

이 말씀을 읽으면서 우리는 실존적인 질문을 해 보아야 한다. 우리
가 힘들고 어려운 일을 겪을 때 우리는 과연 누구에게 도움을 청할 것
인가? 혹은 청하고 있는가? 우리를 가장 확실하게 도우실 수 있는 분
은 온 세상을 창조하시고 다스리시는 예수님이다. 예수님은 우리가 처
한 상황을 다스리시고, 그 상황을 조장하는 악령들도 몰아내실 것이
다. 그러므로 오직 예수님만 바라보아야 한다.

(2) 악령들(5:1-20)

[1] 예수께서 바다 건너편 거라사인의 지방에 이르러 [2] 배에서 나오시매 곧 더러운 귀신 들린 사람이 무덤 사이에서 나와 예수를 만나니라 [3] 그 사람은 무덤 사이에 거처하는데 이제는 아무도 그를 쇠사슬로도 맬 수 없게 되었으니 [4] 이는 여러 번 고랑과 쇠사슬에 매였어도 쇠사슬을 끊고 고랑을 깨뜨렸음이러라 그리하여 아무도 그를 제어할 힘이 없는지라 [5] 밤낮 무덤 사이에서나 산에서나 늘 소리 지르며 돌로 자기의 몸을 해치고 있었더라 [6] 그가 멀리서 예수를 보고 달려와 절하며 [7] 큰 소리로 부르짖어 이르되 지극히 높으신 하나님의 아들 예수여 나와 당신이 무슨 상관이 있나이까 원하건대 하나님 앞에 맹세하고 나를 괴롭히지 마옵소서 하니 [8] 이는 예수께서 이미 그에게 이르시기를 더러운 귀신아 그 사람에게서 나오라 하셨음이라 [9] 이에 물으시되 네 이름이 무엇이냐 이르되 내 이름은 군대니 우리가 많음이니이다 하고 [10] 자기를 그 지방에서 내보내지 마시기를 간구하더니 [11] 마침 거기 돼지의 큰 떼가 산 곁에서 먹고 있는지라 [12] 이에 간구하여 이르되 우리를 돼지에게로 보내어 들어가게 하소서 하니 [13] 허락하신대 더러운 귀신들이 나와서 돼지에게로 들어가매 거의 이천 마리 되는 떼가 바다를 향하여 비탈로 내리달아 바다에서 몰사하거늘 [14] 치던 자들이 도망하여 읍내와 여러 마을에 말하니 사람들이 어떻게 되었는지를 보러 와서 [15] 예수께 이르러 그 귀신 들렸던 자 곧 군대 귀신 지폈던 자가 옷을 입고 정신이 온전하여 앉은 것을 보고 두려워하더라 [16] 이에 귀신 들렸던 자가 당한 것과 돼지의 일을 본 자들이 그들에게 알리매 [17] 그들이 예수께 그 지방에서 떠나시기를 간구하더라 [18] 예수께서 배에 오르실 때에 귀신 들렸던 사람이 함께 있기를 간구하였으나 [19] 허락하지 아니하시고 그에게 이르시되 집으로 돌아가 주께서 네게 어떻게 큰 일을 행하사 너를 불쌍히 여기신 것을 네 가족에게 알리라 하시니 [20] 그가 가

서 예수께서 자기에게 어떻게 큰 일 행하셨는지를 데가볼리에 전파하니 모든 사람이 놀랍게 여기더라

마태는 이 사건을 상당히 간단하게 묘사하는 데 반해(마 8:28-34), 마가는 상당히 자세하게 회고한다. 이 이야기의 핵심은 예수님이 귀신을 내치신 것이 아니라, 앞 섹션에서 제자들이 그들이 따르고 있는 스승에 대해 던진 질문 "그가 누구이기에 바람과 바다도 순종하는가?"(4:41)에 답하는 것이다. 예수님은 귀신들도 알아보는 하나님의 아들이시다.

앞 이야기(4:35-41)에서 예수님은 모여드는 무리를 피하기 위해 배를 타고 호수를 건너셨다. 그러나 이곳에서도 휴식을 취하실 수가 없다. 악령들과 그들의 지배를 받고 있는 사람들의 고통이 예수님을 가만히 내버려 두지 않기 때문이다. 갈릴리 호수를 건너며 바람과 바다를 꾸짖으신(4:39) 예수님이 이번에는 악의 세력을 꾸짖어 권세를 드러내신다.

풍랑을 잠재우신 예수님은 제자들과 함께 갈릴리 호수 동편에 있는 '거라사'에 도착하셨다(1절). 마가와 누가는 '거라사'(Γερασηνός)로 가셨다고 하고(눅 8:26), 마태는 '가다라'(Γαδαρηνός) 지방으로 가셨다고 한다(마 8:28). 두 도시 모두 갈릴리 호수 동편에 있는 데카폴리스(그리스화된 10개 도시의 연합체)에 속했다. 거라사는 갈릴리 호수에서 50㎞ 남동쪽에 위치했으며, 가다라는 호수에서 남동쪽으로 8㎞ 떨어진 곳으로 인근에 케르사(Khersa 혹은 Kursi라고도 불림)라고 불리는 조그만 항구를 지녔던 곳이다(ABD). 이 사건이 예수님이 배에서 내리자마자 일어난 일로 묘사되는 것으로 보아 거라사는 이 항구를 의미하는 것으로 생각된다(Blomberg, Wilkins).

마가와 누가는 이 사건을 회고하면서 귀신 들린 자가 한 명이었다고 하는데(cf. 눅 8:26-39), 마태는 예수님이 귀신 들린 자 둘을 만나셨다고 한다(마 8:28). '둘'은 마태복음의 특성이다. 다른 공관복음은 하나를 언급

할 때 마태는 자주 둘을 언급한다. 마태의 두 맹인(마 9:27-31; 20:29-34)을 마가와 누가는 한 명으로(10:46-52; 눅 10:35-43), 마태의 두 나귀(마 21:1-7)를 마가와 누가는 한 마리로(11:1-11; 눅 19:28-38), 마태의 들에서 일하는 두 사람과 맷돌질하는 두 여인(마 24:40-41)을 마가와 누가는 각각 한 명(13:32-37; 눅 17:26-30)으로, 마태의 두 종(마 24:45-51)을 누가는 한 종으로(눅 12:41-48) 묘사한다. 이러한 상황을 두고 도저히 설명할 수 없는 미스터리라고 하는 이들도 있지만, 비평학자들 대부분은 마태가 한 명을 두 명으로 왜곡하고 있다고 생각한다. 그들은 마태가 사실을 왜곡하는 이유는 신명기 19:15이 요구하는 최소한 두 명 이상의 증인에서 비롯된 것이라고 한다.

그러나 이 이야기는 증인이나 증언에 관한 것이 아니다. 예수님이 하나님의 아들이심을 귀신들이 증언하는 것과 상관없이 독자들은 이미 그분이 하나님의 아들이심을 익히 알고 있다. 게다가 귀신들의 숫자는 둘이 아니라 군대다(9절). 이야기의 핵심은 예수님은 자연을 다스리실 뿐 아니라, 귀신들도 꼼짝 못 하게 하시는 메시아라는 데 있다. 그러므로 마태가 귀신들을 증인들로 세우기 위해 사실을 왜곡하고 있다고 보는 것보다, 그가 자신의 고유 출처를 사용해 두 번째 사람에 대해 알게 된 일을 회고하는 것으로 생각하는 것이 바람직하다. 혹은 마태가 예수님이 본문과 비슷한 상황에서 귀신 들린 자를 치료하신 이야기를 이 사건에 더해 하나로 묘사하는 것으로 해석할 수도 있다(cf. 1:23-28; 8:22-26).

더러운 귀신 들린 자들이 무덤 사이에서 예수님을 만났다(2절). 풍랑으로 인해 만신창이가 된 제자들처럼 이 사람도 귀신들로 인해 만신창이가 되어 있다(Minear). 당시 무덤은 언덕에 파 놓은 굴이었으며, 부자들은 가족묘로 사용하기 위해 상당히 정교하고 길게 팠다. 그러므로 무덤 입구는 귀신 들린 자들이나 나병 환자들처럼 집에서 쫓겨난 사람들에게 좋은 안식처가 되었다(3a절). 시체가 있어 부정하고(레 21:11), 사람들이 기피하는 곳이었기 때문에 해치려는 사람들이 찾아오지도 않았다. 또한 죽음은 악과 무거운 분위기를 자아내기 때문에 이 이야기의 배경으로도 안성맞춤이다.

사람들은 귀신 들린 자를 통제하려고 쇠사슬로 묶어 보았지만, 그때마다 쇠사슬을 끊고 고랑을 깨뜨렸기 때문에 제어할 수 없는 상태로 무덤 사이를 배회했다(3-4절). '제어하다'(δαμάζω)는 짐승을 길들이는 데 사용되는 단어다(Garland). 사람들은 그를 짐승처럼 대했지만, 어떻게 해도 통제할 수 없었다는 것이다. 그는 밤낮 무덤 사이나 산에서 소리를 질렀고 돌로 자기의 몸을 해쳤다(5절). 이 사람은 신음하며 하나님의 구원을 기다리는 창조된 세계의 작은 모형(microcosm)이다(Garland, cf. 롬 8:22). 그 지역 사람들의 블랙리스트에 올라 있는 매우 폭력적이고 무자비한 사람이었다.

귀신 들린 자는 예수님을 보자마자 단번에 알아보았다(6절). 즉시 예수님께 달려와 절하며 큰 소리로 부르짖었다. "지극히 높으신 하나님의 아들 예수여!"(7절). 그들의 우두머리 사탄도 예수님을 곧바로 알아보았던 것(cf. 1:13; 마 4:3, 6)을 고려하면 그다지 새로운 일은 아니다. 예수님을 잘 아는 귀신들은 예수님이 누구인지 아직 잘 모르는 제자들과 대조를 이룬다(cf. 4:41). 그러나 제자들도 예수님이 하나님의 아들이라는 것을 점차 알아갈 것이다.

고대 근동 사회에서는 모든 사람이 자신의 정체성을 드러내는 숨겨진 이름을 지녔다고 생각했다. 또한 영적 전쟁에서 이 이름을 알아내면 우위를 선점하는 것이라 했다. 이런 점에서 이 구절을 두고 귀신이 예수님의 숨은 이름을 알고 있다며 영적 싸움에서 어느 정도 우위를 선점하려는 시도로 해석하는 이들도 있다(cf. Garland). 그러나 본문이 의미하는 바는 다르다. 귀신은 예수님을 하나님의 아들로 부름으로써 낮은 자신의 운명이 높으신 예수님에 의해 결정된다는 것을 고백하고 있다. 복음서에서 가장 확실한 기독론은 악령들의 고백에서 나온다.

귀신은 예수님을 보자 "나와 당신이 무슨 상관이 있나이까?"라며 절망한다(7b절). 귀신은 자신과 예수님은 어떠한 연관성도 없으니 그냥 내버려 두라는 말이다(삿 11:12; 삼하 16:10; 막 1:24; 요 2:4). 그러므로 귀신은 예수님께 "원하건대 하나님 앞에 맹세하고 나를 괴롭히지 마옵소서"라고 호소한다(7c절). 귀신은 자신의 자유가 끝이 났다는 것을 직감하고 있다.

귀신은 억울하다. 하나님의 아들이 '때가 이르기 전'에 오셨기 때문이다(마 8:29). 그가 말하는 '때'(καιρός)는 사탄과 졸개들이 모두 심판을 받아 유황불 붙는 못에 던져지는 최종 심판이 이뤄지는 때를 의미한다(계 19:20; 20:10, 14; cf. 유 1:6). 마가는 이 같은 종말론적인 때를 전제한다(Strauss). 귀신이 심판의 때가 다가오고 있다는 것을 알면서도 회개하지 않고 계속 악한 짓을 하는 것은 사람들과 별반 다르지 않다. 심지어 그를 심판하실 메시아를 보고도 회개하지 않는 모습도 같다. 귀신은 분명 심판의 때가 오고 있음을 알면서도, 지금은 그때가 아닌데 예수님이 너무 일찍 오셨다며 억울하다고 소리를 지르고 있다.

예수님은 그 더러운 귀신에게 사람에게서 나오라고 명령하셨다(8절). 귀신이 그 사람을 괴롭히는 일을 더는 용납하지 않겠다는 굳은 의지를 표현하시는 것이다. 예수님은 귀신에게 이름을 물으셨고, 귀신은 자기 이름이 군대라며 숫자가 많아서 그렇다고 대답했다(9절). 로마 제국에서 '군대'(λεγιών)는 보병 6,000명과 마병 120명으로 구성된 큰 부대였다(Perkins). 이 용어가 전문적인 군사 용어라는 점에서 어떤 이들은 예수님이 유대를 로마의 지배에서 해방시키실 것을 암시하는 것으로 해석한다(Myers). 전혀 설득력이 없는 추측이다(cf. Strauss). 귀신이 예수님께 자신의 이름을 군대라고 밝힌 것은 단순히 주님의 권세에 복종하고 처분을 기다린다는 뜻이다.

예수님은 이미 귀신에게 그 사람에게서 나오라고 명령하셨기 때문에(8절), 귀신은 자신이 쫓겨날 것을 기정사실화하면서 그 지역에 머물게 해 달라고 간구한다(10절). 귀신은 9절에서 이미 '군대'라며 자신들의 숫자가 많다는 것을 고백했기 때문에, 10절에서 '그들'(αὐτά)을 쫓아내지 말라며 복수형을 사용한다. '간구하다'(παρακαλέω)는 구걸하다시피 간청한다는 뜻이다(BAGD). 귀신들은 마침 근처에 있던 큰 돼지 떼에 들어가게 해 달라고 예수님께 호소했다(11-12절). 성경은 악령들이 쫓겨가는 곳은 물 없는 곳(광야)(마 12:43; 눅 11:24)과 무저갱(눅 8:31)과 지옥(벤후 2:4) 등이라 한다. 귀신들은 예수님께 생명이 없고 고통만 있는 이런 곳으로 보내지 말고 살아 있는 돼지에게 보내 달라고 간구하고 있다. 당시 사람들은 귀신들이 한 지역을 점령하고 있으며, 이 지역을 벗어나면 무저갱으로 가서 최종 심판을 기다려야 한다고 생각했다(Hooker, cf. 벤후 2:4; 유 1:6).

돼지는 부정한 짐승이다(레 11:7; 신 14:8). 따라서 유대인들이 돼지를 키울 리 없다. 그러므로 이곳에 돼지 농장이 있는 것은 이방인들의 땅이기에 가능한 일이다. 예수님과 제자들은 유대인들을 전도하시지만(마 10:5-6; 15:24), 이 이야기는 이방인들도 전도하기 위해 이곳에 오셨음을 암시한다. 나중에 대명령을 통해서 이방인 전도가 본격화될 것이다(16:15-16).

예수님이 귀신들의 간구를 허락하셨다. 당장 이 귀신들을 없앴으면 좋았을 것이라는 아쉬움이 남기도 하지만, 예수님은 마지막 심판 날까지 귀신들이 거쳐야 할 과정을 거치도록(evil run its course) 그들의 간구를 들어주신 것이다(Wilkins). 모든 일에는 절차가 있고 순서가 있어서 아무리 좋은 일(악령을 없애는 일)이라 할지라도 때를 기다려야 한다.

예수님의 명령과 허락에 따라 더러운 귀신들이 그 사람에게 나와서 돼지 떼에 들어갔다(13절). 돼지 떼가 2,000여 마리에 달했다는 것은 이 기적이 얼마나 큰 기적이며, 얼마나 큰 파장을 몰고 왔는지 증언한다. 귀신들이 돼지 떼에 들어가자 약 2,000마리의 돼지가 바다를 향해 내리달아 물로 뛰어들어 몰사했다. 군대(6,000명)와 돼지 떼(2,000마리), 둘이 잘 어울리는 규모다. 또한 부정한 돼지와 악한 귀신도 잘 어울리는 쌍이다.

마을 사람들의 생계 수단이었던 돼지 목장이 한순간에 파괴되었다. 악령들이 자주 하는 짓이 파괴하는 것이다. 2,000마리의 돼지가 한꺼번에 죽어 물에 떠 있는 광경을 상상해 보라! 참으로 끔찍하다. 하나님을 거역하는 자들은 이런 광경을 목격하는 것이 아니라, 이런 광경의 일부가 될 것이다! 돼지 떼가 죽은 것은 안타까운 일이지만, 예수님은 귀신 들린 자를 살리는 것이 더 중요하다고 생각하셨다(France). 구원하시는 예수님과 달리 귀신들은 파괴한다.

돼지를 치던 자들이 두려워 떨며 읍내와 여러 마을에 이 일을 전했다(14a절). 소식을 들은 사람들이 몰려와 사실을 확인했다(14b절). 또한 예수님이 낫게 하신 귀신 들렸던 사람이 정신이 온전해져서 옷을 입고 보통 사람처럼 앉아 있는 것을 보고 두려워했다(15절). 예수님께 치료받은 사람이 자기가 경험한 일을 이야기했고, 돼지 떼가 호수에 빠지는 광경을 지켜본 사람들이 증언했다(16절). 그들에게 자초지종을 들은 사람들은 예수님께 그 지방에서 떠나시기를 간구했다(17절). 귀신들이 예수님께 그 지역에 머물게 해 달라고 간구한 것과 사람들이 예수님께 그 지역에서 떠나 달라고 간구하는 것이 큰 대조를 이룬다.

그들이 참으로 두려운 나머지 이런 부탁을 한 것은 이해가 되지만(cf. 15절), 그들을 찾아오신 메시아에게 떠나 달라고 하는 것은 참으로 안타까운 일이다. 그들은 예수님이 주실 영생과 치료와 도움을 스스로 거부하고 있다. 바로 앞 풍랑 이야기(4:35-41)에서 믿음은 두려움을 몰아내고, 두려움은 믿음을 밀어낸다고 했다. 이 사람들이 두려워하는 것은 믿음이 없다는 증거다. 그들에게 예수님은 삶의 터전인 돼지 떼를 앗아간 고약한 사람일 뿐이다. 사람들은 자기 사업 수입에 악영향을 미치지 않는 한 어떤 종교도 용납하지만, 악영향을 미칠 경우 단호하게 거부한다(Garland, cf. 행 16:19; 19:24-27).

이 사람들이 구세주보다 돼지 떼를 선호하는 것이 참으로 안타깝다 (Plummer). 그러나 인류 역사에서 꾸준히 반복되었던 일이다. 마을 사람들이 예수님께 떠나시기를 구하는 것은 유대인들만 예수님을 거부하는 것이 아니라, 이방인들도 주님을 거부할 것을 예고한다(Tasker).

사람들의 요구에 따라 예수님은 그곳을 떠나려고 배에 오르셨다(18a절). 예수님께 은혜를 입은 귀신 들렸던 사람이 주님과 함께 있기를 간구했다(18b절; cf. 눅 8:38-39). 그는 평생 예수님처럼 자신을 따뜻하고 자비롭게 대해 준 사람을 만나 본 적이 없었다(Wessel & Strauss). 그래서 예수님의 제자가 되고자 했다(Boring, Stein). 예수님께 떠나 달라고 요청한 동네 사람들과 자기를 데려가 달라는 이 사람이 강력한 대조를 이룬다. 보는 눈과 듣는 귀가 있는 사람은 하나님 나라를 환영하지만, 그렇지 않은 사람들은 거부한다.

예수님은 그를 제자로 받지 않으시고 집으로 돌아가 자신에게 있었던 일을 말하며 하나님이 하신 일을 증거하게 하셨다(19절). 예수님은 그가 할 수 있는 가장 선한 일은 이곳에 남아 친지들과 주변 사람들에게 하나님이 하신 일을 증언하는 것이라는 사실을 아신 것이다. 귀신에게서 해방된 사람이 최초의 '이방인 전도자'가 되는 소명을 받았다.

그는 예수님의 말씀에 따라 가족에게 돌아가 데가볼리에 전파했고, 듣는 사람들이 모두 놀랍게 여겼다(20절). 하나님을 뜻하는 '주'(ὁ κύριός, 19절)와 예수님(ὁ Ἰησοῦς, 20절)이 동일시되는 것은 하나님과 예수님의 특별한 관계를 의미한다(cf. 1:3; 12:36-37). 마가는 예수님의 말씀은 곧 하나님의 말씀이라며 매우 높은 차원의 기독론(Christology)을 보여 준다(France, Marcus).

이 말씀은 예수님이 귀신들도 두려워하고 복종하는 하나님의 아들이심을 증언한다. 예수님은 악령(들)으로 인해 괴롭힘을 당하는 사람들을 자유롭게 하실 수 있다. 그들이 예수님을 구세주로 영접하고 예배하면 이런 일이 가능하다. 영적으로 미약한 사람들일수록 예수님께 가까이 가야 한다.

한편, 하나님의 역사를 목격하는 사람들이 모두 주님을 기뻐하는 것은 아니다. 자신들의 경건하지 못한 삶이 드러나거나 새로운 삶을 시작하는 것이 싫어서 주님을 멀리하려고 할 수도 있다. 따라서 일부 사람들은 예수님이 매우 특별한 능력을 지닌 하나님의 아들이라는 것을 인정하면서도 구세주로 영접하지는 않을 것이라고 한다. 우리는 최선을 다해 전도하되, 결과는 하나님께 맡겨야 한다.

사람이 예수님을 따르고자 해도 예수님이 허락하지 않으시면 제자가 될 수 없다. 나음을 입은 귀신 들린 자처럼 말이다. 그러므로 주님이 제자로 받아 주신 우리는 그 은혜에 참으로 감사드리며 부르심(허락하심)에 합당한 삶을 살아야 한다.

(3) 질병과 죽음(5:21-43)

[21] 예수께서 배를 타시고 다시 맞은편으로 건너가시니 큰 무리가 그에게로 모이거늘 이에 바닷가에 계시더니 [22] 회당장 중의 하나인 야이로라 하는 이가 와서 예수를 보고 발 아래 엎드리어 [23] 간곡히 구하여 이르되 내 어린 딸이 죽게 되었사오니 오셔서 그 위에 손을 얹으사 그로 구원을 받아 살게 하소서 하거늘 [24] 이에 그와 함께 가실새 큰 무리가 따라가며 에워싸 밀더라 [25] 열두 해를 혈루증으로 앓아 온 한 여자가 있어 [26] 많은 의사에게 많은 괴로움을 받았고 가진 것도 다 허비하였으되 아무 효험이 없고 도리어 더 중하여졌던 차에 [27] 예수의 소문을 듣고 무리 가운데 끼어 뒤로 와서 그의 옷에 손을 대니 [28] 이는 내가 그의 옷에만 손을 대어도 구원을 받으리라 생각함일러라 [29] 이에 그의 혈루 근원이 곧 마르매 병이 나은 줄을 몸에 깨달으

202

니라 [30] 예수께서 그 능력이 자기에게서 나간 줄을 곧 스스로 아시고 무리 가운데서 돌이켜 말씀하시되 누가 내 옷에 손을 대었느냐 하시니 [31] 제자들 이 여짜오되 무리가 에워싸 미는 것을 보시며 누가 내게 손을 대었느냐 물 으시나이까 하되 [32] 예수께서 이 일 행한 여자를 보려고 둘러보시니 [33] 여자 가 자기에게 이루어진 일을 알고 두려워하여 떨며 와서 그 앞에 엎드려 모 든 사실을 여쭈니 [34] 예수께서 이르시되 딸아 네 믿음이 너를 구원하였으니 평안히 가라 네 병에서 놓여 건강할지어다 [35] 아직 예수께서 말씀하실 때에 회당장의 집에서 사람들이 와서 회당장에게 이르되 당신의 딸이 죽었나이다 어찌하여 선생을 더 괴롭게 하나이까 [36] 예수께서 그 하는 말을 곁에서 들으 시고 회당장에게 이르시되 두려워하지 말고 믿기만 하라 하시고 [37] 베드로와 야고보와 야고보의 형제 요한 외에 아무도 따라옴을 허락하지 아니하시고 [38] 회당장의 집에 함께 가사 떠드는 것과 사람들이 울며 심히 통곡함을 보시 고 [39] 들어가서 그들에게 이르시되 너희가 어찌하여 떠들며 우느냐 이 아이 가 죽은 것이 아니라 잔다 하시니 [40] 그들이 비웃더라 예수께서 그들을 다 내보내신 후에 아이의 부모와 또 자기와 함께 한 자들을 데리시고 아이 있 는 곳에 들어가사 [41] 그 아이의 손을 잡고 이르시되 달리다굼 하시니 번역하 면 곧 내가 네게 말하노니 소녀야 일어나라 하심이라 [42] 소녀가 곧 일어나서 걸으니 나이가 열두 살이라 사람들이 곧 크게 놀라고 놀라거늘 [43] 예수께서 이 일을 아무도 알지 못하게 하라고 그들을 많이 경계하시고 이에 소녀에게 먹을 것을 주라 하시니라

예수님이 자연과 초자연을 다스리시는 세 개의 기적 이야기(4:35-5:43) 중 세 번째다. 그동안 예수님은 풍랑을 잠재우심으로써(3:35-41) 자신이 천재지변을 다스리는 하나님임을 드러내시고, 사람에게서 귀 신 떼를 쫓아내심으로써(5:1-20) 자신의 권세를 보이셨다. 이 섹션은 마가가 자주 사용하는 문학적 기법인 '끼움/삽입'(intercalation)에 따라 한 이야기로 묶여 있지만(cf. 3:20-35; 6:7-30; 11:12-25; 14:1-11), 두 개의

독립적인 사건으로 구성되어 있다. 이 두 이야기는 예수님이 질병(자연)과 죽음(초자연)을 다스리시는 분임을 드러낸다.

돼지를 키우는 이방인들에게 거부당하신 예수님이 배를 타고 다시 건너편(갈릴리 호수 서편) 유대인 지역으로 돌아오셨다(21a절). 아마도 베드로와 안드레의 집이 있는 가버나움으로 오신 듯하다(cf. Wessel & Strauss). 예수님이 돌아오셨다는 소문을 들은 사람들이 바닷가로 모여들었다(21b절). 야이로라는 '회당장'(ἀρχισυνάγωγος)도 예수님을 찾아와 발아래 엎드렸다. 회당장은 예배 때 성경을 봉독하거나 강론하고 재정 관리까지 맡는 회당 지도자 세 명 중 하나였다(TDNT). 이 일은 지역에서 부유하고 덕망이 있는 사람들만 할 수 있었다(Perkins). '엎드리다'(πίπτω)는 상대방에게 경의를 표하는 행동으로(BAGD), 상당한 영향력을 행사하는 지위에 있는 사람이 예수님 발아래 엎드린다는 것은 그가 참으로 예수님을 믿었다는 뜻이다.

야이로는 예수님께 죽어 가는 어린 딸을 살려 달라고 간곡히 구했다(23a절; cf. 눅 8:42). 그의 딸은 열두 살이다(42절). 당시 여자 나이 열두 살이면 혼인할 나이다. 결코 어린 나이는 아니다. 그러나 야이로는 '내 어린 딸'(θυγάτριόν μου)이 아프다며 부모의 애틋하고 안타까운 마음을 표하고 있다. 누가는 아픈 아이가 야이로의 외동딸이었다고 한다(눅 8:42). 그는 예수님이 딸에게 손을 얹고 기도하시면 딸이 살게 될 것이라고 믿었다(23b절).

마가복음에서 예수님은 아직까지 죽은 사람 혹은 죽어가는 사람을 살리시지는 않았다. 야이로는 예수님이 아무리 못해도 죽은 아이들을 살린 엘리야와 엘리사보다 더 능력이 뛰어날 것이라고 믿고 확신한다(cf. 왕상 17:17-24; 왕하 4:32-37). 그가 들은 소문에 따르면 예수님은 엘리야와 엘리사가 하지 못했던 이적들까지 행하셨기 때문이다. 그에게는 예수님이 죽어 가는 딸에게 손만 올리셔도 딸이 살아날 것이라는 믿음이 있었다.

야이로의 믿음은 나병 환자(1:40-45) 그리고 중풍병자와 친구들(2:4-12)의 믿음에 견줄 만하다. 그는 예수님이 결정만 하시면 죽어 가는 사람도 살리신다는 큰 믿음을 지녔다. 그러나 예수님이 직접 오시지 않고 말씀만 하시면 종이 나을 것이라고 했던 이방인 백부장(마 8:5-13)의 믿음보다는 조금 못하다. 야이로는 예수님이 직접 죽은 딸에게 손을 얹어 살려 주시기를 바라기 때문이다.

예수님은 죽어가는 딸을 살려 달라며 눈물로 호소하는 아버지의 슬픔을 헤아리시고 곧바로 야이로와 함께 그의 집으로 향하셨다(24a절). 예수님 주변에 모여들었던 큰 무리도 함께 야이로의 집으로 향했다. 모두 다 예수님이 정말로 죽어가는 아이를 살리실 수 있을 것인가에 관심을 집중하고 있다. 예수님이 무리와 부대끼며 야이로를 따라가시는 도중에 한 여인이 몰래 뒤로 와서 주님의 겉옷에 손을 댔다(27절). 마가복음에서 '무리'는 예수님의 인기를 강조하지만(1:33-34; 2:2; 3:7-9, 20; 4:1; 5:21, 24; 6:14-15, 31-34; 7:24; 8:1-3; 9:14-15, 30), 도움이 필요한 사람이 예수님께 나아오는 것을 방해하는 요소가 되기도 한다(2:2-4). 이 여인의 경우에는 후자였다. 그녀는 매우 절박하고 간절하지만 예수님께 나아오는 일이 참으로 어려웠다(cf. France).

'겉옷'(τοῦ ἱματίου)은 유대인들이 입고 다니는 겉옷을 뜻한다(BAGD). 마가는 예수님의 겉옷을 만진 여인을 가리켜 참으로 딱한 처지에 놓인 사람이라고 한다. 신분적으로도 야이로와 강력한 대조를 이룬다. 야이로는 사람들의 존경을 받는 회당장이며 남자다. 반면에 이 여인은 부정하다며 모든 종교적 모임에서 따돌림을 당하는 사회적 약자이며 여자다. 그녀는 열두 해 동안이나 혈루증을 앓았다(25절). '혈루증'(ῥύσει αἵματος)은 월경 과다(menorrhagia)나 질 출혈(vaginal bleeding)처럼 자궁에서 피가 멈추지 않고 조금씩 흘러나오는 증상이다. 이런 경우 몸이 피를 잃는 것도 문제지만, 피가 멈추지 않는 한 계속 부정한 자가 된다(레 15:25-30). 게다가 누구든 그녀를 만지면 더불어 부정해진다. 그러므로 이런 질병을 앓는 사람은 사회적으로 고립되어 살아야 한다.

열두 해 동안 이런 증상이 계속되었으니 얼마나 고통스러웠을까! 여인은 어떻게든 병을 고치려고 여러 의사에게 보이면서 고생도 많이 하고 가진 것을 모두 소진했지만 아무 효력이 없었다. 오히려 더 악화되었다(26절). 이 여인에게 도움을 줄 수 있는 사람은 어디에도 없었다(Strauss). 그러다가 예수님에 대한 소문을 듣고 찾아왔다. 사람들이 그녀를 부정하게 여겨 기피하는 상황이었던 만큼 차마 예수님께 나아오지는 못하고 예수님의 옷자락이라도 만지면 나을 것이라는 믿음을 가지고 뒤에서 조용히 주님의 옷을 만진 것이다.

이 여인의 믿음은 야이로의 믿음보다 더 크다. 야이로는 예수님이 손을 얹으면 딸이 살아날 것으로 확신했지만, 여인은 주님의 겉옷만 만져도 나을 것으로 확신했기 때문이다(28절). 그녀의 믿음은 곧바로 기적을 이루어 냈다. 예수님의 옷자락을 만지는 순간 '곧[바로]'(εὐθὺς) 열두 해 동안 앓던 혈루증이 마른 것이다(29절). 그녀의 몸이 순식간에 일어난 변화를 직감했다.

예수님은 여인이 겉옷을 만지는 순간 능력이 빠져나간 것을 아시고 "누가 내 옷에 손을 대었느냐?"라고 물으셨다(30절; cf. 눅 8:44-45). 예수님의 말씀을 들은 제자들은 기가 막힌다는 반응을 보였다. 사람이 너무 많아 서로 밀치고 당기는 상황에서 예수님의 옷자락에 손을 댄 사람이 한둘이겠냐는 것이다(31절). 그러나 예수님은 사람들이 밀치고 당기면서 겉옷을 만지는 것과 치료를 바라며 만지는 것의 차이를 아신다. 능력이 빠져나갔기 때문이다. 그러므로 간절한 마음으로 옷을 만진 여인을 보려고 주변을 둘러보셨다(32절). 혈루증에서 나음을 받은 여인이 두려운 마음으로 예수님 앞에 엎드려 자초지종을 말했다(33절). 두려움은 위협에서 비롯되는 것도 있지만(창 9:2; 출 15:16; 신 2:25), 본문에서처럼 하나님의 능력과 권세를 경험한 데서 비롯되기도 한다(4:41; 5:15). 우리는 후자를 지속적으로 추구해야 한다. 하나님을 경험한 사람일수록 하나님을 더욱더 경외하게 된다.

예수님은 전에 중풍병자를 '소자, 아이'(τέκνον)라는 애칭으로 부르신 것처럼(2:5), 그녀를 "딸아"(θύγατερ) 하고 친근하게 부르시며 그녀의 믿음이 그녀를 구원했다고 하셨다(34절). 복음서에서 예수님이 누군가를 '딸'이라고 부르는 경우는 이곳이 유일하다. '네 믿음이 너를 구하였다'(ἡ πίστις σου σέσωκέν σε)는 그 믿음의 출처를 지적하는 말씀이다. 그녀의 간절한 바람이 기적을 이룬 것이 아니다. 사람이 아무리 간절하게 바란다고 할지라도 기적은 일어나지 않는다. 기적은 하나님(예수님)이 행하실 때 일어난다. 그러므로 믿음에서 가장 중요한 것은 출처이지, 사람이 희망하는 바가 아니다. 또한 예수님은 여인에게 이제부터는 병에서 놓여 건강할 것이라며 평안히 가라고 복을 빌어 주셨다(34절). '평안히 가라'(ὕπαγε εἰς εἰρήνην)는 엘리사가 문둥병을 치료받고 떠나는 시리아의 나아만 장군에게 빌어 준 '평안히 가라'(לֵךְ לְשָׁלוֹם)를 연상케 한다. 여인은 병을 치료받았을 뿐 아니라 원하는 대로 신앙 모임에도 참석할 수 있는 지위를 받았다(Anderson, Wessel & Strauss). 혈루증이 나았으므로 하나님과도 화평하게 되었기 때문이다.

여인이 조용하고 은밀하게 예수님의 옷깃을 만졌기 때문에 예수님도 은밀하게 그녀를 치료해 주시고 가던 길을 가실 수 있었다. 그러나 본문은 예수님이 공개적으로 그녀가 완전히 치유되었음을 선포하셨다고 한다. 그녀에 대한 사회적 오명(stigma)을 제거해 주시기 위해서다. 자신과 주변 사람들을 부정하게 하는 혈루증이 깨끗하게 나았으니 더는 기피 대상이 아니다. 또한 이제부터 이 여인은 떳떳하게 사회생활을 할 수 있고, 성전에 나아가 예배도 드릴 수 있다.

인상적인 것은 혈루증을 낫고자 한 여인이 "내가 구원을 받으리라"라며 예수님의 옷을 만졌고(28절), 예수님도 그녀에게 "구원을 받았다"라고 말씀하시는 것이다(34절). '구원하다'(σῴζω)는 일반적으로 죄 사함을 받아 영적으로 완전해졌다는 의미를 지닌 단어다. 마가는 이 여인에게 영생을 받을 만한 믿음이 있었기 때문에 예수님이 그녀의 육체적 질병뿐 아니라 죄도 용서하시고 하나님 나라에 들어가게 하신 것을 이 단어를 사용해 묘사하고 있다.

예수님이 혈루증에서 나은 여인과 말씀하실 때 회당장 야이로의 집에서 사람들이 와서 딸이 죽었다는 슬픈 소식을 전하며 예수님을 더 괴롭게 하지 말라고 했다(35절). 그들 생각에 만일 소녀가 살아 있다면 예수님이 그녀의 건강을 회복시킬 수 있겠지만, 죽었으므로 이제는 어떠한 노력도 허사일 뿐이다(cf. Meier). 그러므로 예수님을 더는 번거롭게 하지 말고 오신 길을 되돌려 보내라는 것이다.

예수님은 옆에서 야이로와 그의 집에서 온 사람들이 나누는 대화를 들으시고 두려워하지 말고 믿기만 하라고 하셨다(36절). 믿음의 반대는 두려움이다. 이 둘은 공존할 수 없으며, 하나가 다른 것을 밀어낸다. 그러므로 믿는다는 것은 곧 두려워하지 않는다는 뜻이다. 예수님은 야이로에게 믿음이 죽은 딸을 살릴 수도 있다며 죽음을 두려워하지 말라고 하신다.

예수님은 따르던 무리를 모두 물리시고 제자 중에서도 베드로, 야고보, 야고보의 형제 요한 등 세 사람만 데리고 야이로의 집으로 향하셨다(37절). 이들은 예수님이 맨 처음 제자로 부른 사람들이며 유일하게 빠진 사람은 베드로의 형제 안드레다. 예수님은 이 세 제자를 가까이 하시며 애제자들로 대하셨다.

예수님 일행이 야이로의 집에 이르렀을 때는 이미 온 집이 조문객들과 장례식을 진행하는 자들로 시끌벅적했다(38절). 유대인들은 시체를 방부처리 하지 않았기 때문에 24시간 내에 시신을 묻었다. 따라서 장례식이 신속하게 진행되었다. 예수님은 야이로의 집에 모인 사람들에게 소녀는 죽은 것이 아니라 자고 있으니 떠들며 우는 것을 멈추라고 하셨다(39절). 그들은 예수님의 말씀을 비웃었다(40a절). 그들도 분명 예수님의 능력에 대해 자자한 소문을 들었을 것이다. 그런데도 비웃는 것은 예수님의 능력이 살아 있는 사람에게는 유효하겠지만, 이미 죽은 사람에게는 별 효과가 없을 것이라며 너무 늦게 오신 것을 아쉬워하는 비웃음이다. 또한 그들은 예수님을 사람이 자는 것과 죽은 것을 구분하지 못하는 이로 생각했을 것이다.

예수님은 소녀를 살리기 전에 먼저 이 비관론자들을 모두 내보내셨다(40b절). '내보내다'(ἐκβάλλω)는 강압적으로 내친다는 의미를 지닌 단어로 귀신을 쫓아낼 때도 사용된다(cf. 마 9:34; 눅 11:20). 예수님이 베푸시는 기적은 믿는 자들을 위한 것이지, 믿지 않는 자들을 위한 것이 아니다. 때로는 기적이 믿지 않는 자들의 호기심을 자극하기는 하지만, 그들이 기적을 보고 회심하는 경우는 흔치 않다. 기적을 경험하고 나서도 다른 유형의 불신으로 이어진다. 사람의 마음을 변화시켜 회심하게 하는 것은 오직 하나님의 말씀뿐이다. 하나님의 말씀을 액면 그대로 믿는 믿음만이 회심으로 이어진다.

예수님은 사람들을 집밖으로 내보내신 후 죽은 아이의 부모와 제자들을 데리고 소녀의 시신이 있는 곳으로 들어가셨다(40c절). 베드로 장모의 손을 잡아 치료하셨던 것처럼(1:31) 소녀의 손을 잡으며 "달리다굼!"이라고 하셨다(41절). '달리다굼'(ταλιθα κουμ)은 '소녀야 일어나라'라는 의미의 아람어 문구다. 그러자 소녀가 곧 일어나 걸었다! 이때 소녀의 나이는 열두 살이었다(42절). 당시 여자들의 결혼 적령기였다. 시집갈 나이의 딸이 죽었으니 부모의 억장이 무너지는 것은 당연한 일이며, 예수님은 이러한 아픔을 아시기 때문에 야이로를 따라 그녀를 찾아오셨다.

소녀가 살아나자 옆에서 지켜보던 사람들(가족들과 세 제자)이 모두 크게 놀라고 놀랐다(42절). '크게 놀라고 놀라다'(ἐξέστησαν ἐκστάσει μεγάλη)는 최고로(참으로) 놀랐다는 뜻의 히브리식 표현이다. 예수님은 놀란 사람들에게 이 일을 아무도 알지 못하게 하라고 하셨다(43절; cf. 1:25, 34, 44; 3:11-12; 7:36; 8:26, 30; 9:9). 아직 예수님이 메시아라는 사실을 온 천하에 공표할 때가 이르지 않았기 때문이다. 혈루증에서 나은 여인을 사람들 앞으로 불러내신 일과 아이를 살린 일을 아무에게도 알리지 말하고 하시는 것이 대조적이다(Hooker). 혈루증에서 나음을 입은 여인의 경우 두려움을 이겨내야 했기 때문에 예수님은 그녀를 사람들 앞에 세우셨던 것이다. 예수님은 소녀에게 먹을 것을 주라고 하셨다. 소녀가 음식을 먹는 것은 살았다는 또 하나의 증거다.

본문에서 예수님이 죽은 소녀를 살리신 일은 주님이 죽은 사람을 살리신 세 가지 사건 중 처음 일이다. 예수님은 누가복음 7:11-17에서 과부의 아들을 살리시고, 요한복음 11장에서는 나사로를 살리신다. 성경은 예수님이 죽은 자 중에서 부활하신 첫 열매라고 한다(고전 15:20, 23). 그렇다면 예수님이 살리신 사람들을 어떻게 이해해야 하는가? 사람의 죽음은 부활 때까지 육체가 잠들어 있는 것이며(고전 11:30; 15:20-23, 51-55; 살전 4:13-18), 예수님은 잠시 이들을 잠에서 깨어나게 하셨다. 그러므로 그들은 부활한 것이 아니다. 예수님이 살리신 다음에 몇 년을 더 살다가 다시 잠든 그들도 우리처럼 부활을 기다리고 있다.

예수님은 시체가 된 소녀에게 생명을 불어넣어 살게 하시고, 절망과 죽음의 어두움으로 가득한 상갓집을 생명의 빛과 기쁨으로 채우셨다. 우리의 사역도 이러하면 좋겠다. 성 프란치스코(Saint Francis of Assisi, 1182-1226)의 기도문이 생각난다. "주여, 나를 당신의 도구로 써 주소서. 미움이 있는 곳에 사랑을, 다툼이 있는 곳에 용서를, 분열이 있는 곳에 일치를, 그릇됨이 있는 곳에 참됨을, 의심이 있는 곳에 믿음을, 절망이 있는 곳에 희망을, 어둠에 빛으로, 슬픔이 있는 곳에 기쁨을 가져오는 자 되게 하소서. 위로받기보다는 위로하며, 이해받기보다는 이해하며, 사랑받기보다는 사랑하게 하여 주소서. 우리는 줌으로써 받고, 나를 잊음으로써 나를 찾으며, 용서함으로써 용서받고, 죽음으로써 영생을 얻기 때문입니다."

이 말씀은 예수님은 우리가 건강하고 생기가 가득한 삶을 살기를 원

하신다고 한다. 주님은 자식을 잃은 부모의 아픔을 헤아리시고 죽은
딸을 살리셨다. 낫고자 하는 병자의 간절함을 귀하게 여기시고 그를
고쳐 주셨다. 중요한 것은 예수님께 도와 달라고 부르짖는 믿음이다.
주님은 간절한 기도와 바람에 응답하신다. 다행인 것은 이러한 믿음은
사회적 지위나 위치와 상관이 없이 누구나 가질 수 있다는 사실이다.
예수님은 사람들에게 존경받던 회당장의 간구와 사회적으로 따돌림을
받았던 여인의 간절함을 동일하게 헤아려 주셨다.

II. 갈릴리 사역(1:14-8:21)
　B. 영접한 사람들과 부인한 사람들(3:7-6:6a)

8. 나사렛 사람들의 부인(6:1-6a)

[1] 예수께서 거기를 떠나사 고향으로 가시니 제자들도 따르니라 [2] 안식일이
되어 회당에서 가르치시니 많은 사람이 듣고 놀라 이르되 이 사람이 어디서
이런 것을 얻었느냐 이 사람이 받은 지혜와 그 손으로 이루어지는 이런 권
능이 어찌됨이냐 [3] 이 사람이 마리아의 아들 목수가 아니냐 야고보와 요셉과
유다와 시몬의 형제가 아니냐 그 누이들이 우리와 함께 여기 있지 아니하냐
하고 예수를 배척한지라 [4] 예수께서 그들에게 이르시되 선지자가 자기 고향
과 자기 친척과 자기 집 외에서는 존경을 받지 못함이 없느니라 하시며 [5] 거
기서는 아무 권능도 행하실 수 없어 다만 소수의 병자에게 안수하여 고치실
뿐이었고 [6a] 그들이 믿지 않음을 이상히 여기셨더라

예수님은 곳곳에서 많은 이적을 베푸시고 고향인 나사렛으로 돌아오
셨다(1절). 나사렛은 구약에도 언급되지 않은 작은 마을이었다. 나다나
엘이 "나사렛에서 무슨 선한 것이 날 수 있느냐?"라고 할 정도였다(요
1:46). 마태와 누가는 베들레헴이 예수님이 태어나신 곳이며, 나사렛은
예수님이 자라나신 곳이라고 한다(마 2:1, 23; 눅 2:4-39).

예수님이 나사렛 회당에 들어가 가르치시니 많은 사람이 듣고 놀랐다(2절). 그러나 나사렛 사람들은 예수님을 배척했다(3절). 이 섹션을 구성하고 있는 질문들을 보면 예수님에 대한 그들의 부정적인 시각이 확연하게 드러난다. '어디서 얻었느냐?'(2b절), '어찌됨이냐?'(2c절), '아니냐?'(3a절), '아니냐?'(3b절), '아니냐?'(3c절)는 모두 예수님과 능력을 믿을 수 없다는 부정적인 질문이다(Boring, Collins, Cranfield, France, Gundry).

마가는 예수님의 고향이 어디인지 밝히지 않지만, 누가는 예수님이 자라나신 곳을 나사렛이라고 한다(눅 4:16). 대부분의 사람은 본문에 기록된 나사렛 방문과 누가복음 4:16-30에 기록된 나사렛 방문을 같은 것으로 본다. 누가복음에 기록된 방문에서는 예수님이 이방인들을 하나님의 구원 사역에 포함하셨다고 해서 사람들이 예수님을 절벽에서 밀어 죽이려 한다. 이는 거짓 선지자와 거짓 선생을 처형하는 흔한 방법이었다. 그때 일과 본문에 기록된 일의 차이를 고려하면 아마도 이번 방문은 그 일 후에 있었던 일로 생각된다(Carson, Wilkins).

예수님은 왜 다시 나사렛을 찾아오셨을까? 가나의 혼인 잔치에서 어머니의 부탁으로 물을 술로 만드신 것처럼(요 2:1-10), 이번에도 가족들의 부탁으로 다시 찾으신 것일까? 이유는 알 수 없지만, 이번에는 누가복음 4:16-30에 기록된 첫 번째 방문 때보다 동네 사람들이 예수님께 조금은 누그러진 태도를 보인다.

고향에 도착하신 예수님은 안식일에 회당으로 가서 가르치셨다. 항상 하시던 대로 하신 것이다(cf. 1:21; 3:1). 이 회당은 아마도 예수님이 어렸을 때부터 다니시던 회당이었을 것이다. 고향 사람들은 예수님의 가르침에 놀랐다(2절). 그러나 그들은 예수님을 통해 드러난 하나님의 능력과 영광에 놀란 것이 아니다. 예수님이 이런 능력을 소유한 것에 놀랐다. 그러므로 그들은 예수님이 어디서 이런 능력을 얻으셨는지에만 관심이 있다. 그들은 상당히 부정적이고 믿을 수 없다는 투로 "이런 능력이 어디서 났느냐?"라고 질문한다.

이어서 그들은 질문들을 통해 그들이 예수님과 가정사에 대해 상세히 알고 있다는 것을 강조한다(3절). 예수님은 마리아의 아들이며 목수다. 가부장적인 사회에서 '마리아의 아들'(ὁ υἱὸς τῆς Μαρίας)이라는 말은 상당히 독특하다. 어떤 이들은 사람들이 예수님의 신분을 비아냥거리기 위해 이렇게 말하는 것이라고 하지만(Perkins), 아버지 요셉이 죽은 지 상당히 오랜 시간이 지났기 때문에 빚어진 일로 보인다(Strauss). 예수님은 고향 사람들에게 요셉의 아들보다는 마리아의 아들로 더 알려졌던 것이다. '목수'(τέκτων)는 나무뿐 아니라 돌과 벽돌도 다루는 건축업자를 뜻한다(Perkins, cf. BAGD).

예수님의 형제들은 야고보, 요셉, 유다, 시몬이다. 성모 마리아의 평생 동정(Perpetual Virginity)을 주장하는 그리스 정교와 가톨릭 학자들은 예수님의 형제들을 두고 아버지 요셉이 마리아와 결혼하기 전에 다른 여자와 결혼해 얻은 이복형들(Clements of Alexandria, Eusebius, Origen), 혹은 사촌들(Jerome, Augustine)이라고 했다(cf. Meier). 그러나 만일 요셉에게 예수님보다 더 큰 아들이 있었다면, 예수님은 장자가 아니므로 '다윗의 아들' 타이틀을 받으실 수 없다. 가톨릭교회는 비성경적인 교리를 만들어 놓고 그것을 정당화시키기 위해 성경을 왜곡하고 있다.

예수님에게는 누이들도 있었다. 누이들의 이름은 알 수 없지만, 아마도 그들은 나사렛 사람들과 결혼해 나사렛에서 살고 있었던 것으로 생각된다. 사람들은 마치 예수님 집안의 '숟가락 개수까지 다 알고 있다'는 투로 말을 이어가고 있다. 이 형제들이 어머니와 함께 예수님을 만나러 왔었다(3:31-32; cf. 요 2:12; 6:42).

야고보는 훗날 예루살렘 교회의 중추 역할을 하는 장로가 되었으며(행 12:17; 15:13; 갈 1:19; 2:9) 야고보서를 저작했다. 유다는 유다서를 저작한 것으로 알려졌다(Wessel & Strauss). 그 외 형제들에 대해서는 알려진 것이 없다. 아마도 야고보와 유다는 예수님이 살아 계실 때는 믿지 않다가(cf. 3:21; 요 7:5), 부활 후에 영접한 것으로 보인다(cf. 고전 15:7).

213

예수님은 지난 30년 동안 나사렛에 사시면서 조용히 사역을 준비하셨다. 랍비 훈련을 받으신 적도 없다. 그러므로 그들의 관점에서는 어느 날 갑자기 율법 선생이자 기적을 행하는 이(miracle worker)가 되어서 나타나셨으니 놀라 자빠질 노릇이다. 예수님과 가족들에 관한 지난 30년간의 기억이 그들이 보고 있는 것을 믿을 수 없게 만들었다. 그러므로 그들의 유일한 관심사는 예수님 능력의 출처다. "어디서 이런 것을 얻었느냐?"(2절).

안타깝게도 그들은 바리새인들과 서기관들의 잘못된 판단을 반복한다. 예수님이 사탄에게서 능력을 받았다는 것이다(cf. 3:22). 이미 마음이 결정된 상태에서 던진 질문이기에 그들의 결론이 놀랍지는 않다. 결국 그들은 예수님을 배척했다(3절). '배척하다'(σκανδαλίζω)는 완전히 거부하는 것을 뜻하며, 배척당한 사람한테 배척한 사람이 죄를 짓는다는 뜻이다(BAGD). 신약에서는 오직 예수님만 배척을 당하신다(Carson).

예수님은 나사렛 사람들의 반응에 별로 놀라지 않으시고, 마치 흔히 있는 일이 벌어졌을 뿐이라는 말씀으로 대응하신다. "선지자가 자기 고향과 자기 친척과 자기 집 외에서는 존경을 받지 못함이 없느니라"(4절). 이 말씀은 예수님이 만드신 일종의 격언이라 할 수 있다. 구약의 선지자들이 대체로 이처럼 부당한 대우를 받았다(Morris). 특히 예레미야는 고향 사람인 아나돗 사람들에게 두 차례나 암살 음모를 당했다.

예수님은 고향 사람들이 믿지 않기 때문에 그곳에서 많은 능력을 행하지 않으셨다(5절). 예수님이 무능해서가 아니라, 그들이 믿지 않아서 기적이 일어나지 않은 것이다. 다만 소수의 병자만 안수해 고치셨다. 예수님은 그들이 믿지 않는 것을 보고 이상히 여기셨다(6절). 그들의 불신에 놀라셨다는 뜻이다. 사람들은 예수님의 가르침에 놀랐는데(2절), 예수님은 이러한 가르침을 듣고도 믿지 않는 그들에게 놀라셨다(6절).

이 말씀은 가장 잘 아는 사람들에게 사역하기가 가장 어렵다고 한다. 여러 가지 편견과 선입견, 혹은 가족사에 대한 익숙함도 부정적으로 작용한다. 우리도 항상 우리를 가장 잘 아는 가족들을 전도하기가 가장 어렵다고 하지 않는가! 그러므로 사역자는 익숙한 테두리를 벗어나 새로운 환경에서 사역하는 것이 바람직하다.

나사렛 사람들이 예수님을 믿지 않았기 때문에 기적이 많이 일어나지 않았다. 우리의 삶에서 이적이 일어나지 않는 것은 우리의 불신 때문일 수 있다는 것을 기억해야 한다. 기적이 일어나려면 반드시 믿음이 필요하며 하나님은 믿음의 크기에 따라 기적을 베푸신다.

II. 갈릴리 사역(1:14-8:21)

C. 메시아의 확장된 사역(6:6b-8:21)

이 섹션에서 예수님은 고향인 나사렛을 떠나 갈릴리와 두로와 시돈 지역을 돌며 사역하신다. 얼마 후 십자가 고난이 기다리고 있는 예루살렘을 향해 출발하실 예수님은 열두 제자를 훈련시키고 사역에 동참하게 하는 일에 시간과 노력을 아끼지 않으신다. 이 섹션은 다음과 같이 다양한 사건으로 구성된다.

  A. 열두 제자 파송(6:6b-13)
  B. 세례 요한의 죽음 회상(6:14-29)
  C. 제자들의 보고(6:30)
  D. 오천 명을 먹이심(6:31-44)
  E. 물 위를 걸으심(6:45-52)
  F. 게네사렛 병자들(6:53-56)
  G. 장로들의 전통과 정결(7:1-23)
  H. 수로보니게 여인(7:24-30)
  I. 귀먹고 어눌한 자(7:31-37)

J. 사천 명을 먹이심(8:1-10)

K. 표징 요구(8:11-13)

L. 바리새인들과 헤롯의 누룩(8:14-21)

II. 갈릴리 사역(1:14-8:21)
  C. 메시아의 확장된 사역(6:6b-8:21)

1. 열두 제자 파송(6:6b-13)

⁶ᵇ 이에 모든 촌에 두루 다니시며 가르치시더라 ⁷ 열두 제자를 부르사 둘씩 둘씩 보내시며 더러운 귀신을 제어하는 권능을 주시고 ⁸ 명하시되 여행을 위하여 지팡이 외에는 양식이나 배낭이나 전대의 돈이나 아무 것도 가지지 말며 ⁹ 신만 신고 두 벌 옷도 입지 말라 하시고 ¹⁰ 또 이르시되 어디서든지 누구의 집에 들어가거든 그 곳을 떠나기까지 거기 유하라 ¹¹ 어느 곳에서든지 너희를 영접하지 아니하고 너희 말을 듣지도 아니하거든 거기서 나갈 때에 발 아래 먼지를 떨어버려 그들에게 증거를 삼으라 하시니 ¹² 제자들이 나가서 회개하라 전파하고 ¹³ 많은 귀신을 쫓아내며 많은 병자에게 기름을 발라 고치더라

예수님은 나사렛을 떠나 갈릴리 지역을 두루 다니며 사역하셨다(6b절). 또한 열두 제자를 둘씩 보내 사역하게 하셨다(7절). 그동안 옆에서 예수님의 사역을 지켜만 보던 사람들이 사역에 투입되는 순간이다. 그 당시에 제자들이 하는 일은 스승의 가르침을 외우는 것이 유일했다. 그러므로 열두 제자가 스승이신 예수님이 하시는 사역을 대신하기 위해 보내심을 받은 것은 참으로 대단한 일이다.

'열두 제자'(τοὺς δώδεκα)(7절)를 직역하면 '열둘'이라는 말이며, 예수님은 열두 명을 둘씩 여섯 팀으로 나눠 보내셨다. 서로 의지하고 도우라고 짝을 지어 주신 것이며, 이는 율법이 두 증인을 요구하는 것을 바탕

으로 한다(11절; cf. 신 17:6; 19:15). 훗날 사도들도 짝을 이루어 전도 여행을 다녔다(행 3:1-11; 8:14; 11:30; 13:1-2; 15:22, 39-40).

'사도'(ἀπόστολος)는 '보내다'(ἀποστέλλω)(7절)에서 유래한 단어'다. 그러므로 '사도'는 보내심을 입은 사람이라는 뜻이다. 사도들은 하나님과 예수님이 자신들을 대신해 보내신 대리인(agents)이다(cf. Lane). 그들은 이스라엘 열두 지파의 의로운 남은 자들을 상징하며, 예수님은 이 열두 명을 통해 하나님의 언약 공동체를 재구성하신다(Beale & Carson).

사도들은 하나님의 구속사적인(salvation history) 계획에 따라 먼저 이스라엘 사람들에게 복음을 들고 가고, 이어서 이방인들에게 갈 것이다(cf. 마 10:5-25; 롬 1:16). 먼저 이스라엘에 새로 시작된 하나님의 언약 공동체에 속할 기회를 주기 위해서다. 그러나 사도들은 단지 새 언약 공동체를 형성하는 이스라엘의 열두 지파를 상징하는 이들로 머물지 않는다. 종말이 되면 그들은 주님과 함께 이스라엘의 열두 지파를 심판하는 자리에 앉을 것이기 때문이다(마 19:28).

예수님은 제자들을 보내기 전에 더러운 귀신을 제어하는 권능을 주셨다(7절). 마가는 귀신을 제어하는 것만 언급하지만, 가르침과 치유를 포함한다(12-13절). 귀신을 제어하는 일만 언급하며 강조하는 것은 전도와 선교는 무엇보다도 영적 전쟁이기 때문이다(Strauss). '권능'(ἐξουσία)은 이때까지 기록된 예수님의 가르침과 치유 사역의 핵심이며, 마귀를 꼼짝 못 하게 하는 하늘나라의 권세다. 또한 예수님은 그들을 보내기 전에 가르침을 주신다. 그들이 어떻게 선교(전도)해야 하는지 가르쳐 주시고, 선교가 결코 쉽지 않을 것이라는 점도 미리 경고하신다. 마치 제자들을 선교사로 파송하는 예배에서 그들을 권면하시는 듯한 느낌을 준다.

제자들은 예수님처럼 사람들에게 환영을 받기도 하지만, 거부당하기도 할 것이다. 한곳에 정착해 살 수도 없다. 예수님처럼 이곳저곳을 떠돌며 사역해야 하고, 가난을 자청하며 매일 일용할 양식을 위해 전적으로 하나님을 의지해야 한다. 사역자의 길은 장밋빛 대로가 아니다.

예수님은 제자들에게 선교 여행을 떠날 때 양식이나 배낭이나 전대의 돈이나 두 벌 옷 등 아무것도 가져가지 말라고 하신다(8-9절). 어떠한 여행 경비도 챙겨서 떠나지 말라는 뜻이다. 배낭과 옷과 신과 지팡이는 여행을 떠나는 사람이 반드시 챙겨야 할 필수품들이다. 배낭은 음식 등 필요한 것을 담기 위해, 옷은 여벌과 밤에 베개로 사용하기 위해, 신은 신고 있는 신이 낡으면 갈아 신기 위해, 지팡이는 필요하면 호신 무기로 사용하기 위해 챙겨야 한다.

마태와 누가(눅 9:3; 10:4)는 이 네 가지 모두 가지고 가지 말라고 하는데, 본문은 신발과 지팡이는 가지고 가라고 한다. 의미의 차이는 사용되는 동사의 차이에서 찾을 수 있다. 마가는 '가져가다'(αἴρω)를, 마태는 '구하다/가지다'(κτάομαι)를 사용한다. 마가는 제자들이 가지고 갈 수 있는 것을 종류별 하나씩으로 제한하고 있으며, 누가와 마태는 이것들 외에 추가로 여유분을 가져가는 것을 금하고 있다(Carson). 이러한 선교 원리는 당시 예수님의 제자들에게만 적용되는 것이지 모든 선교사가 준수해야 하는 기준은 아니다(Cranfield, Wessel & Strauss).

제자들의 선교 여정은 그들이 얼마나 하나님을 의지하는가에 대한 테스트라 할 수 있다. 별다른 준비를 하지 않은 채 길을 떠나는 제자들은 하나님이 그들을 먹이고 입히시는 일을 경험하게 될 것이다. 물론 하나님은 복음을 받아들인 사람들을 통해서 제자들을 먹이실 것이다. 제자들에게 숙식을 제공하는 것은 그들로부터 복음을 받아들인 사람들의 책임이다(Plummer). 훗날 바울은 이 원리를 바탕으로 전임 사역자들을 도우라 한다(고전 9:14; 딤전 5:18). 그러므로 어떠한 것도 받지 말라는 의미는 아니다. 전도한 사람들의 도움을 받아 그들에게 사랑의 빚을 지는 것도 좋은 일이다. 그러나 전도(선교)를 떠나는 사람은 얻으러 가는 것이 아니라, 주기 위해 가는 것임을 항상 기억해야 한다.

예수님은 제자들에게 어디를 가든 먼저 머물 만한 집을 찾으라 하신다(10a절). 제자들이 선포하는 복음에 긍정적으로 반응해 하나님 나라 백성이 되는 사람의 집이다(cf. 11절). 하나님이 보내신 일꾼을 받아들이는 것은 곧 하나님을 받아들이는 일이다. 하나님의 일꾼들은 주님의 에이전트(특사)이기 때문이다.

구약에는 주님의 자녀들을 환대했다가 복을 누린 사람들의 이야기가 여럿 있다. 보디발은 노예로 사들인 요셉을 통해 큰 복을 받았다(창 39:3-5). 보디발이 노예로 팔린 하나님의 자녀를 환대해 복을 누렸다면, 메시아이신 예수님이 보내신 제자들을 환대하는 사람들은 얼마나 더 큰 복을 누릴 것인지 상상해 보라! 아브라함도 객을 환대하다가 하나님을 만나는 축복을 누렸다(창 18:1-8). 하나님은 주님의 자녀들을 환대하는 사람들에게 복에 복을 더하시는 분이다. 그러므로 우리가 성도들에게 사랑의 빚을 지는 것은 곧 그들이 하나님의 축복을 받게 하는 일이기도 하다.

예수님은 제자들이 머물 만한 집을 찾으면 그 마을을 떠날 때까지 그곳에 머물라고 하신다(10b절). 나중에 더 좋은 숙소가 나오더라도 옮기지 말고 처음 머문 곳에 머물라는 권면이다. 호의를 베푸는 사람이 상처받지 않도록 하기 위해서다.

그러나 전도는 결코 쉬운 일이 아니며, 모든 사람이 복음에 긍정적으로 반응하는 것도 아니다. 오히려 적대적으로 반응하는 사람도 많다. 예수님은 이럴 때는 발의 먼지를 털어 버리라고 하신다(11절). 발을 터는 일은 거부하는 것을 상징한다. 당시 유대인들은 이방인들이 사는 지역을 떠날 때면 그들을 거부한다는 상징으로 발을 털었다(Gundry, Wilkins, cf. 행 13:51; 18:6). 그러므로 예수님이 복음에 적대적이거나 부정적으로 반응하는 집과 동네에 발을 털라고 하시는 것은 비록 거부하는 자들이 유대인들이라 해도 하나님이 그들을 부정한 이방인으로 취급해 하나님 나라 복음에 어울리지 않는다며 거부하시는 것을 상징적인 행동으로 보이라는 권면이다. 이런 곳에서 계속 전도하는 것은 돼지에게 진주를 주는 격이다.

우리가 이러한 사실에서 배워야 하는 교훈이 있다. 사람들이 예수님과 제자들이 전한 복음을 거부한다면, 우리가 전하는 복음은 얼마나 더 거부하려고 하겠는가! 예수님은 이미 고향 사람들에게 거부당하셨다. 이 말씀에서는 제자들이 거부당할 것이라고 미리 말씀하신다. 그러므로 우리 역시 전도가 잘 안 된다고, 선교가 어렵다고 좌절하지 않아야 한다. 주님과 제자들이 거부당하셨다면, 우리도 거부당하는 것이 당연한 일 아니겠는가! 결과에 연연하지 말고 계속 전하면 된다. 그렇게 하다 보면 하나님이 종종 예수님을 영접하는 사람들을 만나는 복을 주실 것이다.

보내심을 받은 제자들은 곳곳을 다니며 '회개하라'고 전파했다(12절). 제자들이 선포한 내용이 예수님의 메시지(1:15)보다 세례 요한의 메시지(1:4)와 더 비슷하다며 제자들이 요한처럼 예수님의 길을 예비하는 사역을 하는 것으로 보는 해석이 있다(Hooker). 그러나 마가는 제자들도 예수님이 선포하신 메시지를 선포했다고 말한다. 제자들이 외친 '회개하라'는 주님의 메시지를 요약한 것이다. "때가 찼고 하나님의 나라가 가까이 왔으니 회개하고 복음을 믿으라"(1:15).

제자들은 많은 귀신을 쫓아내며 많은 병자에게 기름을 발라 고쳐 주었다(13절). 예수님이 그들에게 권능을 주실 때(7절), 귀신을 쫓는 권능뿐 아니라 치료하고 가르치는 권능도 주셨던 것이다. 복음서에서 병자에게 기름을 발라 고치는 일은 이곳이 유일하다(cf. 약 5:14-15). 구약에서 기름은 약으로 사용되기도 했지만(사 1:6), 이곳에서는 치유하시는 성령의 임재를 상징한다(Strauss).

이 말씀은 전도와 선교는 우리가 하나님의 대리인이 되어 하나님이 하시는 일에 참여하는 귀하고 영광스러운 일이라고 한다. 또한 전도와 선교는 금전적 대가를 요구하지 않고 하는 일이다. 전도와 선교는 하나님이 기뻐하시는 일이므로 우리가 전도하면 하나님이 우리를 먹이고 입히실 것이다. 하지만 모든 사람이 하나님 나라와 복음을 환영하지는 않는다. 우리는 이런 사람들은 뒤로하고 하나님의 잃어버린 양들을 찾아가야 한다.

> II. 갈릴리 사역(1:14-8:21)
>   C. 메시아의 확장된 사역(6:6b-8:21)

2. 세례 요한의 죽음 회상(6:14-29)

[14] 이에 예수의 이름이 드러난지라 헤롯왕이 듣고 이르되 이는 세례 요한이 죽은 자 가운데서 살아났도다 그러므로 이런 능력이 그 속에서 일어나느니라 하고 [15] 어떤 이는 그가 엘리야라 하고 또 어떤 이는 그가 선지자니 옛 선지자 중의 하나와 같다 하되 [16] 헤롯은 듣고 이르되 내가 목 벤 요한 그가 살아났다 하더라 [17] 전에 헤롯이 자기가 동생 빌립의 아내 헤로디아에게 장가든 고로 이 여자를 위하여 사람을 보내어 요한을 잡아 옥에 가두었으니 [18] 이는 요한이 헤롯에게 말하되 동생의 아내를 취한 것이 옳지 않다 하였음이라 [19] 헤로디아가 요한을 원수로 여겨 죽이고자 하였으되 하지 못한 것은 [20] 헤롯이 요한을 의롭고 거룩한 사람으로 알고 두려워하여 보호하며 또 그의 말을 들을 때에 크게 번민을 하면서도 달갑게 들음이러라 [21] 마침 기회가 좋은 날이 왔으니 곧 헤롯이 자기 생일에 대신들과 천부장들과 갈릴리의 귀인들로 더불어 잔치할새 [22] 헤로디아의 딸이 친히 들어와 춤을 추어 헤롯과 그와 함께 앉은 자들을 기쁘게 한지라 왕이 그 소녀에게 이르되 무엇이든지 네가 원하는 것을 내게 구하라 내가 주리라 하고 [23] 또 맹세하기를 무엇이든지 네가 내게 구하면 내 나라의 절반까지라도 주리라 하거늘 [24] 그가 나가서 그 어머니에게 말하되 내가 무엇을 구하리이까 그 어머니가 이르되 세례 요한의 머리를 구하라 하니 [25] 그가 곧 왕에게 급히 들어가 구하여 이르되 세례 요한의 머리를 소반에 얹어 곧 내게 주기를 원하옵나이다 하니 [26] 왕이 심히 근심하나 자기가 맹세한 것과 그 앉은 자들로 인하여 그를 거절할 수

없는지라 ²⁷ 왕이 곧 시위병 하나를 보내어 요한의 머리를 가져오라 명하니 그 사람이 나가 옥에서 요한을 목 베어 ²⁸ 그 머리를 소반에 얹어다가 소녀에게 주니 소녀가 이것을 그 어머니에게 주니라 ²⁹ 요한의 제자들이 듣고 와서 시체를 가져다가 장사하니라

이 이야기는 거부 이야기다. 헤롯왕은 세례 요한을 통해 선포된 천국을 거부했다. 하나님이 보내신 메신저 요한을 죽인 헤롯은 하나님 나라를 적극적으로 거부하고 핍박하는 사람들을 상징한다. 그러므로 그의 이야기는 이미 있었던 일에 대한 회상(flashback)으로 그치지 않고 앞으로 예수님이 당하실 고난에 대한 예시(foreshadowing)가 된다(France). 하나님 나라가 아무리 좋다 해도 거부하는 사람들은 언제 어디든 있다. 그러므로 우리의 목표는 '온 세상을 주님께로'가 아니라 '하나님이 택하신 사람들을 주님께로'가 되어야 한다.

분봉 왕 헤롯이 예수님에 대한 소문을 들었다(1절). 제자들이 그가 다스리던 영토 곳곳에서 사역한 결과일 것이다. 동방 박사들과 관련이 있는 헤롯왕은 '헤롯 대왕'(Herod the Great)으로 알려진 사람이다. 이 헤롯왕이 제2성전을 재건했으며, 그는 아내 10명을 두었다. 헤롯이 죽은 후 그가 다스리던 나라는 셋으로 나뉘어 그의 아들들에게 분배되었다 (ABD). 빌립(Philip II)은 가장 북쪽 지역, 곧 갈릴리 북쪽 이두매(Iturea)와 다마스쿠스의 남동쪽이자 갈릴리 호수의 북동쪽에 있는 드라고닛(Tracontis) 지역의 분봉 왕이 되었다.

본문이 언급하는 헤롯왕은 빌립의 이복형제 안티파스(Antipas)이며, 그는 17세에 갈릴리와 요단강 동편 베뢰아(Perea) 지역을 다스리는 분봉왕(τετραάρχης, tetrarch)이 되었다. 헤롯 대왕의 아들 중 신약과 가장 연관이 많은 사람이다. 예수님이 십자가에 매달리시기 전에 예수님을 심문한 헤롯이 바로 이 사람이다(눅 23:6-12).

가장 남쪽 지역을 차지한 아켈라오(Archelaus)는 19세에 왕위에 올랐

다. 그는 다른 형제들보다 더 높은 지위인 에트나크(ἐθνάρχης, ethnarch, cf. 개역개정은 고린도후서 11:32에서 이 단어를 '고관'으로 번역함)가 되어 유다와 사마리아와 이두매를 다스렸다(ABD).

헤롯 안티파스의 통치 수도는 디베랴(Tiberias)였으며 가버나움에서 약 14km 남쪽, 갈릴리 호수의 남서쪽 해변에 위치했다(ABD). 그는 지난 30년 동안 이 지역을 다스렸다(Carson). 그가 다스리는 지역이 이때까지 예수님이 주로 사역하신 지역이었던 만큼 헤롯은 예수님에 대한 소문을 접했을 것이다.

예수님에 대한 소문을 들은 헤롯 안티파스는 예수님이 온갖 능력을 행하는 것은 자신이 죽인 세례 요한이 죽음에서 돌아와 예수님이 되었기 때문이라고 한다(14, 16절). 요한은 헤롯왕과 그의 동생 빌립의 아내 헤로디아(=헤롯의 제수[弟嫂])의 결혼을 반대했다가 옥에 갇혔다(17-18절). 이 빌립은 아버지 헤롯의 영토 중 가장 북쪽을 차지한 분봉 왕 빌립(Philip Ⅱ)과 다른 사람이다. 헤롯 안티파스는 나바티아(Nabatea)의 왕 아레타스(Aretas Ⅳ)의 딸과 결혼했는데, 동생의 아내였던 헤로디아와 결혼하기 위해 이혼했다. 헤로디아도 안티파스와 결혼하기 위해 빌립과 이혼했다. 그러므로 이 두 사람의 결혼은 유대인들에게 큰 스캔들이 되었다. 율법을 위반하는 결혼이었기 때문이다(레 18:16; 20:21).

게다가 헤로디아는 헤롯 안티파스의 반(半)형제인 아리스토불루스(Aristobulus)의 딸이었다. 즉, 헤롯은 반(半)조카(half-niece)였던 헤로디아와 결혼한 것이다(Carson, Wilkins). 요한은 폭동을 선동했다는 혐의로 사해 동쪽에 있던 마케루스(Machaerus) 산성에 투옥되었다(DGJ, cf. 17절). 시위병이 감옥에 갇힌 요한의 머리를 잔치가 끝나기 전에 가져온 것으로 보아 헤롯의 생일잔치는 마케루스 산성에서 열린 것으로 보인다.

마가는 세례 요한이 예수님이 사역을 시작하시기 얼마 전에 투옥되었다고 한다(1:14). 본문에 기록된 일이 있기 약 1년 반쯤 전 일이다(Wilkins). 감옥에 있는 동안 요한은 예수님께 제자들을 보내 예수님이

'장차 오실 그분'(메시아)이 맞는지 물어본 적이 있다(마 11:2-3). 예수님은 긍정적으로 대답하셨고, 얼마 후 요한은 그를 감옥에 가둔 자의 손에 순교했다. 마가는 본문에서 요한이 죽게 된 경위를 간략하게 설명한다.

세례 요한은 유대인들에게 선지자로 인정받은 사람이었다. 사람들은 요한을 가리켜 엘리야라 하기도 하고, 어떤 이들은 그가 옛 선지자 중하나와 같다고도 했다(15절). 사람들은 그의 사역에 열광했고, 그를 주님의 길을 예비하는 엘리야라고 생각한 사람들은 머지않아 메시아가오실 것을 기대했다(cf. 말 3:1; 4:5-6).

헤로디아는 요한을 원수로 여겨 죽이고자 했지만(19절), 헤롯왕은 요한을 의롭고 거룩한 사람으로 알고 두려워해 보호했다(20a절). 또한 요한의 말에 크게 번민하면서도 달갑게 들었다(20b절). 요한이 하는 말을듣고 양심에 찔린 것이다.

요한을 죽이고자 했던 헤로디아에게 기회가 왔다(21절). 헤롯이 자기생일에 대신들과 귀빈들을 초대해 잔치를 연 것이다. 잔치에는 술과춤이 있었고, 헤로디아의 딸이 춤을 추어 헤롯을 기쁘게 했다(22a절). 일상적으로 이런 곳에서는 창녀들이 춤을 추었으며, 주로 남자들을 성적으로 유혹하는 춤이었다. 그러므로 양딸(stepdaughter)이 저속한 춤을추게 내버려 둔 헤롯과 그녀를 이용해 원하는 것을 얻으려는 헤로디아의 부패한 도덕성을 엿볼 수 있다(Garland). 요세푸스는 춤을 춘 딸의 이름은 살로메이며, 12-14살의 소녀였다고 한다(DGJ). 헤롯은 살로메의저질스러운 춤을 매우 특별하고 영광스러운 일로 간주했다.

춤이 끝나자 헤롯이 그녀에게 무엇이든 달라는 대로 주겠다고 맹세했다(22b절). 헤롯은 자기가 다스리는 나라의 절반이라도 주겠다고 했다(23절). 이는 옛적에 페르시아 제국을 호령하던 아하수에로왕이 에스더에게 한 말이다(에 5:2-3). 헤롯은 참으로 작은 지역을 다스리는, 그것도 로마 사람들의 허락하에 다스리고 있는 보잘것없는 분봉 왕이다.

그러나 그의 허세는 큰 제국을 다스리는 왕에 버금간다.

헤로디아의 딸이 어머니에게 가서 왕에게 무엇을 요구하는 것이 좋겠냐고 물었다(24a절). 평소 자신과 헤롯 안티파스의 결혼을 문제 삼은 요한을 죽이고 싶었던 헤로디아는 딸 살로메에게 세례 요한의 머리를 구하라고 했다(24b절). 헤로디아의 말을 들은 딸은 급히 헤롯왕에게 나아가 세례 요한의 머리를 소반에 얹어 '곧'(ἐξαυτῆς) 달라고 했다(25절). 손님들이 잔치를 떠나기 전에 당장 달라고 한 것이다. 정복자가 패배한 나라 왕의 머리를 잘라 공개하는 것은 당시 풍습이었다. 그러나 잔치에서 이런 일이 벌어지는 것은 헤롯이 얼마나 부패하고 악했는지를 보여 준다.

헤롯은 악하고 타락한 사람이었지만, 요한을 죽이는 일이 부담스러워 근심했다(26절). 그는 빌라도가 예수님을 처형하기를 주저한 일을 예시한다(Davies & Allison). 헤롯은 악하고 약했다. 약한 사람의 가장 치명적인 면은 다른 사람들이 그를 약하게 보는 것을 두려워하는 것이다. 그는 양딸에게 한 맹세와 그 맹세를 들은 하객들 때문에 그녀의 요구를 뿌리칠 수 없었다(26절). 결국 시위병 하나를 옥으로 보내 요한의 목을 가져오라고 명령했다(27절). 그는 체면을 지키기 위해 400여 년의 침묵을 깨고 온 선지자 요한을 죽인 것이다. 재판하지 않고는 사람을 처형할 수 없다는 로마법과 유대인의 법을 어기는 불법을 행하면서 말이다. 썩은 권력은 언제든지 법이 보장하는 권리와 절차를 무시하고 약자들을 짓밟을 수 있다.

살로메는 쟁반에 담긴 요한의 머리를 어머니 헤로디아에게 가져갔다(28절). 당시에는 잔치가 열리면 남자와 여자는 서로 다른 공간에 모여 잔치를 했다. 그러므로 살로메는 어머니 헤로디아가 있는 여자들만 모인 방으로 요한의 잘린 머리를 가져갔다. 참으로 잔인하고 역겨운 광경이지만, 종종 있었던 야만적인 행위였다. 헤로디아의 잔인성은 아합의 아내 이세벨과 그의 딸 아달랴를 생각나게 한다(왕상 18-21장; 왕하

225

11:1−16).

요한의 제자들이 요한의 시체를 가져다가 장사했다(29절). 스승의 시신을 가져다 장사한 요한의 제자들이 스승이 잡히자 도망친 예수님의 제자들보다 낫다. 제자들이 요한의 시신을 수습한 것은 아리마대 요셉이 예수님의 시신을 수습한 일과 평행을 이룬다(15:42−47). 요한의 제자들은 앞으로도 계속 죽은 스승을 추종할 것이다.

요한을 죽인 헤롯왕의 마음이 편하지 않았다. 그러므로 예수님에 대한 소식을 듣자마자 요한이 살아 돌아온 것이라며 두려워했다(cf. 14, 16절). 그는 예수님이 죽음에서 돌아온 요한이기 때문에 능력을 행한다고 한다(14절). '능력'(δύναμις)은 병자를 고치는 등 온갖 이적을 행하는 것을 뜻한다. 그러나 세례 요한은 가르치고 선포했지, 기적을 행하지는 않았다. 죄책감과 유대인들의 신학과 어설픈 부활에 대한 이해와 미신이 섞인 반응이다(Wilkins).

이 말씀은 사역자가 세상 권세자들의 죄를 지적할 때는 순교할 각오로 하라고 한다. 죄는 또 다른 죄를 낳기 때문이다. 요한은 분봉 왕 헤롯의 죄를 지적했다가 참으로 어이없게 목숨을 잃었다. 하나님을 섬기지 않는 권력자들에게 하나님의 사람들은 양심에 가책을 느끼게 하는 귀찮은 존재에 불과하다. 헤롯은 허세를 부리다가 살인을 했다.

II. 갈릴리 사역(1:14−8:21)
  C. 메시아의 확장된 사역(6:6b−8:21)

3. 제자들의 보고(6:30)

30 사도들이 예수께 모여 자기들이 행한 것과 가르친 것을 낱낱이 고하니

제자들을 선교(전도)하도록 파송하신 이야기는 7−13절에 기록되어 있다. 이후 세례 요한의 죽음에 관한 이야기(14−39절)로 이어지다가,

제자들이 돌아오는 장면으로 제자들의 선교 이야기가 마무리되고 있다. 7-30절은 마가가 자주 사용하는 문학 기법인 삽입(intercalation)의 예다.

예수님이 둘씩 짝을 지어 파송한 제자들이 돌아왔다. 앞서 마가는 7절에서 그들이 '사도'(ἀπόστολος)로 불릴 것을 암시했는데, 본문에서는 그들을 정식으로 '사도들'(οἱ ἀπόστολοι)이라고 한다. 마가복음에서 제자들이 사도로 불리는 것은 이곳이 처음이자 마지막이다. '사도'는 보내심을 입은 사람이라는 뜻이다. 사도는 그들을 보내신 이(하나님과 예수님)의 대리인(agents)이다. 사도들은 선교 여행 중 그들이 행한 이적들과 가르친 것을 예수님께 낱낱이 고했다. 일명 '선교 보고'를 한 것이다.

이 말씀은 보내심을 입은 사람은 하나님뿐 아니라 그를 보낸 교회들과 후원자들에게도 보고하는 일에 게으르지 않아야 한다고 한다. 정직한 보고를 하기 위해 더 성실하게 사역에 임하게 될 것이다. 또한 후원하는 이들이 보고를 들으면 더 열심히 기도하고 축복할 것이다.

II. 갈릴리 사역(1:14-8:21)
  C. 메시아의 확장된 사역(6:6b-8:21)

4. 오천 명을 먹이심(6:31-44)

[31] 이르시되 너희는 따로 한적한 곳에 가서 잠깐 쉬어라 하시니 이는 오고 가는 사람이 많아 음식 먹을 겨를도 없음이라 [32] 이에 배를 타고 따로 한적한 곳에 갈새 [33] 그들이 가는 것을 보고 많은 사람이 그들인 줄 안지라 모든 고을로부터 도보로 그 곳에 달려와 그들보다 먼저 갔더라 [34] 예수께서 나오사 큰 무리를 보시고 그 목자 없는 양 같음으로 인하여 불쌍히 여기사 이에 여러 가지로 가르치시더라 [35] 때가 저물어가매 제자들이 예수께 나아와 여짜오되 이 곳은 빈 들이요 날도 저물어가니 [36] 무리를 보내어 두루 촌과 마을로 가서 무엇을 사 먹게 하옵소서 [37] 대답하여 이르시되 너희가 먹을 것을 주라

하시니 여짜오되 우리가 가서 이백 데나리온의 떡을 사다 먹이리이까 ³⁸ 이
르시되 너희에게 떡 몇 개나 있는지 가서 보라 하시니 알아보고 이르되 떡
다섯 개와 물고기 두 마리가 있더이다 하거늘 ³⁹ 제자들에게 명하사 그 모든
사람으로 떼를 지어 푸른 잔디 위에 앉게 하시니 ⁴⁰ 떼로 백 명씩 또는 오십
명씩 앉은지라 ⁴¹ 예수께서 떡 다섯 개와 물고기 두 마리를 가지사 하늘을 우
러러 축사하시고 떡을 떼어 제자들에게 주어 사람들에게 나누어 주게 하시
고 또 물고기 두 마리도 모든 사람에게 나누시매 ⁴² 다 배불리 먹고 ⁴³ 남은
떡 조각과 물고기를 열두 바구니에 차게 거두었으며 ⁴⁴ 떡을 먹은 남자는 오
천 명이었더라

일명 '오병이어' 기적으로 알려진 이 이야기는 교회학교에서 자주 들
었던 이야기다. 또한 네 복음서에 기록된 유일한 기적이기도 하다(마
14:13-21; 눅 9:10-17; 요 6:1-15). 예수님의 능력을 가장 잘 보여 주는
기적이며, 장차 종말에 메시아가 성도들을 위해 베푸실 잔치가 어떤
것인지 조금은 상상할 수 있게 한다.

예수님이 빵 다섯 조각과 물고기 두 마리로 오천 명의 성인 남자(=여
자들과 아이들을 포함하면 최소 1만 명)를 먹이시는 모습은 옛적 모세가 광야
에서 이집트를 탈출한 이스라엘 백성을 만나로 먹인 일을 생각나게 한
다(출 16장). 특히 '한적한 곳, 빈 들'(ἔρημος)(31, 32, 35절)은 출애굽한 이
스라엘이 모세와 함께 다니던 광야를 뜻하는 단어다(출 13:18; 14:3 등).

또한 이 기적은 엘리사가 빵 20개(=20명이 겨우 먹을 수 있는 양)로 100명
을 먹인 일도 연상케 한다(왕하 4:42-44). 비율로 계산하면 엘리사는 5배
로 늘리는 기적을 행했지만, 예수님은 최소 1,000배 이상으로 늘리는
기적을 행하셨다! 예수님은 엘리사와 차원이 다른 분인 것이다.

앞서 세례 요한이 악인들에게 처형된 이야기(14-29절)에서 우리는 헤
롯의 풍성한, 그러나 타락한 잔치를 보았다. 그리고 이 이야기에서 메
뉴는 담백하지만 훨씬 더 경건하고 행복한 분위기에서 펼쳐지는 잔치

로 이동하고 있다(France). 본문은 종말에 성도들을 위해 열릴 잔치를 보여 준다. 종말에 성도가 참여할 메시아의 잔치는 즐거움과 풍요로움으로 가득할 것이다(cf. 눅 14:15; 22:30). 종말에 있을 잔치는 구약에서도 종종 예언되었다. "만군의 여호와께서 이 산에서 만민을 위하여 기름진 것과 오래 저장하였던 포도주로 연회를 베푸시리니 곧 골수가 가득한 기름진 것과 오래 저장하였던 맑은 포도주로 하실 것이다"(사 25:6).

그러므로 이 기적은 기독론과 종말론에서도 중요한 사건이다. 예수님은 모든 것을 하나님께 맡기고 무엇을 먹을까, 무엇을 마실까 염려하지 말라고 하셨는데(마 6:25), 우리가 하나님께 모든 것을 맡기면 하나님이 우리를 어떻게 먹이시는지 보여 주는 실질적인 사례라 할 수 있다. 구약에서는 이러한 원리를 '여호와 이레'(יְהוָה יִרְאֶה)라고 한다(창 22:14).

제자들의 선교 보고를 들으신 예수님은 그들에게 한적한 곳으로 가서 잠깐 쉬라고 하셨다(31a절). 여행의 피곤을 어느 정도 달래도록 배려하신 것이다. 예수님이 사역하고 계신 곳은 너무나도 많은 사람이 모여들어 제자들이 편안히 쉴 만한 곳이 못 되었다. 눈코 뜰 새 없이 바빠 편안히 음식을 먹을 겨를도 없었다(31b절). 제자들을 선교하도록 보내신 후 예수님은 가르치고 치료하시느라 제자들보다 더 바쁜 시간을 보내셨다.

예수님은 제자들과 함께 배를 타고 한적한 곳으로 가셨다(32절). 배를 타고 가버나움을 떠나 빈 들로 가신 것이다(35절). 마가는 목적지를 밝히지 않지만, 누가는 벳새다로 가셨다고 한다(눅 9:10). 벳새다는 갈릴리 호수 북동쪽에 있는 마을이며, 요한을 죽인 헤롯 안티파스의 영역 밖이다. 예수님은 이곳으로 '따로'(κατ᾽ ἰδίαν, privately)가셨다. 제자들과 사적인 시간을 가지며 그들을 가르치기 위해 무리를 떠나신 것이다.

예수님은 조용히 제자들과 함께 시간을 보내려고 떠나셨지만, 그들을 알아본 무리가 도보로 앞서갔다(33절). 예수님과 제자들은 배를 타

고 가시고, 무리는 갈릴리 호수 해변을 따라 걸어서 이동하는 모습이
다. 그들은 여러 고을에서 온 사람들이다. 예수님의 가르침과 치료를
간절히 원하는 사람들이 포기하지 않고 먼 길을 걸어온 것이다.

　예수님은 오직 주님만 바라며 먼 길을 온 사람들을 못 본 척할 수 없
으셨다. 그렇게 하기에는 예수님의 마음이 너무 따뜻하고 긍휼로 가득
했다. 예수님은 그들을 목자 없는 양처럼 불쌍히 여기셨다(34a절). 이
는 당시 유대교 지도자들이 직무유기를 하고 있다는 비난이 포함된 말
씀이다. 그러므로 예수님은 선한 목자가 병든 양을 돌보듯 집중해 그
들을 돌보셨다. 목자와 양 이미지는 구약에서 흔히 볼 수 있다. 모세는
하나님이 여호수아를 그의 후계자로 세워 주시기를 바라며 "여호와의
회중이 목자 없는 양과 같이 되지 않게 하옵소서"라고 했다(민 27:17; cf.
왕상 22:17; 대하 18:16; 사 13:14; 겔 34:5; 슥 13:7). 예수님은 그들을 가르
치시고 또 치료해 주셨다(34b절).

　예수님은 시간 가는 줄도 모르고 가르치고 고치셨다. 저녁이 되자
옆에서 지켜보던 제자들이 예수님께 말했다(35절). 무리가 모인 곳은
빈 들이고 저녁 시간이 되었으니 사람들을 주변 마을로 보내 먹을 것
을 사 먹게 하는 것이 좋을 것 같다고 했다(36절). 제자들은 자신들이
상당히 합리적인 제안을 하고 있다고 생각했을 것이다. 사람들 대부분
이 배를 급히 따라오느라 저녁에 먹을 것을 챙겨 오지 못했다. 음식을
챙겨 온 사람들은 이미 대부분 점심으로 먹었을 것이다. 게다가 제자
들에게는 이 많은 사람을 먹일만한 음식이 없다. 그러므로 주변 마을
로 보내는 것이 가장 합리적이다.

　그러나 제자들의 제안은 문제를 해결하는 것이 아니라 단지 피하거
나 떠넘기는 것에 불과하다. 당시 상황을 고려할 때 주변에 있는 마을
들도 이 많은 사람이 먹을 만한 음식을 비축하고 있지 않았을 것이기
때문이다. 주변에서 가장 큰 마을인 벳새다는 인구가 겨우 3,000명 정
도밖에 되지 않았다(cf. ABD). 그러므로 이 마을에 1만 명 이상이 사 먹

을 만한 음식이 있다는 것은 상상하기 어렵다.

제안을 들으신 예수님은 무리가 마을로 갈 필요가 없도록 제자들에게 먹을 것을 주라고 하셨다(37a절). 예수님은 제자들에게 리더들은 항상 그들을 바라보고 따르는 사람들을 모든 면에서 돌봐야 한다는 교훈을 주기 위해 이런 말씀을 하셨다. 그러나 제자들로서는 황당한 이야기로 들릴 뿐이다. 그들은 가진 것이 아무것도 없기 때문이다.

제자들은 이날 모인 사람들을 먹이려면 200데나리온의 떡이 필요하다고 했다(37b절). 한 데나리온(δηνάριον)은 당시 노동자들의 하루 임금이었다(cf. 마 20:2). 제자들은 최소한 200명의 '일당'(daily wage)이 필요하다고 하는 것이다. 그들에게는 이처럼 큰돈이 없다. 또한 설령 돈이 있다 할지라도 주변에 이 많은 사람을 먹일 음식을 구할 만한 곳도 없다.

예수님은 제자들에게 떡이 몇 개나 있는지 가서 보라고 하셨다(38a절). 제자들은 가진 것이라고는 고작 떡 다섯 개와 물고기 두 마리뿐이라고 했다(38b절). 어떤 이들은 '다섯'은 모세 오경을, '둘'은 십계명이 새겨진 두 돌판을 상징한다며 알레고리적인 해석을 주장하지만, 근거 없는 주장이다(cf. Boring, Marcus). 마가는 생략하고 있지만, 요한은 이 빵이 보리떡이며 한 어린 소년의 음식이라고 한다(요 6:9). 보리떡과 말린 물고기는 갈릴리 지역에 사는 가난한 사람들의 식사였다. 이 정도 양이면 아이가 혼자 배불리 먹거나, 친구 하나와 나눠 먹을 만한 양이다.

제자들은 예수님이 병자들을 치료하고 죽은 사람을 살리는 기적은 행하시지만, 산 사람들을 먹이는 기적을 행하실 것이라고는 생각하지 못했다. 생각해 보면 다소 이상한 논리다. 예수님은 죽은 사람을 살리고, 산 사람은 건강하게 살 수 있도록 기적을 행하시는 분이다. 그렇다면 산 사람들에게 먹을 것을 주는 기적을 행하시는 것이 당연하다고 생각할 수 있는데 말이다.

예수님은 제자들에게 사람들을 떼를 지어 잔디 위에 앉히라고 하셨다(39절). '앉다'(ἀνακλίνω)는 잔치에 참여하는 사람이 옆으로 누워 담소하며 음식을 나누는 모습을 묘사하는 단어다(TDNT). '떼를 지어'(συμπόσια συμπόσια)에서 '떼'(συμπόσια)는 함께 식사하기 위해 모인 그룹을 뜻한다(BAGD). 마가는 이러한 단어들을 의도적으로 사용하고 있다. 예수님은 종말에 주님의 백성이 참여하게 될 메시아의 잔치를 이곳에 모인 사람들에게 미리 맛보게 하신 것이다(Wessel & Strauss). 종말에 있을 잔치에서는 주님의 백성이 세상에서 가장 좋은 음식을 마음껏 먹고도 남을 것이다(42-43절; cf. 사 25:6).

푸른 잔디가 있는 것은 이 일이 일어난 때가 봄철이었음을 의미한다(Marcus, Taylor, Witherington). 또한 푸른 잔디는 시편 23편을 연상케 한다. "그가 나를 푸른 풀밭에 누이시며 쉴 만한 물가로 인도하시는도다"(시 23:2).

제자들은 예수님의 지시에 따라 사람들을 100명씩 혹은 50명씩 앉혔다(40절). 예수님은 떡 다섯 개와 물고기 두 마리를 앞에 두고 하늘을 우러러 축사하셨다(41a절). 음식을 축복하신 것이 아니라, 음식을 주신 하나님께 감사했다. 예수님이 새로 시작하신 '하늘 가족'의 가장임을 확인하시는 행위다. '가지다-축사하다-떼다-주다'는 모두 최후의 만찬에서 사용되는 동사들이다(cf. 14:22-25).

이어 음식을 제자들에게 주어 무리에게 나누어 주게 하셨다(41b절). 제자들이 말씀에 따라 음식을 나누어 주니 모두 다 배불리 먹고 남은 조각이 열두 바구니에 찼다(42-43절). 떡을 먹은 남자는 오천 명이었다(44절). 성인 남자 오천 명이면, 아이들과 여자들을 합해 최소 1만 명이 함께 식사했다는 뜻이다. 그런데도 42-43절은 '다, 배불리, 남은 떡 조각과 물고기, 차다' 등 풍성함에 관한 언어로 가득하다.

이 이야기는 기적이 어떤 현상으로 일어났는가에 대해서는 언급하지 않고 기적이 이룬 결과만을 요약한다. 강조하고자 하는 것은 기적이 시작될 때보다 먹고 남은 음식이 더 많다는 사실이다. 당시 유대인들은 메시아가 유월절이 있는 봄에 오실 것으로 생각했다. 그들은 메시아가 유월절에 오셔서 옛적에 모세가 만나로 이스라엘을 먹인 것처럼 자기들을 먹이실 것을 기대했다(Hagner). 예수님이 이 봄날에 그들의 소망을 이루셨다. 그러나 그들은 대부분 그 자리에 없었다. 주님을 배척했기 때문이다(cf. 마 13:57).

이 말씀은 세상이 끝나는 날 하나님이 우리를 위해 베푸실 잔치를 기대하게 한다. 하나님은 가장 좋은 음식으로 우리를 대접하실 것이며, 풍족하게 주실 것이다. 우리가 예수님으로 인해 이 땅에서 누리고 즐기는 평안이 참으로 좋지만, 세상 끝 날에 누리게 될 평안에 비하면 아무것도 아니다. 하나님과 함께할 다음 세상을 모든 상상력을 동원해 기대해도 좋다.

또한 이 말씀은 하나님이 때때로 지극히 작은 것을 통해 매우 큰 일을 하신다고 한다. 예수님은 빵 다섯 개와 물고기 두 마리로 수천 명을 먹이셨다. 우리의 가장 작은 것이라도 주님께 드리면 주님은 그것을 통해 상상을 초월하는 일을 하시기도 한다. 하나님은 우리의 작은 헌신을 헛되게 하지 않으시는 분이기 때문이다.

II. 갈릴리 사역(1:14-8:21)
　C. 메시아의 확장된 사역(6:6b-8:21)

5. 물 위를 걸으심(6:45-52)

45 예수께서 즉시 제자들을 재촉하사 자기가 무리를 보내는 동안에 배 타고 앞서 건너편 벳새다로 가게 하시고 46 무리를 작별하신 후에 기도하러 산으로 가시니라 47 저물매 배는 바다 가운데 있고 예수께서는 홀로 뭍에 계시다가 48 바람이 거스르므로 제자들이 힘겹게 노 젓는 것을 보시고 밤 사경쯤에 바다 위로 걸어서 그들에게 오사 지나가려고 하시매 49 제자들이 그가 바다 위로 걸어 오심을 보고 유령인가 하여 소리 지르니 50 그들이 다 예수를 보고 놀람이라 이에 예수께서 곧 그들에게 말씀하여 이르시되 안심하라 내니

233

두려워하지 말라 하시고 ⁵¹ 배에 올라 그들에게 가시니 바람이 그치는지라 제자들이 마음에 심히 놀라니 ⁵² 이는 그들이 그 떡 떼시던 일을 깨닫지 못하고 도리어 그 마음이 둔하여졌음이러라

예수님은 이전에도 갈릴리 호수를 요동치게 한 풍랑을 잔잔하게 하신 적이 있다(4:35-41). 그때 제자들은 "이분이 누구이기에 바람과 바다까지도 이분에게 복종하는가?"라며 의아해했다(4:41). 이번에도 그들은 비슷한 경험을 하고도 마음이 둔해 깨닫지 못한다(52절).

예수님은 오천 명을 먹이신 기적을 베푸신 후 제자들에게 무리를 집으로 돌려보내는 동안 배를 타고 호수 건너편 벳새다로 가라고 하셨다(45절). '즉시 제자들을 재촉하사'(εὐθὺς ἠνάγκασεν τοὺς μαθητὰς)는 지체하지 말고 곧바로 떠나라고 명령하셨다는 뜻이다. 어떤 이들은 이 말씀을 예수님을 왕으로 세우려는 사람들의 의도(요 6:14-15)와 연관해 해석한다. 사람들이 예수님을 왕으로 추대하기 전에 제자들이 급히 그곳을 빠져나가게 하신 것이다.

그러나 마가가 이 같은 사실을 전혀 언급하지 않는 것으로 보아 그다지 설득력이 있어 보이지는 않는다. 원래 제자들과 예수님은 밖에서 밤을 새울 생각이 아니었기 때문에 이날 아침 아무런 준비도 하지 않고 집을 나섰을 것이다(Wilkins). 그러므로 밤이 깊어지기 전에 속히 밤을 보낼 만한 곳으로 가야 한다. 예수님은 그날 있었던 오병이어의 기적을 경험한 제자들이 온전히 하나님만 믿고 의지하기를 바라는 마음으로 그들을 보내셨다.

무리를 돌려보내신 예수님은 홀로 기도하기 위해 산으로 가셨다(46절). 요한은 예수님이 오천 명을 먹이시는 기적을 행하자 사람들이 드디어 오랫동안 기다리던 메시아가 오셨다며 그들의 임금으로 삼으려 하는 줄 알고 홀로 산으로 떠나셨다고 한다(요 6:14-15). 그러나 예수님이 산으로 가신 것은 옛적 모세가 시내산에 오른 일을 연상케 한다(Hooker,

Marcus, cf. 출 19장). 예수님은 평상시에도 기도를 많이 하셨지만(1:35; 14:35), 지금은 더욱더 홀로 하나님과 시간을 보낼 필요를 느끼셨다. 사역의 매우 중요한 전환점에 와 계시기 때문이다(Wilkins).

이제부터 예루살렘으로 향하실 때까지 예수님은 주로 이방인들이 사는 지역을 돌아다니며 사역하실 것이다. 그러므로 무리와 제자들을 보내고 기도하기 위해 산에 오르셨다. 삶의 가장 결정적인 순간에 조용히 하나님을 찾으신 것이다.

예수님이 산에서 기도하시는 동안 제자들을 태운 배가 큰 위기를 맞이했다(48절). 배가 육지에서 멀리 떨어진 곳에서 풍랑을 만난 것이다. 마태는 배가 육지에서 '수 리'나 떨어져 있었다고 한다(마 14:24). 한 '리'(στάδιον)는 약 180m다(BAGD). 그러므로 '수 리'(σταδίους πολλούς)는 육지에서 상당히 떨어져 있다는 뜻이다. 요한은 배가 25-30리(σταδίους εἴκοσι πέντε ἢ τριάκοντα, 개역개정은 '십여 리'로 번역함), 즉 육지에서 약 4-5km 떨어져 있었다고 한다(요 6:19). 아무리 능숙한 어부라 할지라도 풍랑 속에서 노를 저어 육지로 돌아가기 쉽지 않은 거리다. 그러므로 배는 물결로 말미암아 '고난을 당했다'(마 14:24). 엄청난 스트레스를 받고 있다는 뜻이다. 마치 요나를 실은 배가 파괴되기 일보 직전이었던 상황을 연상케 한다(욘 1:4).

제자들이 풍랑과 사투를 벌이고 있는 동안 예수님은 산에서 기도하셨다. 그러다가 밤 4경쯤에 제자들이 풍랑을 상대로 힘겨운 사투를 벌이고 있는 것을 보셨다. 예수님이 밝게 빛난 달빛으로 그들을 보셨는지(Cranfield), 혹은 밝아 오는 여명으로 보셨는지(France), 혹은 신적인 초능력으로 보셨는지(Garland)는 중요하지 않다. 위기에 빠진 제자들을 보신 예수님이 갈릴리 호수 위를 걸어서 제자들에게 오셨다(48절). 유대인들은 해가 질 때부터 다음 날 해가 뜰 때까지 시간을 세 경으로 나누어 보초를 세웠다(삿 7:19; 애 2:19). 한편 로마 사람들은 밤을 네 경으로 나누었다. 그러므로 예수님이 배로 오신 때는 마지막인 4경이며 새벽

3-6시다(Boring).

제자들이 해 질 녘에 노를 젓기 시작했으니 이때까지 10시간 정도 저었다. 아무리 저어도 풍랑을 헤쳐 갈 수 없었으니, 아마도 이때쯤에는 지칠 대로 지쳐 모든 것을 체념했을 것이다. 그러나 하나님의 도움을 바라기에는 이런 때가 가장 좋은 때다.

예수님이 드디어 파도치는 바다 위로 수 리를 걸어서 제자들을 구하러 오셨다(48절). 예수님이 물 위를 걸으시는 모습은 하나님이 바다를 걸으시는 모습을 연상케 한다(욥 9:8; 38:16; 시 77:19; 사 43:16; 51:9-10; 합 3:15). 또한 출애굽 때 백성을 위해 홍해를 갈라 길을 내신 일을 연상케 한다.

마가는 예수님이 제자들을 '지나가시려고 했다'(ἤθελεν παρελθεῖν αὐτούς)고 한다(48c절). 제자들을 구하러 오신 예수님이 왜 그들을 지나치려 하셨을까? 상당이 모호한 말인 만큼 최소한 8가지 해석이 제시되었다(Feldmann). 그중 가장 가능성이 있어 보이는 세 가지는 이러하다. 첫째, '의도하다'(θέλω)를 예수님이 아니라 제자들의 관점에서 해석한 것으로, 제자들이 보니 예수님이 그들을 그냥 지나치실 것 같은 상황을 묘사한 것이라는 해석이다(Cranfield, France, cf. NIV). 둘째, 예수님이 제자들의 믿음과 용기를 북돋우기 위해 그들을 앞서가려고 하셨다는 해석이다(Hurtado). 이렇게 해석할 경우 제자들이 깨닫지 못했기 때문에 예수님의 계획은 실패했다. 셋째, 이 표현은 구약에 기록된 하나님의 현현에서 비롯된 것이라는 해석이다(Garland, Guelich, Lane, Marcus, Stein). 하나님은 사람들에게 모습을 보이실 때면 그들을 지나치신다(출 33:18-23; 왕상 19:10-12). 사람이 직접 하나님을 뵈면 죽게 되기 때문이다. 그러므로 예수님이 그들을 지나치려 하시는 것은 자신의 신적인 영광을 드러내기 위해서다.

예수님은 그동안 제자들이 보는 앞에서 많은 기적을 행하셨다. 또한 제자들은 예수님이 그들의 필요를 모두 채우시는 분이라는 것을 잘 안다. 그러므로 제자들은 풍랑 속에서 하나님과 예수님께 도와 달라고 간절히 기도했을 것이다. 그러나 정작 예수님이 오시니 두려워한다! 처음 폭풍 이야기에서는 죽음을 두려워하더니(4:38), 이번에는 예수님이 유령인 줄 알고 두려워한다(49절).

'유령'(φάντασμά)은 이 본문의 평행 본문인 마태복음 14:26에서만 사용되는 단어다. 칠십인역(LXX)은 '환상'을 이 단어로 번역한다(욥 20:8; cf. 사 28:7). 제자들은 어떤 악한 영이 그들을 속이려고 예수님의 모습으로 나타났다고 생각했다. 예수님은 너무나도 무서워 소리 지르는 제자들에게 "안심하라 내니 두려워하지 말라"라고 하셨다(50절). '나다'(ἐγώ εἰμι)는 너희들의 스승이니 두려워하지 말라며 안심시키시는 말씀이다. 또한 하나님이 자신이 누구인지를 밝히시며 모세에게 하신 말씀이다(출 3:14; cf. 사 41:4; 43:10-13; 47:8, 10; 51:12). 구약에서 물 위를 걸으시는 것은 오직 여호와만이 하실 수 있는 일이다(욥 9:8; 시 77:19). 또한 오직 하나님만이 사람을 물에서 구원하실 수 있다(cf. 출 14:10-15:21; 시 107:23-32; 욘 1:16). 그러므로 예수님은 "나다"라는 말을 통해 그분이 여호와 하나님이심을 제자들에게 밝히신다(Wilkins).

예수님은 제자들로 하여금 예수님이 메시아로 오신 하나님의 아들이라는 믿음을 갖게 하려고 물 위를 걸어오셨다. 예수님이 제자들이 있는 배에 오르시니 바람이 그쳤고 제자들은 심히 놀랐다(51절). 물 위를 걸어오신 예수님을 보고 유령인 줄 알고 놀란 것보다 더 놀랐다는 뜻이다. 사람들이 예수님에 대해 놀라는 것은 마가복음에 자주 등장하는 테마다(1:22, 27; 2:12; 5:20, 42; 12:17). 사람들은 긍정적인 차원에서 놀라지만, 제자들은 부정적인 차원에서 놀라고 있다(Strauss). 그들이 이처럼 놀란 것은 예수님이 오천 명을 먹이신 일을 깨닫지 못하여 마음이 둔해졌기 때문이다(52절). 마치 옛적 이집트 왕 바로처럼 말이다(출 7:3, 13, 22; 8:15, 32; 9:12; 10:1). 제자들은 아직도 모세보다 더 위대하신 분이 그들과 함께 계신다는 사실을 깨닫지 못하고 있다(Hooker). 믿음이

237

없으니 놀랄 일도 참 많다!

이 말씀은 믿음과 두려움은 공존할 수 없다고 한다. 믿음과 두려움은 서로 상극이기 때문이다. 그러므로 예수님을 믿는다는 것은 두려움에서 해방되는 것일 뿐 아니라, 두려워하는 것을 의지적으로 거부하는 일이다. 우리는 주님의 능력을 의심하지 않고 온전히 믿어야 두려움을 떨쳐낼 수 있다. 물 위를 걸으시는 예수님은 우리가 온전히 믿어야 할 여호와 하나님이시다.

또한 예수님의 제자로 사는 것은 하루아침에 되는 일이 아니다. 제자들처럼 많은 세월에 걸쳐 조금씩 믿음이 자라야 가능하다. 심지어 제자들은 이날 낮에 있었던 오병이어의 기적을 체험하고도 예수님을 온전히 믿지 못했다. 그러므로 우리도 느긋한 마음으로 제자의 삶을 죽는 순간까지 추구해야 한다.

> II. 갈릴리 사역(1:14-8:21)
>   C. 메시아의 확장된 사역(6:6b-8:21)

6. 게네사렛 병자들(6:53-56)

[53] 건너가 게네사렛 땅에 이르러 대고 [54] 배에서 내리니 사람들이 곧 예수신 줄을 알고 [55] 그 온 지방으로 달려 돌아 다니며 예수께서 어디 계시다는 말을 듣는 대로 병든 자를 침상째로 메고 나아오니 [56] 아무 데나 예수께서 들어가시는 지방이나 도시나 마을에서 병자를 시장에 두고 예수께 그의 옷 가에라도 손을 대게 하시기를 간구하니 손을 대는 자는 다 성함을 얻으니라

제자들이 탄 배가 게네사렛에 도착했다(53절). 게네사렛은 가버나움의 남쪽에 있는 매우 비옥한 지역으로 호두와 야자수와 올리브 재배로 유명했으며(ABD), 헤롯 안티파스의 수도 디베랴(Tiberias)와 막달라 마리아의 고향인 막달라(Magdala)가 가까운 곳에 있었다. 제자들이 밤새 사

투를 벌인 갈릴리 바다가 게네사렛 호수로 불리기도 한다(눅 5:1).

게네사렛 사람들은 배에서 내리시는 예수님 일행을 곧바로 알아보았다(54절). 예수님은 누구나 알아보는 유명 인사가 되신 것이다(cf. 1:32-34; 3:7-12). 게네사렛 사람들은 질병을 낫게 하는 예수님이 오셨으니 병자들을 모두 데리고 오라며 주변 마을에 기별을 보냈다(55절). 게네사렛 사람들은 예수님이 하나님의 아들 메시아라는 사실은 잘 알지 못하더라도, 예수님이 병자들을 차별하거나 돌려보내지 않고 모두 치료해 주시는 자비로운 분이라는 것은 안다. 그러므로 지역 모든 마을에 이렇게 통지한 것이다.

연락을 받은 사람들이 곳곳에서 병자들을 예수님께 데려왔다. 심지어 거동이 불편한 환자들은 누워 있는 침상째 메고 나왔다(55절). 얼마나 많이 데려왔는지 예수님이 일일이 치료하실 겨를이 없었다. 치료를 받지 못한 병자들은 예수님이 그들을 치료하기 전에 그곳을 떠나실까 봐 걱정이었다. 그래서 그들은 예수님의 옷자락에라도 손을 대게 허락하시기를 간구했다(56절; cf. 민 15:38-41).

이들이 예수님의 옷자락에 손을 댈 수 있도록 허락해 달라고 하는 것은 미신적인 행동이 아니다. 예수님의 치료 능력이 얼마나 대단하고 충만한지 주님의 옷자락만 잡아도 낫는다는 믿음의 표현이다. 아마도 혈루증을 앓던 여인이 예수님의 옷자락을 만지고 병이 나았다는 소문이 퍼졌기 때문일 것이다(cf. 5:25-34).

예수님은 병자들이 옷자락에 손을 대는 것을 허락하셨고, 주님의 옷자락을 만진 사람마다 모두 나았다! 병자들은 바리새인들과 서기관들의 불신과는 매우 대조적인 믿음을 가졌다. 하나님이 이들의 믿음을 보시고 치료해 주신 것이다.

바리새인들과 쿰란에 수도원을 세우고 집단생활을 했던 에세네파(Essene) 사람들은 길거리에서 사람들과 어깨를 닿는 것도 금했다. 어떠한 부정을 접하게 될지 모른다는 논리에서였다. 그러나 예수님은 전혀 개의치 않으신다. 예수님의 거룩하심이 그 어떤 사람의 부정도 정결하게 하기 때문이다.

이 말씀은 예수님의 능력에는 한계가 없다고 한다. 심지어 주님의 옷자락만 만진 사람들도 고침을 받았다. 우리를 가장 확실하게 도우실 수 있는 분은 이 같은 능력으로 충만하신 예수님뿐이다. 그러므로 어려움에 처할 때 그 누구보다도 예수님을 먼저 찾아야 한다.

또한 이 말씀은 우리 삶에 우연은 없으며, 모든 것이 합하여 선을 이룬다고 한다. 예수님과 제자들은 풍랑을 만나 게네사렛에 도착했다. 그곳에도 주님의 치유를 간절히 소망하는 사람이 참으로 많았고, 예수님은 그들을 모두 치료해 주셨다. 이는 치료받은 사람들에게 하나님의 은총이고 섭리였다. 이 모든 사고와 일들이 합하여 하나님이 기뻐하시는 선을 이루었다.

> II. 갈릴리 사역(1:14-8:21)
>   C. 메시아의 확장된 사역(6:6b-8:21)

7. 장로들의 전통과 정결(7:1-23)

¹ 바리새인들과 또 서기관 중 몇이 예루살렘에서 와서 예수께 모여들었다가 ² 그의 제자 중 몇 사람이 부정한 손 곧 씻지 아니한 손으로 떡 먹는 것을 보았더라 ³ (바리새인들과 모든 유대인들은 장로들의 전통을 지키어 손을 잘 씻지 않고서는 음식을 먹지 아니하며 ⁴ 또 시장에서 돌아와서도 물을 뿌리지 않고서는 먹지 아니하며 그 외에도 여러 가지를 지키어 오는 것이 있으니 잔과 주발과 놋그릇을 씻음이러라) ⁵ 이에 바리새인들과 서기관들이 예수께 묻되 어찌하여 당신의 제자들은 장로들의 전통을 준행하지 아니하고 부정한 손으로 떡을 먹나이까 ⁶ 이르시되 이사야가 너희 외식하는 자에 대하여 잘 예언하였도다 기록하였으되

이 백성이 입술로는 나를 공경하되

마음은 내게서 멀도다

⁷ 사람의 계명으로 교훈을 삼아 가르치니

나를 헛되이 경배하는도다

하였느니라 ⁸ 너희가 하나님의 계명은 버리고 사람의 전통을 지키느니라 ⁹ 또 이르시되 너희가 너희 전통을 지키려고 하나님의 계명을 잘 저버리는도다

¹⁰ 모세는

네 부모를 공경하라 하고

또 아버지나 어머니를 모욕하는 자는

죽임을 당하리라

하였거늘 ¹¹ 너희는 이르되 사람이 아버지에게나 어머니에게나 말하기를 내가 드려 유익하게 할 것이 고르반 곧 하나님께 드림이 되었다고 하기만 하면 그만이라 하고 ¹² 자기 아버지나 어머니에게 다시 아무 것도 하여 드리기를 허락하지 아니하여 ¹³ 너희가 전한 전통으로 하나님의 말씀을 폐하며 또 이같은 일을 많이 행하느니라 하시고 ¹⁴ 무리를 다시 불러 이르시되 너희는 다 내 말을 듣고 깨달으라 ¹⁵ 무엇이든지 밖에서 사람에게로 들어가는 것은 능히 사람을 더럽게 하지 못하되 ¹⁶ 사람 안에서 나오는 것이 사람을 더럽게 하는 것이니라 하시고 ¹⁷ 무리를 떠나 집으로 들어가시니 제자들이 그 비유를 묻자온대 ¹⁸ 예수께서 이르시되 너희도 이렇게 깨달음이 없느냐 무엇이든지 밖에서 들어가는 것이 능히 사람을 더럽게 하지 못함을 알지 못하느냐 ¹⁹ 이는 마음으로 들어가지 아니하고 배로 들어가 뒤로 나감이라 이러므로 모든 음식물을 깨끗하다 하시니라 ²⁰ 또 이르시되 사람에게서 나오는 그것이 사람을 더럽게 하느니라 ²¹ 속에서 곧 사람의 마음에서 나오는 것은 악한 생각 곧 음란과 도둑질과 살인과 ²² 간음과 탐욕과 악독과 속임과 음탕과 질투와 비방과 교만과 우매함이니 ²³ 이 모든 악한 것이 다 속에서 나와서 사람을 더럽게 하느니라

예수님의 가르침은 바리새인들이 지향하는 보수 유대교를 자극했다. 예수님이 가르치실 때마다 바리새인들은 주님의 가르침으로 인해 위

241

협을 느꼈고(cf. 2:6-7, 16, 18, 24), 급기야 예수님을 죽이기로 했다(3:6). 그들은 유대교의 최고 기관인 예루살렘 공회에도 보고했다. 공회 역시 예수님의 가르침을 우려해 율법 전문가인 서기관들을 파견해 바리새 인들과 함께 예수님을 감시하고 가르침에 대해 알아보게 했다(1절). 그러나 진실 파악에 관심이 있어서가 아니라, 예수님을 처단하는 데 필요한 꼬투리를 잡기 위해서였다.

바리새인들과 예루살렘에서 내려온 자들은 예수님을 직접 공격하지 않고 제자들의 행동을 문제 삼는다. 전에도 바리새인들은 제자들의 행실을 문제 삼았다(cf. 2:18-28) 그때는 제자들이 금식을 하지 않고(2:18-22), 안식일 율법을 범했다고 하더니(2:23-28), 이번에는 제자들이 식사할 때 손을 씻지 않아 부정한 손으로 떡을 먹은 일을 문제 삼는다(2절). 비위생적인 것이 이슈가 아니라 종교적인 부정함이 이슈다.

유대인 그리스도인에게는 3-4절에 기록된 설명이 필요 없다. 그들은 이러한 사실을 익히 잘 알고 있기 때문이다. 그러므로 3-4절은 마가가 유대인의 풍습에 익숙하지 않은 이방인 그리스도인을 위해 첨부한 설명이다(Strauss). 대부분 번역본도 이 같은 사실을 의식해 개역개정처럼 3-4절을 괄호 안에 넣었다(새번역, NAS, NIV, NRS, ESV). 바리새인들과 유대인들은 장로들의 전통을 지켜 손을 씻지 않으면 음식을 먹지 않았으며, 시장에서 돌아와서도 물로 손을 씻지 않고서는 음식을 먹지 않았다(3-4a절). 또한 이 외에도 율법이 언급하지 않는 여러 가지 규정(잔과 주발과 놋그릇을 씻는 것 등)을 준수했다(4b절).

'장로들의 전통'(τὴν παράδοσιν τῶν πρεσβυτέρων)은 바리새인들이 율법을 해석해 행동 규칙으로 만든 구전 법전(oral Torah)을 말하는데 (Josephus), 율법을 적용하는 사례가 주류를 이루었다. 처음에는 사람들이 모르고 율법을 범하는 일을 막으려는 좋은 의도로 시작되었지만, 세월이 지나면서 비상식적인 규칙으로 사람들을 억압하는 결과를 초래했다. 사도 바울은 이를 '[내] 조상의 전통'(τῶν πατρικῶν μου παραδόσεων)이라고 부르고(갈 1:14), 예수님은 '너희의 전통'이라 하신다 (마 15:3, 6). '사람의 전통'으로 불리기도 한다(마 7:8; 골 2:8). 하나님의 율법과 대조를 이루기 때문에 좋은 의미는 아니다. 훗날 랍비 유다 왕자(Rabbi Judah the Prince, 135-200)의 지휘하에 미쉬나로 문서화되었다 (Carson).

바리새인과 서기관들은 예수님이 그들의 구전 법전(장로들의 전통)을 인정하지 않으시는 데 대해 제자들의 행동을 통해 문제를 제기하고 있다(5절). 율법은 부정한 사람이 손을 씻지 않고 누구를 만지면, 그 사람도 부정하게 된다고 한다(레 15:11). 그러나 사람이 음식을 먹기 전에 손을 씻어야 한다는 내용이 율법에 기록되어 있지는 않다. 이 규례는 제사장들이 성전에서 사역을 시작하기 전에 물두멍에서 손과 발을 씻어야 한다는 율법(cf. 출 30:18-21)을 일반인들의 식사에 적용한 것이다.

예수님은 자신의 가르침을 방어하는 대신 장로들의 전통이 심각한 죄를 범하고 있다며 역공을 펼치신다. 바리새인들과 서기관들을 향해 외식하는 자들이라고 비난하신다(6a절). '외식하는 자'(ὑποκριτής)는 말과 행동이 일치하지 않는 자를 뜻한다. 말은 그럴싸하게 하지만, 행동은 엉망인 사람이다. 마가복음에서 예수님이 누군가를 이렇게 부르시는 것은 이번이 처음이자 마지막이다.

예수님은 이사야가 그들에 관해 적절하게 예언했다고 말씀하신다(6b절). 예수님이 인용하시는 이사야의 예언은 예배에 임하는 그 시대 사람들의 겉과 속이 다르다며 한 말이지, 바리새인들을 두고 한 말은 아니다. 그러므로 이사야의 예언은 언제 어디서든 조건이 맞으면 반복될 수 있는 모형적(typological) 예언이다. 바리새인들에게 적용될 수 있으며, 오늘날 일부 교인에게도 적용될 수 있다.

예수님이 인용하시는 이사야서 말씀은 29:13이며, 신약에서 자주 인용되는 구절이다(cf. 마 15:8; 롬 9:20; 고전 1:19; 골 2:22). 성전에서는 예배를 잘 드리고 찬양하지만, 정작 마음가짐과 삶에서는 하나님에게서 멀어진 자들을 책망하는 말씀이다. 예수님은 이 구약 말씀을 인용해 유대교 지도자들을 비난하시려고 이때까지 인용을 보류해 오셨다 (Gundry).

바리새인들은 하나님의 율법을 준수하는 삶은 이러하다며 온갖 교리를 만들었다. 또한 자신들이 개발한 구전 법전에 구약 율법에 버금가는 권위를 부여했다. 그러나 그들의 교리는 사람의 전통에 불과하며 이 전통을 지킬수록 하나님을 헛되이 경배하고 하나님의 계명을 저버리는 결과를 초래했다(8-9절). 그러므로 예수님은 당시 유대교 교리의 중요한 부분이었던 장로들의 전통에 수긍하기를 거부하신다. 하나님의 말씀이 아닌 것은 준수할 필요가 없기 때문이다. 바리새인들과 율법학자들은 자신들이 하나님을 더 잘 섬기기 위한 좋은 의도에서 이러한 전통을 만들었다고 항변하겠지만, 예수님은 의도가 아무리 좋더라도 잘못된 것은 잘못된 것이라며 그들의 법전을 준수함으로써 잘못되든지 또는 하나님의 말씀대로 살든지 둘 중 하나를 택할 것을 요구하신다.

하나의 사례로 예수님은 다섯 번째 계명인 '네 부모를 공경하라'(출 20:12)를 언급하신다(10a절). '공경하라'(τίμα)는 현재형 명령이다. 계속 이렇게 하라는 의미를 지녔으며, 자녀는 부모를 항상 섬기고 보살펴야 한다는 뜻이다. 이 계명은 약속을 동반한 첫 번째 계명이다(엡 6:2). 그만큼 중요하며, 준수하면 하나님의 큰 축복이 임하는 계명이다.

또한 예수님은 구약이 아버지나 어머니를 비방하는 자는 반드시 죽임을 당할 것이라 했다고 말씀하시는데(10b절), "자기의 아버지나 어머니를 저주하는 자는 반드시 죽일지니라"(출 21:17; 레 20:9)라는 말씀을 인용하신 것이다. 부모의 명예를 치명적으로 손상시키거나 자식의 도리를 심각하게 위반하는 자녀들에 대한 율법이다.

예수님은 부모 공경에 대한 율법들을 지적하시고는 바리새인들과 서기관들이 '장로들의 전통'이라는 편법을 만들어 부모를 공경해야 한다는 율법을 폐하고 있다고 하신다(11-12절). 바리새인들의 구전 법전은 누구든지 자기 재산을 하나님께 드리면 부모를 돌보지 않아도 된다고 했다. 11절은 하나님께 드리는 것을 '고르반'(κορβᾶν)이라고 한다. 고르반(κορβᾶν)은 예물을 뜻하는 히브리어 단어(קָרְבָּן)를 헬라어로 음역한 것이다(cf. 레 27:9, 16). 바리새인들의 고르반 법은 사람이 자기 재산이나 돈을 성전에 헌납하는 제도였다. 재산을 성전에 헌납한 사람들은 살아 있는 동안에는 그 재산을 마음껏 활용한다. 그러다가 그가 죽으면 남은 재산은 성전에 헌납된다. 이 법에 따르면 성전에 재산을 헌납한 사람은 자기 재산을 마음껏 누리되 다른 사람과 나누거나 함께 누릴 수 없다. 그러므로 고르반 법에 따라 재산을 성전에 헌납한 사람들은 부모를 돌볼 필요가 없다고 했다(11-12절).

'부모를 공경하라'는 계명이 선포된 고대 근동의 정황을 고려하면 바리새인들의 고르반 법은 참으로 야비하다. 우리나라에 고려장이 있었던 것처럼 근동 지역에서도 나이가 들어 노동력을 상실한 노인들이 집에서 쫓겨나고 길거리로 내몰리는 일들이 있었다(cf. 출 21:15, 17; 레 20:9; 신 27:16). 따라서 이 계명은 이러한 정황에 처해 있는 힘없는 노부모들의 인권을 보호하는 데 그 본래 취지가 있다. 늙고 병든 부모가 최소한의 존엄성을 유지하며 살 수 있도록 자식들이 재정적으로 돌보아야 한다는 계명이다.

바리새인들은 그들의 고르반 법을 통해 심각한 죄를 저지르고 있다. 그들의 전통으로 하나님의 말씀을 폐하고 있기 때문이다(13절). '폐하다'(ἀκυρόω)는 법적인 효력이 없게 한다는 뜻이다(BAGD). 예수님은 바리새인들이 다양한 인간의 전통으로 하나님의 말씀을 무효화시키고 있다며 그들을 맹렬히 비난하신다.

예수님은 신앙 가족이 혈육 가족보다 더 우선되어야 한다고 하셨다(3:31-35). 한편, 이 말씀을 통해서는 하나님을 사랑한다는 핑계로 혈육 가족을 등한시해서는 안 된다고 경고하신다. 부모를 등한시하는 것은 하나님의 뜻이 아니며 범죄다. 하나님 나라의 백성은 두 가지 모두 잘해야 한다.

지금까지 예수님은 제자들의 행동에 문제를 제기했던 바리새인들과 서기관들에게 말씀하셨다. 이제 이 광경을 지켜보던 무리를 향해 말씀하신다. "내 말을 듣고 깨달으라"(14절). 예수님이 바리새인들에게 하신 말씀을 생각해 보고 더는 그들의 그늘에 머물지 말고 떠나 하나님의 말씀을 제대로 따르는 예수님의 제자가 되라는 뜻이다(Davies & Allison).

예수님은 무리에게 사람의 입으로 들어가는 것이 그를 더럽게 하는지, 혹은 입에서 나오는 것이 그를 더럽게 하는지 생각해 보라고 하신다(15-16절). 바리새인들과 장로들의 전통은 입으로 들어가는 것이 사람을 부정하게 한다고 가르쳤다. 그래서 예수님의 제자들이 음식을 먹기 전에 손을 씻지 않은 것을 문제 삼았다(2-5절). 그들은 육체적 부정함을 영적 부정함보다 더 심각한 문제로 여긴 것이다. 그러나 예수님은 사람의 마음에서 언행으로 흘러나오는 영적 부정함이야말로 하나님께 참으로 심각한 문제라고 하신다. 죄가 대부분 마음에서 시작되기 때문이다(cf. 20-21절).

무리에게 잘못된 장로들의 전통을 따르지 말고 율법을 따르라고 권면하신 예수님은 그들을 떠나보내신 후 제자들과 함께 집으로 들어가셨다(17a절). 제자들은 밖에서 사람에게 들어가는 것과 사람 안에서 나오는 것에 대한 말씀(15-16절)을 제대로 이해하지 못했다. 그래서 예수님께 설명을 부탁드렸다(17b절).

예수님은 깨달음이 없기는 제자들도 무리와 별반 다르지 않다고 책망하시며 그들에게 말씀의 의미를 설명해 주셨다(18a절). 밖에서 사람에게 들어가는 것은 음식을 두고 하신 말씀이다(18b절). 사람이 음식을 섭취하면 음식물이 마음으로 들어가지 않고 배로 들어가 나중에는 배설물이 되어 몸을 빠져나간다(19절). 그러므로 음식은 사람을 더럽히지 못하며 모든 음식물은 깨끗하다(19절). 예수님은 모든 음식물이 깨끗하다고 하심으로써 음식에 관한 율법(cf. 레 11장; 신 14:3-20)을 재정비하신다(Garland). 예수님은 하나님의 아들로서 율법을 해석하고 새로 제정할 권리가 있으시다.

반면에 사람에게서 나오는 것이 사람을 더럽게 한다(20절). 온갖 악한 것들이 사람의 마음에서 나오기 때문이다(21-23절). 인류가 처음으로 죄를 지은 창세기 3장 이후 인간은 죄악 중에 태어나고 죄인으로 사는 악한 존재다(시 51:5; cf. 마 7:11). 사람의 마음이 악한 것은 자연스러운 현상이다. 예수님은 이 악한 마음에서 나오는 것이야말로 사람을 부정하게 한다고 하신다. 사람이 하나님께 저지르는 죄가 대부분 마음에서 시작되기 때문이다.

악한 마음에서 나오는 것은 온갖 악한 생각과 행실이다. 마가는 사람의 마음에서 나오는 죄 13가지(악한 생각, 음란, 도둑질, 살인, 간음, 탐욕, 악독, 속임, 음탕, 질투, 비방, 교만, 우매함)를 나열한다(21-22절). 이중 첫 번째인 '악한 생각'은 나머지 열둘을 아우르는 말이다. 모든 행실이 생각에서 시작되기 때문이다. 도둑질과 살인과 간음과 탐욕은 십계명이 금하는 것들이다. '질투'(ὀφθαλμὸς πονηρός)를 직역하면 '악한 눈'이 되며, 개역성경은 '흘기는 눈'으로 번역했다. '비방'(βλασφημία)이 하나님에 대한 것이면 망언이 된다(Strauss). '우매함'(ἀφροσύνη)은 지적으로 아둔하다는 뜻이 아니며, 교만해서 하나님을 거부하는 행위를 뜻한다(Boring).

이런 것들이 사람을 더럽게 한다(23절). 하나님 앞에서 사람을 부정하게 한다는 뜻이다. 반면에 바리새인들이 문제 삼는 씻지 않은 손으로 식사하는 일 등은 사람을 더럽게 하지 못한다. 예수님은 구약 말씀 이외의 것은 준수하거나 인정하기를 거부하신다. 하나님의 말씀이 아니라 사람들이 만들어 낸 계명이기 때문이다(cf. 7절). 같은 이유로 바리새인들의 구전과 법전인 장로들의 전통도 인정하지 않으신다.

이 말씀은 영적 부정함이 육체적 더러움보다 훨씬 더 심각한 문제라고 한다. 사람의 입으로 들어가는 모든 음식은 자연적인 과정을 통해 뒤로 배설된다. 사람들의 마음과 생각에 별 영향을 미치지 못하고 몸을 빠져나온다. 그러므로 음식은 그것을 먹은 사람과 하나님의 관계에 별 영향을 주지 않는다. 반면에 사람의 마음에서 시작되는 온갖 죄는 그와 하나님의 관계에 치명적일 수 있다.

또한 사람들이 만들어 낸 교리와 전통이 하나님의 말씀을 폐하거나 가려서는 안 된다고 경고한다. 교리와 전통은 하나님의 말씀을 높이고 드러낼 때 비로소 옳은 교리와 전통이 된다. 그러기 위해서 교리는 성경에서 흘러나와야 하며, 교리가 성경을 왜곡하거나 성경의 가르침에 역행해서는 안 된다.

> II. 갈릴리 사역(1:14-8:21)
>   C. 메시아의 확장된 사역(6:6b-8:21)

8. 수로보니게 여인(7:24-30)

²⁴ 예수께서 일어나사 거기를 떠나 두로 지방으로 가서 한 집에 들어가 아무도 모르게 하시려 하나 숨길 수 없더라 ²⁵ 이에 더러운 귀신 들린 어린 딸을 둔 한 여자가 예수의 소문을 듣고 곧 와서 그 발 아래에 엎드리니 ²⁶ 그 여자는 헬라인이요 수로보니게 족속이라 자기 딸에게서 귀신 쫓아내 주시기를 간구하거늘 ²⁷ 예수께서 이르시되 자녀로 먼저 배불리 먹게 할지니 자녀의 떡을 취하여 개들에게 던짐이 마땅치 아니하니라 ²⁸ 여자가 대답하여 이르되 주여 옳소이다마는 상 아래 개들도 아이들이 먹던 부스러기를 먹나이다 ²⁹ 예수께서 이르시되 이 말을 하였으니 돌아가라 귀신이 네 딸에게서 나갔느니라 하시매 ³⁰ 여자가 집에 돌아가 본즉 아이가 침상에 누웠고 귀신이 나갔더라

예수님은 이때까지 줄곧 갈릴리 지역에서 사역하셨다. 얼마 후 예수님은 유대 지역을 지나 예루살렘으로 가서서 그곳에서 최후를 맞이하

실 것이다. 그전에 이방인들이 모여 사는 두로와 시돈 지역으로 가셨다(24절). 두로와 시돈은 갈릴리 접경 지역에서 북쪽으로 50km와 80km 떨어진 곳에 있었다(ABD). 오늘날의 레바논 지역이다. 옛적에 엘리야 선지자가 사르밧에서 과부를 만나 도와준 적이 있는데, 이 사르밧이 시돈의 일부였다(왕상 17:9-10).

어떤 사람들은 예수님이 평생 유대인이 사는 지역을 떠난 적이 없다고 주장하지만, 그렇게 생각할 만한 증거는 없다. 마태도 예수님이 두로와 시돈 지역을 다니시며 사역하셨다고 한다(마 15:21-28). 예수님이 두로 지역으로 가신 것은 유대인들을 상대로 이루어졌던 사역과 선교가 이방인 선교로 넘어가는 전환점이 된다. 예수님은 다음 단계 사역인 이방인 선교를 위해 제자들을 데리고 이방인들의 땅으로 가신 것이다.

두로와 시돈이 이방인 선교를 시범적으로 하기에 적합한 이유는 그동안 이 지역이 이스라엘과 끊임없이 갈등을 빚어 왔기 때문이다. 또한 엘리야 시대 때 아합과 함께 이스라엘에 바알과 아세라 종교를 강요했던 왕비 이세벨이 바로 시돈의 공주였다(cf. 왕상 16:29-33). 이세벨과 아합의 딸 아달랴도 유다의 영성과 다윗 왕조에 매우 심각한 피해를 입혔다(cf. 왕하 11장). 이후 선지자들은 두로와 시돈에 대해 매우 맹렬한 심판을 선언했다(사 23장; 겔 26-28장; 암 1:9-10; 슥 9:2-3). 그러므로 이스라엘에 두로와 시돈은 '땅끝'과 같은 곳이다. 제자들이 이곳 사람들을 전도할 수 있다면, 세상 어느 곳이든 갈 수 있다.

예수님은 아무도 모르게 이동하려고 했지만, 이미 소문이 자자한 터라 숨길 수 없었다(cf. 1:33-34; 2:2, 4, 13; 3:7-9, 20; 4:1, 36; 5:21, 24, 30-32; 6:14-15, 31). 예수님이 지역에 오셨다는 소문을 듣고 헬라 계통의 수로보니게(Syro-Phoenician) 여인이 찾아와 예수님 발아래에 엎드렸다(25-26절). 여인은 예수님께 더러운 귀신이 들린 어린 딸에게서 귀신을 쫓아내 달라고 간구했다. 예수님이 귀신들도 쫓아내신다는 소문을 들은 것 같다. 두로와 시돈 지역에서도 예수님을 알아보는 사람이 있는 것이 신기할 따름이다.

예수님은 그녀의 믿음을 시험하기 위해 매우 치욕적인 말로 반응하셨다. 이 세상 누구든 자식들을 배불리 먹게 하지, 자녀들이 먹을 떡을 취해 개들에게 던져 주는 사람은 없다는 것이다(27절). 이 비유에서 예수님은 부모이고, 자녀는 이스라엘 사람들이다(cf. 출 4:22-23; 신 14:1; 32:20; 사 1:1-2; 17:9; 63:8; 렘 3:19; 호 11:1). 개는 이방인들을 두고 하신 말씀이다. 딸을 치료하기 위해 여인이 넘어야 할 마지막 산이다.

당시 이스라엘 사람들은 개를 사랑스러운 반려동물로 여기지 않았으며, 떼를 지어 다니며 쓰레기 더미를 뒤지는 들짐승 정도로 생각했다 (cf. 왕상 14:11; 21:19-24; 시 22:16). 초대교회는 이단자들과 거짓 선생들을 개라고 불렀다(빌 3:2; 벧후 2:22; 계 22:15). 어떤 이들은 예수님이 그녀를 개라고 부르신 것은 너무 가혹하다며 '강아지' 등으로 완화시켜 다양한 해석을 내놓았지만(Cranfield, Garland, Lane, Perkins, Rhoades, Taylor) 별 설득력이 없다. 누구를 개라고 하는 것은 매우 치욕적인 언사였다 (cf. 삼상 17:43; 사 56:10-11).

이러한 상황에서 여인이 수치와 모멸을 견디지 못하고 일어나 예수님에게 심한 말을 하고 떠나도 욕할 사람은 없었을 것이다. 그러나 여인은 귀신 들린 딸을 생각하며 참았다. 또한 마음속으로 생각했을 것이다. "만일 그게 사실이라면 예수님은 왜 지금 이방인들의 땅에 와 계십니까?" 그녀는 오직 예수님만 딸을 고치실 수 있다는 굳은 믿음을 지녔다.

시돈에서 북서쪽으로 5㎞를 가면 치유의 신으로 알려진 에슈문 (Eshmun)의 신전이 있었다(Wilkins). 그러나 여인은 누가 자기 딸을 치료할 수 있는지 안다. 딸을 살릴 기회를 그냥 보낼 수는 없기에 여인은 예수님의 말씀에 전적으로 동의한다며 한 번 더 생각해 주실 것을 부탁한다. "주여 옳소이다마는 상 아래 개들도 아이들이 먹던 부스러기를 먹나이다"(28절).

여인은 예수님을 '주여'(κύριε)라고 부르는데, 마가복음에서 이 같은 부름은 이곳이 유일하다. '선생님'이라는 존칭으로도 사용될 수 있는 호칭이지만, 그녀는 더 큰 의미를 담아 예수님을 이렇게 부르고 있다. 그녀는 예수님이 하나님의 아들이신 것을 알고 있다. 그녀는 이미 유대교에 대해 상당히 많이 알고 있으며, 특히 예수님에 대해 대부분 유대인보다 더 많이 알고 있다. 아마도 유대 종교로 개종한 '하나님을 경외하는 사람'(God-fearer)이었을 것이다.

이 여인의 말은 하나님이신 예수님이 자녀인 이스라엘 사람들을 먹이시는 것은 당연한 일이지만, 자녀들인 이스라엘이 먹고 남은 부스러기는 상 아래 있는 개와 같은 이방인들의 몫이 아니냐는 논리다. 하나님은 이미 아브라함을 통해 세상 만민이 복을 받을 것이라고 하셨고(창 12:3), 선지자들은 하나님이 이스라엘뿐 아니라 열방을 구원하실 것이라고 예언했다(사 2:2-3; 19:25; 25:6-8; 미 4:1-2; 단 7:14; 암 9:12; 슥 9:10). 여인은 이러한 흐름을 깨닫고 있다(cf. Boring).

'부스러기'(τῶν ψιχίων)는 우리말로 하면 잔반(남은 음식)을 뜻한다. 유대인들은 개를 부정하게 여겨 집에 애완용으로 두지 않았던 만큼 여인의 논리는 이방인들의 경험을 바탕으로 한다(Strauss). 여인은 예수님이 말씀하신 것처럼 자신은 개와 같다며 더는 낮아질 수 없을 정도로 자신을 낮추고 있다. 그녀에게 자존심은 사치에 불과하다.

보통은 예수님이 다른 사람을 설득시키시는 만큼 이 이방인 여인은 예수님을 설득시킨 유일한 사람으로 영원히 기념될 것이다. 여인의 설득력 있는 논리와 믿음을 보신 예수님은 그녀에게 집으로 돌아가면 딸이 나아 있을 것이라고 하셨다(29절). 예수님은 여인과의 '논쟁'(debate)에서 기쁜 마음으로 지셨다(Marcus)! 여인이 예수님의 테스트를 통과한 것이다(France). '이 말을 하였으니'(εἶπεν αὐτῇ· διὰ τοῦτον τὸν λόγον)는 '옳은 말이다'라는 의미의 칭찬이다(공동, 현대어, NIRV). 마태는 예수님이 "여자여 네 믿음이 크도다. 네 소원대로 되리라"라며 그녀의 믿음을 극

251

찬하셨다고 한다(마 15:28).

여인이 집에 돌아가 보니 예수님의 말씀대로 이미 딸에게서 귀신이 쫓겨났고, 아이는 침대에서 휴식을 취하고 있었다(30절). 어떤 이들은 '누웠고'(βεβλημένον)가 '던지다'라는 의미를 지닌 동사(βάλλω)에서 유래했다는 점을 근거로 귀신이 아이에게서 나가기 전에 큰 발작을 일으키는 상황을 묘사하고 있다고 주장하지만(Gundry, Lane, Marcus), 설득력이 없는 해석이다. 이 단어는 '놓다, 눕다' 등 다양한 의미를 지닌 동사다(BAGD, cf. 마 9:2). 소녀는 침대에 평안히 누워 있었다(cf. 새번역, 공동, NAS, NIV, NRS, ESV).

마가복음에서 예수님이 환자를 만나지 않고 치료하신 일은 이 사건이 유일하다. 어떤 이들은 이방인의 집은 부정하기 때문에 예수님이 직접 찾아가지 않고 멀리서 치료하신 것이라고 하지만, 별 설득력이 없다(cf. Stein). 예수님은 부정과 정결에 대해 그다지 신경 쓰지 않으신다(1:41; 2:14-17; 5:25-34, 40-42; 7:1-23).

딸을 귀신에게서 해방시켜 달라는 이 이방 여인의 믿음은 종을 살려 달라던 이방인 백부장의 믿음을 생각나게 한다(마 8:5-13; 눅 7:1-10). 또한 구약에서 문둥병을 치료해 달라며 엘리사를 찾아온 시리아 장군 나아만의 믿음을 연상케 한다(왕하 5장). 이방인들도 기회만 주어지면 얼마든지 예수님을 영접하고 하나님 나라의 백성이 될 만한 믿음을 가졌다.

이 말씀은 믿음이 무엇인지 생각하게 한다. 믿음은 자신을 끝까지 낮추고, 끝까지 포기하지 않고, 하나님의 은혜를 바라는 것이다. 이런 믿음으로 하나님께 구하면, 설령 하나님이 이미 확고한 계획을 가지고 계신다 할지라도 믿음으로 구하는 사람을 위해 항상 예외를 두신다. 이번 일에서도 여인의 믿음이 예외를 만들었다.

구약에도 하나님의 계획에 예외가 생기는 경우가 종종 있다. 대표적인 사례가 여호수아서에 기록되어 있다. 하나님은 이스라엘 백성에게 가나안을 정복할 때 가나안 사람들을 모두 진멸하라고 여러 차례 말씀하셨다(cf. 신 20:17). 진멸은 남녀노소 가리지 않고 모든 사람을 죽이는 것을 말한다. 그러나 하나님은 가나안 여인 라합의 믿음을 보시고 그녀와 가족들을 살리셨다(수 2, 6장). 그리고 가나안 성읍 기브온 사람들의 믿음을 보시고 온 성 사람들을 살려 주셨다(수 9장). 가나안 사람들을 진멸하시는 일에 예외를 두신 것이다. 믿음은 이처럼 하나님이 이미 계획을 세우셨다 할지라도 예외를 두시게 한다.

II. 갈릴리 사역(1:14-8:21)
    C. 메시아의 확장된 사역(6:6b-8:21)

9. 귀먹고 어눌한 자(7:31-37)

[31] 예수께서 다시 두로 지방에서 나와 시돈을 지나고 데가볼리 지방을 통과하여 갈릴리 호수에 이르시매 [32] 사람들이 귀 먹고 말 더듬는 자를 데리고 예수께 나아와 안수하여 주시기를 간구하거늘 [33] 예수께서 그 사람을 따로 데리고 무리를 떠나사 손가락을 그의 양 귀에 넣고 침을 뱉어 그의 혀에 손을 대시며 [34] 하늘을 우러러 탄식하시며 그에게 이르시되 에바다 하시니 이는 열리라는 뜻이라 [35] 그의 귀가 열리고 혀가 맺힌 것이 곧 풀려 말이 분명하여졌더라 [36] 예수께서 그들에게 경고하사 아무에게도 이르지 말라 하시되 경고하실수록 그들이 더욱 널리 전파하니 [37] 사람들이 심히 놀라 이르되 그가 모든 것을 잘하였도다 못 듣는 사람도 듣게 하고 말 못하는 사람도 말하게 한다 하니라

이 이야기는 종말에 임할 회복과 치료에 대해 이사야 선지자가 예언한 말씀이 예수님을 통해 성취되고 있다고 한다. "그 때에 맹인의 눈이 밝을 것이며 못 듣는 사람의 귀가 열릴 것이며 그 때에 저는 자는 사슴 같이 뛸 것이며 말 못하는 자의 혀는 노래하리니 이는 광야에서 물이

솟겠고 사막에서 시내가 흐를 것임이라"(사 35:5-6). 예수님은 선지자들이 예언한 치료하시는 하나님의 아들인 것이다.

이 사건은 마가복음에만 기록되어 있다. 어떤 이들은 예수님이 이 사람을 치료하시는 방법이 요술(magic)처럼 매우 특이해서 마태와 누가가 인용하지 않은 것이라 한다. 그러나 누가는 이 이야기뿐 아니라 마가복음 6:45-8:26 전체를 인용하지 않는다. 그러므로 학자들은 이러한 현상을 누가의 '대생략'(great omission)이라고 부르기도 한다. 또한 마태와 누가가 마가복음의 어떤 부분을 인용하고 어떤 부분을 생략하는지는 그들의 고유 권한이므로, 이 이야기가 두 공관복음서에 인용되지 않는 데 반드시 이유가 있어야 할 필요는 없다.

예수님은 두로를 떠나 약 30㎞ 북쪽에 있는 시돈을 지나신 후, 갈릴리 호수 동편에 있는 데가볼리(Decapolis)를 거쳐 갈릴리 호수까지 원을 그리며 상당히 먼 길을 가셨다(31절, cf. Perkins). 예수님이 지나가신 지역은 모두 이방인들이 사는 곳이다. 갈릴리 호수 서편 유대인이 많이 사는 가버나움을 거쳐서 갔다면 훨씬 더 빨리 편안하게 가셨을 텐데 왜 이 경로를 택하신 것일까? 지름길인 가버나움을 거치지 않고 먼 길을 돌아서 가신 것은 유대인 지도자들과 갈등을 피하기 위해서라는 해석이 있다(Strauss). 또한 메시아적 비밀(messianic secrecy)을 최대한 유지하며 비밀리에 이곳을 방문하기 위해 사람들 눈에 띄지 않는 경로를 택하신 것이라는 해석도 있다(Garland).

중요한 것은 예수님이 지나가신 경로는 모두 이방인들이 사는 지역이라는 사실이다. 그러므로 이 경로는 예수님이 유대인뿐 아니라 이방인도 구원하러 오신 메시아라는 사실을 보여 준다. 예수님의 복음과 구원에 이방인들도 포함된다는 것이다. 예수님은 예전에 이 지역에 속한 거라사에서 귀신 들린 사람을 치료하신 적이 있다(5:1-20).

예수님이 갈릴리 호수 남동쪽에 도착하셨다. 이 지역 주민은 대부분 이방인이기 때문에 이곳에서 만나신 환자도 이방인이었던 것이 확실하다. 예수님은 조용히 머물고 싶으셨지만, 이미 명성이 자자했기 때문에 이방인들도 주님을 알아보았다. 예수님 주변에 무리가 모여들었다(cf. 33절).

사람들이 귀먹고 말 더듬는 사람을 데리고 예수님께 나아와 안수해 주시기를 간구했다(32절). '간구하다'(παρακαλέω)는 마음을 다해 염원한다는 뜻이다(TDNT). 환자를 데려온 사람들이 이처럼 간절히 원하는 것으로 보아 이 사람들은 치료가 필요한 사람의 친구(cf. 2:3-12)나 친지였을 것이다. 예수님이 안수해 치료하시는 일은 마가복음에서 종종 일어나는 일이다(5:23; 6:5; 8:22, 25).

'귀먹은 자'(κωφός)는 듣지 못하거나 말 못 하는 사람, 혹은 둘 다 못 하는 사람을 뜻한다(BAGD). 마가가 그를 '말 더듬는 자'라며 추가 정보를 제공하는 것으로 보아 본문에서는 귀가 들리지 않는 사람을 의미한다. '말 더듬는 자'(μογιλάλος)는 아예 말을 못하거나, 하더라도 사람들이 알아들을 수 없을 정도로 더듬는 것이다(TDNT). 신약에서 단 한 차례 사용되는 단어(hapax legomenon)이며, 칠십인역(LXX)은 이사야 35:6을 번역하면서 단 한 차례 이 단어를 사용한다. 마가는 이사야가 예언한 종말에 있을 치료와 회복이 예수님을 통해 시작되었음을 암시한다.

예수님은 환자와 그를 데려온 사람들의 간절함을 보시고 그 사람을 따로 데리고 무리를 떠나셨다(33a절). '따로'(κατ᾽ ἰδίαν)는 병자를 사적인 장소로 데려가신 것을 뜻하는데, 최대한 메시아적 비밀을 유지하기 위해서다(Strauss, cf. 1:44; 5:43; 7:36). 야이로의 딸을 살리실 때도 소수만 모인 사적인 장소에서 하셨다(5:40; cf. 8:22-23).

이 환자를 치료하시는 방법이 지금까지 우리가 경험한 것과는 사뭇 다르다. 이때까지 예수님은 말씀이나 만지는 방법(안수)으로 치료하셨다(1:31, 41; 5:23; 6:5). 이번에는 신비로움과 극적인(dramatic) 분위기를 조성하는 여섯 단계의 행동을 통해 치료하신다: (1)그의 양 귀에 손가락을 넣으심, (2)침을 뱉으심, (3)그의 혀에 손을 대심, (4)하늘을 우러러보심, (5)탄식하심, (6)'에바다'를 외치심. 치료와 연관된 장기를 만지시는 것은 이 본문과 8:23-25이 유일하다.

당시 사회에서 사람의 침은 약효가 있는 것으로(Gundry), 특히 중요한 사람의 침은 매우 큰 효과를 지닌 것으로 간주되었다(Strauss). 하늘을 우러러보시는 것은 기도하는 모습이다(cf. 시 123:1; 막 6:41; 눅 18:13; 요 11:41; 행 7:55). 예수님이 하나님께 이 병자를 치료해 달라고 기도하셨다는 뜻이다.

기도하며 탄식하셨다고 하는데, 탄식이 의미하는 바에 대해 다양한 해석이 있다: (1)예수님이 치료하는 생명의 힘을 지닌 숨을 내쉬는 것(Gundry, Marcus), (2)이 사람을 향한 안타까움의 표현(Taylor), (3)예수님이 이 일에 얼마나 몰입해 계신지를 보여 주는 것(Cranfield, France), (4)진심 어린 기도의 표현(Witherington). 예수님이 하늘을 우러러 기도하시는 것과 바로 연결된 표현인 만큼 네 번째 해석이 가장 설득력이 있다.

예수님이 "에바다"(Εφφαθα)라고 외치시니 그가 나았다. 마가는 '에바다'가 "열려라!"라는 의미를 지닌 말이라고 설명한다. 이 단어가 히브리어에서 온 것인지 혹은 아람어에서 온 것인지 확실하지는 않지만, 학자들 대부분은 아람어에서 온 것으로 간주한다. 이 지역에 사는 이방인들은 헬라어뿐 아니라 아람어도 사용했다(Wessel & Strauss). 한편, 그들이 히브리어에는 익숙하지 않았던 점도 이 단어가 아람어를 소리 나는 대로 헬라어로 표기한 것이라는 해석에 설득력을 더한다.

귀먹은 사람의 귀가 열리고 혀가 맺힌 것이 곧 풀려 그의 말이 분명해(또렷해)졌다(35절). '곧'(εὐθέως)은 예수님이 "열리라" 하시는 순간에 치료가 이루어졌다는 뜻이다. '혀가 맺힌 것이 풀렸다'(ἐλύθη ὁ δεσμὸς τῆς γλώσσης)는 말을 할 수 있는 능력이 회복되었다는 숙어다(Strauss). 귀가 열려 말을 할 수 있게 되었다는 것은 그가 어느 정도는 들리지 않는 소리를 흉내 냈지만 발음이 정확하지 않았다가, 드디어 사람의 소리를 들게 되니 정확하게 발음하게 되었다는 것을 뜻한다.

예수님은 이 광경을 지켜보던 사람들(환자와 그의 친구들과 제자들)에게 아무에게도 말하지 말라고 경고하셨다(36절). 이전에 치유받은 사람에게 가서 가족들에게 하나님이 하신 일을 말하라고 하신 것과 대조적이다(cf. 5:1-20). 아마도 명성이 너무 자자해져서 더는 관심을 끌고 싶지 않으셨기 때문일 것이다. 또한 봄(seeing)과 들음(hearing)과 부활(resurrection)은 기독교 신앙을 상징하며 미래에 있을 일들이다(Hooker). 예수님이 메시아이심을 밝힐 때가 아직 이르지 않았기 때문에 비밀로 하라고 하신 것이다.

말을 못하던 사람을 말하도록 치료해 주시고, 그에게 아무 말도 하지 말라고 하시는 것이 다소 유머러스하다. 그러나 예수님이 경고할수록 그들은 더욱더 널리 전파했다(36b절). 당연한 일이다. 이처럼 놀라운 하나님의 은혜를 체험하거나 목격한 사람은 다른 사람들에게 전해 그들도 하나님을 경험하게 해야 한다.

그들은 심히 놀랐다(37a절). '심히'(ὑπερπερισσῶς)도 이곳에서 단 한 차례 사용되는 단어(hapax legomenon)이며, 어떤 말로도 형언할 수 없다는 뜻이다(BAGD). 사람들은 상상을 초월할 정도로 놀라며 "그가 모든 것을 잘하였도다"라고 했다(37b절). '그가 모든 것을 잘하였도다'(καλῶς πάντα πεποίηκεν)는 "하나님이 지으신 그 모든 것을 보시니 보시기에 심히 좋았더라"(창 1:31)와 "하나님이 모든 것을 지으시되 때를 따라 아름답게 하셨고"(전 3:11)를 바탕으로 한 말씀이다(Beale & Carson, Garland, Marcus, Strauss). 마가는 이 말씀을 배경으로 삼아 이사야 35:5-6이 예언하는 하나님의 종말론적인 회복과 치료가 창조주의 아들이신 예수님을 통해 이미 시작되었다고 한다.

이 말씀은 예수님의 치료와 사역은 다양한 방법을 통해 융통성 있게 진행되는 것이라고 한다. 예수님은 말씀만으로 사람들을 치료하시기도 하지만, 이 이야기에서는 다른 방법으로 치료하셨다. 하나님은 환자들 치료하시는 것을 기뻐하시기에 하나님의 성품에 상반되는 괴상한 방법을 동원하지 않는 한 우리를 통해 다양하게 사역하신다.

예수님은 이방인도 구원하기 위해 이 땅에 오셨다. 먼저 유대인에게 복음을 접할 기회를 허락하셨지만, 유대인들만 상대로 사역하신 것은 아니다. 그러므로 하나님이 지금도 유대인들을 집중적으로 구원하기 원하시고 이방인들은 '들러리'에 불과하다는 주장은 잘못된 것이며 비성경적이다.

Ⅱ. 갈릴리 사역(1:14-8:21)
　C. 메시아의 확장된 사역(6:6b-8:21)

10. 사천 명을 먹이심(8:1-10)

¹ 그 무렵에 또 큰 무리가 있어 먹을 것이 없는지라 예수께서 제자들을 불러 이르시되 ² 내가 무리를 불쌍히 여기노라 그들이 나와 함께 있은 지 이미 사흘이 지났으나 먹을 것이 없도다 ³ 만일 내가 그들을 굶겨 집으로 보내면 길에서 기진하리라 그 중에는 멀리서 온 사람들도 있느니라 ⁴ 제자들이 대답하되 이 광야 어디서 떡을 얻어 이 사람들로 배부르게 할 수 있으리이까 ⁵ 예수께서 물으시되 너희에게 떡 몇 개나 있느냐 이르되 일곱이로소이다 하거늘 ⁶ 예수께서 무리를 명하여 땅에 앉게 하시고 떡 일곱 개를 가지사 축사하시고 떼어 제자들에게 주어 나누어 주게 하시니 제자들이 무리에게 나누어 주더라 ⁷ 또 작은 생선 두어 마리가 있는지라 이에 축복하시고 명하사 이것도 나누어 주게 하시니 ⁸ 배불리 먹고 남은 조각 일곱 광주리를 거두었으며 ⁹ 사람은 약 사천 명이었더라 예수께서 그들을 흩어 보내시고 ¹⁰ 곧 제자들과 함께 배에 오르사 달마누다 지방으로 가시니라

어떤 이들은 사천 명을 먹이시는 이 기적이 6:30-44에 기록된 오천 명을 먹이신 기적을 재활용한 것이라고 한다(Boring). 앞서 예수님은 오

천 명을 먹이신 기적을 통해 유대인들을 먹이셨는데, 이번에는 같은 은혜로 이방인들을 먹이시는 것을 강조하기 위해 마가가 재활용한 것이라는 주장이다. 그러나 학자들 대부분은 두 기적의 디테일이 너무나 많이 다르기 때문에 같은 사건이 아니라고 한다(Carson, France, Guelich, Hagner, Maier, Wessel & Strauss).

예수님이 행하시는 기적들을 보면 비슷한 것이 많다. 예수님께 도움을 청하기 위해 몰려드는 사람들의 형편과 처한 상황이 모두 비슷하기 때문이다. 그러므로 한 번 행하신 기적이라 해서 다시 행하지 않으실 수는 없다. 이 기적은 오천 명을 먹이신 기적과 비슷하지만, 다른 때와 장소에서 다른 무리에게 베푸신 기적이다.

예수님은 데가볼리 근처 갈릴리 호수 주변에서 사역하고 계신다(cf. 7:31). 지난 3일 동안 무리는 계속 예수님과 함께 있었다(cf. 2절). 그들은 예수님의 가르침과 병 고침에 매료되어 떠나려고 하지 않는다. 이러한 전경은 종말에 시온산에서 주님의 백성이 하나님과 함께할 일의 모형이다. 이를 바탕으로 일부 주석가는 이야기를 시작하는 '그 무렵'(Ἐν ἐκείναις ταῖς ἡμέραις)을 종말(말일)로 해석해 이 사건을 가리켜 종말에 있을 일을 비유로 말한 것이라고 한다(Boring, Marcus). 지나친 해석이다. 이 사건은 종말에 있을 일을 상징하는 것이며, 또한 예수님 시대에 실제로 있었던 일이다. 잠시 후 무리가 배불리 먹는 것도 종말에 있을 메시아 잔치의 모형이다. 놀라운 사실은 이 일이 이스라엘 영토를 벗어나 이방인들이 사는 곳에서 일어나고 있다는 것이다(Cranfield, Gundry, Marcus, Perkins, Wessel & Strauss). 종말에 하나님이 베푸실 잔치에는 유대인뿐 아니라 이방인도 참석할 것이다.

3일 동안 천국 잔치에 참여한 사람들은 배고프다. 대부분은 예수님이 오셨다는 소문을 듣고 급히 오느라 먹을 것을 제대로 챙겨 오지 못했을 것이다. 설령 챙겨왔다 하더라도 3일 동안 먹고 다른 사람들과 나누었기 때문에 모두 동이 났다. 다음 행선지로 가기 위해 무리를 해산

시켜 집으로 돌려보내야 하는데(cf. 10절), 예수님은 그들을 그냥 보내기가 못내 안타까우시다. 그들이 배고프다는 것을 아시기 때문이다. 게다가 멀리서 온 사람도 많았다(3절). 예수님은 그들이 돌아가는 길에 쓰러질까 염려스러워 굶겨 보내지 못하겠다고 하신다(2절). 모여든 사람의 형편을 헤아리신 분은 예수님이지 제자들이 아니다. 제자들은 아직도 사람들과 공감하는 데 많이 부족하다.

예수님의 말씀을 들은 제자들은 난감하다(4절). 근처에 큰 도시가 있고 돈이 있다면 빵을 구할 수도 있겠지만, 그들은 '광야'(외딴곳)에 있고 돈도 없기 때문에 이 많은 사람을 먹일 방법이 없다고 생각한다. 제자들은 아직도 예수님이 어떤 기적을 행하시는 분인지 이해가 부족하다. 예전에 오천 명을 먹이신 기적을 잊지는 않았지만(cf. 6:30-44), 이러한 기적이 이방인들의 땅에서는 일어나지 않을 것이라는 편견이 있거나, 혹은 이런 기적은 워낙 특별하고 큰일이기 때문에 다시는 일어나지 않을 것이라는 '믿음'을 가졌다.

같은 유형의 기적이 반복되는 것은 구약에도 찾아볼 수 있다. 모세가 만나로 이스라엘을 먹인 일이 두 차례 기록되어 있다(출 16장; 민 11장). 엘리사는 죽은 선지자의 가족이 먹고 살 수 있도록 기름이 멈추지 않는 기적을 행하고, 빵 20개로 선지자 100명을 먹이는 기적을 행했다(왕하 4:1-7, 42-44). 또한 엘리야와 엘리사 모두 죽은 아이들을 살렸다(왕상 17장; 왕하 4장). 제자들이 잘못 생각했던 것이다.

예수님은 제자들에게 가지고 있는 떡이 얼마나 되는지 물으셨고, 제자들은 고작 빵 일곱 개라고 했다(5절). 예수님은 빵 일곱 개를 가져다 축사하시고 제자들에게 주어 무리에게 나누어 주라 하셨다(6절). 또한 작은 생선 두어 마리도 축복하시고 제자들에게 나누어 주라고 하셨다(7절).

빵 일곱 개와 물고기 두 마리는 한두 사람의 음식에 불과하다. 그러나 예수님은 기적을 베푸셔서 이 적은 양의 음식으로 성인 남자 사천 명과 여자들과 아이들을 배불리 먹이셨다. 남은 조각을 모으니 일곱 광주리나 되었다(8절). 대략 1만 명 정도가 먹은 것이다. '오병이어의 기적'에 견줄 만한 '칠병이어의 기적'이 일어난 것이다.

오병이어의 기적에서는 이스라엘의 열두 지파를 상징하는 열두 광주리가 남았는데, 이 기적에서는 만수(滿數)인 일곱 광주리가 남았다. 이 숫자는 이스라엘 사람뿐 아니라 이방인들의 필요도 채우시는 하나님의 은혜를 상징한다(Hagner). 하나님이 원하시면 이런 기적은 언제든 되풀이될 수 있다. 종말에는 메시아가 베푸시는 큰 잔치가 우리를 기다리고 있다.

예수님은 3일 동안 함께 했던 무리를 배불리 먹이신 후 각자 집으로 돌려보내시고 제자들과 함께 배에 올라 달마누다 지방으로 가셨다(10절). '달마누다'(Δαλμανουθά)는 성경에 단 한 번 나오는 지명이며 어디인지 알 수 없다. 정황을 고려할 때 예수님은 호수를 건너 서쪽에 있는 유대인들이 사는 지역으로 다시 가신 것으로 생각된다. 바로 이어지는 이야기(8:11-13)에서 바리새인들이 모습을 나타내기 때문이다. 학자들은 가장 가능성이 있는 곳으로 헤롯 안티파스가 통치하는 수도 디베랴 근처에 있는 막달라(막달라 마리아의 고향)를 지목한다(Gundry, Strauss, cf. 마 27:55, 눅 8:2).

이 말씀은 "너희는 먼저 그의 나라와 그의 의를 구하라 그리하면 이 모든 것을 너희에게 더하시리라"(마 6:33)라는 권면의 의미를 생각하게 한다. 우리가 하나님 나라와 주님의 의를 사모하면 하나님은 우리의 필요를 채우실 것이다. 이 사람들은 3일 동안 예수님의 가르침에 전념했다. 그리고 흩어져 각자의 집으로 돌아가야 할 때 예수님이 기적을 베풀어 그들을 먹이셨다. 배고픈 채 집으로 돌려보내지 않으신 것이다. 이처럼 우리의 가치관과 우선권을 정비해서 해야 할 가장 중요한 일에 성실하게 임하면, 하나님이 우리의 필요를 채우실 것이다. 복음과 하나님 나라에 대한 가르침은 기회가 주어질 때 열심을 내서 들고 배우는 것이 바람직하다.

> II. 갈릴리 사역(1:14-8:21)
>   C. 메시아의 확장된 사역(6:6b-8:21)

11. 표징 요구(8:11-13)

[11] 바리새인들이 나와서 예수를 힐난하며 그를 시험하여 하늘로부터 오는 표적을 구하거늘 [12] 예수께서 마음속으로 깊이 탄식하시며 이르시되 어찌하여 이 세대가 표적을 구하느냐 내가 진실로 너희에게 이르노니 이 세대에 표적을 주지 아니하리라 하시고 [13] 그들을 떠나 다시 배에 올라 건너편으로 가시니라

바리새인들이 모습을 보이는 것으로 보아 예수님 일행은 사천 명을 먹여 집으로 돌려보낸 후 배를 타고 유대인이 모여 사는 갈릴리 호수 서편으로 돌아왔다(cf. 10절). 바리새인들이 나와서 예수님을 힐난하며 시험했다(11a절). '힐난하다'(συζητέω)는 어떤 진실을 알고자 논쟁하는 것이 아니라, 논쟁을 위한 논쟁을 하는 것을 뜻한다(TDNT). 그들은 예수님이 어떤 징조를 보여 주셔도 인정할 생각이 없으며, 단지 꼬투리를 잡기 위해 논쟁하러 왔다.

그들은 예수님께 하늘로부터 오는 표적을 보여 달라고 요구했다(1b절). 순수한 동기로 예수님이 정말 메시아인지를 가늠하기 위해서 표적을 요구하는 것이 아니다. 그들은 예수님을 시험하기 위해 표적을 구하고 있다. '시험하다'(πειράζω)는 마귀가 예수님을 시험하는 장면에서 쓰인 동사다(1:13). 그들은 이미 마음을 정해 놓고 시비를 걸기 위해 예수님을 찾아온 것이다. 마귀가 예수님을 부인하는 것과 바리새인들이 부인하는 것이 맥을 같이한다는 뜻이다(Boring).

그들은 이미 예수님을 죽이려고 마음을 굳혔다(3:6). 따라서 이번에

도 시비를 걸기 위해 이적을 구한다. 만일 그들이 예수님이 메시아인
지 알아보고자 이적을 구했다면 그동안 예수님이 수많은 병자를 고치
신 일과 수많은 사람을 먹이신 일로 충분하다. 그러나 그들은 그동안
예수님이 행하신 온갖 기적은 모두 무시하고, 자신들이 요구하는 기준
에 따라 출애굽처럼 하늘로부터 오는 스펙터클한 표적을 요구한다. 예
수님께 자신들이 정해 놓은 악한 기준을 충족시키는 기적을 행하라고
요구하는 것이다. 그래야 예수님을 곤경에 빠트리고 사람들이 예수님
을 따르는 것을 막을 수 있기 때문이다. 구약은 거짓 선지자들과 점쟁
이들도 기적을 행할 수 있다고 한다(cf. 신 13:1-2). 그러므로 그들은 예
수님이 아무리 대단한 이적을 행하신다 해도 아무것도 입증하지 못한
다는 사실을 잘 알고 있다.

옛적에 이스라엘이 하나님을 시험한 것처럼(출 17:1-7; 신 6:16; 시
78:18, 41; 95:9), 바리새인들이 예수님을 시험하고 있다. 그들은 예수님
을 부인하는 온 이스라엘을 대표하고 상징한다(cf. Marcus, Moloney). 그
러므로 예수님은 그들의 불신을 보시고 깊이 탄식하시며 "어찌하여 이
세대가 표적을 구하느냐?"라며 안타까워하신다(12a절). 만일 그들이 보
는 눈과 듣는 귀를 가졌더라면 예수님이 곳곳에서 행하신 수많은 기적
으로 충분하다. 그들은 믿기 위해서 이적을 구하는 것이 아니라, 믿지
않으려고 이적을 구하고 있다. 그러므로 예수님이 아무리 대단한 이적
을 행하신다 하더라도 그들은 끝까지 믿지 않을 것이다. 예수님은 이
러한 사실을 탄식하신다.

예수님은 바리새인들이 아무리 스펙터클한 표적을 경험하더라도 믿
지 않을 것이기에 아예 표적을 주지 않겠다고 하신다(12절). 이적은 예
수님을 영접하고 하나님 나라 백성이 되는 것을 진지하게 고민하는 사
람들과 믿는 사람들을 격려하기 위한 것이지 바리새인들처럼 믿지 않
으려고 작정한 사람들의 호기심을 충족시키기 위한 것이 아니기 때문
이다.

예수님과 일행은 다시 배를 타고 갈릴리 호수 건너편 이방인이 모여 사는 동쪽으로 갔다(13절). 22절은 예수님 일행이 벳새다에 도착했다고 한다. 예수님이 바리새인들을 떠나시는 것은 그들을 거부하시는 것을 상징한다. 바리새인들이 먼저 예수님을 거부했으므로(11절; cf. 3:6), 이제 예수님이 그들을 거부하신다.

기회는 항상 있는 것이 아니다. 기회가 있을 때 살려야 한다. 하나님은 사람에게 항상 손을 내미시지는 않는다. 그러므로 하나님이 구원의 손을 내미셨을 때 붙잡아야 한다. 이것이 인간이 살길이며 지혜다.

이 말씀은 표적을 구하지 않고 믿는 사람이 복 받은 사람이라고 한다. 예수님은 바리새인들의 표적 요구를 거부하셨다. 설령 표적을 행하신다 할지라도 그들은 꼬투리를 잡고서 또 다른 표적을 구할 것이기 때문이다. 마태복음에서 예수님은 십자가에서 죽은 지 3일 만에 부활하는 '요나의 기적'밖에 줄 것이 없다고 하신다(마 12:39-40; 16:4). 그러나 예수님의 부활도 믿음이 있어야 믿을 수 있는 기적이다. 그러므로 예수님은 표적을 보고 믿겠다는 생각을 버리고, 보지 않고 하나님의 말씀을 근거로 믿으라고 도전하신다. 이런 믿음은 하나님으로부터 온다. 하나님이 믿음을 주시지 않으면 예수님을 믿을 수 있는 사람은 없다.

II. 갈릴리 사역(1:14-8:21)
 C. 메시아의 확장된 사역(6:6b-8:21)

12. 바리새인들과 헤롯의 누룩(8:14-21)

[14] 제자들이 떡 가져오기를 잊었으매 배에 떡 한 개밖에 그들에게 없더라 [15] 예수께서 경고하여 이르시되 삼가 바리새인들의 누룩과 헤롯의 누룩을 주의하라 하시니 [16] 제자들이 서로 수군거리기를 이는 우리에게 떡이 없음이로다 하거늘 [17] 예수께서 아시고 이르시되 너희가 어찌 떡이 없음으로 수군거리느냐 아직도 알지 못하며 깨닫지 못하느냐 너희 마음이 둔하냐 [18] 너희가 눈이

있어도 보지 못하며 귀가 있어도 듣지 못하느냐 또 기억하지 못하느냐 ¹⁹ 내
가 떡 다섯 개를 오천 명에게 떼어 줄 때에 조각 몇 바구니를 거두었더냐 이
르되 열둘이니이다 ²⁰ 또 일곱 개를 사천 명에게 떼어 줄 때에 조각 몇 광주
리를 거두었더냐 이르되 일곱이니이다 ²¹ 이르시되 아직도 깨닫지 못하느냐
하시니라

예수님은 바리새인들과 헤롯의 누룩을 주의하라고 하신다(15절). 비
록 제자들이 성장하고는 있지만, 아직 예수님의 말씀을 모두 이해할 만
한 단계는 아니다. 제자들은 예수님이 하신 말씀의 의미를 깨닫지 못하
고 자신들이 원하는 대로 듣고 해석했다가 주님의 책망을 받는다(21절).

예수님은 꼬투리를 잡기 위해 표적을 요구한 바리새인들을 뒤로하고
호수 건너편으로 가셨다. 유대인 지역인 갈릴리 호수 북서쪽에서 이방
인 지역인 북동쪽으로 가신 것이다(cf. 22절). 이로써 예수님의 갈릴리
사역이 마무리된 것으로 보아야 한다. 예수님은 잠시 후 이방인들이
사는 지역으로 떠나실 것이며, 이후 예루살렘으로 올라가기 위해 갈릴
리 지역을 잠깐 지나가기만 하실 뿐이기 때문이다(9:30).

예수님은 제자들과 함께 배를 타고 갈릴리 호수 북서쪽을 떠나 북동
쪽으로 가고 계신다. 문젯거리를 찾으려고 시비를 걸어왔던 바리새인
들을 뒤로하고 떠나는 상황이라 제자들에게 바리새인들과 헤롯의 누
룩을 조심하라고 하셨다(15절). 헤롯이 바리새인들과 함께 언급되는 것
은 헤롯왕이 세례 요한을 죽였기 때문이다. 바리새인들이나 헤롯이나
영적인 눈이 어두워 메시아이신 예수님을 알아보지 못하기는 마찬가
지다. 그러므로 바리새인들과 헤롯을 무조건 지지하는 헤롯당원들이
함께 예수님을 죽이려 하고 있다(3:6).

누룩은 아주 적은 양으로도 반죽 전체에 영향을 끼친다(cf. 마 13:33;
고전 5:6; 갈 5:9). 이 말씀은 바리새인들과 하나님이 보내신 선지자를 죽
인 헤롯의 말을 듣다 보면 조금씩 세뇌되어 어느 순간 자기도 모르는

265

사이에 하나님 나라에서 멀어질 수 있다는 경고다. 오늘날에도 별생각 없이 이단들의 가르침을 접하면 이렇게 된다.

그러나 제자들의 마음은 미처 챙겨 오지 못한 음식 생각으로 가득하다(14절). 배에는 최소한 13명(예수님과 열두 제자)이 있는데, 빵은 한 개밖에 없다. 그들 생각에는 빵 다섯 개로 오천 명이 나눠 먹기에 턱없이 부족하고, 빵 일곱 개로 사천 명이 나눠 먹기에 턱없이 부족한 것처럼, 빵 한 개로 열세 명이 먹기에는 턱없이 부족하다. 그들은 이미 오천 명과 사천 명을 먹이시는 기적을 체험했으면서도 사람이 떡으로만 살 것이 아니라는 예수님의 가르침을 완전히 잊었다(마 4:4).

제자들은 챙겨 오지 못한 음식 생각에 예수님의 말씀이 잘 들리지 않는다. 그래서 바리새인들과 헤롯의 누룩을 조심하라는 말씀을 그들이 떡을 잊고 온 것을 지적하시는 것으로 생각했다(16절). 예수님의 말씀을 자신들이 원하는 대로 듣고 해석한 것이다.

학자 중에는 제자들이 예수님의 말씀을 왜곡해 듣고 해석하는 것이 도대체 납득이 가지 않는다는 이들도 있다. 그러나 제자들의 마음이 집에 놓고 온 음식에 가 있으니 충분히 가능한 일이다. 사람은 어떤 생각에 젖어 있을 때 누구의 말을 들으면 자기가 듣고 싶은 것만 듣고, 자기 편할 대로 해석하고 생각한다.

제자들의 다소 황당한 대화를 옆에서 들으신 예수님은 그들이 아직도 알지 못하고 깨닫지 못하며 마음이 둔하다고 하신다(17절). 예수님은 제자들이 눈이 있어도 보지 못하고, 귀가 있어도 듣지 못하며, 무엇을 기억하지도 못한다고 하신다(18절). 17-18절 말씀은 이사야 6:9-10을 배경으로 한다. "너희가 듣기는 들어도 깨닫지 못할 것이요 보기는 보아도 알지 못하리라 하여 이 백성의 마음을 둔하게 하며 그들의 귀가 막히고 그들의 눈이 감기게 하라"(Gundry, Hooker, cf. 렘 5:21; 겔 12:2).

예수님은 이 이사야서 말씀을 4:11-12에서 '외인들'(outsiders)에 적용해 사용하셨다. 예수님이 '내부인들'(insiders)로 삼으신 제자들은 아직도

'외인들'과 별반 다르지 않다. 그들은 보아도 보지 못하고, 들어도 듣지 못하며, 마음이 둔해 깨닫지도 못하는 앞을 보지 못하는 종교 지도자들과 다르지 않다. 그렇다고 해서 그들에게 믿음이 전혀 없는 것은 아니다. 있기는 있지만 효력을 발휘할 정도는 못 된다. 그들은 성숙한 신앙인이 되려면 아직 갈 길이 멀다.

예수님은 마음이 둔하고 기억하지도 못하는 제자들에게 떡 다섯 개로 오천 명을 먹이고 열두 바구니를 남긴 기적(19절)과 일곱 개로 사천 명을 먹이고 일곱 바구니를 남긴 기적을 생각해 보라고 하신다(20절). 이렇게 적은 양의 음식으로 그렇게 많은 사람을 먹이고도 여러 광주리가 남았다. 예수님은 제자들에게 이러한 기적에서 무엇을 배웠냐고 물으신다. 제자들은 끼니 걱정으로 가득하다 보니 예수님의 비유적인 가르침을 이해하는 데 실패했고, 예수님이 수많은 사람에게 먹을 것을 제공하신 기적에서 교훈을 얻는 데도 실패했다. 그들은 아직도 깨달음이 한참 부족하다(21절, cf. 17절).

이 말씀은 사람의 마음이 어떤 이슈에 사로잡혀 있으면 하나님의 말씀을 잘 깨달을 수 없다고 경고한다. 제자들은 떡 생각에 사로잡혀서 예수님의 말씀을 깨닫지 못했다. 평소에도 경건하고 좋은 것으로 마음을 채워야 제자들처럼 부수적인 이슈들로 인해 하나님의 말씀을 놓치지 않을 것이다.

우리는 과거의 경험에서도 교훈을 얻어야 한다. 제자들은 예수님이 두 번이나 아주 적은 음식으로 수천 명을 먹이시는 일을 경험했으면서도 배운 것이 없었다. 하나님이 베푸시는 은혜를 두고두고 기념하며 기억해야 한다. 예수님은 최후의 만찬에서 제자들에게 영원히 "나를 기억하라"라고 하셨다. 기억하는 것은 은혜를 입은 사람의 도리다.

또한 아무리 작은 것이라 해도 계속 접하다 보면 영향을 받는다. 예수님은 제자들에게 바리새인들과 사두개인들의 가르침이 별거 아니어도, 계속 접하다 보면 자기도 모르는 사이에 영향을 받을 수 있다고 경고하신다. 누룩이 은밀하게 온 반죽을 변화시키는 것처럼 말이다. 그러므로 악한 것은 처음부터 멀리하고 상종하지 않는 지혜가 필요하다.

III. 고난을 예고하심

(8:22-10:52)

이 섹션은 예수님이 맹인을 보게 하시는 이야기(8:22-26)로 시작해 맹인을 보게 하시는 이야기로 끝이 난다(10:46-52). 중간은 예수님이 제자들에게 주신 여러 가지 가르침이 중심을 이룬다. 이러한 구조는 예수님이 인사이더(insiders)로 세우셨지만 아직 예수님을 제대로 보지 못하는 제자들에게 영적인 눈을 뜨고 예수님을 바라보라는 권면을 반영한다.

섹션을 시작하는 맹인 이야기는 이방인이 모여 사는 벳새다에서 있었던 일이다. 섹션을 마무리하는 맹인 바디매오를 보게 하신 이야기는 여리고성에서 있었던 일이다. 이방인 마을에서 이 섹션을 시작하신 예수님은 섹션이 끝날 때는 어느덧 예루살렘 입성을 앞두고 여리고성에 와 계신다.

예수님은 이 섹션에서 십자가에서 받으실 고난과 부활에 대해 세 차례 예고하신다(8:31-33; 9:30-32; 10:32-34). 제자들이 다가오는 십자가 사건에 대해 미리 알고 마음의 준비를 하길 원하시는 것이다. 이러한 예수님의 의도를 아는지 모르는지 제자들은 그저 철없는 아웃사이더(outsiders)의 모습을 보인다. 본 텍스트는 다음과 같이 구분된다.

269

A. 벳새다의 맹인(8:22-26)

B. 베드로의 고백(8:27-30)

C. 첫 번째 수난과 부활 예고(8:31-33)

D. 제자의 길(8:34-9:1)

E. 영광스러운 변형(9:2-8)

F. 먼저 온 엘리야(9:9-13)

G. 귀신 들린 아이(9:14-29)

H. 두 번째 수난과 부활 예고(9:30-32)

I. 누가 큰가(9:33-37)

J. 제자의 삶(9:38-50)

K. 이혼(10:1-12)

L. 아이를 축복하심(10:13-16)

M. 부와 하나님 나라(10:17-31)

N. 세 번째 수난과 부활 예고(10:32-34)

O. 야고보와 요한(10:35-45)

P. 맹인 바디매오(10:46-52)

Ⅲ. 고난을 예고하심(8:22-10:52)

A. 벳새다의 맹인(8:22-26)

²² 벳새다에 이르매 사람들이 맹인 한 사람을 데리고 예수께 나아와 손 대시기를 구하거늘 ²³ 예수께서 맹인의 손을 붙잡으시고 마을 밖으로 데리고 나가사 눈에 침을 뱉으시며 그에게 안수하시고 무엇이 보이느냐 물으시니 ²⁴ 쳐다보며 이르되 사람들이 보이나이다 나무 같은 것들이 걸어 가는 것을 보나이다 하거늘 ²⁵ 이에 그 눈에 다시 안수하시매 그가 주목하여 보더니 나아서 모든 것을 밝히 보는지라 ²⁶ 예수께서 그 사람을 집으로 보내시며 이르

270

시되 마을에는 들어가지 말라 하시니라

예수님은 오천 명을 먹이신 기적을 행하신 다음 제자들에게 배를 타고 벳새다로 가라고 하셨지만(6:45), 제자들을 태운 배가 풍랑을 만나게네사렛에 안착한 적이 있다(6:53). '벳새다'(Βηθσαϊδάν)는 갈릴리 호수 북동쪽에 있는 마을이며, '어부의 집'이라는 의미를 지녔다(Wessel & Strauss). 규모가 마을과 도시의 중간쯤 되는 곳이었으며(Guelich), 제자 중 베드로와 안드레 형제 그리고 빌립의 고향이기도 하다(요 1:44; 12:21). 벳새다와 고라신 사람들은 예수님이 행하신 온갖 기적을 경험하고도 회개하지 않아 심판을 피하지 못할 것이라는 경고를 받기도 했다(마 11:21; 눅 10:13).

이 이야기는 눈과 보는 것에 관한 단어로 가득하다: 눈을 뜻하는 명사 2개(ὄμμα, ὀφθαλμός), 보는 것과 연관된 동사 5개(βλέπω[×2], ὁράω, διαβλέπω, ἐμβλέπω), 시력 회복에 관한 동사 2개(ἀναβλέπω, ἀποκαθίστημι). 한마디로 모든 것이 이 맹인의 시력 회복에 집중되어 있다.

예수님 일행이 벳새다에 이르자 사람들이 맹인 한 사람을 예수님께 데려와 안수해 주시기를 구했다(22절). '구하다'(παρακαλέω)는 간절히 호소한다는 뜻이다(BAGD). 마가복음에서 환자와 가족들이 낫게 해 달라고 예수님께 호소하는 것은 자주 있는 일이다(1:40; 5:23; 6:56; 7:32). 그러나 맹인의 가족이 아닌 사람들이 그를 데리고 와서 이처럼 간절하게 구하는 것으로 보아 이 사람들은 병자의 친구들이 확실하다. 중풍 환자(2:3)와 귀먹고 말을 더듬는 사람(7:32)도 친구들이 데려왔다. 이런 친구들을 두는 것은 참으로 큰 축복이다.

예수님은 친구들이 데려온 맹인을 데리고 마을 밖으로 나가셨다(23a절; cf. 7:33). 아마도 완치가 만들어낼 소문을 최소화해 메시아적 비밀을 유지하고자 하신 것으로 보인다(cf. 1:34, 44; 3:12; 5:43; 7:36; 8:30). 치료가 끝난 후 그 사람에게 마을로 들어가지 말라고 하시는 것도 이

271

와 같은 맥락에서다(26절). 마가복음에서 예수님은 자주 손으로 만져 치료하시는데(1:31, 41; 5:23, 41; 6:5; 7:32; 8:23, 25; 9:27), 이번에도 눈에 침을 뱉으시며 안수하셨다(23b절).

예수님은 전에도 침을 사용해 환자를 치료하신 적이 있다(7:33-34; 요 9:6). 당시 사람들은 침에 치료 효과가 있으며, 특별한 사람의 침은 더욱더 효과가 있다고 생각했다. 맹인의 눈에 침을 바르고 안수하신 예수님은 "무엇이 보이느냐?"라고 물으셨다(23b절). 예수님이 환자에게 이렇게 질문하시는 것은 이곳이 유일하다.

맹인은 쳐다보며 사람들이 보이는데 나무 같은 것들이 걸어가는 것 같다고 했다(24절). '쳐다보다'(ἀναβλέπω)는 '다시 보다'라는 의미다 (BAGD). 잃었던 시력을 회복했다는 뜻이다(Strauss). 그러나 그의 시력은 아직 온전하지 않다. 사람들이 나무처럼 보이기 때문이다. 이에 예수님이 다시 그의 눈에 안수하셨다(25a절). 그리고 그가 주목하여 보았다(25b절). '주목하다'(διαβλέπω)는 눈을 크게 뜨고 뚫어지게 보는 것을 뜻한다(TDNT). 맹인의 시력이 온전히 회복되어 모든 것이 잘 보였다(25c절). 마가는 맹인이 보게 된 것을 '주목하다'(διέβλεψεν), '나았다'(ἀπεκατέστη), '밝히 보더라'(ἐνέβλεπεν)라는 세 개의 동사를 연속적으로 사용해 드라마틱한 분위기를 더한다. 온전한 치료가 극적으로 완료된 것이다.

예수님은 그 사람을 집으로 보내시며 마을에는 들어가지 말라고 하셨다(26절). 그 사람은 마을 밖에 살았던 것이다. 또한 마을로 들어가지 말라고 하시는 것은 이 치료를 비밀에 부치라는 의미다. 완치가 만들어낼 소문을 피하기 위해서다. 아직 대중에게 예수님 자신을 메시아로 드러내실 때가 이르지 않았기 때문이다(cf. 1:34, 44; 3:12; 5:43; 7:36; 8:30).

이 말씀은 예수님이 병자를 치료하실 때 항상 한 가지 방법(말씀)으로만 하지는 않으셨다는 것을 보여 준다. 하나님의 사역 방식을 지나치게 제한하면 그것은 곧 편견이 된다. 그러므로 우리는 열린 마음으로 하나님의 역사를 경험할 수 있어야 한다.

또한 예수님이 맹인을 단계적으로 치료하신 것은 제자들의 깨우침이 이렇다는 것을 상징한다(Garland, Marcus, Watts, Wessel & Strauss). 그들은 아직 예수님이 누구신지 온전히 보지 못한다. 예수님이 부활하신 후에야 비로소 제대로 볼 것이다. 우리도 하나님을 알아 가는 일에 열심을 내되 조급해하지 말아야 한다. 서두른다고 되는 것이 아니기 때문이다. 좋은 일에는 많은 시간과 노력이 필요하다.

Ⅲ. 고난을 예고하심(8:22-10:52)

B. 베드로의 고백(8:27-30)

²⁷ 예수와 제자들이 빌립보 가이사랴 여러 마을로 나가실새 길에서 제자들에게 물어 이르시되 사람들이 나를 누구라고 하느냐 ²⁸ 제자들이 여짜와 이르되 세례 요한이라 하고 더러는 엘리야, 더러는 선지자 중의 하나라 하나이다 ²⁹ 또 물으시되 너희는 나를 누구라 하느냐 베드로가 대답하여 이르되 주는 그리스도시니이다 하매 ³⁰ 이에 자기의 일을 아무에게도 말하지 말라 경고하시고

앞 이야기(22-26절)에서 예수님은 제자들과 함께 갈릴리 호수 동북쪽에 있는 벳새다에 잠시 머무셨다. 이번에는 빌립보 가이사랴를 방문하셨다(27절). 빌립보 가이사랴(Caesarea Philippi)는 갈릴리에서 40㎞ 북쪽에 있으며, 헤르몬산에서 흘러내리는 물이 요단강으로 흘러 들어가는 곳에 있는 이방인의 도시였다(ABD). 분봉 왕 빌립이 가이사랴(Caesar)를 기념해 세운 도시였으며, 해안가에 있는 가이사랴와 구분하기 위해 이름에 '빌립보'(Philippi)가 더해졌다. 헤롯 대왕(Herod the Great)의 아들 빌립은 17세에 왕이 되었고, 37년을 다스렸다. 빌립보 가이사랴의 인구

는 대부분 시리아 사람들과 그리스 사람들이었다(DGJ). 빌립보 가이사 랴는 우상 숭배가 매우 성행했던 곳이다(Strauss). 예수님은 빌립보 가이 사랴 주변 여러 마을을 다니며 사역하셨다.

예수님이 제자들에게 "사람들이 나를 누구라고 하느냐" 하고 물으셨다(27절). 마태는 본문의 '나'(με)를 '인자'(υἱὸν τοῦ ἀνθρώπου)로 표현한다 (마 16:13). 인자는 예수님의 여러 메시아 타이틀 중 고난받는 종을 강조한다(cf. 31절). 세상 사람들은 예수님을 '기적을 행하는 이' 정도로 생각하지만, 제자들은 메시아인 '인자'로 조금씩 이해하기 시작했다.

예수님의 질문에 제자들은 사람들이 하는 말을 전해 주었다. "세례 요한이라 하고 더러는 엘리야, 더러는 선지자 중 하나라 하나이다"(28절). 이것은 당시 유대인들이 기대하던 메시아와 연관된 이름들이다. 첫째, 헤롯 안티파스가 같은 말을 하는 것으로 보아(cf. 6:14) 사람들이 예수님을 '세례 요한'이라 하는 것은 흔한 일이었다.

둘째, '엘리야'는 메시아가 오시기 전에 그의 길을 예비하는 선지자다(말 3:1; 4:5-6). 예수님은 세례 요한이 바로 이 엘리야라고 말씀하신다(9:11-13). 사람들이 예수님을 엘리야라고 하는 것은 예수님을 메시아가 아니라, 메시아의 길을 예비하러 온 선지자로 생각한다는 뜻이다. 그들은 다른 메시아를 기다리고 있다.

셋째, '선지자 중 하나'라는 것은 메시아에 대한 예수님 시대 사람들의 다양한 관점을 반영한다. 그들은 각기 다른 메시아를 기대했지만, 그들이 기대한 메시아는 모두 구약 선지자들 그리고 그들의 사역과 연관이 있는 분이었다. 특히 종말에 올 모세와 같은 선지자를 기대했다 (cf. 신 18:15).

마태는 이 세 가지에 '예레미야'를 더한다(마 16:14). 눈물의 선지자 예레미야는 여러 차례 감옥에 갇히면서도 타협하지 않고 다가오는 심판을 선언했다가 백성에게 버림받았다. 종교 지도자들에게 거부를 당하면서도 계속 심판을 선언하시는 예수님이 예레미야 선지자 같다는 뜻이다.

제자들의 말을 들으신 예수님은 그들에게 가장 중요한 질문을 하신다. "너희는 나를 누구라 하느냐?"(29절). 세상 사람들이 예수님에 대해 뭐라고 하는지도 어느 정도 의미가 있지만, 가장 중요한 것은 제자들이 예수님을 어떻게 생각하는가 하는 것이다. 이점을 부각시키기 위해 예수님은 '그러나 너희는'(ὑμεῖς δὲ)을 강조형으로 사용하신다.

마가복음에서 제자들의 대표 역할을 하는 베드로가 대답했다(cf. 9:5; 10:28; 11:21; 14:37). "주는 그리스도시니이다"(29절). 어떤 이들은 베드로가 이 같은 사실을 어떻게 알았을까 하고 의아해하지만(Boring), 지금까지 예수님이 행하신 기적과 가르침을 생각하면 당연한 결론이다. 제자들의 눈에 붙어 있던 비늘이 하나씩 떨어지고 있다(Garland). 베드로가 대표로 말하지만, 제자들이 함께 이 이슈를 여러 차례 논의하고 내린 결론이다(Hagner). 베드로의 고백은 기독론의 핵심을 모두 담고 있으며, 이때까지의 모든 이야기가 절정이 되는 이 고백을 준비해 왔다. 마태는 하나님이 제자들로 하여금 이 사실을 알게 하셨다는 말을 더한다(마 16:17).

그리스도(Χριστός)는 구약의 '기름 부음을 받은 이'(משׁיח)를 헬라어로 번역한 것이다(TDNT, cf. 출 28:41; 삼상 2:10; 삼하 1:14, 16; 시 105:15). 마가복음에서는 이때까지 내레이터(narrator)인 마가가 예수님에 대해 이 타이틀을 한 차례 사용한 것이 유일하다(1:1). 하나님은 예수님을 자기 아들이라 하셨고(1:11), 마귀와 귀신들도 예수님이 하나님의 아들이심을 고백했다(cf. 1:27; 2:12; 6:2, 4-16; 7:37). 헤롯 안티파스는 예수님이 다시 살아난 세례 요한이라고 했다(6:14-16). 제자들은 풍랑을 잠잠케 하시는 예수님을 보고 "이분은 도대체 누구냐?"(4:41)라고 질문했지만, 아직 예수님을 하나님의 아들 혹은 메시아라고 고백한 적은 없다. 본문에 기록된 제자들의 고백 이후로는 그리스도라는 타이틀이 자주 사용된다(9:41; 12:35; 13:21; 14:61; 15:32). 마가는 마치 제자들이 예수님을 메시아로 고백하기를 기다리듯 이 타이틀을 사용하지 않다가, 제자들의 고백이 있고 난 후에는 여러 차례 사용한다. 그들도 조금씩 예수님의 정체성을 깨달아 가고 있다.

예수님은 자신이 그리스도라는 사실을 아무에게도 알리지 말라고 경고하신다(30절). 제자들만 알고 있으라는 것이다. 유대인들은 정복자 메시아가 와서 자신들을 로마의 속박으로부터 해방시켜 주기를 바라고 있다. 그들은 구약에 기록된 메시아에 대한 예언들을 자기 마음대로 해석해 이런 결론에 도달했다. 그들은 오직 정치적-군사적 메시아를 원하며, 다른 유형의 메시아는 필요하지 않다고 생각한다. 사람이 하나님의 말씀을 어디까지 왜곡할 수 있는지 생각하게 한다. 우리는 하나님의 말씀을 대할 때 신중하고 진실해야 한다. 우리의 편견과 선입견을 바탕으로 말씀을 읽으면 성경은 남을 해치는 명분과 무기로 변질될 수 있다.

율법과 선지자를 온전하게 이루기 위해 고난받는 종으로 오신 예수님은 자신의 죽음을 통해 인류의 죄를 해결하고 죽음의 권세를 무력화하신 다른 유형의 정복자다. 사람들이 기대하던 메시아와 전혀 다른 메시아다. 그래서 사람들의 입에 오르내리는 것과 논쟁과 다툼을 싫어하시는 예수님은 아무에게도 알리지 말라고 하신다(30절). 때가 되면 온 세상이 예수님이 메시아이심을 알게 될 것이다. 그때까지 제자들은 자신들만 알고 있어야 한다.

이 말씀은 메시아이신 예수님이 세상을 구원할 유일한 구세주라는 사실을 재차 확인한다. 예수님을 메시아로 고백하는 믿음은 하나님이 주신다. 그러므로 우리의 신앙이 성숙할수록 구원은 우리 스스로 쟁취한 것이 아니라 하나님의 선물이라는 사실을 고백하게 된다. 그리스도인들과 교회는 최소한 이 같은 고백 위에 세워지고 양육되어야 한다.

C. 첫 번째 수난과 부활 예고(8:31-33)

³¹ 인자가 많은 고난을 받고 장로들과 대제사장들과 서기관들에게 버린 바되어 죽임을 당하고 사흘 만에 살아나야 할 것을 비로소 그들에게 가르치시되 ³² 드러내 놓고 이 말씀을 하시니 베드로가 예수를 붙들고 항변하매 ³³ 예수께서 돌이키사 제자들을 보시며 베드로를 꾸짖어 이르시되 사탄아 내 뒤로 물러가라 네가 하나님의 일을 생각하지 아니하고 도리어 사람의 일을 생각하는도다 하시고

베드로에게 메시아이심을 고백받은 예수님이 비로소 그들을 가르치셨다(31절). '비로소'(ἤρξατο)는 '시작하다'라는 뜻이다. 이때부터 제자들을 본격적으로 가르치기 시작하셨다는 뜻이다. '가르치다'(διδάσκειν)는 현재형이며 지속성을 강조한다. 예수님은 제자들에게 무엇을 가르치기 시작하셨는가? 장차 받으실 고난에 대해 세 가지 사실을 가르치셨다. 예수님은 앞으로도 제자들에게 십자가 고난에 대해 두 차례 더 말씀하실 것이다(9:31; 10:33-34).

첫째, 장로들과 대제사장들과 서기관들에게 많은 고난을 받고 버린 바 되실 것이다. 장로와 대제사장과 서기관은 유대교의 가장 중요한 종교 재판 기관인 산헤드린을 구성하는 멤버들이다. 원래 이 부류들은 자신들의 직책과 연관된 이권으로 인해 쉽게 연합하지 않지만, 예수님을 죽음으로 몰아가는 일에는 일치한 마음을 보일 것이다. 마태는 예수님이 예루살렘에서 고난받으실 것과 구체적인 장소를 언급하신 것으로 기록하고 있지만(마 16:21), 마가는 이 일이 예루살렘에서 있을 것을 전제하고 있다. '버린 바 되다'(ἀποδοκιμάζω)는 시편 118:22의 "건축자가 버린 돌이 집 모퉁이의 머릿돌이 되었다"라는 말씀을 생각나게 한다.

둘째, 예수님은 유대교 지도자들에게 고난받아 죽임당하실 것이다. 십자가에 매달려 죽게 될 것을 말씀하신다. 하나님을 가장 잘 알고, 가장 사랑한다는 자들이 하나님의 아들을 죽이는 모순을 범할 것이다. 잇속에 영적 눈이 가려지면 누구든 이렇게 할 수 있다.

셋째, 예수님은 죽임당한 후 제삼일에 살아나실 것이다. 하나님이 죽음에서 예수님을 살리실 것이기 때문이다(cf. 고전 15:54; 사 25:8). 3일 만의 부활은 호세아 6:2을 근거로 한 말씀이다. "여호와께서 이틀 후에 우리를 살리시며 셋째 날에 우리를 일으키시리니 우리가 그의 앞에서 살리라"(cf. 왕하 20:5; 욘 1:17; 마 12:40; 17:23; 20:19; 27:63).

예수님이 스스로 가셔야 할 길을 얼마나 일찍 깨달으셨는지는 알려진 바가 없다. 다만 열두 살 때 부모를 따라 예루살렘 성전에 가서 율법학자들과 대화를 나누며 하신 말씀을 보면 그때 이미 자신의 특별함에 대해 어느 정도 아셨던 것이 확실하다(cf. 눅 2:41-50).

예수님이 이렇게 말씀하시자, 이번에도 베드로가 그런 말씀 하지 말라며 항변했다(32절). 그는 예수님이 죽으시고 부활하셔야만 자기와 다른 제자들이 교회의 기초로 변할 것을 알지 못한다. 게다가 그는 예수님이 유대를 로마의 억압에서 해방시킬 군사적 메시아가 되실 것으로 기대하고 있다(Collins, cf. Garland). 예수님이 가시는 곳마다 모이는 무리는 고사하고, 제자들도 예수님이 이 땅에 오신 이유를 잘 이해하지 못하는 상황이다.

'붙들다'(προσλαμβάνω)는 베드로가 예수님을 무리에서 떼어 내어 둘이 따로 만났다는 뜻이다(새번역, NAS, NIV, NRS). '항변하다'(ἐπιτιμάω)는 야단을 친다는 의미다(NAS, NIV, NRS, ESV, cf. 새번역). 당시 문화와 정서에서 제자가 스승의 가르침을 교정하는 것은 있을 수 없는 일이다. 그런데 베드로는 한술 더 떠서 예수님을 나무란다! 베드로의 강한 의지와 하나님의 뜻에 대한 무지함이 그의 교만을 드러내고 있다. 바로 앞에서 예수님을 메시아라고 했던 그가 자신이 메시아보다 하나님의 뜻에 대해 더 많이 아는 것으로 착각하고 있는 것이다.

예수님은 모든 제자에게 들으라며 베드로를 향해 "사탄아 내 뒤로 물러가라!"라고 하신다(33a절). 베드로는 단순히 자기 개인 생각을 말하고 있는 것이 아니라, 제자들 모두의 생각을 말하고 있기 때문이다(Garland, Strauss). '사탄아 물러가라'(ὕπαγε…σατανα)는 마태복음 4:10에서 사탄에게 하신 말씀(ὕπαγε, σατανᾶ)과 같다. '내 뒤로'라는 말이 더해졌을 뿐이다. '내 뒤로'(ὀπίσω μου)를 나를 앞서가지 말고 뒤에서 따라오라는 말로 해석할 수도 있지만, 여기서는 베드로를 호통치시는 말씀이다.

예수님의 반응이 상당히 충격적이라 할 수 있다. 염려해 주는 제자의 호의를 단호하게 뿌리치며 오히려 야단을 치시기 때문이다. 예수님은 누구든 하나님의 계획을 좌절시키려는 사람은 사탄의 도구가 될 수 있다는 것을 경고하신다. 또한 가장 오래된 원수인 마귀가 가장 뿌리치기 어려운 방식인 따뜻한 벗을 통해 예수님을 유혹하고 있다. 아무리 좋은 의도를 가진 친구라 할지라도 사탄이 나쁜 짓을 하는 수단이 될 수 있다.

예수님이 베드로를 이처럼 혹독하게 야단치시는 것은 그가 하나님의 일을 생각하지 않고 도리어 사람의 일을 생각하기 때문이다(33절). '생각하다'(φρονεῖς)는 현재형이다. 계속 이렇게 생각하고 있다는 뜻이다. 예수님은 베드로가 하나님의 관점이 아니라 인간적인 관점에서 상황을 판단한다고 책망하시면서 사람들이 신앙생활에서 흔히 저지르는 실수 두 가지를 지적하신다. (1)하나님 관점에서 보지 않고, (2)자기(인간)중심으로 보는 것이다.

이 말씀은 그리스도인들도 사탄에게 이용당할 수 있다는 사실을 경고한다. 우리는 앞에서 예수님을 그리스도라고 고백했던 베드로가 바로 다음 순간에 이처럼 쉽게 하나님의 뜻에 무지할 수 있는지 의아해할 수 있다. 그러나 이것이 영적인 세상이다. 우리는 영적인 세상에서 끊임없이 영적으로 성장하며 하나님의 뜻을 추구해야 한다. 그래야 사

탄이 베드로를 틈탄 것처럼 우리를 틈타지 못한다. 또한 자신을 항상
돌아보아야 한다. 그래야 베드로처럼 교만하지 않을 수 있다.

III. 고난을 예고하심(8:22-10:52)

D. 제자의 길(8:34-9:1)

³⁴ 무리와 제자들을 불러 이르시되 누구든지 나를 따라오려거든 자기를 부인
하고 자기 십자가를 지고 나를 따를 것이니라 ³⁵ 누구든지 자기 목숨을 구원
하고자 하면 잃을 것이요 누구든지 나와 복음을 위하여 자기 목숨을 잃으면
구원하리라 ³⁶ 사람이 만일 온 천하를 얻고도 자기 목숨을 잃으면 무엇이 유
익하리요 ³⁷ 사람이 무엇을 주고 자기 목숨과 바꾸겠느냐 ³⁸ 누구든지 이 음
란하고 죄 많은 세대에서 나와 내 말을 부끄러워하면 인자도 아버지의 영광
으로 거룩한 천사들과 함께 올 때에 그 사람을 부끄러워하리라 ^{9:1} 또 그들에
게 이르시되 내가 진실로 너희에게 이르노니 여기 서 있는 사람 중에는 죽기
전에 하나님의 나라가 권능으로 임하는 것을 볼 자들도 있느니라 하시니라

앞 섹션에서 베드로가 하나님의 뜻에 대한 부족한 이해와 교만함을
드러내자 예수님은 제자의 삶에 대해 말씀하신다. 무리와 제자들을 함
께 불러 모두에게 들으라며 말씀하신다(34절). 한마디로 제자는 세상을
중심으로 한 삶을 포기하고 하나님 중심으로 사는 사람이다. 제자는
세계관과 가치관이 세상 사람들과 완전히 다른 사람이다. 예수님은 이
말씀을 통해 모든 사람(무리와 제자들)에게 결단을 요구하신다.
예수님은 제자의 삶은 이런 것이라며 세 가지를 말씀하신다(34절):
(1)자기 부인, (2)자기 십자가를 짐, (3)주님을 따름. '누구든지'(εἴ τις
θέλει)는 뒤따르는 조건이 사실임을 전제하는 조건문을 시작한다. 예수
님은 제자들을 새롭게 모집하시는 것이 아니라, "너희들이 나를 따르

는 제자들이라는 사실을 안다. 그러므로 이렇게 하라"라는 취지로 권면하신다. '나를 따라 오려거든'(ὀπίσω μου ἀκολουθεῖν)과 '나를 따를 것이니라'(ἀκολουθείτω μοι)는 같은 의미를 지닌 말씀이며, 제자는 예수님을 따라가는 사람임을 의미한다.

첫째, '자기 부인'(ἀπαρνησάσθω ἑαυτὸν)은 제자도의 가장 기본이며, 가장 중요한 요소다. 자기 부인은 세상에 관한 모든 권리와 이권을 포기할 것을 요구한다. 살아가면서 더는 자기 관점으로 판단하지 않고, 하나님 관점으로 모든 것을 판단한다. 그러므로 경우에 따라 세상의 관점에서는 손해가 되는 선택을 하고, 비효율적인 옵션을 택한다. 예수님은 하나님의 아들로서 누릴 영광과 권세가 참으로 많았다. 그러나 이 모든 것을 포기하고 고난받는 종으로 오심으로써 자기 부인이 어떤 것인지를 우리에게 보여 주셨다.

둘째, '자기 십자가를 지는 것'(ἀράτω τὸν σταυρὸν αὐτου)은 로마 사람들이 자주 사용한 처형 방법에서 온 것이다. 십자가 처형은 페르시아와 헬라 그리고 그 외 몇몇 국가에서 시행되었지만, 로마 제국에서 완성되었다고 할 수 있다. 로마는 가장 흉악한 범죄자들과 반역자들을 처단하는 방법으로 십자가를 사용했고, 공포를 자아내기 위해 사람들의 눈에 잘 보이는 곳에서 형을 집행했다. 제자들도 주변에서 종종 십자가에 매달려 처형되는 사람들을 보았을 것이다. 처형될 범죄자는 자신이 처형될 십자가의 두 기둥 중 하나를 지고 처형장으로 갔다(cf. 15:21). 예수님은 이러한 상황을 바탕으로 제자가 되고자 하는 사람들에게 자기 십자가를 지라고 하신다.

당시 유대인들은 십자가 죽음을 두렵고 수치스러운 것으로 간주했다. 또한 로마 제국이 휘두르는 무자비한 폭력에 억울하게 당하는 죽음과 순교를 상징하는 것으로 보기도 했다. 예수님이 십자가를 지고 따라오라고 하시는 것은 후자의 의미다. 그럼에도 불구하고 예수님이 십자가를 제자도의 상징으로 사용하시는 것이 제자들에게는 충격으로

다가왔을 것이다. 그들은 십자가가 상징하는 혐오를 잘 알고 있기 때문이다. 그러나 사도 바울은 십자가를 하나님이 우리를 의롭다 하심(롬 3:21-26), 하나님과의 화해(골 2:11-14), 예수님이 우리 안에 사시는 것 (갈 2:19-20)과 연결하며 그리스도인의 삶 가장 중심에 둔다. 십자가는 주님의 제자들이 절대 거부할 수 없다. 십자가를 지는 것은 세상에서 부당하고 억울한 차별을 받을 것을 각오하는 것이며, 필요하다면 목숨까지 내놓을 각오로 사는 것이다.

셋째, '주님을 따르는 것'(ἀκολουθείτω μοι)은 현재형 동사를 사용한다. 제자의 길은 계속, 평생 가는 것이라는 뜻이다. 또한 이 말씀은 제자들이 왜 자기를 부인하고 십자가를 져야 하는지에 대한 이유라고 할 수 있다. 그들이 주님을 따르고자 한다면 이 두 가지는 필수라는 것이다. 사람이 자기를 부인하지 않고는 주님을 따른다고 할 수 없다. 또한 십자가를 지지 않았다면 주님을 따른다고 할 수 없다. 주님을 따르는 것은 세상에 대한 모든 이권과 권리를 포기하고 죽을 각오로 십자가를 져야 비로소 가능한 일이다. 참으로 어려운 일이지만, 예수님은 자신을 부인하고 십자가를 지심으로 우리에게 이런 삶이 가능하다는 것을 보여 주셨다.

이어지는 35-36절은 자기 부인과 십자가를 지는 것이 무엇을 의미하는지를 설명한다. 누구든지 자기 목숨을 구원하고자 하면 잃을 것이다(35a절). 사람은 자기 생명과 건강을 지키려고 온갖 일을 한다. 이렇게 해서라도 지킬 수 있다면 괜찮겠지만, 현실은 그렇지 않다. 사람은 자기 생명을 지킬 수 없다. 그러므로 모두 죽는다.

반면에 누구든 예수님과 복음을 위해 목숨을 잃으면 구원할 것이다 (35b절). 예수님을 위한다는 것은 예수님이 하나님의 아들이자 메시아라는 사실을 믿고 주님께 충성한다는 뜻이다. 복음을 위한다는 것은 하나님 나라의 메시지에 순종한다는 뜻이다. 주님을 위한 삶은 하나님의 자녀가 되어 예수님과 함께 사는 것이다(Strauss). 자기를 부인하고 십자가를 지고 예수님을 따르는 삶을 사는 사람은 목숨을 잃더라도 찾을 것이라는 예수님의 약속이다.

그러므로 35절 말씀은 우리 모두에게 세상적이고 일시적인 삶을 추구하다가 영원히 죽는 것과 예수님의 제자가 되어 하나님 나라를 추구하는 삶을 살다가 영생을 살 것 중 하나를 선택하도록 요구한다. 당연히 잠시 있다 썩어질 것이 아니라 영원한 것을 추구해야 하는데, 지혜로운 선택을 하는 사람이 많지 않다.

예수님은 36-37절에서 두 개의 수사학적인 질문을 사용해 35절의 내용을 재차 확인하신다. 두 질문 모두 "아무것도 없다"라는 답을 요구한다(Stein). 사람에게 목숨보다 더 소중한 것은 없다. 그러므로 온 천하를 얻는다 해도 목숨을 잃으면 무익하다(36절). 또한 사람의 목숨은 그 무엇으로도 바꿀 수 없다(37절). '바꾸다'(ἀντάλλαγμα)는 이곳과 평행 구절인 마태복음 16:26에서 한 번 더 사용되는 희귀한 단어이며, 그 무엇하고도 바꿀 수 없는 귀한 것과 교환하는 것을 뜻한다(Wilkins). 예수님을 통해 얻는 생명의 소중함을 강조한다(Davies & Allison).

예수님은 당대를 '음란하고 죄 많은 세대'라고 하신다(38a절). 하나님의 아들이신 예수님을 메시아로 믿지 않는 이스라엘 사람들을 뜻한다(Strauss). 이 음란하고 죄 많은 세대는 옳고 그름에 대한 올바른 가치관과 기준을 스스로 버렸다. 하나님의 계시를 무시하고 자기 마음이 원하는 것을 믿고 생각하기 때문이다. 그러므로 그들은 결코 부끄럽지 않은 것들(하나님 나라의 복음과 메시아 예수님)을 부끄럽게 하는 음란하고 죄 많은 세대다.

이처럼 죄가 많고 음란한 세상에서 예수님과 복음보다 자기 생명을 더 귀하게 여기고, 하나님과 주님의 말씀을 부끄러워하면 인자(예수님)도 종말에 그를 부끄러워하실 것이다(38절). 종말에 예수님이 아버지의 영광으로 천사들과 함께 오셔서(cf. 단 7:13-14; 슥 14:5) 모든 사람을 각자 행한 대로 심판하실 것이다(cf. 시 28:4; 62:12; 잠 24:12). 이때 자기를 부인하고 십자가를 지고 예수님을 따르기 위해 생명까지 내놓은 제자들을 얼마나 격려하며 축복하실지 상상해 보라! 이러한 상상만으로도 예수님의 제자로 사는 삶은 충분히 가치가 있다. 제자도는 종말을 염두에 두고 사는 삶이기 때문에 현재의 모든 역경과 고난을 견딜 수 있다.

"여기 서 있는 사람 중에는 죽기 전에 하나님의 나라가 권능으로 임하는 것을 볼 자들도 있느니라"(9:1)라는 말씀은 의미를 파악하기가 참으로 어렵다. 마치 이 말씀을 듣고 있는 사람 중 생전에 예수님의 재림을 볼 사람들이 있다고 하시는 것 같기 때문이다. 그러나 아직 예수님은 오지 않으셨다. 그러므로 학자들은 이 말씀의 의미를 바로 다음 섹션(9:2-13)에 기록된 변화산에서 예수님을 볼 것이라는 의미로 해석하기도 하고(Bloomberg, Cranfield, Lane, Stein), 십자가에서 죽으심을 뜻한다고 해석하기도 한다(Garland, Edwards). 다른 사람들은 부활하신 예수님을 보게 될 것이라 하고(Calvin, Luther, McNeile, Meier), 70년에 있었던 예루살렘 파괴를 염두에 둔 말씀이라고 하기도 한다(Hagner, Wright). 가장 많은 학자가 종말에 예수님을 볼 것을 뜻하는 것으로 해석한다(Boring, Collins, Gundry, Manson, Nineham, Schweitzer). 한 사건으로 만족하지 못해 두세 사건 혹은 여러 사건을 의미하는 것으로 해석하는 이들도 있다. 변화산과 부활(Senior), 부활과 종말(Davies & Allison), 부활과 오순절과 선교(Carson, Morris), 변형과 죽음과 부활과 승천과 오순절과 성전 파괴 등 여러 사건이다(France).

예수님이 바로 앞 절인 8:38에서 종말에 대해 말씀하시는 문맥을 고려하면 종말이 가장 합리적인 해석이다. 그렇다면 어떻게 지금 예수님 앞에 서 있는 사람 중 일부가 죽지 않고 종말에 예수님이 왕권을 가지고 오시는 것을 볼 수 있다는 것인가? 예수님의 제자가 되어 영생을 얻는 이들은 종말에도 살아 있기 때문에 가능하다. 개역개정이 '죽기 전에'라고 번역한 문구(μὴ γεύσωνται θανάτου)를 직역하면 '죽음을 맛보지 않다'이다(cf. NAS, NIV, NRS, ESV). '죽기 전'은 시간적 순서를 강조하는 번역이지만, '죽음을 맛보지 않고'는 살아 있음을 강조한다. 주님을 통해 이미 영생을 얻은 이들은 죽지 않고 예수님의 재림을 보게 될 것이다.

이 말씀은 우리 삶을 지배하는 가치관과 우선권을 돌아보게 한다. 우리는 하나님과 하늘나라 중심으로 살고 있는가? 혹은 썩어 없어질 것들을 얻기 위해 사는가? 제자의 삶은 영원한 것들을 추구한다. 그러므로 썩어 없어질 것들을 중심으로 산다면 가치관과 우선권을 정비해야 한다. 그리고 예수님이 지신 십자가를 지는 것을 두려워하지 않아야 한다. 결코 잃을 수 없는 영원한 생명을 얻고자 하는 삶을 살기 위해서다. 이렇게 사는 사람은 죽음을 맛보지 않고 하나님 나라가 권능으로 이 땅에 임하는 것을 보게 될 것이다.

III. 고난을 예고하심(8:22-10:52)

E. 영광스러운 변형(9:2-8)

2 엿새 후에 예수께서 베드로와 야고보와 요한을 데리시고 따로 높은 산에 올라가셨더니 그들 앞에서 변형되사 3 그 옷이 광채가 나며 세상에서 빨래하는 자가 그렇게 희게 할 수 없을 만큼 매우 희어졌더라 4 이에 엘리야가 모세와 함께 그들에게 나타나 예수와 더불어 말하거늘 5 베드로가 예수께 고하되 랍비여 우리가 여기 있는 것이 좋사오니 우리가 초막 셋을 짓되 하나는 주를 위하여, 하나는 모세를 위하여, 하나는 엘리야를 위하여 하사이다 하니 6 이는 그들이 몹시 무서워하므로 그가 무슨 말을 할지 알지 못함이더라 7 마침 구름이 와서 그들을 덮으며 구름 속에서 소리가 나되 이는 내 사랑하는 아들이니 너희는 그의 말을 들으라 하는지라 8 문득 둘러보니 아무도 보이지 아니하고 오직 예수와 자기들뿐이었더라

예수님이 모세와 엘리야를 산에서 만나시는 이 이야기는 기독론의 최고봉이라 할 수 있다. 모세는 율법을, 엘리야는 선지자 제도를 상징하고 대표한다. 그들이 예수님을 만나러 온 것은 예수님이 바로 율법과 선지서 등 구약이 오실 것이라고 했던 그 메시아라는 사실을 암시한다. 그러므로 예수님과 함께한 세 제자는 구약 시대의 많은 선지자와 의인이 참으로 보고 싶어 했지만 보지 못했던 광경을 보고, 듣고자 했지만 듣지 못한 것을 듣는다(cf. 마 13:17).

엿새 후에 예수님이 열두 제자 중 베드로와 야고보와 요한 세 명을 데리고 높은 산에 올라가셨다(2절). 6일은 모세가 하나님을 뵈러 시내산을 오르기 전에 산을 감싸고 있던 하나님의 구름과 연기를 보며 자신을 준비했던 시간을 상징한다(출 24:15-16). 이렇게 해석할 경우 이는 제자들이 옛적에 모세가 시내산에 올라가 하나님을 뵌 것에 버금가는 일을 경험하게 될 것을 암시하는 말씀이다. 그러나 6일은 단순히 한 장소에서 다른 장소로 이동한 시간을 의미할 수도 있다(Carson). 예수님이 제자들을 데리고 오르신 산은 빌립보 가이사랴에서 어느 정도 떨어진 곳이며, 이 사건은 예수님이 예루살렘으로 가서 고난받아 죽을 것을 예언하신 지(마 16:21-23) 며칠 후에 있었던 일이라는 뜻이다. 이 이야기가 시내산 모티브를 배경으로 하는 것으로 보아 두 가지 의미가 복합적으로 작용한 것으로 생각된다.

예수님이 제자 중 셋만 데리고 가신 것은 옛적에 모세가 하나님의 명령에 따라 아론과 나답과 아비후 등 세 명을 따로 구분해 70명의 장로와 함께 하나님을 뵈러 데리고 간 일을 연상케 한다(출 24:1, 9). 예수님이 데리고 가신 베드로와 야고보와 요한은 열두 제자 중에서도 요즘 말로 '핵인싸'(core insiders)라고 할 수 있다. 예수님이 이들을 특별히 가까이하셨기 때문이다(5:37; 13:3; cf. 마 26:37).

예수님과 제자들이 오른 산은 어떤 산이었을까? 전통적으로 다볼산(Tabor)이 가장 유력한 곳으로 생각되었다. 다볼산은 나사렛에서 10㎞,

갈릴리 호수에서 남쪽으로 20㎞ 떨어진 곳에 위치했다(ABD). 그러나 이 산의 정상은 해발 580m에 지나지 않는다. 본문은 예수님이 오르신 산이 '높은 산'이라고 하는데, 다볼산은 높은 산이 아니다. 게다가 요세푸스에 따르면 당시 로마의 주둔군이 정상에 성을 구축해 기지로 삼았다. 또한 다볼산은 빌립보 가이사랴에서 가버나움으로 가는 길에서 한참 벗어나 있다.

학자들에게 가장 많은 지지를 받는 견해는 헤르몬산이라는 주장이다 (Wessel & Strauss, Wilkins). 헤르몬산은 해발 2,800m에 달하는 높은 산이다. 그러나 이 산은 이방인의 영토에 있고, 정상은 거의 1년 내내 눈에 덮여 있어 참으로 추운 곳이다. 누가는 예수님 일행이 이 산에서 밤을 새웠다고 하는데(눅 9:37), 정상은 밤을 새울 만한 장소가 아니다. 그러므로 많은 이가 헤르몬산 정상이 아니라 중턱 어디쯤 한적한 곳이라고 한다.

일부 학자는 미론산(Mount Miron)을 지목한다(Carson, France). 미론산은 빌립보 가이사랴와 가버나움 사이의 이스라엘 영토에서 가장 높은 산이며, 해발 1,200m에 달한다. 정확히 어느 산이었는지는 알 수 없지만, 전통적으로 산은 계시의 장소다(마 4:8; 5:1; 8:1; 14:23; 15:29). 이번에도 예수님에 대한 특별한 계시가 산에서 임한다.

세 제자가 지켜보는 가운데 예수님의 모습이 변형되었다(2c절). '변형되다'(μετεμορφώθη)는 깊은 내면을 반영해 겉모습이 온전히 변했다는 뜻을 지닌 수동태 동사다(Edwards, cf. TDNT). 예수님이 변형된 것은 하나님이 하신 일이며, 옷만 바뀐 것이 아니라 신체 모두가 바뀐 것이다. 예수님이 성육신하기 전에 지니셨던 영광이 드러난 모습(cf. 요 1:14, 18; 17:5; 빌 2:6-7) 혹은 부활하실 영광의 모습일 수도 있다(Garland). 그러나 학자들 대부분은 장차 종말에 오실 영광스러운 모습이라고 한다 (Cranfield, Evans, Lane, Marcus, 벧후 1:16-18; 계 1:16). 그러나 사실 예수님의 영광스러운 모습을 이처럼 구체적으로 구분하는 것은 별 의미가 없다(Hooker).

예수님의 옷은 광채가 나며 세상에서 빨래하는 사람이 절대 할 수 없을 만큼 희어졌다(3절). 얼굴은 말할 것도 없다. 마태는 예수님의 얼굴이 해 같이 빛났다고 한다(마 17:2). 옛적에 시내산에서 모세의 모습이 변한 일을 생각나게 한다(cf. 출 34:29-35). 그러나 예수님은 모세보다 더 크신 분이다. 모세는 얼굴만 빛이 났는데, 예수님은 온몸에서 광채가 나신다. 모세가 시내산에 올라 뵙고자 했던 바로 그분이시다(cf. 단 7:9). 예수님은 종말에 의인들이 해와 같이 빛나리라고 하셨는데(마 13:43), 그들이 어떻게 빛날 것인지 어느 정도 감을 잡을 수 있다.

세 제자는 엘리야와 모세가 와서 예수님과 대화하는 것을 목격했다(4절). 마태와 누가는 모세를 먼저 언급하는데, 마가는 엘리야를 먼저 언급한다. 아마도 산을 내려가면서 엘리야에 대해 예수님과 제자들이 나눈 대화 때문일 것이다(Garland). 엘리야는 선지자들을 대표하며, 모세는 구약의 율법을 상징한다. 그러므로 이 두 사람은 '율법과 선지자'를 상징하며, '율법과 선지자'는 구약 전체를 의미한다(cf. 마 7:12; 11:13; 22:40). 하나님이 이 두 사람을 예수님에게 보내심으로써 예수님이 구약을 온전히 성취하는 분임을 확인해 주신다.

엘리야는 종말에 오실 메시아의 길을 예비하기 위해 먼저 올 선지자다(말 3:1; 4:5-6). 그리고 모세는 종말에 하나님이 세우실 선지자의 모형이다(신 18:18). 또한 이 두 사람은 각각 시내산과 호렙산에서 하나님의 영광을 보았다(출 24:15; 왕상 19:8-16). 이것이 바로 그들이 변화산에 등장하는 이유다(France). 예수님은 이 두 사람보다 더 위대한 분이며, 그들이 뵙기 위해 산을 올랐던 바로 그분(하나님)이시다. 그러므로 모세와 엘리야가 옛적에 산에서 뵈었던 하나님을 만나기 위해 이 산으로 예수님을 찾아온 것이다.

매우 특별하고 황홀한 광경을 지켜보던 제자 중에 이번에도 베드로가 대표로 나섰다(5절). 그는 예수님을 '랍비'(ῥαββί)라고 부르는데, 선생이라는 뜻을 지닌 히브리어 단어를 헬라어로 음역한 것이다. 바로 앞에서 '그리스도'(Χριστός)라며 예수님이 하나님의 아들 메시아이심을 고백한 점을 고려할 때(8:29), 그가 예수님을 이렇게 부르는 것은 친근감을 표현하기 위해서다(cf. Evans). 베드로는 예수님과 엘리야와 모세의 거룩하고 황홀한 만남이 이루어지고 있는 장소에 자신들이 와 있는 것이 좋다고 했다(5b절). 이 말은 이곳에 있는 것이 참으로 영광이라는 뜻일 수도 있고, 이 영광스러운 자리에 있어도 되는 것인지를 묻는 말일 수도 있다(Carson). 베드로가 예수님의 대답을 기다리지 않고 곧바로 제안하는 것으로 보아 질문은 아니다. 이 장소에 있는 것이 참으로 감개무량한 일이라고 하는 것이다.

베드로는 예수님과 모세와 엘리야를 위해 초막 세 개를 짓겠다고 한다(5c절). 학자들은 베드로의 말을 예수님의 고난과 십자가의 죽음 없이 곧바로 종말로 가고 싶다는 말로 해석하지만(Lane), 그다지 설득력이 있어 보이지 않는다. 베드로와 제자들은 아직도 예수님에 대해 배우고 있으며, 종말에 대한 의식이 상당히 부족한 상황이기 때문이다.

'초막'(σκηνή)은 출애굽한 이스라엘이 광야 생활 때 처소로 사용한 것이다. 매년 이스라엘은 이 일을 기념하기 위해 장막절을 지켰다(레 23:42-43; 신 16장). 이스라엘 사람들은 장막절이면 초막을 세우고 그 안에 들어가 일주일을 지냈다. 장막절은 종말에 연관된 의미도 지녔다(슥 14:16-20).

베드로는 예수님과 모세와 엘리야의 만남을 종말 때까지 기념하는 일종의 기념비를 세우겠다고 한다(cf. Collins, Moloney, Stein). 베드로는 이 황홀하고 거룩한 상황에서 무척 두렵고 무슨 말을 할지 몰라서 별생각 없이 이렇게 말했다(6절). 두려움은 하나님의 현현과 연관된 흔한 현상이다(출 19:16; 20:18; 34:30; 신 4:33; 5:5; 사 6:5; 겔 1:28; 44:4; 단 8:17; 합 3:2-6). 제자들은 하나님의 임재 앞에 엎드려 있다. 이럴 때는 차라리 아무 말도 하지 않고 묵묵히 지켜보는 것이 좋다.

289

베드로가 말할 때 구름이 그들을 덮었고, 그 구름 속에서 소리가 났다(7a절). 구름은 모세가 완성한 성막을 가득 채운 구름(출 40:34-35)과 솔로몬 성전을 감싼 구름을 연상케 한다(왕상 8:10-13). 또한 하나님의 임재를 상징한다(시 97:2; 사 4:5; 단 7:13; 습 1:15). 하나님이 이 산에 임하신 것이다.

구름 속에서 "이는 내 사랑하는 아들이니 너희는 그의 말을 들으라"라는 말씀이 들려왔다(7b절). 첫 부분은 예수님이 세례를 받으실 때 들려온 그 음성이다(1:11). 시편 2:7과 이사야 42:1을 바탕으로 한 말씀이다. 하나님의 음성은 베드로가 고백한 대로(8:29) 예수님이 메시아이심을 확인하는 역할을 한다.

하나님은 제자들에게 "그의 말을 들으라"라는 권면을 더하신다. 옛적에 종말에 모세와 같은 선지자를 보낼 것이니 그의 말을 들으라고 하신 것을 연상케 한다(신 18:15). 예수님은 왕 같은 메시아이며, 동시에 선지자들이 예언한 고난받는 종임을 뜻한다(Wilkins).

하나님의 음성을 듣고 심히 두려워하던 제자들이 마음을 가다듬고 주변을 둘러보았다(8절). 모세와 엘리야는 없고 오직 예수님과 자신들만 남아 있었다. 율법과 선지자도 영원하지 못하며, 오직 예수님만이 우리와 영원히 함께하실 것이다.

이 말씀은 오직 예수님을 중심으로 살아야 한다고 한다. 베드로는 예수님과 모세와 엘리야를 위해 초막 셋을 세우겠다며 세 사람을 동일시했다. 그러나 만남이 끝나고 나니 오직 예수님만 남았다. 예수님은 모세와 엘리야보다 더 위대하신 분, 옛적에 성막과 성전에 영광으로 임하셨던 바로 그 하나님이다. 또한 세상 끝 날까지 우리와 함께할 이는 모세나 엘리야가 아니며 예수님이다. 예수님을 우리 삶의 중앙에 모시고 살 때, 우리는 비로소 하나님이 기뻐하시는 자녀가 될 것이다. 또한 천국에 입성할 때까지 이 땅에서 행복하게 살 수 있을 것이다.

F. 먼저 온 엘리야(9:9-13)

⁹ 그들이 산에서 내려올 때에 예수께서 경고하시되 인자가 죽은 자 가운데서 살아날 때까지는 본 것을 아무에게도 이르지 말라 하시니 ¹⁰ 그들이 이 말씀을 마음에 두며 서로 문의하되 죽은 자 가운데서 살아나는 것이 무엇일까 하고 ¹¹ 이에 예수께 묻자와 이르되 어찌하여 서기관들이 엘리야가 먼저 와야 하리라 하나이까 ¹² 이르시되 엘리야가 과연 먼저 와서 모든 것을 회복하거니와 어찌 인자에 대하여 기록하기를 많은 고난을 받고 멸시를 당하리라 하였느냐 ¹³ 그러나 내가 너희에게 이르노니 엘리야가 왔으되 기록된 바와 같이 사람들이 함부로 대우하였느니라 하시니라

예수님은 산에서 내려오시면서 세 제자에게 인자가 죽은 자 가운데서 살아날 때까지는 그들이 본 일을 아무에게도 말하지 말라고 하셨다(9절). 십자가 사건과 부활이 있을 때까지 누구에게도 말하지 말라는 뜻이다. 메시아적 비밀에 대한 또 한 번의 당부이며, 제자들이 이 비밀을 언제까지 지켜야 하는지 구체적으로 언급하신 유일한 사례다. 그들은 예수님이 부활하신 후에야 엘리야와 모세가 그를 찾아왔다는 사실을 말할 수 있다. 예수님이 부활하신 후에야 세상은 예수님이 사람의 죄 문제를 해결하고 하나님과의 관계를 회복하기 위해 오신 고난받는 종이라는 사실을 알게 될 것이다. 만일 당장 예수님이 엘리야와 모세를 만났다고 하면 유대인들은 드디어 그들을 로마의 억압에서 해방할 정복자 메시아가 오셨다며 예수님을 군사적 메시아로 추대할 것이다.

제자들은 아직도 예수님이 왜 이렇게 말씀하시는지 확실하게 깨닫지 못한다. 심지어 예수님이 죽은 자 가운데서 살아나시는 것이 무엇을 의미하는지도 모른다(10절). 유대인들은 사람이 종말에 가서야 죽음에서 부활한다고 믿었다(Wright, cf. 단 12:1-3). 그런데 예수님은 곧 장로

들과 대제사장들과 율법학자들에게 고난을 받아 죽으실 것이고, 죽은 지 사흘 만에 부활하실 것이라고 하니 혼란스럽다(cf. 8:31). 그들은 훗날 예수님이 부활하신 후에야 비로소 깨달을 것이다.

제자들이 엘리야가 먼저 와야 한다는 말이 무슨 뜻인지 질문하는 것을 보면(11절) 제자들은 예수님이 메시아이신 것을 어느 정도는 확신한다. 그런데 메시아가 오시기 전에 엘리야가 먼저 와서 그의 길을 예비해야 한다는 서기관들의 말과 그들이 경험하고 있는 현실이 잘 어울리지 않는 것 같아 혼란스럽다.

서기관들은 구약 말씀을 가장 잘 아는 전문가다. 서기관들의 해석에 따르면 메시아가 오시기 전에 엘리야가 와서 모든 것을 회복할 것이라고 한다. 그런데 그들은 산 위에서 엘리야를 보고 내려오는 길이다. 그러므로 예수님이 메시아이신 것은 확실한데, 서기관들의 해석과 잘 어울리지 않는 부분이 있는 듯하다. 먼저 와서 메시아의 길을 예비해야 할 엘리야는 아직 오지 않았다는 생각이 든다. 바로 몇 시간 전에 산 위에서 그를 만났기 때문이다. 그러므로 자신들은 혼란스러우니 예수님께 설명해 달라고 한다.

예수님은 제자들에게 메시아가 오기 전에 엘리야가 먼저 와야 한다는 서기관들의 말이 옳다고 하신다. "엘리야가 과연 먼저 와서 모든 것을 회복하리라"(12a절). 모든 것을 회복하는 것은 종말에 있을 최종적인 회복이 아니라, 메시아를 맞이할 회개와 회심을 위한 모든 준비 작업을 뜻한다(Hagner).

이어서 예수님은 제자들에게 만일 엘리야가 먼저 와서 모든 것을 회복한다면, 뒤에 오는 메시아(인자)는 왜 많은 고난을 받고 멸시를 당해야 하는지 물으신다(12b절). 엘리야가 와서 이루는 회복에는 분명 한계가 있기 때문에 뒤에 오는 메시아가 고난과 멸시를 당함으로써 감당해야 할 부분이 있다는 것이다.

서기관들과 제자들을 포함한 사람들 대부분은 세례 요한이 바로 주님의 길을 예비하러 온 엘리야라는 사실을 알지 못했다(13절; cf. 마 17:13). 그들이 알았다면 요한을 그렇게 대하지 않았을 것이다. 헤롯왕이 요한을 처형하도록 내버려 두지 않았을 것이라는 뜻이다(cf. 6:14-29).

예수님은 인자도 그들에게 고난을 받을 것이라고 하신다(12b절). 메시아의 길을 예비하기 위해 온 엘리야를 거부하고 그가 처형당하도록 내버려 둔 지도자들이 메시아를 알아볼 가능성은 희박하다. 그러므로 고난받는 종으로 오신 인자도 그들의 손에 고난을 받게 될 것을 말씀하신다.

이 말씀은 의미를 깨닫는 것과 이뤄지는 때를 분별하는 것은 별개라고 한다. 구약 전문가인 서기관들은 메시아가 오시기 전에 엘리야가 와야 한다는 사실을 잘 알고 있었다. 그러나 그들은 세례 요한이 바로 주님의 길을 예비하러 온 엘리야라는 사실은 알지 못했다. 결국 그들은 하나님이 보내신 종 엘리야를 함부로 대했다. 앞으로 메시아이신 예수님도 함부로 대할 것이다. 우리는 끊임없이 성경을 연구하고 묵상함으로써 하나님의 뜻을 알아가야 한다. 또한 많은 기도를 통해 하나님의 뜻이 실현되는 때를 분별해야 한다.

III. 고난을 예고하심(8:22-10:52)

G. 귀신 들린 아이(9:14-29)

¹⁴ 이에 그들이 제자들에게 와서 보니 큰 무리가 그들을 둘러싸고 서기관들이 그들과 더불어 변론하고 있더라 ¹⁵ 온 무리가 곧 예수를 보고 매우 놀라며 달려와 문안하거늘 ¹⁶ 예수께서 물으시되 너희가 무엇을 그들과 변론하느냐 ¹⁷ 무리 중의 하나가 대답하되 선생님 말 못하게 귀신 들린 내 아들을 선생님께 데려왔나이다 ¹⁸ 귀신이 어디서든지 그를 잡으면 거꾸러져 거품을 흘리며 이를 갈며 그리고 파리해지는지라 내가 선생님의 제자들에게 내쫓아 달

라 하였으나 그들이 능히 하지 못하더이다 [19] 대답하여 이르시되 믿음이 없는 세대여 내가 얼마나 너희와 함께 있으며 얼마나 너희에게 참으리요 그를 내게로 데려오라 하시매 [20] 이에 데리고 오니 귀신이 예수를 보고 곧 그 아이로 심히 경련을 일으키게 하는지라 그가 땅에 엎드러져 구르며 거품을 흘리더라 [21] 예수께서 그 아버지에게 물으시되 언제부터 이렇게 되었느냐 하시니 이르되 어릴 때부터니이다 [22] 귀신이 그를 죽이려고 불과 물에 자주 던졌나이다 그러나 무엇을 하실 수 있거든 우리를 불쌍히 여기사 도와 주옵소서 [23] 예수께서 이르시되 할 수 있거든이 무슨 말이냐 믿는 자에게는 능히 하지 못할 일이 없느니라 하시니 [24] 곧 그 아이의 아버지가 소리를 질러 이르되 내가 믿나이다 나의 믿음 없는 것을 도와주소서 하더라 [25] 예수께서 무리가 달려와 모이는 것을 보시고 그 더러운 귀신을 꾸짖어 이르시되 말 못하고 못 듣는 귀신아 내가 네게 명하노니 그 아이에게서 나오고 다시 들어가지 말라 하시매 [26] 귀신이 소리 지르며 아이로 심히 경련을 일으키게 하고 나가니 그 아이가 죽은 것 같이 되어 많은 사람이 말하기를 죽었다 하나 [27] 예수께서 그 손을 잡아 일으키시니 이에 일어서니라 [28] 집에 들어가시매 제자들이 조용히 묻자오되 우리는 어찌하여 능히 그 귀신을 쫓아내지 못하였나이까 [29] 이르시되 기도 외에 다른 것으로는 이런 종류가 나갈 수 없느니라 하시니라

마가복음은 다른 공관복음에 비해 다양한 사건이나 가르침을 회고하지는 않는다. 그러나 회고할 때는 다른 복음서들보다 훨씬 더 자세하게 한다. 이 이야기가 좋은 사례다. 같은 사건을 마태는 110단어, 누가는 144단어로 회고하는 반면, 마가는 272단어로 묘사한다(France, cf. 마 17:14-20; 눅 9:37-43).

마가는 아이의 증세를 아이 아버지의 설명(17-18절), 귀신의 발작(20절), 예수님과 아버지의 대화(21-22절), 귀신이 아이를 떠날 때(26절) 등 네 차례 언급한다. 또한 믿음이 있고 없고도 이 세대에 대해(19절), 아버지

에게 하신 권면(23절), 아버지의 반응(24절), 제자들에게 기도하라 하실 때(29절) 등 네 차례 언급한다(Strauss). 이 이야기는 사람을 매우 혹독하게 괴롭히는 귀신을 쫓아내는 믿음에 관한 것이다.

이 사건은 예수님이 세 제자와 함께 산 위에 머무시는 동안 아래에 있던 아홉 제자에게 있었던 일이다. 함께 산에 올랐던 베드로와 야고보와 요한은 예수님의 사역에 대해 조금은 이해하는 듯하다(cf. 11절). 그러나 나머지 아홉 제자는 아직도 턱없이 부족하다(cf. 19, 28절). 그들은 예수님 없이는 아무것도 할 수 없다. 예수님은 그들이 한참 더 자라야 한다고 하신다(29절).

예수님이 세 제자와 함께 산에서 내려와 나머지 제자들이 있는 곳으로 가시니 큰 무리가 모여 있었다(14절). 무리에 둘러싸인 제자들은 서기관들과 변론하고 있었다. '변론하다'(συζητέω)는 다툰다는 뜻이다. 제자들과 서기관들 사이에 논쟁이 벌어진 것이다. 아마도 가뜩이나 예수님을 못마땅하게 여기던 서기관들은 제자들의 무능함을 보고 이때다 싶어 그들을 심하게 힐난했을 것이다(cf. 2:6-7, 16; 3:22; 7:1-5).

무리는 예수님을 보고 매우 놀라며 달려와 문안했다(15절). 그들은 무엇 때문에 놀랐을까? 마가는 이유를 밝히지 않지만, 학자들 대부분은 그들의 놀람을 바로 앞(2-13절)에 나오는 산 위에서 있었던 변모 이야기와 연관해 해석한다. 예수님이 모세와 엘리야와 대화하실 때 변모된 모습이 아직 조금 남아 있었기 때문이라는 주장이다(Evans, Gundry, Hooker, Witherington). 옛적에도 모세가 시내산 정상에서 하나님이 말씀을 새겨 주신 두 돌판을 들고 내려왔을 때 사람들은 그의 얼굴이 빛나는 것을 보고 두려워했다(출 34:29-33).

예수님이 무엇 때문에 다투느냐고 물으시자 한 사람이 나와 대답했다(16-17절). 그는 귀신 들린 아들을 고쳐 달라고 데려왔는데, 제자들이 귀신을 쫓아내지 못했다는 것이다(18절). 아이의 아버지는 예수님을 전적으로 믿었기 때문에 예수님의 제자들도 당연히 예수님이 하시는 일을 모두 할 수 있는 줄 알았다. 예수님이 이미 제자들에게 병을 낫게 하고 귀신을 쫓는 권세를 주셨기 때문이다(6:7-13; cf. 3:14-15). 그러나 제자들은 아들을 고치지 못했다. 그래도 아버지는 낙심하지 않고 예수님을 기다렸다. 예수님은 분명히 하실 수 있다는 믿음이 있었기 때문이다.

귀신이 아이를 잡으면 아이는 거꾸러져 거품을 흘리며 이를 갈며 파리해진다(18절). 마태는 귀신이 간질을 이용해 아이를 조종한다고 한다(마 17:15, 18). 귀신이 들린 아이는 스스로 자신을 절제할 수 없다. 발작이 일어나면 물불을 가리지 않고 아무 곳에서나 이런 증세를 보이며 거꾸러진다. 매우 위험한 상황이다.

아버지는 이런 아이를 고쳐 달라며 예수님께 데려왔다(17절). 예수님과 세 제자가 산 위에 있는 동안 땅에 남아 있던 아홉 명에게 데려왔다는 뜻이다. 그러나 제자들은 아이를 고치지 못했다(18b절). 예수님은 이미 제자들에게 귀신을 쫓고 병을 낫게 하는 권세를 주셨고(6:7-13), 그들은 예수님이 사람에게서 귀신을 쫓는 일을 여러 번 옆에서 지켜보았다. 그런데도 아이에게서 귀신을 쫓아내지 못했다는 것은 그들이 영적으로 아직 성숙하지 못했다는 것을 의미한다.

예수님은 답답하시다. 그들과 함께할 시간이 그리 많지 않은데, 제자들은 아직 한참 더 성숙해야 하기 때문이다. 그러므로 탄식하신다. "믿음이 없는 세대여!"(19절). 이 말씀은 모세가 불순종하는 이스라엘 백성에게 사용한 표현과 비슷하다(cf. 신 32:5, 20). 예수님이 이 말씀을 누구에게 하신 것인지는 확실하지 않다. 그래서 학자들은 무리에게 한 것이라 하고(Boring, France, Gundry), 제자들에게 한 것이라 하고(Held, Nolland, Schnackenburg), 혹은 무리와 제자들 모두에게 하신 말씀이라고 하기도 한다(Carson, Davies & Allison). 세 번째(무리와 제자들 모두에게 하신 말씀) 해석이 문맥에 가장 잘 어울린다.

두 차례 반복되는 '얼마나(ἕως πότε)…얼마나(ἕως πότε)…"(19절)는 참으로 답답한 예수님의 심정을 표현한다. 그들과 함께할 시간이 많지 않은데, 제자들의 신앙 성장은 마냥 더디기만 하니 답답하시다. 예수님은 아이를 데리고 오라고 하셨다. 제자들이 실패한 일을 수습하기 위해서다.

아이를 붙들고 있던 귀신이 예수님을 보더니 곧바로 아이에게 심한 경련을 일으켰다(20a절). 아이는 땅에 엎드러져 구르며 거품을 흘렸다(20b절). 아이의 아버지는 그가 어릴 때부터 이러했다고 말했다(21절). 또한 귀신이 아이를 죽이려고 불과 물에 자주 던졌다고 했다(22a절). 매우 위험하고 오래된 불치병이었다.

아버지는 아이를 볼 때마다 부모이면서도 그를 위해 아무것도 해 줄 수 없다는 것이 한없이 안타깝고 슬프다. 그러므로 예수님이 아이에게 도움이 될 만한 조치를 조금이라도 취해 주시면 더할 나위 없겠다는 마음으로 "무엇을 하실 수 있거든 우리를 불쌍히 여기사 도와 주옵소서"라며 눈물로 호소한다(22b절). '하실 수 있거든'(εἴ τι δύνῃ)은 아이 아버지의 흐린 믿음을 반영한다. 그가 아이를 데리고 집을 나섰을 때는 예수님이 분명 아들을 치료하실 수 있다는 믿음을 가지고 있었다. 그러나 제자들이 치료하지 못하자 실망과 안타까움에 믿음과 확신이 흔들린 것이다. 그러므로 지푸라기라도 잡는 심정으로 완치는 안 되더라도 아이에게 도움이 될 만한 일이라면 무엇이라도 해 달라고 예수님에게 애원하고 있다.

또한 아버지는 예수님이 자기 아들에게 도움을 주시는 것은 아이뿐 아니라 자기와 가족들도 불쌍히 여겨 도우시는 일이라고 한다(22b절). 집안에 환자가 있으면 환자뿐 아니라 온 가족이 고통을 당하고 아파한다. 그러므로 환자가 치료되면 가족도 치료된다. 아이를 조금이라도 치료해 달라는 아버지의 간절한 열망은 곧 온 가족의 열망이다.

예수님은 눈물로 호소하는 아이의 아버지에게 "할 수 있거든이 무슨 말이냐?"라고 질문하신다(23a절). 예수님은 아이를 치료하실 능력과 의지가 있으시다. 아이의 아버지에게 이 같은 사실을 믿는 믿음을 가지고 있느냐는 다그침이다(Cranfield, France). 이어서 예수님은 "믿는 자에게는 능히 하지 못할 일이 없느니라"라고 하신다(23b절). 아이의 아버지는 1년 후에 자기 몸에서 이삭이 태어날 것이라고 하신 하나님을 믿지 못한 사라와 비슷하다(창 18:10-13). 사라가 아이를 원한 것처럼 이 사람도 아들의 치료를 간절히 원하면서도 하나님이 그렇게 하실 것이라는 믿음이 부족하다. 또한 예수님이 아이의 아버지에게 하신 말씀은 여호와께서 사라와 아브라함에게 하신 말씀을 연상케 한다. "여호와께 능하지 못한 일이 있겠느냐?"(창 18:14). 믿음은 스스로 무엇이 될 것이라며 주문 외우듯 되뇌는 것이 아니다. 믿음은 하나님이 그 일을 하실 것이라고 확신하는 것이다. 믿음에서 가장 중요한 것은 누구를 믿느냐 하는 것이다. 예수님은 지금 아이의 아버지에게 능히 하지 못할 일이 없으신 하나님을 믿는 믿음을 요구하신다.

아이의 아버지는 어떠한 주저함도 없이 '곧[바로]'(εὐθὺς) 큰 소리로 "내가 믿나이다 나의 믿음 없는 것을 도와 주소서"라고 했다(24절). 예수님의 말씀처럼 자신은 완벽한 믿음을 소유하지 못했는데, 그나마 제자들의 무능함을 보고 한순간 그 믿음마저 흔들린 것을 회개한다는 뜻이다. 그러면서 그는 믿음의 주요 또 온전하게 하시는 예수님께 자기의 믿음 없는 것을 치료해 달라고 한다(cf. 히 12:2). 절대 흔들리지 않는 믿음을 갖고 싶은데 자기 뜻대로 잘되지 않는 좌절감을 이렇게 표현하고 있다. 우리가 살면서 항상 경험하는 갈등이다(Calvin).

사람들이 점점 예수님 주변으로 모여들었다(25a절). 예수님은 최대한 빨리, 신속하게 아이를 치료하고 자리를 옮기기를 원하신다(cf. 28절). 그러므로 아이를 인질로 잡고 있는 더러운 귀신을 꾸짖으시며 "말 못하고 못 듣는 귀신아 내가 네게 명하노니 그 아이에게서 나오고 다시 들어가지 말라"라고 명령하셨다(25절). 이 아이는 원래 말을 하고 들을 수 있는데, 그가 지금 말을 하지 못하고, 듣지 못하는 것은 귀신 때문이라는 것이다. 또한 아이의 아버지에게 확신을 주기 위해 귀신에게 다시는 아이에게 들어가지 말라고 명령하신다(Wessel & Strauss). 복음서에서 예수님이 귀신에게 다시는 들어가지 말라고 명령하시는 일은 이곳이 유일하다. 귀신은 아이에게서 나가면서 마지막으로 평소에 하던 대로 심한 경련을 일으켰다(26a절). 귀신은 그동안 아이가 경련을 일으킨 것은 자신이 한 일임을 보여 주며, 또 자신이 원해서가 아니라 예수님의 명령에 따라 어쩔 수 없이 아이에게서 나간다는 항의의 표시로 이렇게 하고 있다.

아이가 얼마나 심한 경련과 발작을 일으켰는지 귀신이 빠져나가 발작이 멈추자 마치 죽은 것같이 되었다(26b절). 이 모습을 지켜본 사람들은 아이가 죽었다고 말했다(26b절). 귀신 들렸을 때와 귀신이 빠져나간 후의 모습이 너무나도 대조적이었기 때문이다. 사람들이 지켜보는 상황에서 예수님이 아이의 손을 붙잡아 일으키시니 죽은 것처럼 누워 있던 아이가 일어났다(27절). 간질에서 해방된 것이다. 어떤 이들은 아이가 죽은 자처럼 되었다가 살아나는 것을 예수님의 죽음과 부활을 예고하는 것으로 해석하지만(Boring, Lane), 지나친 해석이다(cf. Strauss). 아이는 죽지 않았기 때문이다. 수로보니게 여인의 믿음을 보시고 바로 그 순간 딸을 낫게 하신 일을 연상케 한다(7:24-30). 이 사건은 모든 간질(cf. 마 17:15)이 귀신 들렸기 때문에 빚어지는 일이라고 하지 않는다. 간질 중 일부는 귀신 들린 결과라고 하는 것뿐이다.

무리가 흩어지고 예수님과 제자들도 집으로 들어갔다. 아이에게서 귀신을 쫓아내지 못했던 제자들이 자기들은 왜 쫓아내지 못했는지 예수님께 조용히 물었다(28절). 제자들도 혼란스럽다. 예수님이 이미 그들에게 귀신 쫓는 권세를 주셨고(6:7), 그 권세로 귀신들을 쫓아낸 경험이 있기 때문이다(6:13). 제자들이 사람들이 없을 때 조용히 물었다는 것은 그들도 실패한 것에 수치심을 느끼고 있음을 암시한다.

예수님은 제자들에게 기도 외에 다른 것으로는 이런 종류가 나갈 수 없다고 하셨다(29절). 일부 사본은 '기도와 금식'(προσευχῇ καὶ νηστείᾳ)이라고 표기하는데(cf. 새번역 각주, KJV), 금식은 훗날 삽입된 것이 확실하므로 대부분 번역본이 삭제했다(cf. 공동, NAS, NIV, NRS, ESV). 제자들은 나태해져 있다. 예수님은 분명 그들에게 귀신을 쫓는 권세를 주셨다(6:7). 그리고 그들은 이 권세로 상당한 성공을 거두었다(6:13). 처음에는 이 권세를 사용할 때마다 많은 기도로 준비했다. 그러나 시간이 지나면서 자신들이 이 권세를 가지고 있는 것을 당연시 여겨 기도로 준비하는 일을 게을리했다. 그러므로 예수님은 그들의 기도 부족을 지적하시며 이렇게 말씀하신다.

이 말씀은 하나님이 우리에게 주시는 은사와 권세는 많은 기도로 준비한 다음에 사용해야 한다고 한다. 예수님은 제자들에게 어떠한 귀신이라도 쫓아낼 수 있는 권세를 주셨다. 제자들은 하나님께 무한한 능력을 받고도 기도로 준비하지 않아 제대로 사용할 수 없었다. 우리도 이런 실수를 범하지 않는지 각자의 삶과 신앙을 돌아보아야 한다.

또한 믿음은 우리가 바라는 것을 하나님이 허락하실 것이라고 희망하는 것이 아니다. 우리가 원하는 것을 마음속으로 바라는 것은 더더욱 아니다. 믿음은 자기 자녀들을 돌보시는 하나님과 그분의 선하신 역사하심을 온전히 의지하는 것이다. 하나님이 일하시도록 우리 삶을 주님의 뜻에 복종시키는 것이 믿음이다.

III. 고난을 예고하심(8:22-10:52)

H. 두 번째 수난과 부활 예고(9:30-32)

[30] 그 곳을 떠나 갈릴리 가운데로 지날새 예수께서 아무에게도 알리고자 아니하시니 [31] 이는 제자들을 가르치시며 또 인자가 사람들의 손에 넘겨져 죽임을 당하고 죽은 지 삼 일만에 살아나리라는 것을 말씀하셨기 때문이더라

³² 그러나 제자들은 이 말씀을 깨닫지 못하고 묻기도 두려워하더라

이 말씀은 이 섹션(8:22-10:52)에 기록된 세 차례의 십자가 고난과 부활에 대한 예고 중 두 번째 예고이며 가장 짧다(cf. 8:31; 10:32-34). 그래서 어떤 이들은 이 예고가 역사적으로는 맨 처음 것이라고 한다(Evans, Jeremias). 귀신 들린 아이를 치료하신 예수님 일행이 갈릴리로 돌아왔다(30절). 예수님은 잠시 후 10:1에서 갈릴리를 떠나 유대를 향해 떠나시면 다시 돌아오시지 않는다. 그러므로 십자가를 향한 여정을 시작하기 전에 마지막으로 갈릴리에 들리신 것이다.

예수님은 아무에게도 알리지 않고 조용히 갈릴리를 지나가고자 하셨다. 제자들을 가르치는 일에 전념하기 위해서였다(31a절). 베드로가 예수님을 그리스도라고 고백한 이후(8:29-30) 예수님은 무리를 상대로 하는 가르침과 사역보다 열두 제자를 가르치는 일에 집중하신다. 그들과 함께할 시간은 많지 않은데, 제자들의 깨우침과 믿음은 더디기만 하다. 제자들은 곧 다가오는 예수님의 죽음을 겪고도 당황하지 않을 정도가 되어야 하는데, 현실은 녹록지 않다.

예수님은 제자들을 가르치시며 십자가의 죽음과 부활에 대해서도 말씀하셨다(31절). 사람들의 손에 넘겨져 죽임당할 일을 말씀하신 것이다. '사람들의 손'(χεῖρας ἀνθρώπων)은 유대교 지도자들을 뜻한다. 그들은 사람을 처형할 권한이 없기 때문에 억울한 누명을 씌워 예수님을 로마 사람들에게 넘겨줄 것이다.

'넘겨지다'(παραδίδοται)는 미래 의미를 지닌 현재형 수동태. 이 일은 반드시 실현될 것을 의미한다(Stein, Taylor). 또한 '배신당하다'라는 의미도 지녔다(TDNT, cf. 3:19; 14:18, 21, 42, 44). 비록 유대교 지도자들이 예수님을 로마 사람들에게 넘길 것이지만(cf. 15:1, 10), 실제로는 역사를 주관하시는 하나님이 온 인류를 구원하시는 구속사의 일원으로 예수님이 사람들의 죄를 대속하는 속제물이 되어 악인들의 손에 고난을 당하도록 그들의 손에 넘기실 것이다(cf. Strauss). 그렇다면 하나님은 예수님을 그들의 손에 어떻게 넘기실 것인가? 사람을 에이전트로 사용할 것이기 때문에 예수님을 넘긴다는 것은 사람의 배신을 사용하실 것을 암시한다(Carson, Wilkins). 나중에 제자 중 하나인 가룟 유다가 예수님을 배신하는 자로 드러난다.

다행인 것은 예수님의 죽음이 끝이 아니라는 사실이다. 죽임당하신 후 삼 일 만에 부활하실 것이다. 예수님은 제자들에게만 이 말씀을 하셨다. 그러나 제자들은 예수님의 말씀을 깨닫지 못하고 묻기도 두려워했다(32절). 전통적인 유대교는 부활은 종말에 있을 일이라고 하지, 그 전에는 일어날 일이 아니라고 하기 때문이다. 예수님이 수난과 부활에 대해 말씀하신 것은 이번이 두 번째다(cf. 8:31). 그러나 제자들은 여전히 말씀의 의미를 깨닫지 못한다. 예수님께 묻기라도 했으면 좋을 텐데 두려워하기만 한다. 아마도 예수님이 그들의 영적 무딤을 탓하신 일이 선뜻 질문하지 못하게 했을 것이다(Garland, cf. 4:13; 7:18; 8:18, 21). 제자들은 예수님의 죽음과 부활이 잘 이해되지는 않지만, 예수님이 죽으실 것이라는 말씀이 그들을 두렵고 슬프게 했다. 제자들이 이때 두려워하지 않았다면, 예수님이 잡히실 때 도망하고 배반하는 일은 없었을 수도 있다(cf. 14:50-52, 66-72).

이 말씀은 하나님 안에 거한다고 해서, 혹은 주님을 믿는다고 해서 아픔, 특히 헤어짐의 아픔을 겪지 않는 것은 아니라고 한다. 언제 어디서든 죽음으로 인해 누군가와 작별하는 것은 슬프고 두려운 일이다. 더욱이 스승이자 메시아이신 예수님이 죄인들에 의해 죽임당하실 것이라고 하는데, 슬퍼하지 않고 두려워하지 않을 제자가 어디 있겠는가! 물론 사전에 대비하면 조금은 덜 아프고 덜 슬플 것이다.

우리는 예수님이 우리를 대신해서 죽으신 일에 항상 감사한 마음을 가지면서 동시에 주님의 죽음과 고난을 아파하는 마음도 가져야 한다. 우리의 구원은 참으로 감사할 일이지만, 그 구원이 하나님께는 참으로 큰 고통이었기 때문이다. 그러므로 주님의 고난을 아파하고 슬퍼하되 천국의 소망을 마음에 품고 아파하고 슬퍼해야 한다.

III. 고난을 예고하심(8:22-10:52)

1. 누가 큰가(9:33-37)

33 가버나움에 이르러 집에 계실새 제자들에게 물으시되 너희가 길에서 서로 토론한 것이 무엇이냐 하시되 34 그들이 잠잠하니 이는 길에서 서로 누가 크냐 하고 쟁론하였음이라 35 예수께서 앉으사 열두 제자를 불러서 이르시되 누구든지 첫째가 되고자 하면 뭇 사람의 끝이 되며 뭇 사람을 섬기는 자가 되어야 하리라 하시고 36 어린 아이 하나를 데려다가 그들 가운데 세우시고 안으시며 제자들에게 이르시되 37 누구든지 내 이름으로 이런 어린 아이 하나를 영접하면 곧 나를 영접함이요 누구든지 나를 영접하면 나를 영접함이 아니요 나를 보내신 이를 영접함이니라

예수님 일행이 드디어 가버나움 집에 이르렀다(33절). 갈릴리 사역을 위해 베이스캠프(basecamp)로 삼으신 베드로와 안드레의 집이다(cf. 1:21, 29; 2:1). 집에 도착하신 예수님은 제자들에게 길에서 무엇에 대해 토론했냐고 물으셨다(33절). '토론하다'(διαλογίζομαι)(33절)와 '쟁론하다'(διαλέγομαι)(34절)는 언성을 높이며 열띤 논쟁을 벌이는 것을 뜻한다(TDNT). 예수님은 오는 길에 제자들이 무엇에 대해 열띤 토론을 벌였는지 모두 아신다(cf. 35절). 몰라서 물으시는 것이 아니다. 그들이 회개하기를 바라며 하시는 질문이다.

구약에도 이처럼 하나님이 모든 것을 아시면서 죄인들에게 마지막 회개의 기회를 주기 위해 질문하시는 경우가 많다. 하나님이 먹지 말라고 하신 선악과를 아내와 함께 먹은 아담에게 두 차례 질문하셨고(창

3장), 동생을 죽인 가인에게 두 차례 질문하셨고(창 4장), 교만해진 히스기야에게 두 차례 질문하셨다(사 39장). 세 가지 사례에서 하나님은 이미 그들에 대한 심판을 결정하고 오셨다. 하지만 만일 그들이 마지막 순간에라도 죄를 고백했다면 그들에게 내려진 심판은 상당히 달라질 수도 있었다.

제자 중 누구도 대답하지 못한다(34절). 심지어 나서기 좋아하는 베드로도 이번에는 침묵한다. 되돌아보니 자신들이 한없이 유치하고 어이없는 주제로 논쟁을 벌였기 때문이다. 스승이신 예수님은 배신과 죽음에 대해 심각한 말씀을 하시는데, 제자들은 고작 그들 중 누가 크냐(으뜸이냐)를 놓고 쟁론했다(34절). 제자들의 '누가 큰 자인가'(τίς μείζων)에 대한 논쟁은 하늘나라에서는 어떤 인격과 능력을 지닌 사람이 존귀함을 받는가 하는 것과는 상관이 없다. 그들은 이 세상의 기준을 근거로 서열에만 관심이 있다.

예수님이 앉으셨다(35a절). 스승이 앉는다는 것은 곧 가르침이 시작될 것을 뜻한다. 그러므로 제자들은 신속하게 예수님 주변으로 모여야 한다. 예수님은 제자들을 불러 놓고 누구든 첫째가 되고자 하면 뭇 사람의 끝이 되며 뭇 사람을 섬기는 자가 되어야 한다고 하신다(35b절). 가장 낮은 자리에서 다른 사람을 섬기는 사람이야말로 하나님 나라에서 가장 큰 사람이라는 것이다. 예수님은 잠시 후 야고보와 요한의 요구에도 같은 원리로 대답하신다(10:43-44). 세상과 하나님 나라의 가치관은 질적으로 다르다. 세상은 으뜸이 되고 싶으면 남을 짓밟고 올라가라고 한다. 그러나 하나님 나라에서는 스스로 낮아져 이웃을 섬기는 사람이 으뜸이다. 어느 초교파적인 운동이 지향하는 리더십 모델이 생각난다. "남을 성공시키는 리더십." 이렇게 하려면 리더는 남들보다 더 낮은 곳에서 그들을 섬겨야 한다.

예수님은 어린아이 하나를 데려다가 제자들 가운데 세우셨다(36절). 그 아이를 품에 안으시며 아이를 실물 교수(object lesson)로 삼아 제자들에게 가르침을 주셨다. 이 가르침이 가버나움에 있는 베드로와 안드레의 집에서 있었던 일이기 때문에 이 아이는 아마도 베드로나 안드레의 자녀 중 하나였을 가능성이 있다. '어린아이'(παιδίον)는 아직 사춘기에 접어들지 않은 나이가 어린 아이를 뜻한다(Osborne).

누구든지 예수님의 이름으로 어린아이를 영접하면 곧 예수님을 영접하는 것과 같다(37a절). '영접하다'(δέχομαι)는 환영하고 인정한다는 뜻이다(BAGD). 예수님은 선교와 전도 여행을 위해 제자들을 파송하실 때(6:7-13) 어느 지역에서 그들을 '영접하지 않으면' 그곳을 떠날 때 발에 묻은 먼지를 털어 증거로 삼으라고 하셨다(6:11). 이 말씀은 예수님의 권위와 다스림 아래 있는 공동체에 하시는 말씀이다. 믿는 사람들을 향해 서로를 환대하라며 이렇게 말씀하시는 것이다.

'어린아이'(παιδίον)가 할 수 있는 일은 별로 없다. 당시 어린아이는 이렇다 할 권리가 없고 법적으로도 잘 보호받지 못했다. 힘이 없어 자신을 방어할 수가 없기에 누가 공격하면 당하기만 했다. 부모가 보호해 주지 않으면 큰일을 당할 수밖에 없는 위치에 있는 연약한 존재였다. 그러므로 예수님이 아이를 실물 교수로 삼아 하시고자 하는 말씀은 아이들에게서 볼 수 있는 연약함과 받은 은혜를 갚을 수 없는 무기력함이다. 받은 선을 갚을 수 없는 사람에게 대가를 바라지 않고 선을 베푸는 것은 곧 예수님을 환대하는 것과 같다. 또한 예수님을 영접하는 것은 곧 예수님을 보내신 하나님을 영접하는 것과 마찬가지다(37b절).

이 말씀은 가장 낮은 자리에서 겸손하게 이웃을 섬기는 사람이 가장 높은 사람이라고 한다. 하나님 나라에서는 높아지려면 낮아져야 하고, 으뜸이 되려면 섬겨야 한다. 이것이 하나님 나라의 모순적 진리다. 교회에 속한 사람들이 이 같은 하늘나라의 가치와 기준으로 산다면 교회는 우리가 이 땅에서 경험할 수 있는 작은 천국이 될 것이다.

J. 제자의 삶(9:38-50)

예수님은 곧 다가올 고난과 죽음으로 마음이 복잡하신데, 제자들은 그들 중 누가 큰지를 논할 정도로 철이 없고 생각이 부족하다. 그러므로 예수님은 제자들에게 다시 한번 그들이 지향해야 할 삶이 어떤 것인지를 가르치신다. 예수님의 가르침이 당장 효과를 발휘하지는 않았지만, 나중에 제자들이 교회에서 중추적인 역할을 할 때 이 말씀을 기준으로 삼았을 것이다. 이 섹션은 다음과 같이 구분된다.

A. 우리를 위하는 사람(9:38-41)
B. 실족하게 하는 자에 대한 경고(9:42-48)
C. 소금(9:49-50)

1. 우리를 위하는 사람(9:38-41)

[38] 요한이 예수께 여짜오되 선생님 우리를 따르지 않는 어떤 자가 주의 이름으로 귀신을 내쫓는 것을 우리가 보고 우리를 따르지 아니하므로 금하였나이다 [39] 예수께서 이르시되 금하지 말라 내 이름을 의탁하여 능한 일을 행하고 즉시로 나를 비방할 자가 없느니라 [40] 우리를 반대하지 않는 자는 우리를 위하는 자니라 [41] 누구든지 너희가 그리스도에게 속한 자라 하여 물 한 그릇이라도 주면 내가 진실로 너희에게 이르노니 그가 결코 상을 잃지 않으리라

요한은 잠시 후 10:35-45에서 형제 야고보와 함께 가장 좋은 자리 (지위)를 그들에게 달라고 예수님께 요청하지만, 그가 홀로 나서서 말

306

하는 것은 마가복음에서 이곳이 유일하다. 요한은 어떤 사람이 예수님의 이름으로 귀신을 내쫓는 것을 보고 하지 못하게 금했다고 한다(38절). 이름은 그 이름을 소유한 사람의 권세를 상징한다. '주의 이름으로'($\acute{\epsilon}\nu$ $\tau\hat{\omega}$ $\acute{o}\nu\acute{o}\mu\alpha\tau\acute{\iota}$ $\sigma o\upsilon$)를 직역하면 '당신의 이름으로'이며 예수님의 권세를 의지해 귀신을 쫓았다는 뜻이다. 요한이 이 사람이 더는 예수님의 이름으로 귀신을 쫓지 못하도록 금한 이유는 그가 그들을 따르지 않았기 때문이다. '우리를 따르지 않다'($o\mathring{\upsilon}\kappa$ $\mathring{\eta}\kappa o\lambda o\acute{\upsilon}\theta\epsilon\iota$ $\mathring{\eta}\mu\hat{\iota}\nu$)는 우리 중 하나가 아니라는 뜻이다. 열두 제자 중 하나가 아니라는 것이다.

본문이 묘사하는 요한은 복음서에 나타나는 그의 성격과 잘 어울린다. 요한과 야고보는 예수님에게 하늘에서 불을 내려 주님을 영접하지 않은 사마리아 마을을 태워 버리라고 한다(눅 9:51-55). 그러므로 예수님이 이 형제들에게 '우뢰의 아들'이라는 별명을 붙여 주셨다(3:17). 이곳에 기록된 사건도 요한의 불같고 이기적인 성격과 잘 어울린다.

어떤 이들은 귀신 들린 아이에게서 귀신을 쫓아내지 못해 문제가 된 제자들(9:14-29)이 예수님의 이름으로 귀신을 쫓아내는 사람을 문제 삼는 것이 아이러니라고 한다(Boring, Evans, Lane, Stein). 그러나 요한은 예수님이 변모되실 때 동행한 세 제자 중 하나이기 때문에 귀신을 쫓아내지 못한 제자들을 대표한다고 할 수 없다.

귀신 들린 자들에게서 귀신을 쫓아낸 사람은 어떤 사람일까? 당시 귀신 들린 자들에게서 귀신을 몰아내는 사람들은 신앙과 상관없이 아무 신(들)의 이름이라도 사용해서 귀신을 쫓아내려 했다. 이러한 행태는 사도행전 19:13-17에 기록된 제사장 스게와의 일곱 아들이 예수님과 바울의 이름으로 귀신들을 쫓아내려 했다가 된통 혼이 나는 이야기에도 반영되어 있다. 또한 예수님의 이름으로 선지자 노릇을 하며 온갖 이적을 행하며 귀신을 쫓아냈지만 예수님이 모른다며 내치시는 자들도 이러한 사람들이다(마 7:21-23).

요한이 언급하는 사람은 이러한 유형은 아니다. 예수님의 열두 제

자에 들지는 못했지만, 예수님을 메시아로 영접하고 따르는 사람이다
(Strauss). 당시 열두 제자 외에도 상당히 많은 사람이 예수님을 믿었다.
누가복음 10:1-17은 예수님이 주님을 믿는 사람 중 72명을 선택해 사
역자로 세우신 일을 기록한다.

그러므로 예수님을 따르는 사람이 예수님의 이름으로 귀신을 쫓아내
는 것을 금한 일은 잘못된 것이며, 순전히 열두 제자로 제한된 엘리트
그룹만이 누리는 특별한 지위와 권위를 유지하려는 데서 비롯된 일이
다. 그가 '주님을 따르지 아니하므로'가 아니라 '우리를 따르지 아니하
므로'(οὐκ ἠκολούθει ἡμῖν) 금했다고 하는 것도 이와 같은 사적인 이권을
반영한다.

요한의 말을 들으신 예수님은 이런 사람을 금하지 말라고 하신다(39a
절). 예수님을 믿고 예수님의 이름을 의탁해 귀신을 쫓아내는 사람들
이 곧바로 그 능력의 출처인 예수님을 비방할 리는 없다(39b절). 자신들
이 예수님의 이름을 이용하고 있기 때문이다. 물론 예외는 있지만, 예
외적인 사람들도 '즉시로'(ταχυς) 비방하지는 않는다. 설령 그들이 변절
자가 된다고 할지라도 귀신을 쫓아낸 다음 곧바로 그렇게 하지는 않
을 것이다. 세상 말로 '단물이 빠질 때'까지는 비방하지 않을 것이기 때
문이다. 또한 이런 사람들은 예수님이 바알세불의 힘을 빌려서 귀신을
쫓는다고 하는 유대교 지도자들보다 훨씬 낫다(cf. 3:22).

예수님은 제자는 하나님이 그에게 주신 권세를 시기와 질투로 보호
하려 하지 않는 사람이라고 하신다. 하나님 나라의 확장이 개인적인
이권 보존보다 훨씬 더 중요하다는 사실을 깨닫는 사람이기 때문이다.
또한 우리가 대적해야 할 원수는 마귀이지, 하나님이 주신 권세로 선
한 일을 하려는 사람이 아니다. 시기와 질투는 하나님 나라에서 설 자
리가 없다. 제자들에게서 사람들이 예수님께 몰려간다는 보고를 받고
세례 요한이 한 말이 생각난다. "그는 흥하여야 하겠고 나는 쇠하여야
하리라"(요 3:30). 하나님 나라의 메시지가 선포되는 일이 중요하다는

것이다.

예수님은 "우리를 반대하지 않는 자는 우리를 위하는 자이다"(40절)라며 당시 격언을 인용하신다(Strauss, cf. 마 12:30; 눅 9:50). 하나님 나라 확장을 위해 일하는 사람 중에 파벌이 있어서는 안 된다는 취지의 말씀이다. 하나님 나라를 확장하는 것은 힘을 합해 노력해도 어려운 일인데, 여러 파로 나뉘면 더 어려워질 수밖에 없다. 옛적에 여호수아가 모세를 찾아와 엘닷과 메닷이라는 사람이 예언하는 것을 금하라고 했을 때 모세가 한 말이 생각이 난다. "네가 나를 두고 시기하느냐 여호와께서 그의 영을 그의 모든 백성에게 주사 다 선지자가 되게 하시기를 원하노라"(cf. 민 11:26-29).

어떤 이들은 "누구든지 너희가 그리스도에게 속한 자라 하여 물 한 그릇이라도 주면 내가 진실로 너희에게 이르노니 그가 결코 상을 잃지 않으리라"(41절)라는 말씀이 문맥과 잘 어울리지 않는다고 하고, 예수님이 자신을 '그리스도'(Χριστός)라고 언급하시는 것도 잘 이해되지 않는다고 한다(cf. Marcus). 그러나 이 말씀은 누구든 주님의 이름으로 어린아이 하나를 영접하면 곧 예수님을 영접하는 것이요, 누구든 예수님을 영접하면 곧 예수님을 보내신 하나님을 영접하는 것이라는 37절 말씀과 맥을 같이한다. 또한 예수님은 이미 베드로에게 '그리스도'라는 고백을 받으셨다(8:29). 그러므로 본문의 어떠한 내용도 마가복음의 흐름에서 이질적이지 않다.

이 말씀은 어떤 이유에서든 하나님 나라를 확장해 나가는 사람이 있으면 그를 금하지 말라고 한다. 바울은 어떤 사람은 착한 뜻으로 그리스도를 전파하지만, 어떤 사람은 투기와 분쟁으로 그리스도를 전파한다고 한다(빌 1:15). 우리의 삶에서 하나님 나라의 확장이 최우선이라는 사실을 의식한다면 각자의 동기는 하나님이 심판하시도록 하고, 우리는 서로 협력해 그리스도를 전파해야 한다.

예수님이 아무에게나 자선을 행하라고 하시는 것은 아니다. 예수님을 따르는 사람들에게 베푸는 선행에 관해 말씀하신다(41절; cf. 마 10:40-47; 25:31-46). 우리는 세상 모든 사람을 선하게 대해야 하지만, 특히 주님의 자녀들을 주님의 이름으로 따뜻하게 대하며 선을 베풀어야 한다.

III. 고난을 예고하심(8:22-10:52)
  J. 제자의 삶(9:38-50)

2. 실족하게 하는 자에 대한 경고(9:42-48)

⁴² 또 누구든지 나를 믿는 이 작은 자들 중 하나라도 실족하게 하면 차라리 연자맷돌이 그 목에 매여 바다에 던져지는 것이 나으리라 ⁴³ 만일 네 손이 너를 범죄하게 하거든 찍어버리라 장애인으로 영생에 들어가는 것이 두 손을 가지고 지옥 곧 꺼지지 않는 불에 들어가는 것보다 나으니라 ⁴⁴ (없음) ⁴⁵ 만일 네 발이 너를 범죄하게 하거든 찍어버리라 다리 저는 자로 영생에 들어가는 것이 두 발을 가지고 지옥에 던져지는 것보다 나으니라 ⁴⁶ (없음) ⁴⁷ 만일 네 눈이 너를 범죄하게 하거든 빼버리라 한 눈으로 하나님의 나라에 들어가는 것이 두 눈을 가지고 지옥에 던져지는 것보다 나으니라 ⁴⁸ 거기에서는 구더기도 죽지 않고 불도 꺼지지 아니하느니라

누구든지 예수님을 영접한 사람을 대접하면 결코 상을 잃지 않을 것이라는 가르침(41절)이 완전히 반대 상황으로 이어지고 있다. 누구든지 예수님을 믿는 사람 중 가장 작은 사람 하나라도 실족하게 하면 결코 책임을 피하지 못할 것이라는 경고다(42절). '누구든지'(ὃς ἂν)는 실족하게 하는 일은 누구든지 할 수 있는 선택임을 암시한다. '나를 믿는 자들'(τῶν πιστευόντων εἰς ἐμε)은 이 말씀이 믿음 공동체에 관한 것임을 암시한다. '이 작은 자들 중 하나'(ἕνα τῶν μικρῶν τούτων)는 믿음 공동체에 속한 사람 중 나이가 어린 사람을 의미할 수도 있고(cf. 37절),

가장 연약하고 사회적 지위가 낮은 사람을 뜻할 수도 있다. '실족하다'(σκανδαλίζω)는 죄를 짓게 하거나 신앙에서 떠나는 것을 의미한다 (Blomberg, France).

예수님은 남을 실족하게 하는 사람은 차라리 연자 맷돌이 그 목에 매여 바다에 던져지는 것이 낫다고 하신다(42b절). '연자 맷돌'(μύλος ὀνικός)은 방앗간에서 나귀가 돌리는 큰 맷돌이다. 블레셋 사람들이 삼손의 눈을 뽑고 그에게 이런 일을 시켰다(삿 16:21). 이런 돌을 목에 달고 바다에 빠지면 물 밖으로 헤엄쳐 나올 수 없다. 사람들은 자기보다 못하다고 생각되는 사람을 차별하고 무시하지 자기보다 우월하다고 생각하는 사람은 무시하지 못한다. 그러므로 이 말씀은 가장 보잘것없는 사람이라 해도 차별하거나 실족하게 해서는 안 된다는 경고다. 우리 때문에 실족하는 사람이 없도록 죽을 각오로 노력하고 조심하라는 당부다.

예수님은 남을 실족하게 하는 일이 없게 할 뿐 아니라, 각자의 신체 부위 중에 실족하게 하는 것이 있으면 과감하게 도려내라고 하신다(43-47절). 학자들 사이에서는 이 말씀이 공동체를 한 몸으로 표현한 것인지, 혹은 각 개인의 삶과 영성에 관한 것인지에 대해 논쟁이 있다. 어떤 이들은 고린도전서 12:12-27 등과 같은 말씀을 근거로 공동체에 관한 것으로 해석한다(Hauerwas, Osborne, Thompson). 이렇게 해석할 경우 공동체가 찍어낼 신체 부위들은 거짓 선생과 거짓 선지자를 의미한다. 공동체가 이단적인 가르침과 예언을 수용해 영원한 죽음으로 가는 것보다, 당장은 아프지만 과감하게 정리하고 천국 가는 것이 지혜로운 선택이라는 뜻이다.

반면에 어떤 이들은 이 말씀이 각 개인의 삶과 영성에 관한 것이라고 주장한다(Carson, Davies & Allison, Witherington). 신앙이 연약한 사람들을 실족하게 하는 것은 세상과 마귀만 하는 일이 아니라 제자들도 할 수 있다. 더 나아가 주님의 자녀들 스스로 실족할 수도 있다. 물론 의도를 가지고 스스로 실족할 제자는 없다. 그러나 본의 아니게, 혹은 자기도 모르는 사이에 이렇게 할 수 있다. 그러므로 이 말씀은 신앙인이라고 자부하는 성도들에게 주는 언행에 신중을 기하라는 강력한 경고다.

예수님은 신체 부위 세 가지를 예로 드신다. 첫째, 만일 손이 죄를 범하면 그 손을 찍어 버리라고 하신다(43a절). 장애를 가지고 영생에 들어가는 것이 두 손을 가지고 지옥, 곧 꺼지지 않는 불에 들어가는 것보다 낫기 때문이다(43b절). 둘째, 만일 발이 죄를 범하게 하면 찍어 버리라 하신다(45a절). 다리를 저는 자로 영생에 들어가는 것이 두 발을 가지고 지옥에 던져지는 것보다 낫기 때문이다(45b절). 셋째, 만일 눈이 죄를 범하게 하면 빼 버리라 하신다(47a절). 한 눈으로 하나님 나라에 들어가는 것이 두 눈을 가지고 지옥에 던져지는 것보다 낫기 때문이다(47b절). 이 세 가지 사례의 공통점은 천국과 지옥의 대조다. 신체 부위를 일부 포기하고 천국에 가는 것이 모두 지니고 지옥에 들어가는 것보다 낫다는 것이다.

의인들이 가는 천국은 영생에 들어가는 것이며(43, 45절), 하나님 나라에 들어가는 것이다. 한편, 천국과 대조를 이루는 죄인들이 가는 지옥(γέεννα, 43, 45, 47절)은 영원히 꺼지지 않는 불에 들어가는 것이며(43, 48절), 이곳은 구더기도 죽지 않고 불도 꺼지지 않는 곳이다(48절). 영원히 꺼지지 않는 불 심판은 이사야 66장에도 언급되어 있다. "그들이 나가서 내게 패역한 자들의 시체들을 볼 것이라 그 벌레가 죽지 아니하며 그 불이 꺼지지 아니하여 모든 혈육에게 가증함이 되리라"(사 66:24). 이 이미지는 구약 시대에 예루살렘 성벽 남서쪽에 있는 힌놈의 아들 계곡에서 끊임없이 쓰레기를 태운 일을 배경으로 한다.

대부분 번역본이 44절과 46절을 '없음'으로 표기한다(cf. 개역개정, 아가페, NIV, NRS, ESV). 권위 있고 가장 오래된 사본들에는 없는 말이 일부 사본들을 통해 유입되었기 때문이다. 일부 사본을 통해 44절과 46절에 유입된 말은 "거기에서는 구더기도 죽지 않고 불도 꺼지지 아니하느니라"(ὅπου ὁ σκώληξ αὐτῶν οὐ τελευτᾷ καὶ τὸ πῦρ οὐ σβέννυται)이다. 48절에 기록된 말이 44절과 46절에서 후렴처럼 반복되고 있다. 아마도 세 신체 부위(손, 발, 눈)에 대한 말씀을 구분하기 위해 48절을 44절과 46절에서 반복한 것으로 생각된다.

예수님의 가르침은 과장법을 사용한다. 신앙적으로 실족하는 것이 얼마나 심각한 죄인지 깨달으라는 뜻이지, 실제로 실족하게 하는 신체 부위를 도려내라는 것은 아니다. 우리의 신체도 하나님이 아름답고 놀랍게 만드신 걸작품이다(cf. 시 139:13-16). 감사한 마음으로 잘 가꾸고 유지해야 한다.

이 말씀은 서로를 배려하기를 마치 성숙하고 강한 사람이 연약하고 미성숙한 사람을 대하듯 해야 한다고 한다. 강한 사람만이 약한 사람에게 자비를 베풀 수 있다. 교만과 편견이 아니라 겸손함과 따뜻한 마음으로 대해야 한다. 가장 낮은 자, 그래서 우리의 선행을 갚을 수 없는 사람을 섬기는 것이 가장 좋은 경건 훈련이다.

또한 자신을 영적 타락으로 유도할 수 있는 경건하지 않은 습관이나 버릇이 있으면 과감하게 정리해야 한다. 이 땅에 사는 동안 다른 사람을 실족하게 하지 않고, 스스로 실족하지 않는 영성을 겸비한 삶을 살아야 한다. 우리는 모든 사람에게 복의 근원이 되는 삶을 살라는 소명을 받았다.

> III. 고난을 예고하심(8:22-10:52)
> J. 제자의 삶(9:38-50)

3. 소금(9:49-50)

[49] 사람마다 불로써 소금 치듯 함을 받으리라 [50] 소금은 좋은 것이로되 만일 소금이 그 맛을 잃으면 무엇으로 이를 짜게 하리요 너희 속에 소금을 두고 서로 화목하라 하시니라

본문을 구성하는 두 구절은 소금에 대해 말하며, 소금의 두 가지 다른 기능인 정화 기능(49절)과 풍미 기능(50절)을 언급한다. '소금 치듯 함을 받는다'는 것은 레위기 2:13을 배경으로 한다. "네 모든 소제물에 소금을 치라 네 하나님의 언약의 소금을 네 소제에 빼지 못할지니 네 모든 예물에 소금을 드릴지니라." 로마서 12:1-2은 성도에게 자기 몸을 산 제물로 드리라고 한다. 구약 시대에 제물을 드릴 때는 제물을 정화하는 기능을 하는 소금이 필수 요소였다(cf. 겔 16:4; 43:24). 신약에서 불은 정결과 핍박을 상징한다(고전 3:13-15; 벧전 1:7; 4:12; 계 3:18). 이러한 정황을 종합해 "사람마다 불로써 소금 치듯 함을 받으리라"라는 말씀을 해석하면 성도의 삶은 핍박과 연단의 불로 순결해지는 것이라는 뜻이다(Garland, Perkins).

소금은 음식에 짠맛을 더해 맛있게 한다. 그러나 소금이 짠맛을 잃으면 그것을 다시 짜게 할 방법은 없다(50a절). 이 말씀은 학자들 사이에서 참으로 많은 논쟁과 추측을 불러일으켰다(cf. Carson, Davies & Allison, Wilkins). 화학적으로 소금($NaCl$)은 물(H_2O)처럼 안정적이어서 짠맛을 잃지 않기 때문이다.

이 말씀을 지나치게 과학적으로 접근하는 것은 문제가 있다. 예수님은 지금 은유로 말씀하시는 중이다. 소금이 짠맛을 내 제 역할(풍미)을 하는 것이 얼마나 중요한지를 강조하기 위해 소금이 짠맛을 잃어 제 역할을 하지 못하는 상황을 가상 시나리오로 제시하신다. 이 가상 시나리오에서는 소금이 짠맛을 잃을 수 있는가 없는가 하는 문제는 중요하지 않다. 예수님은 단지 짠맛을 잃은 소금을 예로 들어 말씀하시는 것뿐이다.

예수님은 제자들에게 그들 속에 소금을 두고 서로 화목하라고 하신다(50b절). 그들 속에 소금을 둔다는 것은 공동체에 속한 사람들끼리 음식을 나누며 친교하라는 뜻이다(Garland, Wessel & Strauss). 사람이 함께 음식을 나누면 가까워지고, 가까워지면 화목해진다. 이렇게 하기 위해서는 각자의 헌신과 희생이 필수적이다.

이 말씀은 연단과 핍박도 우리의 신앙에 의미가 있다고 한다. 우리의 신앙을 더욱더 순결하고 굳건하게 하기 때문이다. 또한 소금이 음식에 풍미를 더하는 것처럼 우리는 서로의 삶이 살맛 나게 해야 한다. 이런 일을 하기 위해서 함께 식사하고 교제하는 일은 필수적이다.

K. 이혼(10:1-12)

[1] 예수께서 거기서 떠나 유대 지경과 요단 강 건너편으로 가시니 무리가 다시 모여들거늘 예수께서 다시 전례대로 가르치시더니 [2] 바리새인들이 예수께 나아와 그를 시험하여 묻되 사람이 아내를 버리는 것이 옳으니이까 [3] 대답하여 이르시되 모세가 어떻게 너희에게 명하였느냐 [4] 이르되 모세는 이혼 증서를 써주어 버리기를 허락하였나이다 [5] 예수께서 그들에게 이르시되 너희 마음이 완악함으로 말미암아 이 명령을 기록하였거니와 [6] 창조 때로부터 사람을 남자와 여자로 지으셨으니 [7] 이러므로 사람이 그 부모를 떠나서 [8] 그 둘이 한 몸이 될지니라 이러한즉 이제 둘이 아니요 한 몸이니 [9] 그러므로 하나님이 짝지어 주신 것을 사람이 나누지 못할지니라 하시더라 [10] 집에서 제자들이 다시 이 일을 물으니 [11] 이르시되 누구든지 그 아내를 버리고 다른 데에 장가 드는 자는 본처에게 간음을 행함이요 [12] 또 아내가 남편을 버리고 다른 데로 시집 가면 간음을 행함이니라

이때까지 예수님은 갈릴리 지역과 주변 이방인들이 사는 지역에서만 사역하셨다. 이제 갈릴리 사역을 마무리하고 남쪽에 있는 유대 지경과 요단강 동편으로 떠나신다(1절). 아마도 1절의 '거기'는 가버나움일 것이다(Strauss). 예루살렘 십자가가 최종 목적지이기 때문에 다시는 집이

있는 갈릴리로 돌아오지 않으실 것이다.

예수님의 인기는 어디를 가든지 식을 날이 없다. 이번에도 가시는 곳마다 큰 무리가 모여들었다. 예수님은 평상시처럼 모여든 사람들에게 하나님 나라에 대해 가르치셨다. 고난을 향해 가시는 길이지만, 평소에 늘 하던 일을 계속하셨다. 본문은 언급하지 않지만, 가르침과 치유를 병행하셨을 것이다.

갈릴리에서 유대로 가려면 육로를 통해 곧바로 남쪽으로 내려가면 된다. 그런데 예수님은 왜 요단강을 동쪽으로 건넌 후 오늘날의 요르단 땅을 거쳐 여리고성이 있는 곳에서 다시 강을 건너(cf. 10:46) 유대 땅으로 가셨을까? 아마도 유대인들의 심기를 자극하지 않기 위해서일 것이다. 유대인들은 이방인과 피가 섞인 사람들이 사는 사마리아를 부정한 땅으로 여기고 그 땅을 밟지 않아야 한다고 했다. 그러므로 유대인들을 상대로 사역을 떠나시는 예수님은 그들의 심기를 최대한 자극하지 않으려고 이 경로를 통해 유대 땅에 이르신 것이다.

무리 중에는 바리새인들도 있었다(2절). 바리새인들은 배우기 위해서가 아니라 시비를 걸기 위해 예수님을 자주 찾아온다. 그들은 예수님을 거짓 메시아라 생각해 죽이기로 결정한 상황이다(3:6). 바리새인들은 예수님을 곤경에 빠트리고, 무리가 주님을 멀리하게 만드는 일에만 관심이 있다. 이번에도 예수님을 시험하기 위해 질문한다(2절). 바리새인들은 예수님이 갈릴리 지역에서 사역하실 때보다 더 큰 위협을 느꼈을 것이다. 예수님이 그들의 '성지' 예루살렘에 점점 더 가까이 오고 계시기 때문이다.

바리새인이 예수님께 묻는 것이 결혼에 관한 내용인 것으로 보아 세례 요한이 헤롯과 헤로디아의 결혼을 비난했다가 목숨을 잃은 일과 비슷한 상황을 연출하려고 하는 듯하다(Carson, Osborne, cf. 6:14-29). 헤로디아와의 결혼 때문에 선지자의 지탄을 받고, 결국 그 선지자를 죽인 헤롯왕에게 이혼은 매우 민감한 이슈다(Garland, Perkins). 바리새인들은 어떻게 해서든지 예수님이 헤롯왕을 개인적으로 자극하는 발언을 해 주기를 바란다.

바리새인들은 사람이 아내를 버리는 것이 옳은지 물었다(2절). '버리다'(ἀπολύω)는 떠나보낸다는 뜻으로, 남편이 아내를 떠나보내는 것은 이혼을 의미한다. '옳으니이까'(ἔξεστιν, is it lawful?)는 도덕적으로 옳고 그름에 대한 것을 묻는 것이 아니라, 율법에 위배되는지를 묻는 말이다. 바리새인들의 질문은 이혼이 율법을 위반하는지에 관한 것이다(cf. NAS, NIV, NRS, ESV). 그들은 하나님이 이혼을 미워하시는 것(말 2:16)과 율법이 이혼을 허락한 것(신 24:1)이 대립한다는 점에서 예수님의 성경 해석에 문제가 있기를 바라며 이같이 질문을 던진다. 쉽게 융합되지 않는 성경의 두 가르침으로 예수님을 곤경에 빠트리려 하고 있다.

예수님 시대에는 구약을 해석하고 적용하는 두 학파가 쌍벽을 이루었다. 보수적인 샴마이 학파(Shammai School)와 진보적인 힐렐 학파(Hillel School)다. 이 두 학파는 남자가 어떤 경우에 아내에게 이혼 증서를 써 줄 수 있는지에 대해 매우 다른 해석을 내놓았다. 샴마이 학파는 아내의 성적 부도덕함이 드러날 때와 천박함(immodesty)이 드러날 때로 제한했다. 그러나 '천박함'은 상당히 임의로 해석되는 면모를 지녔다. 예를 들면 머리를 단정하게 하지 않고 외출하는 것은 여자의 천박함을 드러낸다! 힐렐 학파는 남편은 어떠한 이유로든 아내에게 이혼 증서를 써 줄 수 있다고 했다. 음식을 태우는 것도 이혼 사유가 되었으며, 심지어 남편이 다른 여자에게 매력을 느끼면 아내와 이혼할 수 있다고 했다(Meier).

율법이 이혼할 때 이혼 증서를 써 주라고 한 데(신 24:1-4)는 세 가지 이유가 있다. 첫째, 결혼 제도가 심하게 오염된 상황에서 조금이라도 결혼의 신성함을 보존하기 위해서다. 예수님 시대와 구약 시대에도 이혼은 오늘날처럼 매우 흔한 일이었다(cf. Davies & Allison, Meier). 고대 이스라엘과 근동에서 이혼과 재혼은 언제든 신속하게 진행되었다. 이런 상황에서 이혼 증서는 가정과 부부에 대해 한 번 더 생각하게 했다.

둘째, 아무런 이유 없이 이혼을 남발하는 남편에게서 아내를 보호하기 위한 조치였다. 당시 이혼은 오늘날처럼 법정 소송을 통해 판결을 받는 것이 아니라, 각자 집에서 결정했다. 또한 남편만이 아내에게 이혼 증서를 써 줄 수 있었다. 구두로 이혼하는 것보다 문서로 이혼하는 것이 남편에게 상당한 심적 부담으로 작용했다.

셋째, 이혼한 여자를 보호하기 위한 조치였다. 이혼 증서는 남자가 여자에 대해 더는 어떠한 법적인 권리도 주장할 수 없음을 의미했다. 예를 들어, 남편이 이혼 증서를 써 주지 않고 아내를 내보낸 상황에서 여자가 다른 남자와 재혼하면 간통죄가 적용될 수 있다. 그러므로 여자의 입장에서 이혼 증서를 보관하는 것은 매우 중요했다. 요셉이 마리아가 임신한 것을 알고 조용히 끊고자 할 때(마 1:19) 그녀에게 주어야 하는 것이 바로 이 이혼 증서였다.

바리새인들의 악한 의도를 아시는 예수님은 먼저 모세가 그들에게 어떻게 명하였는지를 물으셨다(3절). 율법이 어떻게 규정하고 있는지를 물으신 것이다. 예수님이 율법을 몰라서 물으신 것이 아니다. 그들을 대화에 조금 더 끌어들이기 위해 질문하셨다. 예수님은 율법을 '모세가 명령한 것'(ἐνετείλατο Μωϋσῆς)이라고 하신다. 하나님이 모세를 통해 명령으로 주셨다는 뜻이며, 하나님의 명령은 사람이 반드시 준수하고 순종해야 하는 것이다. 율법은 사람이 반드시 실천해야 하는 것이므로, 의미를 논하고 묵상하는 것으로 끝나서는 안 된다.

예수님의 질문에 바리새인들은 모세가 이혼 증서를 써 주어 아내를 버리는 것을 허락했다고 대답했다(4절). 율법에 따르면 남편이 아내에게 증서만 써 주면 얼마든지 이혼할 수 있다는 것이다. 예수님은 그들이 구약 말씀의 의도를 왜곡하거나 오해하고 있다고 하신다(5절). 이혼은 인간의 완악함 때문에 어쩔 수 없이 허락하신 일이다(5절). 하나님이 남편에게 주신 권리나 명령이 아니다. '창조 때'(ἀπὸ δὲ ἀρχῆς κτίσεως)

(6절; cf. 창 1:1)는 창조의 질서를 뜻한다. 이혼은 사람을 남자와 여자로 창조하신 창조주 하나님의 뜻이 아니다. '남자와 여자로 지으셨다'(ἄρσεν καὶ θῆλυ ἐποίησεν αὐτούς)(6절)는 칠십인역(LXX)이 창세기 1:27을 헬라어로 번역한 것을 그대로 인용한 것이다. '사람이 그 부모를 떠나서 그 둘이 한 몸이 될지니라'(7-8a절)도 창세기 2:24을 인용한 것이다. 하나님이 사람을 창조하신 태초부터 남편과 아내는 영원히 함께하도록 창조된 '한 몸'이다(8b절). 두 사람이 어떻게 한 몸이 될 수 있는지는 성경이 말하는 여러 가지 연합(union) 중 가장 신비로운 연합이다(cf. Strauss).

예수님은 부부는 두 사람이 한 몸이 된 것이니 하나님이 짝지어 주신 것을 사람이 나눌 수 없다고 단호하게 선언하신다(9절). 이혼은 항상 하나로 있어야 하는, 그러므로 결코 나눠서는 안 되는 것을 쪼개는 폭력이다. 바리새인들이 이혼을 정당화한 것은 곧 이러한 폭력을 정당화한 것이다. 그들은 이혼에 대해 언급하는 신명기 24:1-4에 전념하느라 토라 전체에 배어 있는 하나님의 뜻을 헤아리지 못했다. 우리도 한 나무(한 말씀의 의미)에만 집중하다 보면 숲(성경 전체가 주는 의미)을 볼 수 없다는 사실에서 교훈을 얻어야 한다.

창세기 2장에 기록된 최초의 결혼 이야기는 하나님이 남자가 홀로 있는 것이 좋지 않다고 하시면서 시작한다. 이후 하나님은 여자를 창조하시고 남자의 짝이 되어 평생 일부일처로 살게 하셨다. 부부가 결혼하는 것은 하나님이 짝을 지어 주신 것이기 때문에 하나님의 뜻이고, 이혼은 하나님의 뜻이 아니라는 것이다. 결혼은 하나님이 인류에게 축복하신 최초의 제도(institution)다. 따라서 부부가 결혼을 절대 깰 수 없는 것은 아니지만, 깨지 않는 것이 하나님 보시기에 좋다.

그렇다면 율법은 왜 이혼을 허락했는가? 율법은 이혼을 죄가 아닌 것처럼 포장하기 위해 허락한 것이 아니라, 조금이라도 자제하도록 통제하기(control) 위해 허락했다. 하나님이 짝지어 주신 것은 사람이 나누지 못한다(9절). 결혼은 영구적이므로 부부가 이혼하지 않고 함께 사는 것은 창조 때부터 내려온 창조주 하나님의 뜻이다.

예수님은 바리새인들이 반박할 수 없도록 창세기 1:27과 2:14-15을 근거로 답하신다(6-9절). 유대인들은 토라(오경) 중에서도 선포된 시간을 거슬러 올라갈수록(선포된 지 더 오래된 말씀일수록) 더 권위가 있다고 생각했다. 그러므로 예수님은 그들이 오경 중에서도 가장 권위가 있다고 여기는 창세기 1-2장에 기록된 창조 원리에 대한 말씀으로 그들에게 대답하신다. 반박의 여지가 없는 바리새인들은 대꾸하지 못하고 침묵한다.

이혼은 오늘날 매우 심각한 사회 문제다. 그러나 예수님 시대에도 지금만큼이나 심각한 사회적 이슈였다(Blomberg). 그러므로 예수님의 이혼에 대한 말씀은 우리가 살고 있는 시대적인 정황과 맞지 않는다는 생각은 버려야 한다. 하나님은 태초부터 결혼을 신성하고 거룩한 것으로 축복하셨다. 우리는 하나님이 주신 이 축복을 가능한 한 죽을 때까지 유지하며 즐겨야 한다. 그렇다고 해서 모든 사람이 결혼해야 한다는 것은 아니다. 하나님 나라를 위해 독신으로 사는 것도 결혼해서 행복하게 사는 것처럼 하나님의 은혜다.

바리새인들이 율법을 잘못 해석하고 적용함으로 인해 초래된 가정 파괴와 고통을 상상해 보라. 그들은 남편에게 아내와 이혼할 권리가 있다고 말씀을 왜곡함으로써 수많은 가정을 파탄에 이르게 했으며, 부당하게 이혼당한 여인들의 눈에서 피눈물이 나게 했다. 하나님의 말씀을 해석하고 대언하는 우리도 정신 똑바로 차려야 한다. 우리가 하나님의 말씀을 잘못 해석하고 적용하면 우리 개인의 문제로 끝나지 않는다. 자칫 잘못하면 우리의 비뚤어진 해석과 말 한마디가 사람들을 엄청난 고통의 소용돌이로 몰아갈 수 있다. 항상 기도하는 마음으로 말씀을 연구해 하나님의 마음과 뜻을 헤아리고 사람과 교회를 살리는 해석과 묵상과 적용을 내놓아야 한다.

예수님이 제자들과 머무시는 집으로 들어오자 제자들이 예수님께 다시 이혼에 대해 물었다(10절). 예수님은 누구든 아내를 버리고 다른 여자에게 장가드는 자는 본처에게 간음을 행하는 것이라고 하신다(11절). 또한 아내가 남편을 버리고 다른 데로 시집가는 것도 간음이라고 하신다(12절). 모든 재혼은 간음이기 때문이다.

율법은 아내에게서 '수치되는 일'(עֶרְוַת דָּבָר)을 발견하면 이혼할 수 있다고 한다(신 24:1). 문제는 무엇이 '수치되는 일'이냐는 것이다(cf. 5:31-32 주해). 수치되는 일이 무엇인지 성경이 더는 설명하지 않기 때문에 학자들 사이에 온갖 추측이 난무하다. '수치'(עֶרְוַה)의 문자적인 의미는 '발가벗음/성기'이며, 레위기는 근친상간을 '발가벗음을 벗기는 것'(עֶרְוַה לְגַלּוֹת)으로 표현한다(레 18:6). 그래서 일부 학자는 여자가 간통을 포함한 부적절한 성행위를 한 것으로 풀이한다. 그러나 율법은 이런 경우 범죄자를 죽이라고 하지 이혼 증서를 써 주고 내보내는 것을 허락하지 않는다(cf. 신 22:22). 어느 정도 확실한 것은 이 표현이 상당히 포괄적인 개념이었을 것이라는 사실이다. 여러 가지 성적 부도덕함을 의미했으나, 정작 무엇이 이런 행위에 속하는지는 전적으로 남편의 개인적인 판단에 달렸다.

예수님은 마태복음에서 '수치되는 일'은 '음행'이라고 하신다(마 19:9). '음행'(πορνεία)은 무엇을 의미하는가? 만일 간음이라면 분명 다른 단어(μοιχεία)를 사용하셨을 것이다(cf. 마 5:27-28). 또한 예수님의 말씀에 따르면 아내의 간음은 이미 결혼을 깬 것이라 할 수 있다. 그러므로 간음은 해석에서 배제되어야 한다. 레위기 18:6-18이 금하는 비정상적인 친족 간의 다양한 행태의 결혼이라고 생각하는 이들이 있다(Guelich, Meier). 혹은 결혼 전 성적 문란을 뜻한다는 해석도 있다(Isaksson). 그러나 학자들 대부분은 다양한 형태의 성적 문란으로 해석한다(Boring, Carson, France, Hagner, cf. BAGD, TDNT).

고린도전서 7:10-16은 음행 외에도 신앙 때문에 믿지 않는 남편이나 아내가 이혼하자고 하는 상황을 이혼 사유에 추가한다. 율법은 이혼하게 되면 남자가 여자에게 이혼 증서를 써 주라고 한다. 그러나 이혼은 하나님의 뜻이 아니다. 그러므로 이혼 증서가 있든 없든 상관없이 하나님이 보시기에 재혼은 간음이라 하신다(11-12절). 예수님이 재혼은 간음이라고 하시며 금하시는 이유는 알 수 없다(cf. Beale & Carson). 한 가지 확실한 것은 예수님의 가르침은 당시 사회적 정서에 역행하는 매우 강력한 반사회적(countercultural) 선언이라는 점이다. 예수님은 당시 유대교 지도자들이 이혼에 대해 제시한 그 어떤 해석보다도 보수적으로 해석하신다. 하나님이 부부로 맺어 주신 남녀가 이룬 가정을 최대한 지키라는 취지에서 이렇게 말씀하신다. 한 학자는 예수님이 이혼에 대한 모세의 율법 효력을 유보(suspend)하시는 것이라고 한다(Luz).

이 말씀은 하나님의 말씀은 해석하고 적용하는 사람들에 의해 언제든지 악용되고 남용될 수 있다고 경고한다. 율법의 취지(정신)보다는 문자적인 의미를 준수할 것을 강조한 바리새인들은 하나님 말씀을 이런 식으로 악용해 많은 사람에게 씻을 수 없는 상처를 입혔다. 우리가 하나님을 배우고 가르치는 목적은 성도의 상처를 치료하고 그들을 온전한 그리스도인으로 세우기 위해서다. 따라서 하나님의 따뜻한 마음을 전하는 설교와 성경 공부를 해야 한다.

또한 필요하다면 반사회적이라 할지라도 성경의 가르침을 옹호하고 그 가르침에 따라 살아야 한다. 믿음은 우리에게 용기와 담대함을 요구한다. 세상은 절대 하나님과 그분의 가르침을 좋아하지 않기 때문이다. 대다수가 결정하고 세운 법이라 해서 다 옳은 것은 아니다. 사람이 정한 법이 도덕적이지 않고 선하지 않아 성경이 제시하는 원리와 대립할 때, 우리는 성경을 따라야 한다.

L. 아이를 축복하심(10:13-16)

¹³ 사람들이 예수께서 만져 주심을 바라고 어린 아이들을 데리고 오매 제자들이 꾸짖거늘 ¹⁴ 예수께서 보시고 노하시어 이르시되 어린 아이들이 내게 오는 것을 용납하고 금하지 말라 하나님의 나라가 이런 자의 것이니라 ¹⁵ 내가 진실로 너희에게 이르노니 누구든지 하나님의 나라를 어린 아이와 같이 받들지 않는 자는 결단코 그 곳에 들어가지 못하리라 하시고 ¹⁶ 그 어린 아이들을 안고 그들 위에 안수하시고 축복하시니라

바로 앞 섹션에서 결혼에 대해 말씀하신 예수님이 본 텍스트에서는 결혼의 자연스러운 결과라 할 수 있는 아이들에 대해 가르침을 주신다. 당시 이방 종교와 유대교는 아이들을 예배에 참석시키지 않았다 (Boring). 그러므로 이 말씀은 그 종교들과 달리 하나님 나라는 아이들까지 온전히 포함하는 것을 암시한다.

사람들이 예수님께 손을 얹고 안수해 달라며 어린아이들을 데려왔다(13a절). 부모들은 예수님이 자녀들에게 복을 빌어 주시기를 간절히 바랐다. 머리 위에 손을 얹고 복을 빌어 주는 일은 매우 오래된 성경적 전통이다(cf. 창 48:14; 민 27:18; 행 6:6; 13:3). 예수님 시대에도 흔히 볼 수 있는 일이었으며, 오늘날도 많은 교회에서 이런 일을 행한다. 자라나는 아이들에게 믿음과 건강과 총명의 복을 빌어 주는 것은 참으로 좋은 일이며 사역자의 특권이다.

사람들이 예수님께 안수해 달라며 아이들을 데려오자 제자들이 꾸짖었다(13b절). 아이들을 데려온 부모들을 꾸짖은 것이다. 제자들이 왜 그들을 꾸짖었는지 정확히 알 수는 없다. 그들은 예수님의 여정이 지체된다고 생각했을 수도 있고, 예수님은 하나님 나라를 선포하시는 데 분주하신, 그러므로 아이들에게 안수하는 별 볼 일 없는 일을 하기에는 너무 위대하신 분이라고 생각했기 때문일 수도 있다.

예수님은 아이들을 데려온 사람들을 꾸짖는 제자들에게 노하시며 자기에게 오는 것을 용납하고 금하지 말라고 하셨다(14절). 제자들은 자신도 모르는 사이에 사람들이 예수님께 나오는 것을 막는 바리새인들처럼 행동하고 있다. 그러므로 예수님은 그들에게 노하셨다. '노하다'(ἀγανακτέω)는 불편한 심기를 실제로 표현한다는 뜻이다. 예수님은 지금 화가 났다는 사실을 제자들이 알게 하셨다. 특히 이미 아이들이 천국에 얼마나 소중한지 말씀하신 상황에서(9:36-37) 제자들은 아직도 깨닫지 못하고 아이들을 무시하고 있다. 그러므로 예수님이 화를 내실 만하다.

앞 장에서 어린아이는 힘이 없고 연약한 사람들을 상징했다(cf. 9:36-37). 자신의 연약함을 아는 사람은 어린아이가 부모를 의존해 사는 것처럼 하나님을 전적으로 의지할 수밖에 없다(15절). 이번에도 예수님은 하나님 나라는 이런 자들, 곧 아이들처럼 온전히 하나님만 바라고 의지하는 사람들의 것이라고 하신다(14b절).

아이들은 연약해 쉽게 무시되고 희생될 수 있는 이들을 상징한다. 그러므로 예수님이 아이들을 환대하신 것은 교회 역사에서 인도주의의 상징이 되었다(Wilkins). 더불어 이번 말씀은 천국에 들어갈 수 있는 나이 제한을 없앴다. 아이들도 얼마든지 하나님 나라에 들어갈 수 있다. 예수님은 아이들에게 안수하시고 축복하셨다(16절). 안수는 상징적인 제스처다. 아이들은 성장한 다음에 믿음에 대해 각자 결단해야 한다. 복을 빌어 주는 안수가 그들이 실제로 하나님 나라에 입성한 것을 의미하는 것은 아니기 때문이다. 그럼에도 불구하고 부모가 자녀들이 하나님의 축복 아래 잘 성장해 하나님 나라의 일꾼이 되기를 바라며 사역자의 안수를 구하는 것은 아이의 신앙에 대한 부모의 염원을 담은 바람직한 일이다.

이 말씀은 천국 시민이 되기 위해서는 아이처럼 되는 것이 얼마나 중요한지를 다시 한번 가르쳐 준다(15절; cf. 9:36-37). 우리는 아이가 부모를 전적으로 의지하며 사는 것처럼 하나님을 온전히 의지하며 살아야 한다. 그렇게 하면 부모가 자식을 보호하듯 하나님이 우리를 보호하실 것이다.

또한 교회는 아이들을 매우 소중히 여겨야 한다. 많은 투자와 노력을 통해 다음 세대를 확보하고 양육해야 한다. 아이들도 얼마든지 복음의 의미를 깨닫고 하나님 나라의 시민이 될 수 있다. 그러므로 교회는 그들을 인격적으로 존중하며 양육해야 한다.

III. 고난을 예고하심(8:22-10:52)

M. 부와 하나님 나라(10:17-31)

[17] 예수께서 길에 나가실새 한 사람이 달려와서 꿇어 앉아 묻자오되 선한 선생님이여 내가 무엇을 하여야 영생을 얻으리이까 [18] 예수께서 이르시되 네가 어찌하여 나를 선하다 일컫느냐 하나님 한 분 외에는 선한 이가 없느니라 [19] 네가 계명을 아나니 살인하지 말라, 간음하지 말라, 도둑질하지 말라, 거짓 증언 하지 말라, 속여 빼앗지 말라, 네 부모를 공경하라 하였느니라 [20] 그가 여짜오되 선생님이여 이것은 내가 어려서부터 다 지켰나이다 [21] 예수께서 그를 보시고 사랑하사 이르시되 네게 아직도 한 가지 부족한 것이 있으니 가서 네게 있는 것을 다 팔아 가난한 자들에게 주라 그리하면 하늘에서 보화가 네게 있으리라 그리고 와서 나를 따르라 하시니 [22] 그 사람은 재물이 많은 고로 이 말씀으로 인하여 슬픈 기색을 띠고 근심하며 가니라 [23] 예수께서 둘러 보시고 제자들에게 이르시되 재물이 있는 자는 하나님의 나라에 들어가기가 심히 어렵도다 하시니 [24] 제자들이 그 말씀에 놀라는지라 예수께서 다시 대답하여 이르시되 얘들아 하나님의 나라에 들어가기가 얼마나 어려운지 [25] 낙타가 바늘귀로 나가는 것이 부자가 하나님의 나라에 들어가는 것보

325

다 쉬우니라 하시니 ²⁶ 제자들이 매우 놀라 서로 말하되 그런즉 누가 구원을 얻을 수 있는가 하니 ²⁷ 예수께서 그들을 보시며 이르시되 사람으로는 할 수 없으되 하나님으로는 그렇지 아니하니 하나님으로서는 다 하실 수 있느니라 ²⁸ 베드로가 여짜와 이르되 보소서 우리가 모든 것을 버리고 주를 따랐나이다 ²⁹ 예수께서 이르시되 내가 진실로 너희에게 이르노니 나와 복음을 위하여 집이나 형제나 자매나 어머니나 아버지나 자식이나 전토를 버린 자는 ³⁰ 현세에 있어 집과 형제와 자매와 어머니와 자식과 전토를 백 배나 받되 박해를 겸하여 받고 내세에 영생을 받지 못할 자가 없느니라 ³¹ 그러나 먼저 된 자로서 나중 되고 나중 된 자로서 먼저 될 자가 많으니라

예수님이 제자들과 함께 유대와 예루살렘을 향해 가시는데 한 사람이 달려와 꿇어앉아 물었다(17a절). 달려와 꿇어앉는 것은 종이 주인에게 취하는 모습이다(Strauss). 이 사람은 예수님께 존경의 표시를 하고 있다. 그는 진심으로 이런 자세를 취하고 있으며, 예수님도 그의 진심을 아시기에 그를 사랑하셨다(21절).

'한 사람'(εἷς)은 구체적인 신분을 알 수 없는 사람이다. 우리 말로는 '아무개'가 가장 적절한 표현이다. 그는 어릴 때부터 율법을 철저히 지켜 온 사람이며, 부유하다(20, 22절). 마태는 그가 청년(νεανίσκος)이었다는 말을 더하고(마 19:20, 22), 누가는 그가 관원(ἄρχων)이었다고 한다(눅 18:18). 이 사람은 젊음과 부와 권력 등 세상 사람들이 추구하는 것을 모두 가진 사람이다. 그는 예수님께 무엇을 해야 영생을 얻을 수 있는지 물었다(18절).

그가 예수님을 '선생님이여'(διδάσκαλε)라고 부르는 것을 보면 예수님에 대해 잘 알지 못하는 외부인(outsider)이다(Boring). 그는 자신의 완벽한 이력서에 '영생 소유자'를 추가함으로써 내세도 완벽하게 준비하고자 한다. 마가와 누가는 그가 예수님을 '선한 선생'(διδάσκαλε ἀγαθέ)이라며 물었다고 하는데(17절: 눅 18:18), 마태는 그가 영생을 얻기 위해 '자

신이 해야 할 선한 일'($\dot{\alpha}\gamma\alpha\theta\grave{o}\nu$ $\pi o\iota\acute{\eta}\sigma\omega$)에 대해 물었다고 한다(마 19:16). 이러한 차이에 대해 학자들 사이에 상당한 논쟁이 있다(cf. Blomberg, Carson, Hagner, Hill). 그러나 의미에서 별 차이가 있는 것이 아니므로, 매우 소모적인 논쟁이다(Carson, Osborne).

그가 얻고자 하는 '영생'($\zeta\omega\grave{\eta}\nu$ $\alpha\dot{\iota}\acute{\omega}\nu\iota o\nu$)은 마가복음에서 이곳과 30절에서만 사용되는 용어다. 본문에서 영생은 구원을 얻는 것(26절)과 하나님 나라에 들어가는 것과 같은 말이다(23, 25절). 그러므로 영생은 하나님이 인정하신 삶으로 현재에 있는 하나님 나라와 종말에 있을 하나님 나라의 일부가 되는 삶을 뜻한다(Carson, cf. 단 12:2).

이 사람은 영생을 얻고자 한다. '얻다'($\kappa\lambda\eta\rho o\nu o\mu\acute{\epsilon}\omega$)는 소유와 연관된 단어이며, 유산으로 받는다는 의미를 포함한다(BAGD). 그는 선한 선생이신 예수님이 가르쳐 주시는 선행을 통해 영생을 소유할 수 있다고 생각해서 그 방법을 얻기 위해 예수님을 찾아왔다. 그가 영생을 얻는 것이 율법만으로는 부족하다는 생각을 한 것은 좋은 일이지만, 구원을 하나님이 은혜로 주시는 것이 아니라 자기가 노력해서 쟁취하는 것으로 생각한 점은 옳지 않다.

예수님은 그에게 어찌하여 자신을 선하다고 하느냐며 선한 이는 오직 한 분이신 하나님이니 영생을 얻으려면 하나님이 이미 주신 계명을 지키라고 하신다(18–19절). '계명'($\tau\grave{\alpha}\varsigma$ $\dot{\epsilon}\nu\tau o\lambda\acute{\alpha}\varsigma$)(19절)은 십계명을 뜻하며, 유대인들은 십계명을 구약 전체의 요약이자 상징으로 생각했다. 따라서 예수님이 십계명만 언급하시지만, 실제로는 구약 전체를 염두에 두고 이렇게 말씀하신다.

어떤 이들은 예수님의 "네가 어찌하여 나를 선하다 일컫느냐"라는 질문을 예수님 자신도 죄가 있기 때문에 선하지 않다고 하시는 것으로 해석하는데, 참으로 어이없는 해석이다(cf. Carson, France, Wessel & Strauss). 문맥을 배경으로 이 구절을 읽으면 "선하신 하나님이 이미 영생으로 가는 길을 율법을 통해 제시하셨으니 율법을 실천하며 살면 선하신 하나님이 그의 구원을 이루실 텐데 왜 굳이 나에게 그 길을 묻느냐"라는 취지의 말씀이다.

예수님은 청년이 지켜야 할 계명으로 "⑴살인하지 말라, ⑵간음하지 말라, ⑶도둑질하지 말라, ⑷거짓 증언 하지 말라, ⑸속여 빼앗지 말라, ⑹네 부모를 공경하라" 여섯 가지를 말씀하신다(19절). 이중 처음 네 개는 십계명의 6-9계명을 순서대로 나열한 것이다. 십계명은 우리와 하나님의 관계를 정의하는 네 계명과 사람 사이의 관계를 정의하는 여섯 계명으로 이뤄졌다. 유대인들은 처음 네 계명이 첫 번째 돌판에, 나머지 여섯 계명이 두 번째 돌판에 새겨졌다고 생각했다. 예수님은 두 번째 돌판(우리와 이웃과의 관계에 관한 계명이 새겨진 돌판)에 새겨진 내용만 언급하신다.

다섯 번째인 '속여 빼앗지 말라'(μὴ ἀποστερήσῃς)는 십계명 중 열 번째 계명인 '탐하지 말라'(οὐκ ἐπιθυμήσεις, LXX)를 대신한다(Strauss). 이 사람은 부자이기 때문에 남의 것을 탐할 필요가 없다. 반면에 그가 부를 축적하는 과정에서 남을 속이거나 착취할 수 있다. 그러므로 예수님은 이 부자 청년이 처한 상황에 더 적합한 원리로 말씀하신다(Evans).

여섯 번째인 '네 부모를 공경하라'는 원래 두 번째 돌판에 새겨진 첫 계명이다. 십계명에서는 다섯 번째 계명이다. 본문에서는 계명 중 마지막으로 언급하신다. 예수님은 그에게 이웃에게 부를 나눠 주는 일에 대해 말씀하실 텐데(21절), 부모를 공경하라는 계명이 섬김과 나눔과 연관이 있기 때문이다.

예수님이 십계명 중 첫 번째 돌판에 새겨진 하나님과 인간의 관계에 대한 계명들을 언급하지 않으신 데는 이유가 있다. 우리와 하나님의 관계에 대한 계명들은 마음 자세와 삶의 방식에 관한 것이기 때문에 어느 정도 겉으로 드러나는 안식일 준수 계명 외에는 가늠할 방법이 없다. 또한 두 번째 돌판에 새겨진 이웃을 윤리적으로 대하는 것에 관한 계명을 얼마나 신실하게 준수하는지는 첫 번째 돌판에 새겨진 하나님과의 관계에 대한 계명들을 어떻게 대하는지에 대한 지표가 될 수 있다.

청년은 예수님이 말씀하신 모든 계명을 어려서부터 지켰다며 아직 무엇이 부족한지 가르쳐 달라고 한다(20절). 모든 계명을 지켰다는 이 사람의 말을 자신감의 표현으로 보아야 하는지 혹은 교만이나 위선으로 보아야 하는지에 대해 해석이 분분하다. 아직 젊고 부와 권세를 얻었기 때문에 최고조에 달한 자신감으로 보아야 한다는 해석(Garland, Lohmeyer)과 바리새인들처럼 남의 눈과 겉치레만 신경 쓰는 위선적 태도라는 해석(Wilkins)이 있다. 바울도 예수님을 만나기 전의 자신을 두고 '열심으로는 교회를 박해하고 율법의 의로는 흠이 없는 자'였다고 하는 것으로 보아(빌 3:6), 이 청년의 말을 교만으로만 간주하는 것은 바람직하지 않다. 그는 아직 삶을 충분히 경험해 보지 못한 자신감에서 이런 말을 하고 있다(Perkins). 예수님도 이렇게 생각하셨기 때문에 그를 사랑하는 마음에서 한 가지 부족한 것이 있다고 하셨다(21절).

예수님은 그가 참으로 영생을 얻고자 한다면 재산을 모두 처분해 가난한 사람들에게 나눠 주고 따라오라고 하신다(21절). 산상 수훈에서 예수님은 이 땅에 재물을 쌓지 말고 하늘에 쌓으라고 하셨는데(마 6:19-21), 이 청년에게 하시는 말씀에 따르면 가난한 사람들에게 나눠 주는 것이 곧 하늘에 보화를 쌓는 일이다. 따라오라고 하신 것은 그에게 제자의 삶을 제시하신 것을 의미한다. 제자도는 자기 자신과 세상 것을 부인할 때 시작된다. 한 발은 하늘나라에 들여놓고, 다른 발은 이 땅에 들여놓는 것은 제자의 삶이 아니다.

유대교가 자선을 매우 중요시 여기고 가르쳤던 점을 고려하면, 이 청년도 평상시에 자선을 행했을 것이다. 그러므로 예수님이 재산을 모두 정리해 가난한 사람들에게 나누어 주라고 하시는 것은 재물이 그의 삶의 정체성과 능력과 목표와 의미가 되었기 때문이다. 예수님은 그에게 실천하는 믿음을 요구하시는 것이 아니라, 그에게 재물보다 하나님을 더 사랑하는지를 묻고 계신다. 재물이 그의 신이 되어 있기 때문이다. 만일 그가 하늘의 신성한 것을 얻고자 한다면 이 땅의 것인 재물을 버려야 한다. 그러나 이 사람은 천국 시민이 되려면 아무것도 가지지 않고 한없이 연약한 어린아이처럼 되어야 한다는 예수님의 가르침(13-16절)과는 참으로 거리가 먼 삶을 살아왔다.

어찌 보면 참으로 모순적인 일이 벌어지고 있다. 젊음과 재산과 권력을 두루 지닌 청년은 이러한 삶에 만족하지 못하고, 무언가 부족하다고 생각한다. 반면에 아무것도 없고 연약한 어린아이처럼 사는 사람은 삶에 만족하며 감사한 마음으로 산다. 어린아이처럼 자기의 부족함을 인정하고 하나님을 의지하면, 하나님이 그의 모든 필요를 채우시기 때문이다. 이것이 하나님의 자녀들이 매일 이 땅에서 경험하는 하나님 나라의 모순이다.

예수님의 도전에 청년은 슬픈 기색을 띠고 근심하며 갔다(22절). '근심하다'(λυπέω)는 크게 슬퍼한다는 뜻이다(BAGD). 재물이 많았기 때문이다. 이 사람도 자신이 하나님 나라에 입성하지 못하는 것에 대해 많이 안타깝게 생각했다. 그러나 어떡하겠는가! 돈과 하나님 중 돈을 택했으니 말이다.

어떤 이들은 그의 재물은 남을 억압해 얻은 재산이기 때문에 각별한 애착을 가졌다고 하는데(Carter), 그렇게 해석할 만한 근거는 없다. 그는 단지 온전히 하나님을 사랑하기에는 세상을 너무나 많이 사랑했을 뿐이다. 하나님과 재물을 겸하여 섬길 수 없다는 말씀을 생각하게 한다(마 6:24).

예수님이 어린아이처럼 되어야 한다고 하신 말씀의 의미가 부자 청년 이야기를 통해 새삼 새롭게 다가온다. 청년은 가진 것이 너무나 많아 하나님을 전적으로 의지할 필요가 없고, 의지하려 하지 않는다. 반면에 어린아이처럼 가진 것이 없는 사람은 생존을 위해서라도 하나님 아버지를 의지해야 한다. 그러므로 반드시 많이 가진 것이 좋은 것은 아니다. 오히려 가진 것이 없기 때문에 하나님을 의지하는 사람이 복되다.

예수님은 부를 포기하지 못한 청년을 떠나보내신 다음 제자들에게 재물이 있는 자는 하나님 나라에 들어가기가 심히 어렵다고 하셨다(23절). 하나님 나라를 위해 재산을 포기하지 못한 청년을 마음에 두고 하신 말씀이다. 그러나 이 말씀이 모든 부자가 천국에 들어가지 못한다는 뜻은 아니다. 만일 그렇다면 아브라함과 이삭과 야곱과 다윗 등도 모두 천국에서 배제되어야 한다. 이들은 모두 부자였기 때문이다.

예수님은 부자가 천국에 들어갈 수 없다고 하시는 것이 아니라, 들어가기가 참으로 어렵다고 하시는 것뿐이다. 대부분 부자는 이 땅에서 누리고 즐기는 것이 참으로 많다. 그러므로 그들은 예수님을 찾아온 사람처럼 영생에 대해 절박하게 생각하지 않는다. 부(富)는 사람을 거짓 평안과 거짓 안전으로 취하게 하는 술과 같다. 부자는 아무것도 없어 온전히 하나님을 의지해야만 살 수 있는 어린아이 같은 사람과 대조를 이룬다.

예수님의 말씀에 제자들이 놀랐다(24a절). '놀라다'(θαμβέω)는 큰 충격을 받는다는 뜻이다(TDNT). 그들이 놀란 것은 예수님이 유대교에서 하나님의 축복으로 여기는 부유함을 하나님 나라에 들어가는 데 걸림돌이라고 하시기 때문이다. 구약은 분명 부유함이 하나님의 축복이라고 한다(cf. 신 28:1-4; 욥 1:10; 42:10; 시 128:1-2; 잠 10:22). 이러한 사실을 근거로 유대교 지도자들은 모든 부가 하나님의 축복이라고 가르쳤다. 부는 선행과 자선을 하게 하고, 율법을 공부할 여유를 제공하며, 의를 추구하게 한다고 했다(Hagner). 문제는 아모스 선지자는 불의하게 모은 재산은 부정하다고 한다는 사실이다. 그러므로 재물관에 있어서 균형적인 시각이 필요하다.

예수님은 놀라서 할 말을 잃은 제자들에게 부자가 천국에 들어가는 일이 얼마나 어려운가 하면 낙타가 바늘귀로 나가는 것이 더 쉽다고 하신다(24-25절). 중세기에 예루살렘으로 들어가는 문 중 하나가 '바늘 귀 문'(Needle's Eye Gate)으로 불렸다는 말이 돌았다. 이 말에 따르면 바늘 귀 문은 부정한 짐승이 예루살렘으로 들어갈 수 있는 유일한 문이었는 데, 문이 얼마나 낮은지 낙타가 싣고 있는 짐을 모두 내려놓고 무릎을 꿇어야 들어갈 수 있다고 했다. 그러나 예루살렘 어디에도 이런 이름 으로 불린 문이나, 이런 용도로 사용된 문은 존재하지 않았다(Boring).

예수님은 단순한 과장법을 사용하고 계신다. 낙타는 당시 가나안 지 역에서 가장 덩치가 큰 짐승이었다. 그리고 바늘귀는 당시 사람들이 일상생활에서 접할 수 있는 가장 작은 구멍이었다. 따라서 예수님은 가장 큰 것과 가장 작은 것을 대조하는 과장법을 사용해(Boring, Carson) 부자들이 천국에 들어가는 것은 참으로 어려운 일이라고 말씀하신다.

예수님의 말씀에 깜짝 놀란 제자들은 그렇다면 과연 누가 구원을 얻 을 수 있냐고 물었다(26절). 부를 정당화하는 가르침에만 익숙해 있던 제자들이 놀라는 것은 당연하다. 그러므로 그들은 "이 땅에서 이미 하 나님의 복을 받은 부자들이 천국에 갈 수 없다면 누가 구원을 얻을 수 있다는 말인가?"라는 질문을 할 수밖에 없다. 이 질문은 '아무도 없다' 라는 답을 유도하는 수사학적인 질문이다.

예수님은 제자들의 '아무도 할 수 없다'에 동의하신다. 그러나 사람 으로는 할 수 없으나 하나님으로서는 다 하실 수 있다(27절). 사람이 자 신의 노력으로 구원에 이르는 것은 불가능하지만, 하나님은 하실 수 있다. 사람의 구원은 오직 하나님이 결정하고 이루시는 일이기 때문이 다. 하나님이 그분을 믿지 않는 사람에게 하신 말씀을 생각하게 한다. "여호와께 능치 못한 일이 있겠느냐"(창 18:14).

이번에도 베드로가 제자들을 대표해 예수님께 말했다(28a절). 그는 자기와 제자들은 재산을 버리지 못한 젊은 청년과 달리 모든 것을 버 리고 예수님을 따랐다고 한다(28b절). 사실 베드로는 아직도 집과 고기 잡는 배를 가지고 있다(1:29; 3:9; 4:1, 36; cf. 요 21:3). 그러므로 어떤 이들은 베드로가 자신은 부자 청년과 달리 큰 재산을 버리고 왔다는 착각에 빠져 있다며, 돈의 우상을 벗어나면 자화자찬의 우상에 빠지지 않게 조심하라고 한다(Bruner). 그러나 베드로는 제자들의 심경을 솔직하게 표현하고 있을 뿐이다. 그들은 젊은 부자 청년처럼 가진 것이 많지는 않았지만, 모든 것을 뒤로하고 예수님을 따르고 있다. 예수님이 베드로의 말에 어떠한 반박도 하지 않으시는 것을 보아 주님도 그들의 헌신을 인정하셨다.

예수님은 누구든 주님과 복음을 위해 집이나 형제나 자매나 어머니나 아버지나 자식이나 전토를 버린 사람은 현세에서 모두 백배나 보상을 받을 것이라고 말씀하셨다(29-30a절). '버림 목록'에는 아버지가 포함되어 있지만, '보상 목록'에서는 빠져 있다. 아마도 하늘에 계신 하나님이 믿는 자들의 아버지이기 때문일 것이다(cf. 마 23:9).

'현세'(τῷ καιρῷ τούτῳ)는 미래에 도래할 시대가 아니라 오늘 이 시대다. 그렇다면 하나님 나라를 위해 모든 것을 포기한 사람들은 어떻게 이 시대에 백배의 보상을 받는가? 믿음의 가족들을 통해서다. 예수님과 복음을 위해 사랑하는 사람들과 재산을 버린 사람들은 새로 형성된 하나님 나라 가족들과의 교제를 통해 그들이 감수한 희생에 상응하는 보상을 받을 것이다(Strauss, cf. 행 2:42; 4:32). 그렇다고 해서 이 땅에서의 삶이 평탄한 것만은 아니다. 하나님의 '백 배 보상'만 누리는 것이 아니라, 박해도 겸해서 받아야 하기 때문이다.

그뿐만 아니라 예수님과 복음을 위해 소중한 것을 버린 사람들은 내세에 영생도 받을 것이다(30b절). '내세'(τῷ αἰῶνι τῷ ἐρχομένῳ)는 다가오고 있는 미래를, '영생'(ζωὴν αἰώνιον)은 하나님과 함께 영원히 사는 것을 뜻한다. 마가복음에서 '영생'(ζωὴν αἰώνιον)은 단 두 차례 사용되는 개념이며, 이곳과 17절에서 사용되고 있다. 영생은 부자 청년이 그토록 갖고 싶어 했던 것이다(cf. 17-22절). 영생은 사람이 노력해서 얻는 것이 아니라, 하나님이 예비해 두신 선물이다(cf. 30절).

예수님은 "먼저 된 자로서 나중 되고, 나중 된 자로서 먼저 될 자가 많을 것이다"라는 말씀으로 이 섹션을 마무리하신다(31절). 격언과 같은 이 말씀을 부자 청년과 제자들과 연관해 해석하면 하나님 나라에서는 부자와 가난한 자의 위치가 바뀔 것이라는 의미다. 이 땅에서는 부자와 가난한 자, 권력자와 힘없는 자의 차별이 분명하지만, 하늘나라에는 이런 차별이 없다. 하늘나라에서는 모든 사람이 같은 대우를 받을 것이다. 또한 이 말씀은 먼저 하나님의 백성이 된 사람들에게 자만하지 말라는 경고이기도 하다(Wilkins).

이 말씀은 부자는 그리스도인이 될 수 없다고 하지 않는다. 다만 부자는 이 세상에서 이미 많은 것을 소유하고 누리다 보니 이것들을 하나님 나라를 위해 포기하기가 쉽지 않다는 뜻이다. 그러므로 교회 안에 경건하게 부를 축적한 사람들, 또한 하나님 나라를 위해 그 부를 사용하는 사람들이 있다면, 교회는 그들이 있음을 감사해야 한다. 구원은 오직 하나님이 하시는 일이며, 가난한 사람들만큼이나 부자들도 하나님이 구원하신 사람들이기 때문이다.

우리가 이 땅에서 예수님 때문에 하는 헌신을 하나님은 참으로 귀하게 여기실 뿐 아니라, 현세에 믿음의 가족들을 통해 여러 배로 보상하실 것이다. 그러므로 우리는 하나님 나라를 위해 가능한 한 많은 것을 희생하고 헌신하는 삶을 살아야 한다. 영생을 누리며 즐길 보상을 위한 가장 확실한 투자이기 때문이다. 썩어 없어질 것으로 영원히 썩지 않을 것을 얻는 투자는 참으로 지혜롭고 귀한 투자다. 나중 된 자가 처음 된다고, 우리 모두에게는 아직 기회가 있다.

Ⅲ. 고난을 예고하심(8:22-10:52)

N. 세 번째 수난과 부활 예고(10:32-34)

> [32] 예루살렘으로 올라가는 길에 예수께서 그들 앞에 서서 가시는데 그들이 놀라고 따르는 자들은 두려워하더라 이에 다시 열두 제자를 데리시고 자기가 당할 일을 말씀하여 이르시되 [33] 보라 우리가 예루살렘에 올라가노니 인자가 대제사장들과 서기관들에게 넘겨지매 그들이 죽이기로 결의하고 이방인들에게 넘겨 주겠고 [34] 그들은 능욕하며 침 뱉으며 채찍질하고 죽일 것이나 그는 삼 일 만에 살아나리라 하시니라

예수님은 장차 고난을 받아 죽으실 것을 이미 두 차례 말씀하셨다 (8:31-33; 9:30-32). 이번이 세 번째이며 가장 자세하다. 예수님은 유월절을 예루살렘에서 지키려고 순례하는 사람들과 함께 예루살렘으로 올라가시는 중이다(32a절). 어떤 이들은 예루살렘으로 '올라간다'($\dot{\alpha}\nu\alpha\beta\alpha\acute{\iota}\nu\omega$)는 것에 상당한 의미를 부여하지만(Osborne), 별 특별한 의미는 없다. 이스라엘 영토에서는 어디서든 예루살렘으로 가는 것을 '올라간다'고 표현했기 때문이다. 오늘날 우리나라에서 '지방으로 내려가고, 서울로 올라가는 것'과 별반 다를 바 없다. 예수님은 십자가를 향해 예루살렘으로 가고 계신다.

예수님이 제자들 앞에 서서 가시니 제자들이 놀랐다(32b절). 평상시에는 제자들에게 둘러싸여 느긋하게 가셨는데, 이번에는 마치 따라오라는 듯 앞서서 가셨기 때문이다. 누가는 예수님이 굳게 결심하며 예루살렘으로 가셨다고 한다(눅 9:51). 그러므로 제자들을 앞서가시는 것은 주저함 없이 십자가를 향해 가시겠다는 의지의 표현이다(Lane).

예수님이 굳은 의지로 예루살렘을 향해 발걸음을 재촉하시자 제자들은 두려워했다(32c절). 그들은 무엇을 두려워한 것일까? 예수님은 이미 베드로에게 그리스도 고백을 받으셨고, 자신이 메시아라는 사실을 부

인하지 않으셨다(8:27-30). 그러므로 제자 중 몇 명은 예수님이 예루살렘으로 올라가시는 것을 메시아가 로마 군대와 싸워 자기 백성을 해방시키려는 것으로 생각하고 두려워한다(Strauss, cf. Marcus). 게다가 지금은 유월절 순례자들이 유대 곳곳에서 예루살렘으로 모여드는 때다. 메시아가 군대를 일으키기에 가장 좋은 때다. 메시아이신 예수님이 로마로부터 자기 백성을 해방시키는 전쟁을 시작하실 것이라는 일부 제자들의 기대감은 다음 섹션에서 야고보와 요한의 높은 자리 요구(34-45절)와 잘 어울린다. 만일 로마를 상대로 메시아의 전쟁이 시작되면 예수님을 싫어하는 제사장들과 바리새인들을 중심으로 한 종교 지도자들과의 내란도 피할 수 없다. 그러므로 전쟁과 피바람이 몰아칠 것을 두려워하는 것이다.

예수님은 열두 제자를 데리고 가시며 장차 당하실 일을 제자들에게 말씀하셨다(32d절). 예루살렘으로 함께 올라가는 무리는 예수님과 제자들과 그들을 섬기는 여인들(눅 8:1-3)도 포함한 상당한 규모였기에 열두 제자를 따로 부르신 것이다. 아마도 십자가 사건을 목격하기 위해 예수님의 어머니 마리아도 이 여정에 함께했을 것이다(Wilkins). 예수님이 제자들과 따로 가시는 것은 곧 임할 십자가 고난에 대해 다시 한번 말씀하시고자 해서였다. 그들은 전쟁이 일어날 것으로 생각해 두려워하지만, 예수님은 전혀 다른 길을 가실 것이다(33-34절).

예수님은 예루살렘을 향해 '우리가 [함께] 올라간다'(ἀναβαίνομεν)(33절)며 이 길을 홀로 가지 않고 제자들과 함께 가고 있음을 강조하며 기뻐하셨다. 십자가를 향해 가는 길에 제자들이 함께 있다는 사실이 예수님께 어느 정도 위로가 되었을 것이다. 그래서 나중에 제자들이 주님을 배신하고 도망한 일이 더욱더 우리의 마음을 아프게 한다. 예수님만 십자가에 홀로 남겨진 채 죽음을 맞이하셨기 때문이다.

예수님은 제자들에게 다가오는 십자가 고난에 대해 말씀하신다(33-34절). 메시아의 사역에 대한 그들의 잘못된 기대를 정리할 필요가 있

336

기 때문이다. 고난에 대한 말씀은 처음이 아니지만, 예루살렘에서 죽으시는 것과 유대교 지도자들이 예수님을 죽이기로 결의하는 것 그리고 이방인들에게 예수님을 넘겨 죽일 것 등은 처음으로 말씀하시는 내용이다. 고난에 관한 말씀 중 가장 자세하게 알려 주신다(cf. 8:31; 9:31).

유대교 지도자들에게 '넘겨지다'(παραδοθήσεται)(33절)는 신적 수동태다 (cf. 1:14; 9:31). 대제사장들과 서기관들은 자신들이 예수님을 처형한다고 생각하지만, 사실은 하나님이 예수님을 그들의 손에 넘기신 것이다. 온 인류의 죄를 대속하는 메시아의 죽음을 맞이하게 하기 위해서다.

예수님은 앞으로 자신의 고난이 어떻게 진행될 것인지 단계별로 말씀하신다(33-34절). 첫째, 예수님은 대제사장들과 서기관들에게 넘겨질 것이다(cf. 14:53). 둘째, 종교 지도자들이 예수님을 죽이기로 결의할 것이다(14:64). 셋째, 종교 지도자들은 예수님을 이방인들에게 넘겨줄 것이다(15:1). 그 당시 로마 사람들은 유대인들이 사형을 집행하는 것을 허락하지 않았다. 그러므로 사형에 처할 사람은 모두 로마 사람들에게 넘겨져야 한다(cf. 요 18:31). 넷째, 이방인들의 손에 넘겨진 예수님은 능욕과 침 뱉음과 채찍질을 당할 것이다(15:15-20). 다섯째, 이방인들의 손에 죽으실 것이다(15:20-39).

다행히 십자가는 완전히 절망적인 일만은 아니다. 여섯째 단계인 부활이 있기 때문이다(16:1-8). 십자가에서 죽으신 예수님은 사흘 만에 살아나실 것이다. 예수님은 온갖 고통과 수모를 당하고 죽으신 지 사흘 만에 부활하셔서 이 땅에서 우리가 당하는 고통, 특히 우리 삶에서 하나님의 뜻을 이루어 나가는 고통 뒤에 하나님의 회복과 축복이 있다는 사실을 보여 주실 것이다. 주님은 우리가 고통스러운 삶을 살 수 있는 희망과 용기가 되어 주실 것이다.

제자들에 대한 예수님의 사랑과 배려가 남다르시다. 자신이 당할 죽음과 고난을 미리 여러 차례 말씀하셔서 제자들을 깨우칠 뿐 아니라, 그들 또한 스승의 죽음을 준비하게 하신다. 준비한다고 해서 죽음을 받아들이는 일이 쉬워지지는 않지만, 그래도 알고 겪는 것이 조금은 낫기 때문이다.

이 말씀은 십자가를 지기 위해 가시는 길이 예수님에게도 참으로 어려운 일이었음을 암시한다. 예수님이 십자가에서 죽으시는 것은 온 인류의 구원을 위한 구속사의 절정이며, 이 일을 이루기 위해 다윗의 후손 메시아이자 인자로 오셨다. 그러나 벌써 몇 차례 십자가 고난에 대해 말씀하시는 것을 보면 마음이 편하지는 않으시다. 유혹과 잡념을 뿌리치기 위해 십자가가 있는 예루살렘을 향해 가는 길을 제자들에게 따라오라고 하시며 앞서가셨다.

죽음은 우리에게 두려운 이슈다. 예수님에게도 쉽게 받아들여지지 않는 문제였다. 오죽하면 겟세마네 동산에서 기도하실 때 땀방울이 피로 변했겠는가(눅 22:44). 그러므로 우리는 예수님이 구원을 이루기 위해 당하신 고통과 아픔을 깊이 묵상해야 하며, 구원을 평가절하하거나 당연시 여겨서는 안 된다.

Ⅲ. 고난을 예고하심(8:22-10:52)

O. 야고보와 요한(10:35-45)

35 세베대의 아들 야고보와 요한이 주께 나아와 여짜오되 선생님이여 무엇이든지 우리가 구하는 바를 우리에게 하여 주시기를 원하옵나이다 36 이르시되 너희에게 무엇을 하여 주기를 원하느냐 37 여짜오되 주의 영광중에서 우리를 하나는 주의 우편에, 하나는 좌편에 앉게 하여 주옵소서 38 예수께서 이르시되 너희는 너희가 구하는 것을 알지 못하는도다 내가 마시는 잔을 너희가 마실 수 있으며 내가 받는 세례를 너희가 받을 수 있느냐 39 그들이 말하되 할 수 있나이다 예수께서 이르시되 너희는 내가 마시는 잔을 마시며 내가 받는 세례를 받으려니와 40 내 좌우편에 앉는 것은 내가 줄 것이 아니라 누

구를 위하여 준비되었든지 그들이 얻을 것이니라 ⁴¹ 열 제자가 듣고 야고보
와 요한에 대하여 화를 내거늘 ⁴² 예수께서 불러다가 이르시되 이방인의 집
권자들이 그들을 임의로 주관하고 그 고관들이 그들에게 권세를 부리는 줄
을 너희가 알거니와 ⁴³ 너희 중에는 그렇지 않을지니 너희 중에 누구든지 크
고자 하는 자는 너희를 섬기는 자가 되고 ⁴⁴ 너희 중에 누구든지 으뜸이 되
고자 하는 자는 모든 사람의 종이 되어야 하리라 ⁴⁵ 인자가 온 것은 섬김을
받으려 함이 아니라 도리어 섬기려 하고 자기 목숨을 많은 사람의 대속물로
주려 함이니라

누가 으뜸이냐는 제자들의 논쟁(9:33-35)이 아직 끝나지 않았다. 열
두 제자 중 세베대의 아들들인 요한과 야고보가 예수님께 부탁할 것이
있다고 했다(35절). 마태는 그들의 어머니가 부탁했다고 한다(마 20:20).
이 어머니의 이름은 살로메이며 예수님이 십자가에서 처형당하신 것
과 부활하신 것을 직접 목격한 여인 중 하나다(15:40; 16:1; 마 27:56). 살
로메는 예수님의 어머니 마리아의 자매다(요 19:25). 그녀는 예수님의
이모이며, 아들들인 야고보와 요한은 예수님의 사촌이다.

예수님이 그들에게 무엇을 원하는지 물으시자(36절), 예수님의 영광
중에서 하나는 예수님의 오른쪽에, 다른 하나는 왼쪽에 앉게 해 달라
고 했다(37절). 예수님과 가장 가까운 양쪽 보좌에 자기들을 앉혀 달라
는 것이다. 왕이나 하나님의 오른쪽에 앉는 것은 최고로 영광스러운
일이다(cf. 왕상 2:19; 시 16:11; 45:9; 110:1; 마 26:64; 행 7:55-56). 왼쪽은
그다음으로 영광스러운 자리다. 이 형제의 요청은 수제자인 베드로가
앉을 자리도 배려하지 않는 매우 이기적인 요구다(France). 또한 이들은
가장 낮은 자가 가장 으뜸이 될 것이라는 예수님의 말씀을 흘려들었다
(cf. 9:33-37; 10:13-16).

예수님은 그들에게 "너희는 너희가 구하는 것을 알지 못한다"라고
말씀하셨다(38a절). 그들은 예수님이 바로 앞(33-34절)에서 고난에 대해

말씀하신 것에 귀를 닫았다. 그러고는 예수님이 머지않아 이 땅에 메시아의 나라를 세우시고, 로마의 억압에서 유대를 해방시키는 전쟁을 하실 것이며, 그 전쟁에서 승리할 것으로 확신한다. 그러므로 그들은 앞으로 누릴 영광과 영화만 생각하고 이 같은 부탁을 했다. 예수님은 그들의 망상을 교정하기 위해 이렇게 말씀하신다.

예수님은 그들에게 "내가 마시는 잔을 너희가 마실 수 있으며, 내가 받는 세례를 너희가 받을 수 있느냐?"라고 물으셨다(38절). 잔은 하나님이 미리 준비하신 사람의 운명을 상징한다. 구원과 축복으로 가득한 삶을 의미할 수도 있지만(시 16:5; 116:13), 하나님의 진노를 감당해야 하는 삶을 뜻할 수도 있다(시 75:8; 사 51:17-18; 렘 25:15-28; 51:7). 예수님은 후자를 염두에 두고 말씀하신다. 겟세마네 동산에서 예수님이 드린 기도에서도 주님이 마실 잔은 죽음이었다(36절). 세례는 죽음을 의미한다. 두 제자는 할 수 있다고 자신했다(39a절). 그들은 자신들이 하는 말의 의미를 잘 모른다. 그들의 마음은 오직 영광을 누릴 생각으로 가득하기 때문이다. 예수님이 잡히실 때 이 두 제자도 다른 제자들과 함께 도망한다.

예수님은 "너희가 과연 내 잔을 마시며 내가 받는 세례를 받을 것이다"라며 예언적으로 말씀하셨다(39절). 유대인들에게 같은 잔을 마시는 것은 삶과 운명을 함께 나눈다는 뜻이다. 예수님이 마시는 고난의 잔을 마시고, 예수님이 받으신 세례를 받은 야고보는 교회의 첫 번째 순교자가 되었다(행 12:2). 그리고 요한은 밧모섬으로 귀양을 갔다(계 1:9-11).

그러나 예수님 좌우에 있는 가장 영광스러운 자리에 누가 앉을 것인가는 하나님이 정하시는 일이다(40절). 그러므로 하나님이 마음에 두신 사람들이 그 자리에 앉을 것이다. 어떤 이들은 이 두 자리가 예수님이 십자가에 매달리실 때 좌우에 매달렸던 죄인들의 자리라고 하는데(Nolland), 이 말씀은 종말에 임할 영광스러운 천국에 관한 것인 만큼 설득력이 없는 해석이다.

다른 열 제자가 세베대의 아들들이 한 일을 듣고 분노했다(41절). 오직 하나님이 앉힐 사람을 정하시는 귀한 자리를 탐하는 자들이나, 그들을 질투하고 분노하는 나머지 제자들이나 별반 다를 바가 없다. 이런 사람들을 제자로 두고 떠나야 하는 예수님은 얼마나 답답하고 안타까우셨을까!

예수님은 제자들이 다투는 것을 보시고 그들을 불러 말씀하셨다(42a절). 너 나 할 것 없이 모두 하나님 나라에 대해 잘못 생각하고 있다. 예수님의 모든 가르침이 그들에게는 별 의미가 없다. 그들은 아직도 세상의 가치관과 기준으로 가득하다. 그러므로 예수님은 세상 사람 중에서도 이방인들 이야기로 가르침을 주신다(42b절). 이방인들은 집권자들이 임의로 주관하는 것과 고관들이 권세를 부리는 것을 당연한 일이라고 생각한다. 큰 자리에 오를수록 마음대로 권력을 휘두르는 곳이 세상이다.

그러나 하나님 나라에 입성한 제자들은 달라야 한다(43a절). 하나님 나라에서는 누구든 크고자 하는 자는 섬기는 자가 되어야 하고, 으뜸이 되고자 하는 자는 종이 되어야 한다(43b-44절). 세상은 다스림이 사람이 누릴 수 있는 최고의 선이라고 하지만, 하나님 나라에서는 다스림이 아니라 섬김이 최고의 선이기 때문이다. '섬기는 자'(διάκονος)(43절)는 돈을 받고 주인의 집을 관리하고 일을 해 주는 사람이다(BAGD). '종'(δοῦλος)(44절)은 강제로 주인을 위해 일하는 노예다. 이 둘은 사회적인 지위가 가장 낮은 사람들이다. 세상의 가치관이 완전히 뒤집힌 곳이 천국이다.

예수님의 메시지는 분명하다. 하나님 나라에서 크고자 하는 사람은 섬기는 자가 되어야 하며, 으뜸이 되고자 하는 사람은 종이 되어야 한다. 바울은 이 두 가지 타이틀로 자신을 칭한다(롬 1:1; 고후 3:6; 갈 1:10; 엡 3:7; 골 1:23). 사도 중 요한(계 1:1)과 베드로(벧후 1:1)와 예수님의 동생 야고보(약 1:1; 유 1:1)도 이렇게 자신들을 낮춘다. 또한 초대교회의 기둥이 된 성도 뵈뵈(롬 16:1), 두기고(엡 6:21), 에바브라(골 1:23; 4:12)도 이러한 타이틀로 불린다. 교회는 섬기는 리더로 가득한 곳이었다.

교회가 섬기는 사람들로 가득하게 된 것은 예수님이 모범을 보이셨기 때문이다. 예수님은 섬김을 받으러 오신 것이 아니라 섬기기 위해 하늘나라의 모든 영광과 권세를 비우고 오셨다(45절; cf. 빌 2:6-11). 예수님의 섬김은 죄인들이 받아야 할 벌을 대신 받아 십자가에서 죽으시는 일로 절정에 달할 것이다(45b절; cf. 민 3:46-47; 18:15; 사 43:3-4; 53:4, 10, 12). '대속물'(λύτρον)(45절)은 억류된 사람을 풀어 주는 대가를 뜻한다. 예수님은 죄에 억류되어 죽을 수밖에 없는 사람들을 위해 대속물이 되어 많은 사람을 의롭게 하셨다(France, Jeremias, cf. 사 52:13-53:12).

이 말씀은 예수님이 세우신 교회는 섬김과 봉사로 가득해야 한다고 한다. 교회에서 직분이 높을수록 더 낮은 자로 섬겨야 한다. 그렇다면 교회에서 가장 많이 섬기고 봉사하는 사람은 사역자들이어야 한다. 사역자들이 권리를 운운하는 순간 그 교회는 하나님에게서 멀어지기 시작한다. 교회에서 담임 목사가 메시아처럼 군림하는 것은 꼴불견이며 비성경적이다. 우리는 하나님과 성도를 섬기는 리더가 되어야 한다. 하나님은 이런 리더들을 높이실 것이기 때문이다.

제자들의 영적 성장이 더디다. 예수님은 그동안 하나님 나라의 가치관과 기준에 대해 계속 가르치셨지만, 제자들의 학습 능력이 턱없이 부족한 탓에 잘 깨닫지 못해서 이런 일이 벌어졌다. 그러나 우리의 영적 여정을 되돌아보면 부족한 학습 능력은 제자들만의 문제가 아니라 우리의 문제이기도 하다는 사실을 깨닫는다. 하나님이 이런 우리를 참아 주시고 용납하시는 것도 은혜다. 따라서 우리도 하나님을 닮아 서로와 성도들을 관대하게 대해야 한다. 조금 더 기다려 주고, 조금 더 참아야 한다. 또한 섬김에 대한 가르침은 모두에게 인이 박일 때까지 반복해야 하며, 리더들이 솔선수범할 때 학습 효과가 가장 확실하게 드러난다.

P. 맹인 바디매오(10:46-52)

⁴⁶ 그들이 여리고에 이르렀더니 예수께서 제자들과 허다한 무리와 함께 여리고에서 나가실 때에 디매오의 아들인 맹인 거지 바디매오가 길 가에 앉았다가 ⁴⁷ 나사렛 예수란 말을 듣고 소리 질러 이르되 다윗의 자손 예수여 나를 불쌍히 여기소서 하거늘 ⁴⁸ 많은 사람이 꾸짖어 잠잠하라 하되 그가 더욱 크게 소리 질러 이르되 다윗의 자손이여 나를 불쌍히 여기소서 하는지라 ⁴⁹ 예수께서 머물러 서서 그를 부르라 하시니 그들이 그 맹인을 부르며 이르되 안심하고 일어나라 그가 너를 부르신다 하매 ⁵⁰ 맹인이 겉옷을 내버리고 뛰어 일어나 예수께 나아오거늘 ⁵¹ 예수께서 말씀하여 이르시되 네게 무엇을 하여 주기를 원하느냐 맹인이 이르되 선생님이여 보기를 원하나이다 ⁵² 예수께서 이르시되 가라 네 믿음이 너를 구원하였느니라 하시니 그가 곧 보게 되어 예수를 길에서 따르니라

이 일은 마가복음에 기록된 예수님의 마지막 치유 사역이다. 마가와 마태는 맹인 바디매오를 치료하신 일을 두고 예수님이 여리고성을 떠나며 행하신 기적이라고 하는데(46절; 마 20:29), 누가는 여리고성으로 들어가며 하신 일이라고 한다(눅 18:35). 예수님 시대의 여리고는 옛적에 여호수아가 정복한 여리고성(cf. 수 5장)에서 남쪽으로 약 2km 떨어진 곳에 위치했다(ABD). 헤롯 대왕이 이곳에 궁전을 지으면서 궁전 주변에 새로 형성된 도시였다. 예수님은 옛 여리고성 지역을 떠나 새 여리고성으로 가시는 길에 이 맹인을 만나신 것이다(Blomberg, Wilkins).

여리고는 갈릴리 지역의 순례자들이 예루살렘으로 가기 위해 반드시 들리는 곳이다. 유대인들은 이방인과 혼혈 족속이 사는 사마리아 땅을 밟지 않기 위해 요단강을 건너 오늘날의 요르단에 있는 길을 걸어 내려와 여리고성 근처에서 다시 강을 건넜다. 여리고는 예루살렘에서 북

동쪽으로 약 25㎞ 떨어진 곳에 있으며, 이집트를 탈출한 이스라엘이 여호수아의 지휘하에 가나안에서 제일 먼저 정복한 곳이다.

여리고는 사해 근처에 있는 도시로 높이가 해저 260m 정도이며, 해발 800m에 달하는 예루살렘으로 가기 위해서는 1,000m 이상 올라가야 한다. 여리고성에서 예루살렘까지는 하룻길이었다. 당시 예루살렘에 살지 않은 유대인들은 유월절이면 예루살렘으로 순례를 떠났다. 성전에서 유월절을 기념하기 위해서다. 따라서 이 시기에는 여리고에서 예루살렘으로 올라가는 길이 순례자들로 북적였다. 게다가 이미 갈릴리 지역에 퍼진 예수님에 대한 소문이 이곳까지 전해졌기에 예수님 주변으로 사람들이 무리를 형성하며 예수님과 함께 예루살렘으로 가고 있다(46절).

길가에 앉아 순례자들에게 구걸하던 맹인 거지 바디매오가 나사렛 예수가 지나가신다는 말을 듣고 "다윗의 자손 예수여! 나를 불쌍히 여기소서!"라고 소리쳤다(47절). 그도 기적을 행하시는 예수님에 대한 소문을 들어 익히 알고 있다. 바디매오는 '다윗의 자손'이라는 메시아적인 타이틀을 사용해 예수님을 부른다. '다윗의 자손'(υἱὸς Δαυίδ)은 기적을 행하시는 메시아와 연관해 자주 사용되는 표현이다. 그가 예수님이 메시아라는 사실에 대해 얼마나 잘 알고 있었는지 알 수 없지만 예수님을 반복적으로 '다윗의 자손'이라고 부르고(47, 48절), 보게 되자 곧바로 예수님을 따른 것(52절)을 보면 예수님이 메시아이심을 제자들보다 더 확실하게 알았던 것 같다.

예수님을 따르던 무리가 잠잠하라고 그를 꾸짖었지만, 그는 더 크게 소리를 지르며 예수님께 도움을 청했다(48절). 무리는 대체 무슨 의도로 그에게 잠잠하라고 한 것일까? 단순히 소란을 잠재우기 위해 그런 것이라는 해석이 있는가 하면(Davies & Allison, France), 예수님은 맹인들을 치료하는 것보다 더 중요한 일을 하러 가시는 길이니 방해하지 말라는 뜻으로 해석하는 이들도 있다(Hagner, Strauss). 이유가 어떻든 중요하지 않으며, 무리의 나무람은 의도한 바와는 대조적인 결과를 초래했다. 그가 더 크게 외쳤기 때문이다.

예수님이 발걸음을 멈추시고 그를 데려오라고 하셨다(49a절). 사람들은 바디매오에게 예수님이 그를 부르신다는 좋은 소식을 알려 주었고 (49b절), 소식을 들은 바디매오는 흥분해 입고 있던 겉옷을 버리고 예수님께 뛰어나갔다(50절). 그는 눈을 뜨고 싶은 간절한 염원을 사람들이 말리는 데도 더 크게 소리 지르고, 예수님이 부르시자 곧바로 뛰어가는 것으로 표현하고 있다. 하나님은 절박하고 간절한 사람들을 가장 잘 도우신다.

예수님은 언제, 어디서든 도움이 필요한 사람을 위해 시간을 내시는 분이다. 도움을 바라는 간절한 마음이 있는 사람들을 지나치지 않으신다. 심지어 죽으러 가시면서도 이렇게 시간을 내 병자들을 고치신다. 자기 생명을 많은 사람을 구원하는 대속물로 내어 주는 것이 무엇을 의미하는지 잘 보여 주신 사건이다(cf. 45절).

예수님은 달려온 바디매오에게 무엇을 원하느냐고 물으셨다(51b절). 주님은 그가 무엇을 원하는지 아신다. 그러나 한 번 더 그의 입을 통해 확인하고자 하신다. 그의 말은 믿음의 표현이기 때문이다. 바디매오는 예수님을 선생님이라고 부르며 보기를 원한다고 했다(51b절). '선생님'(ῥαββουνί)은 아람어로 '나의 주'라는 의미를 지녔다(BAGD). 그는 간절하다. 또한 그에게는 메시아이신 예수님이 눈을 뜨게 해 주실 것이라는 믿음이 있다(52절; cf. 사 35:5).

예수님은 그에게 "네 믿음이 너를 구원했다"라고 하시며 가라고 하셨다. 그가 볼 수 있도록 치료하신 것이다. 바디매오의 감격을 상상해보라. 그가 평생 간절히 기도하고 바라던 일이 이뤄지는 순간이다! 게다가 그가 눈을 뜨고 처음으로 보는 분이 바로 메시아 예수님이다! 그러므로 예수님이 그에게 가라고 하셨음에도, 그는 곧바로 예수님을 따랐다(52b절). 예수님의 제자가 되었다는 뜻이다. 바디매오의 경우 신체적인 치료가 영적인 치료로 이어지고 있다. 맹인이었던 그가 하나님을 보았다.

이 말씀은 귀찮고 시끄럽다며 잠잠하게 하려는 무리와 이에 굴하지 않고 예수님이 계신 방향을 향해 도와 달라고 울부짖는 절박한 맹인의 이야기다. 때로는 우리가 처한 환경이 우리의 신앙을 제대로 고백하지 못하게 한다. 이럴 때일수록 더 간절하게, 더 소리 높여 주님을 찾아야 한다. 예수님은 항상 귀를 활짝 열고 우리의 신음에 응답하기를 기뻐 하신다.

고침을 받은 바디매오는 예수님을 따랐다. 제자의 삶을 살기로 결단한 것이다. 바디매오는 은혜를 아는 사람이다. 이런 면에서 눈이 멀쩡한 사람들보다 낫다. 바디매오는 하나님의 은혜를 경험한 사람이 당연히 보여야 할 반응을 보이고 있다. 우리의 신앙과 헌신은 어떠한지 반성하게 하는 대목이다.

Ⅳ. 예루살렘 갈등

(11:1-13:37)

이 섹션은 예수님이 예루살렘에 입성하신 다음에 있었던 일들로 구성되어 있다. 드디어 예수님이 이 땅에서 보내시는 마지막 한 주가 시작된 것이다. 마가는 지금까지의 예수님의 삶과 가르침을 기록하는 데 책을 구성하는 16장 중 10장(63%)을 할애했다. 그리고 예수님의 마지막 한 주를 기록하는 데 6장(37%)을 할애할 것이다. 전체 분량 중 3분의 1 이상을 할애하는 것은 이 한 주가 그만큼 중요하기 때문이다. 네 복음서를 바탕으로 예수님의 마지막 한 주를 구성하면 다음과 같다(Strauss, Wilkins, cf. 마 21-28장; 막 11-16장; 눅 19-24장; 요 12-21장).

요일	사건
금요일	• 베다니에 도착하심(요 12:1)
토요일	• 저녁 잔치, 마리아가 예수님의 발에 기름을 부음 (요 12:2-8; cf. 마 26:6-13)
일요일	• 영광스러운 예루살렘 입성(마 21:1-11; 막 11:1-10; 요 12:12-18) • 예수님이 성전 주변을 살펴보심(막 11:11) • 베다니로 돌아가심(마 21:17; 막 11:11)

월요일	• 예루살렘으로 가는 길에 무화과나무를 저주하심 (마 21:18-22; cf. 막 11:12-14) • 성전을 깨끗하게 하심(마 21:12-13; 막 11:15-17) • 성전 안에서 기적을 행하시고 대제사장들과 다투심 (마 21:14-16; 막 11:18) • 베다니로 돌아가심(막 11:19)
화요일	• 무화과나무를 저주하신 일에 대한 반응(마 21:20-22; 막 11:20-22) • 종교 지도자들과 논쟁하시고 성전에서 가르치심 (마 21:23-23:39; 막 11:27-12:44) • 감람산에서 종말에 대해 가르치시고 베다니로 돌아가심 (마 24:1-25:46; 막 13:1-37)
수요일	• 조용히 하루를 보내심—베다니에서 제자들과 마지막으로 교제하심 • 유다가 예수님을 팔기 위해 홀로 예루살렘에 다녀옴 (마 26:14-16; 막 14:10-11)
목요일	• 유월절 준비(마 26:17-19; 막 14:12-16) • 해가 진 다음: 유월절 잔치와 최후의 만찬(마 26:20-35; 막 14:17-26) 다락방 디스코스(요 13-17장) 겟세마네 동산에서 기도하심(마 26:36-46; 막 14:32-42)
금요일	• 목요일 자정이 지난 후: 배신과 붙잡히심(마 26:47-56; 막 14:43-52) • 유대인 재판—예수님이 세 차례 재판을 받으심 안나스에게(요 18:13-24) 가야바와 산헤드린 일부에게(마 26:57-75; 막 14:53-65) 모두 모인 산헤드린에(마 27:1-2; 막 15:1) • 로마인 재판—예수님이 세 단계를 거치심 빌라도에게(마 27:2-14; 막 15:2-5) 분봉 왕 헤롯(Antipas)에게(눅 23:6-12) 빌라도에게(마 27:15-26; 막 15:6-15) • 십자가에 못 박히심(오전 9시-오후 3시)(마 27:27-66; 막 15:16-39)
일요일	• 부활을 목격한 사람들(마 28:1-8; 막 16:1-8; 눅 24:1-12) • 부활하신 모습을 보이심(마 28:9-20; 눅 24:13-53; 요 20-21장)

이 섹션은 예수님의 수난과 부활 이야기(14-16장) 전에 마지막으로 주신 가르침이 주를 이룬다. 그동안 갈등을 피하며 메시아적 비밀을 유지하시던 예수님이 이 섹션에서는 유대교 지도자들을 자극하는 가르침과 일들을 하신다. 드디어 예수님이 고난받는 메시아이심을 드러내실 때가 된 것이다.

하나님의 아들에게 비난을 받은 지도자들은 회개하고 메시아를 알아 보기는커녕 예수님을 그들의 이권을 침해하는 귀찮은 사람 정도로 생각한다. 하나님을 가장 잘 알고 가장 가까이에서 섬긴다는 자들이 정작 하나님을 알지 못하는 것이다. 이 섹션은 다음과 같이 구분된다.

A. 예루살렘 입성(11:1–11)

B. 무화과나무가 저주를 받음(11:12–14)

C. 성전을 깨끗하게 하심(11:15–19)

D. 무화과나무가 마름(11:20–25)

E. 예수님의 권위에 대한 논쟁(11:27–33)

F. 포도원 농부 비유(12:1–12)

G. 네 가지 질문(12:13–37)

H. 율법학자들에 대한 경고(12:38–40)

I. 과부의 헌금(12:41–44)

J. 감람산 디스코스(13:1–37)

Ⅳ. 예루살렘 갈등(11:1–13:37)

A. 예루살렘 입성(11:1–11)

¹ 그들이 예루살렘에 가까이 와서 감람 산 벳바게와 베다니에 이르렀을 때에 예수께서 제자 중 둘을 보내시며 ² 이르시되 너희는 맞은편 마을로 가라 그리로 들어가면 곧 아직 아무도 타 보지 않은 나귀 새끼가 매여 있는 것을 보리니 풀어 끌고 오라 ³ 만일 누가 너희에게 왜 이렇게 하느냐 묻거든 주가 쓰시겠다 하라 그리하면 즉시 이리로 보내리라 하시니 ⁴ 제자들이 가서 본즉 나귀 새끼가 문 앞 거리에 매여 있는지라 그것을 푸니 ⁵ 거기 서 있는 사람 중 어떤 이들이 이르되 나귀 새끼를 풀어 무엇 하려느냐 하매 ⁶ 제자들이 예

수께서 이르신 대로 말한대 이에 허락하는지라 [7] 나귀 새끼를 예수께로 끌고 와서 자기들의 겉옷을 그 위에 얹어 놓으매 예수께서 타시니 [8] 많은 사람들은 자기들의 겉옷을, 또 다른 이들은 들에서 벤 나뭇가지를 길에 펴며 [9] 앞에서 가고 뒤에서 따르는 자들이 소리 지르되

호산나 찬송하리로다

주의 이름으로 오시는 이여

[10] 찬송하리로다

오는 우리 조상 다윗의 나라여

가장 높은 곳에서 호산나

하더라 [11] 예수께서 예루살렘에 이르러 성전에 들어가사 모든 것을 둘러 보시고 때가 이미 저물매 열두 제자를 데리시고 베다니에 나가시니라

예수님이 이 땅에 오신 목적을 성취하는 한 주가 시작되고 있다. 주님은 아기의 모습으로 태어나신 이후 이때를 준비해 오셨다. 예수님을 보내신 하나님도, 그를 죽이려는 마귀도, 예수님의 대속적인 죽음으로 하나님과의 관계에서 새로운 기회를 얻게 될 사람들도 모두 하나님 구속사의 절정이자 인류 역사에서 가장 위대한 사건을 이 한 주가 끝날 때 목격할 것이다.

여리고를 떠난 예수님 일행은 순례자들과 함께 예루살렘성 바로 밖에 있는 감람산에 도착했다(1절). '감람산'(τὸ ὄρος τῶν ἐλαιῶν)은 이 산 언덕에서 감람(올리브)이 많이 재배된 데서 비롯된 이름이다. 예루살렘에서 1-2km 동쪽에 위치한 곳이며, 여리고에서 예루살렘으로 가려면 이 산의 정상을 동쪽에서 서쪽으로 넘는 길을 통과해 예루살렘성과 감람산 사이에 위치한 기드론 계곡을 건너야 했다(ABD).

감람산은 예루살렘보다 약 100m가 더 높아 예루살렘 성전을 한눈에 내려다볼 수 있었다. 예수님이 기도하셨던 겟세마네 동산도 이 산의 자락에 있다. '벳바게'(Βηθφαγή)는 감람산 남동쪽에 위치한 곳으로 예루

살렘성에서 1㎞ 떨어져 있었다(Wilkins). 벳바게는 '무화과의 집'(house of the fig)이라는 뜻이다(ABD). 아마도 이 마을에서 무화과가 많이 생산되었기 때문에 이런 이름으로 불렸을 것이다.

'베다니'(Βηθανία)는 감람산 동쪽 언덕에 있었으며, 예루살렘에서 약 3㎞ 떨어져 있었다(ABD). 예수님이 죽은 나사로를 살리신 곳이다. 예수님은 생애 마지막 일주일을 대부분 베다니에서 머무신다.

예수님이 두 제자를 보내신 곳이 어디인지에 대해 다소 논란이 있다. 예수님이 제자들을 벳바게로 보내신 것이라고 하는 이들이 있는가 하면(Carson, Wilkins), 생애 마지막 일주일을 대부분 베다니에서 보내시기 때문에 그들을 벳바게에서 베다니로 보내신 것이라 하는 이들도 있다(Hagner). 두 곳 모두 감람산 근처 예루살렘성 밖에 있기 때문에 중요한 이슈는 아니다.

예수님은 두 제자를 맞은편 마을로 보내시며 아무도 타 보지 않은 나귀 새끼가 매여 있는 것을 보게 될 것이니 풀어서 끌고 오라고 하셨다(2절). 잠시 짐승을 사용하고 돌려주는 일종의 징발(requisition)이라 할 수 있다(Derrett). 만일 누가 묻거든 "주가 쓰시겠다"라고 대답하면 즉시 보낼 것이라고 하셨다(3절). 오늘날로 말하면 '주가 쓰시겠다'는 일종의 '비밀번호'라 할 수 있다(Morris). 하나님이 미리 모든 것을 준비해 두셨기 때문에 이 비밀번호만 말하면 누구라도 흔쾌히 내줄 것이라는 뜻이다.

예수님이 자신을 가리켜 '주'(ὁ κύριος)로 칭하시는 것은 이곳이 처음이다. 그동안 사람들이 예수님을 '주', '다윗의 후손', '하나님의 아들'이라 부르며 메시아이심을 고백했지만, 예수님은 자신의 신적인 신분이 알려지는 것을 원하지 않으셨다. 이제 스스로 '주'라고 하시는 것은 드디어 자신이 하나님의 아들이심을 온 세상에 알릴 때가 되었음을 의미한다(cf. Carson, Gundry).

두 제자가 예수님이 명하신 대로 가서 보니 예수님의 말씀대로 나귀 새끼가 어느 집 문 앞 거리에 매여 있었다(4절). 그들이 나귀 새끼를 풀자 사람들이 그것을 풀어서 무엇을 하려고 하느냐고 물었다(5절). 제자들이 예수님이 말씀하신 대로 "주께서 쓰시겠다"라고 하자 그들이 나귀를 끌고 가는 것을 허락했다(6절).

나귀를 끌고 온 제자들은 자신들이 입고 있던 겉옷으로 나귀 위에 안장을 만들었고, 예수님이 나귀에 오르셨다(7절). 어떤 이들은 예수님이 감람산을 내려와 예루살렘에 입성하시는 것을 스가랴 14:3-21과 연결 짓기도 하지만, 스가랴 14장은 종말에 임할 정복자 메시아에 대한 말씀이고, 예수님은 고난받는 종 메시아로 입성하고 계시기 때문에 직접적인 연관은 없다. 오히려 솔로몬이 기혼 샘에서 왕으로 세워질 때 탔던 다윗의 나귀를 연상케 한다(왕상 1:33-44). 옛적에 솔로몬이 아버지의 나귀를 탄 왕으로서 예루살렘에 입성해 다윗 언약을 성취했던 것처럼, 다윗의 후손인 예수님도 나귀를 타고 입성해 다윗 언약을 성취하신다. 다윗은 압살롬이 반역했을 때 울면서 나귀를 타고 예루살렘을 떠났고, 훗날 다시 나귀를 타고 예루살렘으로 돌아왔다. 예수님도 고난받는 종으로서 이스라엘의 죄에 대해 안타까운 마음을 품고 나귀를 타고 입성하신다(cf. France).

예수님이 나귀를 타고 예루살렘에 입성하신 날은 일요일이다. 사람들이 자기의 겉옷을, 혹은 들에서 벤 나뭇가지를 길에 폈다(8절). 예수님을 태운 나귀에게 밟고 지나가라는 것이다. 겉옷과 나뭇가지를 길에 펴 그 위를 걷게 하는 것은 왕에 대한 예우이며 복종하겠다는 뜻이다(cf. 왕하 9:13). 오늘날 스타들이 시상식에 들어가면서 레드 카펫(Red Carpet)을 밟는 것과 비슷하다. 사람들이 펼쳐 놓은 나뭇가지 중 종려나무(palm tree) 가지가 많았기 때문에(cf. 요 12:13) 오늘날 교회는 이날을 가리켜 '종려 주일'(Palm Sunday)이라고 한다.

이 많은 사람이 다 어디에서 왔을까? 당시 예루살렘과 그 주변에는 10만 명이 살았지만, 종교 절기 때는 이스라엘 각지에서 온 순례자와 세계 곳곳에서 온 디아스포라 순례자까지 합해 100만 명 정도 되었다. 이 순례자 중 상당수가 예수님의 영광스러운 입성을 보고자 거리로 나온 것이다.

요한은 예수님을 둘러싼 수많은 사람 중 일부는 예수님이 입성하신 다는 소식을 듣고 예루살렘에서 종려나무 가지를 꺾어 들고 맞으러 나왔다고 한다(요 12:12-13). 이 사람들이 예수님을 앞서가는 무리가 되고, 갈릴리에서 온 순례자들은 예수님을 뒤에서 따르는 무리가 되었다(9a절).

그들은 메시아에 대한 소망을 담아 감격한 목소리로 크게 외쳤다. "호산나 찬송하리로다 주의 이름으로 오시는 이여 찬송하리로다 오는 우리 조상 다윗의 나라여 가장 높은 곳에서 호산나!"(9-10절). 이 말씀은 시편 중 '할렐루야 모음집'(Hallel Psalms, 113-118편을 부르는 말)의 일부인 시편 118:25-26을 바탕으로 한 외침이다. 외침의 시작과 끝을 형성하는 '호산나'(ὡσαννά)는 아람어를 음역한 것이며, 지금 당장 구원해 달라는 염원을 표현하는 히브리어 문구 '호시아나'(אָנָּא הוֹשִׁיעָה)를 반영한 것이다(cf. 시 118:25). 원래는 도움을 구하는 호소였지만, 세월이 지나면서 환호와 갈채로 사용되었다(Beale & Carson). 이곳에서도 같은 의미로 사용되고 있다. '찬송하리로다'(εὐλογημένος)를 직역하면 '복되시다'는 뜻이다(새번역, 아가페, NAS, NIV, NRS). 순례자들의 외침이 예루살렘 지도자들을 더욱 자극했다(France).

예수님이 드디어 예루살렘에 들어가시니 온 성이 소동했다(마 21:10). 헤롯왕 시대 때 동방 박사들이 예루살렘을 찾아왔을 때의 소동보다 더 큰 소동이었다(cf. 마 2:3). 그들은 왜 이렇게 열렬하게 예수님을 맞이했을까? 아마도 예수님이 갈릴리에서 떨치신 명성에 예루살렘성 밖에 있는 베다니에서 죽은 나사로를 살리신 소식(요 11:1-45)이 더해져 이처럼 흥분된 분위기를 만들었을 것이다.

예루살렘에 입성하신 예수님은 예루살렘에서 가장 중요한 건물인 성전에 들어가 모든 것을 둘러보셨다(11a절). 성전을 둘러보시며 많이 분노하셨을 것이다. 성전에서 행해지는 예배와 관행이 하나님이 세우신 기준에 많이 미달했기 때문이다. 성전을 둘러보시고 나니 날이 저물어 제자들을 데리고 숙소가 있는 베다니로 가셨다(11b절).

이 말씀은 우리를 사역자로 세우신 하나님은 모든 것을 철저하게 예비하시는 분이라고 한다. 두 제자가 나귀를 데리러 갔을 때 어떠한 문제나 실랑이도 없었다. 하나님이 사전에 모든 것을 철저하게 준비해 두셨기 때문이다. 우리도 사역할 때 이처럼 하나님이 철저하게 준비해 두신 상황을 경험하곤 한다.

예수님은 누구이신지 생각해 보자. 물론 우리는 평생 예수님을 구세주로 고백하며 여기까지 왔다. 심지어 주님의 나라를 위해 사역자로 헌신하기까지 했다. 그러나 한 번 더 충분한 시간을 두고 질문해 보아야 한다. 이 질문에 대해 어떻게 답하는지가 장차 우리의 삶과 사역에 더 큰 영향력을 행사할 것이며, 더 큰 변화를 가져올 것이기 때문이다.

IV. 예루살렘 갈등(11:1-13:37)

B. 무화과나무가 저주를 받음(11:12-14)

¹² 이튿날 그들이 베다니에서 나왔을 때에 예수께서 시장하신지라 ¹³ 멀리서 잎사귀 있는 한 무화과나무를 보시고 혹 그 나무에 무엇이 있을까 하여 가셨더니 가서 보신즉 잎사귀 외에 아무것도 없더라 이는 무화과의 때가 아님이라 ¹⁴ 예수께서 나무에게 말씀하여 이르시되 이제부터 영원토록 사람이 네게서 열매를 따 먹지 못하리라 하시니 제자들이 이를 듣더라

본문과 20-25절은 예수님이 무화과나무를 저주하신 것은 성전을 방문한 월요일에 있었던 일이고, 제자들이 무화과나무가 마른 것을 목격

한 것은 다음 날인 화요일에 있었던 일이라고 한다. 반면에 마태는 두 가지 모두 화요일 같은 때에 일어난 것처럼 묘사한다(마 21:18-22). 두 복음서 모두 무화과나무 이야기와 성전에서 있었던 일들을 연결해 종교적 제도에 대해 강력하게 경고하는 듯하다. 다음 구조를 참조하라(France).

A. 첫 성전 방문(11:11)
　　B. 무화과나무 저주(11:12-14)
A′. 성전에서 하신 일(11:15-19)
　　B′. 무화과나무가 마름(11:20-25)
A″. 다시 성전을 방문하심(11:27)

　예수님은 제자들과 이른 아침에 베다니를 출발해 예루살렘으로 가시느라 아침을 제대로 챙겨 드시지 못해 배가 고프셨다(12절). 멀리서 잎사귀가 무성한 무화과나무를 보시고 시장기를 달랠 만한 과일을 기대하셨다(13a절). 그러나 가까이 가서 보니 무성한 잎사귀 외에 아무것도 없었다(13b절). 아직 무화과 철이 아니었기 때문이다(13c절). 예수님은 무화과나무를 향해 이제부터 영원토록 사람이 열매를 따 먹지 못할 것이라고 하셨다(14절). 나무가 영원히 열매를 맺지 못하게 하신 것이다.
　무화과는 나무에 잎사귀가 나기 조금 전에, 혹은 잎사귀와 함께 생기기 시작한다(Carson). 만일 잎이 날 때까지 열매가 생기지 않으면 열매를 맺지 못한다(Keener). 이 일을 두고 무화과 철이 아닌 만큼 예수님이 나무를 저주하신 것이 지나치다고 생각하는 이들도 있고, 어떻게 해서든지 예수님의 행동을 정당화하려는 노력도 있다(cf. Anderson, Lohmeyer, Marcus, Wessel & Strauss). 그러나 이 이야기가 강조하고자 하는 것은 배가 고프신 예수님의 실망이 아니다. 예수님이 잎사귀는 무성한데 열매가 없는 무화과나무를 통해 제자들에게 가르침을 주시고자 실물 교수(object lesson)로 삼으신 것이다.

사람이 먹을 만한 열매를 맺지 못하는 무화과나무는 하나님의 저주를 받을 나라의 죄와 부패를 상징한다(Beale & Carson, cf. 렘 8:13; 24:8; 29:17; 호 9:10; 욜 1:12; 미 7:1-6). 예수님이 저주하신 무화과나무는 잎사귀가 무성해 열매가 있을 것 같은데 전혀 없는, 곧 사람의 눈을 속이는 나무다. 말은 그럴싸하게 해서 삶이 신앙의 열매로 가득할 것 같은데 정작 열매가 없는 사람을 상징한다(Cranfield). 또한 무화과나무 이야기가 성전 이야기를 감싸며 대칭을 이루는 것은 예수님이 성전을 개혁하려고 하시는 것이 아니라, 무화과나무를 저주하신 것처럼 성전을 무효화하셨다는 뜻이다(Garland, cf. Perkins). 포도원 소작인의 비유(12:1-11)도 같은 의미를 담고 있다.

예수님은 무화과나무를 사용하셔서 하나님의 자녀들에게 경고하신다. 삶에서 열매는 필수라는 것이다. 그러므로 이 무화과나무는 살아서보다 죽어서 제 역할을 한다(Keener).

이 말씀은 우리의 삶에서 신앙의 열매는 필수라고 한다. 아무리 많은 기도와 찬양과 묵상을 할지라도, 삶이 선한 열매를 맺지 못하면 자신의 신앙에 대해 다시 생각해 보고 회개해야 한다. 성도는 하나님이 시냇가에 심은 나무와 같아서 때를 따라 열매를 맺기 때문이다.

IV. 예루살렘 갈등(11:1-13:37)

C. 성전을 깨끗하게 하심(11:15-19)

15 그들이 예루살렘에 들어가니라 예수께서 성전에 들어가사 성전 안에서 매매하는 자들을 내쫓으시며 돈 바꾸는 자들의 상과 비둘기 파는 자들의 의자를 둘러 엎으시며 16 아무나 물건을 가지고 성전 안으로 지나다님을 허락하지 아니하시고 17 이에 가르쳐 이르시되 기록된 바

내 집은 만민이 기도하는 집이라

칭함을 받으리라고 하지 아니하였느냐

너희는 강도의 소굴을 만들었도다

하시매 ¹⁸ 대제사장들과 서기관들이 듣고 예수를 어떻게 죽일까 하고 꾀하니 이는 무리가 다 그의 교훈을 놀랍게 여기므로 그를 두려워함일러라 ¹⁹ 그리고 날이 저물매 그들이 성 밖으로 나가더라

복음서를 종합해 보면 예수님은 일요일에 나귀를 타고 예루살렘에 입성하신 후 성전 주변을 둘러보시고, 그날 오후 제자들과 함께 베다니로 돌아가 그곳에서 밤을 보내셨다(cf. 11절). 다음 날인 월요일 아침 일찍 제자들과 함께 예루살렘으로 향하셨으며, 가는 길에 무화과나무를 저주하셨다(cf. 12-14절). 예수님은 예루살렘에 입성한 다음 곧바로 성전으로 가셨다.

예수님이 성전 뜰로 들어가 그곳에서 장사하는 모든 사람을 내쫓으셨다(15a절). 돈 바꾸는 사람들의 상과 비둘기 파는 사람들의 의자도 엎으셨다(15b절). 예수님이 이들을 쫓아내신 것은 순간적으로 화가 치밀어 올랐기 때문이 아니라, 미리 계획하고 대비하신 일이다(France). 예수님은 자신이 성전 뜰을 떠나면 장사꾼들이 다시 몰려들 것을 아신다. 그러나 성전보다 더 크신 메시아로서 그곳에서 행해지는 부조리를 지켜보기만 할 수는 없으셨다.

당시 성전은 뜰을 포함하면 예루살렘 면적의 6분의 1을 차지했다(ABD). 성전은 로마 제국에서 가장 큰 신전이었으며, 둘레는 동쪽이 315m, 남쪽이 278m, 서쪽이 485m, 북쪽이 469m였다. 면적은 축구장 30여 개에 달했다(DJG). 하나님께 드릴 제물을 집에서부터 가져오는 것은 큰 모험이었다. 성전으로 가는 길에 제물로 드릴 짐승이 부정을 접할 수 있기 때문이다. 그러므로 사람들 대부분, 특히 먼 곳에 사는 사람들과 세계 곳곳에 흩어져 사는 디아스포라 유대인들은 돈을 가

져와 성전 뜰에서 제물로 드릴 짐승을 구매했다.

성전을 찾는 순례자들은 대부분 로마 제국이 화폐로 사용한 동전을 가져왔다. 이 동전에는 황제의 모습이 새겨져 있었는데, 유대인들은 동전에 새겨진 황제를 우상으로 간주했다. 유대인들이 선호한 화폐는 북쪽 페니키아 지역에 있는 항구 도시 두로에서 제작된 두로 동전(Tyrian silver coin)이었다. 이 동전은 로마 것보다 조금 더 정제된 은으로 제조되었고, 두로의 수호신 헤라클레스가 새겨져 있었다. 유대인들이 이 동전을 선호한 이유는 이 동전의 무게가 성전세인 은 1/2세겔(cf. 출 30:11-16)이었기 때문이다. 그들은 이 동전을 '거룩한 돈'(sacred money)라고 불렀으며 성전세를 내는 공식 동전으로 삼았다. 그러나 이 동전도 성전 뜰에서 아무 이미지도 새기지 않은 성전용 동전으로 바꿔야 했다 (Jeremias, Witherington).

제물과 성전세 동전 거래에 제사장들의 이권이 개입한 것은 뻔한 일이다. 사람들이 성전세를 납부하기 위해 교환하는 동전과 제물로 드리기 위해 성전 뜰에서 구매하는 짐승은 정결해야 한다. 이 과정에서 제사장들은 그것들의 정결함을 인증해 주고 뒷돈을 챙겼다. 결국 가난한 순례자들이 제물로 드리려고 구매하는 비둘기(레 12:8; 14:21-22)마저도 때에 따라서는 터무니없는 값에 거래되었다. 장사꾼들과 환전상들이 성전 뜰에서 버젓이 이런 일을 할 수 있었던 것은 지도자들과 거래가 있었기 때문에 가능했다. 그러므로 예수님이 장사꾼들을 내쫓으신 것은 성전 운영 이권에 개입한 종교 지도자들에 대한 경고였다.

합리적이고 상식적으로 생각하면 제물로 사용할 짐승과 동전을 거래하는 것은 먼 곳에서 온 순례자들을 위한 편의를 제공하는 것이라 할 수 있다. 문제는 장소다. 성전 터 밖에서 이런 일을 하면 문제가 되지 않는다. 그러나 성전 안에서는 해서는 안 된다. 그들은 이방인들이 지성소에 가장 가까이 갈 수 있는 바깥 뜰(outer court)에서 이런 일을 했는데, 이 같은 행위는 이방인들이 하나님을 예배하는 것을 방해하는 것이었다(Meyers & Strange). 그러므로 예수님이 그들을 내치신 것이다.

예수님은 그들을 내쫓으시며 구약 말씀을 인용해 성전은 원래 어떠해야 하는데 그들이 어떻게 부정하게 만들었는지 질타하신다(17절). 성전은 '만민이 기도하는 집'이다. 이 말씀은 이사야 56:7을 인용한 것이다. 성도가 기도하는 하나님의 집이 강도의 소굴로 전락했다. '소굴'(σπήλαιον)은 강도들이 강탈하고 착취한 돈을 쌓아 놓고, 다음 '프로젝트'를 꾸미는 곳이다. 성전이 어느덧 개혁하거나 깨끗하게 할 수 없는, 인간의 가장 타락한 모습을 보여 주는 곳이 되었다. 하나님께 기도하는 신성한 집이 이처럼 타락할 수 있다는 사실이 시사하는 바가 크다.

예수님은 율법을 최종적으로 해석할 권리를 가지신 분이며, 또한 성전보다 더 크신 분이다. 따라서 성전에 대한 권리를 행사해 기도 처소로 만드시고 병자들을 치료하는 곳으로 세우셨다. 사실 성전을 상업적 오염에서 깨끗하게 하는 것은 제사장들이 해야 할 일이었다.

예수님으로 인해 성전이 발칵 뒤집혔다. 성전에서 일하던 대제사장들과 서기관들은 예수님을 어떻게 죽일지 고민했다(18절; cf. 3:6; 12:13). 그들은 예수님이 성전을 청소하신 것에 화를 내는 것이 아니다. 그들에게 조금이라도 종교적 양심이 남아 있다면 예수님이 성전에서 이뤄지고 있는 매매 행위를 금지하신 일을 비난할 수 없다. 유대인들의 기록에 따르면 원래 제물 매매와 환전은 예루살렘성과 감람산 사이에 있는 기드론 계곡에서 행했던 일인데, 대제사장 가야바(Caiphas)가 예수님이 성전을 방문하시기 얼마 전에 '이방인 뜰'로 옮겼다고 한다(France, Jeremias, Lane, cf. 마 26:3, 57). 그들은 예수님이 두려웠다(18c절). 그들의 두려움은 경건한 경외가 아니다. 사람들이 예수님의 가르침을 놀랍게 여기고 따르는 것을 두려워했다(18b절). 예수님이 대중적인 인기를 누리는 한 처단하기가 쉽지 않다고 생각한 것이다.

제사장들과 서기관들은 예수님을 죽일 궁리를 하지만, 광경을 지켜

359

보며 예수님의 가르침을 들은 사람들은 놀라움을 금치 못했다(18절; cf. 1:22). 아마도 오랫만에 참된 선지자가 나타나 썩고 오염된 성전과 종교 지도자들을 개혁하려 한다고 생각했을 것이다(Hooker, cf. Evans, Sanders). 날이 저물자 예수님은 제자들과 예루살렘성 밖으로 나가셨다(19절). 베다니로 가신 것이다. 절기에는 수많은 순례자가 예루살렘으로 모이기 때문에 사람들은 대부분 성 밖에 머물렀다. 또한 예수님은 누구를 거부할 때면 떠나신다(cf. 마 12:15; 14:13; 15:21). 그러므로 성전을 떠나 베다니로 가신 것은 성전과 지도자들을 거부하신 것을 상징한다. 주인이 거부하신 성전은 머지않아 파괴될 것이다(cf. 13:2).

이 말씀은 교회가 어떤 곳인지 생각하게 한다. 교회는 하나님께 기도하는 곳이며, 병자들을 치료하고 이웃들을 돕는 곳이 되어야 한다. 또한 하나님의 말씀을 선포하고 가르치는 곳이 되어야지, 문화 교실이나 하는 곳으로 전락해서는 안 된다. 성도들의 자화자찬과 자신들을 위한 잔치만 하는 곳으로 전락해서도 안 된다. 각자 잇속을 챙기는 상업적 터전이 되어서도 안 된다. 그러기 위해서는 교회 지도자들이 대제사장들과 서기관들의 의보다 더 나은 의를 가져야 한다(cf. 마 5:20). 어린아이들의 순수성을 추구해야 한다.

대제사장들과 서기관들은 성전을 찾아온 예수님을 알아보지 못했다. 오히려 예수님의 등장을 매우 불편하게 여겼다. 온갖 이해관계가 얽혀 있는 사역을 했기 때문이다. 만일 예수님이 한국 교회를 방문하신다면, 교회는 예수님을 알아보고 환영할까? 교회의 주인이신 예수님을 알아보고 환영하는 공동체가 되어야 한다.

D. 무화과나무가 마름(11:20-25)

20 그들이 아침에 지나갈 때에 무화과나무가 뿌리째 마른 것을 보고 21 베드로가 생각이 나서 여짜오되 랍비여 보소서 저주하신 무화과나무가 말랐나이다 22 예수께서 그들에게 대답하여 이르시되 하나님을 믿으라 23 내가 진실로 너희에게 이르노니 누구든지 이 산더러 들리어 바다에 던져지라 하며 그 말하는 것이 이루어질 줄 믿고 마음에 의심하지 아니하면 그대로 되리라 24 그러므로 내가 너희에게 말하노니 무엇이든지 기도하고 구하는 것은 받은 줄로 믿으라 그리하면 너희에게 그대로 되리라 25 서서 기도할 때에 아무에게나 혐의가 있거든 용서하라 그리하여야 하늘에 계신 너희 아버지께서도 너희 허물을 사하여 주시리라 하시니라 26 (없음)

다음 날인 화요일 아침, 예수님 일행이 예루살렘으로 들어가는 길에 전날 저주하셨던 무화과나무 앞을 지나다가 나무가 뿌리째 마른 것을 보았다(20절). 이미 언급한 것처럼 우리는 이 나무가 예루살렘 성전을 상징하는 특별한 위치에 있음을 기억해야 한다. 이는 이스라엘의 열매 맺지 못함이 예루살렘과 성전 파괴로 이어질 것이라는 경고다(Strauss, cf. 13:2). 나무가 하루 만에 말라 죽는 것은 흔한 일이 아니기 때문에 베드로가 신기하게 여겨 예수님이 전날 저주하신 무화과나무가 말랐다며 어찌 된 일인지를 물었다(21절).

예수님은 하나님을 믿으라고 하신다(22절). 하나님을 믿으면 이 산더러 들려 바다에 던져지라 하고 이뤄질 줄 믿고 의심하지 않으면 그대로 될 것이라 하신다(23절). 예수님 일행은 감람산 자락에 있는 베다니에서 예루살렘으로 가는 길이므로 '이 산'(τῷ ὄρει τούτῳ)은 예수님이 어느 쪽을 지목하시느냐에 따라 감람산이 될 수도 있고, 예루살렘에 있는 시온산이 될 수도 있다. 그러므로 어떤 이들은 스가랴 14:4을 근거로 감람산이라 하고, 어떤 이들은 시온산이라 한다(cf. Garland, Hooker, Marshall, Wessel & Strauss). 시온산으로 해석하는 이들은 수년 후에 성전과 예루살렘이 파괴될 일을 염두에 둔 말씀으로 해석한다(Beale & Carson, Blomberg). 그러나 특정한 산과 연관해 해석하지 않고 단순히 믿음은 산도 움직일 수 있다는 취지로 해석하는 것이 바람직하다. 사람이 하나님을 믿는 믿음으로 하면 불가능한 일이 없다는 뜻이다. 큰 믿음이 필요한 것도 아니다. 예수님은 겨자씨 한 알만 한 믿음만 있어도 이렇게 할 수 있다고 하셨다(마 17:20).

예수님은 제자들에게 기도할 때 무엇이든지 구하는 것을 이미 받은 줄로 믿고 구하면 다 받을 것이라고 하신다(24절). 이 말씀은 믿는 사람에게 어떤 신비로운 능력이 주어지는 것을 의미하는 것이 아니다. 구하는 것이 하나님의 계획과 목적에 부합할 때 이루어질 것을 의미한다(Hagner, Wilkins). 믿음이 있는 사람은 먼저 예수님과 하나가 되어 예수님이 원하시고 기뻐하시는 것을 구할 것이기 때문이다(cf. 요 14:12-14). 이런 상황에서는 무엇이든 예수님의 이름으로 구하면 모두 다 이루어질 것이라는 말씀이다.

또한 기도할 때 남을 용서하는 것은 필수적이라 하신다(25절). '서서 기도하는 것'은 유대인들이 가장 흔하게 취하던 기도 자세였다. 유대인들은 서서 기도하고(삼상 1:26; cf. 막 11:25; 눅 18:11, 13), 앉아서 기도하고(삼하 7:18), 무릎 꿇고 기도하고(대하 6:13; 단 6:10; cf. 눅 22:41; 행 7:60; 9:40; 20:36; 21:5), 엎드려 기도하는(민 16:22; 수 5:14; 단 8:17; cf. 마 26:39; 계 11:16) 등 다양한 자세로 기도했다. 가장 흔한 자세는 서서 하늘을 향해 손을 들고 기도하는 것이었다. 심각하고 어려운 기도는 무릎을 꿇거나, 엎드려서 기도했다. 바리새인들은 사람들 눈에 가장 잘 띄게 서서 하늘을 향해 손을 펴고 기도하는 자세를 즐겼다.

예수님은 서서 하늘에 계신 하나님을 향해 기도할 때, 아무에게나 혐의가 있으면 용서하라 하신다. 그래야 하늘에 계신 하나님 아버지가 기도하는 사람들의 죄도 용서하실 것이기 때문이다(cf. 마 6:12, 14-15).
일부 사본은 26절에 마태복음 6:15을 인용한 "만일 너희가 용서해 주
지 않으면 하늘에 계신 너희의 아버지께서도 너희의 잘못을 용서해 주
지 않으실 것이다"(Εἰ δὲ ὑμεῖς οὐκ ἀφίετε, οὐδὲ ὁ πατὴρ ὑμῶν ὁ ἐν τοῖς
οὐρανοῖς ἀφήσει τὰ παραπτώματα ὑμῶν)를 담고 있다. 그러나 가장 오래되
고 권위 있는 사본들에는 없기 때문에 개역개정도 삭제했다(cf. 새번역,
공동, 아가페, NIV, NIRV).

이 말씀은 잎사귀는 무성하지만 열매가 없어서 저주를 받아 죽은 무
화과나무를 통해 강력하게 경고한다. 입으로는 마치 세상에서 가장 큰
믿음을 소유한 것처럼 말하지만, 정작 삶에서 믿음의 열매를 맺지 못
하면 예수님의 비난과 심판을 피할 수 없다. 또한 믿고 구한다는 것은
먼저 하나님과 하나 되어 하나님이 기뻐하시는 것을 구한다는 뜻이다.
우리 마음대로 우리가 원하는 것을 요구하는 것이 아니다. 그러므로
작은 믿음으로 큰일을 하려면 먼저 예수님과 하나 되는 삶을 살아야
한다.

Ⅳ. 예루살렘 갈등(11:1-13:37)

E. 예수님의 권위에 대한 논쟁(11:27-33)

²⁷ 그들이 다시 예루살렘에 들어가니라 예수께서 성전에서 거니실 때에 대제
사장들과 서기관들과 장로들이 나아와 ²⁸ 이르되 무슨 권위로 이런 일을 하
느냐 누가 이런 일 할 권위를 주었느냐 ²⁹ 예수께서 이르시되 나도 한 말을
너희에게 물으리니 대답하라 그리하면 나도 무슨 권위로 이런 일을 하는지 이
르리라 ³⁰ 요한의 세례가 하늘로부터냐 사람으로부터냐 내게 대답하라 ³¹ 그들
이 서로 의논하여 이르되 만일 하늘로부터라 하면 어찌하여 그를 믿지 아니
하였느냐 할 것이니 ³² 그러면 사람으로부터라 할까 하였으나 모든 사람이

요한을 참 선지자로 여기므로 그들이 백성을 두려워하는지라 ³³ 이에 예수께 대답하여 이르되 우리가 알지 못하노라 하니 예수께서 이르시되 나도 무슨 권위로 이런 일을 하는지 너희에게 이르지 아니하리라 하시니라

예수님이 성전에 들어가 거니셨다(27a절). 아마도 이방인들의 뜰을 둘러싸고 있는 방 중 하나 앞에서 가르치려고 적당한 장소를 찾고 계셨을 것이다(cf. Carson). 이때 대제사장들과 서기관들과 장로들이 나와 질문했다(27b절). 이들은 당시 유대인들의 최고 기관인 산헤드린을 구성하는 자들이다. 오늘날로 말하자면 대제사장은 사역자들의 우두머리이고, 서기관은 성경을 해석하는 신학자이며, 장로는 평신도들을 대표하는 자다.

그들은 예수님께 무슨 권위로 이런 일을 하며, 누가 그 권위를 주었냐고 물었다(28절). 이스라엘 종교의 최고 권위를 누리는 지도자들이 두 차례나 '권위'(ἐξουσία)를 운운하며 예수님의 정통성과 정당성에 대해 질문한다. 그들은 이미 예수님의 가르침과 사역에 대해 많은 말을 들었을 것이다. 게다가 바로 전날만 해도 성전에서 상인들을 쫓아내시고(15-17절), 성전에서 가르치셨다(cf. 18절). 예수님은 랍비 훈련을 받으신 적이 없다. 이스라엘에서는 그들이 인정해야 랍비의 권위를 부여받을 수 있다.

또한 병자들을 치료하는 권위는 하나님이 주시는 것인데, 하나님을 대신하는 자신들이 인정하지 않았으니 예수님은 하나님의 권위를 위임받은 선지자가 아니다. 그러므로 예수님이 이 질문에 대해 어떻게 답하시든지 그들은 예수님의 답을 문제 삼을 만반의 준비가 되어 있다. 아마도 전날 예수님이 성전을 뒤집어 놓고 가신 후로 다시 나타나면 이렇게 해서 곤경에 빠트리겠다고 작전을 짠 것으로 보인다(Boring).

그들의 악한 의도를 잘 아시는 예수님은 만일 그들이 먼저 예수님이 하시는 질문에 대답하면 그들의 질문에 답하겠다고 하신다(29절). 질문을 질문으로 대답하는 것은 전형적인 랍비들의 논쟁 방식이다. 예수님은 그들에게 요한의 세례가 하늘로부터 온 것인지, 혹은 사람으로부터 온 것인지 물으셨다(30절). '요한의 세례'(τὸ βάπτισμα τὸ Ἰωάννου)는 요한의 사역을 상징하는 말이다(cf. 1:2-8). 요한이 하나님이 보내신 선지자인지, 혹은 선지자가 아닌데 선지자인 척한 것인지 묻는 말이다. 예수님의 권위에 대해 묻는 자들에게 요한의 권위에 대해 질문하신 것이다.

대제사장들과 서기관들과 장로들이 서로 의논했지만 답을 할 수 없었다(31-32절). 그들은 자신들이 판 함정에 빠진 것이다. 요한이 하늘로부터 왔다고 인정하는 것은 자존심이 상하는 일이다. 요한은 그들을 심하게 비난하며 회개하라고 했던 선지자이기 때문이다(cf. 마 3:7-10). 게다가 요한은 예수님의 길을 준비하기 위해 먼저 보내심을 받은 사람이다(cf. 말 3:1). 그러므로 만일 요한이 하늘에서 왔다는 사실을 인정하면 예수님도 인정해야 한다. 게다가 요한과 예수님이 선포한 메시지도 같지 않은가! 그들은 진리를 추구하는 일에 관심이 없다(Boring). 그들의 유일한 관심사는 이권과 체면을 유지하는 것이다.

그렇다고 해서 요한이 사람으로부터 왔다고 할 수도 없다. 사람들이 모두 요한을 하나님이 보내신 선지자라고 믿기 때문이다. 더욱이 수많은 순례자가 예루살렘에 와 있는 상황에서 만일 대제사장들과 서기관들과 장로들이 요한이 하나님이 보내신 선지자가 아니라고 했다는 소문이 나면 폭동이 일어날 것은 뻔한 일이다. 그들은 사람이 두렵다(32절). 만일 폭동이 일어나면 로마 사람들은 그들에게 위임한 모든 권위를 거두어 갈 것이다(Wilkins). 한마디로 그들은 진퇴양난에 처했다.

결국 그들은 모른다고 대답했다(33a절). 솔직하지 않은 대답이다. 이렇게 대답함으로써 그들은 바리새인들이 범한 용서받지 못할 죄를 짓고 있다. 그들 생각에는 이것이 예수님에게 휘말리지 않는 유일한 답이었다. 예수님은 참으로 재치 있게 대응하신다. "안 알려 주겠다고? 그럼 나도 내가 무슨 권위로 이런 일을 하는지 안 알려 줘!"

유대교 지도자들이라는 대제사장들과 서기관들과 장로들은 그들의 영생을 좌우할 진리와 진실에는 관심이 없다. 이 땅에서 가장 하나님을 잘 아는 척하지만, 정작 하나님이 그들 앞에 나타나시니 알아보지 못한다. 영접하기는커녕 오히려 예수님을 해치려 한다. 영원한 것에는 관심이 없고, 오늘 있다 내일 사라질 특권과 이권에만 온갖 관심을 쏟는다. 하나님을 가장 잘 안다는 자들이 하나님을 가장 두려워하지 않는 자들로 전락했다.

이 말씀은 누구든 기득권이나 이권에 몰입하면 영적인 안목이 흐려진다고 경고한다. 대제사장들과 장로들은 예수님이 그들의 성전에 관한 이권을 침해했다는 생각만 하고 정작 성전의 주인이신 메시아라는 사실을 깨닫지 못했다. 교회는 섬기고 헌신하는 곳이다. 그러므로 교회에서 기득권이나 이익을 추구하는 것은 잘못된 일이며 영적 시력을 상실하는 일이다.

IV. 예루살렘 갈등(11:1-13:37)

F. 포도원 농부 비유(12:1-12)

[1] 예수께서 비유로 그들에게 말씀하시되 한 사람이
포도원을 만들어 산울타리로 두르고
즙 짜는 틀을 만들고 망대를 지어서
농부들에게 세로 주고 타국에 갔더니 [2] 때가 이르매 농부들에게 포도원 소출 얼마를 받으려고 한 종을 보내니 [3] 그들이 종을 잡아 심히 때리고 거저 보내었거늘 [4] 다시 다른 종을 보내니 그의 머리에 상처를 내고 능욕하였거늘 [5] 또 다른 종을 보내니 그들이 그를 죽이고 또 그 외 많은 종들도 더러는 때리고 더러는 죽인지라 [6] 이제 한 사람이 남았으니 곧 그가 사랑하는 아들이라 최후로 이를 보내며 이르되 내 아들은 존대하리라 하였더니 [7] 그 농부들

366

이 서로 말하되 이는 상속자니 자 죽이자 그러면 그 유산이 우리 것이 되리라 하고 8 이에 잡아 죽여 포도원 밖에 내던졌느니라 9 포도원 주인이 어떻게 하겠느냐 와서 그 농부들을 진멸하고 포도원을 다른 사람들에게 주리라 10 너희가 성경에

> 건축자들이 버린 돌이
> 모퉁이의 머릿돌이 되었나니
> 11 이것은 주로 말미암아 된 것이요
> 우리 눈에 놀랍도다

함을 읽어 보지도 못하였느냐 하시니라 12 그들이 예수의 이 비유가 자기들을 가리켜 말씀하심인 줄 알고 잡고자 하되 무리를 두려워하여 예수를 두고 가니라

이 비유는 예수님이 하나님의 아들이심을 공개적으로 드러내는 첫 번째 비유라 할 수 있다. 예수님은 하나님이 보내신 아들인 자신을 죽이는 이스라엘과 지도자들은 반드시 하나님의 심판을 받을 것이라고 경고하신다. 특히 리더들을 향한 비난이 더욱더 거세지고 있다.

구약은 이스라엘을 하나님의 포도원이라 한다. 이 비유는 특별히 이사야 5:1-7을 배경으로 한다. 이 말씀에서 포도원 주인은 하나님, 포도원은 주님의 백성인 이스라엘, 소작인은 이스라엘의 지도자들, 종들은 선지자들, 소작인들이 죽인 주인의 아들은 예수님을 뜻한다. 예수님이 하나님 나라와 주님의 백성을 관리하는 일을 이스라엘의 썩은 리더들에게서 빼앗아 주님을 따르는 사람들(교회 지도자들)에게 넘기실 것을 암시한다(Blomberg).

바로 앞 섹션(11:27-33)에서 예수님은 유대교 지도자들의 권위에 대한 문제 제기를 잠재우셨는데, 이번에는 포도원 이야기를 통해 대제사장들과 서기관들과 장로들과 바리새인들 등 종교 지도자들을 총체적으로 비난하신다(cf. 12절). 이들은 유대교의 최고 기관인 산헤드린을

구성하는 자들이다. 예수님은 유대교 지도자 전체를 표적 삼아 말씀하신다.

한 집주인이 심혈을 기울여 포도원을 조성했다(1절). 포도원을 산울타리로 두르고, 거기에 즙 짜는 틀을 만들고, 망대를 지었다. 모두 이사야 5:1-2을 연상케 하는 표현이다. '산울타리'(φραγμός)는 도둑과 짐승으로부터 포도원을 보호하기 위해 돌담이나 가시나무로 담을 두른 것이다. '즙 짜는 틀'(ὑπολήνιον)은 구약에서 '술틀'(גת)로 불리는 것이다(사 5:2). 바위에 높낮이가 조금 차이 나게 파 놓은 구덩이가 두 개로 구성되어 있다. 높은 쪽 구덩이에 포도를 넣고 밟아 으깨면 즙이 낮은 구덩이로 흘러가는 구조다. 이곳에 모인 즙으로 포도주를 담갔다. 기드온이 이 술틀에 숨어서 곡식을 타작하다가 하나님의 천사를 만났다(삿 6:11).

규모가 큰 포도원은 망대도 갖추었다. '망대'(πύργος)는 돌로 쌓은 탑으로 일꾼들에게 쉼터를 제공했다. 또한 감시자가 이곳에 거하며 침입자들로부터 포도원을 보호했다. 주인이 이처럼 만반의 준비를 한 것은 이 포도원이 좋은 포도를 맺을 것으로 확신했기 때문이다. 이 같은 내용이 이사야 5:2과 매우 비슷하기 때문에 NAS는 이 말씀을 이사야 5:2의 인용구로 표기했다.

집주인은 농부들에게 세를 주고 타국으로 갔다. '타국에 가다'(ἀποδημέω)를 직역하면 '멀리 떠났다, 여행을 가다'이다(BAGD, cf. 새번역, 공동, NIV). 즉, 주인은 타국으로 이민을 간 것이 아니라 긴 여행을 떠난 것이다(Nolland, cf. NAS, NIRV). 소작인에게 포도원 관리를 맡기는 것은 당시 포도원을 소유한 외국인들이나 부자들이 하는 흔한 일이었다. 대체로 주인들은 소작인들에게 까다롭고 지나친 요구를 하기 일쑤였다. 수확의 2분의 1을 요구하는 것은 그나마 합리적인 일로 여겨졌다. 그러나 이 이야기에서는 이러한 상황이 아니다.

드디어 포도를 수확하는 때가 이르렀다(2a절). '때'(καιρός)는 하나님의 나라가 가까이 온 것을 연상케 하는 표현이다. 주인은 자기 몫을 받으려고 한 종을 농부들에게 보냈다(2b절). 주인이신 하나님이 자기 포도원인 이스라엘에 기대했던 포도는 의로운 행위였다.

그러나 소작인들은 종에게 주인의 몫을 주지 않고, 오히려 심하게 때리고 빈손으로 보냈다(3절). 이스라엘이 하나님이 보내신 선지자들을 학대하고 죽인 것을 의미한다(Beale & Carson, cf. 왕상 18:4, 13; 대하 24:21; 렘 26:20-23; 히 11:32-38). 선지자 예레미야는 심한 매를 맞았으며(렘 20:2), 바울뿐 아니라 예수님도 이런 고통을 당하셨다.

주인은 다른 종을 보냈다(4a절). 어떤 이들은 처음에 보낸 종들은 구약 정경 중 유대인들이 전(前)선지서라고 부르는 책들(여호수아기-열왕기하)을, 이번에 보낸 종들은 후(後)선지서라고 부르는 책들(이사야서-말라기)을 상징한다고 하지만(Boring), 그다지 설득력이 있는 해석은 아니다. 사람이 하나님 말씀에 불순종할 수는 있어도 말씀을 죽일 수는 없기 때문이다. 하나님이 어떻게 해서든 이스라엘을 회개시키려고 끊임없이 선지자들을 보내신 일을 의미한다.

이번에도 농부들은 종의 머리에 상처를 내고 능욕해 주인에게 돌려보냈다(4b절). 머리를 때렸다는 것은 오늘날로 말하면 얼굴을 갈기는 것과 같은 수치를 상징한다(Strauss). 하나님이 수많은 선지자를 보내셨지만, 그때마다 그들의 말을 듣기는커녕 오히려 수치를 주고 문전 박대한 일을 묘사한다(cf. 대하 24:20-22; 렘 26:20-30). 이후에도 주인은 농부들에게 여러 차례 기회를 주었다. 다른 종들을 보낸 것이다. 그러나 농부들의 폭력은 날이 갈수록 심해졌고, 급기야 주인이 보낸 종들을 죽이기까지 했다(5절). 가장 최근에 분봉 왕 헤롯에게 처형당한 세례 요한도 여기에 속한다.

주인은 단 하나뿐인 사랑하는 아들을 보내면 소작인들이 그를 존중하리라 생각하고 아들을 보냈다(6절). 아들은 그를 보낸 아버지의 권세를 가지고 가는 만큼 농부들이 주인을 대하듯 아들을 대할 것으로 기대한 것이다. 그러나 농부들은 주인이 보낸 아들을 보고 상속자인 그를 죽이고 유산을 차지하자며 그를 죽여 시체를 포도원 밖으로 내던졌다(7-8절). 그들은 주인이 오지 않고 그의 아들이 온 것을 주인이 죽었기 때문이라고 생각했을 수도 있다(Jeremias). 소작인들은 그들과 신분이 같은 종들뿐만 아니라 신분이 다른 아들까지 죽였다!

이 말씀은 하나님이 독생자이신 예수님을 보내신 일을 의미한다. 그러므로 지금 예수님은 지도자들과 무리에게 공개적으로 자신이 하나님의 아들이라는 사실을 선언하고 계신다(Carson). 예수님을 죽이기로 결정한 유대교 지도자들은 기회만 엿보고 있다(cf. 3:6; 12:12).

어떤 이들은 소작농들이 상속자인 아들을 죽인다고 해서 주인의 재산이 그들의 것이 되는 것은 법적으로 불가능한 일이라며, 주인이 죽은 상황에서 아들이 그들을 찾았다는 등 다양한 시나리오와 해석을 제시한다(cf. Jeremias). 그러나 비유는 비유로 해석되어야 한다. 모든 디테일에 지나치게 집착하다 보면 오히려 의미를 놓칠 수 있다. 농부들은 당장 눈에 보이는 아들을 제거하기 위해 이러한 논리로 자신들의 반역을 합리화하고 있다. 유대교 지도자들이 이렇다는 것이다. 당장 눈엣가시인 예수님만 죽이면 모든 것이 해결될 것으로 생각한다(cf. 12절). 범죄자들은 대부분 치밀하게 계획하거나 깊이 생각하지 않고 죄를 범한다. 요셉을 죽이려고 했던 형들을 생각해 보라(cf. 창 37:18-20).

마태가 농부들이 아들을 포도원 밖에서 죽였다고 하는 것과 달리(마 21:39) 마가는 농부들이 아들을 죽인 후 포도원 밖에 던졌다고 한다(8절). 마태가 마가의 말을 순서를 뒤집어 말하는 것은 예수님이 성문 밖에서 고난당하실 것을 의미한다(히 13:11-12; 요 19:17, 20). 마가보다 조금 더 구체적으로 이 비유를 예수님의 죽음과 연관시키는 것이다.

예수님은 사람들에게 포도원 주인이 와서 자기 아들을 죽인 농부들을 어떻게 하겠느냐고 물으신다(9a절). 답이 정해진 수사학적인 질문이다. 주인은 악한 농부들을 진멸하고 포도원을 다른 사람들에게 줄 것이다(9b절). '주인'(ὁ κύριος)은 포도원 주인을 뜻할 수도 있지만, 하나님을 뜻한다(Stein). 이 비유는 농장에 대한 메시지가 아니라, 하나님 나라에 대한 메시지이기 때문이다(Strauss).

어떤 이들은 주인이 와서 농부들을 진멸하는 것이 종말에 있을 최종 심판에서 이뤄질 일을 의미한다고 한다(Gundry). 그러나 학자들 대부분은 70년에 있었던 성전과 예루살렘 파괴에 대한 경고로 해석한다(Boring, Davies & Allison, Harrington). 70년에 있었던 예루살렘과 성전 파괴가 맞다. 이 일로 인해 가장 혹독한 심판을 받은 사람들은 지도자들이었기 때문이다.

'다른 사람들'(9절)은 교회와 지도자들이다(Best, France, Nineham). 예수님이 장차 세우실 교회는 유대인과 이방인을 포함할 것이다(cf. Evans, Gundry, Hooker). 인종적 배경이나 사회적 신분은 그다지 중요하지 않은 공동체를 세우실 것이다. 이 공동체와 리더들은 철에 따라 포도원(주님의 백성)의 열매(경건하고 의로운 삶)를 하나님께 바칠 것이다.

예수님이 나귀를 타고 예루살렘에 입성하실 때 무리는 할렐루야 모음집에 속한 시편 118:25-26을 인용해 호산나를 외쳤다(cf. 11:9-10). 이번에는 예수님이 이 시편의 일부인 22-23절을 인용해 자신에게 적용하신다(10-11절). 이 시편은 다윗과 연관된 감사시이며, 예수님 시대 이전부터 유대인들은 장차 다윗의 후손으로 오실 메시아에 대한 시로 간주했다(Beale & Carson). 이러한 상황에서 예수님이 이 노래를 자신에게 적용하시니 그 말씀을 듣고 있던 지도자들은 더더욱 견디기 힘들었을 것이다.

10절에서 '건축자들'은 유대교 지도자들을, 그들이 '버린 돌'은 예수님을 뜻한다. 그들이 버린 돌이 '모퉁이의 머릿돌'이 되었다고 하는데, '모퉁이의 머릿돌'(κεφαλὴν γωνίας)이 머릿돌(Morris), 혹은 지붕을 형성하는 아치(arch)의 쐐기돌(Carson, Derrett, Hagner, Jeremias), 혹은 벽들이 교차하는 부분 맨 위에서 두 벽을 붙들고 있는 돌(Luz)을 의미하는지 정확하지가 않다. 그러나 대부분은 정확히 어떤 돌인지는 그다지 중요하지 않다고 한다(France, Keener, Nolland, Wilkins). 강조하고자 하는 포인트는 이 돌이 건축물의 가장 중요하고 상징적인 돌이라는 점이다.

유대인 지도자들이 버린 돌인 예수님은 새로 시작된 하나님 나라의 가장 중요한 돌이 되셨다(Gray). 유대교가 버린 돌인 예수님이 교회의 머릿돌이 되셨다는 것은 초대교회에서 매우 중요한 개념으로 자리 잡았다(cf. 행 4:11; 롬 9:33; 벧전 2:6). 버린 돌이 머릿돌이 된다는 것은 참으로 기이한(경이로운) 일이며, 하나님이 하지 않으시면 불가능한 일이다(11절). 그러므로 건축자들이 버린 돌인 예수님이 교회의 머릿돌이 되신 것은 하나님이 우리를 불쌍히 여겨 베푸신 은총이다.

마태는 이 비유를 인용하면서 11절과 12절 사이에 "그러므로 내가 너희에게 이르노니 하나님의 나라를 너희는 빼앗기고 그 나라의 열매 맺는 백성이 받으리라 이 돌 위에 떨어지는 자는 깨지겠고 이 돌이 사람 위에 떨어지면 그를 가루로 만들어 흩으리라"라는 말씀을 추가한다(마 21:43-44). '그러므로 내가 너희에게 이르노니 하나님의 나라를 너희는 빼앗기고 그 나라의 열매 맺는 백성이 받으리라'(마 21:43)는 이 비유의 교회론적 절정이며, '이 돌 위에 떨어지는 자는 깨지겠고 이 돌이 사람 위에 떨어지면 그를 가루로 만들어 흩으리라'(마 21:44)는 기독론적 절정이라 할 수 있다.

이스라엘과 지도자들은 개인적으로나 공동체적으로 하나님 나라 백성이 해야 할 책임을 다하지 않았다. 또한 그들은 예수님을 통해 하나님 나라가 임했는데도 회개하지 않고 하나님의 아들을 거부했다. 그러므로 그들은 하나님 나라를 빼앗길 것이다. 하나님이 유대인들에게서 빼앗은 나라를 교회와 그리스도인들에게 주실 것이다.

이 말씀은 교회가 이스라엘을 대체한다(replace)는 뜻이 아니다. 이방인 그리스도인들이 유대인 중 예수님을 영접한 사람들과 함께 하나님 백성이 될 것이라는 의미다(Carson, France, Osborne, Morris, Wilkins, cf. 롬

11장). 구약 시대 선지자들은 미래에 세워질 새 언약 공동체는 인종적으로 넓어지기도 하고 좁아지기도 할 것이라고 했다. 넓어진다는 것은 예전에는 아브라함의 후손만 언약 공동체의 멤버가 될 수 있었는데, 그때가 되면 이방인들도 멤버가 될 수 있다는 뜻이다. 좁아진다는 것은 예전에는 아브라함의 후손이라면 누구든 멤버가 되었는데, 그때가 되면 아브라함의 후손 중에서도 믿음이 있는 사람들만 공동체 멤버가 될 수 있다는 뜻이다. 하나님이 유대인들에게 빼앗아 교회에 주신 하나님 나라에는 인종적인 차별이 없다. 유대인과 이방인이 함께 교회를 이룰 것이다.

이스라엘과 지도자들에게서 하나님 나라를 빼앗는다고 하시는 것은 하나님 나라 백성을 이끌고 관리하는 유대인 지도자들의 역할이 끝났음을 의미한다. 그 역할이 교회와 교회 지도자들에게 주어질 것이다. 그러므로 믿지 않는 유대인들은 이제 하나님의 유일한 백성이 아니며, 교회의 전도와 선교의 대상인 열방에 포함된다.

지도자들이 드디어 예수님이 자기들에 대해 말씀하고 계신다는 사실을 깨달았다(12a절). 그들은 단지 예수님이 밉고 싫어서 죽이려 하지만, 어느새 비유 속 아들을 잡아 죽이는 악한 소작인 역할을 자청하고 있다. 그러므로 이 비유는 반드시 성취될 것이다. 그들은 메시지를 듣고도 회개할 생각이 없기 때문이다. 하나님이 그들을 심판하시는 일이 정당화되고 있다.

그들이 예수님을 곧바로 잡지 못하는 유일한 이유는 무리를 두려워하기 때문이다(12b절). 지금 예루살렘에는 수많은 순례자가 유월절을 기념하려고 와 있다. 사람들은 대부분 예수님을 세례 요한과 같은 선지자로 생각한다(cf. 8:28). 따라서 만일 예수님을 이단이라고 잡아들이면 큰 폭동이 일어날 것이다. 그러므로 이 지도자들은 이제 은밀하게 여론을 조작해 며칠 후 예수님을 선지자라고 생각하는 무리가 예수님을 십자가에 못 박으라고 외치게 할 것이다(15:11-13). 이스라엘에서 여호와를 가장 경외한다는 자들이 어느덧 사탄의 졸개가 되어 사람들을 두려워하되 메시아는 두려워하지 않는 자들로 전락했다.

이 말씀은 죄는 절대 상식적이지 않다고 한다. 소작인들이 주인에게 반역한 일이나 아들을 죽이고 유산을 차지하려 한 일은 무지막지한 짓이다. 또한 지도자들이 메시아의 말씀을 직접 듣고도 회개하려 하지 않고 오히려 죽이려 하는 것도 상식적이지 않다. 죄는 이성과 논리로 설명할 수 없는 영적 부패다. 그러므로 죄인이 회개하고 하나님의 자녀가 되는 것은 온전히 하나님이 그에게 베푸시는 은총이며 선이다.

종교 지도자라 해서 반드시 영적으로 맑은 것은 아니다. 사람들에게는 하나님을 가장 잘 아는 사람으로 존경받을 수 있지만, 사실은 하나님에게서 가장 멀리 떨어져 있을 수 있다. 유대교 지도자들은 영적 분별력이 없어 메시아를 알아보지 못했다. 또한 하나님을 가장 경외해야할 자들이 하나님은 두려워하지 않고 사람들을 두려워했다. 교회 지도자인 우리는 어떤 영성을 지녔으며, 누구를 두려워하는지 생각해 보아야 한다.

하나님의 은혜는 계속되지만, 끝날 때가 다가오고 있다. 주인은 소작인들에게 종들을 보내고 또 보냈다. 그들이 보낸 종들을 죽이자 독생자 아들까지 보냈다(6절). 농부들이 주인의 아들마저 죽이자, 주인은 직접 그들을 찾아와 심판했다. 은혜가 끝이 나면 심판이 온다. 그러므로 하나님의 은혜의 강이 흐를 때 회개하고 하나님의 자녀가 되어야한다. 기회가 항상 있는 것은 아니다.

IV. 예루살렘 갈등(11:1-13:37)

G. 네 가지 질문(12:13-37)

이 섹션은 유대교 지도자들이 예수님께 던진 질문으로 구성되어 있다.

처음 두 질문은 악의적인 의도에서 예수님을 시험하거나 곤경에 빠트리기 위한 것이지만, 세 번째 것은 진솔하게 한 질문이다(cf. 28-34절). 네 번째 질문은 예수님이 스스로 질문하시고 답하신다(35-37절). 본 텍스트는 다음과 같이 구분된다.

A. 황제에게 바치는 세금(12:13-17)
B. 부활과 결혼(12:18-27)
C. 가장 큰 계명(12:28-34)
D. 다윗의 자손과 그리스도(12:35-37)

Ⅳ. 예루살렘 갈등(11:1-13:37)
  G. 네 가지 질문(12:13-37)

1. 황제에게 바치는 세금(12:13-17)

¹³ 그들이 예수의 말씀을 책잡으려 하여 바리새인과 헤롯당 중에서 사람을 보내매 ¹⁴ 와서 이르되 선생님이여 우리가 아노니 당신은 참되시고 아무도 꺼리는 일이 없으시니 이는 사람을 외모로 보지 않고 오직 진리로써 하나님의 도를 가르치심이니이다 가이사에게 세금을 바치는 것이 옳으니이까 옳지 아니하니이까 ¹⁵ 우리가 바치리이까 말리이까 한대 예수께서 그 외식함을 아시고 이르시되 어찌하여 나를 시험하느냐 데나리온 하나를 가져다가 내게 보이라 하시니 ¹⁶ 가져왔거늘 예수께서 이르시되 이 형상과 이 글이 누구의 것이냐 이르되 가이사의 것이니이다 ¹⁷ 이에 예수께서 이르시되 가이사의 것은 가이사에게, 하나님의 것은 하나님께 바치라 하시니 그들이 예수께 대하여 매우 놀랍게 여기더라

지도자들은 예수님을 곤경에 빠뜨릴 만한 질문들을 하지만, 예수님은 전혀 예상하지 못한 답으로 그들을 놀라게 하신다. 이 논쟁 시리즈

가 끝나면 예수님께 신학적인 이슈로 태클을 걸어오는 자들은 없을 것이다(34절). 그들은 더는 할 말이 없기 때문이다.

유대교 지도자들은 예수님에게 큰 위협을 느끼고 있다. 그래서 어떻게 해서든지 예수님을 제거해야 한다고 생각한다. 그래야 자신들의 이권을 유지할 수 있기 때문이다. 그러나 사람들이 두렵다(12절). 그러므로 여론을 조작해 예수님을 지지하는 사람들이 스스로 돌아서게 할 방법을 고민 중이다. 그들(대제사장들과 장로들과 서기관들, cf. 12절)은 상의한 끝에 예수님이 자기 말에 스스로 걸려 넘어지게 하는 것이 가장 좋은 방법이라고 결론지었다(13절). 당시 랍비들은 서로 질문을 던지는 방식으로 가르쳤기 때문에 예수님과 논쟁하다 보면 분명 스스로 올무에 걸릴 만한 말을 할 것으로 생각한 것이다.

그러나 한 가지 문제가 있다. 바리새인들은 전에도 예수님이 율법을 범하거나 잘못 해석하도록 유혹한 적이 있기에(8:11-12; 10:1-3) 예수님은 이미 그들과 그들의 수법을 다 아신다. 그래서 이번에는 헤롯당원들과 합세해 사람을 보냈다(13절). 마태는 바리새인들이 자기 제자들과 헤롯당원을 보냈다고 한다(마 22:15-16). 세상 말로 '잔머리를 굴린 것'이다.

'헤롯당원들'(τῶν Ἡρῳδιανῶν)(cf. 3:6)에 대해 알려진 바는 별로 없다. 헤롯당은 예수님을 죽이려 했던 헤롯 대왕이 자기 집안과 헤롯 왕조(BC 55-AD 93)를 지지하도록 경제적-정치적 이익을 주며 결성한 집단이다(Meier). 헤롯 왕조의 왕들은 모두 로마 제국의 인준을 받아야 하는 처지에 있기 때문에 이들은 로마 제국을 추종하기도 했다.

평상시 이 두 부류(바리새인과 헤롯당원)는 그다지 잘 어울리지 않았지만(cf. Wessel & Strauss), 예수님이 그들의 공통적 원수라는 점에서 이해타산이 잘 맞아떨어졌다(cf. 3:6). 바리새인들은 논쟁하는 지혜를, 헤롯당원들은 풍부한 정치 경험을 바탕으로 예수님에게 올무를 놓으려고 한다. '책잡다'(ἀγρεύω)는 들짐승이 먹잇감을 잡을 때 사용하는 단어다

(Strauss, cf. 욥 10:16 LXX).

그들은 예수님을 '선생님'(διδάσκαλος)이라고 부른다. 예수님의 제자가 아닌 사람들이 주님을 부를 때 사용하는 호칭이며, 존경을 표하는 단어다. 그러나 본문에서는 거짓과 위선으로 가득한 아첨이다. 그들은 예수님이 선생(랍비)이 아니라는 것을 입증하기 위해 온 사람들이기 때문이다.

그들은 온갖 말로 예수님을 칭찬하며 경의를 표한다. "당신은 참되시고 아무도 꺼리는 일이 없으시니 이는 사람을 외모로 보지 않고 오직 진리로써 하나님의 도를 가르치심이니이다"(14a-b절). 그들은 예수님이 올무에 걸려들도록 마음에 없는 말을 하지만, 내용은 모두 예수님에 대한 진실이다. 아무것도 모르는 "어린 아이들과 젖먹이들의 입에서 찬양이 나오게 하셨다"라는 말씀을 생각나게 한다(마 21:16). 만약 그들이 자신들이 하는 말을 믿었다면 분명히 예수님의 제자가 되었을 것이다. 그들이 한 말 중 '아무도 꺼리는 일이 없으시다'는 로마 사람들에게 문제가 될 만한 말을 해 달라는 그들의 기대를 반영하고 있다.

그들은 가이사에게 세금을 바치는 것이 옳은지, 옳지 않은지 묻는다(14c-15a절). 가이사는 율리우스 가이사(Julius Caesar)의 성(姓)이며, 로마제국을 다스리는 황제들의 타이틀이 되었다. 이때는 14-37년 사이에 로마 제국을 다스린 티베리우스 율리우스 가이사 아우구스투스(Tiberius Julius Caesar Augustus)의 시대였다(Rousseau & Arav). 당시 유대인들은 온갖 세금으로 인해 삶이 어려웠기 때문에 세금은 참으로 예민한 이슈였다. 그들은 매년 성전세, 관세, 판매세 같은 간접세와 인두세(poll tax) 등에 시달렸다. 예수님 시대에 평범한 유대인 가족은 전체 수입의 49-50%를 다양한 세금으로 지출했다고 한다(Rousseau & Arav, cf. DJG).

인두세는 유대인들에게 가장 뜨거운 감자였다. 유대가 로마의 주로 편입되고 6년 후부터 유대인들은 매년 1데나리온(=노동자의 일당, 마 20:2)씩 인두세로 내야 했는데, 로마 시민들은 내지 않았다. 따라서 유대인들은 인두세를 매우 불공평한 세금으로 생각했다. 게다가 열성파들(Zealots)은 유대인들이 로마에 인두세를 내는 것은 이방인의 노예가 되는 것이고, 또한 하나님께 치욕을 안기는 것이라며 종교적인 문제를 제기했다(Carson).

이러한 상황에서 예수님이 '옳다(Yes) 혹은 옳지 않다'(No)라고 대답하시면 올무에 걸려들게 된다. 만일 세금을 내는 것이 옳다고 하시면 강제로 세금을 내는 유대인 대부분이 예수님에게서 등을 돌릴 것이며 순식간에 예수님을 지지하는 여론은 사라질 것이다. 만일 옳지 않다고 하시면 헤롯당원들이 로마에 대한 반역으로 간주해 당국에 고발할 것이다. 그러므로 바리새인들은 예수님이 어떤 대답을 하시든지 자신들에게 해가 될 것은 하나도 없고 득이 될 것만 있다고 생각해 이렇게 질문한 것이다.

사람의 마음을 꿰뚫어 보시는 예수님은 그들의 외식함(위선)을 아신다(15b절). 또한 그들이 예수님을 시험하고 있다는 것도 아신다(15c절). 그들은 온갖 칭찬을 앞세워 예수님을 존경하는 척하지만, 정작 마음으로는 주님을 해하려고 왔다. 그러나 이 같은 사실을 안다고 해서 예수님이 대답을 하지 않으실 수는 없다. 아마도 바리새인들과 헤롯당원들은 예수님을 절대 빠져나올 수 없는 곤경에 빠뜨렸다고 생각했을 것이다.

예수님은 그들이 기대한 '옳다(yes) 혹은 아니다(no)'로 대답하지 않으시고 전혀 예측하지 못한 방법으로 그들을 놀라게 하신다. 예수님은 먼저 그들에게 세금을 낼 때 사용하는 돈(데나리온)을 보여 달라고 하셨다(15d절). 그러자 데나리온 동전 하나를 가져왔다(16a절). 노동자들이 하루 일당으로 받는 동전이다. 이때 유통된 데나리온 동전 앞면에는 황제 티베리우스의 얼굴과 '신 아우구스투스의 아들 티베리우스 가이사'(Tiberius Caesar Divi Augusti Filius Augustus)라는 라틴어가 새겨져 있었다. 뒷면에는 로마 사람들이 평화의 여신으로 숭배했던 팍스(Pax)가 보좌에 앉아 있는 모습이 새겨져 있고, 아래에는 라틴어로 '대제사장'(Pontifex Maximus)이라고 새겨져 있었다(Rousseau & Arav). 보수적인 유대인들은 대부분 이 동전에 새겨진 형상들을 우상으로 간주했다(cf. 출 20:4; 신 5:8).

예수님은 동전을 보여 준 자들에게 물으셨다. "이 형상과 이 글이 누구의 것이냐?"(16b절). 질문으로 논쟁을 이어가는 것은 전형적인 랍비들의 방식이다. 그들은 당연히 현 황제인 가이사의 것이라고 했다(16c절). 이에 예수님은 "가이사의 것은 가이사에게, 하나님의 것은 하나님께 바치라"라고 하셨다(17a절).

가이사의 것은 가이사에게 바치라는 것은 예수님은 군사적인 메시아로 오신 것이 아니기 때문에 세상 권세에 어떠한 정치적-군사적 위협도 가하지 않겠다는 취지의 말씀이다(Wilkins). 예수님이 세우신 하나님 나라는 여러 면에서 혁명적이라 할 수 있다. 그러나 세상 끝 날에 영광스러운 모습으로 다시 오실 때까지 세상 권세는 모두 세상 방식에 따라 존재할 것을 암시한다(cf. 단 2장).

'바치다'(ἀποδίδωμι)는 '돌려주다'라는 의미를 지니고 있다(BAGD). 그러므로 무엇을 돌려주어야 하는지를 두고 해석이 다양하다. 가장 설득력이 있는 해석은 하나님과 현 권세에 대한 각자의 의무를 다하라는 것이다(Davies & Allison, Gundry, McNeile). 세상 권세에 의무를 다하는 것은 하나님께 하는 의무를 다하는 것의 일부이기 때문이다. 신약은 심지어 불합리한 권세에도 순종해 각자의 의무를 다하라고 한다(cf. 롬 13:1-7; 딤전 2:2; 벧전 2:13-17). 하나님 나라는 종말까지 세상 권세에 위협이 되지 않을 것이다. 단, 하나님의 기준과 세상 권세의 방식이 대립할 때는 하나님께 순종해야 한다(cf. 행 4:19; 5:29). 하나님의 권세가 세상 권세보다 훨씬 더 크기 때문이다.

예수님의 말씀을 들은 자들이 매우 놀랐다(17b절). 그들은 '예스 혹은 노'(yes or no)를 기대했는데, 전혀 다른 논리로 말씀하시니 대꾸할 말도 없다. 바리새인들과 헤롯당원들이 예측하지 못한 일이 벌어진 것이다. 결국 그들은 아무 말도 하지 못하고 예수님을 떠났다. 예수님의 지혜가 지도자들을 잠잠케 했다. 안타까운 것은 이같이 놀라운 예수님을 경험하고도 그들의 마음이 열리지 않았다는 사실이다. 그들이 회개하고 예수님을 영접했으면 참으로 좋았을 것이라는 아쉬움이 남는다. 영적 세계는 인간의 논리와 이성으로 설명할 수 없는 부분이 참 많다. 그러므로 우리는 예수님을 영접해 하나님의 백성이 된 것이 우리의 노력이 이뤄낸 성과가 아니라 은혜로운 하나님이 우리를 불쌍히 여겨 자비를 베푸신 결과라는 사실에 감사하며 살아야 한다.

이 말씀은 세금과 헌금에 대해 생각하게 한다. 종종 성직자들은 세금을 내지 않아야 한다고 주장하는 이들이 있다. 그러나 잘못된 주장이다. 우리가 이 땅에 사는 한 나라를 운영하고 다스리는 정권에 세금을 내는 것은 당연한 일이다. 세상의 눈에는 사역도 일이며, 사례비도 노동의 대가로 받는 봉급이기 때문이다. 또한 우리가 내는 세금은 다양한 혜택이 되어 국민에게 돌아온다.

헌금도 성실하게 해야 한다. 구약 시대 성도들은 십일조만 한 것이 아니라 온갖 예물과 성전세 등을 냈기 때문에 수입의 20%를 웃도는 금액을 기부했다. 자본주의 세상에 있는 교회는 자본(돈)이 있어야 하나님 일도 할 수 있다. 그러므로 헌금은 구약 율법이 요구해서가 아니라, 교회가 이 땅에 존재하는 목적을 달성하기 위해 해야 한다. 예수님은 무엇을 위해 교회를 이 땅에 세우셨는가? 바로 전도와 선교와 구제를 위해서다. 그러므로 교회가 헌금을 교회 내에서만 사용하는 것은 심각한 문제다. 하나님이 세상을 축복하시는 통로가 되기 위해서라도 교회는 전도와 선교와 구제로 헌금의 상당 부분을 세상으로 흘려보내야 한다.

2. 부활과 결혼(12:18-27)

¹⁸ 부활이 없다 하는 사두개인들이 예수께 와서 물어 이르되 ¹⁹ 선생님이여 모세가 우리에게 써 주기를

어떤 사람의 형이 자식이 없이

아내를 두고 죽으면

그 동생이 그 아내를 취하여

형을 위하여 상속자를 세울지니라

하였나이다 ²⁰ 칠 형제가 있었는데 맏이가 아내를 취하였다가 상속자가 없이 죽고 ²¹ 둘째도 그 여자를 취하였다가 상속자가 없이 죽고 셋째도 그렇게 하여 ²² 일곱이 다 상속자가 없었고 최후에 여자도 죽었나이다 ²³ 일곱 사람이 다 그를 아내로 취하였으니 부활 때 곧 그들이 살아날 때에 그 중의 누구의 아내가 되리이까 ²⁴ 예수께서 이르시되 너희가 성경도 하나님의 능력도 알지 못하므로 오해함이 아니냐 ²⁵ 사람이 죽은 자 가운데서 살아날 때에는 장가도 아니 가고 시집도 아니 가고 하늘에 있는 천사들과 같으니라 ²⁶ 죽은 자가 살아난다는 것을 말할진대 너희가 모세의 책 중 가시나무 떨기에 관한 글에 하나님께서 모세에게 이르시되

나는 아브라함의 하나님이요

이삭의 하나님이요

야곱의 하나님이로라

하신 말씀을 읽어보지 못하였느냐 ²⁷ 하나님은 죽은 자의 하나님이 아니요 산 자의 하나님이시라 너희가 크게 오해하였도다 하시니라

세금에 관한 논쟁에서 패한 바리새인들과 헤롯당원들이 뒤로 물러났다. 이번에는 사두개인들이 바통을 이어받아 나선다. 마가복음에서 사두개인들이 모습을 드러내는 것은 이번이 처음이다. 제사장들은 대

부분 사두개인이었기 때문에 성전은 그들의 본거지였다. 이 논쟁은 부활이 있다고 주장하는 바리새인들과 부활이 없다고 주장하는 사두개인들의 유대교 내부 갈등을 배경으로 한다. 그러므로 어떤 결과가 나오든 다른 논쟁처럼 파괴적이지는 않다. 사두개인들은 이 논쟁을 통해 그들을 따르는 사람들과 바리새인들을 따르는 사람 중 한 그룹이 예수님에게서 등을 돌리기를 기대한다. 그래야 여론을 조장하는 일이 쉬워지기 때문이다. 예수님은 이미 세 차례나 부활에 관해 말씀하셨다(8:31; 9:31; 10:34). 그러므로 사두개인들이 부활이 없다는 논리로 예수님을 설득시키지는 못할 것이다.

사두개인들이 바리새인들에게 바통을 이어받아 예수님을 찾아왔다는 것은 평상시에는 별로 친하게 지내지 않던 이 두 부류가 적이 같다는 이유로 연합 공세를 펼치고 있음을 암시한다. 또한 이때까지 대제사장들과 서기관들과 장로들(11:27) 그리고 바리새인들과 헤롯당원들(12:13)이 논쟁에 참여했는데, 여기에 사두개인들이 가세했다는 것은 온 산헤드린이 예수님에게 '태클을 걸려고' 혈안이 되어 있다는 뜻이다. 헤롯당원들을 제외한 네 부류가 유대교 최고 권위 기관인 예루살렘 산헤드린을 구성하기 때문이다.

사두개인들은 오직 모세 오경(Pentateuch)만이 정경이라고 주장했다. 그러므로 그들은 오경에 언급되지 않은 교리나 신학은 인정하지 않았다. 내세와 부활도 마찬가지다. 그들은 오경이 부활이나 내세에 대해 가르치지 않는다고 하여 내세나 부활이 없다고 주장했다(cf. 행 23:6-9). 그들의 주장과는 달리 선지서와 지혜 문헌 등은 곳곳에서 부활과 내세를 가르친다(욥 19:25-27; 사 25:8; 26:19; 겔 37:1-14; 단 12:1-3, 13; 호 6:1-3; 13:14). 또한 예수님 시대 유대인들은 대부분 부활이 있다고 믿었다(Wright). 만약 사두개인들이 오경 외 다른 책들도 정경으로 인정했더라면 이러한 오류는 없었을 것이다.

사두개인들은 예수님을 '선생님'(διδάσκαλος)이라고 부르는데(19절), 바리새인들과 헤롯당원들이 예수님을 부를 때 사용한 용어다(13-14절). 그들은 모세의 율법 중 계대 결혼에 관해 질문했다(19절). 계대 결혼 은 남편이 자식을 남기지 않고 죽었을 때 홀로된 아내를 시동생과 결 혼을 시켜 대를 잇게 하는 제도다. 유다의 며느리 다말이 이런 일을 경 험했다(cf. 창 38장). 어떤 이들은 룻과 보아스의 결혼도 이런 유형의 결 혼으로 취급하는데(Boring), 그들의 결혼은 기업 무를 자에 관한 율법 (레 25:25-35)과 연관된 결혼이며 계대 결혼과는 다르다. 사두개인들이 이 법을 언급하기 위해 하는 말은 계대 결혼에 대한 구약 말씀(신 25:5; 38:8)을 느슨하게 인용한 것이다. 그럼에도 불구하고 NAS는 그들이 구 약 말씀을 직접 인용한 것으로 표기한다.

사두개인들은 한 가지 이야기를 들려주었다. 일곱 형제 중 맏이가 결혼했지만 아이가 없이 죽어 그 아내를 동생에게 물려주었고, 같은 일이 여러 차례 반복되어 결국 일곱 형제가 모두 같은 여자와 결혼했 지만 모두 자식 없이 죽었고 여자도 죽었다고 한다(20-22절). 예수님을 함정에 빠트리기 위해 만들어낸 비현실적 이야기다. 부활과 내세를 부 인하는 사두개인들이 이런 이야기를 하는 것은 23절에 암시된 것처럼 계대 결혼 율법과 부활을 모순이라고 생각하기 때문이다.

그들은 예수님에게 일곱 형제가 모두 같은 여자와 결혼을 했으니, 그 여자는 부활 때 일곱 중 누구의 아내가 되겠냐고 질문했다(23절). 이 상황을 생각해 보면 만일 부활이 있다면 계대 결혼에 관한 율법은 참 으로 이상한 율법이다. 부활한 세상에서 일처다부제를 유발하기 때문 이다. 그러나 그들의 논리에 따르면 율법은 온전하기에 계대 결혼 율 법은 부활이 없다는 것을 전제하고 주어진 것이다. 그러므로 부활도 내세도 없다. 사두개인들은 사람이 죽으면 영과 육이 모두 소멸한다고 생각했다.

율법이 계대 결혼을 도입한 데는 세 가지 목적이 있다. 첫째, 자식 없이 과부가 된 여자의 수치(불임)와 사회적 편견을 완화시키기 위해서다. 둘째, 죽은 남편의 재산이 다른 가족이나 친족에게 넘어가는 것을 막기 위해서다. 셋째, 죽은 사람의 이름과 명예가 보존되도록 하기 위해서다. 사두개인들은 이 같은 율법의 취지에는 관심이 없다.

이러한 목적을 염두에 두고 보면 계대 결혼 율법도 나쁜 것만은 아니다. 그러나 오늘날 여자가 죽은 남편의 동생과 결혼한다는 것은 상상하기 어렵다. 그러므로 어떤 이들은 여자와 시동생이 실제 결혼 생활은 하지 않고 임신만 하게 한 것이라 하는데, 근거와 설득력이 부족하다.

사두개인들은 일처다부제를 감수하고 부활과 영생을 택하든지, 혹은 일처다부제를 허용하지 않는 율법을 택해 부활과 영생을 부인하든지 둘 중 하나를 택하도록 요구하고 있다. 만일 예수님이 부활과 영생을 택하면 사두개인들처럼 부활을 믿지 않는 사람들의 지지를 잃을 것이다. 반대로 예수님이 영생과 부활을 부인하면 바리새인들과 그들을 따르는 사람들을 잃게 될 것이다. 예수님에 대한 여론이 나뉘면 분위기를 조장하기가 훨씬 더 쉬워진다.

이번에도 예수님은 지도자들의 강요에 따라 답을 정하지 않으시고, 그들이 전혀 예측하지 못한 답을 주신다. 예수님은 먼저 그들이 성경도, 하나님의 능력도 알지 못하기 때문에 부활에 대해 오해하고 있다고 하신다(24절). 스스로 율법 전문가라며 자만한 사두개인들에게 '알려면 똑바로 알라'고 우회적으로 비난하신 것이다. 예수님은 성경과 하나님 능력의 출처를 언급하심으로써 자신은 구약의 제한을 받지 않으신다는 사실을 공표하신다. 당연하다. 예수님은 이스라엘에 구약을 주신 분이기 때문이다.

예수님은 사두개인들에게 부활 때는 사람이 결혼하지 않으며, 천사들같이 된다고 하신다(25절). 결혼은 이 세상의 제도이지, 내세의 제도가 아니라는 것이다(Strauss). 하나님의 능력이 얼마나 큰지 부활 때 인류의 삶을 재창조하셔서, 부활한 사람들이 우리가 아는 이 삶에서의 결혼을 경험하지 않게 하신다. 예수님은 이 말씀과 사람이 홀로 사는 것에 대한 말씀(마 19:12)을 통해 '결혼을 신격화하는 것'(divinizing of marriage)을 거부하신다(Bruner). 결혼은 참으로 좋은 것이고 하나님의 축복이지만, 반드시 할 필요는 없다는 것이다. 하늘에서는 결혼을 하지 않기 때문이다.

예수님이 말씀하시는 '죽은 자 가운데서 살아날 때'(ἐκ νεκρῶν ἀναστῶσιν)는 바리새인들이 주장하는 것처럼 죽은 사람이 현재 모습으로 부활하는 것을 의미하는 것이 아니라, 하늘나라에서 완전히 새로운 모습, 곧 이 땅에서의 모습과 전혀 다른 모습으로 재창조되는 것을 뜻한다(Davies & Allison). 부활할 때는 모든 사람이 이 땅에서의 모습과는 질적으로 다른 모습을 지닌다(cf. 고전 15:44; 빌 3:21; 요일 3:1-2).

또한 천국에서 함께 사는 사람들의 관계가 얼마나 좋고 행복한지 더는 결혼이 필요 없다. 결혼은 사람이 이 땅에서 누릴 수 있는 가장 큰 친밀함을 제공하는 것인데, 부활 공동체에 속한 사람들의 관계가 얼마나 좋고 친밀한지 더는 결혼할 필요가 없다는 논리다. 게다가 결혼의 중요한 목적 중 하나가 자녀를 낳는 것인데, 천국에서는 아이를 낳을 필요도 없다.

부활한 사람들은 모두 결혼하지 않는 하늘에 있는 천사같이 될 것이다(25b절). 어떤 이들은 이 말씀을 우리가 부활하면 이 땅에서의 기억을 모두 잃게 되는 것으로 해석하는데, 부활의 놀라움을 강조할 뿐 기억을 잃는다는 뜻은 아니다(Carson, cf. 고전 15:44; 빌 3:21; 요일 3:1-2). 사두개인들은 천사를 믿지 않았다(행 23:8). 그러므로 천사같이 된다는 말씀도 우회적으로 그들의 잘못된 신학을 지적한다.

예수님은 하나님의 놀라운 능력이 부활을 사람이 생각하는 것과는 전혀 다른 차원의 경험으로 만들 것이라고 하신 후 이번에는 구약, 그것도 사두개인들이 유일한 정경으로 여기는 오경을 인용해 그들의 논리를 반박하신다(26절). 인상적인 것은 사두개인들은 오경을 '모세의 말'(19절)이라고 하는데, 예수님은 '하나님이 모세에게 이르신 말씀'(26절)

이라고 하신다는 점이다. 예수님은 구약을 하나님의 말씀으로 대하신다.

예수님이 26절에서 인용하시는 말씀은 출애굽기 3:6이다(cf. 출 3:15, 16). 원래 이 말씀은 하나님이 모세에게 그분 자신은 새로운 신이 아니라 그의 선조들의 하나님이라며 하신 말씀이다. 예수님은 칠십인역(LXX)이 이 말씀을 번역하면서 하나님이 '이다'(εἰμι)라고 하셨다며 현재형 동사를 사용한 것을 근거로 이렇게 말씀하신다. 그러나 예수님이 이 말씀을 인용하면서 하나님은 죽은 자의 하나님이 아니요 살아 있는 자의 하나님이라고 하시는 논리와는 잘 어울리지 않는 듯하다. 그러므로 학자들은 예수님의 인용에 대해 최소한 일곱 가지 해석을 내놓았다(cf. Davies & Allison).

가장 합리적인 해석은 예수님의 말씀을 하나님이 선조들과 맺으신 언약과 연결하는 것이다. 하나님은 이스라엘의 선조들과 영원한 언약을 맺으셨다(창 24:12, 27, 48; 26:24; 28:13; 32:9; 46:1, 3-4; 48:15-16; 49:25). 언약은 쌍방이 맺는 것이다. 그러므로 하나님이 맺으신 언약이 영원하려면 언약의 축복을 받는 자들도 영원히 살아 있어야 한다. 이 점을 의식한 듯 누가는 26절과 평행을 이루는 말씀에 "하나님에게는 모든 사람이 살았느니라"를 더한다(눅 20:38). 이 논쟁이 부활과 내세에 관한 것이라는 사실을 고려하면 그들이 천국에 살아 있다는 것이 논리의 일부분이 되는 것은 당연하다. 그러므로 비록 선조들이 이 땅에서는 죽었지만, 천국에 살아 있다는 것이다. 만일 선조들이 살아 있다면, 아브라함과 이삭과 야곱의 하나님은 당연히 살아 있는 자들의 하나님이시다. 따라서 하나님은 죽은 자의 하나님이 아니라 산 자의 하나님이시다(27a절). 예수님은 이 같은 사실을 부인하는 사두개인들이 성경과 하나님에 대해 '크게 오해했다'며 우회적으로 그들의 무지함을 비난하신다(27b절).

예수님을 궁지로 몰아가려던 사두개인들의 노력이 수포로 돌아갔다. 마가는 사두개인들의 반응을 기록하지 않는다. 예수님이 선생(랍비)이 아니라는 것을 입증하러 온 자들이 주님께 큰 가르침을 받았다. 그들도 바리새인들과 헤롯당원들처럼 한마디도 하지 못한 채 놀란 가슴을 안고 자리를 떠났다. 사두개인들은 진리를 찾는 일에는 관심이 없다. 그러므로 이처럼 놀라운 가르침을 주신 메시아를 뒤로하고 떠났다.

이 말씀은 부활이 어떤 것인지 생각하게 한다. 부활은 이 땅에 사는 우리가 도저히 상상할 수 없이 놀랍고 좋은 것이다. 부활은 썩어질 육의 몸으로 심어 신령한 몸으로 다시 사는 것이기 때문이다(고전 15:44). 그러므로 우리가 이 땅에서 아무리 부활에 대해 생각해 보려 해도 그 놀라움은 상상조차 할 수 없다. 부활은 하나님의 능력이 모든 것을 새로 (재)창조하시는 것이기 때문이다. 이러한 부활이 우리의 죽음을 이어갈 것이다. 우리는 이 땅에서의 삶을 신실하고 성실하게 살아내고 부활에 참여해야 한다.

사두개인들은 오직 모세 오경만 하나님의 말씀으로 여기는 어이없는 교리를 지향했다. 그러다 보니 부활도 내세도 없다고 주장했다. 그들의 이 같은 생각은 영적 편식에서 비롯된 것이다. 이단들의 특징도 바로 영적 편식이다. 설령 그들이 말로는 성경 전체를 하나님의 말씀으로 믿는다고 하더라도 그들이 선호하는 정경은 몇 권에 불과하다. 우리는 정경 66권을 모두 하나님의 말씀으로 대해야 한다. 그래야 균형과 질서가 있는 진리를 얻을 수 있다.

옛 이스라엘에서는 계대 결혼이 어느 정도 의미가 있었겠지만, 오늘날 사회에서는 별 의미가 없다. 이런 원리를 주장한다면 오히려 더 이상하다. 사회가 많이 변했기 때문이다. 하나님의 말씀도 처음에 선포된 때와 장소와 대상이 있었기 때문에 수천 년이 지난 오늘날에도 모든 것이 유효하다고 할 수는 없다. 율법에는 당시 사회에서는 유효했지만 더는 유효하지 않은 것들이 있다.

3. 가장 큰 계명(12:28-34)

[28] 서기관 중 한 사람이 그들이 변론하는 것을 듣고 예수께서 잘 대답하신 줄을 알고 나아와 묻되 모든 계명 중에 첫째가 무엇이니이까 [29] 예수께서 대답하시되 첫째는 이것이니

이스라엘아 들으라

주 곧 우리 하나님은 유일한 주시라

[30] 네 마음을 다하고 목숨을 다하고

뜻을 다하고 힘을 다하여

주 너의 하나님을 사랑하라

하신 것이요 [31] 둘째는 이것이니

네 이웃을 네 자신과 같이 사랑하라

하신 것이라 이보다 더 큰 계명이 없느니라 [32] 서기관이 이르되 선생님이여 옳소이다

하나님은 한 분이시요

그 외에 다른 이가 없다

하신 말씀이 참이니이다 [33] 또

마음을 다하고 지혜를 다하고

힘을 다하여 하나님을 사랑하는 것과

또 이웃을 자기 자신과 같이 사랑하는 것이

전체로 드리는 모든 번제물과 기타 제물보다 나으니이다 [34] 예수께서 그가 지혜 있게 대답함을 보시고 이르시되 네가 하나님의 나라에서 멀지 않도다 하시니 그 후에 감히 묻는 자가 없더라

옆에서 예수님과 지도자들의 논쟁을 지켜보던 서기관 한 사람이 나섰다(28a절). '서기관'(γραμματεύς)은 율법을 해석하는 전문가다. 그는 예

수님을 올무에 걸리게 하려는 목적으로 질문하지 않는다. 그는 예수님이 율법과 율법의 취지에 대해 참으로 많이 아시는 것에 감동했다(cf. 28, 34절). 그러므로 예수님이 율법의 핵심을 무엇이라고 하시는지 알고 싶었다. 이 서기관은 당시 유대교 지도자 중에서 율법을 제대로 알고 지혜가 있는 사람들은 예수님을 존경했음을 암시한다(Strauss). 모두가 예수님을 반대한 것은 아니었다.

그는 모든 계명 중에 첫째가 무엇이냐고 물었다(28b절). 율법 중에서 어느 계명이 가장 크냐고 물은 것이다. 예수님 시대 유대교에서 '율법'(νόμος)은 오경 혹은 구약 전체를 의미했다. '계명'(ἐντολή)은 십계명처럼 율법 중에서도 핵심을 의미한다. 예수님 시대 랍비들은 율법은 모두 중요하지만, 그중에서도 특별히 중요한 것들이 있다고 생각했다. 그러므로 그들은 어떤 계명이 무겁고 가벼운지, 혹은 크고 작은지에 대해 끊임없이 논쟁했다. 이 서기관은 이 같은 논쟁에 익숙한 사람이다(Hagner). 그는 예수님도 이러한 논쟁에 대해 잘 알고 계시는지 궁금해한다. 예수님의 전문성을 알고자 하는 것이다.

예수님은 주저하지 않고 신명기 6:4-5을 첫째 되는 계명이라고 하셨다(29-30절). 경건한 서기관이 기대한 답이다. "네 마음을 다하고 목숨을 다하고 뜻을 다하여 주 너의 하나님을 사랑하라"라는 일명 '셰마'(שְׁמַע, '들으라'라는 의미)로 알려진 신명기 6:4-9의 일부다. 셰마(Shema)는 이스라엘 종교의 가장 밑바탕이 되는 하나님에 대한 진리(여호와는 한 분이라는 사실, 신 6:4) 선언과 하나님 백성의 가장 기본적인 의무(모든 것을 다 바쳐 한 분이신 하나님을 사랑하는 것)를 정의하는 것으로, 일종의 고백(creed)이다(cf. 『엑스포지멘터리 신명기』). 그러므로 유대인들은 매일 셰마를 아침과 저녁에 읽으며 신앙을 고백했다. 랍비들은 셰마의 세 가지 요소를 (1)마음에서 우러나는 순종과 헌신, (2)순교를 통해 목숨까지 드릴 것, (3)모든 생각(뜻)이 하나님께 맞춰져 있을 것으로 해석했다(Davies & Allison).

389

예수님은 '마음, 목숨, 뜻, 힘' 등 네 가지를 통해 하나님을 사랑하라고 하신다(30절). 신명기 6:4은 네 번째인 '힘'(ἰσχύς)은 포함하지 않으며, 마태도 힘을 제외한 세 가지로 표현한다(마 22:37). 한편, 누가는 마가와 마찬가지로 네 가지로 표현한다(눅 10:27). 셋과 넷의 차이는 중요하지 않으며, 둘 다 인간의 모든 것을 가지고 하나님을 사랑해야 한다는 의미를 지녔다. 이 계명이 '첫째'(πρώτη)(29절)라는 것은 가장 큰 계명일 뿐 아니라 가장 중요한 계명이므로 이 계명에 따라 사는 것을 최우선으로 삼아야 한다는 뜻이다.

이어서 예수님은 둘째 계명은 이웃을 자신처럼 사랑하는 것이라 하셨다(31절). 레위기 19:18을 인용한 말씀이다. 30절과 31절에서 두 차례 사용되는 '사랑하라'(ἀγαπήσεις)는 미래형이다. 평생 이렇게 살아야 한다는 의미다.

하나님을 사랑하는 것과 이웃을 사랑하는 것은 항상 쌍을 이룬다. 이웃은 하나님의 형상과 모양에 따라 창조되었으므로 하나님을 사랑하는 사람은 주님의 형상에 따라 빚어진 이웃도 사랑해야 한다. 그러므로 둘째 계명은 첫째 계명에서 자연스럽게 흘러나온 것이다. 하나님을 사랑하고 이웃을 사랑하는 것은 구약 종교의 바탕이자 윤리다. 또한 구약 윤리와 신약 윤리를 연결하는 지렛대의 받침점이다.

이웃을 사랑하는 일은 감정적인 것이 아니라, 의지적인 것이다. 이웃에게 유익하고 도움이 되는 일을 하는 것을 뜻한다(Boring, cf. 레 19:34). 그렇다고 자신을 천하게 생각하라는 뜻은 아니다. 남을 자신처럼 귀하게 생각하라는 뜻이다. 즉, 자신을 귀하게 여기며 사랑하지 않는 사람은 이웃도 사랑할 수 없다.

이 두 계명보다 더 큰 계명은 없다(31b절). 이 두 계명은 율법과 선지자를 요약하는 '황금 법칙'(남에게 대접을 받고자 하는 대로 남을 대접하는 것)이라 할 수 있다(cf. 마 7:12). 예수님이 '황금 법칙'이 곧 율법이요 선지자라고 하셨기 때문이다.

질문했던 서기관이 예수님의 가르침에 전적으로 동의한다(32-33a절). 그는 또한 이 두 계명을 준수하는 것이 그 어떤 번제물과 기타 제물보다 낫다고 한다(33b절). 이 사람도 율법의 취지와 정신을 정확하게 인식하고 있었던 것이다. 이런 사람이 당시 왜곡되고 잘못된 율법 이해와 적용을 보면서 얼마나 답답하고 안타까워했을지 어느 정도 상상이 간다. 예수님은 그가 지혜 있게 대답하는 것을 보시고 그가 하나님의 나라에서 멀지 않다며 그를 인정하셨다(34절). 유대교 지도자라 할지라도 교만을 버리고 진실한 마음으로 진리를 추구하면 예수님에게 배울 수 있었다(Wessel & Strauss). 이후 예수님께 감히 묻는 자가 더는 없었다(34b절). 예수님의 지혜와 통찰력에 모두 탄복한 것이다.

이 말씀은 성경이 어떤 목적으로 우리에게 주어진 것인지 생각하게 한다. 성경은 우리에게 하나님을 사랑하는 방법과 이웃을 사랑하는 방법을 가르쳐 준다. 하나님과 이웃을 사랑하는 것은 구약(율법과 선지자)의 강령이다. 한 학자는 본문 말씀을 '신약의 셰마'라며 신약을 가장 잘 요약하고 있다고 한다(McKnight).

하나님을 사랑하는 것과 이웃을 사랑하는 것을 예수님이 지신 십자가 이미지와 연결해 생각하면 더 은혜가 된다. 십자가의 수직 기둥은 하나님을 사랑하는 것으로 그리고 수평 기둥은 이웃을 사랑하는 것으로 상상해 보라. 예수님은 죽음을 통해 이 두 기둥을 연결하셨다. 우리가 주님을 따라 십자가를 진다는 것은 하나님을 사랑하고 이웃을 사랑하는 것을 의미한다.

> Ⅳ. 예루살렘 갈등(11:1-13:37)
>   G. 네 가지 질문(12:13-37)

4. 다윗의 자손과 그리스도(12:35-37)

³⁵ 예수께서 성전에서 가르치실새 대답하여 이르시되 어찌하여 서기관들이

그리스도를 다윗의 자손이라 하느냐 [36] 다윗이 성령에 감동되어 친히 말하되
주께서 내 주께 이르시되
내가 네 원수를 네 발 아래에 둘 때까지
내 우편에 앉았으라 하셨도다
하였느니라 [37] 다윗이 그리스도를 주라 하였은즉 어찌 그의 자손이 되겠느냐
하시니 많은 사람들이 즐겁게 듣더라

이때까지 지도자들의 질문을 받아 논쟁하신 예수님이 이번에는 그들에게 질문하신다(35절). '공격과 수비'가 바뀐 것이다. 이 논쟁에서 '수비수'(유대교 지도자들)는 아무 말도 못 하고 예수님에게 골을 허용한다.

예수님은 당시 율법학자였던 서기관들이 한 말에 대해 문제를 제기하신다. 서기관들은 그리스도를 다윗의 자손이라 하는데, 논리적으로 맞지 않는다고 하신다. 다윗이 성령에 감동되어 한 말(예언)을 인용하시며, 만일 그리스도가 다윗의 후손이라면 다윗은 왜 메시아를 두고 '내 주'(τῷ κυρίῳ μου)라고 불렀는지 물으셨다(36-37절). 메시아는 어떻게 다윗의 후손이면서 동시에 다윗의 '주'가 되는지 질문하신 것이다. 예수님은 메시아가 다윗의 후손임을 부인하기 위해 이 질문을 하시는 것이 아니다. 메시아가 다윗의 후손이 맞지만, 동시에 다윗보다 훨씬 더 위대하다는 사실을 강조하고자 이렇게 질문하신다.

예수님이 인용하시는 말씀은 시편 110:1이다. 이 구절은 신약에서 가장 많이 인용된 구약 말씀이며, 예수님의 신적인 신분을 드러낸다 (cf. 마 26:64; 막 12:36; 14:62; 16:19; 눅 20:42-44; 22:69; 행 2:34-35; 롬 8:34; 고전 15:25; 엡 1:20; 골 3:1; 히 1:3, 13; 5:6; 7:17, 21; 8:1; 10:12-13; 12:2; 벧전 3:22). 이러한 사실을 근거로 기독교는 초대교회 시대부터 이 시편을 예수님의 사역과 밀접한 연관이 있는 메시아의 노래(messianic psalm)로 간주했다. 기독교인뿐만 아니라 유대교인들도 이미 예수님 시대에 이 시편을 메시아에 대한 노래로 해석했다.

이 시편 말씀의 내용은 간단하다. 주 여호와(יהוה)께서 '내 주'(אדני)께 그분이 직접 '내 주'(אדני)의 원수들을 정복해 복종시킬 때까지 주님의 오른쪽에 앉아 있으라고 하셨다는 것이다. 하나님은 '내 주'를 참으로 친밀하고 존귀하게 여기시기에 오른쪽에 앉아 있으라고 하신다. 구약에서는 밧세바가 솔로몬왕의 오른쪽에 대비(大妃)의 자격으로 앉았다고 하는 것이 유일한 사례이며(왕상 2:19), 매우 막강한 권력을 상징한다(cf. 10:35-37).

이 말씀에서 가장 중요한 해석적 이슈는 '내 주'(אדני, τῷ κυρίῳ μου)가 누구냐 하는 것과 이렇게 노래한 시편 기자가 누구냐 하는 것이다. 이 시편의 표제는 간단히 '다윗의 노래, 시'라고 하는데(לדוד מזמור) 이 말은 '다윗이 저작한 시', '다윗을 위한 노래', '다윗을 기념하는 시' 등 다양한 의미로 해석될 수 있다. 예수님은 이 시가 다윗이 성령에 감동되어 부른 노래라며 다윗의 저작권을 확인해 주신다(36절).

그렇다면 다윗은 누구를 '내 주'라고 부른 것일까? 예수님은 다윗이 그리스도를 '주'(κύριος)라고 칭했다고 하신다(37절). 36절에서 사용된 여호와의 호칭(κύριος)과 같다. 예수님은 자신이 하나님이라는 사실을 선언하고 계신다(Carson). 마가복음은 예수님이 하나님의 아들이심을 누누이 강조해 왔다(cf. 1:1; 3:11; 5:7; 9:7; 10:47-48; 11:10). 제자들도 조금씩 이 사실을 알아가다가 베드로의 고백(8:29)에서 절정에 이르렀다. "주는 그리스도이십니다."

일상적으로 자식과 후손이 부모와 조상을 주라고 할 수는 있어도, 부모와 조상이 자식과 자손을 주라고 하지는 않는다. 그러나 다윗은 이 시편을 통해 장차 자기 후손으로 오실 메시아가 자기보다 훨씬 더 위대한 분이라는 것을 인정했다. 성령에 감동되어 장차 오실 '다윗의 후손 메시아'에게 경의를 표한 것이다.

종말에 하나님은 세상 모든 사람을 정복해 복종시키실 것이다. 하나님은 시편 2편에서 다윗 왕조의 왕에게 온 세상을 다스리는 권세를 약속하셨다(시 2:8-9). 그때까지 여호와 하나님이 귀하게 여기시는 메시아는 주님의 오른쪽에 앉아 계시면 된다. 여호와께서 모든 백성을 복종시킨 후 메시아에게 넘기실 것이다. 다니엘 7:13-14이 이 상황을 잘 묘사한다.

> 내가 또 밤 환상 중에 보니 인자 같은 이가 하늘 구름을 타고 와서 옛적부터 항상 계신 이에게 나아가 그 앞으로 인도되매 그에게 권세와 영광과 나라를 주고 모든 백성과 나라들과 다른 언어를 말하는 모든 자들이 그를 섬기게 하였으니 그의 권세는 소멸되지 아니하는 영원한 권세요 그의 나라는 멸망하지 아니할 것이니라

유대교 지도자들은 예수님의 말씀에 반박할 수가 없다. 예수님이 성경 말씀을 인용해 그들의 잘못된 해석을 지적하셨기 때문이다. 만일 그들에게 들을 귀가 있었다면, 이 순간이라도 다윗보다 더 크고 위대하신 분이 그들 앞에 서 계신다는 사실을 인정했을 것이다. 그러나 그들은 침묵할 뿐 어떠한 반응도 하지 않는다. 한편, 예수님의 가르침을 경청한 사람들은 즐겁게 들었다(cf. 1:22, 27; 6:2; 10:24, 26).

이 말씀은 사람들에게 입장을 정할 것을 요구한다. 예수님은 이제 그분 자신이 하나님의 아들이라는 사실을 숨기려 하지 않으신다. 본문에서는 다윗이 성령에 감동되어 본 하나님 오른편에 앉은 '내 주'가 바로 자신을 두고 한 말이라고 무리에게 말씀하신다. 이렇게 선언하심으로써 주저하는 사람들에게 입장을 정하고 결단할 것을 요구하신다. 예수님을 구세주로 영접하든지, 유대교 지도자들처럼 예수님이 메시아이신 것을 알고도 대적하든지 선택하라고 하신다. 천국과 지옥이 있을 뿐 이 둘 사이에 중간은 없는 것처럼 예수님에 대한 사람들의 입장 표명에도 중간 단계는 없다.

H. 율법학자들에 대한 경고(12:38-40)

³⁸ 예수께서 가르치실 때에 이르시되 긴 옷을 입고 다니는 것과 시장에서 문안 받는 것과 ³⁹ 회당의 높은 자리와 잔치의 윗자리를 원하는 서기관들을 삼가라 ⁴⁰ 그들은 과부의 가산을 삼키며 외식으로 길게 기도하는 자니 그 받는 판결이 더욱 중하리라 하시니라

예수님은 무리와 제자들에게 유대교 지도자들의 교만과 위선을 지적하신다. 예수님은 이미 제자들에게 '바리새인들과 헤롯의 누룩'을 주의하라고 하셨는데(8:15) 이번에는 '서기관들의 누룩'을 주의하라고 하신다. 서기관들의 썩어 빠진 행태를 반면교사로 삼아 제자들을 가르치시는 것이다. 물론 모든 서기관을 주의하라고 하시는 것은 아니다(Marcus). 자신이 가르치는 말씀대로 경건하게 사는 서기관들도 있었다. 우리는 그중 하나를 바로 앞에서 만났다(cf. 28-34절). 그러므로 예수님은 본문에 묘사된 행실을 하는 서기관들을 조심하라고 하신다. 이러한 경고는 당시 지도자들뿐 아니라 오늘날 교회 지도자인 우리에게 주시는 말씀이기도 하다. 우리는 섬김과 낮아짐으로 높아져야 한다.

예수님의 비난을 받는 서기관들은 성경을 해석하고 가르치는 일을 전문적으로 하는 이들이다. 그러므로 유대교 평신도들은 이 전문가들의 율법 해석과 적용에 귀를 기울여야 한다. 서기관들은 사람들에게 하나님의 말씀을 해석하고 가르치지만, 자신들이 가르친 대로 살지는 않았다. 제자는 스승의 뒷모습에서 배운다는데 그들은 좋은 스승이 되지 못한 것이다. 오늘날에도 설교와 강의가 주요 사역인 사람들이 마음에 새겨야 할 경고 말씀이다.

사람들에게 율법을 가르치는 자들이 사람들에게서 존경을 자아내고 인기를 얻기 위해 안간힘을 썼다. 어디서든 가장 높은 자리를 탐하며

자신들을 드러내려고 했다. 서기관들에게서 겸손과 섬김은 찾아볼 수 없었다. 예수님은 그들의 교만과 위선을 다음과 같이 네 가지로 말씀하신다.

첫째, 그들은 긴 옷을 입고 시장에 다니는 것을 즐겼다(38b절). '긴 옷'(στολή)은 오늘날로 말하자면 행사와 예식에서 입는 화려한 예복이다(BAGD, cf. Evans, Wessel & Strauss). 서기관들은 평상시에도 이런 옷을 입고 다니며 사람들의 눈에 띄려고 안간힘을 썼다. 그들은 이런 옷차림을 하고 시장에서 문안받는 것을 즐겼다(38c절). 사람들이 그들을 '선생님, 아버지, 지도자'라고 부르는 것을 즐긴 것이다(cf. 마 23:7-10). 시장에서 문안받는 것은 일상적인 인사가 아니다. 마치 중요한 인사를 맞이하는 것처럼 예의와 경의를 표하는 것을 뜻한다. 당시 일부 랍비들은 유대인 마을을 방문할 때면 온 마을 사람들이 나와 그를 자기 부모보다 더 존경한다며 경의를 표할 것을 요구했다고 한다(Keener). 요즘말로 '관종들'(attention hogs)이었던 것이다. 예수님은 사람들에게 보이는 것을 즐기면 "하늘에 계신 너희 아버지께 상을 받지 못하느니라"라고 경고하셨다(마 6:1).

둘째, 그들은 회당의 높은 자리와 잔치의 윗자리를 탐했다(39a절). 당시 풍습은 존귀한 사람일수록 잔치를 베푼 사람 가까이에 앉았다. 회당에서도 높은 사람일수록 말씀을 강론하는 사람과 중앙에 펼쳐 놓은 율법 두루마리에 가까이 앉았다. 종교 지도자들은 어디를 가든 이런 자리에 앉는 것이 일상적이었지만, 예수님은 결코 좋은 일이 아니라고 하신다.

셋째, 그들은 과부의 가산을 삼켰다(40a절). 성경에서 고아와 과부는 가난하고 연약해 희생당하기 쉬운 사람들을 상징한다(렘 7:6; 49:11). 하나님은 우리에게 이들의 인권과 재산을 보호하라고 하신다(출 22:22; 신 10:18; 24:17; 27:19; 시 68:5). 본문에서 '삼키다'(κατεσθίω)가 정확히 무엇을 의미하는지 확실하지 않다. 서기관들이 후견인으로 지정된 과부의 재산을 착취하는 것을 의미하거나, 과부의 호의를 악용하는 것에 대한 과장법일 수 있다(Derrett, cf. Cranfield, Jeremias). 확실한 것은 서기관들이 가장 연약하고 가진 것이 없는 사람들을 착취하고 짓밟고 있다는 사실이다. 그들은 하나님을 경외하는 사람이 절대 해서는 안 되는 일을 하고 있다.

넷째, 그들은 외식으로 길게 기도했다(40b절). 기도는 좋은 것이다. 그러므로 예수님이 길게 하는 기도를 반대하시는 것은 아니다. 예수님도 긴 시간 기도하셨다(눅 6:12). 또한 악한 재판장과 과부 비유(눅 18:1-8)를 통해 지속적으로 기도할 것을 가르치셨다. 다만 사람들에게 경건한 신앙인으로 보이기 위해 사람들이 모여 있는 곳에서 같은 내용을 계속 반복하거나, 별 내용 없이 질질 끄는 위선적인 기도를 경고하신다. 예수님은 은밀한 골방에 들어가 기도하면 은밀한 중에 보시는 하나님께서 갚으실 것이라고 하셨다(마 6:6).

서기관들의 이 같은 위선적인 행위는 하나님의 혹독한 심판을 피할 수 없다(40c절). 이 심판이 그들이 살아 있는 동안 임할 수도 있겠지만, 이는 종말에 있을 심판을 의미한다. 하나님이 가장 싫어하시는 것이 위선과 교만이다. 그러므로 하나님이 이런 짓을 하는 자들을 내버려 두지 않으실 것이다.

이 말씀은 기독교 리더의 길을 가는 사람들에게 중요한 교훈을 준다. 첫째, 우리는 말로만 가르치고 설교하는 것이 아니라 우리의 삶이 설교와 가르침이 되어야 한다. 그렇게 하지 않으면, 예수님이 비난하시는 서기관들과 별반 다를 바 없다.

둘째, 사람들의 인기와 존경을 탐하지 말고, 은밀한 곳에서 보시는 하나님께 인정받기 위해 노력해야 한다. 눈으로 볼 수 없는 하나님을 섬기는 우리에게는 사람의 눈에 보이는 것보다 눈에 보이지 않는 것이 더 크고 중요하다.

셋째, 우리는 성도들을 섬기고 또 섬겨야 한다. 섬기는 리더십은 하나님 나라의 가장 기본적이고 중요한 원칙이다. 예수님이 우리에게 모범을 보이셨으니, 우리 역시 주님을 닮기 위해서라도 따라 해야 한다.

I. 과부의 헌금(12:41-44)

⁴¹ 예수께서 헌금함을 대하여 앉으사 무리가 어떻게 헌금함에 돈 넣는가를 보실새 여러 부자는 많이 넣는데 ⁴² 한 가난한 과부는 와서 두 렙돈 곧 한 고드란트를 넣는지라 ⁴³ 예수께서 제자들을 불러다가 이르시되 내가 진실로 너희에게 이르노니 이 가난한 과부는 헌금함에 넣는 모든 사람보다 많이 넣었도다 ⁴⁴ 그들은 다 그 풍족한 중에서 넣었거니와 이 과부는 그 가난한 중에서 자기의 모든 소유 곧 생활비 전부를 넣었느니라 하시니라

예수님은 계속 성전에 계신다. 이 이야기는 예수님이 헌금함 건너편에서 사람들이 헌금함에 헌금을 넣는 광경을 지켜보시던 중에 있었던 일이다(41절). 장소는 이방인들이 들어올 수 있는 바깥 뜰 안쪽에 있는 '여자의 뜰'(Court of Woman)이다. '헌금함'(γαζοφυλάκιον)은 당시 성전에 비치되었던 열세 개의 헌금 모금함 중 하나다. 양의 뿔 모양에 따라 제작되어 사람들이 동전을 넣으면 소리가 났다(Garland).

예수님은 사람들이 헌금을 가져와 통에 집어넣는 광경을 지켜보셨다. 여러 부자는 많이 넣었다(41b절). 그러다가 한 가난한 과부가 와서 두 렙돈을 넣었다(42절). '렙돈'(λεπτός)은 문자적으로 '작은 것'(tiny thing)이라는 의미를 지녔으며, 당시 팔레스타인 지역에서 유통된 화폐 중 가장 작은 구리 동전이었다. 두 렙돈이 한 고드란트라고 하는데, '고드란트'(κοδράντης)는 라틴어 단어(qauadrans)를 소리 나는 대로 음역한 화폐 단위다. 한 고드란트는 1/64데나리온이었다. 한 데나리온은 노동자의

하루 품삯이었다. 노동 시간을 하루 8시간으로 계산하면, 한 고드란트는 8분 동안 노동한 대가에 해당하는 매우 적은 금액이다.

과부의 헌금을 보신 예수님이 제자들을 불렀다(43a절). 마가복음에서 제자들을 부르시는 것은 지시를 하거나 가르침을 주기 위해서다(3:13; 6:7; 8:1; 10:42). 예수님은 제자들에게 이 가난한 과부는 모든 사람보다 헌금함에 더 많이 넣었다고 하신다(43b절). 다른 사람들은 풍족한 중에 넣었지만, 과부는 가난한 중에 자신이 가진 모든 소유, 곧 생활비 전부를 넣었기 때문이다(44절).

이 말씀은 헌금에서 액수는 중요하지 않고, 상대적인 헌신이 중요하다고 한다. 부자는 가진 것이 많기 때문에 많이 헌금하고도 모자람이 없다. 그러므로 자신의 전부를 드린 것은 아니다. 반면에 과부는 생활비 전부를 헌금했기 때문에 더는 남은 것이 없다. 그녀는 가장 큰 계명, 곧 마음을 다하고 목숨을 다하고 뜻을 다하고 힘을 다하여 하나님을 사랑하라는 계명을 실천한 것이다(29-32절). 하나님을 온전히 사랑하는 일에 반드시 많은 돈이 필요한 것은 아니다. 다만 우리 자신을 전부 헌신해야 한다. 이 과부는 아무것도 없으니 이제부터는 더욱더 하나님만 바라보아야 한다. 하나님은 이런 과부를 절대 고아처럼 내버려 두지 않으실 것이다.

Ⅳ. 예루살렘 갈등(11:1-13:37)

J. 감람산 디스코스(13:1-37)

예수님은 11:27에서 시작된 유대교 지도자들과의 갈등과 가르침을 마무리하시고 제자들과 함께 숙소가 있는 베다니로 가시는 중이다. 일행이 감람산을 지나는데 제자 중 하나가 성전의 아름다움에 매료되어 예수님께 성전을 보시라고 소리쳤다. 예수님은 그가 보고 있는 아름다운 건물이 무너질 것이라며 성전의 최후와 종말에 대해 가르침을 주신다 (2절).

종말에 있을 일에 대한 말씀을 묵시문학이라 한다. 다니엘서, 스가랴서, 요한계시록이 대표적이다. 이 섹션도 종말에 관한 것이기 때문에 분명 묵시문학이다. 그러나 어느 정도 예루살렘 파괴 등 역사적 사건과 섞여 있어 다양한 견해가 제시되었다(cf. Carson, Davies & Allison, Marcus, Wessel & Strauss). 가장 이슈가 되는 것은 인자의 오심(24-26절)을 어떻게 해석하느냐 하는 것이다.

첫째, 전통적인 세대주의자들은 13장 전체가 종말에 관한 것이며, 인자의 오심(24-26절)은 대환란(Great Tribulation)이 있기 전에 있을 휴거가 아니라, 대환란 이후에 있을 재림이라고 주장했다. 둘째, 13장에는 종말에 관한 내용이 없으며, 모든 것이 예루살렘 파괴에 관한 말씀이라는 주장도 있다. 이에 따르면 인자의 오심은 주님이 자기 백성을 데리러 오실 때 있을 정치적 혼란에 관한 것이다(France, McKnight). 셋째, 이 말씀의 일부는 예루살렘 파괴에 관한 것이고 인자의 오심은 재림이며, 이 재림은 대환란으로 이어진다는 주장이다(Carson, Wenham). 넷째, 13장 전체가 종말에 관한 것이며, 예루살렘 파괴는 대환란과 재림의 전조라는 주장이다(Davies & Allison, Gundry, Hagner, Wilkins).

이 가르침이 시작된 계기는 예루살렘 성전이 어떻게 될 것인지를 묻는 한 제자의 질문이다(1절). 이 제자는 예루살렘 성전의 미래에 관한 말씀을 듣길 원했고, 예수님은 그에 대한 답으로 이 말씀을 주셨다. 그러나 디스코스의 상당 부분이 구약의 묵시문학 형태를 취하고 있다. 요한계시록과도 맥을 같이하는 부분이 있다. 그러므로 13장을 예루살렘 파괴와 종말에 있을 일을 함께 예언하는 것으로 간주하는 것이 바람직하다. 따라서 네 가지 주요 해석 중 세 번째 것이 가장 설득력 있다. 예수님이 이 가르침을 감람산에서 주셨다 하여(3절) 일명 '감람산 디스코스'(Olivet Discourse)로 알려진 본 텍스트는 다음과 같이 구분된다.

A. 성전이 무너질 것이라는 경고(13:1-2)

B. 재난의 징조(13:3-13)

C. 가장 큰 환난(13:14-23)

D. 인자가 영광 중에 오심(13:24-27)

E. 무화과나무 비유(13:28-31)

F. 그날과 그때(13:32-37)

Ⅳ. 예루살렘 갈등(11:1~13:37)
  J. 감람산 디스코스(13:1-37)

1. 성전이 무너질 것이라는 경고(13:1-2)

¹ 예수께서 성전에서 나가실 때에 제자 중 하나가 이르되 선생님이여 보소서 이 돌들이 어떠하며 이 건물들이 어떠하니이까 ² 예수께서 이르시되 네가 이 큰 건물들을 보느냐 돌 하나도 돌 위에 남지 않고 다 무너뜨려지리라 하시니라

일요일에 나귀를 타고 예루살렘에 입성(11:1-11)하신 예수님은 밤에는 베다니에 머무시고 낮에는 성전에서 사람들을 가르치시고 지도자들과 논쟁하셨다. 본문은 화요일 늦은 오후에 성전을 떠나시는 장면이다(Wilkins). 이번에 성전을 떠나면 다시는 찾지 않으실 것이다. 예수님이 떠나신 성전에는 오직 파괴가 남아 있을 뿐이다(Garland). 옛적에 에스겔 선지자가 본 환상에서 하나님의 영광이 성전을 떠나 감람산으로 갔다가 동쪽으로 가서 종말 때까지 돌아오지 않은 것처럼 말이다(France, cf. 겔 10:18-19; 11:22-23).

예수님과 제자들이 베다니로 돌아가기 위해 기드론 골짜기를 건너 감람산을 지나고 있을 때 제자 중 하나가 예수님께 성전의 아름다움을 보시라며 소리쳤다(1절). 제자들이 감람산에서 내려다보고 있는 성전은 최근에 완성된 것으로(cf. 요 2:20), 그들은 성전의 규모와 아름다움에 매료되어 있다. 실제로 예루살렘 성전은 로마 제국에서도 가장 규모가 크고 아름답고 웅장한 신전으로 정평이 나 있었다(ABD).

예수님은 성전의 규모와 아름다움에 매료된 제자들에게 성전이 완전히 파괴될 것이라고 예언하신다(2절; cf. 마 23:38; 26:61; 눅 23:28-31). 선지자들도 성전 파괴에 대해 예언했고(렘 7:12-14; 26:6, 18; 미 3:12), 이미 주전 586년에 바빌론에 의해 파괴된 적이 있다. 예수님은 "돌 하나도 돌 위에 남지 않을 것이다"라고 하시는데, 주전 520년에 성전 재건을 권장했던 학개 선지자는 성전이 파괴된 채로 방치되었던 시대를 '돌이 돌 위에 놓이지 아니하였던 때'라고 한다(학 2:15). 예수님은 같은 이미지를 사용해 머지않아 성전이 파괴될 것을 말씀하신다.

이 말씀은 사람들이 하나님을 위해 세운 좋은 것이라 할지라도 주님의 심판을 피해갈 수 없다고 한다. 예루살렘 성전은 당시 로마 제국에서 가장 크고 화려한 신전 중 하나였으며, 오직 여호와 하나님을 예배하는 곳이었다. 사람들은 이곳을 하나님의 영광이 임하는 곳이라고 했다. 그러나 이곳에 와서 기도하고 예배하는 주님의 백성이 하나님의 말씀대로 살지 않고 죄를 일삼았다. 그러므로 하나님은 옛적에 스스로 성전을 파괴할 것을 경고하시고(cf. 렘 7:14; 26:6) 파괴하신 것처럼(렘 52:12-13), 다시 성전을 파괴하실 것이다. 이러한 원칙이 교회에 어떤 경고를 하는지 생각해 보아야 한다.

또한 세상에 있는 것 중 아무리 좋고 아름다운 것이라도 영원하지 않으며, 언젠가는 무너지고 파괴될 것이다. 오직 하늘나라에 세우고 쌓는 것만이 영원하다. 우리도 이 땅에 썩어 없어질 것을 쌓으려 하지 말고, 천국에 영원히 남을 보물을 쌓아야 한다. 그곳에는 좀이나 도둑이 없다(마 6:20).

2. 재난의 징조(13:3-13)

³ 예수께서 감람 산에서 성전을 마주 대하여 앉으셨을 때에 베드로와 야고보와 요한과 안드레가 조용히 묻되 ⁴ 우리에게 이르소서 어느 때에 이런 일이 있겠사오며 이 모든 일이 이루어지려 할 때에 무슨 징조가 있사오리이까 ⁵ 예수께서 이르시되 너희가 사람의 미혹을 받지 않도록 주의하라 ⁶ 많은 사람이 내 이름으로 와서 이르되 내가 그라 하여 많은 사람을 미혹하리라 ⁷ 난리와 난리의 소문을 들을 때에 두려워하지 말라 이런 일이 있어야 하되 아직 끝은 아니니라 ⁸ 민족이 민족을, 나라가 나라를 대적하여 일어나겠고 곳곳에 지진이 있으며 기근이 있으리니 이는 재난의 시작이니라 ⁹ 너희는 스스로 조심하라 사람들이 너희를 공회에 넘겨 주겠고 너희를 회당에서 매질하겠으며 나로 말미암아 너희가 권력자들과 임금들 앞에 서리니 이는 그들에게 증거가 되려 함이라 ¹⁰ 또 복음이 먼저 만국에 전파되어야 할 것이니라 ¹¹ 사람들이 너희를 끌어다가 넘겨 줄 때에 무슨 말을 할까 미리 염려하지 말고 무엇이든지 그 때에 너희에게 주시는 그 말을 하라 말하는 이는 너희가 아니요 성령이시니라 ¹² 형제가 형제를, 아버지가 자식을 죽는 데에 내주며 자식들이 부모를 대적하여 죽게 하리라 ¹³ 또 너희가 내 이름으로 말미암아 모든 사람에게 미움을 받을 것이나 끝까지 견디는 자는 구원을 받으리라

예수님은 걸음을 멈추시고 성전을 마주 대하는 곳에 앉으셨다(3a절). 앉으신 것은 가르침을 주겠다는 표시다(cf. 4:1). 예수님이 이곳에 앉아 예루살렘과 성전을 내려다보시며 심판을 선언하기 때문에 왕이신 하나님이 보좌에 앉아 재판하시는 모습으로 해석할 수도 있다(Strauss). 예루살렘 성전이 파괴될 것이라고 하셨으니(2절), 제자들은 언제 어떻게 이런 일이 있을지 궁금하다. 열두 제자 중 핵심층(inner circle)이라 할 수 있는 베드로와 야고보와 요한(5:37; 9:2; 14:33)과 안드레가 조용히 와서

물었다(3b절). 예수님을 따르던 무리는 모두 떠나고 오직 제자들만 남았다는 뜻이다. 제자들이야 말로 요즘 말로 '인싸들'(insiders)이다.

그들은 두 가지 질문을 했다(4절): (1)어느 때에 이런 일이 있을 것입니까? (2)이 모든 일이 이루어지려 할 때 무슨 징조가 있을 것입니까? 어떤 이들은 첫 번째 질문은 예루살렘성과 성전 파괴에 관한 것이며, 두 번째 질문은 종말에 관한 것이라고 해석하지만(Boring, Collins), 두 질문 모두 예루살렘과 성전 파괴에 관한 것이다(France, Garland, Lane, Donahue & Harrington).

그들의 질문은 옛적에 다니엘이 보는 앞에서 한 천사가 다른(높은) 천사에게 한 질문과 비슷하다. "이 놀라운 일의 끝이 어느 때까지냐?"(단 12:6). 감람산은 이런 질문을 하기에 참 좋은 곳이다. 하나님이 여호와의 날에 심판을 시작하기 위해 임하시는 곳이기 때문이다(슥 14:4; cf. 겔 11:22-23).

예수님은 제자들의 질문에 대답하시면서 제일 먼저 미혹을 받지 않도록 주의하라고 하신다(5절). '주의하라'(βλέπετε)는 현재형 명령이다. 방심하지 말고 꾸준히 계속 지켜보라는 권면이며, 이 섹션의 핵심 메시지다(cf. 9, 23, 33절). '미혹하다'(πλανάω)는 잘못된 길로 인도해 타락하게 하는 것을 뜻한다. 배교(背敎)의 길로 유혹하는 거짓 선생들이 하는 짓이다(Davies & Allison, cf. 살후 2:3). 온갖 사기와 사이비가 난무할 것이니 신중에 신중을 기해 가짜 선생들에게 현혹되는 일이 없게 하라는 권면이다. 오늘날로 말하면 이단들을 주의하라는 뜻이다.

예수님은 제자들에게 구체적으로 세 가지를 권면하신다. 첫째, 가짜 메시아를 주의해야 한다(6절). 많은 사람이 와서 자신이 그리스도라며 많은 사람을 유혹할 것이다. 그들은 자신들이 재림한 예수라고 하기도 하고("내 이름으로"), 자신들이 참 메시아라고 하기도 할 것이다("내가 그라")(cf. Collins, France, Hooker, Taylor). 사도들의 시대를 정리한 사도행전은 '드다'(Theudas, 행 5:36)와 '갈릴리의 유다'(Judas of Galilee, 행 5:37)와 '애

굽인'으로 불리는 자(행 21:38) 등 최소 세 명의 가짜 메시아를 언급한
다. 사도 요한도 그의 시대에 이미 많은 적그리스도가 일어났다고 한
다(요일 2:18). 사이비/가짜 예수와 메시아의 역사는 교회 역사만큼 오
래되었다. 또한 예수님이 다시 오실 때까지 끊임없이 가짜 예수가 나
타나 성도를 현혹할 것이다.

둘째, 온갖 전쟁과 재앙이 닥쳐도 두려워하지 않아야 한다(7-8절).
예수님은 우리가 겪게 될 재앙을 세 가지로 말씀하신다. 첫째, 전쟁이
일어날 것이다(cf. 사 19:2; 렘 4:16-20; 단 11:44; 욜 3:9-14; 슥 14:2). '난리
와 난리의 소문'(ακουσητε πολέμους καὶ ἀκοὰς πολέμων)은 '민족이 민족을,
나라가 나라를 대적하여'(8절; cf. 대하 15:6; 사 19:2) 전쟁을 한다는 소문
이 세상 곳곳에서 들려올 것이라는 뜻이다. 둘째, 지진이 곳곳에서 일
어날 것이다(cf. 시 18:7-8; 사 5:25; 13:13; 24:18; 29:5-6). 셋째, 기근이
일어날 것이다(cf. 사 14:30; 렘 14:12; 21:6-7; 겔 14:21). 세상 곳곳에 기근
이 들 것이라고 하신다. 이런 일들은 과거에도 일어났고, 지금도 일어
나고 있으며, 앞으로도 세상 곳곳에서 계속 일어날 것이다. 종말이 임
하기 전에 반드시 '있어야 할'(δεῖ), 따라서 인류가 반드시 거쳐야 할 일
들이기 때문이다.

중요한 것은 이 재앙들이 종말의 징조는 아니라는 사실이다. "아직
끝은 아니니라"(ἀλλ' οὔπω τὸ τέλος)(7절). 전쟁과 기근과 지진이 세상 곳
곳에서 일어나는 것은 종말이 가까이 오고 있다는 것을 암시하지만,
종말이 시작되었다는 징조는 아니다(Carson, Garland, Wessel & Strauss). 우
리가 이 땅에서 항상 겪어야 할 일들이다. 예수님 시대에도 참으로 많
은 전쟁과 기근과 지진이 있었고, 주님이 다시 오실 때까지 계속 반복
될 것이다. 그러므로 이 말씀은 이런 재앙들을 징조로 삼는 가짜 메시
아들을 조심하라고 경고한다(Carson).

셋째, 이 모든 현상은 재난의 시작에 불과하다(8절). '재난'(ὠδίν)은 산
통(birth pain)을 의미한다(BAGD, cf. NAS, NIV, NRS, ESV). 구약에서 산통은

사람이 일상적으로 겪는 혹독한 고통(사 13:8; 21:3; 42:14; 렘 30:7-10; 호 13:13)과 구원에 이르기 전 주님의 백성이 겪는 환난(사 26:12-19; 66:8-9; 렘 22:23; 호 13:13, 미 4:9-10)을 묘사한다. 이 말씀에서는 메시아의 시대가 시작되기 전에 혹독한 고통이 있을 것이라는 의미다.

산통은 한 번만 오는 것이 아니라 아기가 태어날 때까지 수십 번 주기적으로 반복된다. 이 같은 거짓 메시아와 전쟁과 기근과 지진이 예수님이 재림하실 때까지 수없이 반복될 것이라는 의미다(Wilkins). 그러므로 이런 것들을 종말의 징조라고 하거나, 자신들이 메시아라고 하거나, 예수님을 사칭하는 자들을 조심해야 한다. 이런 자들은 지금도 있고, 앞으로도 계속 있을 것이다.

예수님은 지금까지 세상 끝날까지 항상 있을 가짜 메시아들과 전쟁과 지진과 기근에 대해 말씀하셨다. 이번에는 교회가 세상에 있는 동안 겪을 일들에 대해 말씀하신다(9-13절). 이 땅에 있는 교회는 내부와 외부로부터 끊임없이 공격을 받을 것이다. 세상은 예수님을 미워하고 예수님이 세우신 교회도 미워하기 때문이다. 주제가 세상의 고통(4-8절)에서 교회의 고통으로 바뀐 것이다.

마태복음에서 예수님은 제자들을 선교사로 내보내실 때 그들이 당할 고통에 대해 비슷한 말씀을 하셨다(마 10:17-22). 본문에서처럼 '넘겨주고'(9절; cf. 마 10:17), '죽게 하고'(12절; cf. 마 10:21), '모든 사람에게 미움을 받을 것'(13절, cf. 마 10:22)이라고 경고하셨다. 실제로 두 텍스트를 비교해 보면 핍박의 정도에 별 차이가 없다. 그러므로 이 말씀은 주님이 오실 때까지 이 땅에서 교회가 항상 겪을 고통에 관한 것으로 해석하는 것이 바람직하다.

교회는 이 땅에서 결코 환난과 고난을 피할 수 없다. 사람들은 교회와 성도를 공회(συνέδριον, 산헤드린)에 넘겨주고, 매질을 하고(cf. 행 5:40; 22:19; 고후 11:24), 예수님의 이름 때문에 재판에 넘길 것이다(9절; cf. 단 7:25). 예수님은 이 같은 고난의 길을 먼저 가셨다. 예수님은 한 제자에

게 배신당해 팔리시고(14:43-45), 공회에 넘겨지시고(14:55), 총독 앞에
서 재판을 받으시고(15:1-5), 거짓 증언으로 인해 누명을 쓰시고(14:59),
온갖 고난과 매를 맞으시고(14:64-65; 15:11-14, 19-20, 29-32), 죽임을
당하셨다(15:33-37).

그리스도인들은 자신들의 고난을 통해 그들(핍박하는 자들)에게 증거
가 될 것이다(9c절). 하나님이 세상을 심판하시는 날 그들과 교회를 핍
박하는 자들을 심판하실 때 증인으로 삼으실 것이라는 뜻이다. 하나
님은 자기 자녀들이 당한 핍박과 고난에 대해 그들에게 책임을 물으실
것이다. 오늘날에도 세계 곳곳에서 수많은 기독교인이 신앙으로 인해
온갖 핍박을 받으며 살고 있다. 순교하는 성도도 매일 상당수에 달한
다. 예수님의 이름을 알고 주님을 따르는 것은 참으로 많은 특권과 복
을 동반한다. 그러나 세상의 미움도 함께 온다.

언제까지 이런 일이 계속될 것인가? 예수님은 종말이 오기 전에 먼
저 만국에 복음이 전파되어야 한다고 하신다(10절; cf. 롬 16:26; 골 1:6,
23). 세상 모든 민족에게 구원에 대한 좋은 소식이 전파되었을 때 비로
소 종말이 시작되는 것이다. 예수님이 세상 끝(종말)이 시작되는 징조
로 복음이 온 땅에 선포되는 것이라고 하시는 것은 '대명령'(마 28:19-
20)을 미리 말씀하시는 것과 별반 다르지 않다. 바울은 예수님이 재림
하실 때가 되어서야 복음이 온 세상에 선포될 것이라고 한다(롬 11:25-
26). 예수님의 초림과 재림 사이에 많은 시간이 흐를 것이라는 뜻이다.
그때까지 교회는 열심히 온 세상을 향해 계속 복음을 선포해야 한다.

온 세상에 복음이 전파될 때까지 그리스도인들은 핍박을 각오해야
한다. 이 말씀은 또한 온 세상에 복음이 전파되면 그리스도인들의 고
난과 핍박이 끝날 것이라는 뜻이다. 그들을 환난에 넘겨주고, 죽이고,
미워하는 자들은 누구인가? 바로 그리스도인들이 예수님을 구세주로
영접하라며 선교하고 전도하는 사람들이다. 예수님을 영접해 하나님
의 자녀로 행복하게 살라고 복음을 전해 주었건만, 그들은 선을 악으

로 갚는다. 전도와 선교는 고난을 각오하고 해야 한다.

다행히 하나님은 믿음으로 인해 핍박을 받는 사람들을 고아처럼 내 버려 두지 않으신다. 복음을 선포하다가 재판을 받게 되는 사람들을 성령님이 도우실 것이다(11절). 성령님이 믿음으로 인해 법정에 선 사 람들과 함께하시며 할 말을 주실 것이다(cf. 출 4:12; 렘 1:9; 행 2:4; 4:8, 31; 6:10). 그렇다고 해서 처한 상황과 법정에서 할 말을 미리 생각하거 나 준비하지 말라는 것이 아니다(Strauss). 미리 할 말을 준비하는 일에 게을리하면 안 되지만, 다만 법정에서 증언할 때 성령님의 인도하심에 따라야 한다는 뜻이다. 하나님은 우리가 준비된 만큼 사용하신다는 말 이 있다. 성령님의 인도하심에 따라 하는 증언은 우리가 할 수 있는 가 장 귀하고 정확한 증언이 될 것이다.

하나님을 배신한 자들이 가족도 배신하는 것은 별로 놀랄 만한 일이 아니다. 그들은 법정에서 불리한 증언을 하며, 형제와 자식과 부모를 대적해 죽게 할 것이다(12절; cf. 미 7:6). 상황에 따라서 믿음은 가정을 파탄에 이르게 한다. 믿지 않는, 혹은 배교한 사람들이 믿는 가족들을 배신할 것이기 때문이다. 결국 교회 안에서도 서로 넘겨주고 서로 미 워하는 일이 벌어진다. 예수님도 제자 중 하나인 가룟 유다에게 배신 당해 팔리셨다.

예수님은 그리스도인은 주님 때문에 모든 사람에게 미움을 받을 것 이지만, 끝까지 견디는 자는 구원을 받을 것이라고 하신다(13절; cf. 8:35; 롬 8:17; 고전 9:25; 딤후 2:12; 4:8). 묵시문학이 강조하는 원리다(cf. 단 9:14; 12:12-13; 계 1:3; 13:9-10; 14:12; 22:7). 고난과 핍박이 교회 안팎 에서 오기 때문에 이겨 내기가 결코 쉽지 않다. 그러므로 많은 사람이 미혹되어 신앙을 떠날 것이다. 그러나 끝까지 견디는 사람은 구원을 얻을 것이다. 하나님의 자녀들이 핍박과 고난을 견디기 위해서는 결단 과 의지가 필요하다. 고난이 임할 때 당당하게 이겨낼 필요도 없다. 끝 까지 버티기만 하면 된다.

이 말씀은 교회와 성도가 세상과 가짜 교인들에게 핍박받는 것은 당연한 일이라고 한다. 세상은 악해서 성도들을 핍박하고, 교회에는 마귀의 농간에 놀아나는 가짜 성도가 많아서 그렇다. 안타깝게도 일부 한국 교회가 기복적인 신앙을 지나치게 강조하다 보니 고난과 희생은 성도들이 기피하는 개념이 되었다. 다시 성경적인 신앙생활로 돌아가 고난과 희생을 감수할 각오로 신앙생활을 하도록 양육해야 한다.

교회가 존재하는 이유는 전도와 선교와 구제를 위해서다. 본문은 교회가 존재 이유를 성실하게 이행하지 않으면 예수님의 재림은 계속 지연될 것이라고 한다. 우리는 주님이 속히 오시기를 바라며 전도와 선교와 구제에 더욱더 힘을 기울여야 한다.

우리 시대는 예수님이 다시 오실 날에 상당히 가까이 와 있다. 거짓 메시아와 전쟁과 기근과 지진은 예전에도 많이 있었지만, 오늘날 인류를 엄습하고 있는 재앙들의 격렬함이 참으로 강하다는 생각이 든다. 주변에 가짜 메시아도 널려 있다. 그러나 오늘날의 이 혼탁한 상황을 두려워할 필요는 없다. 미혹되지 않도록 경계하며, 분별하는 은혜를 달라고 하나님께 계속 기도해야 한다.

> Ⅳ. 예루살렘 갈등(11:1-13:37)
>   J. 감람산 디스코스(13:1-37)

3. 가장 큰 환난(13:14-23)

[14] 멸망의 가증한 것이 서지 못할 곳에 선 것을 보거든 (읽는 자는 깨달을진저) 그 때에 유대에 있는 자들은 산으로 도망할지어다 [15] 지붕 위에 있는 자는 내려가지도 말고 집에 있는 무엇을 가지러 들어가지도 말며 [16] 밭에 있는 자는 겉옷을 가지러 뒤로 돌이키지 말지어다 [17] 그 날에는 아이 밴 자들과 젖먹이는 자들에게 화가 있으리로다 [18] 이 일이 겨울에 일어나지 않도록 기도하라 [19] 이는 그 날들이 환난의 날이 되겠음이라 하나님께서 창조하신 시초부터

지금까지 이런 환난이 없었고 후에도 없으리라 ^{20} 만일 주께서 그 날들을 감하지 아니하셨더라면 모든 육체가 구원을 얻지 못할 것이거늘 자기가 택하신 자들을 위하여 그 날들을 감하셨느니라 ^{21} 그 때에 어떤 사람이 너희에게 말하되 보라 그리스도가 여기 있다 보라 저기 있다 하여도 믿지 말라 ^{22} 거짓 그리스도들과 거짓 선지자들이 일어나서 이적과 기사를 행하여 할 수만 있으면 택하신 자들을 미혹하려 하리라 ^{23} 너희는 삼가라 내가 모든 일을 너희에게 미리 말하였노라

예수님은 다니엘서의 표현을 직접 인용해 환난에 대해 말씀하신다 (14절). 다니엘은 '성전의 가장 높은 곳에 흉측한 우상이 설 것'(מְשֹׁמֵם עַל כְּנַף שִׁקּוּצִים)이라는 말로 먼 미래에 엄청난 고통과 파괴를 세상에 안겨 줄 '적그리스도'의 만행을 예언했다(단 9:27; 11:31; 12:11). 다니엘이 적그리스도에 대해 남긴 이 예언은 주전 167년에 이집트 원정에 나섰다가 로마의 개입으로 엄청난 수치를 당하고 시리아로 돌아간 시리아 왕 안티오코스 4세(Antiochos IV Epiphanes)를 통해 성취되었다. 안티오코스는 이집트의 알렉산드리아 정복까지 5km 더 진군하면 되는 상황에서 로마가 보낸 대사 라에나스(Gaius Popilius Laenas)에게 저지를 당했다. 그는 조국으로 돌아가다가 예루살렘에 들러 유대와 성전을 쑥대밭으로 만들고 많은 사람을 죽였다. 예루살렘 성전에서 행해지던 모든 예식과 예배가 중단되었으며, 성전에는 헬라의 제우스 신상이 세워지고 제단에서는 돼지 등 부정한 짐승이 제물로 바쳐졌다(cf.『엑스포지멘터리 다니엘』).

그러나 안티오코스 4세가 다니엘의 예언을 상당 부분 성취한 유일한 인물은 아니다. 1세기에도 로마 사람들과 유대인 스스로 성전을 더럽힌 일이 몇 번 있었다(Carson, Lane, McNeile, Wessel & Strauss). 이들은 다니엘의 예언을 어느 정도는 성취시켰지만, 최종적으로 완전히 성취시킨 것은 아니었다. 최종적인 성취자는 장차 이 땅을 전에 경험하지 못한 고통과 혼란으로 몰아갈 적그리스도다. 그러므로 이 말씀은 일부

학자(Blomberg, Carson, France)가 주장하는 것처럼 유대인 전쟁(Jewish War, 66-73년) 때 있었던 성전 파괴만 예언하는 것은 아니다. 이 일은 분명 종말 때 있을 일이다(Davies & Allison, Garland, Gundry, Hill, Ladd, cf. 살후 2:1-12; 계 13:11-18). 예루살렘 성전 파괴는 종말에 있을 일을 예고한 것이라 할 수 있다.

'읽는 자는 깨달을진저'(ὁ ἀναγινώσκων νοείτω, cf. 단 7:16; 8:17; 9:22-23) 가 예수님이 하신 말씀인지에 대해 학자들 대부분이 부정적인 입장을 취한다(cf. Strauss). '읽는 자'(독자)는 예수님이 하신 말씀이 세월이 한참 지난 후 문서화된 것을 전제하기 때문이다. 그러므로 거의 모든 번역본이 이 말씀을 따로 구분한다. 개역개정은 '( )'로 다르게 표시한다(cf. 새번역, 공동, NAS, NRS, ESV). 그러나 이 말씀을 '[다니엘서에서 이 대목을] 읽어 본 사람은 깨달으라'라는 의미로 해석하면 예수님이 하신 말씀으로 간주해도 별문제가 되지 않는다(Perkins, cf. Wilkins).

예수님은 그날이 전혀 예고 없이 닥칠 것이고, 한순간도 지체하지 말고 피해야 할 만큼 두려운 날이라며 다섯 가지로 말씀하신다. 처음 세 가지(14b-16절)는 사람이 취할 수 있는 행동이지만, 나머지 두 가지(17-18절)는 사람이 어떻게 할 수 있는 일이 아닌 만큼 이런 상황이 되지 않도록 기도할 수밖에 없는 상황이다.

첫째, 가증한 것이 거룩한 곳에 서거든 곧바로 산으로 피신해야 한다(14b절). 롯과 딸들이 소돔에서 도망쳐 나와 산으로 피했던 일을 생각나게 하는 말씀이다(cf. 창 19:15-22). 선지자들도 재앙의 날에 신속하게 피하라고 한다(암 2:16; 슥 2:6; 14:5). 앞에서 언급한 안티오코스 4세에 대항해 게릴라전을 펼쳤던 마카비 혁명도 산을 중심으로 진행되었다.

둘째, 지붕 위에 있는 자는 집 안에 있는 물건을 가지러 가지 말고 곧바로 피해야 한다(15절). 당시 팔레스타인 지역에서는 지붕을 평평하게 만들어 다용도 공간으로 활용했다. 지붕은 아이들의 놀이터가 되기도 하고, 가족들의 식사 공간이 되기도 했다(cf. 신 22:8; 막 2:4; 행 10:9).

그날은 얼마나 다급한 날인지 지붕에서 소식을 듣게 되면 곧바로 피해야 한다. 집 안으로 들어가서 짐을 챙길 만한 여유가 없다.

셋째, 밭에 있는 자는 겉옷을 가지러 뒤로 돌이키지 말아야 한다(16절). 밭일을 하다 보면 더워서 겉옷을 벗어 놓고 일할 수도 있고, 아예 집에 두고 가벼운 옷차림으로 일할 수도 있다. 이런 모습으로 일하다가 소식을 들으면 옷을 챙기려 하지 말고 곧바로 피신하라고 하신다. 매우 다급한 상황이 될 것이라는 뜻이다.

넷째, 그날에는 아이 밴 자들과 젖 먹이는 자들에게 화가 있을 것이다(17절). '화가 있으리라'(οὐαὶ)는 비난이 아니다. 이 말씀에서는 안타까움과 불쌍히 여김의 표현이다. 그날이 얼마나 혹독한 날인지 홀몸으로도 감당하기 어려운 날이다. 따라서 임신했거나 어린아이가 있는 사람에게는 더욱더 잔인한 날이다. 보통 사람들보다 피신하기 훨씬 어려울 것이기 때문이다. 그날에 이런 상황이 벌어지지 않도록 하나님께 기도하라는 말씀이다. 이런 일은 사람이 통제할 수 있는 것이 아니다.

다섯째, 도망하는 날이 겨울이 되지 않도록 기도해야 한다(18절). 팔레스타인의 겨울은 우기여서 날씨는 춥고, 땅은 질퍽거린다. 게다가 1년 내내 바닥까지 메말랐던 개울들이 불어난 물로 차 있을 때다. 이는 모두 사람이 도망하는 데 걸림돌이 되는 것들이다.

마태는 그날이 겨울뿐 아니라 안식일이 되지 않도록 기도하라는 말을 더한다(마 24:20). 유대인 율법학자들은 안식일에는 2,000규빗(900m) 이상 걸으면 안 된다고 했다. 그 이상 걸으면 일이 되는데, 안식일에는 일을 하면 안 되기 때문이다(cf. 민 35:5; 수 3:4). 이러한 율법 해석으로 인해 마카비 혁명 당시 안식일을 범하느니 차라리 죽겠다며 안식일에 적의 공격을 받아 죽는 사람이 많이 나왔다. 이후 율법학자들은 긴급한 일이 있을 때는 안식일이라 할지라도 얼마든지 자기방어를 할 수 있다고 했지만, 예수님 시대에도 보수적인 사람들은 어떤 이유든 상관없이 안식일에 먼 거리 이동하기를 꺼렸다. 예수님은 이러한 정서를 반영해 심판의 날이 안식일이 되지 않도록 기도하라고 하신다.

환난(θλῖψις)은 매우 혹독한 억압과 고통을 동반한다(cf. BAGD). 세상이 창조된 이후 지금까지 이런 환난은 없었고, 후에도 없을 것이다(19절; cf. 단 12:1). 70년에 있었던 예루살렘 파괴는 참으로 큰 비극이며 환난이었지만, 이후 더 큰 환난도 많았다. 앞으로 종말이 닥칠 때까지 이런 일은 몇 번 더 반복될 것이며, 일어날 때마다 그때까지 인류가 경험한 것보다 훨씬 더 큰 환난이 될 수도 있다.

환난의 날들이 얼마나 혹독한지 하나님이 그날들을 감하지 않으시면 모든 육체가 구원을 받지 못하고 죽을 것이다(20a절). 그러므로 하나님은 택하신 자들을 위해 그날들의 수를 줄이실 것이다(20b절). 이 말씀은 대환난이 우연히 일어나는 일이 아니며, 하나님의 통제 아래 발생하는 일이라는 사실을 전제한다. '택하신 자들'(τοὺς ἐκλεκτοὺς)은 예수님을 영접한 참 성도를 말한다(마 22:14; 24:24, 31; 롬 11:7; cf. 사 45:4). 하나님이 이처럼 성도들을 보존하시는 이유 중 하나는 만일 모두 죽게 내버려 두면 예수님이 재림하실 때(26절) 주님을 환영할 사람이 없기 때문이다(Boring).

21절을 시작하는 '그때'(τότε)는 14-20절이 묘사한 고통과 혼란이 세상에 만연할 때를 뜻한다. 곧 교회가 종말까지 이 땅에 존재하며 세상으로부터 온갖 핍박을 당할 때 본문이 말씀하는 일들도 있을 것이라는 뜻이다. 예수님은 이미 거짓 메시아들과 선지자들에 대해 말씀하셨다(5-6절). 이곳에서도 그들에 대한 경고를 이어가시는 것은 그만큼 그들의 파괴력이 크다는 것을 의미한다. 그들은 교회 밖이 아니라 안에서 속임수로 성도를 공략할 것이기 때문이다. 가짜들은 옛날에도 있었고, 지금도 있고, 앞으로도 계속 성도를 괴롭힐 것이다(cf. 신 13:13-14; 계 13:13-14).

기독교 역사를 살펴보면 사이비와 이단들이 판치는 때는 인류가 당면한 상황이 불안하고 불확실할 때다. 한국에서도 사회가 혼란스러울

413

때 이단들이 판을 친다. 이유는 간단하다. 사람들의 불안 심리를 악용하기 때문이다. 또한 이들에게 현혹되는 사람들은 대부분 삶이 고단하고 힘들어 돌파구를 찾는 이들이다. 인간의 연약함과 고통을 먹이로 삼는 이 사이비들은 참으로 야비한 자들이다.

예수님은 가짜 그리스도와 거짓 선지자들의 말을 믿지 말라고 하신다(21절). 이런 자들은 아예 상종하지 않는 것이 최선이다. 예수님은 심지어 그들이 이적과 기사를 행하더라도 미혹되지 말라고 경고하신다(22절). 그들이 거짓말을 하고 이적과 기사를 행하는 목표는 한 가지, '택하신 자들'(참 성도)을 미혹하기 위해서다. 미혹은 부패와 타락을 뜻한다. 이들은 교회와 성도를 내부에서 공격하는 마귀의 졸병들이다.

'이적과 기사'(σημεῖα καὶ τέρατα)는 출애굽 때 하나님이 이스라엘을 위해 베푸신 기적들이다(출 7:3; 신 4:34; 6:22; 7:19; 29:3; 느 9:10; 시 135:9). 가짜 그리스도와 거짓 선지자들이 기적을 행하는 것에 대해 놀랄 필요는 없다. 그들은 그들의 주인인 마귀의 힘으로 얼마든지 이런 일을 할 수 있다(cf. 계 13:13-14; 16:13-14; 19:20). 그러므로 이적을 행하는 것이 하나님의 종을 판단하는 기준이 될 수는 없다(신 13:1-3). 마귀도 기적을 행한다.

예수님이 이 모든 것을 미리 알려 주시는 것은 우리가 이런 일들을 겪을 때 놀라지 않게 하기 위해서다(23절). 가짜 그리스도와 거짓 선지자들이 성도를 괴롭힐 때, 세상이 전쟁과 기근과 지진으로 혼란스러울 때, 세상이 성도를 핍박할 때, 교회 안에서 온갖 이단들이 판을 칠 때, 성전이 파괴될 때, 그럼에도 불구하고 복음이 땅끝까지 전파될 때 놀라지 말라고 하신다. 온갖 혼란 속에서도 하나님의 역사는 계속될 것이기 때문이다.

이 말씀은 이 세상에 종말이 임하기 전에 성도들이 참으로 견디기 어려운 핍박을 받을 수 있다고 경고한다. 인류는 그동안 수많은 환난을 경험했다. 제2차 세계대전 때만 해도 600만 명의 유대인이 학살되었고, 공산주의자 스탈린은 2,000만 명을 죽음으로 내몰았다(Carson). 그리고 수많은 그리스도인이 복음을 위해 목숨을 잃었다. 그러나 예수님이 다시 오실 때까지 상황은 계속 더 나빠질 것이다(cf. 단 2장).

종말은 분명히 오고 있고, 그때가 되면 참으로 어려운 일이 많이 일어날 것이다. 그러나 한국 교회의 일부 교단과 교회에서는 하나님이 원하시는 것보다 종말에 더 집착하며 관심을 쏟는 성향이 있다. 세상 끝 날이 오고 있는 것은 사실이지만, 지나친 관심은 건강하지 않다. 종말을 의식하되 종말에 있을 일에 대해 너무 자세하게 알려고 하지 말자. 우리에게 중요한 것은 오늘 이 순간을 하나님의 백성으로 살아내는 것이다. 그러므로 다가오는 종말을 소망하며 성실하게 하나님 나라를 확장하는 삶을 추구해야 한다.

Ⅳ. 예루살렘 갈등(11:1-13:37)
  J. 감람산 디스코스(13:1-37)

4. 인자가 영광 중에 오심(13:24-27)

²⁴ 그 때에 그 환난 후

해가 어두워지며

달이 빛을 내지 아니하며

²⁵ 별들이 하늘에서 떨어지며

하늘에 있는 권능들이 흔들리리라

²⁶ 그 때에

인자가 구름을 타고

큰 권능과 영광으로 오는 것을

사람들이 보리라 ²⁷ 또 그 때에 그가 천사들을 보내어 자기가 택하신 자들을 땅 끝으로부터 하늘 끝까지 사방에서 모으리라

'그때에 그 환난 후'(ἐν ἐκείναις ταῖς ἡμέραις μετὰ τὴν θλῖψιν ἐκείνην)가 정확히 언제를 뜻하는지에 대해 다양한 해석이 있다(Davies & Allison, Marcus, Wessel & Strauss). 가장 큰 가능성을 지닌 두 가지 해석 중 첫 번째는 5−9절이 묘사하는 환난(그러나 14−22절이 언급하는 환난은 포함하지 않음)이 있고 난 뒤에 일어날 일을 뜻한다는 해석이다(Blomberg, Carson, Morris). 이렇게 해석하면 이 일은 교회와 성도가 세상의 핍박을 받는 교회 시대가 지난 다음에 있을 일이다. 두 번째 해석은 예수님의 재림이 있기 바로 전에 있을 대환난(14−22절)이 지난 다음을 의미한다는 것이다(Gundry, McNiele, Witherington, cf. 계 7:14). NAS는 24−26절의 상당 부분을 구약을 인용한 것으로 표기하는데, 가장 근접한 레퍼런스(reference)는 "하늘의 별들과 별 무리가 그 빛을 내지 아니하며 해가 돋아도 어두우며 달이 그 빛을 비추지 아니할 것이로다"라는 이사야 13:10과 "내가 또 밤 환상 중에 보니 인자 같은 이가 하늘 구름을 타고 와서 옛적부터 항상 계신 이에게 나아가 그 앞으로 인도되매"라는 다니엘 7:13에 기록된 선지자가 환상 속에 본 것이다. 예수님은 이 두 섹션을 합해서 인용하신다. 이사야 13장은 종말에 있을 일이며, 다니엘 7장도 인자가 구름을 타고 오시는 때를 최종 심판이 있을 종말이라고 하는 것으로 보아 두 번째 해석이 더 설득력이 있다.

대환란 후에 예수님이 재림하실 때 세 가지 일이 일어난다. 첫째, 하늘이 요동친다(24−25절). 해가 어두워지고, 달이 빛을 내지 않으며, 별들이 떨어지며, 하늘의 권능들(천체)이 흔들린다. 선지서에서 이러한 현상들은 종말과 하나님의 임재를 알린다(사 24:21, 23; 욜 2:10; 암 5:20; 8:9; 습 2:2−5). 천체들이 빛을 잃는다는 말씀은 이사야 13:9−10을 인용한 것이다(cf. 사 34:4; 겔 32:7; 욜 2:10, 31). 실제 상황이 아닌 상징적인 언어다.

둘째, 인자가 영광스러운 모습으로 재림하실 것이다(26절). 예수님이 구름을 타고 오시는 것은 다니엘 7:13−14에서 '인자 같은 이'가 옛적부터 계신 이(여호와 하나님)에게 오실 때의 모습이다. 예수님이 바로 다니엘 7장의 '인자 같은 이'인 것이다. 구름은 주님의 백성에게 임한 하나님의 영광스러운 임재를 상징한다(시 68:4; 104:3; 사 19:1; 렘 4:13; cf. 출 13:21-22; 14:24). 그러므로 예수님이 구름을 타고 오시는 것은 예수님이 바로 여호와이심을 뜻한다(Wilkins). 예수님이 재림하시는 것을 온 세상 사람들이 보게 될 것이다. 예수님은 일부 이단이 주장하는 것처럼 비밀리 오시지 않는다.

셋째, 재림하신 예수님은 온 세상에서 성도를 모으신다(27절; cf. 사 11:11; 렘 23:3). 직접 하시는 일이 아니라 천사들을 보내서 하신다. '사방'(τῶν τεσσάρων ἀνέμων)을 직역하면 '네 바람'이며 바람이 불거나 혹은 불어오는 네 방향을 의미한다. 고대 사람들이 세상을 동서남북 네 방향으로 표현한 데서 비롯된 표현이다. 사방은 '땅끝으로부터 하늘 끝까지'와 함께 온 세상을 상징한다(신 30:4; 사 27:12-13; 60:4; 렘 32:37; 겔 34:13; 37:9; 단 8:8; 11:4; 슥 2:6-7).

천사들은 부활과 심판을 알리는 이들이다(슥 14:5; 마 13:41, 49; 16:27; 25:31; 살전 4:17; 유 1:14). 그들은 땅에 있는 성도는 물론이고, 이미 죽어서 부활해 예수님과 함께 천국에 머물고 있는 성도도 함께 모은다(Blomberg, Wilkins). 그러므로 그들은 '하늘 끝'까지 가서 성도를 모으는 것이다. 많지는 않지만 구약도 성도의 부활에 대해 예언한다(사 26:19; 단 12:1-3, 13). 사도 바울도 예수님이 나팔 소리가 울리는 가운데 천사들과 함께 오실 것이라고 한다(고전 15:51-52; 살전 4:16).

이 말씀은 우리가 예수님의 재림과 부활을 얼마나 의식하고 사는지 반성하게 한다. 치열한 삶을 살다 보면, 혹은 현실에 안주하다 보면, 혹은 아직 살아갈 날이 많다고 생각하다 보면 예수님의 재림과 우리의 부활을 우리와 별 상관없는 일로 여길 수 있다. 그러나 성경은 우리에게 항상 종말을 의식하며 살라고 한다. 예수님의 재림과 우리의 부활을 항상 의식하고 살면 현실을 대하는 자세도 많이 달라질 것이다.

IV. 예루살렘 갈등(11:1–13:37)
  J. 감람산 디스코스(13:1–37)

5. 무화과나무 비유(13:28–31)

²⁸ 무화과나무의 비유를 배우라 그 가지가 연하여지고 잎사귀를 내면 여름이 가까운 줄 아나니 ²⁹ 이와 같이 너희가 이런 일이 일어나는 것을 보거든 인자가 가까이 곧 문 앞에 이른 줄 알라 ³⁰ 내가 진실로 너희에게 말하노니 이 세대가 지나가기 전에 이 일이 다 일어나리라 ³¹ 천지는 없어지겠으나 내 말은 없어지지 아니하리라

예수님은 제자들의 질문(4절)에 대답하신 후 무화과나무를 예로 들어 그들에게 교훈을 주신다. 무화과나무는 여름을 알리는 전령이었다. 겨울이 되면 잎사귀가 모두 떨어지고 가지가 딱딱해졌다가, 봄이 오면 나무에 수액이 흐르면서 움이 트기 쉽게 가지가 부드러워진다. 이때는 잎이 없어서 이 같은 변화를 관찰하기가 쉬우며, 과일이 먼저 열리기 때문에 이후 잎사귀가 돋아 펼쳐지기 시작하면 곧 여름이 올 것을 알 수 있었다(28절).

예수님은 이와 같이 이 모든 일을 보면 인자가 가까이, 곧 문 앞에 이른 줄 알라고 하신다(29절). 헬라어 사본에는 '인자'가 표기되어 있지 않으며, 동사 '이르다'(ἐστιν)의 주어가 무엇인지 정확하지 않다. 그래서 번역본들은 '종말'로 해석하거나(NIV, NIRV), '인자'(NAS, NRS, ESV)로 해석한다. 심지어 '여름'이 주어라는 이도 있다(Wilkins). 우리말 번역본은 대부분 '인자'로 해석하는데(새번역, 공동, 아가페, 현대인), 문맥과 제일 잘 어울린다.

무화과 잎사귀가 여름이 가까움을 암시하듯, 이 모든 일이 일어나면 예수님이 오실 날이 임박했다는 사실을 깨달으라는 것이다. '이 모든 일'은 5–27절에서 말씀하신 것들이다. 이런 일들이 일어나면 예수님은 문 앞에 서 계시며 곧 문을 두드리실 것이다.

예수님은 이 모든 일이 이 세대가 지나가기 전에 일어날 것이라고 하시는데(30절), '이 세대'(ἡ γενεὰ αὕτη)는 언제를 뜻하는가? 예수님 시대 사람들이라 해석하는 이들이 있다(Davies & Allison, France). 그러나 5-27절에 기록된 일들은 예수님 시대에 모두 일어나지 않았다. 그러므로 학자들 대부분은 재림과 연결해 '이 세대'를 정의한다. 재림하실 때 살아 있을 유대인들이라는 해석도 있으며(Schweizer), 사역 방해를 중심으로 예수님 시대에 사역을 방해했던 자들과 예수님이 재림하시기 전에 제자들을 훼방할 자들이라는 해석도 있다(Gundry, Morris). 한편, 우리는 5-27절에 기록된 세상의 핍박과 거짓 메시아 그리고 거짓 선생들에 관한 내용을 대부분 교회 역사에서 반복적으로 일어나는 일로 해석했다. 예외적인 사건은 성전 파괴와 재림이다. 따라서 예수님은 이 일들을 염두에 두시고 성전 파괴를 경험할 그 시대 사람들과 재림을 경험할 사람들, 곧 재림 직전에 살아 있을 사람들을 말씀하시는 것으로 해석할 수 있다(Wilkins).

천지는 없어질지 몰라도 예수님의 말씀은 없어지지 않을 것이다(31절). '내 말'(λόγοι μου)의 범위는 어디까지인가? 예수님은 율법의 최종 해석자이자 완성자로서 비슷한 말씀을 하셨다: "천지가 없어지기 전에는 율법의 일점 일획도 결코 없어지지 아니하고 다 이루리라"(마 5:18). 예수님의 가르침과 율법에 대한 새로운 설명은 결코 사라지지 않을 것이다. 그러므로 '내 말'은 이때까지 예수님이 하신 모든 말씀을 뜻한다. 예수님의 말씀이 영원하다는 것은 "풀은 마르고 꽃은 시드나 우리 하나님의 말씀은 영원히 서리라"라는 이사야의 외침을 생각나게 한다(사 40:8).

과거에 선지자들은 하나님의 영원한 말씀을 선포하면서 "여호와께서 말씀하시기를…"이라는 말로 시작했다. 선지자들과는 대조적으로 예수님은 '내 말'이 영원할 것이라고 하신다. 예수님은 여호와와 동일한 하나님이시다. 그러므로 하나님의 말씀이 영원히 유효한 것처럼

(시 119:89-90; 사 40:6-8), 예수님의 말씀도 영원하다.

이 말씀은 우리에게 경고와 격려를 준다. 모든 고난과 핍박이 반드시 실현될 것이라는 말씀은 경고다. 한편, 이 같은 핍박과 고통이 있고 난 뒤에 주님이 오실 것이라는 말씀은 격려다. 이 모든 일이 하나님의 통제 아래 적절한 때에 진행될 것이라는 사실도 격려가 된다. 고통과 아픔을 포함해 우리가 겪는 모든 일이 하나님이 계획하신 바의 일부이기 때문에 의미가 있다. 또한 여호와 하나님이 성육신하셔서 우리에게 직접 말씀하신 것도 영광스러운 일이다.

> IV. 예루살렘 갈등(11:1-13:37)
>   J. 감람산 디스코스(13:1-37)

6. 그날과 그때(13:32-37)

³² 그러나 그 날과 그 때는 아무도 모르나니 하늘에 있는 천사들도, 아들도 모르고 아버지만 아시느니라 ³³ 주의하라 깨어 있으라 그 때가 언제인지 알지 못함이라 ³⁴ 가령 사람이 집을 떠나 타국으로 갈 때에 그 종들에게 권한을 주어 각각 사무를 맡기며 문지기에게 깨어 있으라 명함과 같으니 ³⁵ 그러므로 깨어 있으라 집 주인이 언제 올는지 혹 저물 때일는지, 밤중일는지, 닭 울 때일는지, 새벽일는지 너희가 알지 못함이라 ³⁶ 그가 홀연히 와서 너희가 자는 것을 보지 않도록 하라 ³⁷ 깨어 있으라 내가 너희에게 하는 이 말은 모든 사람에게 하는 말이니라 하시니라

교회와 성도가 겪을 어려움과 종말과 재림 때 있을 징조들에 대해 말씀하신 예수님이 종말과 재림이 언제 올 것인지 말씀하신다. 4절에서 제자들이 질문한 '어느 때'에 대해 답을 하시는 것이다. 제자들에게 예수님의 답은 당혹스럽고 실망스러웠을 것이다. '그날과 그때'는 아무도 모른다고 하셨기 때문이다. '그날과 그때'는 구약이 말하는 세상의 종

말이 임하는 여호와의 날이다(욜 3:18; 암 8:3, 9, 13; 9:11; 옵 1:8; 미 4:6; 습 1:9-10; 3:11, 16; 슥 9:16). 언제 여호와의 날이 임할 것인지 아는 사람은 세상에 아무도 없다. 심지어 하늘의 천사들도 모르고, 아들도 모르고, 오직 하나님 아버지만 아신다고 하신다(32절). 마가복음에서 예수님이 자신을 하나님의 아들이라며 '그[의] 아들'(ὁ υἱός)로 칭하시는 것은 이곳이 유일하다.

예수님은 하늘의 보좌를 떠나 사람으로 성육신하실 때 하늘에서 지녔던 하나님의 속성 일부를 포기하기도 하시고 스스로 제한하기도 하셨다(cf. 빌 2:7). 완전히 포기하신 것은 '편재'(omnipresence)다. '전지'(omniscience)와 '전능'(omnipotence)도 스스로 제한하셨다. 예수님이 이처럼 스스로 하나님의 속성을 제한하신 것은 우리가 겪는 모든 일을 순전히 사람으로서 경험하시기 위해서였다(히 4:14-16). 예수님이 전지(omniscience)를 제한하셨으니 '그날과 그때'를 모르시는 것이 당연하다. 예수님이 '날과 때'를 모른다고 하셨다 해서 '연도와 월'은 알 수 있다고 주장하는 어리석은 자들이 있다(cf. Carson).

예수님은 제자들에게 예수님의 재림과 종말이 언제 임할지 알 수 없으니 깨어 있으라고 하신다(33절). '깨어 있으라'(ἀγρυπνεῖτε)는 현재형 명령이다. 또한 이 섹션에서 세 차례 더 '깨어 있다'(γρηγορέω)를 사용하시는데, 모두 현재형 명령이다(34, 35, 37절). 잠시라도 멈춤이 없이 항상 지속적으로 깨어 있어야 한다. 이는 또한 능동형이다. 누가 대신해 줄 수 있는 일이 아니라 각자가 해야 할 일이다.

우리는 어떻게 항상 깨어 있을 수 있는가? 하나님의 말씀을 성실하게 실천하는 것이 깨어 있는 것이다(Hagner). '알지 못하니' 깨어 있으라고 하시는 것은(33절) 알지 못하는 것(무지)은 결코 변명이 될 수 없다는 것을 암시한다. 알지 못할 때 가장 좋은 대비책은 계속 주의하며 깨어 있는 것이다.

예수님은 집을 떠나 타국으로 간 부자를 예로 드신다(34절). 부자는 종들을 불러 각자에게 권한을 주어 집안일을 하게 하고, 문지기에게 깨어 있으라고 명령한 뒤 먼 길을 떠났다(34절). 종들은 주인이 언제 올지 전혀 알지 못한다. 주인은 저물 때 올 수도 있고, 밤중에 올 수도 있고, 닭이 울 때 올 수도 있고, 새벽에 올 수도 있다(35절). 밤을 넷으로 나눠 말씀하시는 것은 로마 사람들의 방식이다(Wessel & Strauss). 종들과 문지기는 주인이 언제 올지 모른다고 해서 마음 놓고 자면 안 된다(36절). 항상 깨어서 주인이 돌아올 때를 대비해야 한다(36절). 이 비유에서 먼 길을 떠난 집주인은 예수님, 깨어 있어야 할 종들과 문지기는 주님을 따르는 그리스도인들을 뜻한다(Strauss). 안타깝게도 예수님의 수제자들이 며칠 후 잠을 자지 말라는 경고를 무시하고(14:34, 37-38, 41) 깊은 잠을 자는 첫 사례가 된다(14:32-39).

예수님의 재림이 이러하다. 언제 이 일이 있을지 아무도 알 수 없으니 항상 주님을 맞이할 준비를 하고 사는 것이 최선이다. 신약은 예수님의 재림을 도저히 알 수 없는 시각에 도둑이 집에 침입하는 일에 비교한다(살전 5:2; 벧후 3:10; 계 3:3; 16:15). 만일 도둑이 언제 침입할지 알면, 집주인은 만반의 준비를 할 것이다. 그러나 알지 못하니 항상 깨어 있을 수밖에 없다. 우리가 전혀 생각하지 못한 때에 올 것이기 때문이다. 예수님은 우리가 주님이 오시기에 가장 적합하다고 생각하는 때가 아닌, 모든 사람의 예측을 벗어난 때에 오실 것이다. 누군가가 "예수님이 이때쯤 오실 것이다"라고 하면 주님은 그때를 피해서 오신다!

이 말씀은 시한부 종말론(예수님이 오실 날을 정확히 지적하는 것, 한 예로 1990년대에 '다미선교회'라는 이름으로 활동한 자들이 주장한 종말론을 들 수 있음)이 얼마나 어리석고 무모한 짓인지 깨닫게 한다. 예수님도 모르는 일을 그들은 안다고 하기 때문이다. 상당수의 이단이 아직도 시한부 종말론으로 사람들을 미혹한다. 이 같은 종말론은 비(非)성경적일 뿐 아니라, 예수님도 모르는 재림 시기를 점치고 있으니 반(反)메시아적이다.

삶에 몰입해 살다 보면 하나님이 주시는 종말과 재림이 가깝다는 징후를 놓칠 수도 있다. 가끔은 고개를 들어 하늘을 보며 숨을 고르자. 우리가 어디에 와 있는지, 종말에 대한 징후는 없는지 살펴보는 여유를 가져야 한다.

언제 오실지 알지 못해 준비하지 못했다는 변명은 절대 통하지 않을 것이다. 그렇다면 우리는 어떻게 예수님의 다시 오심을 준비할 수 있는가? 오늘 이 순간을 말씀에 순종해 의롭고 성실하게 사는 것으로 준비할 수 있다.

어떤 사람들은 예수님이 지난 2,000년 동안 오시지 않았기 때문에 앞으로도 영원히 오시지 않을 것이라고 한다. 그러나 주님은 분명히 다시 오겠다고 하셨다. 우리는 2,000년 전보다 예수님의 재림에 2,000년 더 가까운 시대에 살고 있다. 우리 시대에 오시든 혹은 다음 시대에 오시든 개의치 말고, 언제든지 오시면 기쁘게 맞이할 준비를 하면서 살면 된다.

V. 마지막 날들

(14:1-15:47)

이 섹션은 예수님이 나귀를 타고 예루살렘에 입성하신(11:1-11) 주간의 수요일부터 금요일까지 있었던 일을 기록하고 있다(cf. Wilkins). 예수님은 수요일 하루를 베다니에서 조용히 제자들과 보내셨지만, 예수님을 팔아넘기려는 가룟 유다는 분주하게 물밑 작업을 했다. 목요일과 금요일은 참으로 많은 일이 일어난 날이었다. 본 텍스트는 다음과 같이 구분된다.

  A. 예수님을 죽이려는 자들(14:1-2)
  B. 여인의 향유 부음(14:3-9)
  C. 가룟 유다의 배신(14:10-11)
  D. 유월절 만찬(14:12-26)
  E. 감람산에서(14:27-52)
  F. 예수님이 재판을 받으심(14:53-15:15)
  G. 십자가에 매달리심(15:16-32)
  H. 숨을 거두심(15:33-41)
  I. 무덤에 묻히심(15:42-47)

> V. 마지막 날들(14:1-15:47)

A. 예수님을 죽이려는 자들(14:1-2)

¹ 이틀이 지나면 유월절과 무교절이라 대제사장들과 서기관들이 예수를 흉계로 잡아 죽일 방도를 구하며 ² 이르되 민란이 날까 하노니 명절에는 하지 말자 하더라

예수님은 예루살렘에서 숙소가 있는 베다니로 돌아오는 길에 제자들에게 주신 성전 파괴와 종말에 대한 가르침을 마무리하셨다. 제자들은 예수님이 이때까지 말씀하신 혹독한 고통과 믿기지 않는 일들이 벌어져도 절대 좌절하거나 낙심해서는 안 된다. 오히려 때가 가까웠음을 의식하고 열심히 기도하며 주님의 재림을 소망해야 한다. 이렇게 하라고 가르침을 주셨다. 이제 남은 것은 예수님이 죄인들을 위해 지셔야 할 십자가다.

이틀 후면 유월절이다(cf. 출 12장). 마가복음에서 구체적인 날짜가 제시되는 것은 이곳이 처음이다. 예수님은 유월절 어린양으로 죽으셔야 한다(cf. 고전 5:7). 하나님의 아들이자 메시아이시며, 온 세상을 심판하실 예수님이 인간의 심판을 받아 죽으셔야 한다는 사실이 참으로 아이러니하다(Carson). 유대인들은 목요일 오후에 유월절 양을 잡아 밤에 가족들과 함께 먹었다(cf. 출 12:2-12). 그러므로 마가가 이틀 후면 유월절이라고 하는 것은 대제사장들과 서기관들이 예수님을 잡아 죽일 방도를 구한 것이 화요일 오후까지 계속되었다는 뜻이다. 그들은 예수님이 갈릴리에서 사역하시던 때에 이미 주님을 죽이기로 했지만(3:6) 이렇다 할 방법이 없어 계속 미루고 있었다.

유대교 지도자들은 하나님을 두려워하지 않는다. 그들이 두려워하는 유일한 것은 무리의 반응이다(2절). 그들은 민란 외에는 두려워하는 것이 없다. 그나마 민란을 매우 두려워하기 때문에 명절에는 하지 말자

고 한다(2절). 아직 예수님에 대한 민심을 돌리지 못했다는 뜻이다. 이들은 앞으로 이틀 동안 열심히 여론을 조작해 무리가 예수님을 "십자가에 못 박으라"라고 외치게 할 것이다. 어느새 스스로 하나님을 가장 사랑한다는 유대교 지도자들이 마귀의 도구가 되었다.

유월절 이틀 전까지 유대교 지도자들이 예수님을 죽일 방도를 찾지 못했다는 것은 그들이 가룟 유다와 함께 오랫동안 예수님을 죽이려고 음모를 꾸민 것이 아니라는 사실을 암시한다(cf. 10-11절). 가룟 유다는 오랜 기간 이런 마음을 품었을 수 있지만, 실제로 행동으로 옮긴 것은 불과 며칠 사이의 일이다.

이 말씀은 우리에게 하나님을 두려워하라고 한다. 유대교 지도자들은 하나님을 두려워하지 않는다. 그들은 사람을 두려워한다. 우리가 하나님을 두려워하지 않으면 사람을 두려워하게 된다는 경고다. 또한 그들이 하나님을 두려워하지 않으니 하나님이 가장 사랑하시는 하나님의 아들을 죽이려 한다! 하나님을 사랑한다는 우리도 마귀의 도구로 전락할 수 있다는 강력한 경고다. 우리는 오늘날 가장 반기독교적 행위를 하며 하나님을 대적하는 자 중에 목사도 많이 있다는 사실을 기억해야 한다.

B. 여인의 향유 부음(14:3-9)

³ 예수께서 베다니 나병 환자 시몬의 집에서 식사하실 때에 한 여자가 매우 값진 향유 곧 순전한 나드 한 옥합을 가지고 와서 그 옥합을 깨뜨려 예수의 머리에 부으니 ⁴ 어떤 사람들이 화를 내어 서로 말하되 어찌하여 이 향유를 허비하는가 ⁵ 이 향유를 삼백 데나리온 이상에 팔아 가난한 자들에게 줄 수 있었겠도다 하며 그 여자를 책망하는지라 ⁶ 예수께서 이르시되 가만 두라 너

희가 어찌하여 그를 괴롭게 하느냐 그가 내게 좋은 일을 하였느니라 [7] 가난한 자들은 항상 너희와 함께 있으니 아무 때라도 원하는 대로 도울 수 있거니와 나는 너희와 항상 함께 있지 아니하리라 [8] 그는 힘을 다하여 내 몸에 향유를 부어 내 장례를 미리 준비하였느니라 [9] 내가 진실로 너희에게 이르노니 온 천하에 어디서든지 복음이 전파되는 곳에는 이 여자가 행한 일도 말하여 그를 기억하리라 하시니라

이 이야기는 네 복음서가 모두 기록하고 있는 사건이다. 예수님이 이 여인이 한 일을 두루 기념하라고 하셨기 때문이다(9절). 그러나 네 복음서의 버전이 서로 다르기 때문에 서로의 관계를 정확하게 파악하는 일이 쉽지 않다(cf. Strauss). 초대교회 시대부터 이미 여러 교부가 이러한 어려움을 의식하고 네 복음서에 한 개가 아니라 세 개의 각기 다른 기름 부음 사건이 기록되었다고 하기도 했다. 오리겐(Origen)은 첫 번째 기름 부음은 예수님이 갈릴리를 떠나시기 전에 있었던 일이며, 누가복음 7:36-50이 이 일을 기록한다고 했다. 두 번째 기름 부음은 요한복음 12:2-8에 기록된 것이며, 마가복음과 마태복음에 기록된 사건보다 며칠 전에 있었던 일이라 했다. 세 번째 기름 부음은 본문에 기록된 것이며 마태가 이를 인용했다고 했다.

양식비평가(form-critics) 대부분은 기름 부음은 단 한 번 있었던 일인데, 구전으로 전승되는 과정에서 디테일이 달라진 것이라고 한다(cf. Holst). 이와는 대조적으로 기름 부음이 두 차례 있었다고 하는 학자도 많다(Carson, France, McNeile, Turner). 첫 번째 기름 부음은 예수님이 갈릴리 지역을 떠나시기 전에 그곳에서 있었던 일이고, 이 사건은 누가복음에 기록되었다. 두 번째 기름 부음은 영광스러운 예루살렘 입성 전날인 토요일에 있었던 일이며, 이 사건은 요한복음에 기록되었다. 요한복음에 기록된 두 번째 사건을 마가복음과 마태복음이 예루살렘 입성 전이 아니라 입성 후, 곧 십자가에 매달리시기 바로 전에 있었던 일

로 기록하고 있다는 것이다. 이 해석이 가장 설득력이 있다.

그렇다면 마가와 마태는 왜 이곳에 삽입한 것일까? 예수님의 가르침과 사역을 시대적인 순서가 아닌 주제별로 기록하는 이 두 복음서는 한 여인이 예수님을 메시아로 예배하는 이 사건과 가룟 유다가 예수님을 배신하는 다음 사건(10-11절)을 대조하기 위해 이곳에 두었다. 또한 이곳에 삽입함으로써 바로 앞에 나온 대제사장들과 서기관들의 음모(1-2절)와도 극명한 대조를 이룬다. 예수님을 온전히 따르는 소수가 있는가 하면, 노골적으로 훼방하는 자들과 따르는 척하며 배반하는 자들이 훨씬 더 많았다는 것이다.

예수님은 베다니 시몬의 집에 머무셨다(3a절). 베다니는 죽은 나사로를 살리신 곳이며 그와 누이들인 마리아와 마르다가 사는 곳이다(요 12:1). 요한은 이 일이 그들의 집에서 있었던 일이라 한다(요 12:1-20). 반면에 본문은 나병 환자 시몬의 집에서 있었던 일이라 한다. 시몬이 그들의 아버지라는 이들도 있고(McNeile), 요한이 이 사건을 죽은 나사로를 살리신 사건과 연결시키려고 그렇게 회고하지만 실상은 마가와 마태가 이 일이 일어난 장소를 더 정확하게 기록한 것이라 주장하는 이들도 있다(Carson). 나병 환자는 감염에 대한 우려 때문에 집에서 가족들과 살 수 없었다. 그러므로 본문에 등장하는 이 사람은 완쾌된 사람이다. 아마도 예수님이 치료해 주신 사람 중 하나였을 것이다.

예수님이 식사하실 때 한 여인이 매우 귀한 향유 한 옥합을 가지고 와서 예수님 머리 위에 부었다(3b절). 마가는 여인의 이름을 밝히지 않지만, 요한은 나사로의 누이 마리아였다고 한다(요 12:3). 마가는 이 여인의 정체보다는 그녀가 한 예배 행위에 초점을 맞추고자 이름을 밝히지 않는다. '옥합'(ἀλάβαστρος, alabaster jar)은 대리석처럼 표면이 반짝이는 연석(軟石, soft stone)으로 만들었으며 이집트에서 수입한 귀중품이었다. 주로 향수나 향유를 담아 두는 병으로 사용되었다.

당시에는 축하할 일이 있을 때 손님의 머리 위에 기름을 붓는 것은 흔히 있었던 일이다(Collins). 이러한 정황을 고려해 이 여인이 단순히 예수님을 환영하는 의미에서 이렇게 했다고 하는 이들도 있다. 하지만 예수님은 다윗의 후손으로 오신 하나님의 아들이라는 사실과 이 향유가 고가품이라는 점을 고려하면 여인은 메시아 왕에게 기름을 붓는 의미에서 이런 일을 했다(Carson, Osborne, Wilkins, cf. 삼상 10:1; 왕하 9:6). 대단한 경배와 예배 행위인 것이다.

곁에서 이 광경을 지켜본 사람 중 일부는 여인이 향유를 허비한다며 화를 냈다(4절). 예수님이 숙소로 머무시는 집 안에 계실 때 있었던 일이므로 화를 낸 자들은 예수님의 제자들을 포함했을 것이다. 예전에 예수님이 젊은 부자에게 재산을 처분해 가난한 사람들에게 주라고 하신 권면(10:21)으로 미루어 볼 때 제자들의 반응은 어쩌면 당연하다고 할 수도 있다. 요한은 가룟 유다가 제자들의 이 같은 정서를 반영해 자신의 개인적인 나쁜 의도를 숨기고 그룹을 대표해 말했다고 한다(요 12:4-6).

그들은 옥합에 담긴 향유 가격이 300데나리온이나 되니 팔아서 가난한 자들에게 주었으면 좋았을 뻔했다고 말했다(5절). 300데나리온은 그당시 노동자의 1년 치 봉급이다. 이 향유는 매우 비싼 '명품'이었던 것이다. 마가와 요한은 이 향유가 '순전한 나드'(νάρδου πιστικῆς)였다고 한다(cf. 요 12:3). 나드는 인도에서 수입한 귀한 향료로 상당히 비싼 가격에 거래되었다(ABD, cf. 아 1:12; 4:13). 나사로의 집이 부자였는지, 혹은 대대로 내려온 가보를 깨트린 것인지 알 수는 없지만, 참으로 놀라운 일이다.

제자들은 메시아이신 예수님이 왕으로서 기름 부음을 받기에 합당하신 분이라는 사실을 별로 생각해 보지 않았다. 실은 그들이 사비를 털어서라도 이렇게 해야 했다. 여인이 하고 있는 일은 예수님의 은혜를 입은 사람이 할 수 있는 최고의 예배이기 때문이다. 또한 마리아는 이 일을 통해 남동생 나사로를 살려 주신 일에 대한 감사도 표했다. 사실 예수님의 은혜를 입은 우리는 모두 마리아에게 감사해야 한다. 예수님은 이때까지 계속 사람들에게 베풀기만 하셨으며, 한 번도 사람들에게 '대접'을 받으신 적이 없다. 마지막으로 우리를 위해 목숨을 내어 주러 가시는 길, 마리아가 이렇게라도 예를 갖추어 배웅해 드린 것이 얼마나 감사한 일인가!

예수님은 제자들이 분노하고 있다는 사실을 아시고 그들에게 여인이 주님께 좋은 일을 했으니 그녀를 괴롭히지 말라고 하셨다(6절). '좋은 일'(καλὸν ἔργον)은 '아름다운 일'이라는 뜻이다. 가난한 사람들은 항상 그들과 있지만, 예수님은 조금 후면 그들을 떠나실 것이다(cf. 7절). 가난한 사람들은 항상 우리 곁에 있다. 성경은 우리가 그들을 꾸준히 도와주어야 한다고 한다(신 15:11). 예수님은 향유를 아까워하는 제자들에게 앞으로도 그들을 도울 기회가 얼마든지 있을 것이니 그들을 도우라 하신다(7절). 그러나 지금은 아니다. 제자들은 예수님과 함께할 시간이 얼마 남지 않았으므로 예수님께 집중해야 한다.

요한의 제자들이 예수님의 제자들은 금식하지 않는다고 항의할 때, 예수님은 그들이 나중에는 분명히 금식할 것이지만, 자신과 함께 있는 동안은 아니라고 하셨다(2:18-20). 모든 일에는 적절한 때가 있으며, 그 순간에만 할 수 있는 일들이 있다. 여인은 이때가 아니면 할 수 없는 아름다운 일을 했다.

예수님은 여인이 향유를 머리에 부은 일을 자신의 장례를 위한 일로 간주하신다(8절). 이러한 이유로 마가는 요한과 달리 이 사건을 이곳에 기록한다(Senior). 사실 마리아는 예수님이 곧 죽으실 줄 모르고 주님의 왕 되심과 자기 가정의 메시아 되심을 고백하기 위해 향유를 부었을 것이다. 하지만 마리아는 자신이 의식한 것 외에도 더 큰 일을 했다.

마리아가 예수님의 머리에 부은 향유는 예수님의 몸을 타고 발까지 흘러내렸을 것이다(cf. 요 11:2). 유대인들은 염을 하지 않았다. 그러므로 장례를 준비할 때 악취를 해소하기 위해 시신 전체에 향료를 뿌렸다. 니고데모가 예수님이 죽으셨다는 소식을 듣고 몰약과 침향 섞은 것을 100리트라(1리트라는 325g, 100리트라는 32.5kg)를 가져온 것도 이러한 이유에서다(요 19:39). 예수님은 마리아의 섬김을 이런 일로 간주하셨다.

예수님은 온 천하 어디든지 복음이 전파되는 곳에서 이 여인이 행한 일도 말함으로써 그를 기억하라고 하신다(9절). 예수님은 이 땅에 다시 오실 때까지 복음이 세상 곳곳에 선포될 것을 예고하신다. 복음의 역사가 계속되는 한 마리아의 선행은 두루 기념되어야 한다. 어떻게 생각하면 마리아의 선행은 그동안 받기만 하던 인류가 예수님께 드린 유일한 섬김이라 할 수 있다.

이 말씀은 구제도 좋은 일이지만, 때로는 구제보다 더 시급하게 해야 할 중요한 일들이 생길 수 있다고 한다. 때를 놓치면 영원히 할 수 없는 일들도 있다. 그러므로 우리는 그 순간에만 할 수 있는 중요한 일들을 놓치지 않도록 하나님이 때를 분별하는 영성과 지혜를 주시기를 꾸준히 기도해야 한다. 또한 이런 기회를 깨달을 때는 주저하지 않아야 한다.

V. 마지막 날들(14:1-15:47)

C. 가룟 유다의 배신(14:10-11)

¹⁰ 열둘 중의 하나인 가룟 유다가 예수를 넘겨 주려고 대제사장들에게 가매 ¹¹ 그들이 듣고 기뻐하여 돈을 주기로 약속하니 유다가 예수를 어떻게 넘겨 줄까 하고 그 기회를 찾더라

열두 제자 중 하나인 가룟 유다가 대제사장들을 찾아가 예수님을 넘겨주겠다며 돈을 요구했다. 예수님이 베다니에 머물며 제자들과 함께

조용히 하루를 보내신 수요일에 있었던 일이다(Garland, Wessel & Strauss). 가룟 유다는 예수님과 제자들이 베다니에서 쉬는 틈을 타 홀로 예루살 렘에 다녀왔다. 예루살렘과 베다니는 불과 3㎞ 떨어져 있었으니 한 시 간이면 충분히 갈 수 있는 거리였다.

사실 대제사장들은 예수님을 죽이려 해도, 유월절은 피하려고 했다 (1-2절). 순례자들을 중심으로 폭동이 일어날까 봐 두려웠기 때문이 다(2절). 그런데 예수님의 제자라는 자가 와서 돈을 주면 스승을 넘겨 주겠다고 한다! 가룟 유다가 왜 예수님을 배신했는지는 알 수 없다(cf. Davies & Allison, Strauss). 중요한 것은 그의 배신으로 인해 대제사장들이 보류해 두었던 예수님에 대한 계획을 다시 추진하게 되었다는 사실이 다. 아마도 이 악한 지도자들은 가룟 유다를 예수님을 죽이라고 하나 님이 보내신 사람으로 생각했을 것이다.

누가는 가룟 유다가 이 일을 하는 동안 사탄이 그에게 들어갔다고 한 다(눅 22:3-4). 그는 예수님을 영접한 척하며 열두 제자 중 하나가 되었 지만, 하나님 나라에 입성한 성도는 아니었다(Wilkins). 하나님은 이런 자를 이용해 예수님을 죄인들의 손에 넘기셨다. 태초부터 진행해 오신 구속사가 절정에 달하려면 예수님이 대속적인 죽임을 당하셔야 하기 때문이다.

예수님은 가룟 유다에 의해 은 30개에 팔리셨다(마 26:15). '은 30개' (τριάκοντα ἀργύρια)가 어느 정도의 가치였는지 알 수 없다. 노동자의 하 루 일당이었던 1데나리온 이상의 동전은 모두 은으로 제조되었기 때문 이다. 만일 데나리온 동전을 뜻한다면, 예수님은 노동자들의 한 달 치 월급에 팔리신 것이다. 마리아가 예수님 머리 위에 부은 향유 가격의 10분의 1이다. 만일 30세겔(=120데나리온)이라면 넉 달 치 월급이며, 소 에 받혀 죽은 노예의 목숨값이다(출 21:32). 이 또한 마리아가 부은 향유 가격의 3분의 1밖에 되지 않는다. 메시아의 몸값치고는 너무 적다. 액 수가 너무나도 작기 때문에 유다가 예수님을 배신한 이유는 돈 때문은 아닌 듯하다(cf. Wilkins). 만일 돈이 목적이었다면 훨씬 더 많은 돈을 요구했을 것이기 때문이다. 가룟 유다는 액수에는 별 관심이 없는 듯 제사장들이 주는 대로 받고 있다. 그가 받은 은 30개는 스가랴 11:12-13과 예레미야 19:1-13에 기록된 말씀을 성취한다.

이때부터 가룟 유다는 예수님을 넘겨줄 기회를 찾았다(cf. 43절). 예수님이 무리와 어울리지 않고 홀로 계실 때를 엿본 것이다. 그래야 대제사장 일행이 별 탈 없이 예수님을 잡을 수 있기 때문이다. 예수님이 제자들을 데리고 겟세마네에 기도하러 나가실 때가 바로 절호의 기회가 될 것이다.

이 말씀은 세상에는 예수님을 사랑하고 섬기는 사람들도 있지만, 미워하고 싫어하는 사람도 많다고 한다. 더욱이 예수님을 영접하지 않았으면서 주님의 제자처럼 구는 자들도 있다고 경고한다. 교회에 출석하는 사람들이 모두 예수님을 영접했다는 것도, 그들이 모두 하나님을 사랑하기 때문에 모인다는 것도 착각에 불과하다. 교회와 성도를 대상으로 사기를 치려고 교회에 다니는 이들도 있다. 목회자들은 이런 사람들을 조심해야 한다.

> V. 마지막 날들(14:1-15:47)

D. 유월절 만찬(14:12-26)

수요일을 베다니에서 제자들과 조용히 보내신 예수님은 목요일 저녁에 그들과 함께 유월절 만찬을 드셨다. 종말에 그들과 만나 다시 만찬을 즐길 것을 소망하시며 이 땅에서 마지막 식사를 하셨다. 본 텍스트는 세 파트로 구분된다.

A. 만찬 준비(14:12-16)

B. 배신을 예언하심(14:17-21)

C. 성만찬(14:22-26)

V. 마지막 날들(14:1-15:47)
　　D. 유월절 만찬(14:12-26)

1. 만찬 준비(14:12-16)

[12] 무교절의 첫날 곧 유월절 양 잡는 날에 제자들이 예수께 여짜오되 우리가 어디로 가서 선생님께서 유월절 음식을 잡수시게 준비하기를 원하시나이까 하매 [13] 예수께서 제자 중의 둘을 보내시며 이르시되 성내로 들어가라 그리 하면 물 한 동이를 가지고 가는 사람을 만나리니 그를 따라가서 [14] 어디든지 그가 들어가는 그 집 주인에게 이르되 선생님의 말씀이 내가 내 제자들과 함께 유월절 음식을 먹을 나의 객실이 어디 있느냐 하시더라 하라 [15] 그리하 면 자리를 펴고 준비한 큰 다락방을 보이리니 거기서 우리를 위하여 준비하 라 하시니 [16] 제자들이 나가 성내로 들어가서 예수께서 하시던 말씀대로 만 나 유월절 음식을 준비하니라

공관복음서는 모두 예수님이 제자들과 목요일 저녁에 유월절 식사를 하시고 잡히셨다가 금요일 오후에 십자가에서 숨을 거두신 것으로 기 록한다. 마가는 '이날은 준비일 곧 안식일 전날'이었다고 한다(막 15:42; cf. 마 27:62; 눅 23:54). 안식일은 금요일 해가 지면 시작해 토요일 해가 질 때까지 이어지기 때문에 이때는 어떠한 일도 할 수 없었다.

요한복음은 예수님이 재판을 받고 십자가에 매달리셨을 때 유대인 들이 아직 유월절 음식을 먹지 않았을 때라고 한다(요 18:28). 그렇다 면 예수님이 제자들과 식사하신 것은 유월절 음식이 아닌 것으로 해 석될 가능성도 배제할 수 없다(cf. 요 13:1-2). 그러므로 이 이슈에 대 해 학자들은 엄청난 분량의 글을 쏟아냈다. 핵심을 요약하자면 다음

과 같다. (1)예수님과 제자들이 함께 한 식사는 유월절 음식이 아니다. 유월절 전날에 먹었기 때문이다. (2)예수님과 제자들은 사적인 공간에서 따로(특별히) 유월절 음식을 먹었다. (3)유월절은 하루가 아니라 이틀에 걸쳐 기념되었다. (4)예수님과 제자들은 바리새인들과 갈릴리 사람들이 하루를 해가 뜰 때부터 다음 날 해 뜰 때까지로 정의한 태양력(solar calendar)에 따라 유월절을 지냈다. 이와 달리 사두개인들은 하루를 해 질 때부터 다음 날 해 질 때까지로 정의한 유대인들의 달력을 따라 유월절을 기념했다. 공관복음은 전자에 따라, 요한복음은 후자에 따라 유월절을 기념한 사람들에 관한 이야기다. (5)유월절에 관해 공관복음의 내용과 대립하는 듯한 요한복음의 말씀(요 18:28; 19:14, 31)을 살펴보면 요한복음에서는 '유월절'이라는 용어를 일주일 동안 진행되는 절기(유월절은 무교절과 함께 같은 날에 시작되기 때문에 하나가 둘을 의미하며 사용됨)의 뜻으로 사용하고, 공관복음은 이 용어를 단 하루, 첫날(유월절)의 의미로 사용한다.

가장 설득력이 있는 해석은 다섯 번째 것으로 생각된다. 그러므로 문제가 되는 "그들이 예수를 가야바에게서 관정으로 끌고 가니 새벽이라 그들은 더럽힘을 받지 아니하고 유월절 잔치를 먹고자 하여 관정에 들어가지 아니하더라"(요 18:28)라는 말씀은 유대인들이 앞으로 일주일 동안 진행될 유월절(무교절) 절기에 참여하기 위해 빌라도의 관정에 들어가지 않은 것으로 해석할 수 있다(Blomberg, Carson). 부정하게 되면 다시 정결해질 때까지 참여할 수 없기 때문이다.

무교절은 일주일 동안 누룩이 들어가지 않은 빵을 먹으며 이스라엘이 하나님의 인도하심에 따라 급히 이집트를 탈출한 일을 기념하는 절기다(출 12:14-20). 무교절이 시작되는 첫날이 유월절이기 때문에 두 절기는 마치 하나인 것처럼 자주 언급된다. 원래 무교절은 아빕월(니산월) 15일 금요일 저녁에 시작해 7일 동안 기념했다. 그러나 세월이 지나면서 준비하는 날로 14일 하루가 더해져 8일 절기가 되었다(Gundry, Stein, cf. 14:12; 15:42; 눅 23:54; 요 19:14, 31, 42). 준비하는 날 낮에 남자들은 저녁에 먹을 양을 준비하고, 여자들은 쓴 나물을 준비해 해가 지면 온 가족(고기의 양이 많으면 다른 사람들을 부를 수 있음)이 모여 유월절 음식을 먹었다. 유대인들은 해가 지면 다음 날이 시작된 것으로 간주했기 때문에, 14일 저녁이 유월절인 15일의 시작이다.

어디서 누구와 함께 유월절 음식을 먹느냐는 때에 따라 융통성 있게 적용되었다. 유월절이 처음 제정될 때는 각 가정 단위로 유월절 음식을 먹었다. 하지만 세월이 지나면서 성전에 모여서 먹기도 하고, 포로기 때와 제2성전이 재건되지 않았을 때는 각 가정에서 먹기도 했다. 성전이 재건된 다음에는 다시 성전에서 먹었다. 그러나 인구가 많아지면서 성전에서 모든 양을 잡을 수도, 음식을 준비할 수도 없게 되자 예루살렘성 안에서만 유월절 양을 잡고 음식을 먹으면 된다고 했다. 그러므로 많은 순례자가 유월절을 기념하기 위해 각지에서 모여들었다. 평상시에는 6만 명 정도 사는 예루살렘이 유월절에는 30만 명까지 늘었다고 한다(Garland). 예수님이 제자들을 성안으로 보내시는 것은 바로 이런 규정 때문이다.

무교절의 첫날(준비하는 날)인 목요일이 되었다(12a절). 이날은 해가 지면 먹을 양을 잡는 날이다(12b절). 제자들은 예수님께 어디로 가서 유월절 음식을 준비해야 하느냐고 물었다(12c절). 예수님은 열두 제자 중 두 명을 보내시며 예루살렘성 안으로 들어가 물 한 동이를 가지고 가는 사람(남자)을 만날 것이니 그를 따라가서 그 집 주인에게 유월절 음식을 먹을 객실이 어디 있느냐고 물으라고 하셨다(13-14절). 일상적으로 여자가 물 동이를 가지고 다녔으므로, 물 동이를 가지고 가는 남자는 쉽게 눈에 띄었을 것이다. 주인은 준비해 둔 큰 다락방을 보여 줄 것이며 그곳에서 음식을 준비하면 된다고 하셨다(15절). 누가는 이 두 제자가 베드로와 요한이었다고 한다(눅 22:8).

어떤 이들은 예수님이 사전에 집주인을 만나 예약하신 것이라 하지만(Strauss), 그렇게 보이지는 않는다. 아마도 계시나 신탁을 통해 말씀하셨을 것이다. 예수님이 신적인 능력을 사용하신 것이다. 예수님은 가룟 유다가 무슨 짓을 하고 있는지도 아신다. 제자들은 예수님이 말씀하신 대로 예루살렘성 안에 있는 그 사람을 찾아가 유월절을 준비했다(16절).

이 말씀은 율법이 규정한 것을 적용하는 일이 원칙을 범하지 않는 범위에서 상황과 형편에 따라 어느 정도 유동적이었음을 암시한다. 교회와 우리의 삶에서도 특정한 기준과 원칙에 지나치게 집착하지 않는 것이 바람직하다. 그 원리와 기준을 범하지 않는 범위에서 어느 정도 융통성을 가지고 원칙을 적용하고 문제들을 해결해 나가는 것이 좋다. 원칙이 사람을 위해서 있는 것이지, 사람이 원칙을 위해 있는 것이 아니기 때문이다.

예수님은 가룟 유다가 무슨 짓을 하고 있는지 모두 아신다. 계시와 신탁으로 제자들과 함께 유월절을 보낼 장소를 정하신 분이 그의 마음을 읽지 못하시겠는가! 우리는 주님을 속이려는 생각을 절대 품어서는 안 된다. 주님은 모든 것을 아신다. 그러므로 진솔한 기도를 통해 솔직하게 자백하고 도와주실 것을 바라는 사람이 현명하다.

Ⅴ. 마지막 날들(14:1-15:47)
　D. 유월절 만찬(14:12-26)

2. 배신을 예언하심(14:17-21)

[17] 저물매 그 열둘을 데리시고 가서 [18] 다 앉아 먹을 때에 예수께서 이르시되 내가 진실로 너희에게 이르노니 너희 중의 한 사람 곧 나와 함께 먹는 자가 나를 팔리라 하신대 [19] 그들이 근심하며 하나씩 하나씩 나는 아니지요 하고 말하기 시작하니 [20] 그들에게 이르시되 열둘 중의 하나 곧 나와 함께 그릇에 손을 넣는 자니라 [21] 인자는 자기에 대하여 기록된 대로 가거니와 인자를 파

는 그 사람에게는 화가 있으리로다 그 사람은 차라리 나지 아니하였더라면 자기에게 좋을 뻔하였느니라 하시니라

예수님이 가룟 유다에 의해 유대교 지도자들에게 팔리신 목요일 밤에 있었던 일을 복음서들을 통해 종합해 정리하면 다음과 같다(cf. Boring, Carson, Wilkins).

1. 해가 지자 제자들과 함께 예루살렘성 안에서 유월절 식사를 하심
   (마 26:20)
2. 제자들 사이에 누가 크냐 하는 다툼이 일어남(눅 22:24)
3. 제자들의 발을 씻으심(요 13:1-20)
4. 가룟 유다를 배신자로 지목하심(마 26:21-25)
5. 성만찬(마 26:26-29)
6. 다락방 말씀과 기도(요 14:1-17:26)
7. 겟세마네로 가심(마 26:30)
8. 베드로의 부인을 예언하심(마 26:31-35; cf. 눅 22:31-38)
9. 겟세마네에서 기도하심(마 26:36-46)
10. 겟세마네에서 잡히심(마 26:47-56)

예수님은 목요일 해가 저물자 열두 제자와 함께 앉으셨다(17-18절). 유월절은 니산월 15일 금요일이며, 14일인 목요일에 해가 지면 시작된다(cf. Perkins). 예수님은 예루살렘성 안에서 이날을 맞으셨다(cf. 17절). '앉다'(ἀνάκειμαι)는 로마 사람들의 방식에 따라 식사하기 위해 옆으로 비스듬히 엎드리는 것을 뜻한다(6:26, cf. NAS, NIV, ESV). 유월절 식사는 다음과 같이 진행됐다(cf. ABD, DJG).

1. 유월절과 마실 술을 축복하고 첫 잔을 마심

2. 무교병, 쓴 나물, 채소, 삶은 과일, 구운 양고기 등 음식이 나옴

3. 아들이 아버지에게 왜 이 밤이 다른 밤과 다른지 질문함. 가장은 출애굽 이야기를 들려줌. 시편에서 '할렐 모음집'으로 불리는 노래들(시 113-118편)의 처음 절반인 시편 113-115편을 통해 과거와 미래에 있을 하나님의 구속을 찬양함

4. 두 번째 잔을 마심

5. 무교병을 축복하고 아버지가 무교병의 의미를 설명하는 동안 쓴 나물과 삶은 과일을 함께 먹음

6. 식사가 시작됨. 자정을 넘기면 안 됨

7. 식사가 마무리되면 가장이 세 번째 잔을 축복함. '할렐 모음집'의 나머지 절반(116-118편)을 노래함

8. 네 번째 잔을 마심으로 유월절 식사를 마무리함

식사 도중 예수님은 제자 중 한 사람이 자신을 팔 것이라고 하신다 (18절). '팔다'(παραδίδωμι)는 '넘기다'로 번역되기도 하며 배신을 의미한다. 예수님은 주님을 팔 자가 '나와 함께 먹는 자'라고 하신다. 다윗이 친한 친구에게 배신당한 일을 슬퍼하며 한 말을 생각나게 하는 말씀이다. "내가 신뢰하여 내 떡을 나눠 먹던 나의 가까운 친구도 나를 대적하여 그의 발꿈치를 들었나이다"(시 41:9).

제자들은 예수님의 말씀에 몹시 당황하며 근심했다(19a절). 그들이 받았을 충격을 상상해보라. 지난 3년 동안 생사고락(生死苦樂)을 함께하며 유대감으로 뭉친 이 그룹에서 배신자가 나오리라고는 상상도 하지 못한 일이다. 더욱이 하나님의 아들이자 메시아로 오신 예수님을 배신한다는 것은 있을 수 없는 일이라 생각했다.

예수님은 제자들보다 그들을 더 잘 아시는 분이다. 그러므로 제자들은 불안한 마음으로 혹시 자기를 두고 하신 말씀인지 한 사람씩 물었다. "주여 나는 아니지요?"(19b절). 지금은 아니지만, 얼마 후 혹시라도

자기 의지와 상관없이 배신자로 돌변할 것인지를 물은 것이다. 제자들이 누가 배신자인지 전혀 눈치채지 못했다는 것은 가룟 유다가 배신을 참으로 잘 숨겼다는 뜻이다(Morris).

예수님은 '나와 함께 그릇에 손을 넣는 자'라고 하신다(20절). 이는 무교병을 그릇에 담긴 소스(sauce)에 찍어 먹는 것을 의미한다. 그러나 열두 명 모두 그릇에 담긴 소스에 무교병을 찍어 먹고 있으니 누구도 배신자가 될 가능성에서 배제될 수 없다. 당시 사람들은 과일, 견과류, 생강을 와인과 섞어 만든 소스에 무교병을 찍어 먹었다(Nolland).

예수님은 인자는 제자 중 한 사람의 배신으로 인해 구약에 기록된 대로 가는 것이라 하신다(21a절; cf. 시 41:9). '가다'(ὑπάγω)는 죽음에 대한 완곡어법이다. 예수님은 한 제자의 배신으로 십자가에 매달리실 것이지만, 이 일도 하나님의 계획과 통제에 따라 진행되고 있음을 암시한다. 구약 말씀 중에서도 특별히 이사야가 '종의 노래들'(이사야 42-53장 곳곳에 있음)을 통해 예언한 고난받는 메시아에 관한 말씀에 따라 떠나신다. "그는 강포를 행하지 아니하였고 그의 입에 거짓이 없었으나 그의 무덤이 악인들과 함께 있었으며 그가 죽은 후에 부자와 함께 있었도다"(사 53:9).

예수님은 비록 자신은 하나님의 구속사에 따라 가지만, 인자를 파는 자에게는 화가 있으리라고 하신다(21b절). '화가 있으리라'(οὐαι)는 하나님의 심판을 반드시 받을 것이라는 뜻이다. 예수님을 파는 자에게 임하는 하나님의 심판이 얼마나 혹독할 것인지 "그 사람은 차라리 나지 아니하였더라면 자기에게 좋을 뻔하였느니라"라고 하신다(21c절). 이 말씀을 듣는 가룟 유다는 얼마나 두려웠을까? 그 순간에라도 회개하고 용서를 구했으면 좋았을 텐데, 그는 끝까지 회개하지 않는다.

예수님은 하나님의 구속사에 따라 태초부터 하나님이 계획하신 대로 죽음을 맞이하실 것이다. 그러므로 가룟 유다도 하나님의 계획을 일부 실현하는 도구라고 할 수 있다. 그러나 그가 맡은 역할은 메시아를 죽게 하는 악한 일이다. 그는 자신이 원해서 이 역할을 맡았다. 만일 그가 나서지 않았다면, 하나님은 다른 사람을 통해 이 악역을 담당하게 하셨을 것이다. 하나님의 역사가 진행되기 위해 가룟 유다는 분명 예수님을 팔아야 한다. 그러나 그가 스스로 악역을 자청한 죗값은 피할 수 없다. 하나님의 계획과 인간의 책임은 항상 이런 형태로 조화를 이룬다.

이 말씀은 우리에게 제발 악한 일에 나서지 말라고 한다. 가룟 유다가 예수님을 팔아넘기려고 나서지 않았더라도 그 역할을 담당할 악인은 세상에 널려 있었다. 악역을 자청한 유다는 차라리 태어나지 않았더라면 좋았을 것이라는 말을 들었다. 우리도 살다 보면 감당해야 할 역할들이 생기는데, 제발 악한 일에는 나서지 말자.

> V. 마지막 날들(14:1-15:47)
> D. 유월절 만찬(14:12-26)

3. 성만찬(14:22-26)

[22] 그들이 먹을 때에 예수께서 떡을 가지사 축복하시고 떼어 제자들에게 주시며 이르시되 받으라 이것은 내 몸이니라 하시고 [23] 또 잔을 가지사 감사기도 하시고 그들에게 주시니 다 이를 마시매 [24] 이르시되 이것은 많은 사람을 위하여 흘리는 나의 피 곧 언약의 피니라 [25] 진실로 너희에게 이르노니 내가 포도나무에서 난 것을 하나님 나라에서 새 것으로 마시는 날까지 다시 마시지 아니하리라 하시니라 [26] 이에 그들이 찬미하고 감람 산으로 가니라

본 텍스트는 맨 처음 교회가 세워질 때부터 기념한 가장 거룩한 성례인 성찬식(Lord's Supper)의 유래에 대한 말씀이다. 하나님의 구속사에서 가장 중요한 예수님의 대속적인 죽음을 되새기는 예식이며, 또한 구약의 유월절 양(출 12장)과 고난받는 여호와의 종(사 42-53장) 등을 상기시

키는 말씀이다.

예수님이 제자들과 함께 유월절 식사를 하실 때 떡(빵)을 가지고 축복하신 후 떼어 제자들에게 주시며 이것이 자기 몸이니 받아먹으라고 하셨다(22절). 위에서 언급한 유월절 식사 진행 순서 중 다섯 번째 단계이며, 무교병(누룩을 넣지 않고 만든 빵)을 제자들에게 주신 것이다. 구약은 무교병을 '고난의 떡'이라고도 한다(신 16:3). 예수님은 유월절을 새로 해석해 자신에게 적용하시며, 예수님의 죽음이 주는 혜택을 받아 누리라고 하신다(McKnight).

무교병을 "내 몸이니라"라고 하시는 것은 이 떡이 십자가에서 상한 예수님의 몸을 상징한다는 뜻이다. 주님의 찢기신 몸은 구속하는 효과를 지니고 있으며(고전 11장), 제자들을 위한 것이요(눅 22:19) 또한 많은 사람을 위한 것이다(24절; cf. 히 9:28; 벧전 2:24).

가톨릭교회는 '…이니라'(ἐστιν)를 지나치게 강조하다가 성찬식에서 사용하는 떡과 잔이 실제로 예수님의 몸과 피로 변한다는 화체설(化體說, transubstantiation)을 내놓았고, 루터교는 성찬식의 떡과 잔 '안에, 함께, 아래'(in, with and under) 예수님의 몸과 피가 임한다는 공존설(共存說, consubstantiation)을 내놓았다. 이 말씀이 강조하는 것은 십자가에서 상하신 예수님의 몸이 유월절 양의 몸이 찢기는 것과 비슷한 이미지를 성취하고 있다는 것이지, 성찬식의 존재론적(ontological) 의미가 아니다(Davies & Allison, Hagner). 따라서 예수님이 성찬식에 실제로 임하시는 것이 아니라 영적으로 함께하시는 것이라며 '기념적'(Memorial)으로 해석하는 개혁교회와 장로교의 관점이 가장 합리적이다. 이 해석은 종교개혁자 칼뱅(Calvin)이 처음 제시했다.

예수님은 잔을 들어 감사 기도를 하시고 제자들에게 주시며 마시라고 하셨다(23절). 잔은 십자가에서 흘리실 피를 상징한다. 유대인들은 유월절 식사를 하는 동안 옛적에 이스라엘 백성이 이집트를 탈출하기 전에 하나님이 주신 네 가지 약속(출 6:6-7a)을 기념하며 네 잔의 술을

마셨다: (1)애굽 사람의 무거운 짐 밑에서 너희를 빼낼 것이다. (2)그들의 노역에서 너희를 건질 것이다. (3)편 팔과 여러 큰 심판으로 너희를 속량할 것이다. (4)너희를 내 백성으로 삼고 나는 너희의 하나님이 될 것이다. 이 중 예수님이 드신 잔은 세 번째 약속을 기념하며 마신 세 번째 잔(앞에서 언급된 유월절 식사 순서 중 일곱 번째)이다. 예수님은 하나님이 이스라엘을 속량하신 것처럼 죄인들을 그들의 죄에서 속량할 것을 약속하신다(Blomberg).

예수님의 피는 많은 사람이 죄 사함을 얻게 하려고 흘리신 언약의 피다(24절). 모세는 하나님과 이스라엘 사이에 맺어진 언약을 봉인하기 위해 짐승의 피 절반은 제단 주변에 뿌리고, 절반은 백성에게 뿌렸다(출 24:8). 이것이 언약의 피다. 그리고 예수님이 봉인하고자 하시는 언약은 예레미야가 예언한 새언약이다(렘 31:34; cf. 눅 22:20; 고전 11:25). 이 새 언약은 고난받는 종으로 오신 예수님이 자신의 죽음으로 세우신 것이다(cf. 사 53:11-12). 믿는 사람들은 예수님의 대속적인 희생을 통해 하나님의 자녀가 되고 또한 하나님께 순종하며 살 수 있는 능력을 얻는다.

'먹으라'와 '마시라'는 가장 강력한 참여 요구라 할 수 있다. 사람이 생존을 위해서는 반드시 먹고 마셔야 한다. 이처럼 예수님의 찢긴 몸과 피를 먹고 마시는 사람만이 주님의 대속하는 죽음을 통해 영원히 살 수 있다.

예수님은 하나님 나라에서 난 새 포도주를 제자들과 함께 다시 마실 때까지 포도주를 마시지 않겠다고 하신다(25절). 이 말씀은 유월절 식사를 마무리하는 네 번째 잔(여덟 번째 단계)을 마시며 하신 말씀이다. 종말에 메시아의 만찬이 있을 때를 의미한다(계 19:6-8). 예수님이 제자들과 함께 나누시는 유월절 만찬이 예전 것과는 완전히 다른 새로운 상징으로 변화하고 있다. 예전에는 유월절 만찬이 과거(출애굽)에 베풀어 주신 은혜(구원)을 기념하는 일이었다면, 이 순간부터는 미래(종말)

에 있을 메시아의 만찬을 상징한다.

예수님과 제자들은 식사를 마치고 찬미하며 감람산으로 나아갔다 (26절). 어떤 이들은 그들이 기독교 노래를 부르며 갔을 것이라 하는데 (Davies & Allison, Schweitzer, cf. 엡 5:19; 골 3:16), 유대인들의 전통에 따라 '할렐 모음집'(시 113-118편)의 나머지 절반(115-118편)을 불렀을 것이다. 당시 노래 방식을 고려해 상상하면 예수님이 한 절씩 노래하시면 제자들이 '할렐루야'로 화답하며 감람산으로 나갔을 것이다(Carson).

이 말씀은 성찬식을 결코 가볍게 여겨서는 안 된다고 한다. 성찬식은 예수님이 시작하신 전통이다. 예수님이 지신 고난의 십자가와 그 십자가를 통해 이루신 대속적인 구원을 기념하는 일이다. 또한 장차 종말에 예수님과 함께 누릴 만찬을 기대하며 행하는 일이다. 우리는 이처럼 영광스러운 성찬식에 참여할 때마다 어떤 삶을 살고 있는지 자기 자신을 돌아보아야 한다.

V. 마지막 날들(14:1-15:47)

E. 감람산에서(14:27-52)

유월절 만찬 이후 상황이 긴박하게 돌아간다. 앞으로 24시간 동안 예수님이 잡히시고 재판을 받고 십자가에 매달려 숨을 거두신다. 이 섹션은 그중 예수님이 어떻게 잡히시게 되었는지 회고하며, 다음과 같이 구분된다.

A. 베드로가 예수님을 부인할 것(14:27-31)
B. 겟세마네 기도와 제자들(14:32-42)
C. 배신과 잡히심과 도망(14:43-52)

> V. 마지막 날들(14:1-15:47)
> E. 감람산에서(14:27-52)

1. 베드로가 예수님을 부인할 것(14:27-31)

²⁷ 예수께서 제자들에게 이르시되 너희가 다 나를 버리리라 이는 기록된 바

내가 목자를 치리니

양들이 흩어지리라

하였음이니라 ²⁸ 그러나 내가 살아난 후에 너희보다 먼저 갈릴리로 가리라
²⁹ 베드로가 여짜오되 다 버릴지라도 나는 그리하지 않겠나이다 ³⁰ 예수께서
이르시되 내가 진실로 네게 이르노니 오늘 이 밤 닭이 두 번 울기 전에 네가
세 번 나를 부인하리라 ³¹ 베드로가 힘있게 말하되 내가 주와 함께 죽을지언
정 주를 부인하지 않겠나이다 하고 모든 제자도 이와 같이 말하니라

예수님과 제자들은 예루살렘성 안에서 최후의 만찬을 마치고 성을
떠나 기드론 계곡 건너편에 있는 감람산 자락에 있는 겟세마네 동산으
로 가는 길이다(cf. 26절). 겟세마네는 유월절 순례자 중 예루살렘성 안
에서 처소를 찾지 못한 사람들이 천막을 치는 곳이며, 예수님이 자주
찾으시던 기도 처소였다(cf. 요 18:2).

예수님은 제자들에게 "너희가 다 나를 버릴 것이다"라고 하셨다(27a
절). '버리다'(σκανδαλίζω)는 놓고 도망한다는 뜻이다(cf. 50절). 지난 3년
동안 예수님을 따르던 제자들이 할 짓은 아닌 듯싶지만, 실제로 이런
일이 있을 것이다. 심지어 가룟 유다는 예수님을 팔아넘기려고 이미
대제사장들과 계약을 맺은 상황이다. 이날 밤 예수님은 참으로 외로우
시다.

예수님은 제자들이 주님을 홀로 남겨 두고 모두 도망가는 것이 스가
랴의 예언을 성취하는 일이라고 하신다(27b절). 스가랴서에서는 하나님
이 칼을 향해 자신의 짝 된 자를 치라고 하시는데(슥 13:7), 이 본문에
서는 하나님이 치시는 것이라 한다. 하나님이 직접 행하시는 일이라는

뜻이다. 여호와의 짝 된 자는 다윗의 후손 중 한 왕(메시아)이며 이스라엘의 목자다(cf. 겔 34장). 이 메시아 목자는 때가 되면 하나님의 원수들을 벌하실 것이다. 그러나 이 순간에는 자원해서 죽임을 당하신다.

제자들에게 버림받은 예수님은 살아나신 후 그들보다 먼저 갈릴리로 가실 것이다(28절). 어떤 이들은 이 말씀이 종말에 예수님이 갈릴리에 재림하실 것을 의미한다고 하지만(Lohmeyer), 이는 부활하신 후를 뜻한다. 예수님이 부활하신 현장에 있던 천사도 무덤을 찾아온 여인들에게 예수님이 제자들보다 먼저 갈릴리로 가실 것을 제자들에게 알리라고 했다(16:7).

예수님은 이미 여러 차례 자신의 고난과 부활에 대해 말씀하셨다(8:31; 9:31; 10:33-34). 부활하신 예수님이 갈릴리에서 제자들과 재회하신다는 것은 그들의 배신을 용서하시고 다시 기회를 주실 것이라는 뜻이다(cf. 16:14-18). 그러므로 예수님은 3년 전에 제자들을 처음 만났던 갈릴리에서 그들을 만나기를 원하신다. 그들의 새(재) 출발을 위해 처음 그들을 만난 곳으로 가시는 것이다. 또한 제자들을 이방인이 많이 사는 갈릴리에서 만나시는 것은 부활 이후 이방인 선교가 본격적으로 시작될 것을 암시한다.

이번에도 베드로가 나섰다(29절; cf. 8:29, 32; 9:5; 10:28; 11:21). 그는 다른 제자들은 몰라도 자신은 절대 예수님을 버리지 않을 것이라며 충성을 다짐했다. 베드로는 항상 말이 앞서는 상당히 불완전한 제자의 모습을 보여 준다. 그래도 다행인 것은 그가 계속 변화하고 있으며, 언젠가는 좋은 지도자가 될 것이라는 희망이다. 때로는 베드로의 모습에서 우리의 모습을 보기도 한다.

예수님은 다른 사람은 몰라도 자신은 주님을 버리고 도망치는 일이 절대 없을 것이라고 큰소리를 치는 베드로에게 오늘 이 밤 닭이 두 번 울기 전에 그가 세 번이나 주님을 부인할 것이라고 예언하신다(30절). 베드로는 1분 후에 일어날 일도 모르지만, 예수님은 모든 것을 아신다.

베드로는 동이 트기 전에 예수님을 세 차례 부인할 것이다.

베드로는 자존심이 상했다. 자기는 절대 예수님을 버리고 도망치지 않을 것이라고 했더니, 예수님은 그가 다른 제자들처럼 도망할 뿐 아니라 더 나아가 주님을 부인할 것이라고 하신다. '버리다'(σκανδαλίζω)는 외부에서 오는 자극에 반응하는 것이지만, '부인하다'(ἀπαρνέομαι)는 스스로 결정하는 일이다. 그러므로 부인하는 것이 상황에 떠밀리는 것보다 더 나쁘다. 그것도 세 번씩이나!

베드로는 예수님과 함께 죽을지언정 주님을 부인하는 일은 절대 없을 것이라고 했다(31절). 그는 아직도 예수님이 진짜 죽으실 것이라고 생각하지 않는다(Carson). 베드로는 자신의 다짐과는 대조적으로 이날 밤 예수님과 함께 죽지 않으려고 예수님을 세 차례 부인한다. 하나의 아이러니가 형성되고 있다. 다른 제자들도 베드로가 한 말을 따라 호언장담했다.

예수님은 더는 제자들에게 반박하지 않으셨다. 절대 설득될 사람들이 아니며, 몇 시간 후면 진실이 온 세상에 드러날 것이기 때문이다. 예수님은 함께한 세월이 3년이나 되는데 겁이 나서 주님만 두고 도망가는 그들에게 서운함을 느끼실 수도 있지만, 그들에게 버림받는 것이 하나님의 말씀을 이루기 위한 것이라는 사실에 위로를 받으셨을 것이다. 또한 말이라도 이렇게 하는 제자들이 대견하셨을 수도 있다.

이 말씀은 부르심과 실패는 별개라고 한다. 예수님은 제자들이 3년 동안 생사고락을 함께한 후에도 한순간에 버릴 것을 아셨지만 그들을 제자로 삼으셨다. 또한 부활하신 후 제자들을 갈릴리에서 다시 만나시는 것은 그들에게 잘못을 바로잡을 기회를 주시기 위해서다. 예수님은 테스트에 실패했다고 해서 제자들을 버리지 않으신다. 이와 같이 우리를 버리시는 일도 절대 없을 것이다. 예수님은 우리의 연약함을 모두 아시고도 우리를 택하셨기 때문이다. 그러니 감사함으로 주님을 사랑하며 하나님 나라의 일을 해 나가자.

2. 겟세마네 기도와 제자들(14:32-42)

[32] 그들이 겟세마네라 하는 곳에 이르매 예수께서 제자들에게 이르시되 내가 기도할 동안에 너희는 여기 앉아 있으라 하시고 [33] 베드로와 야고보와 요한을 데리고 가실새 심히 놀라시며 슬퍼하사 [34] 말씀하시되 내 마음이 심히 고민하여 죽게 되었으니 너희는 여기 머물러 깨어 있으라 하시고 [35] 조금 나아가사 땅에 엎드리어 될 수 있는 대로 이 때가 자기에게서 지나가기를 구하여 [36] 이르시되 아빠 아버지여 아버지께는 모든 것이 가능하오니 이 잔을 내게서 옮기시옵소서 그러나 나의 원대로 마시옵고 아버지의 원대로 하옵소서 하시고 [37] 돌아오사 제자들이 자는 것을 보시고 베드로에게 말씀하시되 시몬아 자느냐 네가 한 시간도 깨어 있을 수 없더냐 [38] 시험에 들지 않게 깨어 있어 기도하라 마음에는 원이로되 육신이 약하도다 하시고 [39] 다시 나아가 동일한 말씀으로 기도하시고 [40] 다시 오사 보신즉 그들이 자니 이는 그들의 눈이 심히 피곤함이라 그들이 예수께 무엇으로 대답할 줄을 알지 못하더라 [41] 세 번째 오사 그들에게 이르시되 이제는 자고 쉬라 그만 되었다 때가 왔도다 보라 인자가 죄인의 손에 팔리느니라 [42] 일어나라 함께 가자 보라 나를 파는 자가 가까이 왔느니라

예수님과 제자들이 겟세마네라고 불리는 곳에 도착했다(32a절). 가룟 유다는 최후의 만찬 중 떠났기 때문에 나머지 열한 제자가 예수님과 함께했다(cf. 43절). '겟세마네'는 '착유기'(oil press)라는 의미를 지녔으며, 히브리어 '갓셰마님'(נת שְׁמָנִים)에서 비롯된 것으로 추정된다(cf. ABD, DJG). 아마도 이 올리브 농장 주인이 예수님과 제자들이 언제든지 사용할 수 있게 했기에 겟세마네는 예수님이 자주 찾는 기도처가 되었을 것이다(요 18:2).

예수님은 제자 대부분을 입구 근처에 두시고, 베드로와 세베대의 두

아들인 야고보와 요한 세 명만 데리고 더 깊이 들어가셨다(32b-33a절). 예수님은 세 제자와 가시면서 심히 놀라고 슬퍼하셨다(33b절). 어떤 이들은 예수님이 죄인들의 죄를 대신 지고 죽으심으로 인해 부활하실 때까지 한동안 하나님 아버지에게서 떨어져야 하는 것을 슬퍼하셨다고 한다(Blomberg, Gundry, Hagner). 그러나 예수님의 슬픔을 아버지에게 떨어지는 일 때문으로 제한하는 것은 별로 바람직하지 않다. 다가오는 죽음을 괴로워하며 슬퍼하지 않을 사람은 없다. 예수님은 분명 죄인들을 위해 죽으려고 이 땅에 오셨다. 그러나 몇 시간 후로 다가온 죽음을 감당하려니 온갖 슬픔과 아픔이 예수님의 마음을 채웠다.

예수님이 하나님이기 때문에 죽음을 쉽게 대하셨다면, 우리에게는 별 은혜가 되지 않았을 것이다. 예수님이 고민하고 슬퍼하신 것도 은혜다. 예수님도 우리처럼 슬픔과 아픔을 느끼고 두려워하는 인간이셨기 때문이다. 예수님이 고민하고 슬퍼하면서도 견뎌 내시는 모습은 "내 영혼아 네가 어찌하여 낙심하며 어찌하여 내 속에서 불안해 하는가 너는 하나님께 소망을 두라 그가 나타나 도우심으로 말미암아 내가 여전히 찬송하리로다"라는 말씀을 배경으로 한다(Beale & Carson, 시 42:5, 11; 43:5).

예수님은 세 제자에게 마음이 매우 힘이 드니 자기와 함께 깨어 있으라고 하셨다(34절). '고민하여 죽게 되었다'(περίλυπός ἐστιν ἡ ψυχή μου ἕως θανάτου)는 예수님이 시편이 묘사하는 고통받는 의인이 되셨다는 뜻이다(Witherington, cf. 시 42:5, 11; 43:5). 예수님이 겪으시는 고통은 죽게 될 정도로 심화되었다. 세 제자에게 '깨어 있으라'고 하시는 것은 기도하라는 뜻이다. 그러나 이들은 별로 도움이 되지 않는 제자들이다.

세 제자를 뒤에 두고 예수님은 조금 떨어진 곳에서 따로 기도하셨다(35절). 예수님은 하나님을 '아빠 아버지여'(αββα ὁ πατήρ)라고 부르시며 하나님과 자신의 특별한 관계를 바탕으로 기도하신다(36절). 만일 아버지가 하실 수만 있다면 이 잔을 지나가게 해 달라는 간절한 아들의 기도다(35-36절). '만일'(εἰ)(35절)은 하나님은 하실 수 있음을 전제한다. 그러나 하나님은 하시지 않을 것이다. '이 잔'(τὸ ποτήριον τοῦτο)(36절)은 예수님이 감당해야 할 죽음의 잔이며, 죄인들에 대한 하나님의 진노로 가득하다(cf. 시 75:8; 사 51:17, 22; 렘 51:7). 예수님은 하나님 아버지가 이 잔이 그냥 지나가게 해 주시면 좋겠다고 하신다. 고통이 너무나도 크기 때문이다. 그러나 그렇게 되면 이 땅에 오신 목적이 이뤄지지 않는다. 그러므로 "나의 원대로 마시옵고 아버지의 원대로 하옵소서"라고 기도하신다(36절). 예수님의 대속적인 죽음을 통해 인류를 구원하시고자 하는 하나님의 뜻에 복종하겠다는 뜻이다.

예수님은 한참을 기도하신 후 세 제자에게 오셨다(37a절). 그들에게 깨어 기도하라고 하셨는데(34절), 잘도 자고 있다! 수제자들이 이 모양이니 나머지 제자들은 어땠을지 상상이 된다. 이런 제자들에게 교회를 맡기고 떠나야 하는 예수님의 심정이 어땠을까? 그러나 우리는 제자들을 비난할 자격이 없다. 우리는 더하면 더했지 제자들보다 나은 것이 하나도 없다. 베드로가 다른 두 제자보다 상태가 조금 나았는지, 예수님은 베드로에게 한 시간도 깨어 있을 수 없었냐고 하셨다(37b절). 책망이라기보다는 안타까움으로 가득한 탄식의 표현이다.

예수님이 안타까워하시는 것은 제자들의 연약한 육신이다(38b절). 그들도 마음으로는 예수님과 함께하며 주님의 고통에 조금이나마 동참하고 싶었을 것이다. 그러나 연약한 육신이 그렇게 하고 싶은 마음을 따라주지 않는다. 그렇다면 어떻게 연약한 육신의 문제를 해결할 수 있는가? 기도 외에는 방법이 없다. 그러므로 예수님은 시험에 들지 않게 깨어 기도하라고 하신다(38a절). 그래야만 마음(영)이 육신의 연약함을 극복할 수 있다. 기도는 노동이다. 나약한 육신은 항상 편하기를 원한다. 그런 육신이 영에게 복종해 연약함을 극복할 때까지 기도해야 한다. 기도는 의지를 가지고 계속해야 하는 노동이다.

예수님은 제자들을 떠나 두 번째로 기도하셨다(39절). 이사야는 이스라엘이 마셔야 할 진노와 심판의 잔을 하나님이 거두어 가실 것을 예언했다(사 51:21). 그리고 우리는 이 일이 어떻게 실현되는지 보고 있다. 예수님이 그 잔을 대신 마셔 주심으로써 이스라엘이 마셔야 할 진노의 잔이 거두어지고 있다. 제자들에게 마음은 원이로되 육신이 약하다며 기도하라고 하신 예수님이 우리에게 영이 육을 이긴 모습을 보여 주신다.

두 번째 기도를 마치고 다시 와 보니 이번에도 제자들이 자고 있었다(40절). 누가는 제자들이 예수님의 일로 인해 슬픔을 이기지 못하고 잠이 들었다고 한다(눅 22:45). 어떤 이유에서든 예수님과 함께할 시간이 많지 않기 때문에 그들이 잠든 모습이 그다지 좋아 보이지 않는다.

예수님은 이번에는 아무 말도 하지 않으시고 같은 말씀으로 세 번째 기도를 하셨다(41절). 구약에서 '2'는 확신의 숫자로, 중요하고 확실하다는 뜻이다. '3'은 완전수로서 최고를 상징한다(사 6:3; cf. 계 4:8). 예수님은 이날 밤 세 차례 같은 기도를 하심으로써 우리에게 최고의 기도 모델이 되셨다.

기도를 마치고 제자들에게 돌아오신 예수님은 이제는 마음껏 자고 쉬라고 하셨다(41a절). 이 말씀은 "아직도 자고 있느냐?"(공동, 아가페, 현대인, NAS, NIV, NRS, NIRV)라는 질문일 수도 있다. 물론 이제 가서 실컷 자라는 냉소적인 질문이다. 예수님을 위해 죽겠다고 다짐했던(31절) 제자들이 잠을 이기지 못해 깨어 있을 수 없었다는 사실이 다소 아이러니하다.

예수님은 인자가 죄인의 손에 팔리는 순간이 왔다며 함께 가자고 하셨다(41b-42a절). 예수님을 파는 자가 가까이 왔기 때문이다(42b절). 드디어 고난받으실 시간이 다가왔다. 가룟 유다가 사람들을 데리고 왔다. 이제 예수님은 제자들과 떨어져 마지막 순간을 홀로 보내셔야 한다.

이 말씀은 모든 일에는 때가 있다고 한다. 예수님과 함께 있으며 아파할 때가 있는가 하면, 그렇게 하고 싶어도 할 수 없는 때가 있다. 제자들은 육신이 약해 이러한 기회를 잘 살리지 못했다. 우리가 하나님 나라를 위해 사랑하고 섬기는 일도 항상 가능한 것은 아니다. 기회가 있을 때 최선을 다해 주님을 사랑하고 이웃을 사랑해야 한다.

> V. 마지막 날들(14:1-15:47)
>   E. 감람산에서(14:27-52)

3. 배신과 잡히심과 도망(14:43-52)

> ⁴³ 예수께서 말씀하실 때에 곧 열둘 중의 하나인 유다가 왔는데 대제사장들과 서기관들과 장로들에게서 파송된 무리가 검과 몽치를 가지고 그와 함께 하였더라 ⁴⁴ 예수를 파는 자가 이미 그들과 군호를 짜 이르되 내가 입맞추는 자가 그이니 그를 잡아 단단히 끌어 가라 하였는지라 ⁴⁵ 이에 와서 곧 예수께 나아와 랍비여 하고 입을 맞추니 ⁴⁶ 그들이 예수께 손을 대어 잡거늘 ⁴⁷ 곁에 서 있는 자 중의 한 사람이 칼을 빼어 대제사장의 종을 쳐 그 귀를 떨어뜨리니라 ⁴⁸ 예수께서 무리에게 말씀하여 이르시되 너희가 강도를 잡는 것 같이 검과 몽치를 가지고 나를 잡으러 나왔느냐 ⁴⁹ 내가 날마다 너희와 함께 성전에 있으면서 가르쳤으되 너희가 나를 잡지 아니하였도다 그러나 이는 성경을 이루려 함이니라 하시더라 ⁵⁰ 제자들이 다 예수를 버리고 도망하니라 ⁵¹ 한 청년이 벗은 몸에 베 홑이불을 두르고 예수를 따라가다가 무리에게 잡히매 ⁵² 베 홑이불을 버리고 벗은 몸으로 도망하니라

가룟 유다가 많은 사람을 이끌고 예수님을 잡으러 왔다(43절). 그는 예수님과 제자들이 겟세마네를 기도 처소로 사용한다는 사실을 알기 때문에(요 18:2), 이 밤에도 사람들을 이끌고 어디로 가야 하는지 정확히 알고 있었다. 그의 행실은 내부의 적이 얼마나 큰 피해를 안겨 줄 수 있는지 생각하게 한다. 그는 지난 3년 동안 예수님과 쌓았던 신뢰를 무기 삼아 예수님을 팔아넘겼다.

유다는 큰 무리를 데려왔는데, 대제사장들과 서기관들과 장로들에게서 파송된 자들이었다. 대제사장들과 서기관들과 장로들이 소속된 산헤드린이 이 일을 정식으로 인준했다는 뜻이다. 그들이 큰 무리를 보낸 것은 아마도 예수님을 보호하려는 제자들과의 싸움을 대비하기 위해서였을 것이다. 그래서 검과 몽치(몽둥이)도 가져왔다. 파송된 사람들은 성전을 감시하고 보호하는 레위 사람들과 대제사장들을 보호하는 사립 경호원들이었다(cf. 눅 22:47, 52). 요한은 로마 병사들도 함께 왔다고 한다(요 18:3, 12). 이들은 혹시 모를 폭동을 막기 위해서 왔으며, 로마 병사들이 왔다는 것은 빌라도도 이날 밤 산헤드린이 예수님을 잡아들이려 한다는 사실을 알고 있었음을 의미한다.

유다는 함께 온 자들에게 자신이 입 맞추는 자가 예수님이니 그를 잡으라고 했다(44절). 이 사람들은 예수님에 대해 잘 모른다. 예수님이 어떻게 생겼는지도 모르기 때문에 유다가 알려 주어야 한다. 그들은 상관의 명령에 따라 움직이고 있을 뿐이다. 또한 그들은 제자들에게 전혀 관심이 없다. 그들의 주인들은 오직 예수님만 잡아 오라고 했다. 당시 사람들은 볼에 입을 맞추는 것을 인사로 삼았다. 유다는 예수님에게 배신의 입맞춤으로 인사하겠으니 그를 잡아가라고 한다.

유다는 예수님에게 "랍비여"라며 입을 맞추었다(45절). 유다가 예수님을 잡으러 온 자들에게 신호로 사용한 '입 맞추다'(φιλέω)(44절)와 45절의 '입 맞추다'(καταφιλέω)는 의미가 다소 다른 동사들이다. 45절의 '입을 맞추다'(καταφιλέω)는 더 큰 사랑과 환영의 표시로 더 오래 입 맞추는 것을 뜻한다(BAGD, TDNT). 가룟 유다는 함께 온 자들에게 누가 예수님인지 확실하게 알려 주기 위해 긴 입맞춤을 한 것이다(Davies & Allison). 그러자 유다와 같이 왔던 자들이 곧바로 예수님을 체포했다(46절).

이때 제자 중 하나가 칼을 빼 대제사장의 종을 쳐서 귀를 잘랐다(47절). 요한은 베드로가 칼로 대제사장의 종을 쳤다고 한다(요 18:10). 또한 종의 이름이 말고(Μάλχος)라는 정보도 제공한다. 이때 대제사장은 가야바였다. 말고는 모든 것이 가야바의 뜻대로 이뤄지도록 현장을 감독하고 지휘하도록 파송된 사람이다(Davies & Allison).

마가는 예수님이 칼을 당장 칼집에 꽂으라며 베드로를 나무라신 디테일을 생략한다(마 26:52). 한편, 누가는 예수님이 말고의 귀를 치료해 주셨다는 말을 더한다(눅 22:51). 또한 마태는 칼을 가지는 자는 다 칼로 망할 것이라며 예수님이 제자들과 유다가 데리고 온 무리에게 경고하셨다고 한다(마 26:52). 아무도 폭력을 사용하지 못하도록 상황을 통제하신 것이다. 이 일이 있고도 베드로가 끌려가지 않는 것으로 보아 그들은 제자들에게 전혀 관심이 없다. 오직 예수님만 잡아서 보낸 자들에게 끌고 가면 된다.

만일 예수님이 신속하게 개입하지 않고 상황을 내버려 두시면, 분명 제자들이 다친다. 심지어 모두 죽을 수도 있다. 유다와 함께 온 자들이 무장을 하고 왔기 때문이다. 게다가 로마 군인들도 있다. 예수님은 이어서 잡으러 온 무리에게 말씀하셨다. "너희가 강도를 잡는 것 같이 검과 몽치를 가지고 나를 잡으러 나왔느냐"(48절). 예수님은 누구에게 폭력을 사용하거나 위험한 일을 하신 적이 없다. 더욱이 그들을 보낸 주인들과 연관해 유일하게 한 일이라고는 날마다 성전 뜰에 앉아 가르치신 것밖에는 없다. 만일 그들이 예수님을 잡을 생각이 있었으면 그동안 얼마든지 무력을 쓰지 않고 잡을 기회가 있었다(49절). 그때는 사람들이 두려워 아무 일도 못 하다가(11:18), 이 야밤에 예수님을 잡겠다며 칼과 몽치로 무장한 무리를 보냈다.

예수님이 그 누구도 폭력을 사용하지 못하게 하신 데는 세 가지 이유가 있다(Boring, cf. Keener). 첫째, 예수님은 평소에 복수하지 말고 폭력도 사용하지 말 것을 당부하셨다. 그리고 이러한 가르침을 실천하신다. 둘째, 예수님은 자신의 의지에 따라 잡히시는 것을 제자들에게 보이시고자 한다. 만일 자신의 의지와 상관없이 잡히는 것이라면, 제자들이 개입하지 않아도 얼마든지 자신을 보호하실 수 있다.

셋째, 성경을 이루기 위해 잡히신다(cf. 49절). 예수님에 대한 예언은 고난도 포함한다. 그러므로 예수님은 어떠한 저항도 없이 이 길을 가고자 하신다. 만일 예수님이 그들에게 잡혀가지 않으시면 성경이 이뤄질 수 없다. 구약에는 예수님에 대한 다양한 예언, 특히 이사야 42-53장에 기록된 고난받는 종에 대한 예언이 있다. 만일 잡히기를 거부하시면, 이 예언들이 성취될 수가 없다. 그러므로 그들에게 잡히신 것은 예언 성취를 위해 예수님의 통제 아래 일어난 일이다. 예수님에게는 자신의 안전보다 하나님의 뜻이 이루어지는 것이 더 중요하기 때문이다.

제자들이 모두 예수님을 버리고 도망했다(50a절). 다른 제자들은 몰라도 자신은 절대 예수님을 버리지 않을 뿐 아니라 예수님과 함께 죽겠다던 베드로도 도망갔다. 또한 한 청년이 벗은 몸에 베 홑이불을 두르고 예수님을 따라가다가 무리에게 잡히자 베 홑이불을 버리고 벗은 몸으로 도망했다(51-52절). 이 같은 사실은 마가복음에만 기록되어 있다. 학자들은 수많은 추측을 제시했다(cf. Brown, Evans, Marcus). 대부분은 이 청년이 이 복음서의 저자인 마가라고 주장한다(Cranfield, Evans, Lane, Wessel & Strauss).

이 말씀은 교회에 다닌다고 해서 모두 예수님을 영접한 것은 아니며, 많은 세월을 교회 테두리 안에서 보냈다고 해서 신앙이 성장하는 것도 아니라는 사실을 상기시켜 준다. 만일 교회 안에서 보낸 시간이 신앙의 성장을 보장한다면 가룟 유다는 예수님을 팔지 않았을 것이다. 그는 3년이나 주님과 같이 생활하면서도 끝까지 예수님을 구주로 영접하지 않았다.

예수님께 가장 중요한 것은 성경에 기록된 하나님 아버지의 뜻을 이루는 일이었다. 심지어 개인의 안전도 성경에 기록된 것들을 성취하는 일에 앞설 수 없었다. 우리도 성실하게 하나님의 말씀에 따라 살아야 한다. 이렇게 하는 것이 순종이며, 하나님의 나라를 이 땅에 임하게 하는 것이다.

F. 예수님이 재판을 받으심(14:53–15:15)

가룟 유다의 배신으로 유대교 지도자들에게 잡히신 예수님은 곧바로 재판에 회부되신다. 먼저 유대인들의 가장 높은 재판 기관인 예루살렘 산헤드린 앞에 서시고, 이어서 유대를 다스리는 이방인 재판정에 서신다. 그동안 유대교 지도자들은 예수님에 대한 여론을 악하게 조장하느라 분주했을 것이다. 이 섹션은 다음과 같이 구분된다.

A. 산헤드린 앞에 서심(14:53–65)
B. 베드로가 예수님을 부인함(14:66–72)
C. 빌라도 앞에 서심(15:1–5)
D. 십자가형 판결(15:6–15)

1. 산헤드린 앞에 서심(14:53–65)

[53] 그들이 예수를 끌고 대제사장에게로 가니 대제사장들과 장로들과 서기관들이 다 모이더라 [54] 베드로가 예수를 멀찍이 따라 대제사장의 집 뜰 안까지 들어가서 아랫사람들과 함께 앉아 불을 쬐더라 [55] 대제사장들과 온 공회가 예수를 죽이려고 그를 칠 증거를 찾되 얻지 못하니 [56] 이는 예수를 쳐서 거짓 증언 하는 자가 많으나 그 증언이 서로 일치하지 못함이라 [57] 어떤 사람들이 일어나 예수를 쳐서 거짓 증언 하여 이르되 [58] 우리가 그의 말을 들으니 손으로 지은 이 성전을 내가 헐고 손으로 짓지 아니한 다른 성전을 사흘 동안에 지으리라 하더라 하되 [59] 그 증언도 서로 일치하지 않더라 [60] 대제사장이 가운데 일어서서 예수에게 물어 이르되 너는 아무 대답도 없느냐 이

사람들이 너를 치는 증거가 어떠하냐 하되 ⁶¹ 침묵하고 아무 대답도 아니하시거늘 대제사장이 다시 물어 이르되 네가 찬송 받을 이의 아들 그리스도냐 ⁶² 예수께서 이르시되 내가 그니라

인자가 권능자의 우편에 앉은 것과

하늘 구름을 타고 오는 것을 너희가 보리라

하시니 ⁶³ 대제사장이 자기 옷을 찢으며 이르되 우리가 어찌 더 증인을 요구하리요 ⁶⁴ 그 신성 모독 하는 말을 너희가 들었도다 너희는 어떻게 생각하느냐 하니 그들이 다 예수를 사형에 해당한 자로 정죄하고 ⁶⁵ 어떤 사람은 그에게 침을 뱉으며 그의 얼굴을 가리고 주먹으로 치며 이르되 선지자 노릇을 하라 하고 하인들은 손바닥으로 치더라

유대인들의 전승인 미쉬나(Mishnah)에 따르면 예수님의 재판과 유대인들의 재판 규범에는 상당한 차이가 있다. (1)낮에 해야 할 재판을 밤에 했다. (2)성전 뜰에서 해야 할 재판이 대제사장의 사저에서 진행되었다. (3)종교 절기 중에는 재판을 할 수 없는데, 무교절에 재판했다. (4)재판은 무죄를 전제하고 시작해 유죄를 입증해야 하는데, 유죄를 전제하고 시작했다. 이러한 이유 등으로 이 사건의 역사성을 부인하는 이들도 있지만, 전혀 설득력이 없는 주장이다. 미쉬나는 이 재판이 있은 지 200년 후에 정리된 문서이며, 유대인들의 이상적인 기준에 관한 것이지 실제로 있었던 일과는 거리가 멀다(cf. Brown, Carson, Garland). 유대교 지도자들은 어떻게 해서든 예수님을 신속하게 처리하고자 한다. 시간을 끌수록, 공정하게 진행할수록 자신들에게 불리하다는 것을 잘 알기 때문이다.

따라서 이 지도자들에게 공정하고 합리적인 재판을 기대하는 것은 옳지 않다. 그들은 이미 판결을 정해 놓고 예수님을 잡아들였다. 게다가 폭동을 두려워하기에 최대한 사람이 없는 시간에 신속하게 예수님을 재판하고 로마 사람들에게 넘겨 일을 마무리하고자 한다. 사람들이

상황을 알아채고 폭동을 일으킬 가능성을 배제하기 위해 이런 악한 일을 하는 자들에게 공정한 재판을 기대하는 것 자체가 말이 안 된다.

예수님은 대제사장에게 끌려가셨다(53a절). 마태는 예수님이 대제사장 가야바의 집으로 끌려가셨다고 한다(마 26:57). 가야바(Καϊάφας)는 로마 사람들에게 대제사장직을 허락받은 사람이며, 18-36년에 대제사장으로 활동했다. 로마 사람들이 그의 장인인 안나스(Annas, 6-15년에 대제사장으로 활동함)를 15년에 대제사장직에서 해임했지만, 가야바는 그 자리를 물려받는 데 성공했다(Wessel & Strauss). 대제사장들과 장로들과 서기관들이 그곳에 모여 있었다(53b절). 마태에 따르면 이 일이 있기 전에 그들은 예수님을 잡으려고 가야바의 관정에서 모여 의논한 적이 있다(마 26:3). 서기관과 장로들이 모여 있다는 것은 예루살렘 산헤드린이 예수님을 잡아들이는 일을 정식으로 인준했으며, 지금 열리는 재판은 산헤드린이 주관하고 있음을 암시한다.

베드로가 멀찍이 예수님을 따라 대제사장의 집 뜰에 들어와 아랫사람들과 함께 앉아 불을 쬈다(54절). '아랫사람들'(ὑπηρέται)은 경비원들을 뜻한다(공동, 아가페, 현대인, NIV, NRS). 요한은 예수님을 잡아들인 성전 경비원들을 이렇게 불렀다(요 18:12). 베드로는 무장한 경비원들 사이에 끼어 불을 쬐고 있었다. 그는 예수님이 어떻게 되시는지 지켜보려고 왔다. 요한은 다른 제자 한 사람도 함께 갔다고 한다(요 18:15-16). 다른 복음서에는 언급되지 않은 내용이다. 아마도 '다른 제자'는 요한 자신이었을 것이다. 예수님과 함께 죽겠다던(cf. 31절) 베드로는 차마 예수님 옆에 서서 재판받을 용기가 없다. 그러나 같은 말을 하고 도망간 다른 제자들과는 다르다. 베드로는 용감함과 비겁함의 중간에 있다. 예수님이 십자가에 못 박히실 때는 요한도 근처에 있었지만, 나머지 제자들은 찾아볼 수 없었고 오직 몇몇 여인만이 마지막 가시는 길을 배웅했다(15:41-42; cf. 마 27:55-56; 요 19:25-27). 그러므로 예수님과 제자들의 이야기는 신실한 주인과 신실하지 못한 종들이 대조를 이루는 이야기다.

대제사장들과 온 공회(산헤드린)가 예수님을 죽이려고 증거를 찾았다 (55절). 산헤드린은 유대인들의 종교적인 이슈를 판결했다. 작은 지역에서는 몇 명으로 구성되었지만(cf. 마 5:22; 10:17), 예루살렘 공회는 현 대제사장과 70명으로 구성된 가장 크고 권위 있는 집단이었다. 간단한 이슈에 대해서는 3명이 판결을 내렸으며, 사형을 내릴 수 있는 재판은 최소 23명의 출석이 필요했다(ABD).

유대교 지도자들은 어떻게 해서든 예수님을 죽이려고 했다(11:18; 12:12; 14:1). 드디어 자신들이 원하는 바를 이룰 기회가 왔다. 재판이 시작되자 증인이 많이 왔다(56절). 유다가 그들에게 예수님을 넘겨주기로 한 이후부터 그들은 예수님을 처형할 증거와 증인들을 찾았다. 그러나 마땅치 않았다. 그들의 증언이 서로 일치하지 않았기 때문이다. 그들이 한 증언의 신빙성을 시험하면 사실이 아니라는 것이 드러났다. 따라서 재판 결과는 이미 정해 놓았지만, 명분이 약했다. 이 증인들은 대제사장 등 산헤드린 멤버에게 매수된 사람들이다. 한밤중에 진행되는 재판에 자원해서 증인들로 출석하는 것만 보아도 알 수 있다(cf. Strauss).

그러다가 어떤 사람들이 나서서 증언했다(57절). 그들은 예수님이 "손으로 지은 이 성전을 내가 헐고 손으로 짓지 아니한 다른 성전을 사흘 동안에 지으리라"라고 했다고 말했다(58절; cf. 15:29). 그러나 이 증언도 서로 일치하지 않았다(59절). 마가는 아예 그들이 '거짓 증언을 했다'(ἐψευδομαρτύρουν)고 한다(57절). 아마도 산헤드린이 돈을 주고 세운 자들이었을 것이다. 율법은 피고가 사형을 받을 수 있는 재판에서는 최소 두 명의 증인이 같은 증언을 해야 한다고 한다(민 35:30; 신 17:6; 19:15).

이 사람들은 예수님의 "너희가 이 성전을 헐라 내가 사흘 동안에 일으키리라"(요 2:19)라는 말씀에 대해 증언하고 있다. 제자들도 이해하기 어려워했던 말씀이다. 이 말씀에서 '성전'은 예수님의 몸을 의미하지만

(요 2:21), 이 사람들은 실제 성전이라고 한다. 또한 예수님은 "너희가 헐면 내가 일으키리라"라고 하셨는데, 이들은 예수님이 스스로 성전을 헐고 다시 지을 수 있다고 했다고 한다. 이 증인들은 예수님의 말씀 중에서 꼬아서 악용하기에 최고로 좋은 것들을 선택한 것이다.

당시 성전을 파괴하면 사형 죄에 해당했다. 그런데 왜 대제사장 가야바는 유독 이 성전 파괴 증언에만 집중하는 것일까? 아마도 며칠 전에 예수님이 성전에 와서 장사꾼들을 몰아내신 일을 난동이라 생각해 분노했기 때문일 것이다. 제사장들은 예수님이 그들의 '밥그릇'을 걷어 찼다고 생각한다.

가야바는 예수님에게 사실 여부를 물었지만, 예수님은 아무런 대답도 하지 않으셨다(60-61a절). 정당한 재판이 되려면 예수님이 그들의 증언에 대해 반박하거나 해명하셔야 한다. 그러나 이미 판결이 결정된 가식적이고 억지스러운 재판에서 굳이 대꾸할 필요를 느끼지 못하셨다. 어떤 말을 해도 꼬투리를 잡을 것이기 때문이다. 또한 침묵은 고난받는 종이 취하는 자세다. "그가 곤욕을 당하여 괴로울 때에도 그의 입을 열지 아니하였음이여 마치 도수장으로 끌려 가는 어린 양과 털 깎는 자 앞에서 잠잠한 양 같이 그의 입을 열지 아니하였도다"(사 53:7). 그러므로 예수님의 침묵은 이 일방적인 재판을 거부하신 것(Brown), 혹은 편파적인 판결을 저항하지 않고 수용하실 것을 의미한다(Nolland, cf. 시 38:13-15; 29:9).

피고인인 예수님이 말을 해야 재판의 면모를 갖출 수 있다. 그러나 예수님은 침묵으로 일관하시며 협조하지 않으신다. 대제사장이 예수님의 침묵에 열이 받았다. 그는 예수님에게 "네가 찬송 받을 이의 아들 그리스도냐"라고 다그쳤다(61b절). 마태는 대제사장 가야바가 예수님에게 "내가 너로 살아 계신 하나님께 맹세하게 하노니"라는 말로 대답을 요구했다고 한다(마 26:63). '맹세하다'(ἐξορκίζω)는 법정에서 진실을 요구할 때 사용하는 전문 용어다(TDNT). 더욱이 살아 계신 하나님께 맹세하면 반드시 말을 해야 한다(Brown).

　그동안 예수님이 메시아인가에 대한 유대인들의 질문이 끊이지 않았다. 그때마다 예수님은 대중에게 직접적으로 답을 하지 않으셨다. 귀신들은 예수님이 메시아라는 사실을 알았고(3:11; 5:7), 하나님은 예수님을 가리켜 자기 아들이라고 하셨다(1:11; 9:7). 그러나 예수님이 스스로 하나님의 아들이라고 하신 것은 재림이 언제 있을지 모른다고 하신 13:32이 유일하다. 정복자 메시아를 원하는 유대인들의 바람과 달리 고난받는 인자로 오신 예수님은 메시아적 비밀(messianic secrecy)을 유지하기 위해 자신이 하나님의 아들이라는 사실을 알리려 하지 않으셨다. 게다가 지도자들은 이미 예수님을 가짜 메시아로 결론 지은 상황이다.

　'찬송 받을 이의 아들'(υἱὸς τοῦ εὐλογητοῦ)은 여호와 하나님의 아들을 의미한다. 이스라엘의 찬송을 받을 분은 여호와 하나님 한 분이시다. '그리스도'(χριστὸς)는 구약의 메시아(기름 부음을 받은 왕)를 헬라어로 번역한 것이다. 예수님이 흔히 사용하신 인자와 달리 이 호칭은 군사적 정복자로 오시는 메시아를 강조한다. 가야바는 어떻게 해서든 예수님을 반역을 선동하는 자(insurrectionist)로 몰아가야 한다. 그래야 예수님이 로마 제국에 위협이 된다며 빌라도 총독의 처벌을 받아낼 수 있기 때문이다(Davies & Allison, France).

　예수님은 대제사장에게 "내가 그니라"(ἐγώ εἰμι)라고 대답하셨다(62a절). 마태는 예수님이 "네가 말하였느니라"(σὺ εἶπας)라고 대답하셨다고 한다(마 26:64). 마태복음에서 이 대답은 가룟 유다(마 26:25)와 빌라도(마 27:11)에게 하신 대답과 같다. 즉답을 피하면서 간접적으로 '그렇다'고 답하시는 것이다. 누가는 예수님의 답을 "너희들이 내가 그라고 말하고 있느니라"라고 기록한다(눅 22:70). 이와는 대조적으로 마가는 직접적으로 "내가 그니라"라고 답하셨다고 한다. 복음서에서 예수님 자신이 하나님의 아들이라는 가장 확실한 선언이다.

　예수님은 이어서 그들이 '인자가 권능자의 우편에 앉은 것과 하늘 구름을 타고 오는 것을 볼 것'이라고 하신다(62절). 산헤드린 전체에 하시는 말씀이며, 다음에 그들이 예수님을 볼 때는 심판하시는 하나님으로 만나게 될 것이라는 말씀이다. '권능자'(τῆς δυνάμεως)는 여호와 하나님을 뜻하며, 하나님의 우편에 앉으신다는 것은 시편 110:1을 인용한 말씀이다. 구름을 타고 오시는 것은 다니엘 7:13을 인용한 것이다.

대제사장은 자기 옷을 찢으며 예수님이 신성 모독을 했으므로 사형에 처해야 한다고 산헤드린을 선동한다(63-64절). 가야바가 예수님의 말씀을 왜 신성 모독이라고 하는지 학자들 사이에 상당한 논쟁이 있다(cf. Davies & Allison, Lane, Marcus, Wessel & Strauss). 그러나 이유는 간단하다. 그들은 이미 판결을 결정해 놓고 재판을 시작했다. 증인들도 변변치 않다. 그러므로 신성 모독이 예수님을 몰아갈 만한 유일한 죄다.

유대교를 대표하는 대제사장이라는 자가 예수님이 왜 이렇게 말씀하시는지 알고자 하지 않는다. 가야바는 진실을 아는 일에는 관심이 없다. 만일 관심이 있었더라면 예수님이 무엇을 근거로 이렇게 말씀하시는지 질문했을 것이다. 이는 옛적에 예레미야가 재판받은 일을 연상케 한다(렘 26:7-11). 그때나 예수님 시대나 종교 지도자들은 현상을 유지하는 데 급급할 뿐, 진리를 추구하는 일에는 관심이 없다. 오늘날 한국 교회를 좀먹는 일부 목회자와 똑같다.

당시 자기 자신을 가리켜 메시아라고 지칭하는 것은 사형을 당할 만한 죄는 아니었다. 가야바는 예수님이 하나님의 우편에 앉아 있을 것이라고 하신 데 분노했다. 이런 말은 오직 하나님만 하실 수 있는 말씀이기 때문이다(Brown). 예수님이 자신을 하나님이라고 한 것이 가야바를 심히 분노하게 했다. 하나님의 이름을 팔아 자기 신분을 유지하며 종교 장사를 하는 자들이 성육신하신 하나님을 죽이려고 한다! 하나님이신 예수님이 자신을 가리켜 하나님이라고 했다는 이유로 인간들이 하나님을 죽이려 하는 것이 참으로 아이러니하다.

가야바 집에 모인 자들이 예수님의 얼굴에 침을 뱉으며 주먹으로 치고, 손바닥으로 때렸다(65절). 이사야의 종의 노래 일부가 이 순간 성취되었다. "나를 때리는 자들에게 내 등을 맡기며 나의 수염을 뽑는 자들에게 나의 뺨을 맡기며 모욕과 침 뱉음을 당하여도 내 얼굴을 가리지 아니하였느니라"(사 50:6). 그들은 예수님을 빈정대며 놀리기도 했다. "선지자 노릇을 하라"(65절). 얼굴을 가리고 때렸으니 누가 때렸는지 말하라는 것이다. 예수님은 그들의 폭력을 하나님이 치시는 것으로 받아들이셨다(cf. 27절).

중세 시대 일부 그리스도인들은 이 사건을 근거로 반유대주의(anti-Semitism)를 주장했다. 유대인들은 '하나님을 죽인 자들'이므로 모두 혼을 내 줘야 한다는 것이었다. 그러나 예수님이 여러 차례 말씀하신 것처럼 이 일도 하나님의 구속사의 일부이며, 하나님의 통제 아래 일어난 일이다. 또한 야밤에 신속하게 진행된 예수님 재판에 모든 유대인이 참여한 것도 아니다. 단지 영적 눈이 어두운 소수의 지도자가 저지른 만행이다. 그러므로 모든 유대인을 하나님을 죽인 자로 몰아가는 것은 가야바가 예수님이 신성 모독을 했다며 억지스러운 주장을 한 것과 다를 바가 없다.

이 말씀은 교회 지도자들인 우리에게도 경고가 되어야 한다. 만일 우리가 현상 유지하거나 혹은 하나님 일을 하느라 너무 바빠서 하나님이 오시는 것을 알지 못하거나 알려고 하지 않는 죄를 범한다면, 우리 역시 예수님을 죽이는 유대교 지도자들과 무엇이 다르겠는가? 항상 깨어 기도하고 성경 말씀 배우기를 게을리하지 않으면서 주님의 오심을 준비하는 삶을 살아야 한다.

2. 베드로가 예수님을 부인함(14:66-72)

⁶⁶ 베드로는 아랫뜰에 있더니 대제사장의 여종 하나가 와서 ⁶⁷ 베드로가 불 쬐고 있는 것을 보고 주목하여 이르되 너도 나사렛 예수와 함께 있었도다 하거늘 ⁶⁸ 베드로가 부인하여 이르되 나는 네가 말하는 것이 무엇인지 알지 도 못하고 깨닫지도 못하겠노라 하며 앞뜰로 나갈새 ⁶⁹ 여종이 그를 보고 곁 에 서 있는 자들에게 다시 이르되 이 사람은 그 도당이라 하되 ⁷⁰ 또 부인하 더라 조금 후에 곁에 서 있는 사람들이 다시 베드로에게 말하되 너도 갈릴 리 사람이니 참으로 그 도당이니라 ⁷¹ 그러나 베드로가 저주하며 맹세하되 나는 너희가 말하는 이 사람을 알지 못하노라 하니 ⁷² 닭이 곧 두 번째 울더 라 이에 베드로가 예수께서 자기에게 하신 말씀 곧 닭이 두 번 울기 전에 네 가 세 번 나를 부인하리라 하심이 기억되어 그 일을 생각하고 울었더라

예수님은 베드로가 이 밤 닭이 두 번 울기 전에 주님을 세 번 부인 할 것이라고 하셨다(30절). 베드로는 절대 그럴 일은 없을 것이라고 했 지만(31절), 안타깝게도 예수님의 예언이 현실이 되었다. 마치 그가 겟세마네 동산에서 예수님의 '깨어 있으라'는 말씀대로 깨어 있지 못 했던 것이 세 차례였던 것처럼 이번에도 세 차례 예수님을 부인한다 (Garland).

그래도 우리가 베드로를 다른 제자들보다 더 높이 평가하는 것은 다 른 제자들은 모두 도망갔는데 그는 숨어서나마 예수님을 따라왔기 때 문이다. 베드로가 예수님을 세 차례 부인한 것은 어느 정도 시간을 두 고 일어난 일이지만, 마가는 매우 짧은 시간에 있었던 일로 묘사한다. 독자들에게 더 강한 충격을 주기 위해서다.

첫 번째 부인(66-68절)은 베드로가 아래 뜰에서 종들과 함께 앉아 불 을 쬐고 있었을 때 일어난 일이다. 그동안 베드로는 예수님의 재판을 멀찍이 떨어져 지켜보고 있었다. 그때 대제사장의 한 여종이 그에게 오더니 "너도 나사렛 예수와 함께 있었다"라고 했다(67절). 여종이 지난 며칠 동안 예수님을 따라 예루살렘성을 출입하던 베드로를 본 일이 생각난 것이다. 특히 이 여종은 대제사장의 종이었기 때문에 성전을 드나들며 성전 뜰에서 가르치고 논쟁하시는 예수님과 제자들을 여러 차례 보았을 것이다. 베드로는 그녀가 '말하는 것이 무엇인지 알지도 못하고 깨닫지도 못하겠다'며 앞뜰로 자리를 옮겼다(68절). 그는 예수님과 함께 있었다는 말에 직접 답하기보다는 질문을 피했다.

두 번째 부인(69-70a절)은 베드로가 여종을 피해 앞뜰로 자리를 옮겼을 때 있었던 일이다. 그는 아래 뜰에 피워진 모닥불의 따뜻함을 뒤로하고 앞뜰(거리와 문이 만나는 곳)까지 갔다. 이번에도 한 여종이 와서 베드로를 가리켜 "그 도당이다"라고 했다(70절). 이 여종이 아래 뜰에서 베드로에게 말한 여종인지, 다른 여종인지는 확실하지 않다. 그녀가 '다시'(πάλιν) 말했다는 것으로 보아 같은 사람이다(69절). 마태는 '다른'(ἄλλη) 여종이었다고 한다(마 26:71). '도당'(οὗτος ἐξ αὐτῶν ἐστιν)은 '그들 중 하나'라는 뜻이다. 처음에는 여종이 베드로에게만 말했는데, 이번에는 베드로 주변에 있는 사람들에게 떠들어대고 있다. 상황이 첫 번째보다 좋지 않다. 베드로는 '다시, 또'(πάλιν) 아니라고 부인했다(70a절).

세 번째 부인(70b-72절)은 잠시 후 베드로 주변에 서 있는 사람들이 "너도 갈릴리 사람이니 참으로 그 도당이다"라고 할 때 있었던 일이다(70절). 누가는 이 일이 두 번째 부인이 있고 난 뒤 한 시간 후에 있었던 일이라고 한다(눅 22:59). 그들은 베드로의 말소리를 증거로 들었다. 베드로의 말투가 갈릴리 지역 사투리 또는 억양을 반영하고 있었기 때문이다(cf. 삿 12:5-6). 그들은 베드로에게 주인이 구속되었으니 그도 구속되어야 한다는 의미로 이렇게 말한 것이다(Wessel & Strauss).

그러자 베드로는 저주하고 맹세하며 그 사람을 알지 못한다고 했다(71절). 어떤 이들은 베드로가 예수님을 저주했다고 하는데(Boring), 설득력이 없는 주장이다(cf. Carson). 저주는 어떤 조건을 위반할 때 하나님의 벌이 자신에게 임해도 좋다고 하는 말이다. 구약에서는 룻의 저주가 좋은 사례다. "어머니께서 죽으시는 곳에서 나도 죽어 거기 묻힐 것이라 만일 내가 죽는 일 외에 어머니를 떠나면 여호와께서 내게 벌을 내리시고 더 내리시기를 원하나이다"(룻 1:17). 베드로는 만일 자신이 예수님을 아는데 모른다고 거짓말하고 있다면, 자신에게 하나님의 저주가 임할 것이라고 선언한 것이다.

일이 점점 꼬여 가고 있다. 처음에는 여종이 그에게만 물었다. 두 번째는 여종이 주변 사람들에게 알렸다. 베드로는 부인했다. 이번에는 여러 사람이 그에게 말했다. 그러자 저주와 맹세로 겨우 위기에서 빠져나갔다. 차라리 맨 처음에 그 자리를 떠났으면 좋았을 뻔했다. 그가 예수님을 세 차례 부인하자 닭이 곧 두 번째 울었다.

닭이 울자 베드로는 이 밤에 닭이 두 번 울기 전에 그가 예수님을 세 차례 부인할 것이라고 하신 말씀이 생각났다(30절). 베드로는 밖으로 나가 울었다(72절). "누구든지 사람 앞에서 나를 부인하면 나도 하늘에 계신 내 아버지 앞에서 그를 부인하리라"(마 10:33)라는 예수님의 말씀에 비추어 볼 때 베드로는 참으로 심각한 죄를 저질렀다. 베드로의 이름은 '바위'(rock)라는 의미를 지녔다. 그러나 그는 이 순간 더는 내려갈 수 없는 밑바닥(rock bottom)에 와 있다(Strauss). 그도 이러한 사실을 알기에 심히 통곡하며 자신의 죄를 회개했을 것이다.

이날 밤 베드로는 예수님을 세 차례 부인했지만, 예수님은 그를 버리지 않으셨다. 부활하신 예수님이 그에게 다시 기회를 주셨기 때문이다(요 21:15-17). 그를 회복시키셔서 초대교회에서 중요한 지도자로 활동하게 하셨다(행 1-10장). 베드로는 이날의 실패를 거울삼아 하나님의 종이 된 것이다.

이 말씀은 임기응변으로 문제를 해결할 수 없다고 한다. 베드로는 위기를 모면하려고 거짓말하다가 세 차례나 예수님을 부인했다. 우리도 비슷한 과오를 범하지 않도록 진실되게 살아야 한다. 때로는 항변보다는 침묵이 훨씬 더 효과적이다. 사람에게는 자기가 듣고 싶은 것만 듣는 나쁜 습성이 있기 때문이다. 또한 양심적으로 감당하기 힘든 자리는 피하는 것도 좋다. 만일 베드로가 예수님을 처음 부인했을 때 그 자리를 떠났더라면 세 차례나 부인하지는 않았을 것이다.

예수님은 실패한 베드로를 버리지 않으셨다. 그를 회복시켜 교회의 리더로 삼으셨다. 실패는 누구나 할 수 있다. 다만 실패한 후에 어떻게 하는지가 더 중요하다. 실패를 통해 성장하고, 주님이 기회를 주실 때 빛을 발하면 된다. 실패했다고 위축될 필요는 없다.

V. 마지막 날들(14:1-15:47)
  F. 예수님이 재판을 받으심(14:53-15:15)

3. 빌라도 앞에 서심(15:1-5)

¹ 새벽에 대제사장들이 즉시 장로들과 서기관들 곧 온 공회와 더불어 의논하고 예수를 결박하여 끌고 가서 빌라도에게 넘겨 주니 ² 빌라도가 묻되 네가 유대인의 왕이냐 예수께서 대답하여 이르시되 네 말이 옳도다 하시매 ³ 대제사장들이 여러 가지로 고발하는지라 ⁴ 빌라도가 또 물어 이르되 아무 대답도 없느냐 그들이 얼마나 많은 것으로 너를 고발하는가 보라 하되 ⁵ 예수께서 다시 아무 말씀으로도 대답하지 아니하시니 빌라도가 놀랍게 여기더라

예수님의 재판이 두 차례 있었는지, 혹은 한 차례 있었는지에 대해 학자들 사이에 상당한 논쟁이 있다(cf. Carson, Marcus, France, Wessel & Strauss). 만일 재판이 한 차례 있었다면 본문은 이 재판에 대한 결론이며, 만일 재판이 두 차례 있었다면 본문은 새벽에 이뤄진 두 번째 재판이다. 의미에서는 별 차이가 없다. 본문이 유대인 지도자들이 예수님을 총독에게 보낸 것을 매우 간단하게 묘사하는 것으로 보아 밤새 재판이

있었고, 이 말씀은 그 재판의 결과를 회고하고 있는 것으로 보인다.

새벽에 모든 대제사장과 백성의 장로들과 서기관들이 함께 모여 의논했다(1a절). 이들은 공회(산헤드린)를 구성하는 자들이다(cf. 8:31; 11:27; 14:43). 이들이 예수님을 죽이려고 함께 의논하고 판결을 내렸다는 것은 공회를 구성하는 71명 중 최소 23명이 새벽에 모여 결정했다는 뜻이다. 상황이 상황인 만큼 아마도 상당히 많은 공회원이 모였을 것이다.

로마 사람들은 유대인들에게 사형을 집행할 권리를 주지 않았다. 따라서 예수님을 죽이기로 결정한 종교 지도자들은 로마가 세운 총독 빌라도에게 결박한 예수님을 넘겨주었다(1b절). 그들은 어떻게 해서든지 예수님을 로마 제국의 평안을 위협하는 폭동 선동자(insurrectionist)로 각인시켜야 한다. 로마 사람들은 유대인들의 종교적 이슈에는 관여하지 않았기 때문이다.

빌라도는 티베리우스 황제(Caesar Tiberius)에 의해 총독으로 임명되어 26년부터 36년까지 유대와 사마리아 지역을 관리했다(ABD). 요세푸스에 따르면 그는 참으로 잔인하고 폭력적인 사람이었다. 또한 매우 강한 반유대주의 성향을 지닌 사람이었으며, 갖가지 만행을 저질렀다. 반면에 성경은 그를 우유부단하고 유대인들의 눈치를 보는 사람으로 묘사한다. 그럴 수밖에 없는 것이 그가 예수님을 십자가에 매달 때쯤에는 그의 정치적인 입지가 매우 좁아져 있었기 때문이다(cf. Marcus, Wilkins). 결국 그는 몇 년 후 로마의 문책성 소환을 받았다. 그는 평상시에는 가이사랴(Caesarea Maritima)에서 살았지만, 유대인들의 주요 절기 때는 병력을 이끌고 예루살렘에 와 있었다.

총독은 예수님에게 "네가 유대인의 왕이냐"라고 물었다(2a절). 마가복음에서 '유대인의 왕'(ὁ βασιλεὺς τῶν Ἰουδαίων)이라는 타이틀이 처음 사용되고 있다. 앞으로 몇 차례 더 사용될 것이다(15:2, 9, 12, 18, 26). 빌라도의 질문은 대제사장 가야바의 질문과 유형이 비슷하다. "네가 찬송 받을 이의 아들 그리스도냐"(14:61). 다만 가야바는 예수님에게 신

성 모독에 대해 질문했지만, 빌라도는 로마 제국을 위협하는 반역자인
지를 묻는다. 유다를 다스리는 총독 빌라도는 수많은 반역자를 재판해
보았지만, 예수님 같은 반역자는 보지 못했을 것이다. 반역하기에는
너무나도 온순해 보이고, 정치적 야심이 전혀 없어 보인다. 이런 사람
을 반역자라고 데려온 자들이 참으로 억지스러운 주장을 펼친다고 생
각했을 것이다(cf. 10절). 그러나 고발자들이 지켜보고 있으니 그들의 고
발에 따라 이렇게 물은 것이다.

예수님은 빌라도의 질문에 "네 말이 옳도다"(σὺ λέγεις)라며 짤막하게
답하셨다(2b절). 요한은 예수님이 빌라도의 질문에 그분의 나라는 이
세상에 있는 것이 아니라며 상당히 자세하게 대답하신 것으로 기록한
다(요 18:34-37). 이 대답의 문자적 의미는 '네가 말하였다'이다. 한 주
석가는 이 말을 예수님이 '아니다'라고 대답하시는 것으로 해석한다
(Gundry). 그러나 예수님은 아니라고 하시는 것이 아니라, 빌라도에게
상황을 보고 스스로 판단하라고 하시는 것이다(Wilkins). 고발자들은 예
수님이 이 땅에 로마 제국과 경쟁하는 나라를 세우고 다스리려고 한다
며 억지 주장을 하고 있다. 반면에 예수님은 이 땅에는 없는 나라를 세
우셨다.

대제사장들이 여러 가지로 예수님을 고발했다(3절). 그들은 혹시라도
빌라도의 마음이 흔들릴까 봐 걱정이다. 그러므로 고발을 이어 나갔
다. 그들은 계속 억지 주장을 펼쳤지만 예수님은 아무 대답도 하지 않
으셨다(5절; cf. 눅 23:2). 예수님은 산헤드린의 재판을 받을 때도 침묵하
셨다(14:61). 이사야의 고난받는 종의 노래가 예수님의 모습을 예언하
고 있다. "그가 곤욕을 당하여 괴로울 때에도 그의 입을 열지 아니하였
음이여 마치 도수장으로 끌려 가는 어린 양과 털 깎는 자 앞에서 잠잠
한 양 같이 그의 입을 열지 아니하였도다"(사 53:7).

빌라도는 고발자들의 온갖 거짓 증언에 침묵하시는 예수님이 이해
되지 않는다. 그러므로 예수님에게 자신을 변호하라고 한다(4절). 그러

나 예수님이 더는 한마디도 하지 않으시니 총독이 놀랍게 여겼다(5절). 로마 법정에서는 피고가 자신을 변호하는 말이 판결에 가장 큰 영향을 미쳤다(Carson). 또한 피고는 자신을 변호할 기회를 충분히 할애했다. 피고가 침묵할 때 재판관이 세 차례 묻고, 그래도 피고가 침묵하면 모든 죄를 인정하는 것으로 간주했다. 그러므로 로마 사람인 빌라도는 예수님의 침묵이 도대체 이해되지 않았다. 항변해도 모자랄 판인데, 침묵하는 것은 스스로 죄를 뒤집어쓰겠다는 것으로밖에 보이지 않기 때문이다.

빌라도는 이러한 사실을 바탕으로 고발자들이 주장하는 것처럼 예수님이 로마 제국을 위협하는 사람인지 스스로 판단해야 한다. 빌라도가 더 묻지 않는 것으로 보아 그는 예수님이 로마에 어떠한 위협도 되지 않는다고 생각했다(cf. 14절).

고발자들이 시끄럽게 떠들어대는 소리와 예수님의 침묵이 큰 대조를 이룬다. 빌라도는 침묵으로 일관하시는 예수님에게 호감을 가졌고, 억지스러운 주장을 하는 유대교 지도자들에 대해 반감을 가졌다(cf. 10절). 그러므로 그는 예수님을 풀어 주고자 했다(Carson).

이 말씀은 유대교 성도들의 의지와 상관없이 지도자들이 예수님을 죽이기로 결정한 일을 회고한다. 그것도 모두가 잠든 야밤에 매우 신속하게 형식적인 재판을 진행하고 미리 짜 놓은 각본에 따라 내놓은 악한 판결이다. 권력의 가장 저질스러운 모습을 보여 주고 있는 것이다.

나는 개인적으로 '연합회'를 별로 좋아하지 않는다. 대부분 연합회가 좋은 취지로 시작하지만, 시간이 지나면 썩기 마련이다. 모든 인간은 죄에서 잉태된 죄인이기 때문이다. 기독교는 섬기는 것을 리더십의 기본으로 삼는데, 연합회에 임원으로 이름을 올리는 사람들을 보면 대부분 권력을 휘두르려고 한다. 심지어 하나님을 가만히 두지 않겠다고 하는 정신 나간 자가 한 연합회의 회장이 되지 않았던가! 목회자는 조용히 각자에게 맡겨 주신 양들을 섬기고 사랑하는 일을 최우선으로 삼아야 한다. 연합 모임에 참여하는 것이 우리가 최우선으로 삼아야 할 목양에 도움이 되지 않는다면 과감하게 거부해야 한다.

V. 마지막 날들(14:1-15:47)
　F. 예수님이 재판을 받으심(14:53-15:15)

4. 십자가형 판결(15:6-15)

⁶ 명절이 되면 백성들이 요구하는 대로 죄수 한 사람을 놓아 주는 전례가 있더니 ⁷ 민란을 꾸미고 그 민란중에 살인하고 체포된 자 중에 바라바라 하는 자가 있는지라 ⁸ 무리가 나아가서 전례대로 하여 주기를 요구한대 ⁹ 빌라도가 대답하여 이르되 너희는 내가 유대인의 왕을 너희에게 놓아 주기를 원하느냐 하니 ¹⁰ 이는 그가 대제사장들이 시기로 예수를 넘겨 준 줄 앎이러라 ¹¹ 그러나 대제사장들이 무리를 충동하여 도리어 바라바를 놓아 달라 하게 하니 ¹² 빌라도가 또 대답하여 이르되 그러면 너희가 유대인의 왕이라 하는 이를 내가 어떻게 하랴 ¹³ 그들이 다시 소리 지르되 그를 십자가에 못 박게 하소서 ¹⁴ 빌라도가 이르되 어찜이냐 무슨 악한 일을 하였느냐 하니 더욱 소리 지르되 십자가에 못 박게 하소서 하는지라 ¹⁵ 빌라도가 무리에게 만족을 주고자 하여 바라바는 놓아 주고 예수는 채찍질하고 십자가에 못 박히게 넘겨 주니라

유대교 지도자들은 예수님이 신성 모독을 했다며 사형을 받는 것이 마땅하다고 했다(14:64). 그러나 로마 제국은 그들에게 사형을 집행할 권한을 허락하지 않았다. 누구를 처형하는 것은 오직 로마 총독만 할 수 있는 일이었다. 따라서 그들은 예수님을 당시 총독이었던 빌라도에게 끌고 갔다.

로마 사람들에게 신성 모독은 유대인 사이에 일어난 논쟁에 불과할 뿐 죄가 아니다. 사형에 처할 만한 죄는 더더욱 아니다. 그러므로 예수

님을 끌고 와서 고발하는 자들은 예수님이 로마 정권과 평안을 위협하는 위험한 인물이라며 빌라도를 설득해야 한다. 예수님은 평소 '인자'(ὁ υἱὸς τοῦ ἀνθρώπου)라는 호칭을 선호하며 자신이 고난받는 종으로 온 메시아임을 강조하셨다. 반면에 고발자들은 예수님이 로마 제국과 경쟁할 유대인의 나라를 세울 것이라며 정복자를 사칭했다고 한다. "우리가 이 사람을 보매 우리 백성을 미혹하고 가이사에게 세금 바치는 것을 금하며 자칭 왕 그리스도라 하더이다"(눅 23:2).

명절이 되면 총독이 무리의 청원대로 죄수 한 사람을 놓아주는 전례가 있었다(6절). 이때가 유월절이었으니, 일명 '유월절 사면'이다. 어떤 이들은 이 전례에 대해 의문을 제기하기도 한다. 로마법에는 종교 절기 사면에 대한 언급이 없기 때문이다. 그러나 이 정도의 사면은 총독의 재량으로 충분히 할 수 있는 일이다. 또한 총독도 이 제도를 잘 활용하면 골치 아픈 케이스를 재판하지 않아도 되는 좋은 기회가 된다. 따라서 학자들 대부분은 본문이 언급하는 사면이 실제로 있었던 일이라고 결론 짓는다(France, Hagner, Strauss, Wilkins, Witherington).

당시에 바라바라는 유명한 죄수가 있다(7절). '바라바'(Βαραββᾶς)는 아람어와 히브리어로 '아버지'(אַבָּא)와 '아들'(בַּר)을 합한 이름이며, '아버지의 아들'(בַּר־אַבָּא)이라는 의미를 지녔다. 따라서 바라바는 이 죄수의 실제 이름이 아니라 별명이었을 가능성이 많다. 일부 사본은 그를 '예수 바라바'(Ἰησοῦν Βαραββᾶν)라고 한다. 그도 '예수'라는 이름을 지닌 것이다. 두 '예수' 중 하나는 '인간 아버지의 아들'이고, 다른 하나는 '하나님 아버지의 아들'이라는 대조를 이룬다. 원래는 바라바의 이름에 '예수'가 포함되었는데, 필사가들이 불경스럽다며 삭제한 것으로 보인다.

마가는 바라바가 민란을 꾸미고 그 민란 중에 살인하고 체포된 자라고 한다(7절; cf. 눅 23:19). 한편, 요한은 그가 강도였다고 한다(요 18:40). 주석가들은 빌라도가 원래 이날 바라바와 그의 두 부하를 처형하려고 십자가 세 개를 세워 두었는데, 바라바를 살려 달라는 무리의 요구에 따라 그가 매달릴 자리에 예수님을 대신 매달았다고 한다(Carson, Osborne). 예수님은 바라바의 부하들 사이에서 죽으신 것이다.

빌라도 앞에 모인 무리는 전례대로 죄인 하나를 석방해 줄 것을 요구했다(8절). 빌라도는 무리에게 유대인의 왕 예수를 놓아주기를 원하느냐고 물었다(9절). 빌라도는 대제사장들이 예수님을 시기해 그를 죽이려고 넘겨준 사실을 알았다(10절). 그래서 예수님을 살려 보내고자 한다. 빌라도는 무리도 예수님을 원할 것으로 생각했다. 그러나 대제사장들이 무리를 충동한 탓에 도리어 바라바를 놓아 달라고 요구했다(11절). 아마도 대제사장들은 무리에게 바라바가 로마 제국에는 살인자이고 민란을 꾸미는 자이지만, 로마의 억압을 받는 유대인들에게는 로마에 저항하는 민족적 영웅이라는 사실을 상기시켰을 것이다. 그러므로 대제사장들의 충동을 받은 무리가 바라바를 원하는 것은 불 보듯 뻔하다.

바라바의 이름이 '예수 바라바'였음을 가정하면 빌라도는 무리에게 참으로 기가 막힌 선택을 요구한 것이다. 바라바는 로마로부터의 일시적인 신체적 해방을 위해 투쟁하다 잡혀 왔다. 반면, 예수님은 죄인들에게 영원한 해방을 주시다가 잡히셨다. 빌라도는 자신도 깨닫지 못하는 상황에서 무리에게 '일시적인 육체적 해방'과 '영원한 영적 해방' 중하나를 선택하라고 한다.

빌라도는 사람들이 당연히 예수님을 원할 줄 알았다. 그는 진실을 알기 때문이다. 그는 사전에 첩보원들을 통해 예수님이 지난 일요일에 예루살렘에 나귀를 타고 입성하신 이후의 행적과 항간에 도는 소문을 모두 들었을 것이다. 유대교 지도자들은 로마의 이스라엘 통치에 위협이 되는 사람을 고발할 정도로 로마 정권에 충성하는 자들이 아니다. 그는 이들이 예수님을 시기해서 이런 일을 벌이고 있다는 것도 안다(10절). 따라서 그는 예수님을 풀어 주고자 했다.

대제사장들과 장로들은 유다에게 예수님을 넘겨받은 이후 예수님이 신성 모독을 한 망언자라며 계속 여론을 조작해 왔을 것이다. 또한 자신들과 연관이 있는 사람들과 종들을 대부분 이 재판이 벌어지고 있는 빌라도 법정으로 보냈을 것이다. 그러므로 무리를 조작해 바라바를 풀어 달라고 말하게 하는 일은 별로 어렵지 않았다(11절).

원래 무리는 예수님 편에 있었으므로 유대교 지도자들이 폭동을 두려워해 예수님을 잡지 못했다(14:2). 그러나 이제는 상황이 다르다. 예수님은 이미 잡혀서 로마 사람들의 재판에 회부될 정도로 심각한 범죄를 저질렀다. 또한 지도자들이 무리 중에 심어 둔 사람들이 한마디씩 거들면 무리는 지도자들 쪽으로 쏠리게 되어 있다. 게다가 바라바는 유대 사람들의 독립을 위해 투쟁한 영웅이 아닌가! 결국 불과 5일 전에 "호산나 다윗의 자손이여, 주의 이름으로 오시는 이여!" 하면서 열렬하게 예수님을 환영했던 자들이 예수님을 죽이고 바라바를 석방시켜 달라고 요구한다(11, 13절).

빌라도도 사람들의 대답에 상당히 당황스러웠을 것이다. 전혀 예측하지 못한 답이기 때문이다. 그래서 그는 "유대인의 왕이라 하는 이[예수님]를 내가 어떻게 하랴?"라고 물었다. 무리는 다시 소리를 지르며 십자가에 못 박게 하라고 했다(13절). 무리는 이성을 잃었다. 그들은 예수님이 어떤 분이고, 무슨 일을 했는지에 관심이 없다. 대제사장들의 여론몰이에 희생양이 되었다.

빌라도는 이렇게 외치는 무리를 이해할 수가 없다. 그래서 "어찜이냐 [그가] 무슨 악한 일을 하였느냐?"라고 물었다(14a절). 빌라도는 예수님이 사형당할 만한 일을 하지 않았다는 것을 확신한다. 그러나 이성을 잃은 무리는 더 소리를 지르며 예수님을 십자가에 못 박게 하라고 했다(14b절). 구약은 거짓 선지자를 돌로 치라고 하는데, 무리는 예수님을 거짓 선지자보다 더 흉악한 범죄자로 생각해 십자가에 처형하라고 한다(cf. 신 21:23). 사람을 나무에 매달 때는 진이 오염이 되지 않도록 진 밖에서 해야 한다(cf. 출 29:14; 레 4:12, 21; 히 13:12). 따라서 예수님도 예루살렘성(진) 밖에서 십자가에 매달리실 것이다.

빌라도는 무리에게 만족을 주고자 그들이 원하는 대로 해 주었다(15a 절). 흉악범 바라바를 놓아주고 죄가 없는 예수님은 채찍질하고 십자가에 못 박히게 넘겨주었다(15b절). 죽어 마땅한 범죄자 바라바를 대신해 예수님이 죽으신 것은 앞으로 온 인류를 대신해 죽으실 일을 상징하는 듯하다. 율법은 40회 이상 채찍질하는 것을 금한다(신 25:3; cf. 고후 11:24). 반면에 로마는 제한을 두지 않았다. 채찍은 참으로 잔인하고 인격 모독적인 벌이다. 로마 사람들의 채찍은 가죽으로 만든 줄에 날카로운 뼛조각을 단 것으로, 날카로운 쇳조각을 단 것도 있었다. 이런 채찍으로 심하게 맞으면 살이 찢어지는 것은 물론이고 뼈까지 드러나고 내장까지 흘러나왔다고 한다(TDNT). 그야말로 죽이기 위한 채찍질이었다.

그러나 십자가에 매다는 사람은 이렇게 심하게 때리지는 않고 몸이 매우 약하게 될 정도까지 때렸다. 그래야 십자가 위에서 빨리 죽기 때문이다. 이날 해가 지면 안식일이 시작되기 때문에 예수님이 오후에 숨을 거두시도록 이렇게 때린 것이다.

마태는 빌라도가 무리가 보는 앞에서 손을 씻으며 예수님의 죽음에 대해 자기는 무죄하다며 그들에게 예수님의 핏값을 감당하게 했다고 기록한다(마 27:24). 신명기는 사람을 살인한 범인을 알 수 없을 때는 시체가 발견된 곳에서 가장 가까운 성의 장로들이 이 희생자의 피를 흘리지 않았다는 표시로 손을 씻으라고 한다(신 21:1-9). 어떤 이들은 로마 사람들에게는 이런 풍습이 없었다며 빌라도가 손을 씻은 것은 실제로 있었던 일이 아니라고 한다. 그러나 헬라 사람들에게도 이런 풍습이 있었다(Wilkins). 또한 빌라도는 유대를 다스리는 총독이다. 유대인들의 이 풍습을 알 만한 위치에 있다.

그는 무리가 원하는 대로 바라바를 사면하고 예수님을 십자가에 매달 수밖에 없지만, 그들의 요구가 참으로 잘못된 것이라는 경멸의 표

476

시로 손을 씻은 듯하다(Carson). 그러나 빌라도가 아무리 손을 씻어도 결코 예수님의 죽음에 대한 부분적인 책임을 면할 수는 없다. 그는 예수님을 죽음으로 내몬 유대인들과 같은 죄를 지었다. 빌라도는 예수님의 운명을 결정할 수 있는 최종 권위를 가진 재판관이었기 때문이다.

이 말씀은 결정권을 가진 자는 사람들에게 만족을 주고자 하는 판결이 아니라, 하나님이 만족하실 판결을 내려야 한다고 한다. 빌라도는 이성을 잃은 무리를 기쁘게 하려다가 하나님의 아들을 죽였다. 오늘날에도 그리스도인들이 사도신경을 낭송할 때마다 예수님을 죽인 자로 그의 이름이 언급되지 않는가! 모든 결정권자는 사람이 아니라 하나님을 기쁘시게 하는 결정을 해야 한다. 이는 하나님을 경외하는 마음이 있어야 가능한 일이다.

무리를 뒤에서 조종한 자들은 당시 유대교를 대표하는 지도자들이었다. 하나님을 가장 잘 알고 사랑한다고 자부하는 자들이 하나님의 아들을 죽인 것이다. 그들은 자신들의 이권을 보호하기 위해 메시아를 죽였다. 이러한 사실은 오늘날 교회 지도자들에게 시사하는 바가 크다. 영성이 바르지 않은 지도자들은 마귀의 도구가 되어 오히려 교회와 하나님 나라를 해칠 수 있다.

> V. 마지막 날들(14:1-15:47)

G. 십자가에 매달리심(15:16-32)

총독 빌라도가 예수님의 십자가 처형을 승인했으니 이제 남은 것은 집행이다. 예수님은 끝까지 사람들의 조롱을 당하며 숨을 거두셨다. 온 인류를 구원하러 오신 메시아가 겪으실 만한 일이 절대 아니다. 이 섹션은 다음과 같이 세분화된다.

A. 조롱을 당하심(15:16–20)

B. 구레네 시몬(15:21–22)

C. 옷을 나눠 가짐(15:23–24)

D. 십자가에 못 박히심(15:25–27)

E. 조롱을 당하심(15:29–32)

V. 마지막 날들(14:1–15:47)
　G. 십자가에 매달리심(15:16–32)

1. 조롱을 당하심(15:16–20)

[16] 군인들이 예수를 끌고 브라이도리온이라는 뜰 안으로 들어가서 온 군대를 모으고 [17] 예수에게 자색 옷을 입히고 가시관을 엮어 씌우고 [18] 경례하여 이르되 유대인의 왕이여 평안할지어다 하고 [19] 갈대로 그의 머리를 치며 침을 뱉으며 꿇어 절하더라 [20] 희롱을 다 한 후 자색 옷을 벗기고 도로 그의 옷을 입히고 십자가에 못 박으려고 끌고 나가니라

예수님에 대한 빌라도의 최종 판결이 나오자 신속하게 형이 집행됐다. 몇 시간 후면 안식일이 시작되기 때문에 군인들도 신속하게 움직였다. 그들은 예수님을 브라이도리온이라는 뜰 안으로 끌고 갔다(16절). '브라이도리온'(πραιτώριον)은 총독이 공식적으로 머무는 관정을 뜻하는 라틴어 단어(praetorium)에서 유래한 외래어다(TDNT). 아마도 헤롯 대왕의 옛 궁전이었을 것이다(Rousseau & Arav).

그들은 온 군대를 예수님 주변에 모이게 했다(16b절). 빌라도가 거느리던 군인은 600명이었으므로 모든 군인을 모은 것은 아니고, 그 시간에 관정 안에 있던 군인들만 모은 것이다. 군인들은 예수님의 옷을 벗기고 자색 옷을 입혔다(17a절). '자색 옷'(πορφύρα)은 로마 군인들과 관료들이 입고 다니던 붉은색 망토(cloak)를 뜻한다(TDNT). 마태는 그들이

입힌 옷을 '홍포'($\chi\lambda\alpha\mu\acute{\upsilon}\delta\alpha$ $\kappa o\kappa\kappa\acute{\iota}\nu\eta\nu$)라고 하는데(마 27:28), 같은 망토를 뜻한다(BAGD).

그런 다음에는 가시관을 엮어 예수님의 머리에 씌웠다(17b절). 가시관은 로마 황제가 쓰는 왕관을 흉내 낸 것이다. 마태는 그들이 예수님의 오른손에 갈대도 쥐어 줬다고 한다(마 27:29). '갈대'($\kappa\acute{\alpha}\lambda\alpha\mu o\varsigma$)는 갈대나 나무 지팡이를 의미한다(BAGD). 본문에서 군인들이 이것으로 예수님의 머리를 치는 것으로 보아(19절) 갈대보다는 지팡이가 더 잘 어울린다(cf. 아가페, NIV, NIRV). 그들이 예수님의 손에 쥐어 준 지팡이는 통치자의 홀(笏, royal scepter)을 상징한다. 지팡이로 가시관을 쓴 머리를 쳤으니 주님의 이마가 찢기고 피가 흐르는 것을 상상할 수 있다.

군인들은 예수님을 이렇게 우스꽝스러운 자세를 취하게 한 다음, 마치 왕에게 경의를 표하듯 예수님 앞에 꿇어 절하며(19절) "유대인의 왕이여 평안할지어다"라고 외쳤다(18절). 그러면서 지팡이로 예수님의 머리를 치며 침을 뱉었다(19절). 당시 예루살렘에 주둔한 로마 군인들은 죄수들을 상대로 이같이 모멸감을 주는 놀이를 자주 하기로 유명했다. 특히 로마에 저항하다가 잡힌 사람들을 이렇게 대했다(Wilkins, cf. Carson).

예수님이 당하신 일은 "나를 때리는 자들에게 내 등을 맡기며 나의 수염을 뽑는 자들에게 나의 빰을 맡기며 모욕과 침 뱉음을 당하여도 내 얼굴을 가리지 아니하였느니라"라는 이사야 50:6에 기록된 메시아 예언을 성취한다. 예수님은 이미 유대교 지도자들과 그들의 하수인들에게 이런 수모를 당하셨다(14:65). 그들은 예수님이 가짜 선지자라며 때리고 침을 뱉었다. 로마 군인들은 예수님이 가짜 왕이라며 이런 짓을 하고 있다.

이 잔인한 희롱은 최악의 인간성에서 비롯된 것이다(Carson). 그러나 예수님을 '유대인의 왕'이라고 부르는 군인들은 본의 아니게 자신들이 알거나 의미하는 것보다 훨씬 더 중요한 사실을 인정하고 있다. 예수님은 참으로 유대인들의 왕이시기 때문이다.

그들은 예수님을 마음껏 희롱한 다음 입혔던 자색 옷을 벗기고 예수님이 원래 입으셨던 옷으로 갈아입힌 후 십자가에 못 박으려고 끌고 나갔다(20절). 로마 사람들은 십자가에 매달 사람들을 발가벗겨 끌고 갔다. 그러나 이날은 유월절이며, 몇 시간 후면 안식일이 시작된다. 그러므로 종교 절기 중 발가벗은 죄인에 대한 유대인들의 거부 반응을 고려해 예수님의 경우 옷을 입혀서 끌고 갔다(Brown, France, Stein). 예수님은 군인 네 명에 의해 골고다로 끌려가셨다(cf. 요 19:23).

이 말씀은 인간이 얼마나 무지막지한 존재인지 보여 준다. 군인들은 예수님의 감정과 자존심을 전혀 배려하지 않고 잔인하게 희롱하며 예수님께 최악의 수치와 굴욕을 안겨 주었다. 예수님이 죄를 지은 것도 아닌데 말이다. 우리는 어떠한 이유로든 아파하고 힘들어하는 사람들의 자존심과 감정에 예민해야 한다. 가뜩이나 아픈 마음을 짓밟는 언행을 피하고 하나님의 위로와 치유가 임할 수 있도록 아름다운 말로 그들에게 다가가야 한다.

> Ⅴ. 마지막 날들(14:1–15:47)
>   G. 십자가에 매달리심(15:16–32)

2. 구레네 시몬(15:21–22)

> [21] 마침 알렉산더와 루포의 아버지인 구레네 사람 시몬이 시골로부터 와서 지나가는데 그들이 그를 억지로 같이 가게 하여 예수의 십자가를 지우고 [22] 예수를 끌고 골고다라 하는 곳(번역하면 해골의 곳)에 이르러

당시 범죄자를 처형하는 십자가는 'X'모양, 'T'모양, '✝' 모양 등 세 가지 모형이 있었다(Carson, Hengel). 예수님의 경우 '유대인의 왕 예수'라는 죄패가 머리 위에 붙여졌다고 하는 것으로 보아, 세 번째인 '✝'

모양 십자가에 달리셨다. 수직 기둥은 형을 집행할 장소에 이미 준비해 두었으며 죄인의 발이 땅에 닿지 않도록 높이가 2m 정도 되었다. 수평 기둥은 죄인이 등에 지고 형장으로 갔는데, 이 기둥은 14-18kg에 달했으며 형장에 도착하면 수직 기둥에 조립되어 십자가를 이루었다(Hengel).

십자가가 조립되면 땅에 누워 있는 상태로 죄인을 못 박았다. 이후 십자가를 들어 올려 수직적으로 고정했다. 십자가에 매달린 죄인은 보통 2-3일 동안 혹독한 고통을 겪다가 끝에 가서는 대부분 질식사하는, 매우 잔인한 처형 방식이었다. 네 복음서를 바탕으로 빌라도의 관정을 떠나신 이후에 있었던 일들을 재구성하면 다음과 같다(Wilkins).

1. 골고다에 도착(마 27:33)
2. 군인들이 준 쓸개 탄 포도주 거부(마 27:34)
3. 예수님의 옷을 나누어 가짐(마 27:35)
4. '유대인의 왕 예수' 죄패 붙임(마 27:37)
5. 두 강도 사이에 못 박히심(마 2 7:38)
6. 가상 제1언(눅 23:34)
   "아버지 저들을 사하여 주옵소서 자기들이 하는 것을 알지 못함이니이다"
7. 지나가는 사람들의 모욕(마 27:39-44)
8. 강도들과 대화(눅 23:39-43)
9. 가상 제2언(눅 23:43)
   "내가 진실로 네게 이르노니 오늘 네가 나와 함께 낙원에 있으리라"
10. 가상 제3언(요 19:26-27)
    "여자여 보소서 아들이니이다 보라 네 어머니라"
11. 온 땅에 어둠이 깔림(마 27:45)
12. 가상 제4언(마 27:46)

"나의 하나님, 나의 하나님, 어찌하여 나를 버리셨나이까"

13. 가상 제5언(요 19:28)

"내가 목마르다"

14. 가상 제6언(요 19:30)

"다 이루었다"

15. 가상 제7언(눅 23:46)

"아버지 내 영혼을 아버지 손에 부탁하나이다"

16. 숨을 거두심(마 27:50; cf. 요 19:30)

예수님은 자신이 매달릴 십자가의 수평 기둥을 지고 관정을 떠나 형장으로 가셨다. 그러나 이미 채찍질을 많이 당하고 피도 많이 흘려 몸이 상할 대로 상한 상태이기에 14-18kg에 달하는 기둥을 지고 가는 것은 매우 어려운 일이었다. 시간이 지체되자 로마 군인들은 시몬이라고 하는 구레네 사람에게 예수님의 십자가를 억지로 지워 형장으로 가게 했다(21절).

'구레네 사람'(Κυρηναῖος)은 오늘날의 북아프리카 리비아에 있던 구레네라는 도시에 사는 사람이라는 뜻이다. 구레네는 헬라인들의 도시였지만, 유대인도 많이 살고 있었다(ABD). 아마도 이 사람 시몬은 그곳에서 유월절 순례를 온 유대인이었을 것이다(Wilkins). 시몬은 알렉산더와 루포의 아버지였다. 마가가 이 같은 정보를 제공하는 것은 시몬의 두 아들이 마가가 이 복음서를 저작할 당시 교회에 어느 정도 알려진 사람들이었기 때문일 것이다(Strauss, cf. 롬 16:13). 시몬이 예수님의 십자가를 지고 가게 된 것은 그가 시골에서 올라와 길을 지나가다가 군인들의 눈에 띄어서 빚어진 일이다(막 15:21). 예수님의 몸 상태를 고려하면 예수님이 십자가를 지고 가는 것을 시몬이 부축한 것이 아니라, 시몬이 직접 지고 갔다.

공교롭게도 이 사람의 이름이 시몬이다. 예수님에게 가장 도움이 필요하신 순간, 죽는 한이 있어도 예수님을 떠나지 않겠다고 호언장담하던 다른 시몬(베드로)은 곁에 없다(cf. 14:29-31). 시몬(베드로)을 대신할 시몬(구레네 사람)이 필요한 순간이다(France).

이윽고 행렬은 '골고다'라는 사형 집행 장소에 도착했다(22절). '골고다'(Γολγοθᾶ)는 '해골의 장소'라는 뜻을 지닌 아람어 단어를 소리 나는 대로 헬라어로 음역한 것이다(BAGD). 우리가 일상적으로 이 장소를 부를 때 사용하는 '갈보리'(Calvary)는 해골을 뜻하는 라틴어 단어 '칼바'(calva, calvaria)에서 비롯된 것이다(Wilkins). 이곳이 골고다(해골)로 불리게 된 것은 이 지역이 해골 모습과 비슷해서인지, 혹은 죄수들을 처형하는 장소여서인지, 혹은 묘지들이 있어서인지 정확하게 알려지지는 않았다. 학자들 대부분은 골고다가 옛 예루살렘의 한 중앙에 위치했으며, 오늘날 '성묘교회'(The Church of the Holy Sepulchre)로 알려진 곳이 골고다였을 것이라고 한다. 지금도 이 교회의 지하실로 내려가면 예수님이 묻히셨던 곳이라는 좁은 굴을 볼 수 있다. 당시에는 골고다가 예루살렘으로 들어오는 큰 길가에 있었을 것이다. 로마 사람들은 사람들에게 두려움을 심어 주어 범죄와 저항을 억제하는 전시형 효과를 노리기 위해 십자가형을 집행했기 때문이다(Hengel).

이 말씀은 예수님을 따르는 것이 무엇을 뜻하는지 깊이 생각하게 한다. 3년이나 예수님과 함께 지내며 제자 훈련을 받았고, 주님과 함께 죽겠다고 다짐했던 제자들은 모두 도망갔다. 결국 예수님 홀로 외로이 골고다로 가셨다. 우리는 제자들보다 더 나아야 한다. 구레네 사람 시몬이 진 예수님의 십자가를 우리가 져야 한다.

3. 옷을 나눠 가짐(15:23–24)

²³ 몰약을 탄 포도주를 주었으나 예수께서 받지 아니하시니라 ²⁴ 십자가에 못 박고 그 옷을 나눌새 누가 어느 것을 가질까 하여 제비를 뽑더라

로마 군인들이 몰약을 탄 포도주를 예수님에게 주었지만, 예수님은 마시지 않으셨다(23절). 당시 사람들은 술이 진통제 역할을 하기 때문에 술을 마시면 고통을 조금은 완화시킨다고 생각했다(cf. 잠 31:6). 따라서 로마 군인들이 예수님에게 포도주를 준 것을 두고 그들이 예수님을 불쌍히 여겼기 때문이라고 해석하는 이들이 있다(Lane).

그러나 로마 군인은 이때까지 예수님을 조롱할 뿐 불쌍히 여긴 적이 없다. 그러므로 이번에도 조롱하려고 이런 짓을 했다. 마태는 그들이 포도주에 쓸개를 탔다고 하는데, '쓸개'(χολή)는 쓴맛이 아주 강한 독초다(TDNT). 군인들이 끝까지 예수님을 잔혹하게 대하는 '희롱의 쓴맛'을 상징한다. 예수님은 시편이 묘사하는 다윗처럼 되셨다. "비방이 나의 마음을 상하게 하여 근심이 충만하니 불쌍히 여길 자를 바라나 없고 긍휼히 여길 자를 바라나 찾지 못하였나이다 그들이 쓸개를 나의 음식물로 주며 목마를 때에는 초를 마시게 하였사오니"(시 69:20–21). 예수님은 다윗처럼 동정을 바라지만, 정작 돌아오는 것은 경멸뿐이다(Carson, Wilkins).

어떤 이들은 예수님이 군인들이 주는 술을 거부하신 것을 두고 온 인류를 위해 당하는 고통을 온전한 정신으로 완전히 느끼겠다는 의지의 표현으로 해석한다(Gundry, Perkins). 그러나 마태복음에서 예수님이 맛을 본 후에 거부하시는 것으로 보아 설득력이 없는 해석이다(마 27:34). 그들이 주는 술로 목을 축이려 한 것인데, 맛을 보니 절대 사람이 마실 수 없는 것이어서 거부하신 것이다. 로마 군인들의 마지막 희롱이다(Evans).

군인들이 예수님을 십자가에 못 박았다(24a절). 예수님의 양팔을 수평 기둥에 박고 십자가 전체를 들어 올린 것이다. 그다음 발을 기둥에 묶거나 못으로 박았다. 수직 기둥에는 잠시 밟고 올라서 숨을 쉴 수 있는 막대가 박혀 있었다. 숨통을 빨리 끊고자 할 때는 막대를 밟지 못하도록 다리를 꺾었다. 십자가에 매달린 사람은 2-3일에 걸쳐 매우 고통스럽게 죽어갔다. 예수님의 경우에는 빨리 처리해야 한다. 몇 시간 후에 안식일이 시작되기 때문이다.

군인들은 십자가에 못 박힌 예수님의 옷을 벗겨 제비를 뽑아 나눠 가졌다(24a절). 예수님은 옷마저 벗겨진 채 죽음을 맞이하신 것이다. 요한은 군인 넷이 옷을 네 조각으로 나눠 가졌다고 한다(요 19:23). 시편에 기록된 다윗의 원수들에 대한 절규가 예수님을 통해 실현되고 있다. "내가 내 모든 뼈를 셀 수 있나이다 그들이 나를 주목하여 보고 내 겉옷을 나누며 속옷을 제비 뽑나이다"(시 22:17-18; cf. 요 19:23-35).

이 말씀은 인간이 얼마나 잔인하고 이기적인지를 보여 준다. 예수님을 십자가에 못 박은 군인들은 사람이 죽는 것을 안타까워하거나 불쌍히 여기지 않는다. 마지막 순간까지 희롱하고, 예수님이 입으셨던 옷까지 벗겨 나눠 가진다. 그러나 그들을 비난할 수 없다. 그들은 죄로 얼룩진 인간의 본 모습을 보여 주고 있기 때문이다. 창조주 하나님의 모양과 형상을 회복하고자 하는 사람은 반드시 예수님을 통해야 한다. 우리가 죄에서 해방되려면 간절히 주님이 필요하다.

V. 마지막 날들(14:1-15:47)
  G. 십자가에 매달리심(15:16-32)

4. 십자가에 못 박히심(15:25-27)

²⁵ 때가 제삼시가 되어 십자가에 못 박으니라 ²⁶ 그 위에 있는 죄패에 유대인의 왕이라 썼고 ²⁷ 강도 둘을 예수와 함께 십자가에 못 박으니 하나는 그의

우편에, 하나는 좌편에 있더라 ²⁸ (없음)

군인들은 제3시(=아침 9시)에 예수님을 십자가에 못 박았다(25절). 마가는 사건이 일어난 구체적인 시간을 거의 언급하지 않는다. 그러나 예수님이 십자가에서 죽으신 일에 대해서는 구체적인 시간을 제시한다: (1)제3시에 십자가에 매달리심, (2)제6시(=정오)에 어둠이 온 땅에 임함(33절), (3)제9시(=오후 3시)에 숨을 거두심(34절), (4)저물었을 때(=제12시, 저녁 6시) 아리마대 사람 요셉이 예수님의 시체를 달라고 함(42-43절). 이 같은 시간대는 낮을 12시간으로 나눠 표기한 로마 사람들의 하루와 잘 어울리지만, 요한복음과는 어울리지 않는 부분이 있다. 요한복음은 빌라도의 재판이 6시(=정오)에 끝이 나고(요 19:14), 예수님이 그 이후 십자가에 못 박히셨다고 하기 때문이다(요 19:18). 이에 대해 다양한 설명이 제시되었지만, 만족할 만한 것은 없다(cf. Brown, Cranfield, Gundry, Lane, Marcus, Stein, Wessel & Strauss).

일반적으로 십자가 처형은 상당히 오래 걸리기 때문에 군인들은 범죄자들을 십자가에 못 박고는 그 자리를 떠났다가 나중에 확인하러 돌아왔다(Hengel). 그런데 이들은 자리를 비우지 않고 지키고 있다(39절; cf. 마 27:36). 군인들이 평상시와는 다른 특이한 상황이 벌어지고 있다는 것을 직감했기 때문이다(France, Hagner, cf. 33, 37절).

예수님의 머리 위에는 '유대인의 왕'(ὁ βασιλεὺς τῶν Ἰουδαίων)이라고 쓴 죄패가 붙어 있었다(26절). 이 죄패에 대해 복음서마다 표기하는 방법이 조금씩 다르지만, 내용은 같다. 요한은 죄패가 히브리어와 로마어(라틴어)와 헬라어 등 세 개의 언어로 기록되었다고 한다(요 19:20).

마태복음	"이는 유대인의 왕 예수라" (οὗτός ἐστιν Ἰησοῦς ὁ βασιλεὺς τῶν Ἰουδαίων)(27:37)
마가복음	"유대인의 왕" (ὁ βασιλεὺς τῶν Ἰουδαίων)(15:26)

누가복음	"이는 유대인의 왕이라" (ὁ βασιλεὺς τῶν Ἰουδαίων οὗτος)(23:38)
요한복음	"나사렛 예수 유대인의 왕이라" (Ἰησοῦς ὁ Ναζωραῖος ὁ βασιλεὺς τῶν Ἰουδαίων)(19:19)

예수님은 섬김을 받는 왕이 아니라 섬기고 고난받는 인자로 오셨다. 그러나 유대교 지도자들과 빌라도가 예수님을 처형할 수 있는 유일한 방법은 예수님을 로마 체제를 위협하는 정복자로 둔갑시키는 것이었다. 그러므로 예수님의 죄를 나열하는 죄패에 이 타이틀이 새겨졌다. 빌라도는 분명 예수님을 조롱하며 죄패에 이렇게 적었을 것이다. 그러나 그는 자신이 아는 것보다 더 많은 말을 하고 있으며, 그가 깨닫지 못한 진리를 선포하고 있다. 예수님은 참으로 유대인의 왕이시기 때문이다.

예수님의 양옆 십자가에 강도 둘이 못 박혀 있었다(27절). 이들은 아마도 예수님 대신 풀려난 바라바의 부하들이었을 것이다(Carson). 예수님은 바라바가 매달려야 할 자리에 매달리신 것이다. 만일 바라바가 예수님을 영접했다면, 예수님은 그가 받아야 할 벌을 받고 죽으신 구세주가 되셨을 것이다. 예수님의 양옆은 야고보와 요한이 탐내던 자리였다(10:35-37). 이 순간 예수님의 양옆은 영광의 자리가 아니다.

일부 사본에는 "그리하여 '그는 범법자들 가운데 한 사람으로 여김을 받았다'고 한 성경 말씀이 이루어졌다"(Καὶ ἐπληρώθη ἡ γραφὴ ἡ λέγουσα· Καὶ μετὰ ἀνόμων ἐλογίσθη)라는 말이 28절로 기록되어 있다. 예수님이 두 죄인 사이에서 죽으신 일이 이사야 53:12을 성취했다는 취지의 인용이다. 그러나 가장 오래되고 권위 있는 사본들에는 28절이 없다. 그러므로 대부분 번역본은 28절을 개역개정처럼 '없음'으로 표기하거나, 혹은 아예 표기하지 않는다(새번역, 공동, 아가페, 현대인, NIV, NAS, ESV).

이 말씀은 "자기를 부인하고 자기 십자가를 지고 나를 따라오라"(8:34)는 주님의 말씀이 무엇을 의미하는지 생각하게 한다. 주님이 지신 십자가에는 어떠한 부귀영화도 없었다. 십자가의 길은 홀로 가신 외로운 길이었으며, 죄인들의 죄를 대속하시는 죽음으로 끝이 났다. 십자가를 지는 것은 죽음까지 각오하고 헌신과 희생으로 주님이 먼저 가신 길을 따라가는 것이다.

> V. 마지막 날들(14:1–15:47)
> G. 십자가에 매달리심(15:16–32)

5. 조롱을 당하심(15:29–32)

²⁹ 지나가는 자들은 자기 머리를 흔들며 예수를 모욕하여 이르되 아하 성전을 헐고 사흘에 짓는다는 자여 ³⁰ 네가 너를 구원하여 십자가에서 내려오라 하고 ³¹ 그와 같이 대제사장들도 서기관들과 함께 희롱하며 서로 말하되 그가 남은 구원하였으되 자기는 구원할 수 없도다 ³² 이스라엘의 왕 그리스도가 지금 십자가에서 내려와 우리가 보고 믿게 할지어다 하며 함께 십자가에 못 박힌 자들도 예수를 욕하더라

예수님이 예루살렘에 입성하실 때 호산나를 외치며 환영했던 사람들은 온데간데없고 십자가에 매달리신 예수님을 비난하고 조롱하는 사람들만 있다. 제사장들과 서기관들이 성공적으로 예수님에 대한 여론을 조작한 것이다. 그러므로 한때 예수님을 환영하던 사람들이 조롱하고 있다. 세 부류의 사람들, 즉 (1)길을 지나가는 자들(29–30절), (2)유대교 지도자들(31–32a절), (3)강도들(32b절)이 십자가에 매달리신 예수님을 모욕했다.

첫째, 지나가는 자들이 예수님을 보고 머리를 흔들었다(29절). 구약에서 머리를 흔드는 것은 멸시와 경멸을 상징한다(왕하 19: 21; 욥 16:4; 시 22:7; 64:8; 109:25; 사 37:22; 렘 18:16; 애 2:15). 그들은 예수님을 '성전을 헐고 사흘에 짓는 자'라며 모욕했다. 이 말은 대제사장이 진행한 재

판에서 예수님이 하신 말이라며 사람들이 증언한 것과 같다(14:58). 아마도 그들이 이곳까지 따라와 여론을 조성하고 있는 듯하다. 그들은 예수님에게 만일 하나님의 아들이라면 자신을 구원해 십자가에서 내려오라고 조롱했다(30절). 그렇게 하면 예수님이 메시아라는 것을 인정해 주겠다는 뜻이다.

예수님은 그들 말대로 곧 성전(몸)을 헐고 사흘 후에 다시 지으실 것(부활)이다. 그들은 자신들이 하는 말이 무엇을 의미하는지 모르고 있다. '십자가에서 내려오라'는 말은 예수님에게 가장 큰 마지막 시험이었다(Blomberg). 십자가에서 내려오기만 하면 모든 비아냥과 고난이 끝날 것이기 때문이다. 그러나 내려오시면 길을 잃고 방황하는 하나님의 백성을 구원하는 일은 포기 해야 한다.

예수님을 야유한 두 번째 그룹은 유대교 지도자들이다(31-32a절). 대제사장들과 서기관들과 장로들은 공회(산헤드린)를 구성하는 자들이다. 산헤드린은 예수님이 신성 모독을 했다며 사형을 선고했을 뿐 아니라, 로마 사람들의 형 집행을 참관하기 위해 상당수가 이곳까지 따라왔다. 유월절은 그들에게 '대목'이라 참으로 바빴을 텐데도 워낙에 중요한 일이라 이렇게 따라온 것이다. 그토록 원했던 예수님의 죽음을 성공적으로 이뤄냈기 때문이다(3:6; 11:18; 12:12; 14:1-2, 10-11, 64; 15:1, 3, 11). 마가는 이 지도자들이 그들의 성과를 서로 축하하는 분위기를 조성하는 것처럼 묘사한다(Strauss). 참으로 악한 종교 지도자들이다.

예수님에게 맺힌 게 많아서 그런지 말도 제일 많이 한다. 또한 그들의 비아냥은 제일 신학적이다. 그러나 우리가 잘 알다시피 그들이 예수님에게 이렇게 한 것은 진리를 수호하기 위해서가 아니다. 자신들의 이권이 위협받고 있다고 생각했기 때문이며, 시기와 질투 때문이다.

그들은 예수님이 남은 구원했지만, 자신은 구원하지 못한다며 빈정댄다(31b절). 예수님이 수많은 병자를 치료하신 일을 두고 비꼬는 말이다(cf. 5:23, 28, 34; 6:56; 10:52). 예수님은 그들의 말대로 자신을 구원할 능력이 없는 것이 아니라, 능력이 있지만 하지 않으신다. 만일 예수님이 자신을 구원하시면 인류를 구원하는 일은 포기하셔야 하기 때문이다.

그들은 이스라엘의 왕이라는 자가 꼴사납게 십자가에 매달렸다면서 만일 십자가에서 내려오면 믿겠다며 예수님을 조롱했다(32a절). 물론 이 사람들은 설령 예수님이 십자가에서 내려오신다 해도 절대 믿을 자들이 아니다. 하나님이 이미 자기 아들을 죽인 유대교 지도자들을 구원에서 배제하셨기 때문이다. 그리스도인은 죽으신 후 잠시 십자가에서 내려오셨다가(무덤에 묻히셨다가) 승천하신 이스라엘의 왕을 믿는 사람들이다.

예수님을 욕한 세 번째 그룹은 양편에 함께 못 박힌 강도들이다(32b절). 마가와 마태는 그들의 말을 기록하지 않았는데, 누가는 예수님과 그들이 나눈 대화를 상당히 자세하게 기록한다(눅 23:39-43). 두 강도 중 하나는 예수님을 욕했고, 지켜보던 다른 하나는 그를 나무라며 예수님께 함께 천국에 들어갈 길을 물었다. 예수님은 구원의 길을 물은 자를 하나님 나라로 인도하셨다. 주님은 숨을 거두는 순간까지 전도하신 것이다. 한 사람이라도 더 구원하시려는 하나님의 간절한 바람을 엿볼 수 있다.

이 말씀은 종교인들, 더욱이 종교 지도자들이 보통 사람들보다 더 잔인하고 악할 수 있다고 한다. 그들이 예수님을 범죄자로 생각했다 할지라도 이렇게 대하면 안 된다. 아무리 흉악한 죄를 지은 범죄자라 할지라도 최소한의 예의와 도리를 갖추어 대해야 한다. 모든 사람은 창조주 하나님의 모양과 형상대로 지음받았기 때문이다. 그러나 모든 사람이 창조주의 모양과 형상대로 창조되었다고 믿고 가르치던 종교 지도자들이 하나님의 아들이신 예수님을 가장 잔인하게 대하고 있다. 사람은 선하신 창조주의 아름다운 피조물이라고 고백하는 우리는 어떠한지 반성해 보아야 한다.

Ⅴ. 마지막 날들(14:1-15:47)

H. 숨을 거두심(15:33-41)

당시 십자가 처형은 며칠씩 지속되는 참으로 고통스러운 죽음이었다. 그러나 이와는 대조적으로 예수님이 십자가에서 숨을 거두시기까지는 그다지 오랜 시간이 걸리지 않았다. 이미 채찍을 맞아 많이 약해지셨기 때문이다. 예수님이 숨을 거두신 순간을 회고하는 본 텍스트는 다음과 같이 구분된다.

A. 버림받은 자의 울부짖음(15:33-34)
B. 마지막 조롱(15:35-36)
C. 숨 거두심과 찢긴 휘장(15:37-38)
D. 백부장의 고백(15:39)
E. 곁을 지킨 여인들(15:40-41)

1. 버림받은 자의 울부짖음(15:33-34)

³³ 제육시가 되매 온 땅에 어둠이 임하여 제구시까지 계속하더니 ³⁴ 제구시에 예수께서 크게 소리 지르시되

엘리 엘리

라마 사박다니

하시니 이를 번역하면 나의 하나님, 나의 하나님 어찌하여 나를 버리셨나이까 하는 뜻이라

로마 사람들은 해가 뜰 때부터 질 때까지의 시간을 12등분했다. 따

라서 제6시면 정오다(33절). 예수님은 이미 3시간 정도 십자가에 매달려 계셨다(cf. 25절). 정오에 어둠이 온 땅을 덮더니 제9시(=오후 3시)까지 계속되었다. '온 땅'(ὅλην τὴν γῆν)은 유대 지역, 혹은 가나안 온 지역을 의미할 수 있다(cf. Edwards). 땅이 어두워진 것은 일식(solar eclipse) 때문은 아니다. 유월절은 항상 보름달이 뜰 때 시작하는 절기인데, 보름달이 뜰 때는 일식이 일어나지 않는다(Wilkins). 정오에 시작해 예수님이 숨을 거두시는 오후 3시까지만 어둠이 임했다는 것은 초자연적인 현상이다.

구약에서 어둠이 임하는 것은 재앙과 종말의 징조다(출 10:21-23; 욜 2:10; 암 5:18-20; 8:9; 습 1:15). 해가 가장 밝을 때인 정오에 어둠이 임한 것은 더더욱 그렇다. 예수님이 하나님의 구속사를 이루기 위해 많은 사람을 대신해서 죽으시지만, 이 광경을 지켜보는 하나님 아버지의 마음이 많이 아프셨다는 것을 암시한다. 그래서 하나님은 예수님을 십자가에 못 박은 사람들과 죄인들의 죄를 대신 지신 예수님을 심판하신다는 징조로 온 땅에 어둠이 임하게 하셨다.

제9시(=오후 3시)쯤에 예수님이 크게 소리를 지르셨다. "엘리 엘리 라마 사박다니!"(34절) 예수님이 십자가에 매달려 하신 가상칠언(架上七言) 중 마가가 유일하게 기록하는 말씀이다. 더 정확하게 헬라어의 소리를 우리말로 옮기자면 '엘로이 엘로이'(ἐλωι ἐλωι)이다. 마가는 히브리어가 아니라 아람어 외침을 음역했다. 반면에 마태복음은 '엘리, 엘리'(ηλι ηλι)라며 '나의 하나님, 나의 하나님'이란 의미를 지닌 히브리어 문구를 헬라어로 음역했다. '라(레)마 사박다니'(λεμα σαβαχθανι)는 '어찌하여 나를 버리셨습니까?'라는 의미를 지닌 아람어 외침이다.

예수님이 시편 22:1을 인용해 외치신 말씀이다. 이 시편 저자인 다윗은 이 외침을 통해 일이 잘못된 것에 대해 하나님을 원망하는 것이 아니라, 하나님의 도움이 가장 절실하게 필요할 때 침묵하시는 하나님의 숨으심에 대해 탄식한다. 그러므로 교회는 전통적으로 예수님의 외침을 아버지께 버림받은 아들의 울부짖음으로 간주했다(Beale & Carson). 그러나 하나님 아버지에 의해 버림받는 것이 하나님의 아들이신 예수님에게 어떤 의미였는지는 우리가 절대 헤아릴 수 없는 신비다. 그러므로 예수님의 울부짖음은 복음서에서 가장 해석하기 어려운 말씀으로 남아 있다(Hagner). 단 한 가지 확실한 것은 예수님은 우리를 대신해서 하나님께 저주를 받았다는 사실이다(갈 3:13).

이 말씀은 하나님께 버림받는다는 것이 얼마나 고통스러운 일인지 생각하게 한다. 물론 영이 죽어 있는 사람은 자신이 버림받았다는 사실도 깨닫지 못한다. 그러나 영이 살아 있는 사람에게는 참으로 고통스러운 일이다. 얼마나 고통스러우면 예수님이 마지막 숨을 거두실 때까지 이처럼 울부짖으셨겠는가. 우리는 이런 고통을 겪지 않고 하나님과 교통하며 사는 것을 참으로 감사하고 기뻐해야 한다.

V. 마지막 날들(14:1-15:47)
　H. 숨을 거두심(15:33-41)

2. 마지막 조롱(15:35-36)

35 곁에 섰던 자 중 어떤 이들이 듣고 이르되 보라 엘리야를 부른다 하고 36 한 사람이 달려가서 해면에 신 포도주를 적시어 갈대에 꿰어 마시게 하고 이르되 가만 두라 엘리야가 와서 그를 내려 주나 보자 하더라

지켜보던 사람들은 예수님의 부르짖음을 듣고 주님이 엘리야를 찾는다고 생각했다(35절). 아마도 예수님이 말씀하신 '엘로이, 엘로이'가 그들에게는 '엘리야, 엘리야'로 들렸나 보다. 또한 유대인 중에는 불마차를 타고 하늘로 올라간 엘리야가(cf. 왕하 2:1-12) 위기에 처한 사람들을 돕기 위해 내려온다고 믿는 사람들도 있었다(Carson).

그때 한 사람이 달려가 해면(스펀지)에 신 포도주를 적셔 갈대에 꿰어 예수님의 입에 대 주었다(36절). '신 포도주'(ὄξος)는 가격이 저렴해 서민들이 식사 때 즐겨 마시는 음료로, 갈증을 달래는 데는 물보다 더 좋다는 평가를 받았다(TDNT). 이 사람의 행동을 예수님에 대한 조롱으로 해석하는 이들이 있는가 하면(Carson, Davies & Allison, Gundry, Luz), 자비로 해석하는 이들도 있다(Boring, France). 그러나 이 사람의 행동이 자비에서 비롯된 것이든지, 혹은 조롱에서 비롯된 것이든지 그다지 중요해 보이지 않는다. 옆에 있던 사람들이 그가 하고자 하는 일을 못 하게 했기 때문이다.

사람들은 예수님이 엘리야를 불렀으니 진짜 엘리야가 오는지 지켜보자며 그 사람을 만류했다(36절). 예수님이 신 포도주로 갈증을 해소하지 못하게 한 것이다. 이 사람들이 예수님을 대하는 태도는 시편에 기록된 말씀을 연상케 한다. "그들이 쓸개를 나의 음식물로 주며 목마를 때에는 초를 마시게 하였사오니"(시 69:21). 시편 기자는 자신이 목마를 때 원수들이 식초를 주었다고 하지만, 예수님은 그나마 식초도 마실 수 없으셨다.

이 말씀은 온 인류를 구원하기 위해 오신 예수님이 구원하시고자 한 사람들에게 끝까지 철저하게 외면당하셨다고 한다. 사람들은 메시아이신 예수님을 알아보지 못했을 뿐 아니라, 구세주의 마른 목도 적셔 주지 않았다. 예수님이 이런 대우를 받으셨으므로 주님을 따르는 우리도 각오하고 주님을 따라가야 한다.

> V. 마지막 날들(14:1–15:47)
>   H. 숨을 거두심(15:33–41)

3. 숨 거두심과 찢긴 휘장(15:37–38)

³⁷ 예수께서 큰 소리를 지르시고 숨지시니라 ³⁸ 이에 성소 휘장이 위로부터 아래까지 찢어져 둘이 되니라

예수님은 마지막으로 크게 소리를 지르신 후 숨지셨다(37절). 예수님이 무슨 말씀을 외쳤는지는 알 수 없다. 가상칠언 중 마지막 말씀은 "아버지 내 영혼을 아버지 손에 부탁하나이다"이다(눅 23:46). 아마도 이 말씀을 하시고 숨을 거두신 것으로 보인다. 학자들은 예수님의 죽음에 대한 정확한 사인(死因)에 대해 참으로 많은 추측을 한다(cf. Brown, Carson, Marcus, Wessel & Strauss). 한 가지 확실한 것은 예수님이 참으로 고통스럽게 죽으셨다는 사실이다.

예수님이 숨을 거두시는 순간 성소 휘장이 위에서부터 아래까지 찢어져 둘이 되었다(38절; cf. 마 27:51; 눅 23:45). 성전에는 두 세트의 휘장이 있었다. 대제사장이 매년 단 한 차례 들어갈 수 있는 지성소와 제사장들이 매일 출입하는 성소 사이에 있는 휘장(출 26:31-35; 27:21; 30:6; 대하 3:14), 그리고 성전 입구에서 성전 건물과 뜰을 구분하는 휘장이다(출 27:37; 민 3:26). 마가가 찢어졌다고 하는 휘장은 첫 번째 것이 확실하다(cf. 히 4:16; 6:19-20; 9:11-28; 10:19-20). 이 휘장이 찢긴 것은 성전을 자유로이 출입하는 제사장들만 목격할 수 있는 일이며, 일반인들은 접근할 수 없는 공간에서 일어난 일이다. 그러므로 지성소와 성소 사이의 휘장이 찢어졌다는 소식은 몇 주 후 제사장들이 복음을 듣고 회심했을 때 그리스도인들에게 알려 주었을 것이다(Keener, cf. 행 6:7).

휘장은 길이가 18m, 폭이 9m에 달했다. 이처럼 큰 휘장이 매달려 있는 채로 위에서 아래로 찢어졌다. 분명히 하나님이 하신 일이다. 만일 사람이 휘장을 찢으려 했다면 아래에서 위로 찢을 것이기 때문이다. 이는 '성전보다 더 큰 이'(마 12:6)가 죽음으로 이루어 내신 일이다.

찢어진 휘장은 하나님과 인간의 괴리가 해소된 것을 상징한다. 하나님과 인간을 나누는 막이 찢어짐으로써 인간이 하나님께 나아갈 새로운 길이 열렸다(Brown, France, Hagner). 이제 더는 제사 제도와 성전 예식을 통해 하나님께 나아갈 필요가 없게 되었다. 새 성전이 되신 예수님을 통해 직접 하나님께 나아갈 수 있게 되었기 때문이다(cf. 히 10:20; 엡

2:11-22). 예수님은 새로운 하나님 나라의 기준으로 구약의 율법을 완성하신 것처럼 대속하는 죽음으로 성전 예식과 제사 제도를 완성하셨다.

또한 지성소 휘장이 위에서부터 아래로 찢긴 것은 70년에 있을 성전 파괴를 암시한다. 예수님의 죽음이 성전에서 이뤄지던 모든 제사와 예식을 더는 필요 없게 만들었다. 게다가 성전을 중심으로 사역하던 종교 지도자들이 예수님을 죽이는 데 앞장섰으니 하나님이 성전을 심판하시는 것은 당연한 일이라 할 수 있다.

이 말씀은 우리의 구원이 예수님께 얼마나 큰 희생을 요구했는지 생각하게 한다. 주님은 하나밖에 없는 생명을 우리에게 주시기 위해 십자가에서 이루 말할 수 없는 고통을 당하고 숨을 거두셨다. 우리는 이처럼 고귀한 예수님의 고난과 죽음이 우리의 크고 작은 일상에서 빛을 발하는 삶을 살아야 한다.

> V. 마지막 날들(14:1-15:47)
>   H. 숨을 거두심(15:33-41)

4. 백부장의 고백(15:39)

³⁹ 예수를 향해 섰던 백부장이 그렇게 숨지심을 보고 이르되 이 사람은 진실로 하나님의 아들이었도다 하더라

예수님을 십자가에 못 박고 지키던 백부장이 주님이 숨을 거두시는 순간 예수님은 진실로 하나님의 아들이었다고 고백했다. 이 백부장과 부하들은 빌라도의 관정에서부터 이때까지 내내 예수님을 희롱하고 괴롭히던 자들이다(cf. 16-20절). 어떤 이들은 백부장이 예수님을 하나님의 아들이라고 하는 것을 가리켜 신들이 예수님의 죽음을 좋아하지 않는다는 정도의 의미를 나타내는 이방인들의 전형적인 반응이라 하기도 하고, 단지 죽음에 대한 두려움을 표현한 것이라고도 한다.

그렇지 않다. 이 백부장의 고백은 예수님을 구세주로 믿기 시작한 사람들의 고백이며, 온 열방을 제자 삼으라는 대사명(16:15-18)을 기대하게 하는 말이다(Carson, Garland, Hagner, Keener). 그는 예수님의 영광스러운 모습이 아니라, 고난당하고 죽으신 것을 보고 메시아이심을 깨달았다. 예수님은 마지막 순간까지 자신을 핍박한 사람들에게 회심하고 영원히 살 수 있는 기회를 허락하셨다.

이 말씀은 예수님은 어떠한 죄인이라도, 심지어 예수님과 교회를 핍박하는 자라도 구원하고자 하신다고 한다. 주님은 모든 사람이 죄를 회개하고 구원에 이르기를 원하신다. 예수님이 자신의 죽음을 통해 인간이 하나님께 나아가는 것을 막는 휘장을 찢으셨기 때문에 누구든지 주님께 나아갈 수 있게 되었다. 예수님은 숨을 거두시는 순간에도 백부장을 회심시키셨다. 예수님은 이러한 은혜를 지금 이 순간에도 사람들에게 주신다.

V. 마지막 날들(14:1-15:47)
  H. 숨을 거두심(15:33-41)

5. 곁을 지킨 여인들(15:40-41)

40 멀리서 바라보는 여자들도 있었는데 그 중에 막달라 마리아와 또 작은 야고보와 요세의 어머니 마리아와 또 살로메가 있었으니 41 이들은 예수께서 갈릴리에 계실 때에 따르며 섬기던 자들이요 또 이 외에 예수와 함께 예루살렘에 올라온 여자들도 많이 있었더라

예수님을 섬기며 갈릴리에서부터 따라온 많은 여인이 예수님의 죽음을 멀리서 바라보고 있었다. 그들은 그저 울면서 예수님의 죽음을 먼 곳에서 바라볼 수밖에 없지만, 가장 신실한 증인들이다. 예수님이 공을 들여 양육한 제자들이 모두 도망간 상황에서 이 여인들이 끝까지 예수님 곁을 지키고 있다. 또한 그들은 예수님의 시신이 아리마대의 부자 요셉의 묘에 안치될 때도, 무덤이 봉인될 때도 주님 곁에 있었다 (42-47절). 그러므로 예수님이 잠시 의식을 잃으신 것이 아니라 실제로 숨을 거두셨다는 것을 가장 확실하게 증언하는 사람들이다.

또한 이 여인들은 부활하신 예수님을 제일 먼저 만나는 영광을 누렸다(16:1-8). 하나님이 귀하게 들어 쓰신 여인들이며, 축복하신 여인들이다. 실패한 제자들과는 대조적으로 제자도의 모범 사례가 되는 사람들이다(Wilkins).

여인 중에는 막달라 마리아가 있었다. 이 마리아는 헤롯왕(안티파스)이 갈릴리 지역을 다스리며 수도로 삼은 디베랴 근처에 있는 막달라 출신이며, 항상 제일 먼저 언급되는 것으로 보아 리더급 여인이다. 누가는 예수님이 그녀에게서 일곱 귀신을 내쫓으셨다고 한다(눅 8:2). 이후 막달라 마리아는 일편단심 예수님과 제자들을 따르며 섬기는 삶을 살았다.

마가가 언급하는 두 번째 여인은 야고보와 요셉의 어머니 마리아다 (cf. 3:18). 마가는 그녀를 '작은 야고보와 요세의 어머니'라고 한다. 아마도 제자 중 다른 야고보(세베대의 아들)와 구분하기 위해 이렇게 표현하는 것으로 보인다. 요한은 그녀를 글로바의 아내라고 한다(요 19:25).

세 번째 여인은 살로메다. 살로메는 예수님의 이모였으며(cf. 요 19:24), 세베대의 아들들인 야고보와 요한의 어머니였다(마 20:20). 이 외에도 갈릴리에서 예수님과 함께 예루살렘으로 올라온 많은 여인이 예수님의 죽음을 지켜보았다.

이 말씀은 제자도가 무엇인지 생각하게 한다. 예수님과 3년 동안 함께하며 훈련받았던 제자들, 죽는 한이 있어도 예수님과 함께하겠다고 떠들어 대던 제자들은 모두 도망가고, 아무 말도 하지 않고 묵묵히 순종하며 예수님을 따르던 여인들이 끝까지 주님의 곁을 지켰다. 예수님의 마지막 순간을 지킨 사람들은 제자로 세우심을 받지는 못했지만 예

수님을 알게 된 때부터 계속 주님의 곁을 지키던 여인들이다. 제자의
삶은 세움과 말이 아니라 함께하는 것이다.

I. 무덤에 묻히심(15:42-47)

[42] 이 날은 준비일 곧 안식일 전날이므로 저물었을 때에 [43] 아리마대 사람 요
셉이 와서 당돌히 빌라도에게 들어가 예수의 시체를 달라 하니 이 사람은
존경 받는 공회원이요 하나님의 나라를 기다리는 자라 [44] 빌라도는 예수께
서 벌써 죽었을까 하고 이상히 여겨 백부장을 불러 죽은 지가 오래냐 묻고
[45] 백부장에게 알아본 후에 요셉에게 시체를 내주는지라 [46] 요셉이 세마포를
사서 예수를 내려다가 그것으로 싸서 바위 속에 판 무덤에 넣어 두고 돌을
굴려 무덤 문에 놓으매 [47] 막달라 마리아와 요세의 어머니 마리아가 예수 둔
곳을 보더라

'저물었을 때'(ὀψίας γενομένης)는 유월절 만찬을 시작할 때 사용된 문
구다(14:17). 14:17-15:41에 기록된 일은 모두 예수님의 생애 중 마지
막 하루에 있었던 일이다. 이날은 유월절 절기 중 준비일이고 해가 지
면(오후 6시쯤) 안식일이 시작된다(42절). 그러므로 예수님은 그 전에 장
사되어야 한다(cf. 신 21:23).

예수님의 시신을 수습하고자 하는 사람이 나왔다. 아리마대 사람 요
셉이다. '아리마대'('Αριμαθαία)는 예루살렘에서 서북쪽으로 약 30㎞ 떨
어져 있는 옛 에브라임 지역에 위치한 곳이며, 사무엘 선지자의 탄생
지로 알려진 곳이다(Wilkins, cf. 삼상 1:1, 19). 아리마대가 고향이지만 현
재 예루살렘에서 살고 있는 요셉이라는 사람이라는 뜻이다(Keener). 그
는 공회(산헤드린)의 멤버였으며, 존경받는 사람이었다(43절). 마태는 그

가 부자였다는 말도 덧붙인다(마 27:57).

어떤 이들은 요셉이 아직 예수님의 제자가 아니었다고 하지만 (Brown), 그는 하나님의 나라를 기다리는 사람이었다(43b절). 마태는 그가 제자였다고 하며(마 27:57), 요한은 비밀리에 예수님을 따르는 사람이었다고 한다(요 19:38). 만일 그가 제자가 아니었다면 예수님을 죽음으로 몰아간 산헤드린 멤버들의 따가운 눈총을 받으며 그들이 '신성 모독자'로 규명한 예수님의 시신을 수습할 이유가 없다. 아마 빌라도도 산헤드린 멤버가 장례식을 치르겠다며 예수님의 시신을 달라고 찾아온 것에 상당히 놀랐을 것이다.

예수님이 숨을 거두신 시각이 오후 3시였으니, 해가 지기 전에 장례를 치르기 위해 요셉이 오후 4-5시쯤 빌라도를 찾아간 것으로 보인다. 유대인들은 율법에 따라 모든 사람의 시신을 엄숙하게 대했다(cf. 신 21:22-23). 하지만 로마 사람들은 그렇지 않았다. 특히 십자가에서 처형된 사람들은 매달린 채 시체가 썩도록 내버려 두거나 장례식을 치르지 않고 공동묘지에 파묻었다(Davies & Allison). 또한 그들이 허락해야만 가족들이 시신을 수습할 수 있었다. 그러나 반역자의 경우 이마저도 불가능했다(Carson).

따라서 요셉이 빌라도를 찾아간 것은 참으로 대단한 용기가 필요한 일이었다. 마가는 그의 행동을 '당돌하다'(τολμάω)고 표현하면서 그가 참으로 큰 용기를 내어 이런 일을 했다며 그를 높이 평가한다. 요셉의 요청을 받은 빌라도가 의아하게 여겼다(44절). 일상적으로 십자가에서 처형되는 사람은 이렇게 빨리 죽지 않기 때문이다. 그러므로 형을 집행했던 백부장(cf. 39절)을 불러 예수님이 죽었는지 물었다. 백부장이 예수님이 이미 숨을 거두셨다고 하자 빌라도는 요셉에게 시신을 내어 주었다. 빌라도가 예수님의 시신을 순순히 요셉에게 내준 것은 아마도 자신이 예수님의 죽음에 관여하지 않았다는 것을 다시 한번 강조하기 위해서일 것이다(cf. France).

요셉은 예수님의 시체를 가져다가 정성스럽게 씻고 깨끗한 세마포로 쌌다(46절). 요한은 예수님의 머리를 가린 수건도 사용했다고 하고(cf. 요 20:7), 니고데모가 요셉을 도왔다고 한다(요 19:39). 유대인들은 염을 하지 않았기 때문에 시신을 세마포로 쌀 때 악취를 고려해 향료를 사용했다. 요한은 니고데모가 34kg에 달하는 향료를 가져왔다고 한다(요 19:39). 이 정도면 왕의 시신에 사용할 만큼 많은 양이다(Osborne).

요셉과 니고데모는 둘 다 공회(산헤드린) 멤버였다(Wilkins, cf. 눅 23:51; 요 3:1-15). 상황이 참으로 아이러니하다. 산헤드린은 예수님을 죽음으로 몰았는데, 이 산헤드린의 두 멤버가 극진하게 예수님을 장사 지내고 있다. 요셉은 처음부터 산헤드린의 결정에 동의하지 않았으며, 그는 하나님의 나라를 기다리는 의인이었다(43절; 눅 23:50-51). 요셉과 니고데모가 채찍을 맞고, 못에 박히고, 창에 찔려 만신창이가 된 주님의 시신을 씻겨 세마포로 싸면서 얼마나 오열했을까! 생각만 해도 마음이 먹먹하다. 그들은 예수님을 영접한 사람들이었기에 주님이 하신 말씀에 따라 반드시 부활하실 것이라는 소망으로 이 어려운 순간을 이겨냈을 것이다.

요셉은 예수님의 시신을 바위 속에 판 자기 새 무덤에 넣고 큰 돌을 굴려 무덤 문에 놓고 떠났다(46절). 그 당시에는 쓸모없어서 버려진 채석장이 가족묘로 많이 사용되었다. 벽에 굴을 파서 사용했는데, 굴 입구는 좁지만(cf. 요 20:5, 11), 안에는 여러 갈래로 갈라지는 어느 정도 긴 형태의 굴이었다. 요셉이 자신과 후손들이 사용하도록 이 무덤을 준비한 것이다. 아직 한 번도 사용하지 않은 새 무덤이었다(마 27:60).

직경 120-180cm 정도의 돌이 입구를 가렸다. 짐승들이 시체를 훼손하지 못하게 하려는 조치였다. 이 무덤은 예수님이 십자가에 매달리신 곳 가까이에 있었다(요 19:42). 예수님의 시신이 부자인 요셉의 묘에 안치된 것은 이사야의 종의 노래의 일부를 성취하는 일이다. "그는 강포를 행하지 아니하였고 그의 입에 거짓이 없었으나 그의 무덤이 악인들과 함께 있었으며 그가 죽은 후에 부자와 함께 있었도다"(사 53:9).

　예수님이 요셉의 묘에 묻히시고 난 후 막달라 마리아와 요세의 어머니 마리아(cf. 40절)가 무덤 건너편에서 지켜보았다(47절; 마 27:61). 로마는 법에 따라 처형된 사람의 죽음을 슬퍼하거나 곡하는 일을 금했다(Carson). 그러므로 이 여인들은 조용히 눈물을 삼키며 지켜보았을 것이다. 예수님이 십자가에 매달릴 때부터 이때까지 계속 주님의 곁을 지킨 이 여인들은 사흘 후 예수님이 부활하실 때도 이곳에 있을 것이다. 그러므로 이 여인들은 예수님의 죽음과 부활을 한 사건으로 묶는 역할을 한다(Osborne).

　이 말씀은 하나님이 때로는 우리의 예측과 상상을 초월해 역사하신다는 사실을 강조한다. 제자들은 모두 도망가고, 여인들은 어떠한 힘도 없어서 발만 동동 구르며 예수님의 장례를 걱정할 때 하나님은 아리마대의 요셉을 준비해 두셨다. 또한 니고데모도 예비하셨다. 살다 보면 앞이 도저히 보이지 않을 때가 있다. 이때 절망하거나 낙심하지 말고, '여호와 이레'가 어떻게 펼쳐질지 기도하며 기대해 보자. 하나님은 반드시 역사하실 것이다.

VI. 부활과 승천: 사역 완성
(16:1-20)

마가복음의 마지막 장인 16장이 원래 어떻게 마무리되었는지에 대한 논쟁이 상당하다. 대부분 사본은 16:9-20을 포함하고 있으며, 이것을 마가복음의 '긴 마무리'(the longer ending of Mark)라고 한다. 그러나 학자들 대부분은 마가복음이 원래 16:1-8로 끝이 났다고 생각하며, 이같은 끝맺음을 '짧은 마무리'(the shorter ending of Mark)라고 한다. 학자들이 짧은 마무리가 오리지널이라고 하는 것은 내용과 특징을 고려할 때 16:9-20은 마가가 저작한 것이 아니라고 생각하기 때문이다.

본문 비평학의 가장 기본적인 한 가지 원리는 특별한 이슈가 없는 한 긴 텍스트보다 짧은 텍스트를 오리지널으로 삼는 것이다. 또한 해석하고 이해하기 어려운 본문을 쉬운 본문보다 더 원본에 가까운 것으로 간주한다. 이러한 원리만 고려해도 '짧은 마무리'가 '긴 마무리'보다 마가복음의 원본에 더 가깝다는 생각이 든다. 그러므로 일부 주석가는 16:9-20에 대한 주해와 설명을 아예 하지 않고 주석을 마무리하기도 한다(Garland, Strauss).

그러나 만일 마가복음이 16:8로 끝이 났다면 이 책은 예수님이 부활하셨다는 사실로 끝이 나며, 부활하신 이후 승천하실 때까지 있었던 일에 대한 언급이 전혀 없다. 왠지 마가복음이 마무리되지 않은 상태에서 끝이 난다는 느낌을 준다. 그러므로 '짧은 마무리'를 주장하는 사람 중에는 마가복음의 오리지널 마무리가 잊혔고(lost), 잊힌 끝맺음을 대신하기 위해 16:9-20이 더해진 것이라고 주장하는 이들이 많다(cf. Strauss).

본 주석에서는 마가복음의 마무리에 대한 입장을 유보하고, 우리가 전수받은 대로 16:1-20을 모두 주해하고자 한다. 본 텍스트는 다음과 같이 구분된다.

A. 부활하심(16:1-8)
B. 막달라 마리아에게 보이심(16:9-11)
C. 두 제자에게 나타나심(16:12-13)
D. 대명령(16:14-18)
E. 승천하심(16:19-20)

VI. 부활과 승천: 사역 완성(16:1-20)

A. 부활하심(16:1-8)

¹ 안식일이 지나매 막달라 마리아와 야고보의 어머니 마리아와 또 살로메가 가서 예수께 바르기 위하여 향품을 사다 두었다가 ² 안식 후 첫날 매우 일찍이 해 돋을 때에 그 무덤으로 가며 ³ 서로 말하되 누가 우리를 위하여 무덤 문에서 돌을 굴려 주리요 하더니 ⁴ 눈을 들어본즉 벌써 돌이 굴려져 있는데 그 돌이 심히 크더라 ⁵ 무덤에 들어가서 흰 옷을 입은 한 청년이 우편에 앉은 것을 보고 놀라매 ⁶ 청년이 이르되 놀라지 말라 너희가 십자가에 못 박히신 나사렛 예수를 찾는구나 그가 살아나셨고 여기 계시지 아니하니라 보라 그를 두었던 곳이니라 ⁷ 가서 그의 제자들과 베드로에게 이르기를 예수께서

너희보다 먼저 갈릴리로 가시나니 전에 너희에게 말씀하신 대로 너희가 거기서 뵈오리라 하라 하는지라 ⁸ 여자들이 몹시 놀라 떨며 나와 무덤에서 도망하고 무서워하여 아무에게 아무 말도 하지 못하더라

예수님의 부활은 기독교의 모든 가르침과 교리의 핵심이다. 만일 예수님이 부활하지 않으셨다면 우리가 믿는 것은 모두 거짓이다. 우리는 거짓에 속았고, 아직도 죄 안에서 죽은 불쌍하고 처량한 자들이다(고전 15:12-17). 기독교인은 예수님 부활의 역사성을 부인하는 것보다 신앙을 버리는 것이 차라리 낫다.

마가복음은 그동안 예수님의 가르침과 행하신 기적을 어느 정도 자세하게 기록해 왔다. 이에 반해 부활에 대해서는 상당히 간략하게 기록한다. 예수님의 부활은 모든 주님의 백성이 믿고 고백하는 확고한 역사적 사실이며 의심할 여지가 없다는 점을 강조하기 위해 매우 단순하고 간략하게 기록하는 것이다. 마가는 예수님의 부활에 대해 변증할 필요를 느끼지 못했고 오히려 최대한 간략하게 정리해 담백하게 기록한다. 예수님이 부활하신 이후 있었던 일을 네 복음서와 고린도전서 15:1-11을 바탕으로 재구성하면 다음과 같다(cf. Blomberg, Osborne, Wenham, Wilkins).

1. 여인들이 일요일 새벽에 예수님의 무덤을 찾음. 막달라 마리아가 제일 먼저 도착함(마 28:1; 막 16:1-3; 눅 24:1; 요 20:1)
2. 마리아와 여인들이 두 천사를 만남. 한 천사가 예수님의 부활을 알려 줌(마 28:2-7; 막 16:4-7; 눅 24:2-7)
3. 여인들이 기쁨과 두려움으로 무덤을 떠나 제자들에게 알려 줌(마 28:8; 막 16:8). 막달라 마리아가 앞서가서 요한과 베드로에게 알려 줌 (요 20:2)
4. 베드로와 요한이 무덤으로 달려가 빈 무덤을 확인함(눅 24:12; 요 20:3-5)

5. 마리아도 무덤으로 돌아가 천사들을 만남. 예수님이 마리아에게 나타나심. 마리아가 처음에 예수님을 알아보지 못함(요 20:11-18)

6. 예수님이 나머지 여인들을 만나 제자들에게 갈릴리로 오라는 말을 전하라고 하심(마 28:9-10; 눅 24:8-11)

7. 부활하신 일요일 오후에 예루살렘 근처에서 베드로에게 나타나심(눅 24:34; 고전 15:5)

8. 엠마오로 가는 글로바와 친구에게 나타나심. 그들이 예루살렘으로 돌아와 제자들에게 알림(눅 24:13-35; cf. 막 16:12-13)

9. 글로바가 다락방에서 제자들과 함께 있는 동안 예수님이 나타나심. 도마는 자리에 없음(눅 24:36-43; 요 20:19-25)

10. 일주일 후 일요일 저녁 모든 제자가 예루살렘에 모여 있을 때 나타나심(요 20:20-29; 고전 15:5; cf. 막 16:14)

11. 사흘 후 예수님이 갈릴리 해변에서 일곱 제자에게 나타나심(요 21:1-14)

12. 갈릴리 언덕에서 제자들과 500여 명의 성도에게 나타나심(고전 15:6). 이후 40일 동안 여러 차례 나타나심(눅 24:44-47; 행 1:3; 고전 15:6)

13. 예수님이 갈릴리에 있는 동생 야고보에게 나타나심(고전 15:7)

14. 세상 모든 민족을 제자 삼으라며 대사명을 주심(마 28:16-20; cf. 막 16:15-18)

15. 예루살렘 근처에서 제자들에게 성령이 오실 때까지 기다리라고 하심. 예루살렘 동편 감람산에서 승천하심(눅 24:44-53; 행 1:4-12; cf. 막 16:19-20)

예수님이 십자가에서 죽으신 지 3일째 되는 날이다. 주님은 평소에 제자들에게 말씀하신 대로 부활하셨다. 안식일이 다 지나고 안식 후 첫날인 일요일에 있었던 일이다(1a절). 어떤 이들은 토요일 해가 진 다음이라고 하는데(Gundry), 문법과 정황은 일요일 아침을 지목한다(cf. Boring, Carson, Davies & Allison, France, Wilkins). 당시 사람들은 밤이면 귀신들이 활개 치고 다닌다고 생각했다. 이런 상황에서 이 여인들이 무엇 때문에 안식일이 끝난 토요일 밤에 예수님의 무덤을 찾겠는가! 또한 기독교는 예수님이 일요일에 부활하신 것을 근거로 일요일을 '주일'(Lord's Day)이라 부르며 매주 일요일에 예배를 드린다.

예수님은 제자들에게 장로들과 대제사장들과 서기관들에게 죽임당한 후 3일째 되는 날 다시 살아날 것이라고 하셨다(8:31; 9:31; 10:34). 막달라 마리아, 야고보와 요셉의 어머니 마리아(cf. 마 27:56) 그리고 살로메(세베대의 아들들인 야고보와 요한의 어머니, cf. 마 20:20; 요 19:24)가 향품을 사다 두었다(1b절). 아마도 안식일이 끝나는 토요일 해 질 녘이 지나고 밤이 시작될 때 문을 연 상점에서 구매했을 것이다(Strauss).

밤이 지난 후 다음 날인 안식 후 첫날(일요일) 매우 일찍(새벽) 세 여인이 예수님이 묻혀 있는 무덤으로 갔다(2절; cf. 마 28:1; 눅 24:1; 요 20:1, 9). 이 여인들은 예수님이 십자가에 매달릴 때부터 장사되실 때까지 모든 일을 지켜본 예수님의 죽음에 대한 가장 확실한 증인들이다. 이번에는 예수님의 부활에 대한 증인들이 되었다. 당시 유대인들은 여자의 증언을 인정하지 않았다. 그러므로 여인들이 증인이라는 것은 예수님의 부활이 실제 있었던 역사적 사실이라는 증거가 된다. 만일 훗날 교회가 예수님의 부활에 관해 이야기를 지어낸 것이라면, 절대 여인들을 증인으로 삼지 않았을 것이기 때문이다(Wessel & Strauss). 그들은 하나님이 세우신 부활의 증인들이다.

여인들은 예수님의 시신에 별문제가 없는지 살피고 향품을 발라 드리려고 무덤을 찾았다. 이 여인들도 제자들처럼 3일 후 부활하실 것이라는 예수님의 말씀을 기억하지 못한 것으로 보인다. 예수님이 계신 무덤으로 가는 그들에게 한 가지 걱정이 있었다. 무덤의 입구를 막고 있는 돌을 어떻게 굴리고 안으로 들어갈 것인가 하는 것이었다. 직경 120-180㎝ 정도의 돌이 무덤 입구를 가리고 있었기 때문에 여인들이 이런 돌을 굴린다는 것은 쉬운 일이 아니었다. 그들은 누군가 힘이 센 사람이 와서 돌을 굴려 주기를 바라는 마음으로 무덤으로 향했다 (3절). 여인들은 예수님이 부활하실 것을 전혀 기대하지 못했다. 오로지 예수님의 시신이 있는 무덤 안으로 들어가 시신이 썩는 악취를 완화하기 위해 향품을 뿌려 드릴 것만 생각하고 있다.

그들이 무덤에 도착하자 어찌 된 일인지 벌써 돌이 굴려져 있었다(4a 절). 마태는 큰 지진이 나고 하나님의 천사가 하늘에서 내려와 무덤 입구를 막은 돌을 굴려냈다고 한다(마 28:2). 돌이 제거된 것은 부활하신 예수님이 무덤에서 나가시게 하려는 목적이 아니다. 부활하신 예수님은 닫혀 있는 문과 벽도 지나다니신다(눅 24:36; 요 20:19). 그러므로 누구든지 빈 무덤을 확인하고자 하는 사람은 들어가서 예수님이 부활하신 것을 확인하라는 의미에서 무덤 입구를 막고 있던 돌이 제거된 것이다.

세 여인은 무덤에 들어가 흰 옷을 입은 한 청년이 오른쪽에 앉은 것을 보고 놀랐다(5절). '놀라다'(ἐκθαμβέω)는 마가복음에서만 4차례 사용되는 단어이며, 매우 당혹스러운 상황에 느끼는 감정을 묘사한다 (BAGD, cf. 9:15; 14:33). 마태는 이 청년이 천사였다고 한다(마 28:2). 천사들은 예수님의 탄생에도 관여했다(마 1:20-21; 2:13, 19). 그러므로 그들이 예수님의 부활에 관여하는 것은 당연한 일이다. 청년은 놀란 여인들을 달래며 십자가에 못 박히신 나사렛 예수는 살아나셨고 무덤에 계시지 않는다고 했다.

천사가 예수님의 시신을 보러 찾아온 여인들에게 준 메시지는 매우 간단하면서도, 온 인류가 상상하지 못한 굿뉴스(good news)다. "그가 살아나셨다!"(6b절). '살아나셨다'(ἠγέρθη)는 신적 수동태다. 하나님이 하신 일이라는 뜻이다(Boring). 인간의 불신이나 훼방은 하나님의 역사를 절대 방해할 수 없다. 예수님은 더는 십자가에 못 박혀 죽은 메시아가 아니라, 말씀대로 살아난 하나님의 아들이시다. 천사는 여인들에게 이 사실을 직접 확인해 보라며 예수님의 시신이 안치되었던 곳, 그러나 이제는 비어 있는 무덤을 보여 주었다(6c절).

천사는 여인들에게 빨리 가서 제자들과 베드로에게 예수님이 부활하셨고 먼저 갈릴리로 가실 것이니 그곳으로 가서 예수님을 뵈라는 소식을 전하라고 했다(7절). 부활하신 예수님은 이곳에 계시지 않으니 그들이 찾아와도 빈 무덤밖에는 없다. 그러므로 그들이 예수님을 만나고자 한다면 갈릴리로 가야 한다. 어떤 이들은 천사가 예수님이 갈릴리에 재림하실 것을 말하고 있는 것이지, 부활하신 예수님이 그들보다 먼저 갈릴리로 가실 것이라는 뜻이 아니라고 한다. 별로 근거나 설득력이 있는 주장은 아니다(cf. Best, Kingsbury, Marcus, Stein, Strauss). 또한 예수님은 제자들에게도 부활하신 후 그들보다 먼저 갈릴리로 갈 것이라고 하셨다. "내가 살아난 후에 너희보다 먼저 갈릴리로 가리라"(14:28). 여인들은 망연자실해 있을 제자들이 한 순간이라도 빨리 정신을 차리도록 부활의 좋은 소식을 신속하게 알려 주어야 한다.

갈릴리는 예수님이 제자들과 함께한 3년 중 대부분을 함께 보내신 곳이다. 이곳에서 대부분 훈련이 이뤄졌다. 그러나 제자들은 완전히 실패하고 절망과 좌절 속에 시간을 보내고 있다. 예수님은 그들을 처음 만났던 장소로 돌아가 그들에게 새로운 기회를 주시고자 한다. 아닌 밤중에 홍두깨를 얻어맞은 듯 제자들은 일주일 동안 예루살렘 주변에 머물면서 무슨 일이 일어났는지 점차적으로 깨달아 갈 것이며, 깨닫고 나면 예수님을 뵈러 갈릴리로 갈 것이다.

천사를 통해 예수님이 부활하셨다는 소식을 들은 여인들은 몹시 놀라 떨었다(8a절). 얼마나 무서웠는지 도망쳐 무덤을 빠져나왔고, 한동안 아무에게도 아무 말도 하지 못했다(8b절). 그들은 두려웠지만 참으로 기뻤다. 예수님이 그들 곁을 떠나신 후 그들의 삶은 어두움과 절망으로 가득했는데, 다시 빛과 소망으로 가득하다. 그들은 마음을 추스르고 곧 이 기쁜 소식을 제자들에게 전할 것이다. 여인들은 마치 이사야가 예언한 전령과 같다. "너희는 예루살렘의 마음에 닿도록 말하며 그것에게 외치라…아름다운 소식을 시온에 전하는 자여 너는 높은 산에 오르라 아름다운 소식을 예루살렘에 전하는 자여 너는 힘써 소리를 높이라 두려워하지 말고 소리를 높여 유다의 성읍들에게 이르기를 너희의 하나님을 보라 하라"(사 40:2, 9; cf. 사 40:1-9).

이 말씀은 인류가 기독교 교리 중 가장 믿기 힘들어하는 예수님의 부활에 대해 간단하면서도 가장 확실한 증거를 제시한다. 바로 얼마 전까지 예수님의 시신이 누워 있던 빈 자리를 보라는 것이다. 부활에 대해 빈 무덤보다 더 확실한 증거는 없다.

예수님의 부활을 믿는 것은 그리스도인이 되기 전에는 누구에게나 어려운 일이다. 예수님의 부활을 믿기 위해서는 하나님의 도움이 필요하며, 하나님이 믿음을 주셔야 가능하다. 그러므로 전도할 때 무엇보다도 하나님이 그 사람에게 믿음을 먼저 선물로 주시도록 기도해야 한다.

> VI. 부활과 승천: 사역 완성(16:1-20)

B. 막달라 마리아에게 보이심(16:9-11)

⁹ [예수께서 안식 후 첫날 이른 아침에 살아나신 후 전에 일곱 귀신을 쫓아내어 주신 막달라 마리아에게 먼저 보이시니 ¹⁰ 마리아가 가서 예수와 함께 하던 사람들이 슬퍼하며 울고 있는 중에 이 일을 알리매 ¹¹ 그들은 예수께서 살아나셨다는 것과 마리아에게 보이셨다는 것을 듣고도 믿지 아니하니라

부활하신 예수님은 제일 먼저 막달라 마리아에게 나타나셨다(9절). 막달라 마리아는 일곱 귀신에게 괴롭힘을 받았는데, 예수님이 이 귀신들을 몰아내 주셨다. 갈릴리에서 있었던 일이다. 부활하신 예수님을 직접 뵌 막달라 마리아가 예수님의 죽음을 슬퍼하며 울고 있는 사람들에게 가서 예수님의 부활 소식을 알렸다(10절). 그러나 그들은 예수님

이 살아나신 것과 마리아에게 나타나셨다는 것을 듣고도 믿지 않았다 (11절). 부활하신 예수님을 직접 보지 않고는 믿을 수 없었을 것이다.

이 말씀은 우리가 믿기를 거부한다고 해서 사실이 바뀌는 것은 아니라고 한다. 예수님을 따르던 사람들은 주님의 죽으심을 슬퍼하지만, 주님의 부활을 믿지 않는다. 믿기에는 너무나도 놀라운 일이라고 생각했을 것이다. 그러나 그들이 믿기를 거부한다고 해서 예수님이 부활하지 않으신 것은 아니다. 그들이 믿든지 믿지 않든지 예수님은 부활하셨다.

우리 삶에도 때로는 하나님이 하시는 일 중 너무나 놀라워서 믿기지 않는 것들이 있다. 그러나 우리가 믿을 수 없다고 해서 사실(진실)이 바뀌는 것은 아니다. 그러므로 하나님이 하시는 일을 그저 지켜보며 즐기고 누리는 것이 가장 지혜로운 처사다.

VI. 부활과 승천: 사역 완성(16:1-20)

C. 두 제자에게 나타나심(16:12-13)

¹² 그 후에 그들 중 두 사람이 걸어서 시골로 갈 때에 예수께서 다른 모양으로 그들에게 나타나시니 ¹³ 두 사람이 가서 남은 제자들에게 알리었으되 역시 믿지 아니하니라

예수님을 따르던 사람 중 두 사람이 걸어서 시골로 갈 때 예수님이 다른 모양으로 그들에게 나타나셨다(12절; cf. 눅 24:16). 엠마오로 가던 두 제자 이야기다(cf. 눅 24:13-35). 그들이 예수님을 만난 경험을 남은 제자들에게 알렸지만, 이번에도 제자들은 믿지 않았다(13절; cf. 눅 23:33-35). 예수님의 부활은 참으로 믿기 어려워서 가장 가까이에서 예수님께 훈련받았던 사람들마저도 사실로 받아들이기를 주저했다. 부활하신 예수님을 직접 만나 보지 않고는 믿기가 어렵다.

이 말씀은 예수님이 도망한 제자들을 용서하시고 그들에게 새로운 기회를 주실 것을 암시한다. 만일 그들에게 기회를 주지 않으실 것이라면 아예 그들을 찾아오지 않으셨을 것이다. 실패는 하나님과 우리 사이를 갈라놓을 수 없다. 예수님은 제자들이 용서를 구하기 전에 이미 그들을 용서하시고 그들을 위해 새로운 기회와 계획을 준비하셨다. '인생의 쓴맛'과 '사역의 실패'를 경험하더라도 좌절하지 말자. 예수님은 언제든 새로운 기회를 준비해 놓고 우리를 기다리신다. 그러므로 실패로 인해 절망할 시간이 있으면 차라리 그 시간에 기도로 주님께 나가야 한다.

VI. 부활과 승천: 사역 완성(16:1-20)

D. 대명령(16:14-18)

¹⁴ 그 후에 열한 제자가 음식 먹을 때에 예수께서 그들에게 나타나사 그들의 믿음 없는 것과 마음이 완악한 것을 꾸짖으시니 이는 자기가 살아난 것을 본 자들의 말을 믿지 아니함일러라 ¹⁵ 또 이르시되 너희는 온 천하에 다니며 만민에게 복음을 전파하라 ¹⁶ 믿고 세례를 받는 사람은 구원을 얻을 것이요 믿지 않는 사람은 정죄를 받으리라 ¹⁷ 믿는 자들에게는 이런 표적이 따르리니 곧 그들이 내 이름으로 귀신을 쫓아내며 새 방언을 말하며 ¹⁸ 뱀을 집어 올리며 무슨 독을 마실지라도 해를 받지 아니하며 병든 사람에게 손을 얹은 즉 나으리라 하시더라

가룟 유다가 자살했으니(cf. 마 27:5) 열한 제자가 남았다. 그들이 모여 음식을 먹을 때 예수님이 그들에게 나타나셨다(14a절; cf. 눅 24:41). 예수님은 그들의 믿음 없는 것과 마음이 완악한 것을 꾸짖으셨다(14b절). 그

들이 예수님을 홀로 두고 도망한 것을 꾸짖으신 것이 아니라, 부활하신 예수님을 본 사람들의 말을 믿지 않은 것을 꾸짖으셨다. 죽음과 부활에 대해 세 차례나 미리 알려 주셨는데도 그들은 믿지 않았다. 그러므로 꾸지람을 들을 만하다.

예수님은 제자들에게 온 천하에 다니며 만민에게 복음을 전파하라고 하신다(15절). 일명 '대사명'(Great Commission)이다(cf. 마 28:18-20; 행 1:8). 대사명은 교회의 정체성을 정의하며, 성도에게는 삶의 방식(lifestyle)이 되어야 한다. 교회는 모든 민족을 제자로 삼기 위해 이 땅에 존재한다.

예수님이 제자들에게 이렇게 명령하실 수 있는 것은 하나님이 하늘과 땅의 모든 권세를 주님께 주셨기 때문이다. "인자 같은 이가 하늘 구름을 타고 와서 옛적부터 항상 계신 이에게 나아가 그 앞으로 인도되매 그에게 권세와 영광과 나라를 주고 모든 백성과 나라들과 다른 언어를 말하는 모든 자들이 그를 섬기게 하였으니 그의 권세는 소멸되지 아니하는 영원한 권세요 그의 나라는 멸망하지 아니할 것이니라"(단 7:13-14). 제자들은 이 말씀이 종말에 모든 나라와 민족이 보는 앞에서 최종적으로 성취될 것을 소망하며 전도와 선교를 통해 성실하게 이루어 나가야 한다.

어떤 이들은 '만민'(ἄπαντα)이 예수님을 거부한 유대인들을 배제한다고 하지만, 신앙은 유대인들을 선교와 전도 대상에서 배제하지 않는다. '만민'은 모든 이방인과 유대인을 포함하는 표현이다(Davies & Allison, Wilkins, cf. 요 3:16; 행 2:22; 13:38-39; 롬 1:16; 5:8; 엡 2:11-18).

물론 모든 사람이 복음에 긍정적으로 반응하지는 않을 것이다. 그러므로 믿고 세례를 받는 사람은 구원을 얻을 것이지만(cf. 행 2:38), 믿지 않는 사람은 정죄를 받을 것이다(16절; cf. 요 3:17-18). 또한 믿는 사람들에게는 표적이 따를 것이다(cf. 요 14:12; 행 5:12). 예수님의 이름으로 귀신을 쫓아내고(행 16:18), 새 방언을 말하며(행 2:4; 10:46; 19:6), 뱀을 집어 올리며(cf. 눅 10:19), 무슨 독을 마실지라도 해를 받지 않을 것이며, 병든 사람에게 손을 얹으면 나을 것이다(17-18절). 예수님이 우리와 함께하시며, 권능을 주시고, 보호하실 것이기 때문이다.

이 말씀은 그리스도인들이 열방을 하나님께 인도하는 제사장 역할을 해야 한다고 한다. 만민에게 복음을 전파해야 한다. 반응하는 사람들에게 세례를 베풀어 구원에 이르게 해야 한다. 그러나 하나님은 시내산에 모인 이스라엘 백성에게 말씀에 대한 순종과 실천 없이는 제사장 나라가 될 수 없다고 하셨다. "세계가 다 내게 속하였나니 너희가 내 말을 잘 듣고 내 언약을 지키면 너희는 모든 민족 중에서 내 소유가 되겠고 너희가 내게 대하여 제사장 나라가 되며 거룩한 백성이 되리라"(출 19:5-6). 예수님도 제자의 삶에서 순종과 실천이 필수라고 하신다.

> VI. 부활과 승천: 사역 완성(16:1-20)

E. 승천하심(16:19-20)

¹⁹ 주 예수께서 말씀을 마치신 후에 하늘로 올려지사 하나님 우편에 앉으시니라 ²⁰ 제자들이 나가 두루 전파할새 주께서 함께 역사하사 그 따르는 표적으로 말씀을 확실히 증언하시니라]

예수님은 제자들에게 세상 만민에게 복음을 전하고 세례를 베풀라는 말씀을 하신 후 승천하셨다. '주 예수'(κύριος Ἰησοῦς)는 사도행전(1:21; 4:33; 7:59)과 바울 서신(롬 14:14; 고전 5:4, 5; 11:23)에서 사용되는 호칭이며, 네 복음서 중에서는 이 본문에만 사용된다(Evans). '올려졌다'(ἀνελήμφθη)는 신적 수동태다. 하나님이 예수님을 하늘로 올리신 것이다. 하늘로 올라가신 예수님은 하나님 우편에 앉으셨다(cf. 시 110:1).

예수님이 승천하신 후 제자들은 곳곳을 두루 다니며 복음을 전파했다. 사도행전을 요약할 만한 말이다(Strauss). 예수님이 그들과 함께하시며 많은 표적으로 말씀을 확실하게 증언하셨다.

이 말씀은 예수님이 하나님 우편에 앉아 계시지만, 또한 우리와 함께하신다고 한다. 예수님은 우리와 함께하시면서 우리를 위험에서 보호하실 뿐 아니라, 우리의 사역이 많은 열매를 맺게 하신다.